VJVR

DIALEKTISCHE THEOLOGIE
SCHRIFTEN I

INHALT

Die neuprotestantische Herkunft 9
Der dialektische Aufbruch 113
Abgrenzungen und Übergänge 349
Kirche, Ethik, Politik und Gesellschaft 473

Inhaltsverzeichnis nach S. 664

DIE NEUPROTESTANTISCHE
HERKUNFT

DER CHRISTLICHE GLAUBE UND
DIE GESCHICHTE (1910)

In dem Problem, das uns hier beschäftigen soll, sehe ich *das* Problem der protestantischen Theologie der Gegenwart. Ja, angesichts der modernistischen Kontroverse im katholischen Lager wird man sagen dürfen, daß wir es hier mit *dem* Problem der christlichen Theologie überhaupt zu tun haben.

Zwei Fragestellungen möchte ich dabei auseinanderhalten: *Erstens:* Wie verhält sich der Glaube selbst, d. h. wie verhält sich die Frömmigkeit zu ihrer Geschichte, wie steht die Religion im engsten Sinn zur Vergangenheit der Religion? Inwiefern besteht ein Zusammenhang zwischen dem innern Leben, der Gotteserfahrung und dem Gottesgehorsam des jetzt lebenden christlichen Gemeindegliedes, zwischen der Begründung, Gewißheit und Beschaffenheit dieser Tatsächlichkeit, die gegenwärtig, innerlich und ihrem Wesen nach »höher als *alle* Vernunft«, als *alle* Gedanken ist, und – irgendwelchen Tatsachen der Geschichte, die sich als solche dem Bewußtsein darstellen als etwas Gewesenes und zunächst als etwas nicht Unmittelbares, sondern in Gedanken und Worten Gegebenes? – Man wird darin mit mir einverstanden sein, daß mindestens formal von dieser ersten Frage die *zweite* unterschieden werden muß: Welcher Art ist das Verhältnis der intellektuellen Manifestationen jener gegenwärtigen und innern Tatsächlichkeit, das Verhältnis der Glaubens*gedanken* zu irgendwelchen gewesenen Glaubens*gedanken*, zu den intellektuellen Manifestationen der innern Tatsächlichkeit in der Geschichte, in der Vergangenheit? Das ist m. a. W. die Frage, ob und in welchem Sinne die letzteren für die erstere | Norm und Inhalt sind oder sein sollen. – Die erste Frage betrifft die Religion, die zweite die Theologie, speziell die Dogmatik. Selbstverständlich stehen beide in innigstem Zusammenhang. Es ist nun dringendste Angelegenheit der theologischen Systematik, auf die eine wie die andere methodische Auskunft zu geben. Und zwar wird man wieder damit einverstanden sein, daß die Beantwortung der ersten Frage der der zweiten voranzugehen hat, da die letztere von der ersten abhängt. Durch die Methodik des *Glaubens* muß die Methodik der Glaubens*lehre* bestimmt und bedingt sein, wenn anders der erstere das Objekt der letztern bildet. Von der Methodik des *Glaubens* soll unsere Untersuchung handeln.[1] |

Die zentrale Wichtigkeit dieser Fragen leuchtet ohne Weiteres ein. In dem Problem »Glaube und Geschichte« haben wir die Keimzelle und das Schlachtfeld der großen theologischen Differenzen vor uns, und es wird in Theologie und Kirche zu keiner Verständigung kommen, bevor man sich *hier* verständigt hat. Aus der schiefen Stellung und Behandlung dieses Pro-

---

[1] Die Art, wie *Troeltsch* in den Artikeln »Glaube« und »Glaube und Geschichte« im 2. Band des Lexikons »die Religion in Geschichte und Gegenwart« das Thema abhandelt, kann ich darum nicht für förderlich ansehen, weil dort die oben gemachte Unterscheidung der Fragestellungen, die doch allmählich selbstverständlich sein sollte, in eigentümlicher Weise verwischt wird. Der *Glaube* wird dort definiert als »eine von dem geschichtlich-persönlichen Eindrucke ausgehende mythisch-symbolisch-praktische, eigenartig religiöse *Denk- und Erkenntnisweise*« (von mir gesperrt!). Er unterscheidet innerhalb des weitern Zusammenhangs der Frömmigkeit den Glauben »als das diesen Zusammenhang *beherrschende* (sic!) *Erkenntnismoment*«. Also ist »das Beherrschende« in der Frömmigkeit doch wieder ein Wissen, wenngleich, im Sinne *Troeltschs*, naiv-primitiver Art?! Es ist von da aus verständlich, daß die Diskussion des Problems »Glauben und Geschichte«, die übrigens sichtlich auch das (doch auch für *Troeltsch* offenbar irgendwie separate!) Problem »Frömmigkeit und Geschichte« einbegreifen will, ganz unter dem Gesichtspunkt des konkreten religiösen »Gedankeninhalts« und seines Verhältnisses zur Geschichte verläuft. Und ebenso verständlich ist es, daß die *positiven* Ausführungen *Troeltschs* angesichts dieses Rückzugs *hinter* § 3 der Glaubenslehre Schleiermachers zur Erledigung der Hauptarbeit an unserm Gegenstand nur recht vage Allgemeinheiten beibringen können.

blems ergaben und ergeben sich fortwährend alle Beschränktheiten und Willkürlichkeiten der religiösen Theorie, des religiösen Lehramts im weitesten Sinne, zur Rechten und zur Linken, von der Christusmythe Arthur Drews' bis zu den neuen und neuesten Expektorationen Pius' X. samt allen Ungereimtheiten, die dazwischen möglich und wirklich sind. Und die richtige Stellung und Behandlung des Problems ist m. E. für den akademischen und *noch viel mehr* für den praktischen Theologen die unerläßliche Vorbedingung und theoretische Grundlage einer »gesunden Lehre« in Predigt und Unterricht, d. h. aber zur Erfüllung seiner eigentlichsten und zentralen Berufsaufgabe. – *Das* Problem der protestantischen Theologie der Gegenwart nenne ich diese Frage auch deshalb, weil es das charakteristische Problem der beiden wichtigsten Bewegungen der Theologie der letzten 40 Jahre gewesen ist und weil wir von der durch sie geschaffenen Situation aus unsern Weg in die Zukunft zu suchen haben. Die eine ist die Theologie *Albrecht Ritschls*, die andre ist die sog. *religionsgeschichtliche Schule*. Die letztere hat die Fragestellungen der erstern in sich aufgenommen und damit in gewissem Sinne überwunden, und es sind Anzeichen dafür da, daß die Füße derer schon vor der Tür sind, die auch die letztere – nicht hinaustragen und ad acta legen, aber die unter Aufnahme und Vertiefung ihrer Fragestellungen ein Neues, Besseres schaffen. *Albrecht Ritschls* theologische Sendung war es, gegenüber der Selbstbewußtseinstheologie der einseitigen Schleiermacherianer, d. h. der Erlanger Schule, der Vermittlung und der protestantenvereinlichen Linken, gegenüber aber auch dem lutherischen Konfessionalismus dem Glauben und damit auch der Theologie wieder das Objekt anzuweisen in der geschichtlichen Offenbarung, speziell in dem in der Gemeinde Christi dargebotenen Bilde Christi.[1] Aber die Art, wie er nun das, was er »die geschichtliche Offenbarung« nannte, beschrieb und umschrieb als das, wonach sich ein Christ zu richten habe, zeigt, daß

---

[1] Vgl. *Kattenbusch*, Von Schleiermacher zu Ritschl, 3. Aufl., Gießen 1903.

man ihm nicht mit Unrecht den Titel eines »letzten lutherischen Kirchenvaters« gegeben hat. Es war eine gute und wirksame, aber eigenmächtige Auswahl neutestamentlicher und reformatorischer Gedanken. Weder der Glaube | noch die Theologie konnten bei dieser Umschreibung dessen, was dem Glauben in der Geschichte als Offenbarung zu gelten habe, stehen bleiben. Ritschls jüngere Schüler, die *»Religionsgeschichtler«*, haben seine Wendung zurück zur Geschichte zunächst mitgemacht. Aber sie wollten l'art pour l'art, Geschichte um der Geschichte willen treiben, und das Resultat war, daß ihnen die Offenbarung abhanden kam. Es zeigte sich nämlich, wie es recht und notwendig war, daß es, wo man die Arbeitsmethoden der geschichtlichen Wissenschaft zur Anwendung bringt und nicht nur tut, als ob man es täte, daß da unmöglich wird, supranaturale Faktoren und Fakten in der Geschichte, also Offenbarung und Wunder zu *konstatieren*. Das Bild der Religionsgeschichte, der biblischen inbegriffen, das hier entworfen wurde, konnte, weil es rein wissenschaftlich sein wollte – und das wollte es und ist es –, nur Relativitäten aufweisen, nicht aber absolute Größen. *Gott verschwand aus der Geschichte*. Damit war aber dem Glauben und der Dogmatik das nach Ritschls Theologie so einfach gegebene Objekt wieder entzogen, und man stand und steht scheinbar gegenüber dem Nichts.

> Wenn dein Wort nicht soll mehr gelten,
> Worauf soll der Glaube ruhn?

Abschwächungs- und Einschränkungsversuche halte ich dieser Situation gegenüber für vom Übel. Die strikte Anwendung der relativierenden religionsgeschichtlichen Methode entsprach und entspricht dem Gebot der Wahrhaftigkeit, die seit Kant in der Wissenschaft selbstverständlich sein sollte und der sich der Theologe, sofern er es als historischer Theologe mit Fakten, die im Raum und in der Zeit gegeben oder gesucht sind, zu tun hat, nicht entziehen darf. Aber ebenso sicher ist, daß man sich mit der Anwendung jener Methode *außerhalb* des eigentümlich *theologischen* Problemkreises begeben hat. Es sind denn auch nur wenige Vertreter dieser Richtung auf den abenteuerlichen Gedanken gekommen, z. B. das kritisch geläuterte Leben Jesu, eine Sammlung notwendig relativer wissenschaftlicher Ergebnisse und Vermutungen, der Gemeinde als Objekt des Glaubens und der Theologie als Objekt der Glaubenslehre zu präsentieren. Wo von einem religiösen Verhältnis zum Objekt, von Offenbarung und Wunder im Objekt nicht die Rede sein soll, sondern nur noch von wissenschaftlichem Erkennen, von Ursachen und Wirkungen, da hat der Glaube, da hat die Glaubenslehre, d. h. die Theologie im eigentlichsten Sinne, nichts zu schaffen. Es erhebt sich vielmehr das Postulat, unter voller Voraussetzung und Anerkennung des historischen Relativismus die eigentümlich religiöse und von da aus theologische Methodik nachzuweisen, kraft deren ein absolutes Verhältnis zur absoluten Geschichte, kraft deren Glaube und Offenbarung bestehen, die Methodik des tatsächlichen Entstehens und Bestandes des christlichen Gotteserlebens in der Geschichte.[1] Ich betone: es handelt sich im Folgenden um die sachgemäße Darstellung eines *Tatbestandes*, der Beziehung des Glaubens zur Geschichte, wie er im wirklichen christlichen Bewußtsein vorliegt, nicht um die Aufstellung einer neuen Beziehung, um den Nachweis eines »Weges zu Gott für unser Geschlecht« oder dgl. Nur unsere Darstellung, nicht aber jene faktische Beziehung selbst kann durch

---

1 Es wäre übrigens zu zeigen, daß ein Geschichts*bild*, d. h. im Unterschied zur bloßen Eruierung von Fakten und Faktoren ein von innen nach außen gehendes *Begreifen* und *Aneignen* des geschichtlichen Geschehens nur auf Grund eines solchen absoluten Verhältnisses des Geschichtsbeschauers zur Geschichte zu Stande kommt, also immer irgendwie auf Grund von »Glaube« und »Offenbarung«. Man mache sich aber klar, daß dem wirklich so ist, daß bei allem derartigen Begreifen die wissenschaftliche Methodik bereits der religiösen das Feld räumt. Denn wissenschaftlich feststellen heißt *erkennen*. Dieses Erkennen wird freilich seinerseits erst möglich gemacht durch das sichtende und ordnende *Denken*. Aber man läuft in eine unheilvolle Amphibolie, wenn man, was häufig genug geschieht, den *Gedanken* als konstitutive *Erkenntnis* behandelt. Seine Aufgabe ist bescheidener und erhabener zugleich.

die geistesgeschichtliche Situation, in der wir uns befinden, bedingt sein.¹ Ich bin allerdings der Meinung, daß diese Situation keineswegs eine Notlage ist, wie man es oft darstellt, sondern daß die religionsgeschichtliche Methode, die als Theologie, d. h. als Glaubenslehre außer Betracht fällt, als »profane« Propädeutik der theologischen, d. h. systematischen Arbeit wesentlichste Dienste tut.

Ich brauche wohl nicht erst zu begründen, daß man von mir fertige Formeln und ein ausgebautes System nicht erwarten darf. Was ich beabsichtige, ist die Vorführung der *Fragestellungen*, die sich mir als die sachgemäßen ergeben haben: der psychologischen, der historischen, der kritischen, der religionsphilosophischen und der dogmatischen.

I.

Ich beginne mit einer kurzen *psychologischen* Darstellung des Glaubensvorgangs. Die festgestellten allgemeinen Phänomene haben dann der systematischen Erwägung als Rohmaterial zu dienen.

Glaube ist Gotteserlebnis, unmittelbares Bewußtsein von der Gegenwart und Wirksamkeit der übermenschlichen, überweltlichen und daher schlechthin überlegenen Lebensmacht. Der Gläubige erlebt, erfährt, empfindet, fühlt, weiß, daß er lebt und gelebt *wird*. Passives und aktives Verhalten des Menschen fallen im Glaubensvorgang zusammen. Es handelt sich um die Erhebung des Individuums zum Trans-Individuellen, und es handelt sich ebenso sehr um die Einsenkung trans-individuellen Lebens in das Individuum. In jener Erhebung und in dieser Einsenkung erfährt der Gläubige seine *Realitätsbeziehung* oder sein ewiges Lebendig-Werden. Wir reden hier nicht da-

---

1 Dies pflegt von den Neuern besonders Troeltsch beharrlich zu übersehen. Vgl. seinen Vortrag: »Die Bedeutung der Geschichtlichkeit Jesu für unsern Glauben« (15. christl. Studentenkonferenz, Aarau 1911).

von, ob diese Erfahrung Wahrheit oder Einbildung ist, wir stellen nur fest, daß sie in den psychologischen Gegebenheiten des logischen Denkens, des ethischen Wollens, des ästhetischen Fühlens an sich nicht gesetzt ist, nicht gesetzt sein kann.

Schon kraft dieses trans-individuellen absoluten Charakters des Glaubens wird er aus einer Sache *des* Menschen zur Sache *der* Menschen. Der Glaube versteht sich selbst als eine *soziale* Tatsache. Und zwar ganz anders, als dies etwa bei Logik, Ethik, Ästhetik der Fall ist. Sozialen Charakter tragen freilich auch diese, aber er beschränkt sich auf das Problem der *Gültigkeit*, während es sich beim Glauben um das für jene Funktionen des Kulturbewußtseins bekanntlich gar nicht existierende Problem der *Entstehung* resp. *Fortpflanzung* handelt. Damit ist aber der Glaubensvorgang bereits verankert im *Geschichts*vorgang. Der Glaube blickt rückwärts in eine Vergangenheit, und er blickt vorwärts in eine Zukunft. Er hat etwas empfangen, und er will etwas schaffen. Das Unde und das Quo dieser doppelten Bestimmtheit ist aber die menschliche Sozietät, die Menschen. Wie sollte es anders sein, da es sich um das Ewige Lebendig-Werden des *Menschen*lebens handelt? Menschenleben aber kann gar nicht anders gedacht werden denn als empfangendes und schaffendes *Glied* in einer *Reihe* von seinesgleichen. So weiß sich der Glaube nach hinten und nach vorn verkettet in die Sozietät, in die Geschichte.

> Ein holder Quell, in dem ich bade,
> Ist Überlieferung, ist Gnade.[1]

---

[1] Den »Verehrern des religiösen Apriori«, um mit *Theodor Haering* (vgl. Christl. Welt 1910 Nr. 47 Sp. 1106-1110) zu reden, sei auch das andere Goethewort (Jubiläumsausgabe von Cotta Bd. 4, S. 98) ins Stammbuch geschrieben:
> Gern wär ich Überliefrung los
> Und ganz original;
> Doch ist das Unternehmen groß
> Und führt in manche Qual.
> Als Autochthone rechnet' ich
> Es mir zur höchsten Ehre,
> Wenn ich nicht gar zu wunderlich
> Selbst Überliefrung wäre.

Innerhalb des psychologischen Gesamtbestandes des Bewußtseins ist der Glaube das geschichtliche Moment par excellence. Heterogen steht er an sich dem Gültigkeitsapparat der Logik, Ethik und Ästhetik gegenüber. Denn es kreuzen sich hier (dies wird in der Verhandlung über das Apriori zu wenig beachtet) die auf völlig verschiedenen Flächen liegenden Probleme des Ich, des einzelnen Menschen, des individuellen Lebens und das des gesetzlichen Bewußtseins, der Menschenkultur, der Vernunft. Die Artverschiedenheit (die nicht durch die mancherorts übliche plumpe Nebenordnung des sog. religiösen Apriori neben das logische, ethische und ästhetische verwischt werden darf) verwandelt sich aber in die innigste und wirksamste Gemeinschaft im Glaubens*vorgang*, in jener Erhebung und Einsenkung, die das Individuum erfährt oder, von der andern Seite gesehen, im Vorgang des im einzelnen Menschen *wirklichen* Denkens, Wollens und Fühlens, das bekanntlich allemal durch die »Hinschau« auf das Absolute, also im Glauben zu Stande kommt. Durch das regulative, heuristische, grenzbegriffliche Moment des Glaubens (das von Haus aus dem Problemkreis des Individuums, nicht der Vernunft angehört) wird die abstrakte Möglichkeit des Kulturbewußtseins aktualisiert, in konkrete Wirklichkeit verwandelt. D. h. aber: durch das Moment des Glaubens wird das Kulturbewußtsein geschichtlich. Glaube und Geschichtlichkeit der Kultur werden zu Synonymen. Das bezeichnende Paradoxon dieser Bestimmung besteht nun aber gerade darin, daß der Glaube deshalb keineswegs, wie es auf den ersten Blick scheinen muß, gebunden ist an die Anschauungsform der Zeit. In der Realitätsbeziehung des Gotteserlebens gibt es keine Zeit; sondern wie in ihm das aktive und passive Verhalten des Menschen, die schlechthinige Abhängigkeit und die schlechthinige Zielstrebigkeit, zusammenfallen, so ist in ihm die Vergangenheit (seine Entstehung) und die Zukunft (seine Fortpflanzung und Vollendung) in jedem Augenblick Gegenwart. |

Der *christliche Glaube* hat seine Eigentümlichkeit darin, daß hier das passiv-aktive Gotteserleben geschichtlich *irgendwie* bedingt und bestimmt ist durch die innerhalb der menschlichen

Sozietät dagewesene *Persönlichkeit Jesu*. In seiner Vergangenheit hat der Gläubige irgendwie in der Anschauung dieser Persönlichkeit jene Realitätsbeziehung erlebt, und diese Anschauung ist irgendwie auch das Realitätsprinzip seiner Zukunft. Ich rede von einer »dagewesenen Persönlichkeit«, von Vergangenheit und Zukunft. Aber die charakteristische Beziehung zur Geschichte im christlichen Gotteserleben ist ihrem Wesen nach nicht Beziehung auf ein Vergangenes, Gewesenes, sondern sie hat, wie es oben allgemein ausgesprochen, die vollen Merkmale der Gegenwärtigkeit. »Jesus Christus gestern und heute derselbe und in Ewigkeit.« Dieser Satz des Hebräerbriefs ist die richtige Aussprache des religionspsychologischen Sachverhalts.

Ich begnüge mich mit der Feststellung dieser Grundphänomene, die *allen* Arten von Christlichkeit eigen sind, und wende mich zunächst zur historischen Entwicklung des darin aufgegebenen Problems.

II.

Sofort nach den Zeiten der Apostel, ja noch mitten in diesen Zeiten mußte sich die Frage erheben: wo haben wir echt und autoritativ jene Anschauung der Person Jesu, die den Glauben begründet? Denn immer weniger wurden die, die so glücklich waren, die Erinnerung in sich zu haben an »das, was wir gesehen haben mit unsern Augen, das wir beschaut haben und unsre Hände betastet haben«. Die erste Antwort auf jene Frage hat *Paulus* gegeben. Ob er Christus »nach dem Fleisch« noch gekannt hat? Jedenfalls erklärt er, ihn »jetzt nicht mehr« zu kennen (2. Kor. 5,16), sondern *in Christus sein, das* ist neue Schöpfung (2. Kor. 5,17); dies Leben in Christus, die Kraft Gottes oder das Evangelium, das er verkündigt, ist für ihn nicht ein Komplex von Überlieferung, es ist sein Evangelium, das er »von keinem Menschen empfangen und gelernt hat, sondern durch die Offenbarung Jesu« (Gal. 1,12). Gewiß ist diese Offenbarung ganz oder teilweise an ihn durch das Vehikel mündlicher oder schriftlicher Überlieferung herangebracht worden, aber was er empfangen hat und was er weitergibt, das ist trotzdem *sein* Evangelium und nicht das des Petrus. Denn »der Herr ist der | *Geist*« (2. Kor. 3,17). »Wer aber am Herrn hängt, der ist ein Geist mit ihm« (1. Kor. 6,17). »Ich lebe jetzt nicht als ich selbst; es lebt in mir Christus« (Gal. 2,20). So trägt Paulus Grund und Autorität seines Glaubens in sich selbst. »Im Herzen« ließ Gott es »tagen zum strahlenden Aufgang der Erkenntnis von der Herrlichkeit Gottes im Antlitze Christi« (2. Kor. 4,6). »Ins Herz« ist der Geist gekommen, der für uns eintritt und der alle Dinge erforscht (Röm. 8,26f.; 1. Kor. 2,9f.). Und so ist es nicht eine rednerische Floskel, sondern die Aussprache eines unmittelbaren innern Tatbestandes, wenn Paulus auftritt als »Botschafter an Christi Statt« (2. Kor. 5,20). Es verhielt sich – paradox ausgedrückt – so, wie *Hase* gesagt hat: »Christus ist in ihm wiedergekommen, aber im Rabbi Schaul.«[1] – Die andere Antwort auf die Frage: wo haben wir den wirksamen und autoritativen Jesus? war die *katholische Kirche*. Schon um die Wende des ersten und zweiten Jahrhunderts fing man an, nach sichereren, d. h. vor Allem sichtbareren Garantien zu verlangen, als der innere Christus des Paulus sie zu bieten schien. Es ist bekannt, wie die Dinge gelaufen sind. Aus den zu Missionszwecken gesammelten Erzählungen und Worten aus dem irdischen Leben des Herrn, aus der Sammlung der paulinischen Briefe, dieser persönlichsten Zeugnisse persönlichsten Glaubens, wurde der *Kanon*, der heilige Codex der neuen Religion. Aber nicht genug: bei der Auslegung dieser Bücher konnte der »Geist«, jene Autorität des Paulus, eine gefährliche Rolle spielen, das Dasein der Häresien bewies es; so entstand die *Glaubensregel* als authentischer und zuverlässiger Auszug dessen, was man zu glauben habe. Und damit es auch an einer kontinuierlichen Darstellung des Glaubensgrundes und der Glaubensautorität nicht fehle, entwickelte sich ein an sich bangloser Gemeindeposten zum *Bischofsamt*. Ubi episcopus, ibi ecclesia – ibi Christus können wir

---

1 Kirchengeschichte, I. Band, S. 153.

hinzufügen. Der Katholizis|mus war etabliert, und alles, was später noch hinzugekommen ist, war nur die notwendige Konsequenz und Entfaltung jener Institutionen des zweiten Jahrhunderts. Die Identifikation von Vergangenheit und Zukunft war vollzogen, die Geschichte wurde fix und fertig dem Glauben präsentiert. Jene Frage: Wo haben wir Christus? war keine Frage mehr. Jesus Christus gestern und heute und derselbe in Ewigkeit, es ist wieder eine sichere, d. h. sichtbare und prüfbare Tatsache geworden, nämlich in den Elementen der Kirche: Neues Testament, Glaubensregel, bischöfliche Konzilsbeschlüsse. Da ist das Heil, ergreift es; denn nur hier ist es, und extra ecclesiam nulla salus. Die Wucht dieses Gedankens, der die Kirche und ihre ganze Vergangenheit und Zukunft mit Christus identifiziert, ist das Geheimnis der Stärke der römischen Kirche, und sie verteidigt ihr innerstes Heiligtum, wenn sie heute diesen Gedanken gegen die historische Kritik der Modernisten verteidigt. Aus dem religiösen und rationalen Widerspruch gegen diesen Autoritätsgedanken entstanden im 16. Jahrhundert die Kirchen der Reformation. Die scheinbar identisch gewordenen Elemente: Heilige Institutionen, Lehren und Personen hier, Christus dort treten wieder auseinander. *Luther* geht den Weg, den die Kirche gegangen, zurück und kommt bei der Position des Paulus an. Der Autorität der Tradition stellt er die Autorität Christi selbst entgegen. *Nicht* die Autorität der Bibel! Der Vorgang ist lehrreich: Luther hat keineswegs zuerst das Neue Testament als Autorität anerkannt und dann seine Lehre daraus geschöpft, sondern bei Gelegenheit seiner Augustinstudien ist er auf den einen Paulus gestoßen, hat sich in die Gedankenwelt wie in die Frömmigkeit dieses Glaubenszeugen eingelebt, und auf Grund einer so entdeckten resp. aktualisierten innern Verwandtschaft mit Paulus ist ihm aus seinem Zeugnis der entgegengetreten, zum Glaubensgrund und zur Glaubensautorität geworden, von dem Paulus zeugte. Es ist bekannt, wie er sich nun zu|nächst zur Geschichte stellte: Nicht die Schrift als heiliger Kanon ist ihm die Offenbarung Gottes, sondern die Schrift, sofern sie »Christum treibt«, d. h. doch wohl, sofern sie im Lesen und Hören jene wirksame Bekanntschaft mit Christus erzeugt, wachhält, vertieft und vollendet, die ihm, Luther, beim Studium des Paulus aufgegangen. Der Protestantismus, z. T. schon die Reformatoren selbst, sind dann andere Wege gegangen. Wir werden noch von den tiefer liegenden Gründen zu reden haben, zunächst nur die hieher gehörigen: Luther ist der Notwendigkeit erlegen, der autoritätsfrohen katholischen Polemik mit gleichen Waffen zu begegnen. Es ist bekannt, wie er immer wieder der Berufung auf Papst und Konzilien mit der Berufung auf Schriftstellen begegnet ist. Und in der umgekehrten Lage befand er sich im Kampf gegen Zwingli und die Wiedertäufer. Dort war man geneigt, den inappellablen Geist Christi in einer ihm mißliebigen Weise zur theologischen Instanz zu machen, und er ist auch hier dagegen aufgekommen mit der Autorität des »Es stehet geschrieben.« Est, Est! – Etwas komplizierter ist die Stellung *Calvins.* Seine Frömmigkeit, sein Glaubensbegriff sind womöglich noch christozentrischer als die Luthers. Auch für ihn ist auf alle Fälle Christus selbst und nur er Grund und Autorität des Glaubens. Aber Calvin ist in viel höherem Maße als Luther Theologe. Seine Institutio war einst ein Bekenntnisbuch wie der Katechismus Luthers, aber sie erweitert sich in den spätern Auflagen immer | deutlicher zu einem Kompendium der Wissenschaft vom Christentum. Wie wird sie ihr »Wissen« begründen? Zwei Seelen wohnen in Calvins Brust. Im ersten Buch der Institutio von 1559 werden Linien sichtbar, die von der Renaissance zu Descartes führen. Aber der große Mann hat sie nur tastend angedeutet; die Begründung seiner Wissenschaft wird eine andere. Mit festem Zugreifen gewinnt sein Denken Fundament und Material erstens in der *wahren* kirchlichen Tradition, nämlich in den Theologumenen Augustins und in den ökumenischen Bekenntnissen. Jenseits dieser Quellen aber erhebt sich als die Quelle theologischer Wissenschaft die »scriptura dux et magistra«. Letzte und oberste Autorität ist sie darum, weil sie inspiriert ist: »non alio iure plenam apud fideles auctoritatem obtinent, *quam ubi statuunt e coelo fluxisse, ac si vivae ipsae Dei voces illic ex-*

audirentur.«[1] Von der Art, wie Calvin diese Aufstellung begründet und mit seinem Glaubensbegriff in Einklang zu setzen versucht, wird noch zu reden sein. Wir halten uns hier an das Resultat. Es trifft mit der Position Luthers in Marburg und bei ähnlichen Anlässen zusammen. Und nun ist eben nicht die Stellung, die Luther in den Einleitungen zum Neuen Testament zur Geschichte eingenommen, und es sind nicht die transszendental-kritischen, das moderne Denken ankündigenden Ansätze Calvins geschichtlich wirksam geworden, sondern Luthers »Es stehet geschrieben«, theoretisiert in der Inspirationslehre Calvins.[2] Von den drei Momenten des katholischen Autoritätsgedankens hat die Reformation nur mit dem dritten gründlich und grundsätzlich aufgeräumt, nämlich mit dem hierarchischen Lehramt. Das zweite, die Glaubensregel, die ökumenischen Bekenntnisse, hat sie achtungsvoll stehen lassen, wobei die innere Stellung dazu variieren konnte zwischen der Gleichgiltigkeit, die ihnen der junge Melanchthon, und der Wertschätzung, die ihnen der spekulative Theologe Calvin entgegenbrachte. Das erste Moment aber, den alt- und neutestamentlichen Kanon, haben die Reformatoren und noch mehr ihre Nachfolger zu einer formalen Autorität erhoben, die es nie zuvor gehabt, so daß die Gegner des alten Protestantismus nicht mit Unrecht sagen konnten, es sei hier der papierene Papst an Stelle des lebendigen getreten. Die »Evangelischen« selbst bekannten sich dazu: »Breviter quod illis est Papa, nobis est Scriptura«, und es verhält sich so, wie *Troeltsch* einmal bemerkt: »Der Protestantismus hat das Infallibilitätsproblem früher gelöst als der Katholizismus.«[3] So legte sich der *Biblizismus* wie ein Mehltau auf die junge protestantische Theologie, und an seinen Milderungen

---

1 Instit. I 7,1 (Ausgabe von 1559).
2 Von *Verbal*inspiration bei Calvin würde ich nicht reden. Er hat die *Worte*, gelegentlich nicht nur philologisch, sondern sachlich kritisiert.
3 Protestantisches Christentum und Kirche in der Neuzeit, S. 265 (Kultur der Gegenwart I,4,1, 1. Aufl.).

und Abarten kranken wir noch heute. Man hatte wieder etwas, woran man sich halten konnte, sichtbaren Glaubensgrund und sichtbare Glaubensautorität, eine aufs Solideste gegenwärtig gemachte Geschichte; aber man hatte es um den Preis einer gewaltigen und prinzipiellen Konzession an den Grundgedanken der katholischen Kirche.

Bevor wir aber daran Kritik üben, müssen wir uns noch etwas gründlicher in das Wesen dieser katholisch-protestantisch-orthodoxen Position vertiefen. Wir tun es, indem wir den diesem Autoritätsbegriff entsprechenden *Glaubensbegriff* ins Auge fassen. Die katholische Kirche hatte und hat vom Glauben die Vorstellung einer Leistung des natürlichen Menschen, die, an sich nicht verdienstlich, durch das »donum gratiae superadditum« verdienstlich wird. Wir sagten es oben: Die Kirche präsentiert dem zukünftigen Gläubigen das Heil in bestimmten Institutionen, Lehren und Personen, sie hat für ihn die Vergangenheit Gegenwart werden lassen, und nun handelt es sich bloß darum, daß er es annehme. Dies Annehmen ist der Glaube. Wie hat sich der Mensch dabei zu benehmen? Die Kirche antwortet noch heute, wie sie es immer getan hat: Der Mensch hat die in der Kirche deponierte Offenbarung *für wahr zu halten*, er hat ihr mit dem Intellekt zuzustimmen. Einen prinzipiellen Unterschied macht es nicht aus, wenn Thomas von Aquino die »fides informis«, das *bloße* intellektuelle Akzeptieren, von der »fides formata (caritate)«, dem aus Liebe und *mit Willen Akzeptieren* unterscheidet und nur das letztere durch Hinzukommen des »donum gratiae« verdienstlich werden läßt. Es bleibt doch die Vorstellung einer durch menschlichen Verstand und Willen zustande gebrachten Aneig|nung des in bestimmten Sätzen und Satzungen niedergelegten Heilsgutes. Einer zweiten Wendung dieses Glaubensbegriffs begegnen wir parallel der protestantischen Wendung des katholischen Autoritätsbegriffs in der scholastisch-biblizistischen Periode des Protestantismus. Der Glaubensbegriff Luthers *und* Calvins hat hier eine Degeneration durchgemacht; wir werden ihn in seiner Ursprünglichkeit später aufnehmen und halten uns auch hier wieder an das dogmengeschichtliche Resultat. Dem in Gottes Wort niedergelegten objektiven Heilsgut steht die fides *gegenüber* als das subjektive Aneignungs*mittel*. »*Instrumentum*« heißt sie in der Konkordienformel, und bei dem Dogmatiker *Hollaz* steht die berühmte Definition: »Est enim fides *organon receptivum* et *quasi manus*, qua homo sibi applicat et ad se recipit salutem. *Oblatio et receptio sunt correlata*. Quare manui gratiae, quae thesaurum justitiae et salutis offert, respondet manus fidei, quae thesaurum oblatum apprehendit et recipit.«[1] So wird die Heilsaneignung auch hier ein Zusammenwirken, συνεργεῖν, Gottes und des Menschen; Gott bringt die Gnade herzu, der Mensch den Glauben. Eine »Hand« schlägt ein in die andere. Aber die Parallele zu der katholischen Vorstellung geht noch weiter. Wie wird der objektive thesaurus psychologisch aufgenommen? mußte weiter gefragt werden. Aus den ersten Jahren der Reformation tönte es herüber: »fides *nihil aliud* est nisi *fiducia*.« Die|se Bestimmung hatte nun freilich einen stark subjektiven und irrationalen Einschlag. Das objektive und rationale »Wort Gottes« schien damit sein Korrelat auf Seite des Menschen zu verlieren. Der Schwärmerei war die Türe dabei mindestens nicht zugemacht, und der pädagogische Wert einer Wissenschaft vom Christentum mußte mindestens bedroht erscheinen. Luther ist trotzdem von dieser Bestimmung nicht abgegangen, und Calvin, der Inspirationstheoretiker, der den Glauben, wo er ihn definiert, eine »cognitio« nennt, bringt das tapfere Paradox fertig, immer wieder aufs Kräftigste zu polemisieren gegen die Meinung, als ob das Heilsaneignende dieser »cognitio« in der rationalen Zustimmung, also gerade in dem Moment bestehe, das doch das Korrelat zu dem rationalen »Wort Gottes« bilden müßte. Auch für ihn spielt der | inspirierte Kanon als solcher bei der Entstehung des Glaubens nicht die ausschlaggebende Rolle. Aber die Fäuste der Epigonen haben die Konsequenzen, vor denen die Reformatoren mit Recht zurückschreckten, gezogen. Schon die Apologie zur Augsbur-

---

1 Zitiert nach *Luthardt*, Kompendium der Dogmatik, 4. Aufl. 1873, S. 224.

ger Konfession etabliert innerhalb des »Glaubens« die Abstufung: notitia – assensus – fiducia. Man bemerke: entsprechend der Wiederaufnahme des katholischen Autoritätsbegriffs die charakteristisch katholische Vorlagerung eines intellektualistisch-voluntaristischen Elementes im Glaubensbegriff. Denn darum handelt es sich, wie wiederum aus der Definition des *Hollaz* deutlich hervorgeht: »Assensus est judicium intellectus approbans quo ea, quae de Christo mediatore et per eum reparata gratia divina ... scriptura sancta tradit, vera esse judicantur.«[1] So geht der Weg zur fiducia, d. h. zu dem, was im Sinne der Reformatoren allein fides justificans heißt, *durch den assensus*, durch die vom Menschen zustande zu bringende Leistung seines Intellekts. Und das muß nun abfärben auch auf die fiducia selbst, die von *Hollaz* ungescheut als weiterer »actus voluntatis« beschrieben wird. Daß man unter diesen Umständen den Glauben als einheitliches Ganzes als ein Mittel, als »organon recepti|vum«, als »Hand« beschreiben muß, ist wohl verständlich. Das geschichtliche Heil steht dem Menschen objektiv *gegenüber*. Nun streckt er die Hand aus, nun eignet er es sich an, nun hat er, was er vorher nicht hatte. Und weil das Heil ihm gegenübersteht in Form des rationalen »Wortes Gottes«, ist das psychologisch Wesentliche im Vorgang der Aneignung die rationale Zustimmung. Dies das Wesen des protestantisch-orthodoxen Glaubensbegriffs. Denn die Lehre vom »Testimonium Spiritus sancti internum«, die hier in Betracht kommt und die später zu berühren sein wird, gehört *nicht* zu seinem Wesen. Sie war eine Hintertüre, nicht ein konstitutives Element. Dieser Glaubensbegriff ist auch heute noch nicht tot. Beispiele brauche ich nicht zu nennen.

---

[1] Zitiert nach *Luthardt*, a. a. O., S. 223.

III.

Die irgendwie hierarchisch-äußerliche Herstellung der Beziehung zwischen Glaube und Geschichte hat sich uns nach ihren beiden Seiten, der objektiven und der subjektiven, als ein geschlossenes Ganzes dargestellt. Wir wenden uns zunächst zur Kritik. Denn an dieser geschichtlich ungeheuer wirksamen Position muß sich das ganze Problem positiv oder negativ entscheiden.

Zunächst interessiert uns die oben gegebene psychologische Charakteristik des *Glaubens,* der beschrieben wird entweder direkt und ausschließlich als Zustimmung des Intellekts (katholisch) oder zwar als eine intimere Aneignung, die aber durch die Zustimmung des Intellekts bedingt ist (protestantisch-orthodox). Ist die so hergestellte Beziehung zur Geschichte Glaube, d. h. Gotteserleben, Realitätsbeziehung? Ich kann mich kurz fassen. Es ist schon oft gezeigt worden, daß dem *nicht* so ist. Wir halten uns gleich an die protestantische Nuance dieser Position. Ich trage einem Menschen, der zum christlichen Glauben erst erzogen werden soll, diejenigen Gedankengebilde vor, die ich als orthodoxer Theologe für die normale, weil schriftgemäße Zusammenfassung des »Heils in Christo« halte. Ich sage ihm, daß Christus als wahrer Mensch und wahrer Gott auf Erden gekommen ist, die Sünder selig zu machen, daß er durch Worte und Wunder seine Göttlichkeit erwiesen, daß er am Kreuz sein Blut vergossen zur Versöhnung | der Menschen mit Gott, daß er aber am dritten Tag wieder auferstanden sei usw. Der Grad der Massivheit, mit dem ich ihm diese »Heilstatsachen« vorführe, ist sachlich dabei gleichgiltig, es könnte also auch in »liberaler« Terminologie geschehen. Jedenfalls ist es nun, *bevor* im Andern »fides justificans« entstehen kann, nach orthodoxer Methodik nötig, daß er den assensus vollziehe, d. h. er soll nun alles das Gesagte für wahr annehmen. Ja, *kann* er denn das? Es handelt sich doch offenbar um Gedanken, die sich nicht von selbst verstehen. Seine Erkenntnis weigert sich vielleicht, solche Behauptungen in ihren Zusammenhang aufzunehmen, und doch ist es gerade das, der »assensus intellectus«, was ich ihm jetzt zumute. Kann es wohlgetan sein, wenn ich ihn zum Glauben an den Gott der Wahrheit führe, indem ich ihn anleite, eine intellektuelle Unredlichkeit zu begehen, etwas um des Zweckes willen für wahr zu halten, was er sonst nicht für wahr hält? Bringe ich damit nicht das Wertvollste in ihm, die Aufrichtigkeit gegen sich selbst, in schwere Gefahr? Aber nehmen wir einmal an, der Mann ist ungebildet und der assensus macht ihm keine Schwierigkeit, oder er ist zwar gebildet, aber es gelingt mir, als gewandter Apologet seine Bedenken über den Haufen zu reden. Es scheint zu einer persönlichen Heilserfahrung zu kommen, die Vorbedingung ist erfüllt. Aber wenn es dazu kommt, ist dann wirklich der assensus das Vehikel dazu gewesen, oder war er nicht bloß eine sachlich bedeutungslose psychologische Verstärkung der notitia, wenn nicht ein glücklich überwundenes Hindernis? War der psychologische Motor der Heilsaneignung nicht ein ganz anderer, weder notitia noch assensus noch fiducia als »actus voluntatis«? Allein die Erfahrung lehrt, daß die so eingeleitete Heilsaneignung nur zu leicht auf einer Selbsttäuschung beruht. Die Verwechslung zwischen »überzeugtem« assensus und der fides justificans liegt nur zu nahe. Es kommt dann je nachdem zu den religiösen Krankheitserscheinungen der »fleischlichen Sicherheit« oder aber der »Heilsungewißheit«, die bekanntlich beide gerade unter den bewußten »Bekehrten« und nicht unter den »Ungläubigen« zu Hause sind. Und aus diesem Scheinglauben gibt es nun keinen Ausweg für den Mann, nämlich solange er meinem Rate treubleibt. Denn weil ich ihn angeleitet habe, den Glauben als »organon receptivum« zu gebrauchen, wozu in erster Linie der »assensus intellectus« gehöre, wird er sich nun, wenn es ihm ernst ist oder wieder ernst wird, bemühen, immer überzeugter zu »glauben«, d. h. für wahr zu halten, | und es liegt auf der Hand, daß er damit ebensowenig zustande kommen wird wie Luther im Kloster mit seinen Kasteiungen. Die Orthodoxie hat in dieser Beziehung unzählige religiöse Existenzen auf dem Gewissen. Und damit kommen wir erst zur Hauptsache: Damit, daß ich dem Mann zugemutet habe: du sollst glauben, und ihn dazu auf diese und jene Gedanken, Sätze und Erzählungen verwiesen habe mit dem Ansinnen, sein Wille soll[e] seinen Verstand bewegen, sie »anzunehmen«, damit habe ich in ihm die Vorstellung erweckt, als sei der Glaube etwas, was *gemacht*, und zwar *von ihm* gemacht werden müsse. Er streckt den Glauben aus »wie eine Hand« und erwartet nun nach dem Rezept »Oblatio et receptio sunt correlata« mit Fug, daß Gott in diese Hand einschlage, und wenn es nicht geschieht, wenn seine innerliche Not bleibt, wird er verdrießlich und aufbegehrerisch. Der Mensch tut etwas, Gott soll den Rest tun, das ist diese Vorstellung, und ich brauche wohl nicht erst an ihre fatalen sittlich-religiösen Konsequenzen zu erinnern.

An diese dogmatischen Einwände schließt sich die geschichtliche und die philosophische Kritik an. Hatten es jene vorwiegend mit dem Glaubensbegriff zu tun, so diese vorwiegend mit dem dabei vorausgesetzten *Autoritäts*begriff. Die Kultur des Mittelalters stand unter dem Zeichen jenes hierarchischen Autoritätsgedankens, nicht allein das kirchlich-religiöse, sondern ebensosehr das weltliche Denken und Leben: Wissenschaft, Staat und Kunst. Es war dasselbe Prinzip, das sie alle beherrschte. Das Bild dieser Kultur ist der Syllogismus. Thomas von Aquino hat ihn gedacht, und Dante hat ihn poetisch verklärt. Es war eine theologische Kultur, und sie war Zwangskultur. Die Reformation hat in diese Mauer ein Loch geschlagen; aber wir haben bereits gesehen, daß noch genug stehen blieb. Luther hat den Gedanken einer universalen Zwangskultur prinzipiell anerkannt, und Calvin hat ihn in Genf in die Praxis umgesetzt. Zum papierenen Papst kam das protestantische Rom. Aber nun kam die Renaissance und mit ihr eine Wissenschaft, die zwar den katholischen und protestantischen Autoritäten zunächst die gebührende Reverenz erwies, die aber doch grundsätzlich frei, d. h. untheologisch war. Die Wissenschaft legt Beschlag auf das Gebiet von Raum und Zeit, die Theologen beider Konfessionen sind die Wissenden im Gebiet des Transszendenten *und* in jener transszendenten Provinz im | Raumzeitlichen, die als historia sacra in der Welt nicht von der Welt ist. Eine Zeitlang gehen die beiden Mächte friedlich nebeneinander her. Wenn nur jene theologische Provinz nicht wäre! Denn wer kann es leugnen, daß es sich da zum großen Teil um geschichtliche und naturkundliche Probleme handelt, die sonst überall von der Wissenschaft an die Hand genommen sind? Wer hat die Theologen zu Statthaltern eingesetzt? Und nun kommt es erst da und dort zu Reibungen und Grenzkonflikten, dann zu offenen Einbrüchen; die Theologen versuchen es teils mit Händeringen, teils mit Fluchen, teils mit Parlamentieren und Paktieren, teils mit Überlaufen. Tatsache ist, daß ihre Grenzsteine mit sanfter Gewalt zurückgesetzt werden. Das geozentrische Weltbild der Bibel verschwindet geräuschlos in der Versenkung, in Rom allerdings erst, als es allerhöchste Zeit war, nämlich im 19. Jahrhundert. Das Sechstagewerk der Genesis kommt in ein verdächtiges Licht, die alt- und neutestamentlichen Wunder werden in verwunderlicher Weise vernünftig gemacht. Kanon und Text, Autorschaft und historische Zuverlässigkeit der heiligen Schriften werden in derselben Weise in Frage gestellt und untersucht wie Homer und Livius. Aber auch das Zentrum der theologischen Provinz im Raum-Zeitlichen bleibt vor der Wissenschaft nicht sicher, und der Gottmensch verwandelt sich in den Rabbi von Nazareth, in den »größten Propheten«. Die Arbeit des in der Orthodoxie aufgewachsenen Theologengeschlechts besteht in einer Reihe der kläglichsten Subtraktionsexempel. Rationalisten waren sie vorher, und Rationalisten sind sie jetzt; der Unterschied besteht nur darin, daß der quantitative Bestand ihrer rationalen Offenbarungswahrheiten jetzt kleiner geworden ist. Aber die Schwierigkeiten, die dem orthodoxen Autoritätsbegriff *geschichtlich*, d. h. inhaltlich und quantitativ in der modernen Welt bereitet wurden, sind ein Kinderspiel gegenüber der Belastung, die er durch die moderne *Philosophie* erfährt. Denn schon durch die Lehre des Descartes wird nicht nur der Inhalt, sondern der Begriff der theologischen Autorität als solcher in Frage gestellt. Von den angeblich gegebenen Erkenntnissen überhaupt richtet sich hier das Interesse auf den Vorgang des Erkennens, von den Dingen auf die Gesetzlichkeit in den Dingen. Leonardo | da Vinci, Kopernikus, Kepler, Baco, Gassendi, Newton eröffnen das Zeitalter der Naturforschung unter der stillschweigenden oder ausdrücklichen Voraussetzung des platonischen Erkenntnistheorems: οὐδεὶς ἀγεωμέτρητος εἰσίτω, alles Wirkliche muß mathematisch erkennbar sein. Die Dogmen räumen ihren Platz in den Köpfen den Arbeitsmethoden. Noch versucht es die Aufklärungsdogmatik, sich zu retirieren auf den Begriff eines Gottes, »der nur von außen stieße«, wie Goethe gespottet hat. Aber auch diese Autorität soll fallen. Denn nun zieht *Kant* das Fazit aus der geistesgeschichtlichen Entwicklung, kritisiert die Vernunft, zeigt, daß sie nur erkennt, was sie erkennen *kann*, und daß *keine* metaphysische Idee weder dogmatischer noch »empirischer« Herkunft mit dem Anspruch, konstitutive Erkenntnis zu sein, auftreten darf, soll sich die Vernunft nicht in die unheilvollsten Widersprüche mit sich selbst begeben. Und gleichzeitig kommt von der *Ethik* her, auf der Linie, die von Lessing über Kant zu Fichte führt, die Frage, inwiefern denn überhaupt eine selbst absolute Größe der Vergangenheit für den Menschen, der sie nur historisch kennt, eine Lebensbedeutung habe. Hier scheint sich der Angriff förmlich zu überstürzen. 1777 lautet die These: »Zufällige Geschichtswahrheiten können der Beweis notwendiger Vernunftwahrheiten nie werden.«[1] 1806 aber im höhern Chor: »Nur das Metaphysische, keineswegs aber das Historische, macht selig[; das letztere macht nur verständig]. Ist nun jemand wirklich mit Gott vereinigt und in ihn eingekehrt, so ist es ganz gleichgültig, auf welchem Wege er dazu gekommen; und es wäre eine sehr unnütze und verkehrte Beschäftigung, anstatt in der Sache zu leben, nur immer das Andenken des Weges sich zu wiederholen.«[2] Was | wir in diesen beiden philosophischen Gedankengängen sich vollziehen sehen, das ist die Herausschälung der *Autonomie des Be-*

---

[1] *Lessing*, Über den Beweis des Geistes und der Kraft.
[2] *Fichte*, Die Anweisung zum seligen Leben (sechste Vorlesung).

wußtseins aus den Krusten der mittelalterlichen Zwangskultur. Autonomie ist die *kritische* Instanz, die das Bewußtsein in seiner eigenen *Gesetzlichkeit* entdeckt. Hinter die damit erreichte geistige Entwicklungsstufe können wir nicht zurück. Und damit wird die altprotestantische Fassung des Begriffs der geschichtlichen Autorität in der Tat in jedem Sinne unmöglich.[1] Nachdem ich mir kritisch darüber klar geworden bin, was meine Vernunft leisten, d. h. *aufnehmen kann,* kann und darf ich nicht hingehen und nun trotzdem Gedanken, deren Wahrheitsgehalt ich mindestens vernunftgemäß nicht feststellen kann, auf Autorität hin annehmen. Hinfällig wird die Vorstellung von autoritativen Satzungen einer hierarchischen Anstalt, hinfällig aber auch die Vorstellung eines autoritativen Kanons, autoritativer Gedanken, Sätze und Erzählungen, und wenn ein Engel vom Himmel sie gebracht hätte.[2]

So hat die dogmatische und die philosophische Kritik zu demselben Resultat geführt: Der Glaube, das christliche Gotteserleben, kann weder zusammenfallen mit der willens- und verstandesmäßigen Bejahung einer geschichtlichen Lehrautorität, noch kann er durch diese in irgend einem Sinne bedingt sein. Die richtige Problemstellung in der Frage »Glaube und Geschichte« kann das nicht sein. Vom Begriff des | Glaubens

---

[1] Vgl. zu diesem letzten Abschnitt die bereits zitierte instruktive Abhandlung von *Troeltsch* »Protestant. Christentum« etc., in der allerdings der Radikalismus, der in der frühreformatorischen Position Luthers und Melanchthons offen und in der Theologie Calvins verborgen ist, nicht zu seinem Rechte kommt, so daß ein Bild entsteht, das die Reformation einseitig auf die Seite des Mittelalters stellt.

[2] Nur beiläufig möchte ich bemerken, daß es wohlgetan ist, sich zweimal zu besinnen, bevor man nun vorschnell, an eine sehr zweifelhafte Seitenlinie des kantischen Systems anschließend, einen Unterschied von *Glauben* und *Wissen* einführt, bei dem das angebliche Glauben doch wieder ein Wissen ist mit Kirche und Kanon, Metaphysik und Wunder. Die Wege dieser Apologetik sind Schleichwege. Es gibt nur *ein* Wissen, und das ist das Wissen des kritischen Rationalismus.

aus nicht, weil er so verstanden hinauslaufen würde auf intellektuelle Unredlichkeit, auf Selbsttäuschung, auf Werkgerechtigkeit, vom Begriff der Autorität aus nicht, weil die so verstandene Autorität nicht bestehen kann vor dem autonomen, d. h. selber erkennenden modernen Kulturbewußtsein. Eine tiefer eindringende kritische Analyse der damit abgelehnten Position kann erst im Zusammenhang mit der positiven Durchführung des Problems versucht werden.

IV.

Wir gehen über zum konstruktiven Teil unserer Untersuchung. Mit den einschlägigen Problemen der *Religionsphilosophie* ist dabei der Anfang zu machen.

Der deutsche Klassizismus stellt sich uns dar als das philosophische Resultat der geistigen Entwicklung, die mit der Renaissance ihren Anfang nahm. Das Bewußtsein entdeckt seine Eigengesetzlichkeit in Wissenschaft, Moral und Kunst. Die Philosophie *Kants* ist der Aufriß der objektiven Vernunft, für die jedes Dogma als Dogma gestrichen ist. Auch die Gedankenwelt *Goethes* und *Schillers* erscheint zunächst beschränkt auf die großen Objektivitäten der Natur, der Geschichte und der Kunst. Das Problem des individuellen Lebens scheint ausgeschaltet wegen seines kompromittierenden Zusammenhangs mit dem gestrichenen Dogma. Aber es scheint doch nur so. In Wirklichkeit hatte schon in der Renaissance der Gedanke der autonomen Bewußtseinsgesetzlichkeit den Gedanken des autonomen individuell-lebendigen Ich erzeugt. Die Tiefen der Gottheit werden wieder entdeckt im Lebensvorgang nicht der Vernunft, sondern des einzelnen Menschen. Von hier sind die klassischen Poeten sogar ausgegangen: Der Götz und die Räuber drehen sich im Grunde um jenes von der modernen Entwicklung scheinbar ausgeschaltete Ich- oder Lebensproblem, in Prometheus und Don Carlos ringt es mit der feindselig-bedrohlichen Objektivität, in Faust und Wilhelm Meister, in Wallenstein und Maria Stuart endlich kommt es zum Ausgleich, ja zur Synthese zwischen dem, was »drinnen«, und dem, was »draußen« ist. Aber diese poetische und sicher prophetische Synthese interessierte nun doch die Mehrzahl der Zeitgenossen hauptsächlich hinsichtlich ihres ersten Gliedes, des lange vernachlässigten Individualitätsproblems. Hier setzte die *Romantik* ein. | In Manchen ihrer Vertreter, typisch dafür sind *Fichte* und sein Schüler *Novalis*, präsentiert sie sich als tumultuarische Subjektivierung der modernen Objektivität oder, wenn man will, als Objektivierung der modernen Subjektivität. Sie endet dann in der hoffnungslosen Neu-Verwirrung der Probleme der Gottheit oder des Lebens und der Vernunft oder der Kultur, deren Trennung die vorhergehenden Jahrhunderte in heißem Kampf durchgeführt. Bei Einem aber gestaltete sich der romantische Ansatz zum Ausgangspunkt einer Gottheits- oder Lebenstheorie, d. h. zu einer Religionsphilosophie, die darum fruchtbar und förderlich gewesen ist, weil sie die Probleme in ihrer qualitativen Verschiedenheit anerkannte, ohne doch die in der klassischen Poesie und besonders im Leben Goethes vorliegende Synthese aus dem Auge zu verlieren. Der Eine war *Schleiermacher*.

»Frömmigkeit ... ist rein für sich betrachtet weder ein Wissen noch ein Tun, sondern eine Bestimmtheit des Gefühls oder des unmittelbaren Selbstbewußtseins.« So lesen wir in dem berühmten § 3. Damit ist die Eigenart des religiösen Problems in einer Schärfe erkannt, wie sie in den Werken der klassischen Poesie nicht erreicht und wie sie in denen der andern Romantiker wieder verwischt wurde. Wissen und Tun hier, Fühlen, Leben und Erleben dort. Kulturbewußtsein hier, Selbstbewußtsein dort. Ich wiederhole und unterstreiche: es handelt sich nicht bloß um ein anderes Problem, sondern um ein Problem, das auf einer ganz andern Fläche liegt. Dort steht die Art der objektiv-abstrakten Möglichkeit des Bewußtseins zur Diskussion, die apriorische Gesetzlichkeit des Wissens und Tuns, hier das wissende und tuende *Subjekt*, das denkende und wollende *Individuum*, der *Mensch* der Wirklichkeit mit einem Wort. Dort ist die Erkenntnis eines Dings an sich ausgeschaltet und alle Heteronomie des Pflichtbegriffs verpönt; wahre Erkenntnis ist nur die Erkenntnis von Erscheinungen, und guter Wille ist nur der eigene Wille. Hier steht der erkennende und der wollende Mensch, *indem* er erkennt, im Ding an sich mitten drin und, *indem* er will, unter absoluter Heteronomie. In diesem unmittelbaren Vorgang der Bewußtseins*wirklichkeit* (der für die kritische Fragestellung gar nicht in Frage fällt) haben wir das Phänomen vor uns, das psychologisch bereits als *Realitätsbeziehung* gekennzeichnet wurde. Sie ist individuell und trans-individuell, sie ist Selbstgewißheit und Gottesgewißheit in Einem. Sie steht zum Kulturbewußtsein im Verhältnis des aktualisierenden, weil regulativen Prinzips. Sie läßt die gesetzlich-apriorische Möglichkeit des Denkens und Wollens zu wirklichen Gedanken und Entschlüssen werden. Sie gleicht der platonischen *Idee:* wir sind in der Höhle, wir wenden dem Feuer den Rücken, aber »in seinem Lichte sehen wir das Licht«. »In ihm leben, weben und sind wir.« Und doch ist diese Realitätsbeziehung, »rein für sich betrachtet, weder ein Wissen noch ein Tun«, weder ein Gedanke noch ein Entschluß, sondern unmittelbare, unanalysierbare, irrationale, persönlich-individuelle Lebendigkeit. Der Friede Gottes ist höher als alle Vernunft. Und es rechtfertigt sich von hier aus religionsphilosophisch, was in der Einleitung bloß vorausgesetzt war, die prinzipielle Artverschiedenheit zwischen unmittelbarem Bewußtsein und der Reflexion darüber, zwischen Glaube und Glaubensgedanken.

Nach dieser Umschreibung des Problemkreises wendet sich die Religionsphilosophie zur nähern Darstellung ihres Objektes, jenes individuellen Lebendigwerdens, dem der Charakter der Realitätsbeziehung zukommt. In *Schleiermachers* zweiter Rede über die Religion sind die Elemente dieser Darstellung enthalten. Genial ist dort der Gedanke durchgeführt, daß im religiösen Erlebnis, d. h. in jenem individuellen Lebendigwerden *zwei Faktoren zwar begrifflich zu unterscheiden, aber sachlich zusammenzuschauen sind,* das Aufnehmen einer Wirksamkeit ins Bewußtsein und das durch diese Wirksamkeit im Bewußtsein Gewirkte. Den ersten Faktor nennt Schleiermacher *»Anschauung«,* den zweiten *»Gefühl«. Anschauung* ist das Aufnehmen des

Eindrucks, den der ewige Gehalt im Dasein auf unser Selbstbewußtsein ausübt. Unsrer Vernunft nämlich oder unserm objektiven Bewußtsein ist das Endliche in Natur und Geschichte aufgegeben und kann nur das Endliche zur Bearbeitung aufgegeben sein. Aber *im* Endlichen gibt es ein Universum, ein Ewiges, Absolutes. Und dieses Unendliche im Endlichen befindet sich in ununterbrochener Tätigkeit und offenbart sich unserm unmittelbaren Selbstbewußtsein in jedem Augenblick. Über ein »An sich« dieses Universum[s] Aussagen zu machen, würde Mythologie bedeuten, und zwar erstens unkritische und zweitens religiös wertlose | Mythologie. Denn *nicht auf ein allfälliges »An sich« des Wirkenden kommt es in dem Vorgang des individuellen Lebendigwerdens an. Sondern seine Wirksamkeit und Tätigkeit erfahren* und in sich aufnehmen, »alle Begebenheiten in der Welt als Handlungen eines Gottes vorstellen«, *das ist die »Anschauung« der Religion.*[1] Im Gegensatz dazu und doch in Handlungen tiefster Einheit damit ist das religiöse *Gefühl* das *Gewirkte* im Selbstbewußtsein, das in der Anschauung entstandene Ergriffensein von der im Endlichen wahrgenommenen ewigen Welt.[2] Anschauung und Gefühl bestehen also nicht ohne einander und auch nicht neben einander, sondern *eines durch das andere und im andern*. Das ist die »Geburtsstunde alles Lebendigen in der Religion«, wenn *in der Anschauung Gefühl entsteht*.[3] Was hier vorgetragen ist, ist nicht eine neue Religion,

---

1 Reden, Ausgabe von *Otto*, S. 35-42.
2 A. a. O. S. 42-46.
3 A. a. O. S. 46f. Vgl. bes. folgende Sätze (S. 47-48): »Anschauung ohne Gefühl ist nichts und kann weder den rechten Ursprung noch die rechte Kraft haben. Gefühl ohne Anschauung ist auch nichts: beide *sind nur dann und deswegen etwas, wenn und weil sie ursprünglich eins und ungetrennt sind.* Jener erste geheimnisvolle Augenblick ... könnte und dürfte ich ihn doch aussprechen, andeuten wenigstens, ohne ihn zu entheiligen! Flüchtig ist er und durchsichtig wie der erste Duft, womit der Tau die erwachten Blumen anhaucht, schamhaft und zart wie ein jungfräulicher Kuß, heilig und fruchtbar wie eine bräutliche Umarmung; ja nicht *wie* dies, sondern er *ist* alles dieses *selbst*. ... Ich liege am Busen der unend-

nicht einmal eine neue Theologie, sondern einfach in der | Terminologie der Romantik das Fazit der religionsphilosophischen Voraussetzungen der reformatorischen Theologie, um nicht zu sagen des Paulinismus. Schleiermacher, *der* moderne Theologe, steht gerade in seiner Grundlegung in intimstem Zusammenhang mit den großen Zentralgedanken des evangelischen Christentums der Vergangenheit. Setzt man für »Anschauung« *fides* ein und für »Gefühl« *justificatio*, so wird man sich sofort zurechtfinden. Für *Luther* ist der *Glaube* keineswegs bloß aneignendes Mittel, wie es später hieß, dem dann die Rechtfertigung als ein Anderes, als das anzueignende Objekt irgendwie gegenüberstünde. Sondern in der »Freiheit eines Christenmenschen« heißt es wörtlich und unmißverständlich: *»Glaubst du, so hast du!«* Im Glaubensakt *ist* das Glaubensobjekt, es braucht nicht erst per fidem herbeigebracht zu werden. Ähnlich *Zwingli:* »Fidem habere est Deum habere.« Das setzte aber sofort auch einen andern *Rechtfertigungsbegriff* voraus als den, der später orthodox wurde. Es muß freilich gesagt werden, daß der junge Luther sich in dieser Hinsicht eindeutiger und erfreulicher ausgedrückt hat als der alte. Dem jungen Luther stellte sich das Problem so:[1] Gott rechtfertigt den Menschen. Das heißt: Gott erkennt den Sünder als gerecht an. Das ist freilich ein synthetisches Urteil, denn der Sünder *ist nicht* gerecht. Aber – und das wurde später außer Acht gelassen – in Gottes Munde ist es *zugleich* ein analytisches Urteil.

---

lichen Welt: *ich bin in diesem Augenblick ihre Seele; denn ich fühle alle ihre Kräfte und ihr unendliches Leben wie mein eigenes; sie ist in diesem Augenblicke mein Leib, denn ich durchdringe ihre Muskeln und ihre Glieder wie meine eigenen und ihre innersten Nerven bewegen sich nach meinem Sinne und meiner Ahndung wie die meinigen.* Die geringste Erschütterung, und es verweht die heilige Umarmung, und *nun erst steht die Anschauung vor mir als eine abgesonderte Gestalt. ...* Dieser Moment (sc. der Moment der Einheit von Anschauung und Gefühl) ist die höchste Blüte der Religion. *Könnte ich ihn Euch schaffen, so wäre ich ein Gott.«*

[1] Vgl. die Darstellung des in der Römerbriefvorlesung von 1516 vorgetragenen Justifikationsbegriffs in dem Artikel von *Karl Holl,* Zeitschrift f. Theologie u. Kirche 1910, Heft 4.

Der Sünder *ist jetzt* gerecht; denn durch das rechtfertigende Urteil hat Gott zwischen sich und ihm persönliche Beziehung und Gemeinschaft gestiftet. Diese Stiftung aber braucht nicht erst durch den Glauben des Menschen wirksam zu werden – die Wirksamkeit liegt bei Gott und nicht beim Menschen –, sondern *weil und indem sie wirksam ist, glaubt der Mensch*. So sind auch Glaube und Rechtfertigung bloß begrifflich zu unterscheiden als die zwei verschiedenen Seiten desselben Vorgangs, als Aufnahme der Wirksamkeit Gottes und als das von Gott Gewirkte. Es gilt auch von ihnen, daß sie »ursprünglich eins und ungetrennt« sind. Denn Glaube ist freilich fiducia cordis misericordiae divinae und insofern nichts anderes als Empfänglichkeit, aber *weil* fiducia, persönliches Vertrauen zu dem *gerechten Gott*, zugleich obedientia spiritus. Der rechtfertigende Gemeinschaftswille Gottes wird eben Glaubensgehorsam des Menschen. Ganz im selben Sinne läuft der Abschnitt »De justificatione et fide« in der ersten Auflage von *Melanchthons* Loci auf die Gleichung justificatio = fides und fides = justificatio hinaus. Und auf den womöglich noch schärfern Ausdruck bringt *Calvin* das Problem, indem er die Linien nach der objektiven wie nach der subjektiven Seite verlängert, um dann direkt die göttliche Erwählung und den menschlichen Sittengehorsam einander gleichzusetzen.[1] Das Verhältnis von Subjekt und Objekt in der Realitätsbeziehung des individuellen Lebendigwerdens wird also von der Religionsphilosophie im Anschluß an Schleiermachers und der Reformatoren Stellung des Problems so zu beschreiben sein: *In der Anschauung, im Sehen der Wirksamkeit Gottes, im Glauben, im sittlichen Gehorsam wird das Gefühl, das durch Gott Gewirkte, die Rechtfertigung, die Erwählung Tatsache.*

---

[1] Man vergleiche folgende Sätze aus Instit. III 17,5 mit den vorhin zitierten aus Schleiermachers Reden: »Dominus non amare et osculari non potest, quae per spiritum suum in illis efficit bona. ... Unde enim illis *bona opera*, nisi quod Dominus illos, quemadmodum vasa in honorem elegit, ita *vult vera puritate exornare*? ... In summa nihil aliud significat (sc. der Ausdruck »bona opera«) hoc loco quam *gratos esse Deo et amabiles suos filios in quibus notas et lineamenta vultus sui videt.*«

Von dem so verstandenen Begriff der Anschauung oder des Glaubens wird also die weitere Fragestellung sachgemäß auszugehen haben. Und zwar wird die dritte und letzte Frage, die die Religionsphilosophie hier zu beantworten hat, lauten müssen: Wie kommt der Glaube, die Anschauung, in der die Realitätsbeziehung des religiösen Lebens wirklich ist, zustande? Denn es muß *zustande kommen*, es darf *nicht*, als im Begriff des Menschen gegeben, *vorausgesetzt* werden. Der Begriff des Menschen ist das Kulturbewußtsein in Logik, Ethik und Ästhetik, und dieses kann und darf von solcher Anschauung nichts wissen, will es anders seiner eigentümlichen Methodik getreu bleiben. Hier als im Problemkreis nicht der Vernunft, sondern des Individuums haben wir es nicht wie dort mit der transszendental-allgemein-gesetzlichen Möglichkeit des Geschehens, sondern mit konkret-einzeln-wirklichem Geschehen, mit *Geschichte* zu tun. Und hier erhebt sich die Frage, *muß* sie sich erheben: *wie kommt* Anschauung, fides salvifica *zu Stande?*[1] Vom Begriff des *anschauenden Individuums* aus ergibt sich die allgemeine Antwort, daß auch das Angeschaute, das, worin die Wirksamkeit Gottes gesehen, woher sie aufgenommen wird, individueller, einzelner Art sein muß. Eine einzelne bestimmte Anschauung führt den Menschen vor »ein unbegreifliches Faktum«, stellt ihn mitten unter dem Endlichen und Einzelnen unter den Eindruck des Unendlichen und Ganzen,[2] gibt ihm, um mit den »Monologen« die Beschreibung dieses Erlebnisses auf das sittliche Gebiet zu erweitern, »das Bewußtsein der innern Freiheit und ihres Handelns«, dem »ewige Jugend und Freude« entsprießt.[3] Diese einzelne bestimmte Anschauung wird nun ebenso notwendig als frei »zum Zentralpunkt der ganzen Religion gemacht« und alles

---

1 Es dürfte in dem Gesagten die Begründung dessen liegen, was ich S. 17 in einem Goethezitat erst schüchtern angedeutet, daß die Vorstellung eines »religiösen Apriori« eine contradictio in adjecto ist.
2 *Schleiermacher*, Fünfte Rede, a. a. O. S. 163-165.
3 Ausgabe von *Schiele* S. 94.

darin | auf sie bezogen.¹ Sie bestimmt bei jedem Menschen »den Charakter und Ton, in welche die ganze folgende Reihe seiner religiösen Ansichten und Gefühle« hineingestimmt wird »und welcher sich nie verliert, wie weit er auch hernach in der Anschauung fortschreitet über das hinaus, was die erste Kindheit seiner Religion ihm bot.«² Und wenn wir nun weiter fragen: *wo* findet das Individuum das bestimmte »unbegreifliche Faktum«, das ihm zur Anschauung des Universums, des wirksamen Gottes wird, so *scheinen* dafür in den niedern Religionen die Natur und ihre Phänomene oder dgl. in Betracht zu kommen, im Gebiet der höhern, der Geistesreligionen sind es jedenfalls deutlich und ausschließlich die *Sozietät*, die menschlichen Neben-Individuen. Ich lasse noch einmal *Schleiermacher* das Wort: »In dem Fleische von seinem Fleische und Bein von seinem Beine entdeckte schon der erste Mensch die *Menschheit* und in der Menschheit die *Welt;* von diesem Augenblick an wurde er fähig, die Stimme der *Gottheit* zu hören und ihr zu antworten. ... Umsonst ist alles für denjenigen da, der sich selbst allein stellt; denn um die Welt anzuschauen und um Religion zu haben, muß der Mensch erst die Menschheit gefunden haben, und er findet sie nur in *Liebe* und durch Liebe. ... Zur Menschheit also laßt uns hintreten, da finden wir Stoff für die Religion«,³ d. h. also: das Individuum findet die Offen|barung, die es in der Religion anschaut und aufnimmt, in der Menschheit, d. h. aber in der Geschichte. Das schöpferische Prinzip aber, durch das die Anschauung zu Stande kommt, ist die Liebe, ist das persönliche innere Erlebnis reiner Hingabe und reiner Gemeinschaft.

---

1 Fünfte Rede, a. a. O. S. 160.
2 Fünfte Rede, a. a. O. S. 165.
3 Zweite Rede, a. a. O. S. 56-57.

V.

Nach dieser religionsphilosophischen Grundlegung wenden wir uns zu unserm christlich-theologisch-*dogmatischen* Problem: christlicher Glaube und Geschichte, d. h. aber laut allgemeiner und allgemein zu verstehender psychologischer Feststellung: christlicher Glaube und Christus. »Ecce cognitio Christi iustificatio est, cognitio autem sola fides est.«[1] D. h. also: Das religiöse Schauen Christi, das Sehen der Wirksamkeit Gottes in ihm *ist* die Rechtfertigung; darum ist diese Anschauung und nur diese der christliche Glaube. Diese Gleichung ist nun zu diskutieren.

Zunächst eine Näherbestimmung von grundsätzlicher Wichtigkeit. Sie führt uns in das Zentrum des Problems. *Die Methodik des christlichen Glaubens kennt nur einen Christus außer uns. Sie kennt keinen Christus an sich. Sie kennt nur einen Christus in uns.* Man lasse sich nicht verblüffen durch den kontradiktorischen Gegensatz zwischen dem ersten und dritten Satz. Es ist keine unwissenschaftliche Ausflucht ins Erbauliche, sondern die sachlich-notwendige Rechtfertigung, wenn ich ihn begründe mit dem, was *Calvin* dazu bemerkt hat: »Haec quidem secreta est absconditaque philosophia, et quae *syllogismis erui non potest;* sed scilicet eam perdiscunt, quibus oculos aperuit deus, ut in suo lumine lumen videant.«[2] Derselbe *Calvin* scheint mir für unser Problem theologisch mehr darzubieten als alle Alten und Modernen, weil er die doppelte Gedankenreihe des Christus extra nos und des Christus noster factus in einer Schärfe durchgeführt hat, die ich sonst nirgends erreicht sehe.

1. Aus dem Begriff der religiösen Anschauung = fides ergibt sich, daß der Christus, den der Glaube meint, schlechterdings Christus außer uns ist. Es ist die denkbar größte Konfusion, wenn *Arthur Drews* und leider | auch bessere Theologen als er von einem uns von Natur eigenen »Christus in uns« re-

---

1 *Melanchthon*, Loci (Ausgabe von *Kolde*), S. 186.
2 Instit. III 20,1.

den. »Von Natur eigen« ist uns das Kulturbewußtsein als apriorische Gesetzlichkeit des Bewußtseinsmöglichen, nicht aber der Glaube, geschweige denn ein konkret-historischer Glaube wie der christliche. Glaube ist nach seiner einen und notwendigen Seite immer Anschauung = fides. Anschauung aber ist Anschauung von Etwas, und zwar von *Etwas außer uns*, nur in diesem Sinn ist sie Anschauung des »Universums«, in der das »Gefühl des Universums« wirklich werden kann. Gefühl abgesehen von Anschauung, justificatio abgesehen von fides, Leben abgesehen von *Er*leben, das sind Begriffe, die wir uns durch Paulus, durch die Reformatoren, durch Schleiermacher allmählich sollten abgewöhnen lassen. Die Gewißheit, d. h. aber die Wahrheit des Gefühls, der justificatio, des Lebens hangen davon ab, daß sie forensisch, als synthetisches Urteil gedacht werden. »Iustificare dicitur fides, quod oblatam in evangelio iustitiam recipit et amplectitur.«[1] »Non alia ratione (fides) iustificat, nisi quia in communicationem iustitiae Christi nos inducit.«[2] »Vides non in nobis, sed in Christo esse iustitiam nostram, nobis tantum eo iure competere, quia Christi sumus participes.«[3] *In uns* ist zunächst nicht Christus, sondern die apriorische Gesetzlichkeit des Bewußtseins und ein empirischer Lebensbestand, der den Imperativen jener Gesetzlichkeit nicht von ferne gerecht wird.[4] Die einseitige These vom Christus in uns erledigt sich gleicherweise vom Standpunkt der reformatorischen Heilsgewißheit wie vom Standpunkt des kritischen Idealismus aus.

2. Aber ebensowenig fällt für die Methodik des christlichen Glaubens ein »Christus an sich« irgendwelcher Herkunft in Betracht. Ich verstehe darunter die Vorstellung eines objekti-

---

1 Instit. III 11,17.
2 Instit. III 11,20.
3 Instit. III 11,23.
4 *Calvin* hat diese Ablehnung im Zusammenhang durchgeführt in der großen Auseinandersetzung mit *Osiander* (Inst. III 11,5-12), die darum besonders interessant ist, weil er selbst sich auf den ersten Blick in verdächtiger Nähe der osiandrischen Position zu befinden scheint.

ven, zwar in irgend einem Sinn göttlich bedeutungsvollen, aber erst durch den Akt einer besondern Aneignung wirksam werdenden Christus. Man sieht, daß der Begriff gar nicht zu konstruieren ist ohne tatsächliche Auflösung des Begriffs der religiösen Anschauung. Denn in der Anschauung ist eben die Wirksamkeit und damit das Wirksame bereits mitgesetzt. »Glaubst du, so hast du!« Und doch wird mit diesem Begriff überall da gearbeitet, wo man Christus dem »Glauben« als Objekt irgendwie zur Aneignung gegenüberstellt. Es kommt dann zu jener denkbar kläglichsten Katastrophe des theologischen Denkens, die sich uns im Glaubensbegriff der protestantischen Orthodoxie präsentiert hat, zum Synergismus. Ob dieser objektive, d. h. abgesehen vom Glauben göttlich bedeutungsvolle und doch erst im Glauben göttlich wirksam werdende Christus dabei mehr als »dogmatischer« oder mehr als »historischer« Christus auftritt, ist sachlich belanglos; sie liegen beide von vornherein im selben Grab, das nie zum leeren Grab werden wird. Wird diese objektive Größe nicht von vornherein als im Glauben mitgesetzt, d. h. aber als von vornherein subjektiv wirksam gedacht, wie soll dann die Anschauung des Glaubens, die doch Anschauung eines Wirksamen ist, überhaupt entstehen? Und wenn sie mit allen Prädikaten der Göttlichkeit ausgerüstet wäre, was könnte sie uns anderes sein als entweder ein Stück Mythologie oder ein Stück historischer Welterkenntnis, solange sie nicht auf uns wirksam gewesen, d. h. bevor wir ihre Göttlichkeit an | uns – in uns erfahren haben? »Habendum est, quamdiu extra nos est Christus et ab eo sumus separati, quidquid in salutem humani generis passus est ac fecit, nobis esse inutile nulliusque momenti.«[1] Und des alten *Angelus Silesius* Sprüche bestehen vollkommen zu Recht:

Wird Christus tausendmal zu Bethlehem geboren,
Und nicht in dir: du bleibst doch ewiglich verloren.
Das Kreuz zu Golgatha kann dich nicht von dem Bösen,
Wo es nicht auch in dir wird aufgericht't, erlösen.

---

1 Instit. III 1,1.

> Ich sag, es hilft dir nicht, daß Christus auferstanden,
> Wo du noch liegen bleibst in Sünd und Todesbanden.[1]

Zweierlei kommt mit diesem Christus an sich, ob es nun der Christus des Athanasius oder der Boussets sei, in Wegfall. Erstens die Vorstellung, als ob der Glaube eine Hand sei, durch die der Mensch sich etwas aneigne, was er vorher noch nicht besitze.[2] »Du würdest mich nicht suchen, wenn du mich nicht schon gefunden hättest.« Das hat schon Augustin gewußt, und wir dürften es uns wohl allmählich zur theologischen Denkgewohnheit machen. Zweitens fällt weg – und hier trifft die Methodik des Glaubens mit der der Wissenschaft zusammen – die Vorstellung, als ob es irgendwo und irgendwie *abgesehen* von der Anschauung des Glaubens einen Christus geben müßte, der uns mehr wäre als »der größte Prophet«, wobei auch dieser Superlativ noch diskutierbar ist. Denn abgesehen vom Glauben gibt es wenigstens für den, der mit dem mythologischen Denken fertig ist, nur das Wissen des kritischen Rationalismus.

3. Darum kennt die Methodik des christlichen Glaubens nur einen »Christus in uns.« Ich kann hier einfach *Calvin* das Wort lassen. Als einen »cuniculus« des Satan gegen die Heilsgewißheit (!) bezeichnet er die Meinung, als ob Christus dem Glauben irgendwie erst als Objekt, d. h. fern und fremd gegenüberstehe. »Quasi vero Christum veluti procul stantem et non potius in nobis habitantem debeamus cogitare. Ideo enim ab ipso salutem exspectamus, *non quia eminus nobis appareat, sed quia nos corpori suo insitos non modo suorum omnium bonorum participes faciat, sed sui quoque ipsius.* ... Christum a nobis sepa-

---

1 Cherubinischer Wandersmann, Ausgabe von *Bölsche*, Erstes Buch, Nr. 61-63.

2 Nur im Vorbeigehen möchte ich hier dagegen protestieren, daß in der neuesten Übersetzung der Institutio von E. F. K. *Müller* diese fatale »Hand« auch in *Calvin* hineininterpretiert wird. S. 417 und bes. kraß S. 388, wo der Satz: »res est mere passiva fides« wiedergegeben wird mit: »Der Glaube ist nichts anderes als eine empfängliche Hand.« Ich halte das für eine unerfreuliche Art, der Propheten Gräber zu schmücken.

rare, aut nos ab ipso, minime convenit: sed utraque manu fortiter retinere oportet eam qua se nobis agglutinavit societatem. ... *Christus non extra nos est, sed in nobis habitat,* nec solum individuo societatis nexu nobis adhaeret, sed mirabili quadam communione in unum corpus nobiscum coalescit in dies magis ac magis, donec unum penitus nobiscum fiat.«[1] Diese Sätze bedeuten nichts anderes als die systematische Präzisierung des Programms, das bereits *Melanchthon* aufgestellt in seinem berühmten: »hoc est Christum cognoscere, *beneficia eius cognoscere.*«[2] Und ebendieselbe Einsicht hat *Schleiermacher* ausgesprochen, indem er »*die | wirksame, d. h. auf eine bestimmte Art affizierende* Erscheinung Christi« die »wahre«, d. h. doch wohl die Glauben schaffende Offenbarung und – *das Objektive* nennt.[3] Der Christus des Glaubens ist der affizierende Christus, denn Glaube ist ja als Anschauung selbst nichts anderes als Sehen einer Wirksamkeit, als Affiziertwerden. Und darum ist er Christus in uns. Aber dieser wirksame Christus in uns ist das »Objektive«. Damit ist der Kreis geschlossen, den wir begonnen mit dem Satz, daß der Glaube nur einen Christus außer uns kennt. Alles hängt für die Wahrheit des Gefühls, der justificatio, des Lebens davon ab, daß er außer uns, und Alles hängt für die Wahrheit der Anschauung, der fides, des Erlebens davon ab, daß er in uns ist. Der Christus außer uns ist der Christus in uns. Die wirksame Geschichte ist der gewirkte Glaube. Wenn es richtig ist, was *Julius Kaftan* von der synergistischen Kontroverse sagt, daß sie nicht zu lösen, sondern aufzulösen sei,[4] dann wäre das nach der Seite Glaube und Geschichte damit geschehen.

Nach diesen Feststellungen, die übrigens samt und sonders bloß eine Anwendung unsrer religionsphilosophischen Grundlegung darstellen, treten wir an die Hauptfrage heran: *Inwiefern ist der wirkende affizierende Christus Quelle und Stoff*

---

[1] Instit. III 2,24.
[2] Loci, a. a. O. S. 63.
[3] Briefe IV, S. 335.
[4] Dogmatik, 3.–4. Aufl., S. 638.

des christlichen Glaubens? Nach zwei Seiten ist dieser Vorgang zu untersuchen, nach der objektiven und nach der subjektiven, nach der Seite der Geschichte, d. h. Christi, und nach der Seite des Glaubens.

1. Wie geht es zu, daß der christliche Glaube unter allen möglichen Anschauungen innerhalb der Menschheit gerade *diese* ergreift, gerade von dem einen Jesus sagt:

>   Was wär' ich ohne dich gewesen
>   Was würd' ich ohne dich nicht sein? |

Die Reformatoren antworten auf diese Frage: weil in ihm die besondere misericordia divina gegen uns wirksam, weil er das Vehikel der göttlichen Erwählung, weil in ihm Gottes Wille, Gemeinschaft mit uns zu haben, vollzogen ist. Wir fragen weiter: Worin liegt die besondere misericordia divina in der Erscheinung Christi? Die Reformatoren antworten einhellig: in seinem *Kreuz* und in seiner *Auferstehung*, und alles andere scheint gegenüber dieser doppelseitigen Tatsache des Heils zurückzutreten. So faßte schon Paulus alles, was die Urgemeinde im Bilde des κύριος verehrte, zusammen in das Eine: er ist gestorben und auferstanden. Den Juden ein Ärgernis und den Griechen eine Torheit, ist es denen, die glauben, eine Gotteskraft. Es scheint mir, daß wir allen Anlaß haben, diese Zusammenfassung des wirksamen Christus ganz anders ernst zu nehmen und fruchtbar zu machen, als es gewöhnlich der Fall ist. Die bekannten mythengeschichtlichen Parallelen sollten uns dazu vielmehr auffordern als uns davon abschrecken. Aber gerade *wenn* wir sie ernst nehmen wollen, müssen wir uns klarer sein über das Warum? als die Meisten, die es ohnehin tun, und weiter fragen: warum ist gerade Kreuz und Auferstehung *Christi* Anschauungsobjekt göttlicher Wirksamkeit auf uns? Wir müssen dann das Zusammengefaßte zunächst doch auseinanderlegen und sagen: Christus überhaupt ist Wirksamkeit Gottes auf uns und darum Quelle und Stoff unsrer religiösen Anschauung. Die Wirksamkeit Gottes ist *er selbst. Wie* er selbst? *Nicht* sein äußeres Leben, *nicht* seine Worte, *nicht* seine Taten. Gewiß, die Kunde davon dient dazu, uns ihn selbst zu *vermitteln*. Aber zunächst gehört diese Kunde dem Gebiet des objektiven Bewußtseins an, zunächst ist sie bloß historisch und darum in jeder möglichen Form der Unsicherheit, der Relativität, der Unwirksamkeit alles bloß Historischen unterworfen. *Wirksamkeit aber setzt voraus eine qualitative Gleichartigkeit des Wirkenden mit dem zu Bewirkenden.* Das Problem des Glaubens besteht darin, daß in der Anschauung das Gefühl, in der fides die justificatio wirklich werde, d. h. eben jene individuelle Lebendigkeit, die wir oben als das Wesen des Glaubens beschrieben haben. Diese individuelle Lebendigkeit hat ihre Norm an der Aktualisierung der apriorischen Bewußtseinsgesetzlichkeit, und zwar zweifellos an ihrer restlosen Aktualisierung. Die Reformatoren haben darum diesen zu erreichenden resp. zu bewirkenden innern Lebenszustand als justitia beschrieben,[1] und zwar eben in dem nähern Sinn: »Si verum est perfectionem iustitiae in lege nos edoceri, istud etiam consequitur, absolutam eius observationem perfectam esse coram Deo iustitiam.«[2] In dem dieser Norm entsprechenden innern Lebenszustand haben wir das Gefühl, die justificatio, d. h. das zu Bewirkende vor uns. Und nun steht dem in der Tat ein qualitativ gleichwertig Wirkendes gegenüber in dem Selbstbewußtsein oder in dem *innern Leben Jesu.* »Ubi quaeritur, quomodo abolitis peccatis dissidium Christus inter nos et Deum sustulerit et iustitiam acquisierit quae eum nobis faventem ac benevolum redderet, *generaliter responderi potest, toto obedientiae suae cursu hoc nobis praestitisse.*«[3] Wir sehen in ihm einen innern Lebenszustand erreicht, der den Namen justitia verdient, denn er ist selbstverleugnender Liebesgehorsam ohne Rückhalt und deshalb *die* restlose Aktualisierung der apriorischen Bestimmung des Menschen. *So* sieht *wirkliche* individuelle Lebendigkeit aus wie das innere Leben Jesu. Und diese obedientia, die uns als »unbegreifliches Faktum« aus Al-

---

1 Ich brauche wohl nicht erst aus *Luthers* Auslegung des Dekalogs zu begründen, daß sie dabei an die Aktualisierung einer *apriorischen* und nicht einer empirisch-zufälligen Gesetzlichkeit gedacht haben.
2 *Calvin*, Instit. II 7,3.
3 Instit. II 16,5.

lem, was wir sonst kennen, entgegentritt, ist nun der fons gratiae, der über alle Kritik erhaben, indifferent gegen historische Bejahung oder Verneinung »in den Evangelien schimmert und leuchtet«.[1] Erhaben und indifferent einerseits darum, weil sie gegenüber allen Schwankungen im historischen Bild Jesu undiskutierbar bleibt, d. h. weil sie für die Wissenschaft gar nicht Objekt werden kann. Andrerseits einfach darum, weil sie *tatsächlich wirksam ist.* »In der Religion Jesu finden wir Stoff für unsre Religion,«[2] und ich interpretiere: sie *ist* der *tatsächliche* Stoff unserer Religion. Wenn wir überhaupt Religion haben, so haben wir sie, weil uns von der Religion Jesu her durch allerlei Vermittlungen der Stoff dazu gegeben ist. »Jesu Glaube ist die Offenbarung,«[3] und ich interpretiere: er ist die Offenbarung, die der *tatsächliche* Inhalt unsres Glaubens ist. Der Christus außer uns ist der Christus in uns. Die wirksame Geschichte ist der gewirkte Glaube. Was für Jesus selbst das Bewußtsein von der Einzigartigkeit, Ursprünglichkeit und Kraft seiner Religiosität und damit das Bewußtsein seines Mittleramtes, seiner Gottheit war, das ist für uns die notwendige und zureichende Anschauung der Wirksamkeit Gottes.[4]

---

1 Ich brauche absichtlich diese berühmte Wendung *Goethes* aus den Gesprächen mit Eckermann. Es handelt sich eben *nicht* um einen irgendwie festzustellenden *Ausschnitt* aus der evangelischen Geschichte. Man sollte endlich damit aufhören, meinem Lehrer *Wilhelm Herrmann* diese Meinung unterzuschieben oder als angebliche Konsequenz seines Standpunktes zuzuschieben. Sondern es handelt sich um das nicht nachweisbare, aber erlebbare Faktum menschlich-persönlich-individuellen Lebens, das durch die Berichte der Urkunden *hindurch*leuchtet wie durch ein Transparent, das jenseits aller historischen Dialektik sich als unmittelbare Wirklichkeit, weil Wirksamkeit kundgibt, das die Evangelien zum Evangelium werden läßt. Vgl. den letzten Abschnitt dieses Aufsatzes.
2 *Schleiermacher*, Fünfte Rede, a. a. O. S. 180.
3 *Theodor Haering*, Einfachste Worte für eine große Sache, Zeitschrift für Theologie und Kirche 1909, S. 197.
4 *Schleiermacher*, Fünfte Rede, a. a. O. S. 185. Glaubenslehre §§ 93, 100, 101.

»Ihr seid Alle Gottes Söhne durch den Glauben an Christus Jesus.« – »Scriptura tamen, quo certius definiat modum salutis, hoc *morti Christi* quasi peculiare ac proprium adscribit. ... Illud quidem tenendum est, non potuisse rite Deo obiter litari, quam dum proprio se affectu abdicans Christus illius se arbitrio subiecit, totumque addixit.«[1] Die obedientia des Selbstbewußtseins Jesu kommt definitiv, vollständig und anschaulich zum Ausdruck in seinem *Kreuze*. Auch der geringste Schein kleinmenschlicher Beschränktheit und Egozentrizität im Bilde seines innern Lebens muß verschwinden angesichts der Tatsache, daß der Vollkommene es nicht für einen Raub ansah, Gott gleich zu sein, sondern gehorsam war bis zum Tod, bis zur Vernichtung seines menschlichen Selbstbewußtseins. Das war die »absoluta observatio legis« und darum die »perfecta coram Deo iustitia«. Das Andere aber ist nur die Kehrseite davon. Weil Jesu Leben in diesem Tod seinen geschlossenen Ausdruck fand, ist er *auferweckt* von den Toten. Indem der historische Jesus zu Grabe geht, wird er der lebendige Christus, der über das Grab triumphiert, wird er das Vehikel der göttlichen Erwählung, der göttlichen misericordia, des göttlichen Gemeinschaftswillens gegen uns.[2] Als der Gekreuzigte und *darum* als der Auferstandene ist Christus *die* Heilstatsache des christlichen Glaubens. Für das objektive Bewußtsein, für die Wissenschaft existiert sie nicht und kann sie nicht existieren. Aber im christlichen Glauben wird sie tatsächlich als wirksam angeschaut, und in jedem Faktum dieses Glaubens in lebendig gewordenen Individuen ist sie darum als »Stoff« und »Zentralpunkt« mitgesetzt.

2. Von dieser subjektiven Seite der Sache, von dem von Gott durch den wirksamen Christus in uns Gewirkten ist nun noch

---

1 *Calvin*, Instit. II 16,5.
2 Die Art, *wie* die ersten Jünger die Wirksamkeit des lebendigen Christus an sich erfahren haben, gehört ins Gebiet des bloß historischen, d. h. des objektiven Bewußtseins und ist selbstverständlich für seine Wirksamkeit auf *uns nicht* grundlegend und maßgebend.

zu reden. Um die *andre* Seite *derselben* Sache handelt es sich. Nicht stehen sich Gott und Mensch gegenüber, der eine wirkend und der andre irgendwie ihm entgegenwirkend. Sondern Gott wirkt im Menschen. Der Glaube selbst ist das Werk Gottes, und darum ist der Glaube die Rechtfertigung. – Ein Satz *Luthers* aus dem Galaterbriefkommentar sei an die Spitze gestellt: *»Fides apprehendit Christum et habet eum praesentem inclusumque tenet ut annulus gemmam et qui fuerit inventus hac fiducia apprehensi Christi in corde, illum reputat Deus iustum.«*[1] Der Terminus »apprehendere«, den Luther da braucht, bezeichnet sehr gut das, worum es sich handelt; er bedeutet nämlich ebensowohl »ergreifen« als »anwenden«. Die Anschauung Christi ist die produktive Lebensgemeinschaft. Ihn sehen, heißt ihn sich zu eigen machen. Das Wort Gottes kann nicht leer zurückkommen, sondern es wirkt, wo es gehört wird. Oder subjektiv ausgedrückt: es vollzieht sich das ἐνδύεσθαι Χριστόν des Paulus (Gal. 3,27; Röm. 13,14), das »Hineindringen« in Christus. Das einzigartige Faktum seines Selbstbewußtseins, seines innern Lebens beginnt einzutreten in das unsrige. *Luther* beschreibt in der »Freiheit eines Christenmenschen« sehr schön, was da vorgeht: »Wo ein Herz also *Christum* hört, das muß fröhlich werden von ganzem Grunde, Trost empfangen und süß werden gegen Christum, ihn wiederum lieb zu haben. ... Fällt die Sünde und der Tod daher, *so glaubt es, Christi Frömmigkeit sei sein und seine Sünden seien nimmer sein, sondern Christi;* so muß die Sünde verschwinden vor Christi Frömmigkeit in dem Glauben ... und es lernt ... dem Tod und der Sünde Trotz bieten.«[2] Oder wieder im Galaterbriefkommentar: *»Fide ... Christus apprehenditur, ita ut Christus sit obiectum fidei, imo non obiectum, sed ut ita dicam: in ipsa fide Christus adest.«* Und ebendaselbst noch deutlicher: *»Quare fides pure est docenda, quod scilicet per eam sic conglutineris Christo, ut ex te et ipso fiat quasi una persona, ut cum fiducia dicere possis: ego sum Christus* h. e. Christi iustitia, victoria, vita etc. est

---

[1] Zitiert nach Luthardt, a. a. O. S. 232.
[2] Werke (Braunschweig) Bd. I, S. 305.

mea; et vicissim Christus dicat: *ego sum ille peccator* h. e. eius peccata, mors etc. sunt mea, quia adhaeret mihi et ego illi; coniuncti enim sumus per fidem in unam carnem et os.«[1] Auf diesen Gedanken der Einsenkung des Gläubigen in den wirksamen lebendigen Christus ist auch die ganze Versöhnungslehre *Calvins* aufgebaut. Wie für ihn schon die Erwählung direkt das objektive Korrelat des sittlichen Gehorsams ist, so zieht | er auch hier deutlicher noch als *Luther* die Linie, die das christliche *Leben* direkt als Inhalt des christlichen *Glaubens* nachweist. »Iam quorsum de fide disputamus? *Nonne ut teneamus viam salutis?* Quomodo autem fides salvifica, nisi *quatenus nos in Christi corpus inserit?*«[2] » ... *neque tamen a gratuita iustitiae imputatione separetur realis, ut ita loquar, vitae sanctitas.*«[3] Die Gerechtsprechung, die wir in Christus empfangen, wird, weil sie *wirksame* Gerechtsprechung ist, zur Gerechtmachung: »Quem ergo Dominus in coniunctionem recipit, eum dicitur iustificare; quia nec recipere in gratiam, nec sibi adiungere potest quin ex peccatore iustum faciat.«[4] So wird die Heiligung schlechterdings zum Inhalt der Rechtfertigung.

»*Fides est iustitia*« lesen wir in den ersten Sätzen des mehrfach zitierten Abschnitts der Loci und weiter unten: »Ea fiducia benevolentiae seu misericordiae Dei cor primum pacificat, deinde et accendit velut gratiam acturos Deo pro misericordia, *ut legem sponte et hilariter faciamus.*«[5] Christi Gerechtigkeit wird meine Gerechtigkeit, Christi Frömmigkeit wird meine Frömmigkeit. Er wird ich. Das nicht durch einen mystischmagischen Zauberschlag, sondern »in dies magis ac magis«,

---

1 Zitiert nach *Luthardt*, a. a. O. S. 223. Der lutherische Compendienschreiber bemerkt dazu etwas unwirsch, diese Auffassung sei »mehr mystisch«, zieht seinerseits die »mehr lehrhafte« der späteren Dogmatiker vor und bemerkt nicht, daß zwischen beiden nicht eine Geschmacksdifferenz, sondern eine sachliche Kluft befestigt ist.
2 Instit. III 2,30.
3 Instit. III 3,1.
4 Instit. III 11,21.
5 A. a. O., S. 168.

wie *Calvin* sagt. Denn der Glaube erweist auch dadurch seine Geschichtlichkeit, daß er sich im Leben des Individuums darstellt als Werdeprozeß. Prinzipiell gilt auch von dieser Seite gesehen: der Christus außer uns ist der Christus in uns, die wirksame Geschichte ist der gewirkte Glaube. – Auch hier steht *Kreuz* und *Auferstehung* Christi im | Brennpunkt des Vorgangs. Als der Auferstandene ist Christus auf uns wirksam, aber er ist der Auferstandene, weil er der Gekreuzigte ist. Und darum wird das neue Leben in uns wirksam als die Frömmigkeit, als die Gerechtigkeit des sterbenden, des gekreuzigten Christus. Die justitia des Glaubens ist der wirksame Christus, der in uns betet: Nicht mein, sondern dein Wille geschehe! Und es ist der Indikativ des rechtfertigenden Glaubens, was uns das neue Testament an Stellen wie Mk. 8,34-35, Röm. 6,1-11, 2. Kor. 5,14-21, Phil. 2,5-11 als »Nachfolge Jesu«, als »Sterben und Auferstehen mit Jesus«, als »Gesinntwerden wie Jesus Christus auch war« beschreibt.

Die Denkgewohnheit des Synergismus ist damit auf der ganzen Linie ausgeschaltet. Der Glaube versteht sich selber als ein Werk Gottes in uns. Damit kommen in Wegfall auf der einen Seite die Vorstellung des Glaubensinstruments, auf der andern Seite die Vorstellung der Glaubensautorität, des objektiven thesaurus gratiae, des »Christus an sich«. Der Glaube steht der Geschichte nicht gegenüber, sondern er ist einfach die Verlängerung oder die apprehensio der Geschichte im Leben des Individuums. Die protestantische Theologie hat sich nicht auf der Höhe dieser von den Reformatoren eingenommenen Position behauptet. Ob wir ein Nachlassen in der Intensität des religiösen Erlebens unter dem Geschlecht der Epigonen anzunehmen haben? Wer wollte sich darüber zum Richter aufwerfen? Tatsache ist, daß schon *Melanchthon* selbst in seiner spätern Entwicklung zum Inaugurator einer Schule wurde, die, schlechter katholischer Gewohnheit folgend, die Begriffe so lange spaltete, bis man Subjekt und Objekt im religiösen Vorgang glücklich wieder isoliert hatte. Und damit war man bereits in den Sümpfen des Synergismus und Biblizismus. Assensusglaube und Verbalinspiration ergaben sich von jenem πρῶτον ψεῦδος aus mit schleuniger Konsequenz. – Aber der rote Faden der wahren evangelischen Theologie ist doch nicht abgerissen. Sie klagte draußen und ließ sich hören auf den Gassen. Während die offizielle Dogmatik in die babylonische Gefangenschaft ging und zur Synagoge wurde, lebte jene, obzwar in wunderlichen Verkleidungen, weiter in den Kreisen der *Mystiker* und der *Pietisten*. Hier sind die Gleichungen fiducia cordis = obedientia spiritus, Christus außer uns = Christus in uns, Geschichte = Glaube, lebendig geblieben. *Gerhard Tersteegen* in seiner zweiten Periode mag als typisches Beispiel dafür genannt sein. Nicht immer waren die Theologumena und Bilder, in denen diese Leute, von *Angelus Silesius* bis zu *Zinzendorf*, jene Gedanken ausführten, diesseits der Grenze der religiösen Wahrhaftigkeit und des guten Geschmacks. Oft genug sind sie der Gefahr erlegen, durch unvorsichtige Betonung der subjektiven Seite des religiösen Vorgangs in einen neuen Synergismus, d. h. Katholizismus zu geraten, um dann ebenso haltlos wie die Offiziellen zwischen Nomismus und Antinomismus hin- und herzuschwanken. Das lassen wir uns von *Albrecht Ritschl* gerne sagen. Aber das innere *Prinzip* dieser Richtung war einfach das reformatorische und evangelische, und es war darin, so untheologisch es aussah, die richtige Stellung des theologischen Geschichtsproblems erneuert und innerhalb des Protestantismus lebendig erhalten. Es ist von providentieller Bedeutsamkeit, daß aus ihr, aus der erneuerten Brüderkirche *Friedrich Schleiermacher* hervorgegangen ist, der Mann, der uns gelehrt hat oder lehren sollte, auf dem Boden des modernen Denkens das wahre Erbe der Reformation zu erwerben, um es zu besitzen.

VI.

Aber damit ist das theologisch-dogmatische Problem noch nicht zu Ende geführt. Grundsätzlich ja: es ist der methodische Zusammenhang des Glaubens mit der Geschichte aufgezeigt. Wir haben dabei den Glauben einfach als ein gegebenes Faktum vorausgesetzt und fanden von da aus die Geschichte im Glauben in der bezeichneten Weise mitgesetzt. Von dieser Fragestellung ist nicht abzugehen, denn alle Entwürfe des Problems, die ihren Standort *über* oder *neben* dem tatsächlichen Glauben nahmen, wie es besonders bei derjenigen Religionsphilosophie und Theologie der Fall ist, die uns Jüngeren heute von Heidelberg aus als Evangelium gepredigt wird, leiden darunter, daß sie, »anstatt in der Sache zu leben« und *von da aus* über die Sache zu reden, die Geschichte und den Glauben als historisch-objektive Phänomene und deshalb selbstverständlich *als zwei getrennte Phänomene* behan|deln, damit aber in verhängnisvollem circulus vitiosus wieder bei der durch die Reformation und durch Schleiermacher überwundenen Fragestellung anlangen. Wohl aber muß noch etwas nähere Auskunft gegeben werden über die Art und Weise, wie an der Geschichte und in der Geschichte der Glaube entsteht. Wo und wie ist uns die rechtfertigende und versöhnende Anschauung Christi gegeben und psychologisch vermittelt? Denn zunächst scheinen wir von seiner Person geschieden durch die ganze Kluft von 1900 Jahren, mit all den tiefgehenden Unterschieden der Denk-, Lebens- und Fühlweise, die sie einschließt. *Was ist das psychologisch-historische Vehikel, das die im tatsächlichen Glauben vorliegende unmittelbare apprehensio Christi in corde möglich macht?*

Auch hier gilt der Satz, daß die im Glauben vorliegende Wirksamkeit eine qualitative Gleichwertigkeit des Wirkenden mit dem zu Bewirkenden voraussetzt. Ohne das wäre das Vehikel nicht Vehikel des Glaubens. Von vornherein in Wegfall kommen deshalb die Vorstellungen eines inspirierten *Kanons* und einer normativen *Kirchenlehre*. Denn Offenbarungsglaube einerseits, Schriftbuchstabe und Lehrautorität andrerseits sind vollständig *heterogene* Größen, die gar nicht auf einander bezogen werden können, so daß man eben so gut von hölzernem Eisen reden könnte als von »Glauben an die Bibel« oder »Glauben ans Apostolikum«. (Das *sollten* heutzutage Gemeinplätze sein, aber sie sind es in praxi durchaus noch nicht, nicht einmal in der Theologie, geschweige denn in der Kirche.) Wie der Glaube als Bewirktes resp. als zu Bewirkendes individuelles Leben ist und wie das im Glaubensvorgang mitgesetzte primär Wirksame als individuelles Leben in der Person Jesu ist, so muß auch das (zeitlich) sekundär Wirksame als individuelles Leben vorgestellt werden. Durch lebendig gewordene Menschen wird der lebendige Mensch den Menschen vermittelt. So erweitert sich uns der Begriff der im Glauben angeschauten Geschichte, den wir bis dahin scheinbar als eine isolierte Tatsache an der Wende der Zeiten aufgefaßt, zu einer durch die Jahrtausende hin wirksamen Tatsache. *Der historische Jesus wird zum auferstandenen lebendigen Christus in der Gemeinde* Christi. Nicht als ob damit ein quantitativ oder qualitativ Neues zu der wirksamen Offenbarung hinzuträte; »denn *von dem Meinen* wird er's nehmen und euch verkündigen«. Wohl aber beruht die Tatsache der *Wirksamkeit* der Offenbarung auf dem Vorhandensein jenes Vehikels, das »nimmt« und »verkündigt«. Wo zwei oder drei unter euch versammelt sind in meinem Namen, da bin ich mitten unter ihnen. *Die gläubig, d. h. lebendig gewordenen Individuen aber sind die Felsen, auf die und mit denen immer wieder die Gemeinde gebaut wird.* Mit solchen haben wir es nun im neuen Testament zu tun, und weil es so ist, steht es unter den Gliedern der Reihe zeitlich sekundärer Wirksamkeiten Christi, und zwar als zeitlich erstes, an erster Stelle. Die Menschen, die da reden, ein Paulus, ein Jakobus, der Verfasser des 1. Petrusbriefs, die Vielen, die mit Geschick und Ungeschick ihr Scherflein beigetragen haben zu dem, was uns heute als synoptische und johanneische Überlieferung vorliegt, das waren Menschen, die selbst das Erlebnis der apprehensio Christi gemacht haben, und was sie uns hinterlassen an Berichten und Gedanken über ihn, das ist das *Zeugnis* ihres Glaubens, ihrer Anschauung Christi, die sie im Transparent des Wortes weitergaben. »Wir sahen seine Herrlichkeit« und »das verkündigen wir euch, auf daß auch ihr mit uns Gemeinschaft habt«. Denn wenn *wir* nun an diese zunächst historischen Zeugnisse des Glaubens herantreten, dann *kann* es uns geschehen – ein *Muß* gibt es nicht bei der

Entstehung des Lebens –, daß wir Christi Herrlichkeit auch sehen, daß wir hinter dem notwendigen Transparent des Wortes das Licht entdecken, das in ihnen angezündet war. Zwischen uns und ihnen liegt zunächst die *Verschiedenheit* der ganzen Lebensbestimmtheiten, die zum Ausdruck kommt in zwei gründlichst verschiedenen Vorstellungswelten. Aber das ist ein Hindernis, das uns zunächst von *jedem* andern Menschen trennt. Die 1900 Jahre etc. haben hier keine prinzipielle Bedeutung. Durch den psychischen Vorgang der *Einfühlung* werden wir über das zunächst Trennende *hinweg* und doch *durch* das Trennende hineinversetzt in die *Seele* des theopneusten, d. h. christopneusten biblischen Autors. Wir sehen, was er gesehen hat, wir erleben, was er erlebt hat, wir glauben nun hinfort nicht um seiner Rede willen, wir haben *selber* gehört und erkannt, daß dieser ist wahrlich Christus, der Welt Heiland. Es ist bereits hingewiesen auf das klassische Paradigma, das uns *Luthers* Einfühlung in den Römer- und Galaterbrief des Paulus bietet. Nicht der neutestamentliche Kanon als solcher und auch nicht ein aus der ganzen Bibel zusammengerafftes System von »Heilstatsachen« ist ihm Anlaß seiner Befreiung und Erweckung geworden, sondern der konkrete Paulus, in dessen und durch dessen theologische Gedanken|welt er vordringt zu seiner Frömmigkeit, d. h. eben zu seinem Christus, der eben damit *sein eigener* Christus wird. Wo die Schrift in dieser Weise zu uns redet, wo sie »Christum treibt«, da wird sie zur Offenbarungsquelle.[1] Wieder war es *Calvin*, der für

---

1 Sollte das Problem der Offenbarung in der Übertragung *irgendwelcher Vorstellungen* aus einem fremden und noch dazu räumlich und zeitlich mir unendlich fernen Bewußtsein in das meinige bestehen oder *auch* bestehen, dann wäre es in der Tat von den Schwierigkeiten bedrückt, die *Troeltsch* in den eingangs erwähnten Lexikon-Artikeln ausführlich darstellt, und ich wäre dann geneigt, die Situation noch viel skeptischer zu beurteilen, als es dort geschieht. Aber was hat denn die Dialektik der Vorstellungen mit dem Offenbarungs- resp. Glaubensvorgang zu schaffen, wenn wir diesen letztern sachgemäß, d. h. sub specie aeternitatis und *von innen heraus* verstehen? Ist das Vergängliche doch wieder mehr als ein Gleich-

diese Position *Luthers* die glückliche und weite Ausblicke eröffnende theologische Formel gefunden hat. Wie hätte sich die Behauptung einer einseitigen Inspiration | des biblischen Kanons mit seiner Aussage vertragen, daß »Christus non extra nos est, sed in nobis habitat«? Er setzt ihr darum in der These vom »*arcanum testimonium spiritus*« die Inspiriertheit des Gläubigen notwendig zur Seite. »Tunc demum serio nos afficit (scriptura) quum per spiritum obsignata est cordibus nostris. Illius ergo virtute illuminati, iam non aut nostro aut aliorum iudicio credimus, a Deo esse scripturam.«[1] Damit ist die Kon-

---

nis? Oder machen wir nicht selbst den konkretesten religiösen Erlebnissen gegenüber die Erfahrung, daß es sich im Grunde um Dinge handelt, ἃ οὐκ ἐξὸν ἀνθρώπῳ λαλῆσαι? Es ist eine bekannte Sache, daß es im Kindesalter frommes Erleben gibt sogar ohne bestimmte historisch-dogmatische Vorstellungen oder mit gänzlich unrichtigen, und daß viele Erwachsene zeitlebens auf dieser Stufe bleiben; daß die Vorstellung überhaupt im religiösen Leben der Naiven (nur der Naiven?) eine viel geringere Rolle spielt, als man als Theoretiker unter dem Druck jahrhundertealter Gewohnheiten anzunehmen geneigt ist. – Das Problem der Offenbarung besteht aber im Sehen und Aneignen *unmittelbaren Lebens*, das uns zunächst in der Person eines Andern entgegentritt. Das *Distanzgefühl*, das mich zunächst von ihm absolut zu trennen scheint, entspringt der *notwendigen* Distanz zwischen den Setzungen seines und meines *objektiven Bewußtseins*, und hieher gehören alle jene Schwierigkeiten, die *Troeltsch* so anschaulich zu schildern weiß. Jene Distanz besteht aber *nicht notwendig* zwischen dem Leben seines und meines unmittelbaren Selbstbewußtseins. Man kann sich ja z. B. an jeder Zwiesprache unter Theologen die Tatsache vergegenwärtigen, daß die Menschen mehr oder weniger beständig »aneinander vorbei reden«. Aber trotzdem gibt es Menschen, und zum Glück auch noch Theologen, die einander »offenbar« werden, die »sich verstehen« – *mittels* ihrer Gedanken und Worte, *trotz* ihrer, *ohne* sie oder sonstwie. Das ist der Vorgang, der sich direkt *oder indirekt* (durch die Vermittlung weiterer Individuen!) vollzieht zwischen dem Gläubigen und dem biblischen Autor.

[1] Instit. I 7,5.

sequenz des Synergismus von der Inspirationslehre abgewehrt. Immerhin klafft ein Hiatus in Calvins Anschauung. Er bezieht das testimonium nicht etwa auf den Inhalt des Kanons, sondern auf den Kanon selber. Der Kanon als solcher ist nun aber einmal eine rationale Größe, und es bedarf des früher erwähnten mit glücklicher Inkonsequenz vorgebrachten Sic volo sic jubeo, um den weiteren Verdacht abzuwehren, als sei das Korrelat dieser Größe ein geistgewirkter assensus intellectus. Die Epigonen haben denn auch diese Lehre ausschließlich zur Unterbauung der Inspirationslehre verwendet, wohlweislich ohne es zu einer systematischen Applikation auf den Glaubensbegriff kommen zu lassen. Sie sind denn auch weder dem Synergismus noch der Intellektualisierung des Glaubensbegriffs, die Calvin vermeiden wollte, entgangen. Ein Ansatz in der Position *Calvins* liegt vor, der schon damals in andre Richtung hätte weisen können. Er beschreibt nämlich das testimonium so: *»Idem ergo spiritus, qui per os prophetarum loquutus est, in corda nostra penetret necesse est,* ut persuadeat fideliter protulisse quod divinitus erat mandatum ... *Non aliud loquor, quam quod apud se experitur fidelium unusquisque.«*[1] Hätte man den ersten mit dem letzten Satz zusammen ernsthaft durchgeführt, statt »im Geiste Calvins«, in Wirklichkeit seine Pantoffeln schwingend mit dem mittleren Satz die Divinität des Lehrbuchstabens daraus zu folgern, so hätte die Lehre vom testimonium als Dynamitpatrone wirken müssen, die das ganze orthodoxe Gebäude in die Luft gesprengt hätte, und die protestantische Theologie würde sich die Beschämung erspart haben, sich erst durch die Kritik der Aufklärung aus dem dogmatischen Schlummer wecken lassen zu müssen. Man wäre dann vor die Einsicht geführt worden, daß die der Schrift mitgeteilte Divinität des hl. Geistes auf die biblischen *Schriftsteller* bezogen werden muß und daß zwischen *ihnen* und *uns,* nicht aber zwischen ihrem *Buchstaben* und *uns* jener innere Kontakt und Rapport sich herstellen kann, der das Vehikel der appre-

---

1 Instit. I 7,4 und 5.

hensio Christi in corde ist.[1] Es ist | aber bereits am Schluß der Anmerkung auf Seite 56f. darauf hingewiesen, daß sich dieser innere Kontakt und Rapport *nicht notwendig direkt* zwischen

---

[1] Wer auf dem Boden des hier vorgetragenen Offenbarungsbegriffs steht, wird mit mir einig gehen, wenn ich sage, daß die historische Arbeit am Neuen Testament nach der *religionsgeschichtlichen* Methode, gerade wo sie *radikal* getan wird, der Methodik des Glaubens nicht nur nicht störend, sondern hilfreich entgegenkommt. Das Wesen dieser Methode besteht zunächst darin, daß sie grundsätzlich Offenbarung und Wunder in der Geschichte weder konstatieren noch leugnen will. Gott verschwindet aus der Geschichte, wie wir oben sagten, und zwar darum, weil Gott, Offenbarung und Wunder wissenschaftlich nicht erkennbar, wissenschaftliche Unbegriffe sind. Damit können wir nur zufrieden sein. Wir haben von der Methodik des Glaubens aus selbst festgestellt, daß diese Größen das, was ihr Name aussagt, nur sind, wenn und weil sie im Vorgang des Glaubens mitgesetzt sind. Die Wissenschaft hat also ganz recht, wenn sie auf die Kompetenz verzichtet, sie zu konstatieren. Sondern das, was die Geschichtswissenschaft im neuen Testament suchen und finden kann, das ist das *Bild*, das sich die Gläubigen von Gottes Offenbarung gemacht, der *Widerschein* des erlebten Wunders, ihr *Zeugnis* von der gesehenen Herrlichkeit Christi. Mehr verlangen wir nicht. *Der* Historiker erwirbt sich Verdienste um den Glauben und die Theologie, der uns die ersten Christen und auch Jesus selbst menschlich nahe bringt, der uns unterscheiden lehrt zwischen Eigenem und Angeeignetem, zwischen Notwendigem und Zufälligem in der Struktur ihrer Frömmigkeit, der sie uns befreit von dem Scheindasein der pagina sacra und sie ins wirkliche Leben, das *unser* Leben ist, hineinstellt, so daß wir ihr Zeugnis sehen und verstehen und auf uns wirken lassen können. Was wir nötig haben, ist, daß man uns hineinsehen lasse in die christopneuste Psyche eines Matthäus oder Lukas, wogegen man uns als Gläubige und Theologen nur belästigt, wenn man uns darzulegen versucht, dieses oder jenes Wunder oder die Auferstehung Jesu seien so oder nicht so geschehen, wie Matthäus und Lukas es darstellen. In dem ersteren kann eine Wirksamkeit Christi verborgen sein, die auf uns wartet, wogegen das Letztere den Glauben nicht im Geringsten etwas angeht. Mag es damit stehen oder nicht stehen, wie es will, es ist »zufällige Geschichtswahr-

dem Gläubigen und dem biblischen Autor herstellen muß. Gewiß, zahlreiche Fälle dafür liegen vor. Aber in einer großen Mehrzahl von andern Fällen fehlt dafür einfach die Gelegenheit und die historisch-psychologische Fähigkeit. Das gilt selbst von uns Theologen. Die Wirksamkeit der Geschichte auf uns und damit unsere apprehensio in corde ist dann eben möglich und wirklich geworden durch eine ganze Ahnenreihe *vermittelnder* Individuen, in denen sich durch jenes »Nehmen« und »Verkündigen« (Joh. 16,14) das testimonium auf uns fortgepflanzt hat. Das hat schon *Luther* gewußt, sonst hätte er nicht seinen Katechismus geschrieben und sonst wäre ihm nicht die Reform des Pfarramts und der christlichen Schule so sehr am Herzen gelegen. Es hat noch niemand daran gedacht, ihn deshalb der Mißachtung der biblischen Offenbarung zu zeihen. Ist dem aber so, daß den allermeisten das Offenbarungserlebnis tatsächlich durch Vermittlung eines | oder mehrerer anderer Individuen zu teil wird, so ist nicht abzusehen, mit welchem innern Recht die Theopneustie der Geschichte auf die biblischen Autoren beschränkt sein sollte. Geht es angesichts der tatsächlichen Wirksamkeit eines Augustin oder Luther oder Schleiermacher an, ihnen gegenüber dem Verfasser des

---

heit«, es ist *eine* Geschichte und nicht Geschichte, es gehört ins Schattendasein des ewig Gewesenen und nicht ins Reich des Lebendigen, in dem der Glaube seine Offenbarungen erlebt. Die blutleere, willkürliche, ewig unsichere und ewig ferne *Gottes*geschichte hat sich also verwandelt in lebendige, wirkliche, zur Wirksamkeit fähige *Religions*geschichte, und wir können der Wissenschaft für diese Säkularisierung nur dankbar sein. – Aber wie steht's, wenn nun der Radikalismus der Geschichtswissenschaft vorgeht bis zur Streichung Jesu aus der Weltgeschichte? – Ich antworte: Gut, die These ist theoretisch möglich. Aber religiös und von da aus systematisch interessieren uns solche Sätze erst, wenn sie wirklich als Sätze der historischen Wissenschaft auftreten und nicht einen so zugestandenermaßen dogmatischen Hintergrund haben wie der Husarenritt von *Arthur Drews*. Tritt das einmal ein, so werden wir die Antwort nicht schuldig bleiben. (Mit der dogmatischen These von Drews haben wir oben abgerechnet.)

Jakobus- oder Judasbriefs oder der Apokalypse eine *besondere, qualitativ* von der des Christenmenschen überhaupt *verschiedene* Theopneustie zuzuschreiben? Sicher wird das neue Testament kraft seiner zeitlichen Priorität unter den Glaubenszeugen immer eine eigentümliche Würde und Wirksamkeit besitzen. Aber geht es an, daraus eine *prinzipiell* höhere Dignität zu machen? Was können Jahrhunderte und Jahrtausende zeitlicher Entfernung vom Χριστὸς κατὰ σάρκα besagen, wo es sich um die rechtfertigende Anschauung des Χριστὸς κατὰ πνεῦμα handelt, der gestern und heute derselbe ist und in Ewigkeit? Ist uns etwa innerhalb des neuen Testamentes Petrus größer als Paulus um seines zeitlichen Verhältnisses zu Jesus willen? Fiat applicatio! Und diese dem neuen Testament qualitativ gleichartige Theopneustie der christlichen Religionsgeschichte darf mit keinem Recht eingeschränkt werden auf die, die ex professo über Gott und Christus geredet haben. Die Wirksamkeit des Geistes Christi hat gottlob noch andre Kanäle als uns Theologen. Franz von Assisi und Bodelschwingh sind mit ihren Taten so gut Offenbarungsquellen für ihre Mitmenschen gewesen, als Paulus und Luther mit ihren Gedanken. Aber auch die Werke eines Michelangelo, eines J. S. Bach, eines Mozart und Beethoven sind schließlich in ihrem tiefsten Inhalt Glaubenszeugnisse, Transparente, die uns »Christum vor Augen malen«, um mit Paulus zu reden. Ist es denn bloß eine Schrulle Burggrafs, Schiller als Prediger des Kreuzes Christi in Anspruch zu nehmen? Und ist nicht *das Wirksame* in der gewaltigen Wirksamkeit sogar Goethes etwas von der obedientia, dem selbstverleugnenden Liebesgehorsam Christi, so weltenfern der Olympier von Weimar dem Mann von Gethsemane auf den ersten Blick zu stehen scheint? Das Gesagte gilt aber keineswegs nur von den Großen, sondern erst recht von den Kleinen, von den Unzähligen und Unbekannten, die auch ein Stück christlicher Religionsgeschichte sind, | Mittelglieder, Träger der Wirksamkeit Christi, durch die unsre Anschauung Christi disponiert und formiert wurde, bevor wir selbst da waren, und deren gewirkte Wirksamkeit in uns fortlebt.

Und nun: wie verhält sich der Glaube zur Geschichte? Unsre Untersuchung hat uns zur *Auflösung dieser in den gegenwärtigen Kontroversen üblichen Gegenüberstellung* geführt. Denn es hat sich uns vom Glauben wie von der Geschichte aus diese Gegenüberstellung als die Quelle aller falschen Problementwürfe und es hat sich uns darum die *Ineinanderstellung* der beiden Faktoren des Problems als das Sachgemäße erwiesen. Dies religionsphilosophisch: vom Begriff des Glaubens aus, und dogmatisch: vom Begriff des christlichen Glaubens aus. Der einfache Umstand der *Tatsächlichkeit* christlichen Glaubenserlebens, das inhaltlich wirklich, d. h. jesusmäßig ist, mag es im übrigen dogmatisch noch so inkorrekt oder gar undogmatisch sein, läßt schon die *Frage:* ob die Geschichte für den Glauben eine Bedeutung habe, als eine *Korruption* des Problems erscheinen. Von der innern Methodik dieser Tatsächlichkeit haben wir geredet. Wir haben nicht geredet davon, wie diese Tatsächlichkeit *entsteht.* Und zwar darum, weil wir darüber nichts zu sagen haben. Wir meinen die Beobachtung zu machen, daß die wirksame Geschichte zwar in Unzähligen zum gewirkten Glauben wird, andern unzähligen Individuen gegenüber aber in ebenso rätselhafter Weise zu versagen scheint. Diese Beobachtung mußte immer wieder dazu verlocken, die scheinbar vor Augen liegenden Tatsachen des Wirkens und Nichtwirkens der Geschichte in einen gesetzmäßigen Zusammenhang zu bringen. Die Versuche in dieser Richtung sind zahlreich gewesen: von der Prädestinationslehre bis zur Apokatastasis. Dürfte einer von diesen Versuchen als gelungen angesehen werden, so würde das bedeuten, daß die Tatsache der wirksamen Geschichte oder des gewirkten Glaubens als eine *notwendige* begriffen wäre in dem Sinne, daß damit ihre Wahrheit verstanden, d. h. mit unsrer Einsicht in anderweitig gewonnene Wahrheiten, z. B. das Gesetz der Kausalität, *verknüpft* wäre. Das gegenwärtige Theologengeschlecht scheint sich z. T. wieder sehnsüchtigst nach solchen notwendigen Verknüpfungen umzusehen, weil man ohne sie händeringend der Konsequenz *Feuerbachs* ausgeliefert zu sein wähnt. Immerhin ist das Werk der metaphysischen Substruktion der Wahrheit des Glaubens zur Stunde über | die programmatischen Redensarten noch nicht hinausgediehen. Diese letztern kennen wir nun allmählich. Dafür hat das Unternehmen (was auf dem Boden unsers Problems besonders deutlich werden kann) vorläufig den Erfolg, daß man Subjekt und Objekt im religiösen Vorgang wieder kunstvoll auseinanderzunehmen beginnt, m. a. W. daß man sich im Bewußtsein, das Neueste des Neuen zu vertreten, friedlich wieder an dem Punkt niederläßt, den Luther und Schleiermacher meinten hinter sich gelassen zu haben. Ob das ein Fortschritt ist, wird sich ja herausstellen. Wir unsrerseits denken nicht daran, der Frage nach dem Entstehen der Tatsächlichkeit des Glaubens weitere Folge zu geben. Darum nicht, weil der Glaube selbst die Entstehung ist, die Entstehung der Wirklichkeit des Lebens, die Aktualisierung der in den apriorischen Funktionen gegebenen Bewußtseinsmöglichkeiten. Die Frage nach der Entstehung der Entstehung dürfte ebenso sinnvoll sein wie die Frage nach der Wahrheit der logischen Wahrheit. Andernfalls dürfte das, was für das Kulturbewußtsein recht ist, für den Vorgang des Lebens, d. h. Gotterlebens billig sein, daß es nämlich *Autopistieen* gibt, die aller Ableitung, d. h. jeder andern Notwendigkeit als ihrer *innern* spotten. Wem es Freude macht, das wieder eine »Flucht ins Mysterium« | zu nennen, der mag es tun. Zu diesen autopisten Wahrheiten gehört die Tatsächlichkeit der wirksamen Geschichte oder des gewirkten Glaubens.

Wenn ich schließlich als praktizierender Theologe meiner Arbeit noch ein Motto hintendreinschicken soll über den *Geschichtsglauben*, als dessen Anreger und Pfleger wir der Gemeinde dienen dürfen, so wäre es das Wort 2. Petr. 1,16: Οὐ γὰρ σεσοφισμένοις *μύθοις* ἐξακολουθήσαντες ἐγνωρίσαμεν ὑμῖν τὴν τοῦ κυρίου ἡμῶν Ἰησοῦ Χριστοῦ δύναμιν καὶ παρουσίαν, ἀλλ᾽ *ἐπόπται* γενηθέντες τῆς ἐκείνου μεγαλειότητος.

DER GLAUBE AN DEN PERSÖNLICHEN GOTT
(1913)

Die Behandlung einer Frage aus dem Gebiet der speziellen Dogmatik und nun gar noch einer Frage, die so sehr eine crux theologorum darstellt wie die der Persönlichkeit Gottes, begegnet heutzutage schwerwiegenden Stimmungsbedenken. Die Zeit der religiösen Formel und des Streites darüber ist vorbei. Das Pathos, mit dem man noch vor einem Menschenalter für oder gegen dogmatische Begriffe kämpfte, vermöchten wir nicht mehr aufzubringen. Wir sind den Worten gegenüber gelassen geworden. Wir trauen ihnen nicht mehr die Fähigkeit zu, dem | Leben in seine Tiefen zu folgen, und darum nehmen wir sie auch nicht mehr so tragisch. Ja, wir fürchten die nutzlose Dialektik, in die wir uns durch ihren Gebrauch verwickeln und durch die wir uns von bessern Aufgaben und Zielen abhalten lassen können. Wir finden die Wahrheit der Religion in ihrem Erlebnisgehalt, in der Erfahrung, in der Praxis, in ihrem Unmittelbaren, um nur einige der Bezeichnungen zu nennen, durch die wir die innere Tatsächlichkeit des Lebens aus Gott und in Gott von seinem gedanklichen Ausdruck unterscheiden. Speziell vor unserem Problem hat es *Schleiermacher*, der Vater dieser Anschauungsweise in der neueren Theologie, zu verschiedenen Malen ausgesprochen, die Religion hange nicht davon ab, ob die Metaphysik Gott das Prädikat der Persönlichkeit beilege oder nicht, nicht um Elemente der Religion handle es sich dabei, sondern bloß um zwei verschiedene Arten, das Universum individuell zu denken. »In der Religion steht die Idee von Gott überhaupt nicht so hoch als ihr meint.«[1] Da könnten wir uns ja die Mühe einer solchen Untersuchung ersparen. Aber auch *Schleierma-*

---

[1] Briefe III, S. 283. Reden bei Otto [1]S. 141 und 72, [2]S. 159 und 81.

chers Ansicht war es bekanntlich durchaus nicht, daß wegen dieses Minderwertes des Wortes gegenüber dem Leben in der Religion das Wort der Willkür zu überlassen sei. Sonst hätte nicht auch er in seiner Glaubenslehre »Formeln geschmiedet«, die nun schon so mancher Theologengeneration die gediegenste Anleitung zum religiösen Denken gewesen sind.[1] Wir bringen es nicht fertig, über die zentrale Angelegenheit unsres Lebens, über unser Verhältnis zu Gott, *nicht* zu denken und nicht zu reden. Die Kraft des unmittelbaren religiösen Erfahrens selber zwingt uns dazu. Tun wir das aber, und wäre es auch noch so ansatzweise, so ist die Dogmatik prinzipiell da. Es kann sich jetzt nur noch darum handeln, ob wir sie im Ansatz belassen, ob wir sie verworren und sprunghaft entwickeln oder ob wir sie zur Einheit und Klarheit bringen wollen. Wählen wir das Letztere, so werden wir auch nicht umhin können, trotz der Einsicht in den sekundären Charakter des religiösen Gedankens seine Bearbeitung ernster zu nehmen, als es unter Berufung auf die Irrationalität der Religion häufig zu geschehen pflegt. So ist auch die Frage der Persönlichkeit Gottes eine Frage der bessern oder schlechtern Dogmatik. Wer sie darum für überflüssig hält, der hat über die Aufgaben der Theologie noch wenig nachgedacht.

Dieses zugleich exklusive und inklusive Verhältnis zwischen Religion und Dogma äußert sich aber auch bei der Arbeit selbst. Die Aufgabe der dogmatischen Erörterung eines solchen Einzelpunktes kann nur darin bestehen, das religiöse Erleben nach einer bestimmten Seite hin zusammenhängend und deutlich zu Worte kommen zu lassen. Das Erleben, die Praxis, oder wie man es nennen will, ist also die selbstver-

---

1 Es ist freilich auffallend, daß gerade die Kontroversfrage der Persönlichkeit Gottes in der ganzen Glaubenslehre nicht einmal erwähnt ist. Ebenso hat es Schleiermachers Schüler *Alexander Schweizer* in seinem dogmatischen Hauptwerk gehalten. *Schleiermacher* hat nur gelegentlich seine milde Antipathie gegen die Vorstellung eines persönlichen Gottes zu erkennen gegeben. Vgl. *Heinrich Scholz*, Christentum und Wissenschaft in Schleiermachers Glaubenslehre[2], S. 170f.

ständliche Voraussetzung, die Quelle aller religiösen Aussagen. Aber eben weil es so ist, selbstverständlich so ist, so muß die religiöse Aussage ihren eigenen geradlinigen Weg gehen, darf sich nicht ein zweites Mal von »Erleben« usw. dreinreden, [sich] korrigieren oder überbieten lassen. Wenn das sich als nötig erweist, dann ist eben die religiöse Aussage von Haus aus nicht richtig gebildet, und der Weg muß noch einmal von vorn angetreten werden. Aber es darf nicht das tumultuarische Bild entstehen: Zuerst die Erfahrung, das Erleben, dann der Versuch, von dieser Erfahrung in den Kategorien des Verstandes zu reden, dann – wenn sich dabei Schwierigkeiten zeigen, noch einige weitere Behauptungen auf Grund – – der religiösen Erfahrung, so daß also diese letztere als zweite Erkenntnisquelle neben – – sich selbst tritt.[1] Sondern es muß das Ganze Darstellung, Erklärung und Begründung eines Gedankens aus dem religiösen Erleben heraus sein und nur aus ihm. Es darf dann aber die Ernsthaftigkeit des

---

[1] Es scheint mir, daß die Arbeit von *Bornemann* in ZThK 1913, Heft 2, die sonst manche Vorzüge hat, unter dieser tumultuarischen Verwendung des »Praktischen« leidet. Vgl. S. 100: »Das Problem der Persönlichkeit Gottes kann im letzten Grunde (sic!) nicht durch rein theoretische Gedankenreihen und Beweise, durch Nachsprechen oder Fürwahrhalten, durch Disputieren oder durch den einfachen Zwang und die Unterwerfung gelöst und uns nahe gebracht werden, es will praktisch gelöst werden.« Entweder, die »theoretischen Gedankenreihen« zur Lösung des Problems, um die sich Bornemann selbst auf den vorhergehenden Seiten bemüht, stammen anderswoher als aus der Tatsächlichkeit des religiösen Erlebens, dann wäre es berechtigt, sie durch den Hinweis auf eine besondere »praktische« Lösung zu überbieten oder zu ersetzen. Das ist aber offenbar nicht Bornemanns Meinung von diesen »theoretischen Gedankenreihen«, obwohl er sie so verächtlich neben Nachsprechen, Fürwahrhalten, Disputieren, Zwang und Unterwerfung stellt. Sind sie aber aus Aussagen religiösen Erlebens – und daß Bornemann es so meint, geht aus dem Inhalt von S. 97-99 deutlich hervor –, dann bilden die als etwas Neues hinzutretenden »praktischen« Erwägungen S. 100f. eine willkürliche Verdoppelung der *einen* Erkenntnisquelle.

religiösen Gedankens nicht nach|träglich angezweifelt oder abgeschwächt werden durch den Hinweis auf die Praxis, die zu entscheiden habe und nicht die Theorie, es darf die Konsequenz der Erlebnis-Gedanken nicht umgebogen werden unter Berufung auf das »Erleben«. Haben wir einmal angefangen nachzudenken über das, was ja an sich selber höher ist als alle Vernunft, dann müssen wir auch hindurch und zu Ende gehen, unbekümmert darum, wo wir dabei anlangen. Die Wissenschaftlichkeit der Dogmatik kann nicht in der Widerspruchslosigkeit eines möglichst harmonischen Systems bestehen, sondern darin, daß ihre Sätze möglichst genaue Interpretationen der religiösen Wirklichkeit sind, und darin, daß sie möglichst reinlich und vollständig zu Ende gedacht werden. Darum ist die Institutio *Calvins* wissenschaftlicher als das meiste, was seither über Dogmatik geschrieben worden ist.

I.

Die bisherigen Bearbeitungen unsrer Aufgabe leiden mit wenigen Ausnahmen[1] darunter, daß man es nicht für nötig befunden hat, den Sinn des vielseitigen Begriffs der *Persönlichkeit* vorgängig aller anderen Überlegungen zu untersuchen. Die Auffassung der zahlreichen Autoren, die in der Frage mitgeredet haben, kommt meistens bloß beiläufig und in Form irgend einer selbstverständlichen Voraussetzung zum Ausdruck, während ihre Begründung billigerweise den Ausgangspunkt für alles Folgende bilden müßte. Daher denn auch zahlreiche Mißverständnisse in den Folgerungen, die den Gang der Diskussion nicht ersprießlicher gestalten konnten.

Fast allgemein ist man darin einig, daß das, was mit Persönlichkeit bezeichnet wird, irgendwie in einem Zusammensein von Denken und Wollen zu suchen ist. »Selbstbewußtsein

---

[1] Zu denen die erwähnte Abhandlung von *Bornemann* zu rechnen ist. Vgl. a. a. O., S. 85-90.

und Selbstbestimmung«,[1] | »Bewußtsein und Tätigkeit«,[2] »Selbstbewußtsein und Freiheit«,[3] »Macht und Wissen«,[4] so und ähnlich wird definiert. Die Frage mag offen bleiben, ob nicht noch eine dritte Grundfraktion des Geistes, das Fühlen, in diese Einheit miteinbezogen werden müßte. Dringender wäre es, zu wissen, ob wir uns eigentlich mit solchen und ähnlichen Definitionen auf dem Boden der *Psychologie* oder der reinen *Logik-Ethik* befinden. Es fällt auf, daß man dieser Frage in der ganzen Literatur nicht begegnet, geschweige denn einer bewußten Entscheidung darüber. Der Begriff wird abwechselnd, je nachdem es gerade paßt, jetzt psychologisch gehandhabt, jetzt doch wieder mit transszendentalem Gehalt erfüllt, ohne Nachweis der Berechtigung des einen oder des anderen Verfahrens. Diese Unklarheit hat nun allerdings ihren Grund in einer eigentümlichen Sachlage. Der Begriff der Persönlichkeit ist für die transszendentale wie für die psychologische Betrachtungsweise unentbehrlich und doch zugleich von beiden Seiten unmöglich zu vollziehen. *Logik* und *Ethik* als transszendental-kritische Disziplinen stoßen in ihrer Grundlegung nicht nur auf das Problem der Wahrheit, das in | ihrem gegenseitigen Aufeinanderbezogensein seine Lösung findet,[5] sondern auch auf das Problem des Subjektes, auf die Frage: Wer denkt und wer will? Eine positive Antwort darauf ist nicht möglich, ohne durch Anwendung eines Substanzbegriffs außerhalb der Grenzen der raumzeitlichen Erfahrung das Grundgesetz der kritischen Methode zu durchbrechen. Andrerseits gibt es keine Logik und Ethik ohne die Voraussetzung einer Einheit der Wahrheit nicht nur, sondern auch eines denkenden und wollenden Ich, das die Einheit in sich vollzieht. Als Grenzbegriff, aber nur als Grenzbegriff, als einen Gedanken, der nicht vollzogen, aber auch nicht vermieden werden kann,

---

1 *D. Fr. Strauß*, Glaubenslehre I, S. 502.
2 *Richard Rothe*, Ethik I, S. 119f.
3 *Otto Pfleiderer*, Religionsphilosophie, S. 420.
4 *Adolf Schlatter*, Das christliche Dogma, S. 32.
5 Dies nach *Hermann Cohen* der Sinn des Gottesgedankens!

muß die transszendentale Betrachtungsweise den Gedanken der Persönlichkeit anerkennen. Und ganz analog steht es, wenn wir von der *Psychologie* herkommen. Wir mögen noch so weit gehen in der Atomisierung oder sogar Materialisierung der Bewußtseinsphänomene, wir setzen doch immer ein »Ding an sich« voraus, an dem diese Erscheinungen erscheinen, ein Substrat dessen, was wir als gesetzt und gewollt im empirischen Bewußtsein beobachten, d. h. wiederum ein Ich, das ihre innere Einheit bildet. Die wissenschaftliche Psychologie wird sich davor hüten, diesen Gedanken zu vollziehen, aber sie kann ihn ebensowenig vermeiden. Als Grenzgedanke behält er auch hier sein Recht und seine Notwendigkeit. Der Gedanke der Persönlichkeit, das, was uns das Gewisseste vom Gewissen ist, nämlich daß *ich* denke und will, daß *ich* Geist bin, dieser Gedanke ist somit wissenschaftlich heimatlos, andererseits besitzt er in den beiden Reichen der Wissenschaft vom Geiste eine Art Ehrenbürgerrecht. Diese seine eigentümliche Stellung im luftleeren Raum zwischen Logik-Ethik und Psychologie, die zugleich den eigentümlichen Doppelcharakter seiner Beziehungen zu beiden ausmacht, muß nun wohl im Auge behalten werden, wenn wir den Versuch machen, tiefer in sein Wesen einzudringen. Betrachten wir nämlich diese Einheit des Denkens und Wollens in einem denkenden und wollenden Subjekt von der *transszendentalen* Seite seines Charakters, so gelangen wir auf die Vorstellung einer Totalität, eines in seinen Funktionen unbegrenzten Wesens. Denn Denken und Wollen, transszendental betrachtet, haben ihre Grenze nur in einem im Ewigen liegenden Ideal. Betrachten wir den Persönlichkeitsbegriff dagegen *psychologisch*, so entsteht unvermeidlich die Vorstellung von etwas Einzelnem, Besonderem, Beschränktem, von einem Wesen mit bestimmt umschriebener Funktionsfähigkeit. Mit dem Wort Persönlichkeit können wir unserm Ich geistige Ewigkeit zuschreiben, aber auch kleinmenschliche Endlichkeit. Es ist offenbar Beides wahr und Beides nicht wahr, je nach dem Sinn, in dem der Begriff eben gebraucht wird. Aus dieser doppelten Möglichkeit der Orientierung sind nun die verschiedenen Ansichten über die weitere Bestimmung des Persönlichkeitsbegriffs nicht schwer zu erklären. Wenn z. B. *R. Rothe* Persönlichkeit definiert als »absolute Formbestimmtheit des aktuellen Seins«, als »Unterscheidung und Zusammenfassung des Seins in sich selbst«,¹ so ist leicht zu erkennen, daß damit der transszendentale Charakter der Persönlichkeit gemeint ist. Wenn dagegen *O. Pfleiderer* definiert: »Selbstbewußtsein und Freiheit, wie wir sie an uns finden«,² wenn *Strauß* sagt: Persönlichkeit ist »sich zusammenfassende Selbstheit gegen Andres, welches sie damit von sich abtrennt«,³ so ist es ganz klar, daß damit die psychologische Persönlichkeit beschrieben ist. Mit gutem Recht kann man dem Begriff der »absoluten Formbestimmtheit« Rothes und ähnlichen den Vorwurf der idealistischen Leerheit machen. Aber mit ebenso gutem Recht kann man mit *Haering* gegen Straußens Begriff der »Selbstheit« den Einwand erheben, damit sei der Begriff der geistigen, geschweige sittlichen Persönlichkeit gar nicht richtig bezeichnet,⁴ oder noch schärfer mit *A. Ritschl*, das sei der Begriff der schlechten Individualität, ja der geistigen Krankheit.⁵ Jede Formulierung bloß von der einen Seite her muß eben ungenügend ausfallen und ruft dem berechtigten Protest von der Gegenseite.

Einen besonders lehrreichen Beitrag zu dieser Dialektik der beiden Betrachtungsweisen verdanken wir *A. E. Biedermann*. Er will unterschieden wissen zwischen dem Geist-sein des Menschen und seiner Persönlichkeit. Sein *Geist-sein* besteht in der Subjektivierung der für das Ich vorhandenen Objektivität, in der Objektivierung seiner Subjektivität, in seinem Insichsein als Subjekt-Objekt oder populär ausgedrückt: in seinem Denken, Wollen und Gefühl, alle drei als einheitlicher Prozeß zu verstehen. Diese Beschreibung des menschlichen Geist-seins trifft nun nach Biedermann ohne Weiteres auch

---

1 Ethik I, S. 136 und 152.
2 Religionsphilosophie, S. 420.
3 Glaubenslehre I, S. 504.
4 Der christliche Glaube, S. 208.
5 Rechtfertigung und Versöhnung III, S. 198.

zu auf das Wesen des absoluten Geistes. »Dies *ist* der Geist.«[1] Wir haben hier deutlich die *transszendentale* Definition der Persönlichkeit. Biedermann will aber von diesem seinem besonderen Begriff des Geist-seins den Begriff der *Persönlichkeit unterscheiden*. Persönlichkeit ist die spezifische Subsistenzweise des endlichen Geistes. »Sie hat zum konstituierenden Moment ihres Wesens die Voraussetzung eines sinnlichen, zeitlich-räumlichen Daseins als eines in sich einheitlichen leiblichen Organismus.«[2] Hier stehen wir deutlich vor der *psychologischen* empirisch-deskriptiven Definition der Persönlichkeit. Dieser Vorschlag Biedermanns hat etwas Bestechendes. Alle transszendentalen Bestandteile werden aus dem Persönlichkeitsbegriff hinausgeworfen und dem Begriff des Geistes zugeschrieben, dafür wird dem erstern noch das Bleigewicht des leiblichen Organismus als konstitutives Element angehängt. Nun ist er wirklich von all seiner unangenehmen Zweideutigkeit befreit, und es kann später bei der Entscheidung über die Frage der Anwendung auf den Gottesgedanken kein Zweifel mehr übrig bleiben. Aber die Klarheit, die da entsteht, ist fast zu schön. Was sollen wir uns denken bei einem Geistsein, das als absolutes ein abgesondertes Dasein führt, gleichsam schwebt, bis es ihm gefällt, in der Subsistenzweise der Persönlichkeit im Menschen Wohnung zu nehmen? Was uns Biedermann da anzunehmen zumutet: dieses Denken, Wollen, Fühlen, abgesehen von Menschen, hypostasenartig existierend, aber als eine Hypostase, der wir dann doch wieder die Fähigkeit zutrauen sollen, Daseinsgrund des endlichen Daseins und damit des endlichen Geistes zu sein, das ist Begriffsmythologie, über deren Willkür uns auch ihre blendende dialektische Klarheit nicht hinwegtrösten kann. Und wie der Begriff des Geist-seins bei Biedermann willkürlich nach oben alteriert wird, so der Begriff der Persönlichkeit willkürlich nach unten. Trotz des Protestes, den Biedermann gegen diesen Einwand erhebt, ist es nämlich nicht zu verkennen, daß

---

1 Dogmatik, S. 633 f.
2 Dogmatik, S. 642.

er den Persönlichkeitsbegriff hinunterdrückt auf das Niveau dessen, was man sonst Individualität nennt: die mit einem bestimmten leiblichen Organismus parallele Form des Geistseins. Das ist auch daran zu erkennen, daß er den Individualitätsbegriff seinerseits hinunterdrückt und ihn mit Leiblichkeit ohne Weiteres identifiziert. So trefflich sich diese sukzessiven Entleerungen der Begriffe den systematischen Gedanken Biedermanns einordnen mögen, so wenig sind sie sachlich berechtigt. Oder woher nimmt er die Kompetenz, unter einseitiger Berücksichtigung der psychologischen Betrachtungsweise die endliche Beschränktheit als das entscheidende Moment am Persönlichkeitsbegriff zu bezeichnen? Die oben beschriebene Entstehung dieses Begriffs am Rande der *beiden* Betrachtungsweisen nötigt nun einmal dazu, die transszendentale Definition, das unbeschränkte Geist-sein eben so ernst zu nehmen wie die psychologische Definition, die das Merkmal der Besonderheit und Beschränktheit betonen muß.

Drei Fragen sind es indessen, deren Beantwortung wir an die Auseinandersetzung mit Biedermann anreihen müssen.

1. Die Abgrenzung des Persönlichkeitsbegriffes gegenüber dem *Geistbegriff.* Geist ist das transszendentale Merkmal der Persönlichkeit. Geistige Persönlichkeit wird das Ich, sofern seine Funktionen sich der ewigen Gesetzlichkeit der apriorischen Begriffe des Wahren, Guten und Schönen annähern. Die ewige Gesetzlichkeit dieser Funktionen ist zugleich ihre ewige Möglichkeit. Geist ist die Aufgabe der Bewußtseinsaktion nach Maßgabe dieser ewigen Gesetzlichkeit und Möglichkeit. Geist ist die gedachte Einheit von Denken und Wollen. Persönlichkeit ist der Vollzug dieser Einheit im Ich, ist das die Aktionsaufgabe ausführende Subjekt oder also die Aktualisierung des Geistes durch das Subjekt. Persönlichkeit ist Geist-sein. Geist und Persönlichkeit verhalten sich zueinander wie das Gebot oder der Vorsatz zu dem, der danach handelt, oder wie die Frage zu dem, der die Antwort darauf weiß. Und so bedeutet »Geist« das Prädikat der vernünftigen Aktion am Persönlichkeitsbegriff.

2. Ist zu überlegen die psychologische Voraussetzung des

Persönlichkeitsbegriffs, das Charakteristische seines empirischen Merkmals. Haben wir das transszendentale Merkmal im Anschluß an den Sprachgebrauch »Geist« genannt, so nennen wir das psychologische Prädikat am besten *Individualität*. Individualität ist die besondere Form der Aktualisierung des Geistes. Diese Besonderheit geht parallel mit der Besonderheit eines bestimmten körperlichen Organismus, darf aber nicht einseitig als »Bedingtheit« durch diesen letztern aufgefaßt werden. Es ist ebenso wahr, daß es der Geist ist, der sich den Körper schafft, wie daß die Form des Geist-seins durch den Körper und seine Zustände bestimmt ist. »Schafft« und »bestimmt« können für dieses Verhältnis überhaupt nur als bildliche Ausdrücke angewandt werden. Der richtige psychologische Terminus dafür ist bekanntlich der des Parallelismus. Keinenfalls darf der tierische Organismus mit *Biedermann* als konstitutives Moment des Persönlichkeitsbegriffs bezeichnet werden. Konstitutiv ist nur das Prädikat der Individualität, d. h. der subjektiven Eigenart. Der tierische Organismus ist die raumzeitliche Erscheinung der Individualität, nicht ihr Ursprung. Die Besonderheit des Geist-seins, die wir mit dem Begriff Individualität bezeichnen, hat ihren Realgrund in dem Subjekt, an dem Geist-sein und Individualität Prädikate sind, nämlich im Ich selber. Es ist die Einzelheit, das Fürsichsein des Subjektes, | kraft welchem der Geist in ihm als *ein* Geist, als ein in ganz bestimmter Weise sich aktualisierender Geist erscheint.

Damit stehen wir 3. vor dem Substrat des Persönlichkeitsbegriffs, dessen transszendentales und psychologisches Merkmal wir soeben kennen gelernt haben, vor dem *Ich*. Für sich genommen, kann dieser Begriff nichts Anderes bedeuten als eben die reine Subjektivität, deren wir uns unmittelbar bewußt sind, die wir uns als Voraussetzung jeder Bewußtseinsaktion von der transszendentalen wie von der psychologischen Seite her denken müssen. In der reinen Subjektivität des unmittelbar erlebten Ich faßt sich beides zur Einheit der *Persönlichkeit* zusammen: das Geist-sein als die Aktion des Bewußtseins und die Individualität als die besondere Form dieser

Aktion. – Der Begriff der Persönlichkeit bezeichnet die Einheit des Denkens und Wollens in einem Einzelnen. Beides ist in ihm enthalten, der Satz: ich *denke* und *will*, und: *ich* denke und will. In der Einheit beider Sätze steht der Begriff genau auf der Grenze transszendentaler und psychologischer Betrachtungsweise. Wir fassen daher das Gesagte zusammen in der Definition: *Persönlichkeit ist das individuell geistige Ich.*

Bei der Frage der Anwendung dieses Begriffs im Gottesgedanken dreht sich alles um den Streit, ob Persönlichkeit notwendig eine *Beschränktheit* involviere oder nicht. Aus dem Gesagten dürfte schon jetzt klar hervorgehen, daß darauf nicht mit einem eindeutigen Ja oder Nein zu antworten ist. Es ist gerade an diesem Punkt von beiden Seiten viel zu zuversichtlich drauflos behauptet worden. Der Begriff der reinen Subjektivität, den wir vorhin als das Substrat des Persönlichkeitsbegriffs bezeichnet haben, führt im Persönlichkeitsbegriff zu einer innern Dialektik, die bei diesem Anlaß zum Ausbruch kommen muß. Transszendental betrachtet als *geistiges* Ich schlechthin, ist Persönlichkeit zweifellos ein unendliches Setzen und Umfassen. Es ist besonders von *Hermann Lotze*[1] und in seiner Nachfolge von vielen Andern betont worden, daß dieser Satz begrifflich nicht nur unanfechtbar, sondern notwendig ist. Geistige Subjektivität ist völlige Aufgeschlossen|heit, endlose Potenz des Ich. Auf die geistige Subjektivität schlechthin bezogen, hat somit sogar der absolute Personalismus eines *Rothe* sein gutes Recht. Aber nun heißt Persönlichkeit *individuell* geistiges Ich, und es ergibt sich von der psychologischen Seite gesehen, daß die Funktionen des Bewußtseins immer ein Insichzusammenfassen, ein Aufsichselbstbeziehen oder, anders ausgedrückt: ein Abgrenzen und Ausschließen darstellen. Und hier haben die Bemerkungen, die schon *Fichte* und *Schleiermacher* und nach ihnen *Strauß, Pfleiderer* und Andere über die Beschränktheit des Persönlichkeitsbegriffs gemacht haben, ihr ebenso gutes Recht wie dort der Protest *Lotzes* gegen diese Beschränktheit.

---

[1] Mikrokosmus III, 2. Aufl., S. 565-568.

Es wird sich nun darum handeln müssen, die beiden einander scheinbar entgegengesetzten Thesen zu einer weitern Näherdefinition des Persönlichkeitsbegriffs zu verarbeiten. »Individuell geistiges Ich« sagten wir. In dieser Definition bezeichnet also »geistig« das Moment der Unbeschränktheit. Aber es handelt sich um »individuelle« Geistigkeit. »Individuell« enthält das Moment der Beschränktheit. Beide Bestimmungen sind richtig und enthalten in Wirklichkeit keinen Gegensatz. Einerseits ist die *Unendlichkeit des Geist-seins* zu verstehen als Potenz, nicht als Zustand. Wir haben ja Geist-sein definiert als Aktion. Diese Aktion enthält in sich die Tendenz auf ein im Ewigen zu denkendes Ideal. Diese Tendenz ist das Wesen des Geistes. An diesem Wesen des Geistes, an seiner ewigen Zielstrebigkeit wird nun nichts geändert durch die empirisch-psychologische Beobachtung, daß die Aktion des Geistes immer und überall nur eine endlich-beschränkte ist. Und es gilt darum gegenüber der einseitigen Handhabung dieser psychologischen Beobachtung der Satz *Lotzes:*[1] »Die Endlichkeit der Persönlichkeit ist nicht eine erzeugende Bedingung für sie, sondern eine hindernde Schranke ihrer Ausbildung.« Der Geist ist in seinem Wesen grenzenlos, obwohl er am Ich nie anders als begrenzt vorkommt. Diese Grenzenlosigkeit muß sonach im Persönlichkeitsbegriff mitgedacht werden. Andrerseits ist die empirische *Endlichkeit des Geist-seins* eben als empirische ein Zustand, nur ein Zustand und darum ein veränderlicher Zustand und nicht eine Wesensbeschreibung des Geist-seins. Sie bezeichnet nur einen einzelnen Moment in der an sich grenzenlosen Aktion des Geistes. Aber indem wir mit der Bezeichnung »individuelles« geistiges Ich gerade das Moment der Einzelheit im Persönlichkeitsbegriff ausgesprochen haben und aussprechen mußten, sind wir genötigt, nun auch die von der Einzelheit unzertrennliche Endlichkeit in den Persönlichkeitsbegriff aufzunehmen, eben als empirische Endlichkeit. Transszendental unendlich, empirisch endlich! muß unser Urteil lauten. Versuchen wir es, diese bei-

---

[1] Mikrokosmus III, S. 576.

den Resultate zu *vereinigen,* so erhalten wir einerseits die Vorstellung einer in sich grenzenlosen Aktion des Geistes in der Richtung des ewigen Ideals, andrerseits die Vorstellung einer Reihe | von endlichen Zuständen, die normalerweise so verläuft, daß das Ende des Geist-seins immer weiter hinaus verschoben wird, und zwar kraft der Gesetzlichkeit und Möglichkeit des Geistes ebenfalls in der Richtung des ewigen Ideals, die aber in jedem einzelnen Moment der Betrachtung in einem endlichen geistigen Zustand ihren Abschluß hat. Es liegt nahe, diese beiden Vorstellungen, die beide am Ich ihr Substrat haben, zusammenzufassen im Begriff des *Werdens* und diesen Begriff des Werdens als weiteres Prädikat auf den Persönlichkeitsgedanken zu übertragen. Im Begriff des Werdens liegt beides, was das Charakteristische des Persönlichkeitsgedankens in bezug auf das ewige Ideal ausmacht: die Zielstrebigkeit und das Noch-nicht-erreicht-haben, die ewige Aufgabe und die immer bloß annähernde Leistung, das Sollen und das Sein, die Spannung zwischen Gegenwart und Zukunft. Wir ergänzen darum unsere Definition: *Persönlichkeit ist individuell geistiges (werdendes) Ich.*[1]

---

[1] Das ist in der *Sache* auch das Ergebnis, zu dem *Lotze* und *A. Ritschl* bei der Untersuchung dieser Vorfrage gelangt sind. Ebenso beschreibt *Bornemann* die Persönlichkeit als »eine Idee von festem und sicherem Gehalt, aber von unabsehbarer Tragweite und von einem unendlichen Horizont« (a. a. O., S. 90). *Georg Simmel* hat in einem anregenden Aufsatz (ZThK 1911, Heft 4) freilich mehr in aphoristischer Weise als in strengem Gedankengang diese Spannung im Persönlichkeitsbegriff beschrieben: als den Prozeß der nie vollendeten Wechselwirkung zwischen dem Ich und seinen Inhalten, als das ewige Gegenspiel von Trennung und Verschmolzenheit, als den nie ganz aufgelösten Gegensatz von Einheit und Vielheit, Subjekt und Objekt. – Mein *Weg* zu diesem Ergebnis und besonders meine *Folgerungen* daraus sind aber andre als die dieser Autoren.

2.

Der religiöse Gottesglaube verwendet, wo er sich ausspricht, den Begriff der Persönlichkeit zur Bezeichnung eines Wesensmerkmals Gottes. Wir fragen zunächst noch nicht danach, wie dieser Satz: *Gott ist Persönlichkeit*, der zahllosen biblischen und außerbiblischen Äußerungen der Religion unausgesprochen zugrunde liegt, logisch durchgeführt werden kann. Wir haben vorläufig nur festzustellen, *wie er gemeint ist.* |

Biedermann[1] hat die Behauptung aufgestellt, bei der Frage, ob Gott Persönlichkeit beizulegen sei oder nicht, handle es sich letzten Endes bloß um einen *Wortstreit*. Bei der bejahenden Beantwortung dieser Frage sei die Absicht im Grunde nur die, das wirkliche Geist-sein Gottes sicherzustellen, während man keineswegs eine Verendlichung Gottes damit aussprechen wolle. Da nun das Geist-sein Gottes auf andre Weise sicherzustellen sei, während mit der Anwendung des Persönlichkeitsbegriffs nolens volens eine Verendlichung Gottes prädiziert werde, sei der Wortstreit im Sinne der Verneinung zu entscheiden, der Begriff der Persönlichkeit sei für das reine Denken fallen zu lassen, und es bleibe als Wahrheitsgehalt der christlichen Gotteslehre die Definition: Gott ist Geist, absoluter Geist im Unterschied zum endlichen Menschengeist, dem die Subsistenzform der Persönlichkeit vorzubehalten sei. Das ist wieder eine von den Aufräumungsarbeiten von jener wundervollen Konsequenz und Klarheit, die der Biedermannschen Dogmatik für alle Zeiten einen Ehrenplatz unter den klassischen Leistungen der systematischen Theologie sichern. Aber die Hochachtung vor Biedermanns Scharfsinn kann uns nicht hindern, schon die Voraussetzung seines Gedankengangs, und mit dieser haben wir es hier zu tun, in Abrede zu stellen. *Das Interesse des Gottesglaubens am Persönlichkeitsbegriff erschöpft sich keineswegs in dem, was Biedermann als das Geistsein Gottes beschreibt:* Denken, Wollen und Gefühl als ein-

---

1 Dogmatik[1], S. 639 ff.

heitlicher absoluter Prozeß. Nehmen wir einmal an, diese Biedermannsche Abstraktion des absoluten Geistes sei etwas Denkbares, können wir in diesem Etwas das Wesen des im Glauben erfaßten Gottes erkennen? Einen wesentlichen Bestandteil dessen, was der Glaube erfaßt, finden wir darin in der Tat wieder, nämlich die absoluten »Eigenschaften« Gottes: Ewigkeit, Allgegenwart, Allmacht, Allwissenheit, Heiligkeit usf. Das alles läßt sich zur Not in dem Begriff »absoluter Geist« finden, und Biedermann weiß mit großer Akribie die sämtlichen Attribute der kirchlichen Gotteslehre über den Gedanken des Absoluten einerseits und die Funktionen des absoluten Denkens, Wollens und Fühlens and|rerseits zu verteilen.[1] Ein wesentlicher Bestandteil des Gottesgedankens ist somit tant bien que mal da; aber es fehlt etwas: Dieses schöne System von absoluten Eigenschaften ist noch nicht Gott. Der »absolute Geist«, der in diesem System sich entfaltet, ist und bleibt ein Neutrum, eine Sache, wenngleich eine absolute und geistige Sache. Dasselbe muß gelten von *Fichtes* Begriff der sittlichen Weltordnung, von *Spinozas* Substanz, von *H. Cohens* Idee der Einheit von Logik und Ethik, von Begriffen wie »Weltkraft« und »Weltgeist« und von ähnlichen unpersönlichen Umschreibungen des Gottesgedankens, so unähnlich sie sich sonst untereinander sein mögen. Eine lebendige Frömmigkeit wird niemals zugeben, daß mit solchen neutralen Definitionen, und wenn sie noch so absolut und klangvoll wären, alles gesagt sei, was von Gott zu sagen ist, so sicher damit vieles gesagt ist, was in der Tat von ihm zu sa|gen ist. Gott, wie ihn der Glaube erfaßt und beschreiben muß, ist *Einer.* Er ist nicht nur Prädikat, sondern auch Subjekt. Dem Geistbegriff Biedermanns fehlt zum Gottesbegriff gerade das, was der Gedanke der Persönlichkeit *mehr* enthält als der Geistbegriff, nämlich die *Individualität.*[2] Wir glauben

---

1 Dogmatik, S. 627 ff. und 635 ff.
2 Es fällt auf, daß dieser grundlegende Unterschied von Geist und Persönlichkeit auch manchen Verfechtern der Persönlichkeit Gottes entgangen zu sein scheint. Vgl. z. B. die Abhandlung von *Ragaz*

nicht nur an die Allmacht, sondern an einen Allmächtigen, wir glauben nicht nur an die Ewigkeit, sondern an einen Ewigen, nicht nur an die Heiligkeit und Gerechtigkeit, sondern an einen Heiligen und Gerechten, nicht nur an die Liebe, sondern an den lieben Gott. Wir glauben auch nicht nur an eine sittliche Weltordnung, sondern an einen Gesetzgeber und König, der, wie *Lotze*[1] treffend bemerkt, die Fähigkeit hat, zu wirken und zu leiden. Wir glauben überhaupt nicht nur an ewige Wahrheiten, sondern an einen »in Gedanken unauflöslichen Kern« (Lotze), an ein Ich, das Subjekt dieser ewigen Wahrheiten ist. Wenn wir von Gottes Gedanken und Willen reden, so meinen wir damit: *Er*, ein ganz bestimmter Er denkt und will. Wenn Gott Forderungen an uns stellt, wenn er uns richtet und frei macht, wenn wir zu ihm beten, so stehen wir damit zu ihm in einem Verhältnis von Ich und *Du*. Nicht mit einem neutralen, sondern mit einem charakterisierten individuellen Geist stehen wir in Beziehung in der Religion. Was die Religion meint, wenn sie das Wort »Gott« ausspricht, das ist gerade das, was wir vorhin als Persönlichkeit beschrieben haben: ein individuelles geistiges Ich, allerdings ein absolut geistiges, aber ein individuelles absolut geistiges Ich.

In der Religion fühlen wir uns berührt und erfaßt von einer Lebendigkeit, die wir nicht anders denn als persönliche Lebendigkeit empfin|den.[2] *Biedermann* bestätigt das denn auch durch die Bemerkung, der Wechselverkehr des unpersönlichen absoluten Geistes mit dem endlichen Geist *in der Religion* sei immer ein persönlicher, und zwar in objektiver Wahrheit, weil er ja innerhalb des menschlichen Geisteslebens vor sich gehe. Ferner bleibe die Erlaubnis, Gott als Persönlichkeit *vorzustellen*, wenn nur im *reinen Denken* diese Vorstellung aufge-

---

»Pantheismus oder Glaube an den persönlichen Gott?« (Neue Wege 1912, Heft 2, 3, 4), wo beständig promiscue vom persönlichen und vom geistigen Gott die Rede ist. Das *muß* zur Quelle endloser Zweideutigkeiten werden.
1 Mikrokosmus² III, S. 570.
2 Vgl. *Siebeck*, Religionsphilosophie¹, S. 363.

hoben werde in den Begriff des absoluten Geistes.¹ Biedermann ergänzt also seinen Gottesbegriff dahin, Gott sei unpersönlicher absoluter Geist gleichsam bis an die Schwelle des religiösen Bewußtseins, diesseits der Schwelle werde er persönlich. Demgemäß sei er im Begriff unpersönlich, in der Vorstellung persönlich zu denken. Der unpersönliche absolute Geist wäre somit der Inhalt, die Persönlichkeit die Form des religiösen Gottesgedankens. Die Frage ist jetzt für uns die: Läßt sich der religiöse Gottesgedanke so in Form und Inhalt zerlegen? Kann der Glaube eine Beschreibung Gottes als zutreffend anerkennen, die besagt, daß Gott eigentlich ein Neutrum sei, das dem Menschen aber in Form der Persönlichkeit nahetrete und das persönlich sich vorzustellen ihm unbenommen sei, wenn er nämlich keinen Anlaß habe, sich zu der Höhe des reinen Begriffs aufzuschwingen? Die Frage richtet sich nicht nur an Biedermann, sondern auch an R. *Rothe*, der in Gott unterscheiden will das, was er ist, sein »Wesen«, nämlich das Absolute, und das, als was er sich setzt, nämlich den absoluten Prozeß der Persönlichkeit.² Ebenso an *Haering*, der in Gott den Inhalt, die unbedingte Liebe, von der persönlichen Form unterscheiden will.³ Da kann nun nicht zwei|felhaft sein, daß diese Absonderung von Form und Inhalt in Gott der Wahrheit der religiösen Erfahrung *nicht* entspricht. In der religiösen Wirklichkeit ist uns die Persönlichkeit Gottes nie bloß ein dem absoluten Geist anhaftendes Prädikat, ebensowenig wie wir den absoluten Geist bloß als Prädikat der Persönlichkeit Gottes auffassen können. Nicht ist uns das Eine bloß das Substrat, von dem dann das Andre erst nachträglich auszusagen wäre (Biedermann), oder der verborgene Hintergrund, aus dem es emanieren müßte (Rothe), oder der Inhalt, von dem es als seine Form zu unterscheiden wäre (Haering). Sondern beide: das Absolute und die Persönlichkeit in ihrer Einheit, d. h. in ihrer logischen Gleichgesetztheit, ergeben den

---

1 Dogmatik, S. 647 und 645.
2 Ethik² I, S. 74 ff. und 99 ff.
3 Der christliche Glaube¹, S. 207.

Gedanken Gottes der religiösen Erfahrung. In jeder religiösen Aussage über Gott ist irgendwie beides enthalten: der Gedanke, daß das Absolute, der ewige allgegenwärtige Grund aller Dinge in all seiner Fülle, meinem Ich gegenübersteht als ein Du, als ein individuell Denkender und Wollender – aber auch der andre Gedanke, daß der, der mir persönlich begegnet als Einer, der sich meiner annimmt, der mir zürnt und mir gnädig ist, der mich hört und mit mir redet, daß dieser Eine zugleich das Absolute ist, der allmächtige Gott, Schöpfer Himmels und der Erde. Die Religion lebt gerade in der Spannung, in dem offenbaren Geheimnis des Gegensatzes, der in diesen beiden Gedanken zum Ausdruck kommt. Wer die|se Spannung auflöst, indem er den einen Gedanken dem andern subordiniert, der entleert und verarmt den religiösen Gottesbegriff.

Pfleiderer hat den Einwand erhoben, daß »erfahrungsgemäß immer gerade die tiefere mystische Frömmigkeit auf die persönliche Vorstellung Gottes wenig Gewicht gelegt hat«.[1] Wir können das Werturteil, das in der Bezeichnung »*tiefere* Frömmigkeit« liegt, auf sich beruhen lassen. Tatsache ist, daß es eine Frömmigkeit gegeben hat und noch gibt, der über der Anschauung des Absoluten in Gott das personalistische Moment im Gottesgedanken stark, teilweise fast ganz in den Hintergrund getreten ist. Pfleiderer verschweigt aber, daß es noch nie und nirgends eine Frömmigkeit, die wirklich Frömmigkeit war, gegeben hat, die auf die Dauer, wenn sie von Gott reden und über ihn nachdenken wollte, ohne irgendwelchen Personalismus ausgekommen wäre.[2] Und ebenso verschweigt er die Tatsache, daß es Frömmigkeit gegeben hat und noch gibt, die den Personalismus im Gottesgedanken so kräftig in den

---

1 Religionsphilosophie[1], S. 422.
2 Vgl. in der Theologie, die ja wohl im Sinne Pfleiderers der »tiefsten« Frömmigkeit entsprechen müßte, den doppelten Begriff des Brahma als unpersönlicher Geist der Natur und Keim der Welt einerseits, als höchster männlicher Gott und Weltschöpfer andrerseits, *Orelli*, Allgemeine Religionsgeschichte, S. 427 f.

Vordergrund rückt, daß ihr das Absolute in Gott zu entschwinden droht, ja daß sie es bewußt aufgibt, womit sie freilich auf die Dauer ebensowenig Ernst machen kann wie die Mystik mit ihrem reinen Absolutismus.[1] »Erfahrungsgemäß« ist somit nur zu sagen, daß es Typen von Frömmigkeit gibt, bei denen das Absolute, und andre, bei denen die Persönlichkeit im Gottesgedanken das beherrschende Element ist. Ebenso ist die eingangs zitierte Bemerkung *Schleiermachers*, »daß die Religion davon nicht abhange«, ob Gott im abstrakten Denken persönlich oder unpersönlich gedacht werde, und die weitere, daß auch der ein Christ sein könne, der in seiner Philosophie den Gedanken der Per|sönlichkeit aufhebe,[2] dahin zu interpretieren resp. richtig zu stellen, daß es selbstverständlich lebendige, hochstehende, christliche Religiosität gibt, die in ihrem gedanklichen Ausdruck die Persönlichkeit Gottes negiert, ja daß dieser Negation historisch und relativ gegenüber einer deistischen Verendlichung Gottes eine gewisse religiöse Wahrheit zukommt. In diesem Sinn können wir der Einladung *Schleiermachers* folgen, den Manen des heiligen verstoßenen *Spinoza* mit ihm ehrerbietig eine Locke zu opfern, weil er voll Religion war und voll heiligen Geistes. Und erst recht wäre es natürlich töricht, Männern wie *Fichte, Schleiermacher* und *Biedermann* wegen ihres unpersönlichen Gottesbegriffs die Christlichkeit abzusprechen. Aber daß die Religiosität eines Menschen nicht abhängt von seiner Bejahung des persönlichen Gottesbegriffs, das involviert noch nicht, daß der unpersönliche der richtige sei. Man kann voll heiligen Geistes sein und in seiner Dogmatik doch daneben fahren. Lassen wir die religiöse Erfahrung in ihrer Allgemeinheit und unter vergleichender Würdigung der beiderseits möglichen extremsten Fälle und nicht in der Zufälligkeit einzelner Individuen zu

---

1 Ich nenne als Beispiele die Frömmigkeit von Männern wie *Kutter* und *Ragaz*. Es ist das schmerzliche Problem der *Theodizee*, das immer wieder diesem Extrem rufen wird. Vgl. *Th. Flournoy*, Le Génie religieux (Foyer Solidariste, St. Blaise et Roubaix 1904), S. 38-41.
2 Briefe III, S. 284.

Worte kommen, so darf es nach dem Gesagten als erwiesen
gelten, daß sie Gott denkt in dem *Nebeneinander* der beiden
Sätze: *Das Absolute ist Persönlichkeit* und: *Eine Persönlichkeit ist
das Absolute*. Es handelt sich somit bei der Behauptung oder
Verneinung der Persönlichkeit Gottes nicht um einen Wortstreit, wie *Biedermann* gemeint hat. Denn die Sätze: Das Absolute ist Geist, und: Der Geist ist das Absolute, sind zwar richtig und sind wesentliche Elemente des Gottesgedankens, aber
sie drücken nicht seinen ganzen Gehalt aus. Der religiöse Got-
tesgedan|ke enthält ihnen gegenüber ein Plus. Dieses Plus be-
steht in dem Satz: Gott ist individuelles geistiges Ich.

3.

Um nun darüber klar zu werden, was dieser Satz: Gott ist Persönlichkeit, oder: Gott ist individuelles geistiges Ich – innerhalb des religiösen Gottesgedankens bedeutet, müssen wir zunächst *die andere Komponente dieses Gottesgedankens*,[1] die wir bis
dahin stillschweigend als gegeben vorausgesetzt haben, in ihrem Wesen ins Auge fassen. Ich habe diese andere Komponente herkömmlicherweise und im Anschluß an den Sprach-
gebrauch von *Rothe*, *Biedermann*, *Pfleiderer*, *Lipsius*, | *Kaftan*
und *Haering* »das Absolute« genannt. Der Begriff bezeichnet
aber nicht genau, was er innerhalb des Gottesgedankens zu bezeichnen die Aufgabe und den Anspruch hat. Er bezeichnet
nur die *negative Seite* dieser andern Komponente des Gottesgedankens. Das »Absolute« ist das von der im Raum und in der
Zeit zu erfassenden (zu denkenden und zu wollenden) »Wirk-

---

[1] Es ist schon vom formal-logischen Gesichtspunkt aus bedenklich,
wenn *Bornemann* der Untersuchung des Persönlichkeitsbegriffs
eine solche *des Gottesbegriffs* gegenüberstellt, um dann über die Verbindung beider in der Vorstellung eines persönlichen Gottes zu
entscheiden. Ob der Persönlichkeitsbegriff *mit einem andern* zum
Gottesbegriff zu verbinden ist, das steht ja in Frage. Und dieses
Andere muß daher das nächste Objekt der Überlegung bilden.

lichkeit« Abgelöste. Es ist das reine bestimmungslose Sein nach Aufhebung der »Wirklichkeit«. Es ist das Nichtgegebene: »nicht dies und das, nicht nun, nicht ichts, nicht nichts«, wie die Mystiker sagten. In der kirchlichen Gotteslehre kam der Gedanke des Absoluten in diesem Sinn zum Ausdruck in den sog. metaphysischen Attributen der *Allgegenwart* und der *Ewigkeit* Gottes. Die Vorstellung einer unbeschränkten Örtlichkeit und einer endlosen Zeitlichkeit führt ja sofort weiter zum Begriff der Raum- und Zeit*losigkeit*, damit eben zur Negation alles zu denkenden und wollenden Seins. Das sind unmittelbar religiöse Aussagen. Wir müssen Gott von aller Endlichkeit und Bedingtheit, wie sie mit Raum und Zeit notwendig verbunden ist, freisprechen. Die Polemik *A. Ritschls* gegen die | Verwendung dieses Begriffs des »Absoluten« in der Theologie ist nur insofern berechtigt, als sie sich gegen die einseitige Betonung der damit bezeichneten Negativität Gottes durch die Mystik wendet. Es ist dagegen durchaus unzutreffend, wenn Ritschl behauptet, »daß das Absolute kein Produkt der religiösen Reflexion sei, sondern ein metaphysischer Begriff, welcher den Christen im ganzen fremd« sei.[1] Es gibt doch wohl keine ernsthafte religiöse Reflexion, die auf die Negation der Beschränktheit in Gott auf die Dauer verzichten könnte. Aber freilich, wenn man beim Wortsinn des »Absoluten« stehen bleibt: bei dem von der gegebenen »Wirklichkeit« abgelösten Sein, dann hat man ein Mythologumen gedacht; ein richtiger Gedanke ist da auf halbem Weg erstarrt. Einen klaren Sinn gewinnt dieses nur negativ (im Gegensatz zum »Wirklichen«) zu beschreibende Sein erst, wenn es verstanden wird nicht nur als die Negation, sondern zugleich als die *Position* alles dessen, was gedacht und gewollt werden kann. Die Grundlegung des »Wirklichen« als solche in Abrede stellen, das heißt zugleich sie bejahen. Aufhebung von Raum und Zeit ist zugleich Herrschaft darüber. Die »Ungrundlegung«[2] wird zum Grund der Grundlegung des Ge|dachten und Gewollten,

---

[1] Theologie und Metaphysik³, S. 44.
[2] *H. Cohen*, Ethik, S. 406.

die reine Abgezogenheit zum reinen Ursprung. Es ist die in sich ruhende Wahrheit und Gültigkeit des Apriori, die sich hier als die positive Seite dieser Komponente des Gottesgedankens erweist.[1] Nun bekommen auch die Attribute der Allgegenwart und Ewigkeit ihren positiven Sinn als »die mit allem Zeitlichen und Räumlichen auch die Zeit und den Raum selbst bedingende schlechthin zeit- und raumlose Ursächlichkeit Gottes«.[2] Zur Bezeichnung dieser Positivität Gottes genügt aber der Begriff des Absoluten jedenfalls nicht mehr. Wir könnten *Lipsius* folgen, der das Absolute in direktem Gegensatz zum Wortsinn erklärt als den Real- und Idealgrund des endlichen Seins, als lebendige in sich geschlossene Kausalität,[3] oder *Herrmann*, der den Terminus »Macht über Alles« an seine Stelle setzt. Beide Formulierungen vermeiden glücklich die Unfruchtbarkeit, die der Begriff des Absoluten erfahrungsmäßig an sich hat, haben aber den | Nachteil, daß sie die Wahrheit der Negativität Gottes nicht zum Ausdruck bringen.

Es muß eine Bezeichnung gewählt werden, die beiden Seiten des Begriffs gerecht wird, die aber auch wirklich nicht mehr besagt als die reine Einheit von Negation und Position des endlichen Seins, damit volle Klarheit herrsche gegenüber den Bestimmungen des Persönlichkeitsgedankens. *R. Rothe* braucht einmal beiläufig für den herkömmlichen Begriff des Absoluten die Bezeichnung: *das Majestätische*.[4] Ich möchte dafür den deutschen gleichbedeutenden Ausdruck »*das Erhabene*« als den umfassenderen und doch nicht zuviel besagenden Begriff an die Stelle des Absoluten treten lassen, obwohl ich weiß, daß er bereits bei *Kant* und *Schiller* in anderem Sinn

---

1 Die Entwicklungsgeschichte dieser Komponente ist dargestellt worden von *Karl Heim:* Das Gewißheitsproblem in der systematischen Theologie bis zu Schleiermacher, Leipzig 1911. Vgl. ferner *Heinrich Barth*, Descartes' Begründung der Erkenntnis, Bern 1913, S. 80-89.
2 *Schleiermacher*, Der christliche Glaube, § 52 und 53.
3 Dogmatik, S. 184 ff.
4 Ethik I, S. 76.

Verwendung gefunden hat. Ich möchte im Anschluß an R. Rothe betonen: das Erhabene *als Neutrum*,[1] denn es muß deutlich sein, daß es sich hier schlechterdings um das unpersönliche oder, wenn man den unglücklichen Ausdruck verwenden will: überpersönliche Moment im Gottesgedanken handelt. »Das Erhabene« bezeichnet im religiösen Gottesgedanken genau und vollständig das, was »das Absolute« nur einseitig und darum irreführend bezeichnet. *Gott ist das Erhabene*, will sagen: Gott ist über das im Raum und in der Zeit zu Denkende und zu Wollende schlechthin erhoben und *überlegen*. Er steht dem Geist schlechterdings gegenüber als das unveräußerliche, aber unerreichbare Ideal. Es heißt von ihm:

O du Brunnen ohn' Ergründen,
Wie will doch mein schwacher Geist,
Ob er sich gleich hoch befleißt,
Deines Grundes Tiefe finden!

Denn unser Geist mag seine Welt erkennend und wollend noch so sehr erweitern: Gott steht ihm doch immer wieder gegenüber als die reine Negativität alles Endlichen, als der Überlegene, der in einem Lichte wohnt, da niemand zu kann [1. Tim. 6,16]. Aber nicht nur diese Überlegenheit liegt im Begriff des Erhabenen, sondern ebenso der Inbegriff der *Herrschaft*, den wir im Gottesgedanken ja vor allem mitdenken. Gott ist schlechthinige Potenz. Das meinen offenbar *Lipsius* und *Herrmann*, wenn sie von »lebendiger Kausalität« und von »Macht über Alles« reden. Gott ist die schlechthinige Möglichkeit der unserm Geist gegebenen Welt. Und so gilt das Paradoxon, daß derselbe, der in einem Lichte wohnt, da niemand zu kann, nicht ferne ist einem jeglichen unter uns; denn in ihm leben, weben und sind wir. Im Begriff des Erhabenen ist das in eins gesetzt, was gemeinhin als die Transzendenz und Immanenz Gottes beschrieben wird: Seine Transzendenz ist seine schlechthinige Überlegenheit, seine Immanenz ist seine schlechthinige Herrschaft.

---

[1] Ethik I, S. 74.

4.

Zu dem Begriff des *Erhabenen*, der im Gottesgedanken der Religion ausgesprochen ist, tritt nun hinzu der Begriff der *Persönlichkeit*: Das Erhabene ist Persönlichkeit, und eine Persönlichkeit ist das Erhabene. Die Einheit dieser beiden Sätze konstituiert den religiösen Gottesgedanken.

Es sei betont, daß die *beiden* Begriffe, die in diesen Sätzen vorkommen, die Persönlichkeit *und* das Erhabene, *Ausdrücke religiösen Erlebens* sind. Auch das Erhabene vulgo Absolute, wie von *Lipsius* und *Kaftan* wenngleich in verschiedener Meinung richtig hervorgehoben, von *R. Rothe* als selbstverständliche Voraussetzung angenommen wur|de[1] im Gegensatz zu

---

[1] *Rothe*, Ethik I, S. 69 ff. – *Lipsius* und *Kaftan* befinden sich übrigens in diesem Punkt in einem merkwürdigen Selbstwiderspruch. *Lipsius* betont in seiner Dogmatik S. 185 zuerst ganz sachgemäß, der Begriff des Absoluten sei religiösen Ursprungs, er stamme aus der »Reflexion über den geistigen Gehalt der religiösen Weltbetrachtung«. S. 205 aber, bei der Darstellung der Auseinandersetzung zwischen dem Absoluten und der Persönlichkeit in Gott, hören wir plötzlich, es sei das wissenschaftliche Interesse im Gegensatz zum religiösen, das zur Prävalenz des Absoluten tendiere. Auch *Kaftan* (Dogmatik, 3.-4. Aufl., S. 168) nennt den Gedanken des Absoluten religiösen Ursprungs, ja er sagt sogar m. E. viel zu weit gehend: »Der Gedanke des Absoluten ist nichts anderes als eine abstrakte Formulierung dessen, was das Wesen und die innere Spannung (höchster Wert = oberste Macht) des praktisch begründeten religiösen Gottesgedankens ausmacht.« S. 174 ff. aber, in der Polemik gegen Biedermann, wird dann doch die Persönlichkeit gegen das Absolute ausgespielt mit der Alternative: Aristoteles oder Evangelium, theoretische oder praktische Tugend?, die durch Werturteil zugunsten der zweiten Möglichkeit entschieden wird. Lipsius-Kaftan I dürften gegenüber ihrer eigenen Ansicht II im Recht sein. Es sind genau ebenso lebhafte religiös-praktische Interessen, die *beiden* Gedanken rufen, dem der Persönlichkeit *und* dem des Absoluten in Gott, und es geht nicht an, das Interesse an dem letztern als »nur« wissenschaftlich und theoretisch gegenüber dem ersteren zu diskreditieren. Gilt auch von *Bornemann*, S. 100 f.!

A. Ritschl, der die Meinung vertrat, es handle sich bei der Zusammenstellung der beiden Begriffe um eine Kombination eines aus dem Platonismus übernommenen philosophischen Sche|mas mit dem Inhalt der christlichen Gottesidee.[1] *H. Cohen* sagt sehr fein: »Der Begriff des Absoluten ist entstanden als Ausdruck verzweifelnder Demut des tiefsten Menschengeistes, der Selbstironisierung der Vernunft. Da alles Sein auf der Grundlegung des Denkens beruht, so | erhebt sich das tiefsinnige Verlangen nach einem Grunde, der von dieser Grundlegung unabhängig sei.«[2] Mit dieser »verzweifelnden Demut« und diesem »tiefsinnigen Verlangen« ist aber die eigentümliche Fragestellung des kritischen Idealismus, die sich eben auf die Grundlegung des Denkens und Wollens bezieht, aufgehoben; sie räumt den Platz dem Problem der Religion: »inquietum est cor nostrum, donec requiescat in te.« *In te,* sagt die unmittelbare religiöse Empfindung und setzt damit das Erhabene als ein Du dem Ich gegenüber.

Wir stehen nun vor der Aufgabe, die Einheit der Begriffe des Erhabenen und der Persönlichkeit, die im religiösen Gottesgedanken zusammengestellt werden, wirklich zu vollziehen. Das Erhabene, der *Inbegriff der Überlegenheit und der Herrschaft,* soll gleich sein einem *individuell geistigen (werdenden) Ich.* Sofort bei den ersten Schritten, die wir zu tun versuchen, verwickeln wir uns in unauflösliche Schwierigkeiten.

Wohl ist es begrifflich möglich, das Erhabene als *geistig* zu bezeichnen, d. h. ihm das transszendentale Merkmal des Persönlichkeitsbegriffs beizulegen. Als Negativität ist ja das Erhabene die schlechthinige Grenze, als Positivität die schlechthinige Quelle unsres Geistes, das könnte es aber nicht sein ohne eigene Geistigkeit. Insofern darf man mit *Lipsius* den Satz wagen, Gott sei das Urbild des vollkommenen Geisteslebens.[3] Auch *Biedermann* gewinnt ja den Inhalt seines Gottesbegriffs, indem er dem Erhabenen das Merkmal der Geistigkeit

---

1 Rechtfertigung und Versöhnung[1] III, S. 193.
2 Ethik, S. 406.
3 Dogmatik, S. 174.

zuspricht. | Aber das ist im Grunde nichts als eine selbstverständliche Explikation des Wesens des Erhabenen. Dem Verständnis des Gedankens, daß das Erhabene Persönlichkeit sein soll, sind wir damit um keinen Schritt näher gerückt. Und ebenso geht es uns, wenn wir umgekehrt dem Geist *Erhabenheit* zuschreiben, wenn wir seine schlechthinige Idealität und Potentialität behaupten. Damit haben wir bloß seinen transszendentalen Charakter bezeichnet, das, wodurch der Geist eben Geist ist. Wir kommen so oder so nicht hinaus über den Satz: Gott ist Geist, oder: Der Geist ist Gott, der, wie wir gesehen haben, nicht den vollen Inhalt des religiösen Gottesgedankens wiederzugeben vermag.

Wir gehen nun einen Schritt weiter und versuchen es, *das Erhabene als geistiges Ich* zu beschreiben. Sagen wir aber Ich, so müssen wir außer dem transszendentalen Prädikat des Geistes sofort auch das psychologische Prädikat der Individualität denken. Ein Ich, das bloß geistig und nicht individuell wäre, das wäre eine ganz willkürliche Abstraktion, durch die der Begriff der Persönlichkeit aller Anschaulichkeit entrückt würde. Der Begriff der Persönlichkeit entsteht auf der Grenze des Transszendentalen und des Psychologischen und nur dort und kann darum in keinem Sinn etwas Anderes bedeuten als individuell geistiges Ich. Als solches hätten wir somit das Erhabene zu denken und ein Ich als das Erhabene. Versuchen wir zuerst das Letztere, *ein Ich unter den Merkmalen des Erhabenen* vorzustellen, als die reine Negativität und Positivität. Die kirchliche Eigenschaftslehre gibt zunächst die Prädikate der *Ewigkeit* und *Allgegenwart* an die Hand. Was bedeuten sie auf ein Ich angewandt? Sofort erweitert sich das Moment des Werdenden am Ich zur restlosen Aufhebung und Erfüllung jedes Raum- und Zeitteiles. Es verschwindet jedes Nochnicht-erreicht-haben, damit aber auch jede Zielstrebigkeit und damit das Werden selbst. Mit dem Werden ist aber das psychologische Merkmal der Individualität am Persönlichkeitsgedanken ausgeschaltet, und dieser löst sich auf in die Vorstellung eines den unendlichen Raum erfüllenden Äthers oder eines durch die unendliche Zeit hindurchklingenden gleichen Tones. Wie ein solcher Äther unsichtbar und ein solcher Ton unhörbar wäre, so wäre ein so zu denkendes Ich eben kein Ich, keine Persönlichkeit mehr, sondern, wenn man sich keiner Verdoppelung der Begriffe schuldig machen will, eben – das Erhabene selbst. *Macht* und *Wissen* als Prädikate des Erhabenen! | »Sind ein unendlicher Verstand und ein unendlicher Wille etwas Anderes als leere Worte, da Verstand und Wille, indem sie sich unterscheiden, auch notwendig sich begrenzen? Und fällt Ihnen nicht, indem Sie Verstand und Willen zu unterscheiden aufgeben wollen, auch der Begriff der Person in sich selbst zusammen?«[1] Aber auch im Einzelnen erweist sich beides als unmöglich zu vollziehen: ein allmächtiges Ich erweitert sich unaufhaltsam zur schlechthinigen Potenz; das Noch-nicht-können, das wir im Begriff eines wollenden Ich unvermeidlich mitdenken, verschwindet, damit auch das Werden; und das wollende Ich geht rettungslos unter im Inbegriff der Potenz, d. h. des Erhabenen selber. Und ebenso verfließt ein allwissendes Ich, ein Ich, das nicht stückweise, diskursiv erkennt, sondern intuitiv – im Teil alle Teile und das Ganze und im Ganzen jeden einzelnen Teil und alle Teile durchschaut –, ein solches »allwissendes« Ich verfließt im Begriff des reinen Erkennens, damit aber im Vermögen des Erkennens. Alles Nochnicht, alles Werden, alle Individualität verschwinden, und das Ich verschwindet gemeinsam mit dem »allmächtigen« Ich im Inbegriff der Potenz oder im Erhabenen. *Heiligkeit* als erhabene Heiligkeit! Wir gelangen zur Vorstellung eines Ich, das restlos will, was es soll, und soll, was es will; der heilige Wille dieses Ich wird identisch mit dem Sittengebot selbst; das Moment des Sollens und damit die Spannung zwischen Sein und Sollen und damit die Individualität fallen dahin, und das Ich löst sich auf in der reinen Idealität des Wollens, d. h. im Erhabenen.[2] Oder um noch

---

1 *Schleiermacher*, Briefe II, S. 344 (an Jacobi).
2 *Bornemann* meint, der richtige Weg zum Gedanken eines persönlichen Gottes sei der, »daß man das Gute als die höchste Macht alles Daseins und als die entscheidende innerste Kraft der mensch-

ein Beispiel zu nennen: ein Ich, dem erhabene *Liebe* zukäme. Was kann das Erhabene lieben als sich selber? Es kann ja nichts geben, | was von seiner Liebe nicht erreicht würde; alle Spannung, alle Individualität verschwinden aus diesem liebenden Ich. Seine Liebe verfließt in seiner eigenen Seligkeit, und das Ich geht unter im reinen Gefühl oder im Erhabenen.

In Summa: Wird der Begriff des Erhabenen ernsthaft auf den Persönlichkeitsgedanken angewendet, so wird der letztere, wie ein Boot, das dem Niagarakatarakt entgegentreibt, von dem ersteren Begriff im eigentlichsten Sinn verschlungen.[1] Je nach dem Grade von Konsequenz, mit dem dabei vorgegangen wird, gravitiert der Gottesgedanke stärker oder schwächer gegen den verbotenen Grenzwert des *Pantheismus* hin: verboten, weil die religiöse Erfahrung gegen die Streichung der Persönlichkeit, wie gezeigt, Einspruch erheben muß, weil die Durchführung des religiösen Gedankens des Erhabenen oder auch nur eine zu starke Betonung dieses Gedankens zu Ungunsten der Persönlichkeit in Gott einer Erstarrung und Entwertung des Gottesbegriffs gleichkommt. Der Schwung und die Kraft des religiösen Denkens wird Einzelne immer wieder dazu führen, daß sie den Konsequenzen nachgehen bis gegen jenen Grenzwert hin. Ebenso sicher wird dann die Religion selbst gegen diese Konsequenzmacherei immer wieder reagieren. Tragisch kann der Konflikt werden, wenn in der »Konsequenzmacherei« die höhere religiöse Ge-

---

lichen Persönlichkeit anerkennt und pflegt, so daß mit der Zeit diese praktische Kraft des Guten mit innerer Notwendigkeit wie eine lebendige Persönlichkeit vor uns steht und über uns waltet« (S. 100). Wenn dieser dunkle Vorgang wirklich ein gangbarer Weg wäre, warum ist ihn dann ein *Fichte*, der doch gewiß »das Gute« anerkannt und gepflegt hat, nicht gegangen? Es steht eben so, daß auch das Nachdenken über »das Gute« (nicht nur dasjenige über die von *Bornemann* und Andern so gering geschätzten »theoretischen« Bestimmungen des Erhabenen) vom Gedanken eines persönlichen Gottes ab- und nicht dazu hinführt.

[1] Vgl. zu dieser Erörterung *Strauß*, Glaubenslehre[1] I, S. 525-609, und *Biedermann*, Dogmatik, S. 558-569.

nialität von der korrekt kirchlichen Mittelmäßigkeit angegriffen und vielleicht erdrosselt wird. Und es braucht keiner auf seine Rechtgläubigkeit oder auf sein gesundes Denken stolz zu sein, der, ohne Lust an der Einseitigkeit, harmlos und mittelmäßig, ohne die Kraft eines *Jatho* auch von seiner Schuld frei bleibt. Aber ei|ne Schuld, eine intellektuelle Schuld trägt der Pantheismus darum doch, und es ist grundsätzlich nur normal, wenn sich die Religion gegen ihn zur Wehr setzt.

Wir versuchen nun zweitens, *das Erhabene als individuell geistiges Ich* zu erfassen, in dem Sinn, daß wir, wie vorhin mit dem Erhabenen, jetzt mit den Gedanken des Ich vollen Ernst machen. Das bedeutet: daß wir das psychologische Nochnicht-erreicht-haben am Ich nicht erweichen lassen durch seine transszendentale Idealität. Dann kommen wir zur Vorstellung eines Ich, das zwar schon sehr viele, aber noch nicht alle Raum- und Zeitteile erfüllt; das sehr viel weiß und kann, aber noch nicht alles; das heilig ist, aber sein heiliges Wollen bedeutet eine Auswahl zwischen dem Guten und der Möglichkeit seines Gegenteils; das die Liebe ist, große Liebe, die aber doch begrenzt ist durch einen Zustand der Gleichgültigkeit oder des Hasses. Denken wir so, dann haben wir wirklich eine Persönlichkeit gedacht, ein Ich, das Individualität hat, das Zielstrebigkeit und Noch-nicht-erreicht-haben in sich vereinigt, ein werdendes Ich. Die eine Aussage des religiösen Gottesgedankens: »Gott ist Persönlichkeit« – sie ist wirklich durchgeführt. Aber was ist darüber aus der andern Aussage: »Gott ist der Erhabene« geworden? Sie ist zusammengeschrumpft zur Vorstellung einer ganz beträchtlichen und zudem ins Unendliche anwachsenden Quantität, die aber doch in jedem einzelnen Moment im Werden befindlich ist. Wir warten darauf, daß Gott sein wird alles in allem. Gott beherrscht den Raum und die Zeit nicht, sondern er geht dieser Herrschaft erst entgegen, wenn er sie nicht gar vorläufig mit andern, feindseligen, demiurgischen Gewalten teilen muß. Sobald wir aussagen würden, daß Gott alles in allem schon ist, sobald wir das Werden umschlagen lassen würden in ein Gewordensein, wäre es ja um seine Persönlichkeit getan. Wollen wir aber dies vermeiden, so hat Gott zwar ganz beträchtlich viel mehr von Erhabenheit an sich als wir – kraft der Idealität des Geistes ist ein solches Übermenschentum sehr wohl denkbar –, aber kraft seiner Individualität gilt auch von ihm:

> Uns bleibt ein Erdenrest
> Zu tragen peinlich, |
> Und wär er von Asbest,
> Er wär nicht reinlich!

Wir können ihn dann nicht denken, ohne wenigstens die Möglichkeit gewisser Schranken des Wissens, des Könnens und Wollens, des Temperaments und Charakters an ihm einzuräumen.[1]

Ob wir's wollen oder nicht, wir landen mit der Durchführung des Persönlichkeitsbegriffs am Gedanken des Erhabenen beim *Deismus*, bei der Vorstellung eines Gottes, der mit dem Stoff noch zu ringen hat um die Geltendmachung seiner Erhabenheit. Auch da stehen wir wieder vor einem »verbotenen Grenzwert«: verboten, weil das Ziehen der deistischen Konsequenz zu Ungunsten des Erhabenen in Gott ebensowohl zum Zerflattern des Gottesgedankens führen muß, wie der Pantheismus zu seiner Erstarrung. Hier ebensogut wie dort wird es immer Einzelne geben, die es sich nicht nehmen lassen, dem Schwung des religiösen Gedankens bis zu diesem verbotenen Grenzwert hin zu folgen. Die *Mönche der nitrischen Wüste*, die sich gegenüber Origenes für Gottes Ohren, Augen, Füße und Hände vereiferten, bilden zu einem *Jatho* das geziemende Pendant. Und eine gewisse theologische Mittelmäßigkeit, die nur aus religiöser Schwachheit vor der deistischen Konsequenz zurückschreckt, täte besser, ehrfurchtsvoll zu je-

---

[1] Ich verweise für diese Beobachtung nochmals auf den Gottesgedanken der führenden schweizerischen Religiös-Sozialen, in dem z. T. ganz bewußterweise eine Einschränkung des reformatorischen und altkirchlichen Gedankens der All- und Alleinwirksamkeit Gottes vorgenommen wird. Ähnliche Wege geht *Wilfred Monod;* vgl. die Darstellung von *Willy Lüttge*, ZThK 1913, Ergänzungsheft, S. 83 f.

nen wackern Männern der Wüste aufzublicken, statt über ihren »Aberglauben« den Kopf zu schütteln. Aber freilich: sachlich ist auch hier der Protest der Religion durchaus im Recht, obwohl die Kirche im ganzen von jeher und aus leicht begreiflichen Gründen dem Deismus mehr Verständnis entgegengebracht hat als seinem Gegenpart. Es ist keineswegs böser ungläubiger Monismus, oder mystische Spielerei, oder bloß eine Verallgemeinerung ästhetisch-lyrisch-musikalischer Empfindung,[1] was in dem berühmten »Omnis determinatio est negatio« des *Spinoza* oder in den bekannten Versen *Goethes*: »Was wär ein Gott, der nur von außen stieße ...« zum Ausdruck kommt, sondern es ist die lebendige Religiosität, die hier gegen die Verkümmerung des Erhabenen im Gottesgedanken und damit gegen seine Zerbröckelung Verwahrung einlegt.

Der *Gegensatz* zwischen dem Erhabenen und dem Persönlichen im religiösen Gottesgedanken ist unversöhnlich. Wird das Eine durchgeführt, so wird das Andre aufgelöst und damit der Gottesgedanke entleert und entwertet. Die Konsequenz des religiösen Gedankens führt von beiden Seiten her zu einem unauflöslichen Widerspruch. Was tun? Man kann versuchen, mit kühnen Behauptungen und weniger kühnen kleinen Vertuschungsversuchen Brücken zu schlagen über den Abgrund, etwa indem man mit der Schuldogmatik den rührend kindlichen Begriff einer »absoluten Persönlichkeit« konstruiert. Nonsens! bemerkt dazu *Strauß*;[2] Contradictio in adjecto! *Biedermann*;[3] und ich brauche nun nicht mehr zu beweisen, daß sie recht haben. Man kann sich auch durch energische Willenserklärungen für das größere Recht des Gravitierens nach der einen oder andern Seite aussprechen.[4] Das ist

---

1 Wie *Ritschl* in einer ganz verfehlten Diatribe gegen *Strauß* gemeint hat (Rechtfertigung und Versöhnung III, S. 195 f.).
2 Glaubenslehre I, S. 505.
3 Dogmatik, S. 643.
4 Etwa wie *Schleiermacher* in den »Reden« zu Gunsten des Pantheismus, oder *Ragaz* (Neue Wege 1912, Heft 2 ff.) zu Gunsten des Deismus.

eine Methode, die in der Theologie von jeher Freunde und reichen Beifall gefunden hat. Dabei läuft man freilich die Gefahr, bei näherer Überlegung hinterher einräumen zu müssen, daß der Gegenseite auch eine gewisse, ja genau genommen die ganze Wahrheit zukomme. Alles das kann man, und wer's nicht lassen kann, der mag es tun. Aber wenn man von solchen theologischen Schleichpartien oder Husarenritten herkommt, ist es eine wahre Erquickung, die schon zitierten kritischen Abschnitte über die göttlichen Eigenschaften bei *Strauß* und *Biedermann* nachzulesen, die gerade mit dem grundehrlichen Sic et non, das darin zum Vorschein kommt, m. E. das Beste darstellen, was über das Problem geschrieben worden ist.

Das Hervorragendste zur Vermittlung der beiden widerstrebenden Gedankenreihen ist gesagt worden von *Hermann Lotze*, und der betreffende Abschnitt in seinem Mikrokosmus[1] ist von den Theologen von *Rothe* und *Ritschl* bis zu *Ragaz* mit solchem Jubel aufgenommen und ausgebeutet worden, daß ihm eine Art klassischer Bedeutung für diesen Gegenstand zukommt. Wir dürfen deshalb nicht weiter gehen, ohne kurz zu seinen Gedanken Stellung zu nehmen. Lotze geht aus von der Feststellung, daß das Wesen des Ich nicht beruhe auf der Entgegensetzung gegen ein Nicht-Ich, sondern daß es umgekehrt selber den Grund der Möglichkeit jenes Gegensatzes, da wo er auftrete, bilde. Damit beschreibt er ganz richtig das transszendental-geistige Moment im Persönlichkeitsgedanken, richtig gegenüber dem reinen Psychologismus, mit dem etwa *Biedermann* und *Pfleiderer* diesen Gedanken behandeln. Aber indem er nun das Ich nur nach den Merkmalen beschreibt, die ihm zukommen, bevor es in den Gegensatz zum Nicht-Ich tritt, oder anders ausgedrückt: nur nach den Merkmalen, die ihm zukommen, abgesehen von seiner empirischen Endlichkeit; indem Lotze also abstrakt das transszendental-geistige Ich beschreibt, übersieht er, daß er noch gar kein an-

---

[1] Mikrokosmus III, S. 559-576, vgl. Grundriß der Religionsphilosophie[3], S. 39-45.

schauliches wirkliches Ich beschrieben hat, gar nicht den transszendental-psychologischen Begriff der Persönlichkeit, sondern eine Abstraktion, der die Bezeichnung Ich nur willkürlich beigelegt ist, weil ja keine Individualität mitgedacht ist. Lotze fährt nun fort: es sei sehr wohl ein Ich denkbar, das nicht im Gegensatz zu einem Nicht-Ich stehe, dem also die psychologische Endlichkeit des menschlichen Ich nicht zukomme und das doch, als ein wirkliches Ich, in Fortschritt und Bewegung begriffen sei. Es könne ein Ich geben, das den Anstoß seiner Bewegtheit nicht in etwas ihm Fremdem, sondern in sich selbst habe, also in unsrer Terminologie: ein erhabenes werdendes Ich. »Wenn wir das innere Leben des persönlichen Gottes, den Strom seiner Gedanken, seiner Gefühle, seines Willens als einen ewigen und anfangslosen, nie in Ruhe gewesenen und aus keinem Stillstand zur Bewegung angeregten bezeichnen, so muten wir der Einbildungskraft keine andere und größere Leistung zu als die, welche ihr von jeder materialistischen oder pantheistischen Ansicht angesonnen wird.«[1] Nur schon diese letztere Bemerkung Lotzes hätte gegen seine Konstruktion bedenklich stimmen müssen, zeigt sie doch deutlich, in welcher Nachbarschaft wir uns plötzlich befinden, wenn wir ihm Folge leisten. Man kann sich wirklich nur wundern über den Beifall, der ihm theologischerseits zuteil geworden ist.[2] Es scheint mir eine Ehrenrettung unsrer Wissenschaft darin zu liegen, daß *Max Reischle* schon 1891 den Unwert dieser apologetischen Fundgrube erkannt und gegen die Vorstellung dieses Stroms von Gedanken, Gefühl und Willen Einspruch erhoben hat mit der Begründung, daß ein nach Lotze zu denkendes Erkennen und Wollen notwendig verschwimmen müßte in der ewigen Ruhe eines intuitiven Schauens und Sich-selbst-genießens.[3] Die *Lotze*sche Argumentation dürf-

---

[1] Mikrokosmus III, S. 573.
[2] Als Kuriosum mag verzeichnet werden, daß noch *Ragaz*, a. a. O., den Lotzeschen Gedanken ganz kritiklos wiedergibt und belobt.
[3] In der trefflichen Abhandlung: »Erkennen wir die Tiefen Gottes?«, ZThK 1891, S. 299ff.

te wirklich nachgerade aus Abschied und Traktanden fallen; sie gibt keine Lösung, sondern nur eine neue Verundeutlichung der von *Strauß* und *Biedermann* unwiderleglich aufgezeigten Antinomie: Auch das Lotzesche werdende Ich löst sich eben bei energischer Überlegung auf im Erhabenen.

Schade, ich meine methodisch sehr schade ist es, daß auch die beiden Heroen der theologischen Aufrichtigkeit, Strauß und Biedermann, zuguterletzt dann doch noch den Versuch gemacht haben, zwischen den Begriffen des Erhabenen und der Persönlichkeit einen halben Frieden zu schließen. *Strauß*, indem er in einigen wenigen Schlußsätzen seines Paragraphen über die Persönlichkeit Gottes andeutet, Gott sei zwar nicht Einzelpersönlichkeit, aber »Allpersönlichkeit«, die als das ins Unendliche sich selbst Personifizierende begriffen werden müsse.[1] Daß der scharfsinnige Mann, der fremde Halbheiten so erbarmungslos zu zerpflücken wußte, nicht gemerkt hat, wie er sich mit diesem Ausspruch selber ins Gesicht geschlagen hat! Hat er doch selber das Absolute definiert als »das Umfassende, Unbeschränkte, das nichts als eben nur jene im Begriff der Persönlichkeit liegende Ausschließlichkeit von sich ausschließt«.[2] Soll diese Ausschließlichkeit etwa dadurch aufgehoben sein, daß Strauß ein All- vor das Wort Persönlichkeit setzt? Allpersönlichkeit ist entweder nicht das Absolute oder nicht Persönlichkeit. Wie soll sie vollends dazu kommen, sich ins Unendliche zu perso|nifizieren? Mit Worten läßt sich ja trefflich streiten, aber dieser Begriff und die ihm zugeschriebene Funktion sind so dunkel, daß man sich schwer vorstellen kann, daß Strauß überhaupt etwas Klares dabei gedacht habe. Und so muß sich der große Brückenzerstörer zum Schlusse selber ein entschiedenes: Kein Weg! zurufen lassen. Auf eine andre Weise schließt *Biedermann* diesen halben Frieden.[3] Er fährt nämlich, nachdem er in vorzüglicher Weise nachgewiesen, wie der Gedanke einer »absoluten Persönlichkeit« not-

---

1 Glaubenslehre I, S. 523 f.
2 A. a. O., S. 504 f.
3 Dogmatik, S. 645 f.

wendigerweise in seine Komponenten zerfällt, indem eine die andre ausschließt, er fährt nach dieser durch ihre Reinlichkeit wohltuenden Kritik zu unserm Erstaunen fort: Die *Erlaubnis*, eine absolute Persönlichkeit uns *vorzustellen*, bleibe darum doch, ja noch mehr: »Wenn wir Gott recht und vollständig als absoluten Geist denken, so *können* wir ihn, wenn wir ihn überhaupt uns auch noch vorstellen wollen, dann allerdings *nur* als absolute Persönlichkeit vorstellen.« Die pantheistischen Vorstellungen einer durch das All ausgegossenen Lebenskraft oder Weltseele werden von Biedermann ausdrücklich abgelehnt. Also absoluter Geist im reinen Begriff, absolute Persönlichkeit in der Vorstellung. Ich erinnere demgegenüber an das bereits Gesagte, daß die religiöse Erfahrung mit einer Persönlichkeit Gottes, der nur subjektive Wahrheit zukommt, während dahinter als wirklichere Wirklichkeit ein unpersönliches Absolutes steht, unmöglich sich begnügen kann. Die beiden Komponenten des religiösen Gottesgedankens vertragen keine solchen Subordinationen. Zweitens aber ist zu bemerken, daß die Biedermannsche Unterscheidung von Begriff und Vorstellung überhaupt erkenntnistheoretisch höchst bedenklich ist. Näher kann das hier nicht ausgeführt werden. Ich verweise nur auf den auffallendsten Fehler, der dabei unterläuft.[1] Biedermann verspricht, aus der Vorstellung, d. h. aus der sinnlich-geistigen Anschauung, den geistigen Gehalt als »wirklich geistigen« zu gewinnen im reinen Begriff. Allein worin soll diese wirkliche Geistigkeit des Begriffs bestehen? Biedermann muß selber einräumen, daß auch das abstrakteste Denken nicht ganz vom Sinnlichen loskommen könne. Und in der Tat: man erinnert sich aus der Lektüre seines Werkes sofort an Begriffe wie: »In sich sein«, »Für sich sein«, »Aus sich« und »Außer sich setzen«, die unzweideutig die Anschauungsform des Raumes voraussetzen, oder an einen Begriff wie Durch-sich-selber-bestimmt-sein, in dem die Kategorie der Kausalität angewendet wird, die ihrerseits wieder die Anschauungs-

---

[1] Vgl. *Biedermann*, Dogmatik, S. 41-53, und dazu *Reischle*, a. a. O., S. 302-307.

form der Zeit voraussetzt. Die verheißene wirkliche Geistigkeit dieser Begriffe ist somit nur eine Vereinfachung der Vorstellungen auf ihre logische Grundform. Die »Begriffe« Biedermanns sind gleichsam die Skelette früherer Vorstellungen, aber sie sind ihrer Art nach immer noch Vorstellungen, sinnlich-geistige Anschauungen. Es kann keine Rede davon sein, daß der Begriff etwa eine erkenntnistheoretisch höherstehende Form des Gedankens darstelle als die Vorstellung; er mag andre Vorzüge haben vor ihr, aber diesen hat er nicht. Beide sind nur quantitativ verschieden. Wenn aber Begriff und Vorstellung wieder in eine Linie rücken, so hat sich Biedermann gegenüber dem ganzen Gewicht seiner eigenen Einwände zu verantworten, wenn er den Gedanken einer absoluten Persönlichkeit, den er als Begriff als contradictio in adjecto verurteilt, hinterher für die Vorstellung doch wieder »erlaubt«, ja sogar empfiehlt. Nenne man das Ding nun Begriff oder Vorstellung, denke man sich's abstrakt oder konkret, der Gedanke ist und bleibt eben schlechterdings unvollziehbar. |

Ich sagte, es sei *methodisch* bedauerlich, daß *Strauß* und *Biedermann* im letzten Moment den geraden Weg der Kritik dann doch noch verlassen, um gleich ihren wissenschaftlichen Gegnern, nur weniger vernehmlich und mehr im Halbdunkeln, etwas zu murmeln von »absoluter Persönlichkeit«. Ihre Kritik wäre noch lehrreicher und fruchtbarer gewesen, wenn sie mit einem definitiven: Non possumus! den Schluß gemacht hätten. Aber *sachlich* ist es ja nun allerdings sehr interessant, daß ausgerechnet gerade diese beiden, die ja wohl gegen den üblichen Vorwurf der kirchlichen Akkommodation gefeit sein dürften, diesen letzten Schritt nicht tun, sondern die soeben mit anatomischer Genauigkeit getrennten Begriffe des Erhabenen und der Persönlichkeit doch wieder, wenn auch nur in vager Weise und unter scheuen Kautelen, zusammenzukoppeln suchen. Es wird hier deutlich offenbar, daß von dem Problem, wie von jedem echten Problem, eine Art Zwang ausgeht, und zwar hier der Zwang, beides, obwohl es sich gegenseitig ausschließt, doch und trotz allem von Gott auszusagen: die Erhabenheit *und* die Persönlichkeit.

5.

Von der Notwendigkeit beider Begriffe im religiösen Gottesgedanken haben wir auf Grund der religiösen Erfahrung geredet. Die ernsthafte Durchführung beider führte uns auf den fundamentalen Widerspruch im Gottesgedanken. Es bleibt uns nun nur noch übrig, auf Grund der religiösen Erfahrung auch die innere *Notwendigkeit* dieses festgestellten *Widerspruchs* zu untersuchen, die Notwendigkeit, *zusammenzustellen*, was wir doch in Eins *zusammenzudenken* nicht vermögen.[1]

Aber bevor wir an diese letzte Aufgabe herantreten, müssen wir einen Seitenweg prüfend zu Ende gehen, der sich an dieser Stelle öffnet. | Es ist der Versuch gemacht worden, die Wahrheit des Gedankens der Persönlichkeit Gottes, obwohl er sich angewandt auf das Erhabene nicht durchführen läßt, zu begründen durch den Hinweis auf die Tatsache der *menschlichen Persönlichkeit*. Man weist darauf hin, daß schon im Gedanken der menschlichen Persönlichkeit das Erhabene mitgedacht werde als die ewige Idealität und Potentialität des Geistes, daß sich der Geist und die ihm anhaftende Individualität, durch die er zum persönlichen Geist, zum Geist eines Ich wird, auch in uns nicht widerspruchslos zusammendenken lassen. »Zwei Seelen wohnen, ach, in meiner Brust!« Sollte, sagt man, die Analogie nicht erlaubt sein, dem Erhabenen, das wir doch nur in Form der Persönlichkeit kennen, auch an sich selber Persönlichkeit zuzuschreiben? Ja, man geht dann kühn noch einen Schritt weiter und erklärt: Die Persönlichkeit,

---

[1] Die Formulierung stammt von *Schleiermacher* (vgl. Briefe IV, S. 305), der es aber bei der Zusammenstellung nicht belassen, sondern, ähnlich wie etwa *Biedermann*, in dem Ausdruck Person »nur ein Bild für Gott« finden wollte. – Einer »unvermittelten Nebeneinanderstellung«, wie wir sie als das Richtige ansehen, hat *Lipsius* das Wort geredet (Dogmatik S. 201), nur daß er, wie oben erwähnt, nicht unzweideutig ausgesprochen hat, daß es beiderseits sich widersprechende *religiöse* Aussagen sind, die im Gottesgedanken unvermittelt nebeneinandergestellt werden müssen.

das werdende individuell-geistige Ich ist überhaupt das Erhabenste, was wir kennen – also muß doch wohl auch das Erhabene selbst Persönlichkeit sein. Wichtig sind hier die Gedankengänge von *H. Siebeck* und *H. Lotze*.

Die innere Entwicklung des Menschen, sagt *Siebeck*, geht einem Höhepunkt entgegen, der darin besteht, daß er sich als Einheit gegenüber der Welt weiß: einerseits als Teil, andrerseits selbst als Zentrum der Welt. Auf Grund dieses letztern Momentes darf er die Welt als Mittel seiner Selbsterhaltung und Selbstbetätigung betrachten, ja noch mehr: die Persönlichkeit erkennt ihre sittliche Eigentümlichkeit als begründet im Grunde der Gesamtwelt, die Welt muß auf das Hervortreten der Persönlichkeit angelegt sein. M. a. W. das Erhabene muß selbst Persönlichkeit sein. Nach Analogie des Persönlichen ist der Gottesbegriff zu konstruieren.[1] Oder an andrer Stelle: »Das Wesen des Persönlichen | wird aus dem Bereich der Erfahrung in das Transzendente projiziert.«[2] Siebeck weiß freilich, daß alle einzelnen Seiten der empirischen Persönlichkeit, auf ein absolutes Wesen angewandt, ihrer diskursiven Denkbarkeit verlustig gehen; aber er meint sich darüber beruhigen zu können durch die Erwägung, daß ohne die wirkliche Persönlichkeit Gottes die ganze Religionsgeschichte als eine Illusion erklärt werden müßte, und durch den besonders bestechenden Umstand, daß alle mächtigen geistigen Bewegungen der Geschichte »immer aus dem Tiefgehalt des Lebens bestimmter geistesmächtiger Persönlichkeiten heraus« geboren worden seien.[3] Ähnlich hat *Lotze* argumentiert: »Der Sehnsucht des Gemütes, das Höchste, was ihm zu ahnen gestattet ist, als Wirklichkeit zu fassen, kann keine andere Gestalt des Daseins als die der Persönlichkeit genügen oder auch nur in Frage kommen. Sie ist davon überzeugt, daß lebendige, sich selbst besitzende und genießende Ichheit die unabweisliche Vorbedingung und die einzige mögliche Heimat alles

---

1 *Siebeck*, Religionsphilosophie, S. 168-174.
2 A. a. O., S. 363.
3 A. a. O., S. 364f.

Guten und aller Güter ist«.[1] Wer würde da nicht an *Goethe* erinnert:

> Volk und Knecht und Überwinder,
> Sie gestehn zu jeder Zeit:
> Höchstes Glück der Erdenkinder
> Sei nur die Persönlichkeit!

Und wer wäre da heute, im Zeitalter der Persönlichkeitskultur, nicht freudig dabei, auch Gott neben seiner Erhabenheit dieses höchste Glück zuzuschreiben! Da ist die Bemerkung *R. Rothes* an die Adresse der Gegner des persönlichen Gottesbegriffs wirklich *nicht* mehr vonnöten: es sei »ein borniert er Wahn, zu meinen, man müsse sich den lieben Gott so vornehm denken, daß ihm auch alles das abzusprechen sei, was gerade die eigentümlichen Vorzüge des menschlichen Wesens ausmacht«,[2] denn diese Religionsphilosophen sind ja freudigst und geflissentlichst bemüht, die »eigentümlichen Vorzüge des menschlichen Wesens« auf Gott zu übertragen. Aber auf diese ganze Herrlichkeit fällt | der Schatten der Gedanken *Ludwig Feuerbachs*. Mit triumphierender Kälte reihen sich seine Sätze an an die eines Siebeck und Lotze: »Jeder Gott ist ein Wesen der Einbildung, ein Bild, und zwar ein Bild des Menschen, aber ein Bild, das der Mensch außer sich setzt und als ein selbständiges Wesen vorstellt.«[3] ... »Dem Christen ist der *Geist*, das fühlende, denkende, wollende Wesen sein höchstes Wesen, sein Ideal, darum macht er es auch zu dem ersten Wesen, zur Ursache der Welt, d. h. er verwandelt *seinen* Geist in ein gegenständliches, außer ihm existierendes, von ihm unterschiedenes Wesen ... Ist also ihr Gott etwas Anderes als das Vor- und Musterbild von dem, was sie einst selbst werden wollen, das Urbild und Abbild ihres eigenen, in der Zukunft sich entfaltenden Wesens?«[4] Was wollen wir darauf antworten, wenn wir von den Argumentationen *Siebecks* und *Lotzes* herkom-

---

[1] Mikrokosmus III, S. 559.
[2] Ethik I, S. 122.
[3] *Feuerbach*, Wesen der Religion, 20. Vorlesung.
[4] A. a. O., 28. Vorlesung.

men? Haben wir da nicht gerade das getan, was *Feuerbach* meint, nämlich einen »eigentümlichen Vorzug des *menschlichen* Wesens«, ein »höchstes Glück der *Erdenkinder*«, einen Zustand, der *uns* als höchst wertvoll erscheint, »aus dem Bereich der Erfahrung *in das Transzendente projiziert*« nach *Siebecks* eigenem Geständnis? Erinnert uns *Lotzes* Beschreibung der Persönlichkeit, die er auf Gott angewendet wissen will (»lebendige, sich selbst besitzende und genießende Ichheit«), nicht peinlich an *Feuerbachs* These, daß der letzte verborgene Grund der Religion der Egoismus sei?[1] Was beweist der ganze Verlauf der Religionsgeschichte? Feuerbach würde eben kaltlächelnd antworten, sie sei tatsächlich eine Illusionsgeschichte. Und sogar der Hinweis auf die großen persönlichen Heroen der Geschichte kann ebensogut für die Entstehung der Apotheose des Menschen wie für die Persönlichkeit Gottes sprechen. Lehnen wir die irreligiöse Theologie Feuerbachs mit gutem Grund ab, dann müssen wir auch auf den Analogiebeweis nach Siebeck-Lotze verzichten. Diesen zulassen, heißt jener das Tor öffnen.

Aber der illusionistische Verdacht, in den der ganze Gottesgedanke gerät, ist nicht das Einzige, was gegen den Analogiebeweis aus der menschlichen Persönlichkeit zu sagen ist. Angenommen, wir widersetzen uns mit dem Sic volo sic jubeo der religiösen Erfahrung den negativen Konsequenzen Feuerbachs. Bietet denn die menschliche Persönlichkeit wirklich ein Analogon zum Gottesgedanken? Der wesentliche Unterschied zwischen Gott und Mensch ist doch der, daß wir in Gott das Erhabene als *nicht* beschränkt durch das Individuelle seiner Persönlichkeit denken, daß wir bei ihm beides unvermittelt nebeneinander stellen müssen, während es beim Menschen einen Kompromiß miteinander eingeht, einander beschränkt und relativ aufhebt. Gerade das bezeichnende Bild jenes Nebeneinander bietet uns die menschliche Persönlichkeit *nicht*. Von welcher Seite wir sie betrachten mögen, die

---

1 A. a. O., 10. Vorlesung.

Analogie führt uns immer nur auf jene sattsam erörterte Alternative: Entweder wir gehen idealistisch vor, betonen und isolieren an der menschlichen Persönlichkeit das Moment des Erhabenen, d. h. ihre Geistigkeit – dem entspricht dann als Analogon ein Gottesgedanke neutralen Inhaltes, dem die Vorstellung einer Individualität nur zögernd und tastend angeklebt werden kann. Oder wir gehen psychologistisch vor, betonen an der menschlichen Persönlichkeit das Moment der Individualität, dann wird der Gottesgedanke notwendig anthropomorph: sein Inhalt wird ein Übermenschentum, dem die Prädikate der Erhabenheit nur als Heiligen*schein* zukommen können. Eine Analogie zum wirklichen Inhalt des religiösen Gottesglaubens ist in der menschlichen Persönlichkeit so oder so nicht zu finden. Das Verhältnis der zwei Seelen in unsrer Brust ist von beiden Seiten gesehen etwas Anderes als der Reichtum und der fundamentale Widerspruch des Erhabenen und der Persönlichkeit, die wir in Gott denken müssen.

Ein Gottesgedanke, der zugestandenermaßen zustande kommt durch die Projektion des menschlichen Selbstbewußtseins ins Transzendente, ein solcher Gottesgedanke kann die Wirklichkeit Gottes gar nicht errei|chen, geschweige denn erschöpfend beschreiben. Nicht etwas aus uns hinaus Projiziertes kann der Gottesgedanke der Religion sein, sondern nur die Spiegelung einer Tatsache, die in uns hinein geschaffen ist. Diese Tatsache ist das *Leben aus Gott*, das uns geschenkt wird durch unsern *Zusammenhang mit der Geschichte*. Diese unsre innere Bedingtheit durch die Geschichte ist die *religiöse Erfahrung*. In ihr haben wir Gott, und auf Grund ihrer können wir von Gott reden. Wie wir die geschilderten einzelnen Momente des Gottesgedankens ihr entnommen haben, so muß nun in ihr auch der Grund der eigentümlichen Antinomie dieser Momente zu finden sein. An sich müßte diese Antinomie in *jeder* religiösen Erfahrung nachzuweisen sein. Wir halten uns aber an dasjenige in der Geschichte wirksame Leben aus Gott, das durch das Evangelium Jesu geweckt worden ist und geweckt wird, weil der innere Gegensatz, der zu jener

Antinomie im Gottesgedanken führt, hier seine tiefste, vollständigste und klarste Ausprägung gefunden hat.¹

Im Mittelpunkt des Evangeliums steht die Persönlichkeit, ihr Wert und ihre Aufgabe. Nicht um den Geist als Abstraktum handelt es sich dabei, sondern um die *Seele*, um das wirkliche individuell-einzelne Ich. Dieses Ich wird rückhaltlos und unbegrenzt ernst genommen. Es wird | ergriffen und in den Mittelpunkt der Welt gestellt. Es erkennt sich selber plötzlich in seinem unendlichen Wert. »Gott und die Seele, die Seele und ihr Gott.« Das ist die große Beziehung, die Jesus schaffen wollte. Gott wird mein Vater, und ich werde sein Kind. Ich darf mich darauf verlassen, daß jedes Haar auf meinem Haupt von ihm gezählt ist. Ich darf jederzeit zu ihm kommen und ihn angehen, wie der bittende Freund um Mitternacht. Was

---

1 Wie werde ich mich mit dem Folgenden gegenüber den berufenen Interpreten der neutestamentlichen Religionsgeschichte verantworten können? Hundertstimmig rufen sie uns zu, daß wir nicht mit modernen Problemen an die Evangelien herantreten, daß wir sie nur »aus sich selbst« und ihrem geschichtlichen Zusammenhang verstehen sollen. Ich möchte denn auch dem, was an diesem sehr zweideutigen Dogma richtig ist, nicht zuwider handeln. Die Spannung zwischen dem Erhabenen und der Persönlichkeit im Gottesgedanken hat Jesus und die Synoptiker nicht bewegt, so wenig wie sie z. B. die heutige soziale Frage bewegt hat. Aber das halte ich für durchaus zulässig, in ihrer Religion, die ja bei allen äußern Wandlungen die unsrige ist, den Kern auch solcher religiöser Probleme nachzuweisen, die als solche erst Jahrhunderte oder Jahrtausende nach ihnen zum Ausbruch gekommen sind. Es gibt eine Kontinuität der religiösen Probleme, deren Feststellung in der Kompetenz der systematischen und nicht der historischen Theologie liegt, wenn die erstere auch selbstverständlich der Vorarbeit der letzteren nicht entraten kann. Das Folgende will keine historische Darstellung sein, sondern das Resultat einer systematischen Befragung des historischen Stoffes. Die Frage, die an die Evangelien gerichtet wird, lautet: welche Momente in der in Jesus lebendigen und an ihn sich anschließenden religiösen Erfahrung sind es, die im christlichen Gottesgedanken mit besonderer Energie dem aufgezeigten Gegensatz gerufen haben?

kein Hirte tun würde, das tut er: er läßt die 99 Schafe in der Wüste und geht dem einen nach, das verloren ist. Was für eine gewaltige Verantwortung nehme ich auf mich, wenn meine Seele vor Gott etwas so Großes ist! Gehet ein durch die enge Pforte, es handelt sich um Leben oder Verdammnis! Was hülfe es dem Menschen, wenn er die ganze Welt gewönne und nähme doch Schaden an seiner Seele? und was kann der Mensch geben, daß er seine Seele wieder löse? Wenn das innere Licht in dir zur Finsternis wird, wie groß muß die Finsternis sein! Kein Almosengeben, Beten, Fasten ist vor Gott etwas wert, wenn es nicht aus persönlicher Wahrhaftigkeit und Liebe entspringt. Aber auch die Beziehungen zur Persönlichkeit des Andern rücken unmittelbar ans Zentrum der Religion heran. Vorbedingung des Friedens mit Gott ist der Friede mit dem Bruder. Und das höchste Vorrecht der Jünger Jesu besteht darin, Andern ihre Sünden zu vergeben. Umgekehrt sollen alle Beziehungen zu den Andern in das unmittelbare Licht des unendlichen Wertes jeder Seele vor Gott gerückt werden. Der Sabbat und alles Gute ist um des Menschen willen geschaffen. Was gelten die 2000 Schweine der Gergesener gegenüber dem Einen, der von den bösen Geistern befreit ist? Was für ein fürchterlicher Frevel, einem der Geringsten Anstoß zu geben: der Geringste ist ja der Größte im Himmelreich! – So dreht sich alles im Evangelium, Forderung, Drohung und Verheißung um die Persönlichkeit. Alles kommt darauf an, daß man ganz persönlich den Ruf hören und mit Freuden hören könne: Selig ihr Armen, ihr Leidtragenden, ihr, die ihr reines Herzens seid, ihr Friedfertigen, ihr wegen der Gerechtigkeit Verfolgten, selig seid ihr, mitten in der argen Welt dürft ihr das Himmelreich erwarten und besitzt es schon! Daß ich, ich ganz persönlich, vom Schlaf erwache und von der Welt, von Sorge und Mammon und Gewalt frei und zum Himmelreich geschickt werde, das ist der Inhalt der frohen Botschaft. Und was ist das Leben Jesu selbst, das seinen Jüngern immer mit dem Evangelium zusammengeflossen ist, Anderes als die reinste Darstellung der Persönlichkeit? Zeitlich und räumlich beschränkt, sammelt er doch alle Brennstrahlen der Sonne Gottes wie in einem Brennspiegel in sich selber. Rätselhaft und doch so durchsichtig und einfach, allem Kleinmenschlichen entrückt und doch mitten im Leben drinstehend, so bleibt er den Seinen in Erinnerung. Was ist das für Einer, der den Ausspruch wagen kann: Alle Dinge sind mir übergeben von meinem Vater! und dem man das abnimmt, weil man bezwungen ist von der Hoheit persönlichen Lebens, das man bei ihm sieht und das er einem mitteilt? Was für eine Intensität des Verkehrs mit den Seinigen, der durch seinen Tod nicht zerstört werden kann: Ich bleibe bei euch alle Tage!, Ecce homo! Und wenn man alles überlegt, was hier nur angedeutet werden konnte, kann man wohl mit *Reischle* den Ausspruch wagen, Persönlichkeit sei uns die Zusammenfassung der Erfahrungen, die uns im Glauben an Christus zugänglich sind.[1] – Der selbstverständliche Ausdruck dieser Erfahrungen ist der Gedanke: Gott ist Persönlichkeit. Gott fordert von uns und schenkt uns, was er selber ist. Ohne sich durch die möglichen Konsequenzen dieses Gedankens irre machen zu lassen, erkennt der Glaube den Gott, | der solches persönliches Leben weckt und pflegt und vollendet, selbst als persönlich Lebendigen. Wenn sich die Tatsache des ewigen Lebens der einzelnen Seele in Gott spiegelt im erkennenden, ausdruck- oder symbolsuchenden Bewußtsein, dann kommt es zum Gedanken des persönlichen Gottes.

Aber nun finden wir merkwürdigerweise ein zweites Element im Evangelium, einen religiösen Erfahrungsinhalt, der sich dem Schema der Persönlichkeit durchaus nicht restlos eingliedern lassen will, so sicher er von der darin ausgesprochenen Erfahrung unzertrennlich ist. Mit und neben der Botschaft vom Vater, der auf den verlorenen Sohn wartet, verkündigt Jesus das unpersönliche, d. h. von allen Gedanken an bestimmte menschliche Individuen freie *Reich Gottes*. Wo ist es? Was ist es? Es ist nicht hier und nicht da und doch gegenwärtig »mitten unter euch«. Es ist kein Menschenreich, kein Verband der gläubig Gewordenen, der Gerechten und

---

[1] ZThK 1891, S. 343.

dergl., sondern die Königsherrschaft Gottes selbst, seine Kraft und Herrlichkeit. Es ist nahe herbeigekommen und doch noch fern. Es kommt zu den Menschen, und doch ist es der Beruf der Menschen, hineinzukommen. Es ist Voraussetzung und Ziel des Weges, den Jesus ihnen zeigt. Es ist nichts Anderes als die unergründliche wirksame Macht Gottes, die in den Menschenherzen und im Menschenleben Ordnungen schafft, wie sie dem ewigen Willen Gottes entsprechen. Wie unendlich klein und unbedeutend steht jetzt plötzlich das Ich da, das wir vorhin in den Mittelpunkt der Welt gestellt sahen. Ich bin ja nur ein so verschwindend kleines Stück von dem ungeheuren Gebiet, auf dem die Herrschaft Gottes aufgerichtet werden soll. Auf mich kommt es gar nicht so an. Nachdem ich eben noch Gott angerufen als das Kind den Vater, soll ich sofort mich selber vergessen und Gottes Ehre, Gottes Reich und Gottes Willen zum Gegenstand meines Gebets machen. Neben das Gebet der Bitte tritt das Gebet der reinen Verehrung, das Gebet des Gelübdes eines vertrauensvollen Gehorsams gegenüber der Übermacht Gottes. Wozu bin ich da? Um meine Seele zu retten, um als Einsiedler Gott zu genießen? Nein, sondern um ein Licht zu sein, ein Salz der Erde, nicht für mich persönlich, sondern damit die Leute den Vater im Himmel preisen. Und wenn ich dazu nicht tauge, dann werde ich eben wie schlechtes Salz hinausgeworfen und bin gerade wert, zertreten zu werden. Mein Lebensin|halt ist meine Funktion im Reiche Gottes. Ich werde gebraucht von Gott. Ich bin nicht das Kind, das Rechte und Ansprüche geltend zu machen hat, sondern der Knecht, dem etwas anvertraut ist und von dem Rechenschaft gefordert wird, der, wenn er des Abends müde vom Feld zurückkehrt, erst seinen Herrn bedienen muß und dann erst selber sich stärken darf, der, wenn er alles getan, was er zu tun schuldig ist, sich für einen unnützen Knecht halten soll. Nicht etwa, als ob das Reich mich nötig hätte. Das Reich wird nicht von Menschenhänden erbaut, es baut sich selber. »Automatisch« bringt die Erde, die den göttlichen Samen empfangen, Frucht; der Mensch kann bloß zusehen und sich wundern. Ja noch mehr: die Stellung des Menschen angesichts des kommenden Reiches wird beschrieben in den immer wieder unbegreiflichen Worten, daß man seine Seele verlieren müsse um des Evangeliums willen, um sie zu retten, die bei Markus unmittelbar vor dem Wort von dem einzigartigen Wert der Menschenseele stehen! Grenzt das nicht an den unmöglichen Gedanken, daß der Untergang der Persönlichkeit in der Sache, der sie zu dienen hat, ihre wahre Bestimmung sei? Jesus selbst ist mit dieser unpersönlichen, streng sachlichen Lebensauffassung vorangegangen. Es geht ein Hauch von eisigem militärischem Gehorsam durch das Evangelium: Des Menschen Sohn *muß!* Das Wort: Meine Speise ist, daß ich den Willen tue meines Vaters im Himmel! ist ganz aus seinem Geiste geredet. Er fühlt sich nur wie ein Instrument in Gottes Hand. Alles jenes Hochgefühl einer freien, starken, in sich ruhenden Persönlichkeit scheint verschwunden, wenn er den berühmten Ausspruch tut: Was nennest du mich gut? Niemand ist gut denn Einer: Gott!, der wahrhaftig von dieser Seite noch viel merkwürdiger ist als unter dem üblichen christologischen Gesichtspunkt. Und was ist Gethsemane und Golgatha anderes als das Opfer der Persönlichkeit an die Sache? – Der Ausdruck dieser zweiten Gruppe von Erfahrungen, die vom Evangelium ausgehen, ist der Gedanke der reinen Erhabenheit in Gott. Wieder können wir den, der solches »wesentliches« Leben, solches Leben in der Sache in uns erweckt und fördert, nur als das »Wesen«, als die reine Sache, als das innere Prinzip und die höchste Macht des Lebens beschreiben. Der Begriff der Persönlichkeit genügt nicht mehr, um diesen Inhalt in Worte zu fassen; unwillkürlich treibt er das | religiöse Denken darüber hinaus zu neutralen, »sachlichen« Definitionen.

Selbstverständlich stehen die beiden Gruppen religiöser Erfahrung, die wir hier beschrieben haben, in mannigfachster *Beziehung* zueinander. Die eine fordert die andre und wäre für sich allein eine Entartung. Ja, es beruht gerade der einzigartige Reichtum und die Kraft der evangelischen Erfahrung darauf, daß hier alles darauf ankommt, daß der Mensch zum Menschen, d. h. zur Persönlichkeit wird, und daß er sich von großem, objektivem, alles Individuelle überragendem und überstrahlendem Inhalt erfüllen läßt, keines nur halb, sondern beides ganz. Diese doppelte Orientierung der Erfahrung, die doch im unmittelbaren Erlebnis, aber auch nur da, zur Einheit wird, ist schließlich das Geheimnis aller Religion; aber sie ist nirgends so klar in der Geschichte lebendig geworden wie in Jesus und seinem Evangelium. Die Geschichte des christlichen Geistes könnte als Geschichte dieser doppelten Orientierung geschrieben werden. Allein das Gefühl der Zusammengehörigkeit beider Momente, so richtig es ist, darf doch, wenn man religiös klar denken will, nicht dazu führen, die *innere* Spannung zwischen beiden zu verwischen. Es ist durchaus nichts Selbstverständliches, daß das Evangelium zugleich die Botschaft von der Menschwerdung ist *und* die Botschaft von jenem großen objektiven Inhalt, über dem wir uns selbst vergessen sollen; daß es uns uns selber finden läßt, indem es uns über uns selbst hinausweist auf den ewigen Grund unsres Lebens; daß die Kultur der Persönlichkeit *und* die Kultur der objektiven sozialen Werte zu gleicher Zeit und mit gleichem Recht aus dieser Quelle schöpfen können. In dieser Spannung der Momente liegt immer wieder die Möglichkeit von Widersprüchen, die sich denn auch in der Praxis des religiösen Lebens immer geltend gemacht haben und geltend machen werden. Um sie zu beherrschen und ihren Gefahren zu entgehen, müssen wir diese Spannung anerkennen und verstehen.

Aus dieser Einheit und Spannung in der religiösen Erfahrung erklärt sich denn auch die Einheit und die Spannung zwischen der Persönlichkeit und dem Erhabenen im *Gottesgedanken*. Beide Aussagen sind von der Erfahrung gefordert. Die Auflösung des Einen zu Gunsten des Anderen wird immer dem berechtigten Protest der Erfahrung rufen. Beide fordern einander, und erst durch das Eine wird das Andere überhaupt zu einer spezifisch religiösen Aussage. In der innern Bewegung, in der | nie ganz aufhörenden Unruhe, die durch diese Doppeltheit erzeugt wird, besteht der Reichtum, die Fruchtbarkeit des Gottesgedankens. Aber die Einheit beider kann nur aufgestellt, nicht vollzogen werden. Die der Sache entsprechende religiöse Formel kann nur lauten: *Behauptung* beider Momente, aber *Verzicht* auf eine Einheitsformel. Die Behauptung beider und ihrer Einheit ist gerechtfertigt durch die Einheit beider in der religiösen Erfahrung, der sie entspringen; der Verzicht auf die Einheitsformel entspricht der nicht aufzulösenden Spannung in eben dieser Erfahrung.

Ich brauche nicht erst zu betonen, daß die Wege, die in der historischen Wirklichkeit von der vorwiegend so oder so bestimmten Erfahrung zu einem vorwiegend persönlichen oder sachlichen Gottesgedanken, zum »Deismus« oder »Pantheismus« geführt haben, unendlich viel komplexer und darum undeutlicher sind, als es hier geschildert wurde. Denn die Ströme der beiden Typen religiöser Erfahrung haben sich in der Geschichte unendlich verschlungen, und dementsprechend ist auch die Ausprägung des Gottesgedankens im einen oder andern Sinn ein sehr verwickelter und in manchem einzelnen Fall auf den ersten Blick schwer erklärbarer Vorgang. Diesen Wegen nachzugehen wäre eine Aufgabe für sich. Hier handelte es sich nicht um einen historischen Nachweis, sondern um die Aufzeigung einer prinzipiellen Linie in der Entstehung des religiösen Gedankens.

DER RÖMERBRIEF (1919/1922)

Vorwort zur ersten Auflage (1919)

Paulus hat als Sohn seiner Zeit zu seinen Zeitgenossen geredet. Aber *viel* wichtiger als diese Wahrheit ist die andere, daß er als Prophet und Apostel des Gottesreiches zu allen Menschen aller Zeiten redet. Die Unterschiede von einst und jetzt, dort und hier, wollen beachtet sein. Aber der Zweck der Beachtung kann nur die Erkenntnis sein, daß diese Unterschiede im Wesen der Dinge *keine* Bedeutung haben. Die historisch-kritische Methode der Bibelforschung hat ihr Recht: sie weist hin auf eine Vorbereitung des Verständnisses, die nirgends überflüssig ist. Aber wenn ich wählen müßte zwischen ihr und der alten Inspirationslehre, ich würde entschlossen zu der letzteren greifen: sie hat das größere, tiefere, *wichtigere* Recht, weil sie auf die Arbeit des Verstehens selbst hinweist, ohne die alle Zurüstung wertlos ist. Ich bin froh, nicht wählen zu müssen zwischen beiden. Aber meine ganze Aufmerksamkeit war darauf gerichtet, durch das Historische *hindurch* zu sehen in den Geist der Bibel, der der ewige Geist ist. Was einmal ernst gewesen ist, das ist es auch heute noch[,] und was heute ernst ist und nicht bloß Zufall und Schrulle, das steht auch in unmittelbarem Zusammenhang mit dem, was einst ernst gewesen ist. Unsere Fragen sind, wenn wir uns selber recht verstehen, die Fragen des Paulus und des Paulus Antworten müssen, wenn ihr Licht uns leuchtet, unsere Antworten sein.

  Das Wahre war schon längst gefunden,
  Hat edle Geisterschaft verbunden,
  Das alte Wahre – faß es an!

Geschichtsverständnis ist ein fortgesetztes, immer aufrichtigeres und eindringenderes Gespräch zwischen der Weisheit von gestern und der Weisheit von morgen, die eine und dieselbe ist. Ehrerbietig und dankbar gedenke ich hier meines Vaters, Professor *Fritz Barth*, dessen ganzes Lebenswerk eine Betätigung dieser Einsicht gewesen ist.

Das ist sicher, daß allen nach Gerechtigkeit hungernden und dürstenden Zeiten natürlicher war, sich sachlich beteiligt neben Paulus, statt im gelassenen Abstand des Zuschauers ihm gegenüber zu stellen. Vielleicht gehen wir jetzt in eine solche Zeit hinein. Wenn ich mich darin nicht täusche, dann kann dieses Buch jetzt schon seinen bestimmt umschränkten Dienst tun. Man wird es ihm anspüren, daß es mit Entdeckerfreude geschrieben ist. Die kräftige Stimme des Paulus war mir neu, und es ist mir, sie müßte auch manchen andern neu sein. Aber daß da noch vieles ungehört und unentdeckt ist, das ist mir am Ende dieser Arbeit ganz klar. Sie will darum nicht mehr sein als eine Vorarbeit, die um Mitarbeit bittet. Wenn doch recht viele und Berufenere sich einfinden würden, um daselbst Brunnen zu graben. Sollte ich mich aber täuschen in der freudigen Hoffnung auf ein gemeinsames neues Fragen und Forschen nach der biblischen Botschaft, dann hat dieses Buch Zeit, zu – warten. Der Römerbrief selbst wartet ja auch.

Safenwil, im August 1918.

Vorwort zur zweiten Auflage (1922)

οὐδὲ ἀνῆλθον εἰς Ἱεροσόλυμα
.... ἀλλὰ ἀπῆλθον εἰς Ἀραβίαν
Gal. 1,17

Im Vorwort zur ersten Auflage bezeichnete ich dieses Buch als eine *»Vorarbeit«*. Wenn dieser Hinweis ebenso aufmerksam beachtet worden ist wie der fast berüchtigt gewordene Schlußsatz (»Dieses Buch kann warten ....«), so brauche ich mich heute nicht zu rechtfertigen, wenn ich das Buch in einer neuen Bearbeitung vorlege, bei der von jener ersten sozusagen kein Stein auf dem andern geblieben ist. Sie hat ihren »bestimmt umschränkten Dienst«, wie ich damals zu hoffen wagte und doch fast nicht hoffen konnte, getan, Einige auf Paulus und auf die Bibel überhaupt aufmerksam zu machen, die es vorher so nicht waren. Sie kann heute mit ihren Vorzügen und Fehlern vom Schauplatz verschwinden. Ich habe die begonnene Arbeit fortgesetzt und lege hier ein weiteres vorläufiges Resultat vor. Die damals gewonnene Stellung wurde auf weiter vorwärts liegende Punkte verlegt und daselbst neu eingerichtet und befestigt. Sie bietet darum einen ganz andern Anblick. Für die Kontinuität zwischen hier und dort hat die Einheit des historischen Gegenstandes und der Sache selbst gesorgt und wird auch bei den Lesern dafür sorgen, wenn sie sich der Mühe unterziehen wollen, auch bei dieser zweiten »Vorarbeit« mitzuarbeiten. Denn Vorarbeit und nur das ist auch diese zweite Auflage, was aber nicht die Verheißung einer dritten und vor allem und auf keinen Fall die eines endgültigen Werkes etwa bedeuten soll. *Nur* Vorarbeit ist alles menschliche Werk und ein theologisches Buch mehr als jedes andre Werk! Ich sage das alles in der Hoffnung, daß diejenigen, die in meinem Römerbrief das Schreckgespenst einer neuen Orthodoxie auftauchen sahen, mir nun nicht etwa, in völliger, aber, so wie ich einen Teil des Publikums kenne, nicht unmöglicher Ver|kennung der Sachlage den umgekehrten Vorwurf allzu großer Bewegungsfähigkeit machen werden.

Erschöpfende Auskunft über das Verhältnis dieser zweiten zur ersten Auflage muß das Buch selber geben und zwar meistens stillschweigend. Ich verwundere mich, daß die eigentliche Schwäche der ersten Auflage von der öffentlichen Kritik sozusagen gar nicht gesehen worden ist, es fällt mir aber gar nicht ein, den Lesern und besonders den Rezensenten die Formel für das, was über jene in fast vernichtender Weise hätte gesagt werden können und müssen, hier nun etwa mitzuteilen.[1] Gesagt sei nur soviel, daß es hauptsächlich vier Faktoren

---

1 Unmittelbar vor Torschluß kommt mir soeben der Aufsatz von Ph. *Bachmann* in der »Neuen kirchl. Zeitschrift« (Oktoberheft 1921) zu Gesicht. Hier sind in sehr schonungsvoller Weise Einwände aufgestellt, die ich als richtig und wesentlich anerkennen muß. Der Herr

waren, die bei der nun vollzogenen Weiterbewegung und Frontverlegung mitwirkten. *Erstens* und vor allem: die fortgesetzte Beschäftigung mit Paulus. Sie konnte sich zwar bei meiner Arbeitsweise nur auf einige weitere Bruchstücke der paulinischen Literatur erstrecken, hat mir aber auf Schritt und Tritt neues Licht für den Römerbrief gebracht. *Zweitens*: Overbeck. Auf seine Warnung an alle Theologen habe ich mit Eduard Thurneysen zusammen andernorts ausführlich hingewiesen. Ich habe sie zuerst auf mich selbst bezogen und dann erst gegen den Feind gekehrt. Über das Gelingen oder Nicht-Gelingen meiner in dieser zweiten Auflage des Römerbriefs versuchten Auseinandersetzung mit diesem überaus merkwürdigen und selten frommen Mann kann ich aber Urteile nur von solchen entgegen nehmen, die sich darüber ausgewiesen haben, daß sie das sachliche (und wahrhaftig nicht nur biographisch-psychologische!) Rätsel, das durch Overbeck ein für allemal gestellt ist, gesehen und sich um seine Lösung wenigstens bemüht haben, also z. B. *nicht* von Eberhard Vischer! *Drittens*: die bessere Belehrung über die eigentliche Orientierung der Gedanken Platos und Kants, die ich den Schriften meines Bruders Heinrich Barth zu verdanken habe, und das vermehrte Aufmerken auf das, was aus Kierkegaard und Dostojewski für das Verständnis des neuen Testamentes zu gewinnen ist, wobei mir besonders die Winke von Eduard Thurneysen erleuchtend gewesen sind. *Viertens*: die genaue Verfolgung der Aufnahme, die meine erste Auflage gefunden hat. Ich bemerke dazu, daß mir gerade die günstigen Besprechungen, die sie gefunden hat, zur Selbstkritik dienlicher waren, als die andern, indem ich vor einigen | Lobsprüchen so VIII erschrocken bin, daß ich der Notwendigkeit, die Sache anders zu sagen und einen energischen Stellungswechsel vorzunehmen, alsbald nicht mehr ausweichen konnte. – Dies alles, um die Vermutungen derer, die es nicht lassen können, überall vor allem nach dem *Hergang* zu fragen, wenigstens gleich auf

---

35 Verfasser wird bemerken, daß sie in der Zwischenzeit auch mich beschäftigt haben.

die rechte Spur zu leiten. Wie sollte nicht alles in der Welt auch seinen Hergang haben?

Wichtiger sind mir einige grundsätzliche Dinge, die das beiden Auflagen Gemeinsame betreffen.

Dieses Buch will nichts anderes sein als ein Stück des Gesprächs eines Theologen mit Theologen. Ganz überflüssig Jülichers und Eberhard Vischers triumphierende Feststellung, daß ich selber ein Theologe sei! Ich habe nie etwas anderes zu treiben gemeint als eben *Theologie*. Es fragt sich nur, was für eine! Die Ansicht, daß es heute vor allem darauf ankomme, die Theologie von sich abzuschütteln und irgend etwas jedermann Verständliches zu denken und vor allem zu sagen und zu schreiben, halte ich für eine durchaus hysterische und unbesonnene Ansicht. Meine Frage ist vielmehr die, ob es nicht am Platze wäre, daß diejenigen, die sich solchen Redens und Schreibens an jedermanns Adresse unterwinden wollen, sich zunächst einmal *unter sich* über das *Thema* etwas besser verständigen würden, als es heute der Fall ist. Die eilige Beschuldigung, die Ragaz und die Seinen hier erheben, daß dies ein Unternehmen verstockten theologischen Hochmuts sei, erlaube ich mir, abzulehnen. Wem meine Frage augenblicklich wirklich müßig scheint, der ziehe in Frieden seines Weges. Wir andern sind der Meinung, daß die Frage nach dem Was? gerade in den Zeiten, wo scheinbar alles zum Rufen auf den Gassen drängt, eine wichtige Frage sei. Ich mache also kein Hehl daraus, daß es schlecht und recht Theologie ist, was hier auf den Leser wartet. Sollten trotz dieser Warnung auch Nicht-Theologen nach dem Buche greifen – und ich kenne solche, die das, was darin steht, besser verstehen werden als viele Theologen – so ist mir das eine große Freude; denn ich bin durchaus der Meinung, daß sein Inhalt jedermann angeht, weil seine Frage jedermanns Frage ist, ich konnte es aber auch im Gedanken an sie nicht leichter machen, als ich durfte und einige fremdsprachliche Zitate, die durch ihre Übersetzung ihre Wucht verloren hätten und gelegentlich einiges theologisch-philosophische Abrakadabra werden sie freundlich in Kauf nehmen müssen. Wenn ich nicht sehr irre – und hier muß ich Artur

Bonus widersprechen – haben wir Theologen übrigens das Interesse der »Laien« dann am meisten, wenn wir uns am wenigsten ausdrücklich und absichtlich an sie wenden, sondern einfach unsrer Sache leben, wie es jeder ehrliche Handwerker tut. |

Einer von denen um Ragaz hat mich mit dem Wort des ältern Blumhardt: »*Einfachheit* ist das Kennzeichen des Göttlichen!« erledigen wollen. Ich antworte darauf, daß es mir gar nicht einfällt, zu meinen, daß ich »das Göttliche« sage oder schreibe. »Das Göttliche« steht meines Wissens überhaupt nicht in Büchern. Sollte die Aufgabe wenigstens für uns, die wir nicht der ältere Blumhardt sind, darin bestehen, nach dem Göttlichen zu *fragen*, dann steht die Einfachheit, mit der man von Gott aus die Bibel und noch einiges andre versteht, mit der Gott selbst sein Wort redet, nicht am Anfang, sondern am Ende unsrer Wege. Laßt uns in dreißig Jahren weiterreden von der Einfachheit, heute aber von der Wahrheit! Einfach ist für *uns* weder der Römerbrief des Paulus, noch die heutige Lage in der Theologie, noch die heutige Weltlage, noch die Lage des Menschen Gott gegenüber überhaupt. Wem es in dieser Lage um die Wahrheit zu tun ist, der muß den Mut aufbringen, zunächst einmal auch *nicht* einfach sein zu können. Schwer und kompliziert ist das Leben der Menschen heute in jeder Beziehung. Für kurzatmige Pseudo-Einfachheiten werden sie uns zu allerletzt Dank wissen, wenn denn einmal vom Dank der Leute überhaupt die Rede sein soll. Ich frage mich aber ernstlich, ob der ganze Schrei nach der »Einfachheit« etwas anderes bedeutet, als das an sich ja sehr verständliche, auch von den meisten Theologen geteilte Verlangen nach einer direkten, nicht-paradoxen, nicht allein *glaub*würdigen Wahrheit. Ich denke an die Erfahrungen, die ich mit einem doch so ernsthaften und lauteren Mann wie Wernle mache. Sage ich »schlicht und einfach« etwa: Christus ist auferstanden! dann klagt er im Namen des in seinem Heiligsten verletzten modernen Menschen über große eschatologische Sprüche und über Vergewaltigung der schweren, schweren Probleme des Denkens. Setze ich mich aber hin, um dasselbe in der Sprache des Denkens d. h. aber dialektisch zu sagen, dann seufzt er auf einmal im Namen der schlichten und einfachen Christen über die Wunderlichkeit, Geistreichigkeit und Schwierigkeit solcher Lehre. Was soll ich ihm antworten? Ist es nicht offenkundig, daß ich es ihm erst dann recht machen könnte, wenn ich mich entschließen würde, die gebrochene Linie des Glaubens aufzugeben und jenes Wohlbekannte, Handliche, Direkte, Nicht-Paradoxe zu sagen, das nun einmal im Reiche der Wahrheit, dem Reich der *ganz* Kindlichen und der *ganz* Unkindlichen das Dritte, Ausgeschlossene ist? Gewiß, ich sehne mich auch danach, von dem, worum es im Römerbrief geht, *einfach* reden zu können. Kommt einmal Einer, der das kann, dann sei es gleich um mich geschehen; ich beharre nicht auf meinem Buch und meiner Theologie. Aber bis jetzt habe ich unter den »einfach« Redenden nur solche getroffen, die einfach – von etwas anderem redeten, und die mich darum zu *ihrer* Einfachheit nicht bekehren können.

Ich wende mich nach einer andern Seite. Man hat mich einen »abgesagten Feind der *historischen Kritik*« genannt. Warum statt solcher aufgeregter Worte nicht lieber ruhig erwägen, um was es sich handelt? In der Tat, ich erhebe einen Einwand gegen die neueren Kommentare zum Römerbrief, durchaus nicht nun gegen die sog. historisch-kritischen, sondern auch gegen die etwa von Zahn und Kühl. Aber nicht die historische Kritik mache ich ihnen zum Vorwurf, deren Recht und Notwendigkeit ich vielmehr noch einmal ausdrücklich anerkenne, sondern ihr Stehenbleiben bei einer Erklärung des Textes, die ich keine Erklärung nennen kann, sondern nur den ersten primitiven Versuch einer solchen, nämlich bei der Feststellung dessen »was da steht« mittelst Übertragung und Umschreibung der griechischen Wörter und Wörtergruppen in die entsprechenden deutschen, mittelst philologisch-archäologischer Erläuterungen der so gewonnenen Ereignisse und mittelst mehr oder weniger plausibler Zusammenordnung des Einzelnen zu einem historisch-psychologischen Pragmatismus. *Wie* unsicher, *wie* sehr auf die oft fragwürdigsten Vermutungen angewiesen die Historiker schon bei dieser Feststellung dessen

»was da steht« sind, das wissen Jülicher und Lietzmann besser als ich. Exakte Wissenschaft ist auch dieser primitive Versuch einer Erklärung *nicht*. Exakte Wissenschaft vom Römerbrief müßte sich genau genommen auf die Entzifferung der Handschriften und auf die Aufstellung einer Konkordanz dazu beschränken. Aber die Historiker wollen sich mit Recht nicht darauf beschränken; vielmehr zeigen auch Jülichers und Lietzmanns Kommentare, um von den »Positiven« nicht zu reden, zahlreiche Spuren davon, daß die Autoren sogar über jenen primitiven Versuch eigentlich hinaus und dazu vordringen möchten, Paulus zu *verstehen* d. h. aufzudecken, wie das, was dasteht, nicht nur griechisch oder deutsch irgendwie nachgesprochen sondern nach-*gedacht* werden, wie es etwa *gemeint* sein könnte. Und *hier*, nicht bei dem selbstverständlichen Gebrauch historischer Kritik anläßlich der Arbeit, die vorher zu tun ist, beginnt der Dissensus. Während ich den Historikern aufmerksam und dankbar folge, solange sie mit jenem primitiven Erklärungsversuch beschäftigt sind, während ich es auf dem Feld der Feststellung dessen »was da steht«, nie auch nur im Traume gewagt hätte, etwas anderes zu tun, als mich so gelehrten Männern wie Jülicher, Lietzmann, Zahn, Kühl und ihren Vorgängern Tholuck, Meyer, B. Weiß, Lipsius einfach lauschend zu Füßen zu setzen – gerate ich immer wieder in Erstaunen über die Bescheidenheit ihrer Ansprüche, sobald ich ihre | Versuche, zu eigentlichem *Verstehen* und *Erklären* vorzudringen, betrachte. Eigentliches Verstehen und Erklären nenne ich diejenige Tätigkeit, die Luther in seinen Auslegungen mit intuitiver Sicherheit geübt, die sich Calvin sichtlich systematisch zum Ziel seiner Exegese gesetzt, die von den Neueren besonders Hofmann, J. T. Beck, Godet und Schlatter wenigstens deutlich angestrebt haben. Man lege nun einmal z. B. Jülicher neben Calvin. Wie energisch geht der Letztere zu Werk, seinen Text, nachdem auch er gewissenhaft festgestellt, »was da steht«, *nach* zu denken, d. h. sich solange mit ihm auseinander zu setzen, bis die Mauer zwischen dem 1. und 16. Jahrhundert *transparent* wird, bis Paulus dort *redet* und der Mensch des 16. Jahrhunderts hier *hört*, bis das Gespräch zwischen Urkunde und Leser ganz auf die *Sache* (die hier und dort keine verschiedene sein *kann*!) konzentriert ist. Wahrhaftig, wer die Methode Calvins mit dem nachgerade abgebrauchten Sprüchlein vom »Zwang der Inspirationslehre« meint erledigen zu können, der beweist nur, daß er in *dieser* Richtung noch nie wirklich *gearbeitet* hat. Wie nahe bleibt umgekehrt Jülicher (nur beispielsweise nenne ich gerade ihn!) den nach wie vor unverstandenen Runenzeichen des Wortlautes, wie schnell ist er bereit, dieses und jenes durch forschendes Überlegen des Sinnes kaum berührte exegetische Rohmaterial als singuläre Ansicht und Lehre des Paulus hinzustellen, wie schnell bereit, ihn mittelst einiger weniger denn doch etwas zu banaler Kategorien des eigenen religiösen Denkens (Gefühl, Erlebnis, Gewissen, Überzeugung etwa) da und dort durchaus schon verstanden und erklärt zu *haben*, wie schnell bereit aber auch, sich, wenn dies nicht im Handumdrehen gelingt, mit einem kühnen Tellssprung aus dem paulinischen Schiff zu retten und die Verantwortlichkeit für den Sinn des Textes der »Persönlichkeit« des Paulus, dem angeblich das Unglaublichste erklärenden »Damaskuserlebnis«, dem Spätjudentum, dem Hellenismus, der Antike überhaupt und einigen andern Halbgöttern zu überlassen. Die »positiv« gerichteten Exegeten sind insofern glücklicher daran als ihre »liberalen« Kollegen, als die mehr oder weniger kräftige Orthodoxie oder sonstige historisch gebundene Christlichkeit, auf die sie sich zurückzuziehen pflegen, eine immerhin etwas stattlichere Tellsplatte ist als die kulturprotestantische Gewissensreligion. Grundsätzlich genommen bedeutet das doch nur, daß der Mangel an zähem Verstehen- und Erklärenwollen bei ihnen etwas besser verdeckt ist. Dem gegenüber meine ich nun, daß jener erste primitive Umschreibungsversuch und was dazu gehört nur den Ausgangspunkt bilden dürfte zu einem mit allen Hebeln und Brechwerkzeugen[,] einer ebenso unerbittlichen wie elastischen dialektischen | Bewegung zu leistenden *sachlichen* Bearbeiten des Textes. *Kritischer* müßten mir die Historisch-Kritischen sein! Denn wie »das was *da* steht« zu *verstehen* ist, das ist nicht durch eine gelegentlich eingestreute, von irgend einem zufälligen Standpunkt des Exegeten bestimmte *Wertung* der Wörter und Wortgruppen des Textes auszumachen, sondern allein durch ein *tunlichst* lockeres und williges Eingehen auf die innere Spannung der vom Text mit mehr oder weniger Deutlichkeit dargebotenen Begriffe. κρίνειν heißt für mich einer historischen Urkunde gegenüber: das Messen aller in ihr enthaltenen Wörter und Wörtergruppen an der Sache, von der sie, wenn nicht alles täuscht, offenbar reden, das Zurückbeziehen aller in ihr gegebenen Antworten auf die ihnen unverkennbar gegenüberstehenden Fragen und dieser wieder auf die eine alle Fragen in sich enthaltende Kardinalfrage, das Deuten alles dessen, was sie sagt, im Lichte dessen, was allein gesagt werden *kann* und darum auch tatsächlich allein gesagt *wird*. Tunlichst wenig darf übrig bleiben von jenen Blöcken bloß historischer, bloß gegebener, bloß zufälliger Begrifflichkeiten, tunlichst weitgehend muß die Beziehung der Wörter auf das Wort in den Wörtern aufgedeckt werden. Bis zu dem Punkt muß ich als Verstehender vorstoßen, wo ich nahezu nur noch vor dem Rätsel der *Sache*, nahezu nicht mehr vor dem Rätsel der *Urkunde* als solcher stehe, wo ich es also nahezu vergesse, daß ich nicht der Autor bin, wo ich ihn nahezu so gut verstanden habe, daß ich ihn in meinem Namen reden lassen und selber in seinem Namen reden kann. Ich weiß, daß diese Sätze mir wieder schwere Rügen eintragen werden, aber ich kann mir nicht helfen, was nennt man denn »Verstehen« und »Erklären«, – ob sich wohl Lietzmann z. B. diese Frage je überhaupt ernstlich gestellt hat? – wenn man in dieser Richtung wenigstens sich Mühe zu geben (mehr kann ich ja auch nicht) kaum die geringste Anstalt trifft, vielmehr darin, daß man sich hier, bei soviel erstaunlichem Fleiß in anderer Richtung, *keine* Mühe gibt, sondern mit dem Dürftigsten zufrieden ist, den Triumph der wahren Wissenschaftlichkeit sieht? Oder wissen denn diese von mir wahrhaftig als Historiker respektierten Gelehrten gar nichts davon, daß es eine Sache, eine Kardinalfrage, ein Wort in den Wörtern gibt? Daß es Texte gibt, z. B. die des neuen Testamentes, die zum *Reden* zu bringen, koste es was es wolle, eine letzte und tiefste Kulturangelegenheit, um es einmal so zu nennen, ist? Daß ihnen durch die kirchliche Zukunft ihrer Studenten wahrhaftig nicht nur eine praktische, sondern eine höchst sachliche Frage gestellt ist? Ich weiß, was es heißt, jahraus jahrein den Gang auf die Kanzel unternehmen zu müssen, verstehen und erklären sollend und wollend und doch nicht könnend, weil | man uns auf der Universität ungefähr nichts als die berühmte »Ehrfurcht vor der Geschichte« beigebracht hatte, die trotz des schönen Ausdrucks einfach den Verzicht auf jedes ernsthafte ehrfürchtige Verstehen und Erklären bedeutet. Meinen die Historiker denn wirklich, damit hätten sie ihre Pflicht gegenüber der menschlichen Gesellschaft erfüllt, daß sie *re bene gesta* im fünften Band – Niebergall das Wort erteilen. Ja wohl, aus der Not meiner Aufgabe als Pfarrer bin ich dazu gekommen, es mit dem Verstehen- und Erklärenwollen der Bibel schärfer zu nehmen, aber kann man denn im Lager der zünftigen Neutestamentler wirklich meinen, dies sei nun eben die Sache der »praktischen Theologie«, wie es Jülicher mir gegenüber wieder mit der alten unerhörten Sicherheit ausgesprochen hat? Ich bin kein »Pneumatiker«, wie er mich betitelt hat. Ich bin kein »abgesagter Feind der historischen Kritik«. Ich weiß, daß das Problem nicht einfach ist. Aber erst wenn das Letztere auch von der Gegenseite eingesehen ist und darum etwas bußfertiger darüber geredet wird, kann über die mir nicht unbewußten Schwierigkeiten und Gefahren dessen, was *ich kritische* Theologie nenne, und ihre tunliche Vermeidung eine Verständigung in Aussicht genommen werden. Vorher nicht.

Aber was meine ich, wenn *ich* die *innere Dialektik der Sache* und ihre Erkenntnis im Wortlaut des Textes den entscheidenden Faktor des Verständnisses und der Erklärung nenne? Man sagt mir (ein schweizerischer Rezensent hat dies in besonders plumper Weise gesagt), damit könne natürlich nur mein »System« gemeint sein. Der Verdacht, hier werde mehr ein- als ausgelegt, ist ja wirklich das Naheliegendste, was man über meinen ganzen Versuch sagen kann. Ich habe dazu folgendes zu bemerken: Wenn ich ein »System« habe, so besteht es darin, daß ich das, was Kierkegaard den »unendlichen qualitativen Unterschied« von Zeit und Ewigkeit genannt hat, in seiner negativen und positiven Bedeutung möglichst beharrlich im Auge behalte. »Gott ist im Himmel und du auf Erden«. Die Beziehung *dieses* Gottes zu *diesem* Menschen, die Beziehung *dieses* Menschen zu *diesem* Gott ist für mich das Thema der Bibel und die Summe der Philosophie in Einem. Die Philosophen nennen diese Krisis des menschlichen Erkennens den Ursprung. Die Bibel sieht an diesem Kreuzweg Jesus Christus. Trete ich nun an einen Text wie den Römerbrief heran, so tue ich das unter der vorläufigen Voraussetzung, daß dem Paulus bei der Bildung seiner Begriffe die ebenso schlichte wie unermeßliche Bedeutung jener Beziehung mindestens ebenso scharf vor Augen gestanden sei wie mir, wenn ich mich jetzt des aufmerksamen Nachdenkens seiner Begriffe befleißige, gerade wie ein anderer Exeget mit gewissen vorläufigen | Voraussetzungen mehr pragmatischer Art z. B. mit der Annahme, der Römerbrief sei wirklich von Paulus im 1. Jahrhundert geschrieben, an den Text herantritt. Ob sich solche Voraussetzungen bewähren, das kann sich wie alle Voraussetzungen nur im Akt, d. h. in diesem Fall in der genauen Untersuchung und Überlegung des Textes von Vers zu Vers zeigen, und selbstverständlich kann es sich bei dieser Bewährung immer nur um eine *relative*, mehr oder weniger gewisse Bewährung handeln, und dieser Regel ist natürlich auch meine Voraussetzung unterworfen. Setze ich nun vorläufig voraus, Paulus habe im Römerbrief wirklich von Jesus Christus geredet und nicht von irgend etwas anderem, so ist das zunächst eine Annahme so gut oder so schlecht wie irgend eine von den vorläufigen Annahmen der Historiker. Die Auslegung allein kann darüber entscheiden, ob und wie weit es mir gelingt, meine Annahme durchzuführen. Ist sie falsch, hat Paulus wirklich von etwas anderem geredet als von der permanenten Krisis von Zeit und Ewigkeit, nun, dann werde ich mich ja im Verlauf seines Textes selbst *ad absurdum* führen. Sollte man mich freilich weiterfragen, mit welchem Grund ich gerade mit dieser Annahme an den Römerbrief herantrete, so würde ich mit der Gegenfrage antworten, ob denn ein ernster Mensch etwa mit einer andern Annahme an einen nicht zum vornherein keines Ernstes würdigen Text herantreten könne als mit der Annahme, daß – Gott Gott ist? Und sollte man beharrlich dabei bleiben, darüber zu klagen, wie sehr ich dem Paulus mit dieser Annahme Gewalt antue, so müßte ich die Gegenklage erheben, *das* heiße dem Paulus Gewalt antun, wenn man ihn scheinbar von Jesus Christus, in Wirklichkeit von einem wahrhaft anthroposophischen Chaos von absoluten Relativitäten und relativen Absolutheiten reden läßt, gerade von dem Chaos, für das er in allen seinen Briefen nur Ausdrücke des grimmigsten Abscheus übrig gehabt hat. Ich habe, auch wenn ich durchaus nicht meine, alles befriedigend erklärt zu haben, keinen Anlaß gefunden, von meiner Annahme abzugehen. Paulus weiß nun einmal etwas von Gott, was wir in der Regel nicht wissen, aber durchaus auch wissen könnten. Daß ich weiß, daß Paulus dies weiß, das ist mein »System«, meine »dogmatische Voraussetzung«, mein »Alexandrinismus«, und wie man das immer zu nennen belieben mag. Ich habe gefunden, daß man dabei auch *historisch*-kritisch betrachtet, verhältnismäßig am besten fährt. Denn die modernen Paulusbilder sind mir und einigen Andern auch *historisch* durchaus nicht mehr glaubwürdig. – Die zahlreichen Anspielungen auf gegenwärtige Erscheinungen und Probleme haben *nur* die Bedeutung von Erläuterungen. Meine Absicht war nicht, dies und das zur Lage zu sagen, sondern den Römerbrief zu verstehen und zu erklären. Es hängt mit meinem Auslegungsgrundsatz zusammen, daß ich nicht einsehen kann, wieso die zeitgeschichtlichen Parallelen, die in andern Kommentaren ungefähr alles sind, zu diesem Zweck an sich lehrreicher sein sollen als die Vorgänge, deren Zeugen wir selber sind.

Und nun hat man diese meine Stellung zum Text *Biblizismus* genannt, lobend die einen, tadelnd die andern. Ich kann auch dieses Gleichnis, das nicht ich gemacht, annehmen, unter der Bedingung, daß man mir erlaubt, es selbst zu deuten. »Es gibt überhaupt keinen Punkt im Denken des Paulus, der ihm ungemütlich wäre .... kein noch so bescheidener zeitgeschicht-

licher Rest bleibt übrig,« schreibt Wernle mit einer gewissen
Erbitterung und zählt dann auf, was alles als »ungemütliche
Punkte« und »zeitgeschichtliche Reste« hätte »übrig bleiben«
sollen, nämlich: die paulinische »Geringschätzung« des irdischen Lebenswerks Jesu, Christus als Gottes Sohn, die Versöhnung durch das Blut Christi, Christus und Adam, der paulinische Schriftbeweis, der sog. »Taufsakramentalismus«, die
doppelte Prädestination und die Stellung des Paulus zur
Obrigkeit. Man stelle sich nun einen Römerbriefkommentar
vor, in dem diese kleinen acht Punkte unerklärt, d. h. als »ungemütliche Punkte« erklärt unter einem Rankenwerk von zeitgeschichtlichen Parallelen »übrig bleiben«! Was soll da der
Name »Kommentar«? Gegenüber diesem gemütlichen Liegenlassen des Ungemütlichen besteht nun also mein Biblizismus
darin, daß ich über diese »Anstöße des modernen Bewußtseins« solange nachgedacht habe, bis ich z. T. gerade in ihnen
die ausgezeichnetsten Einsichten zu entdecken meinte, z. T. jedenfalls verhältnismäßig erklärend davon reden konnte. Wie
weit ich sie richtig erklärt habe, das ist eine Frage für sich;
nach wie vor schwer erklärliche Stellen gibt es auch für mich
im Römerbrief; ich könnte sogar noch weitergehen und
Wernle das Zugeständnis machen, daß meine Rechnung genau genommen in keinem einzigen Vers etwa glatt aufgeht,
daß ich (und der aufmerksame Leser sicher mit mir) überall
mehr oder weniger deutlich im Hintergrunde noch einen unverstandenen und unerklärten »Rest« wittre, der auf Verarbeitung wartet. Aber auf *Verarbeitung* wartet, – nicht darauf, daß
man ihn »übrig« läßt: Daß unerklärte historische Brocken an
sich die Siegel der wahren Forschung sein sollen, das ists, was
mir, dem sog. »Biblizisten« und Alexandriner nicht in den
Kopf will. Im übrigen verhehle ich nicht, daß ich meine »biblizistische« Methode, deren Formel einfach lautet: Besinn dich!
auch auf Lao-Tse oder Goethe anwenden würde, wenn es meines Amtes wäre, Lao-Tse oder Goethe zu erklären, und daß
ich andrerseits bei einigen andern biblischen Schriften etwas
Mühe haben würde, sie anzuwenden. Genau genommen dürfte der ganze »Biblizismus«, den man mir nachweisen kann,

darin bestehen, daß ich das Vorurteil habe, die Bibel sei ein gutes Buch und es lohne sich, wenn man ihre Gedanken mindestens ebenso ernst nimmt, wie seine eigenen.

Was nun den *Inhalt* meiner vorliegenden Römerbrieferklärung betrifft, so gebe ich zu, daß es mir jetzt wie vor drei Jahren mehr um das *wirkliche* als um das sog. *ganze* Evangelium zu tun war, weil ich keinen Weg zum *ganzen* Evangelium sehe als den über das Erfassen des *wirklichen*, das sich noch keinem von allen Seiten zugleich gezeigt hat. Das übliche arbeitslose Reden und Schreiben vom ganzen Evangelium, das Glaube, Liebe und Hoffnung, Himmel, Erde und Hölle in schöner Proportion gleichmäßig umfaßt, halte ich für wenig erbaulich. Ich klage niemanden an, der im Namen des Christentums etwas anderes sagen will als das, was hier gesagt ist; ich würde ihn höchstens fragen, wie er wohl damit an dem, was hier gesagt ist, vorbeikommt. An der Grenze der Häresie hat sich der Paulinismus immer befunden, und man muß sich nur wundern darüber, was für absolut harmlose und unanstößige Bücher die meisten Römerbriefkommentare und andere Paulusbücher sind. Warum nur? Wahrscheinlich darum, weil darin die »ungemütlichen Punkte« nach Wernles Rezept behandelt worden sind. Die theologischen Kinder, ich meine natürlich die Studenten, möchte ich diesmal, Wernle zuvorkommend, selbst ermahnen, das Buch sehr vorsichtig zu lesen, nicht zu schnell, nicht ohne mein Vorgehen am griechischen Text und an andern Kommentaren zu kontrollieren, und bitte, lieber nicht »begeistert«! Es handelt sich um ernste und in prägnanten Sinn kritische Arbeit, die hier zu tun ist. K. Müller-Erlangen hat mit Recht gesagt, daß das Buch auf unreife Geister sehr fatal wirken könnte. Wer mich deshalb anklagen möchte, möge erwägen, ob man nicht mit dem Gefährlichen am Christentum noch immer auch sein Licht unter den Scheffel gestellt hat, ob Spengler nicht recht haben könnte, wenn er sagt, daß wir in ein »eisernes Zeitalter« einzutreten im Begriffe seien, und ob es in diesem Fall zu vermeiden ist, daß auch die Theologie und die Theologen das zu spüren bekommen?

Als ich mitten in der Arbeit war, erschien Harnacks Buch

über *Marcion*. Wer es kennt und in meinem Buch auch nur blättert, wird gleich wissen, warum ich es erwähnen muß. Gewisse frappante Parallelen machten auch mich, als ich die ersten Rezensionen jenes Werkes zu Gesicht bekam, stutzig. Ich möchte aber bitten, hier und dort genau zuzusehen und mich nicht zu rasch als Marcioniten zu loben | oder zu tadeln. Es stimmt nun einmal gerade in den entscheidenden Punkten nicht. Jülicher hat mich freilich schon vor dem Erscheinen von Harnacks Buch zu Marcion gestellt, Harnack selbst zu – Thomas Münzer, und Walther Koehler, wenn ich nicht irre, zu Kaspar Schwenkfeld. Vielleicht dürfte bei diesem Anlaß die Frage aufzuwerfen sein, ob dieses bei den theologischen Historikern so beliebte Austeilen von alten und uralten Ketzerhüten stattfinden dürfte, bevor sie sich jeweilen unter sich besser geeinigt haben? Man wird es mir als dem diesmal Betroffenen zu gute halten, wenn ich mich darüber wundere, wie verschieden die Nominationen der drei Forscher ausgefallen sind.

Ein Wort noch über eine Einzelheit. Der Übersetzung von πίστις mit *»Treue Gottes«* ist eine Wichtigkeit beigemessen worden, die sie für mich jedenfalls nicht hatte. Jülicher hat ja sogar gemeint, um dieser Sache willen habe ich jene »Entdeckerfreude« empfunden, von der mein erstes Vorwort etwas romantisch redete. Vor allem ist nun einzugestehen, daß Rudolf Liechtenhan der geistige Vater dieser Neuerung ist. Er hat mich s. Z. brieflich auf die Möglichkeit dieser Übersetzung aufmerksam gemacht und ist unterdessen auch öffentlich dafür eingetreten. Auf den allgemeinen Protest hin habe ich die Zahl der Stellen, an denen ich diese Übersetzung vorziehe, etwas beschränkt (in unangenehmer Häufung wird sie ihren Gegnern nur noch im 3. Kap. begegnen) und kann im übrigen nur beteuern, daß ich mit ihr lediglich auf das Schillern des Begriffs hinweisen will, was offenbar durch die gewohnte monotone Wiedergabe mit »Glaube« so wenig geschieht, wie es geschehen würde, wenn ich das gelegentliche »Treue« pedantisch verallgemeinern würde. Daß der Begriff tatsächlich schillert, wird man mir angesichts von Röm. 3,3, angesichts der bekannten Variante zu Hab. 2,4 LXX und angesichts der analogen Situation bei den verwandten Begriffen ἀγάπη, γνῶσις, ἐλπίς, χάρις, δικαιοσύνη, εἰρήνη u. a. kaum abstreiten wollen oder können.

Eine *Literaturbemerkung* beizufügen, habe ich diesmal aus verschiedenen Gründen unterlassen. Richtig zu stellen ist, daß die in der ersten Auflage erwähnte Römerbrieferklärung von C. H. Rieger (1726-1791) in seinen »Betrachtungen über das N. T. 1828« merkwürdigerweise vom 3. Kap. an wörtlich übereinstimmt mit der 1851 edierten Erklärung von Fr. Chr. Steinhofer (1706-1761). Das Plagiat kann jedenfalls nicht zu Lasten des würdigen Rieger selbst fallen. Vielleicht vermag ein württembergischer Spezialist Licht in diese dunkle Sache zu bringen. – Über die *textkritischen Anmerkungen*, die Jülicher in seinem Eifer, mich in die sanften Auen der praktischen Theologie zu verweisen, überhaupt | weggewünscht hat, ist zu sagen, daß ich sie da angebracht habe, wo ich vom Text von Nestle, den ich in den Händen der meisten theologischen Leser voraussetzte, abweichen zu müssen glaubte. In Dinge, die ich notorisch nicht beherrsche, meine ich nirgends hineingeredet zu haben. Kurz zu begründen, warum ich an z. T. nicht unwichtigen Stellen anders lese, konnte ich darum, bereit eines besseren belehrt zu werden, doch nicht ganz unterlassen.

Gewissen *Rezensenten* würde ich, wenn ich könnte, dringend nahelegen, zu beachten, daß es diesmal noch gefährlicher ist als das erstemal, rasch und sicher irgend etwas Entzücktes oder Unwirsches über das Buch zu schreiben, würde ihnen raten, zu überlegen, *was* es bedeutet, hier mit Ja *oder* Nein zu antworten, *was* es aber auch bedeutet, hier mit einem freundlichen Gemisch von Ja *und* Nein zu antworten. Aber es steht nicht in meiner Macht, ihnen dies so zuzurufen, daß sie hören müssen.

Es bleibt mir noch übrig, meinen Freunden Eduard Thurneysen in St. Gallen, Rudolf Pestalozzi in Zürich und Georg Merz in München zu danken für ihre treue Mitwirkung bei der Korrekturarbeit. Der Erstgenannte hat aber auch das ganze im Entstehen begriffene Manuskript gelesen, begutachtet, und sich durch Einschaltung zahlreicher vertiefender, erläuternder und verschärfender Korollarien, die ich meist fast unverändert übernommen habe, in sehr selbstloser Weise ein verborgenes Denkmal gesetzt. Kein Spezialist wird dahinter kommen, wo in unserer auch hier bewährten Arbeitsgemeinschaft die Gedanken des einen anfangen, die des andern aufhören. – Die Vollendung dieser zweiten Auflage des Römerbriefs fällt zeitlich zusammen mit meinem Abschied von der Gemeinde Safenwil. Meine Gemeindegenossen haben in den letzten Jahren ihren Pfarrer oft nur in seiner Studierstube gehabt und auch sonst allerlei Beunruhigendes mit ihm erlebt, was mit seiner Römerbriefforschung eng zusammenhing. Die wenigstens teilweise recht verständnisvolle Duldung, mit der sie diesen Zustand ertragen haben, verdient es, daß ich auch ihrer hier dankbar gedenke. Keiner von den Freunden dieses Buches, der selber Pfarrer ist, soll leicht daran tragen, daß er es nicht nur sich selbst, sondern auch seiner Gemeinde nicht – leicht machen kann. – Diese Freunde alle, die bekannten und die unbekannten, die alten und die neuen, die Schweizer und die Deutschen in der einen Bedrängnis aller ihrer so verschiedenen Wege zu grüßen, ist mir im Augenblick, wo ich selber einen weiten Weg hinter mir und einen andern noch weitern vor mir habe, ein Bedürfnis und eine Freude.

Safenwil, September 1921.

DER RÖMERBRIEF KAPITEL 6

Die Gnade
Die Kraft der Auferstehung

6,1-11

V 1 Was sollen wir nun weiter sagen? »*Laßt uns in der Sünde verweilen, damit die Gnade um so größer werde!*«? *Unmöglich!*

»*Was sollen wir nun weiter sagen?*« In engster dialektischer Beziehung zueinander sehen wir Adam und Christus, alte und neue Welt, Königsmacht der Sünde und Königsmacht der Gnade, scheinbar gegenseitig durcheinander bedingt und aufeinander angewiesen, gegenseitig sich garantierend und legitimierend. Mit allem Nachdruck haben wir (besonders 5,15-17) behauptet, daß diese Beziehung eine *echt* dialektische ist, d. h. daß sie in der Aufhebung des ersten Gliedes durch das zweite besteht, daß also die Reihe nicht umkehrbar ist. Aber vielleicht haben wir das doch erst *behauptet*? Alles hängt davon ab, daß wir diesen Sieg, diesen Umschlag ohne Rückschlagmöglichkeit, diese schlechthinige Wendung als Notwendigkeit *erweisen* können. Wir wagten als stärksten Hinweis auf den ewigen Augenblick der Erkenntnis, da in Gottes unanschaulichem Ratschluß der Schlüssel sich dreht, die Türe sich öffnet, der Schritt über die Schwelle geschieht, den gefährlichen Satz: »Wo der Fall überfloß, da überströmte die Gnade« (5,20). Wir wagten es, den Gipfel der Sünde und den Triumph der Gnade, Saulus und Paulus in ihrem Zusammenhang zu begreifen. Wir *mußten* es wagen, denn »Christus wird wohl nicht darum verschwiegen werden dürfen, weil er vielen zum Stein des Anstoßes und Fels des Ärgernisses wird; denn in der gleichen Eigenschaft, in der er den Ungläubigen zum Verderben wird, wird er den Frommen zur Auferstehung« (Calvin). Es könnte aber verkannt werden, daß jener Satz tatsächlich ein gefährlicher, ein zweideutiger Satz ist, daß sein Inhalt eben nur als Hinweis auf den ewigen Augenblick der Erkenntnis Gottes, nicht aber in physisch-metaphysischem Sinn, nicht als Beschreibung eines Vorgangs auf der Ebene der historisch-psychologischen Wirklichkeit Wahrheit ist. Es ließe sich ja eine Fortsetzung jenes Satzes denken, | die etwa so lauten würde: In ewiger Spannung, Polarität oder Antinomie stehen sich Fall und Gnade gegenüber. Ja und Nein sind in sich gleich notwendig, gleich wertvoll und gleich göttlich. Gleich lebendig lebt der Mensch in beiden. Nein muß sich in Ja und Ja muß sich immer wieder in Nein verwandeln, weil es sonst stürbe. Alles ist negativ und alles ist positiv zu werten – und was solche Gemeinverständlichkeiten mehr sind. Wollen wir etwa *das* sagen?

Also: »*Laßt uns in der Sünde verweilen, damit die Gnade um so größer werde!*«? Der kontinuierliche Zusammenhang von Sünde und Gnade, Saulus und Paulus ist der *actus purus* eines unanschaulichen Geschehens in Gott. Die Einheit des göttlichen Willens spaltet sich zur Zweiheit, um sich in der Überwindung dieser Zweiheit um so siegreicher als Einheit zu erweisen. Dieses unanschauliche Geschehen in Gott kann verwechselt werden mit der anschaulichen Reihe seelisch-geschichtlicher Zustände, in denen es im Leben des Menschen zur Erscheinung kommt. Es kann m. a. W. das anschauliche Nebeneinander und Nacheinander der jene Wendung in Gott im Leben des Menschen anzeigenden Zustände metaphysisch zurückprojiziert werden in den Willen Gottes selbst. Die Folge wird offenbar die sein, daß der Mensch sich nicht mehr auf den unbekannten *Gott selbst* als auf seinen ewigen Ursprung verwiesen, wohl aber *sich selbst*, den bekannten Menschen, die Kontinuität seiner eigenen niedern und höhern Zustände, transzendent bestätigt und begründet sieht. Mit der Verewigung des zeitlichen Vorgangs ist offenbar die Beunruhigung ausgeschaltet, die jenes unanschauliche Geschehen in Gott (als Drohung und Verheißung) für den zeitlichen Vorgang als solchen bedeutet; an ihre Stelle ist die Friedhofsruhe der immanenten Spannung, Polarität, Allogenität oder Antinomie eines höhern und niederern Zustandes, also zweier kausal miteinander verknüpfter anschaulich-menschlicher Möglichkeiten getreten. Wenn Gnade nach Analogie menschlicher Zustände auf Sünde *folgt*, so kann offenbar auch umgekehrt Sünde auf Gnade *folgen*, die dann ihrerseits wieder Gnade *zur Folge* hat. Das bedeutet aber die Einladung, in der Sünde zu »verweilen«, mit ihr, die, von Gott aus gesehen, gegenüber der Gnade als das ewig Gewesene, Ausgeschlossene, Aufgehobene nur auftauchen dürfte, um zu verschwinden, zu rechnen als mit einem positiven Faktor, sie zu benützen als Mittel, Weg und Sprungbrett zur Gnade (»damit die Gnade um so größer werde«), wie eben eine menschliche Möglichkeit Mittel, Weg und Sprungbrett sein kann zu einer andern menschlichen Möglichkeit. Es ist dieselbe »menschliche Logik«, die sich schon einmal

(3,3-5) mit ihrem »Lasset uns Böses tun, damit Gutes daraus werde!« zu Worte gemeldet hat, die auch hier den Menschen mit der Bedingtheit seiner Kontraste zum Gott erhebt (als ob der Mensch in der Lage wäre, durch sein Tun innerhalb der Bedingtheit seines Wesens die Wendung vom Bösen zum Guten, von der Sünde zur Gnade zu vollziehen!) und Gott in der freien Bewegung seines Willens zum Menschen erniedrigt (als ob der Gott, der launenhaft zwischen Gut und Böse, Sünde und Gnade hin- und herschwankt, Gott wäre und nicht vielmehr Nicht-Gott, der Gott dieser Welt, das Spiegelbild des mit sich selbst uneinigen Menschen!).

Ein »*Unmöglich*!« setzen wir hier wie dort dieser menschlichen Logik entgegen. Unmöglich ist es, den unerhörten, den unanschaulichen Moment, da Sünde und Gnade sich in Gott das Gleichgewicht halten, gleich stark und gleich berechtigt sich gegenüberstehen, in die menschliche Wirklichkeit eines seelisch-geschichtlichen Nach- und Nebeneinander, in menschlich gewußte und gewollte Anschaulichkeit zu übertragen. Unmöglich ist es, die Sünde als Ursache der Gnade zu bejahen, anzuerkennen, zu feiern, als ob Sünde und Gnade, Gnade und Sünde sich wirklich *folgen* würden. Unmöglich ist es, dem Menschen in frommer Zudringlichkeit die Souveränität Gottes und Gott in frommer Ergebung die Ohnmacht des Menschen zuzuschreiben. Unmöglich ist das unter Berufung auf den Ratschluß Gottes getriebene pseudo-dialektische Spiel mit der ewigen Spannung, Polarität und Antinomie, in der sich der Mensch angeblich befinden soll. Diese Unmöglichkeit ist die Kraft der Auferstehung. Von ihr ist nun zu reden.

V 2 Die wir der Sünde starben – wie werden wir noch in ihr leben können?

Sünde ist als anschauliches Ereignis gerade jene Verwechslung von Mensch und Gott, jene Vergöttlichung des Menschen oder Vermenschlichung Gottes, durch die der Mensch sich selbst rechtfertigen, bestätigen und bestärken möchte. Sofern sich unser menschliches Wissen und Wollen auf der niedersten wie auf der höchsten Stufe der uns gegebenen

Möglichkeiten fortwährend und notwendig in diesem Ereignis verdichtet, sind wir als Menschen fortwährend und notwendig Sünder. Fortwährend und notwendig darum, weil unser menschliches Wissen und Wollen (im ganzen Umkreis seiner Möglichkeiten) nicht anders kann, als in seiner Bedingtheit, Zufälligkeit und Zersplitterung Zeugnis ablegen von der unanschaulichen Sünde des Abfalls, von der unser Dasein als Menschen, als *diese* Menschen, die wir *sind*, bestimmt ist. »In der Sünde leben« das heißt also: bestimmt durch jene unanschauliche Notwendigkeit wissentlich und | willentlich jene Vergöttlichung des Menschen und Vermenschlichung Gottes vollziehen und betreiben.

Gnade nun ist die aus keinerlei Kontinuität (außer der des Willens Gottes selbst, Gottes allein!) zu begreifende Tatsache der Vergebung: Dieser gefallene und, soweit das Auge reicht, Gott verkennende Mensch ist von Gott erkannt als sein Kind, ist der Gegenstand göttlicher Barmherzigkeit, göttlichen Wohlgefallens, göttlicher Liebe. Das ist der tödliche Angriff auf diesen »in der Sünde lebenden« Menschen, der radikale Zweifel an seiner unanschaulichen Bestimmung und anschaulichen Bestimmtheit durch die Sünde. »Gnade ist wider die Sünde und frißt sie auf« (Luther), nämlich die Sünde des Abfalls, die in der in der Religion gipfelnden Sünde des Anthropomorphismus anschaulich zum Ausbruch kommt. Gnade greift die Sünde in ihrer Wurzel an. Sie stellt uns selbst, als *diese* Menschen, die wir *sind*, in Frage. Sie nimmt uns als solchen den Atem, sie ignoriert uns als solche, sie redet uns an als die, die wir nicht sind, als neue Menschen. Gott weiß nicht mehr, was wir sonst sind! Stehen wir in der Gnade, so heißt das, daß wir von Gott erkannt sind als Nicht-Sünder. Sünde als die notwendige Bestimmung unseres Wissens und Wollens ist für uns als die, die wir, von Gott erkannt, sind, ein Gewesenes, ein Überwundenes, ein Erledigtes geworden. »Wir starben der Sünde.« Wir wachsen nicht mehr aus dieser Wurzel, wir atmen nicht mehr in dieser Luft, wir unterstehen nicht mehr dieser Macht. »Wie werden wir noch in ihr leben können?« Wie werden wir weiter leben als die, die wir sind, von denen Gott nichts weiß? Was wird aus der anschaulichen Bestimmtheit unsres Wissens und Wollens? Wie soll unser Dasein als Menschen der Schauplatz anschaulicher Sünde sein? Ja wie? Gerade die Gegebenheit, die Notwendigkeit, die Voraussetzung der Sünde ist problematisch geworden, unser Sein in das Licht seines überlegenen Nicht-Seins gerückt. Ein unerhörtes und unanschauliches, ein *Futurum aeternum* unseres Daseins, das Futurum der uns nicht-gegebenen Möglichkeit Gottes, schiebt sich überragend mächtig an Stelle der Totalität dessen, was wir als menschenmöglich wußten und wollten, wissen und wollen, wissen und wollen *werden*. Das ist Gnade.

Gnade und Sünde sind also von Haus aus inkommensurable Größen. Sie können weder als zwei Stationen eines Weges, noch als zwei Glieder einer Kausalreihe, noch als zwei Brennpunkte einer Ellipse, noch als zwei Griffe einer Methode, noch als zwei Prädikate eines Subjekts nebeneinander stehen. Sie sind, mathematisch gesprochen, nicht nur Punkte auf verschiedenen Ebenen, sondern Punkte in verschiedenen Räumen, von denen der zweite den | ersten ausschließt. Schon die Frage nach einem »Verhältnis« beider, nach einer Möglichkeit von hier nach dort zu gelangen, ist ausgeschlossen. Sünde verhält sich zu Gnade wie möglich zu unmöglich. Gnade, die die Sünde als Möglichkeit neben sich hat, ist nicht Gnade. Der Begnadigte weiß die Sünde nicht und er will sie nicht. Der Begnadigte *ist nicht* der Sünder. Zwischen beiden ist ein Vergehen und Neuwerden des Menschen. »Die Rechtfertigung ist die *Gottestat*, die als solche den Menschen nicht läßt, wie er ist, sondern völlig umgestaltet« (Fr. Barth).

V 3-5 Oder merket ihr nicht, daß wir als auf den Christus Jesus Getaufte auf seinen Tod getauft wurden? Wir wurden nun begraben mit ihm durch die Todestaufe, damit, wie Christus von den Toten erweckt wurde durch die Herrlichkeit des Vaters, so auch wir in Lebensneuheit wandeln sollten. Denn sofern wir ihm verwandt sind im Gleichnis seines Todes, nämlich in *unserm* Tode, *werden wir es auch in der Auferstehung sein.*

»*Wir als auf den Christus Jesus Getaufte.*« Wir stellen an die Spitze unsrer Überlegungen die Erinnerung an das den anschaulich-zeitlichen Anfang unserer Erkenntnis Gottes bildende »Zeichen« (4,11) der Taufe. Also die Erinnerung an ein *Faktum* aus der Erscheinungswelt der Religion. Warum nicht? Auch die Sünde, um die es sich hier handelt, ist ja das anschauliche *Faktum* der wissentlichen und willentlichen Verunehrung Gottes. Und als *Faktum* in der Erscheinungswelt ist ja auch die »Erlösung in Christus Jesus« (3,24) aufgetreten. Ihre Historizität ist (»für alle die glauben« 3,22a!) der Hinweis auf die Existentialität ihres ewigen Gehaltes. »Zeichen« in diesem Sinn ist auch die Taufe gerade in ihrer paradoxen Einmaligkeit. Daß das Zeichen Zeichen ist und nicht mehr als das, das wissen wir, aber warum sollte es uns nichts zu zeigen haben? »Die Zeichen sind nur dann leer und wirkungslos, wenn unsre eigene Undankbarkeit und Bosheit der Energie der göttlichen Wahrheit in den Weg tritt« (Calvin), d. h. wenn wir sie ihrer Wahrheit dadurch berauben, daß wir sie mit einer dinglichen Gegebenheit irgendwelcher Art identifizieren: sei es dadurch, daß wir sie zu einer inhaltleeren (Pietät ist kein Inhalt!) »kirchlichen Handlung« verflüchtigen, sei es, daß wir sie in einem allfällig an den Zeichen zu machenden religiösen Erlebnis (»Tauferlebnis«) suchen, sei es, daß wir dem Zeichen eine direkte mystisch-magische Mitteilungskraft zuschreiben oder es in mehr rationaler Weise als eine der tiefen Sinngebungen (»Symbole«), vom christlichen Mythus im Chaos des Lebens aufgerichtet, werten und schätzen. Als das auf *Gottes* jenseitige Sinngebung des Lebens zeigende und sie bezeugende, als das *sein Wort* (und nicht nur den christlichen Mythus) verkündigende Zeichen ist die Taufe was sie ist: Wahrheitsträger, Heiligtum, Sakrament. Sie *bedeutet* nicht nur, sondern sie *ist* in ihrer Bedeutsamkeit, als Hinweis auf das Jenseits ihrer Dinglichkeit, Vermittlung neuer Schöpfung, ewige Realität, nicht Gnade, aber durchaus Gnaden*mittel*. Wie die auf Gott gerichtete Frage immer auch Gottes Antwort, wie des Menschen Glaube Gottes Treue unanschaulich umschließt, so auch das Menschenwerk der Taufe das durch sie verkündigte Tun Gottes am Menschen. Bedeutet *und ist* sie uns das, warum soll sie nicht die Festung sein, von der wir in der Welt des Zeitlichen und Dinglichen zunächst ausgehen? – Auch daß sie als »Initiationsritus« keine originale Schöpfung des Christentums, sondern »hellenistisches Gut« ist, beweist nur, was wir immer sagen und auch hier sagen wollen: Es hat seinen guten Grund, daß die Heilsbotschaft von Christus nicht unter Proklamation neuer Riten, Dogmen und Institutionen, sondern auf der ganzen Linie unbefangen unter Entlehnung bekannten »religiösen« Gutes auftritt. Die Botschaft von dem unbekannten Gott kann es sich leisten, den bekannten Göttern Mithras, Isis und Kybele auf *ihrem* Felde, auf dem Felde der religiösen *Phänomene keine* Konkurrenz zu machen. Ihre grundsätzliche Überlegenheit gegenüber der zwischenweltlichen Magie, die dort den ursprünglichen, den eigentlich gemeinten Sinn der religiösen Zeichensprache verdunkelt, gibt ihr die Möglichkeit, die Mysterienreligionen besser zu verstehen, als sie sich selbst verstehen, gibt ihr die Freiheit, unbekümmert um das Bedenkliche auf den Sinn im Unsinn zurückzugreifen, gibt ihr die Berechtigung, das jüdische *und* das heidnische »Zeugnis« für die Offenbarung (3,21) als solches auf- und anzunehmen. Wobei wir uns bewußt sind (4,16), daß es Gnade ist, wenn dem Unsinn tatsächlich Sinn innewohnt, daß allein durch den Glauben (in Erinnerung, daß es keine direkte Mitteilung Gottes gibt!) diese Auf- und Annahme des Sinns im Unsinn der religiösen Erscheinungswelt möglich ist, und daß diese doppelte Bestimmung die notwendige Schranke und immanente Kritik unsrer Berufung auf dieses »Zeichen« und »Zeugnis« ist.

»Merkt ihr nicht, daß wir auf seinen Tod getauft wurden?« Von einem Sterben redet das Zeichen der Taufe zu denen, die merken können. Getauftwerden heißt Eingetauchtwerden, Verschwinden im fremden Element, Verhülltwerden von der reinigenden Flut. Der dieses Wasser verläßt, ist *nicht der*, der es betreten hat. Einer ist gestorben, ein andrer ist geboren. Mit dem einen, der gestorben ist, ist der Getaufte nicht mehr identisch. Denn Zeugnis ist uns die Taufe vom Tode des Christus, in welchem | der rücksichtslose, der radikale Anspruch Gottes auf den Menschen triumphierte. Wer auf den Namen des Christus getauft ist, der ist einbezogen in dieses Ereignis, ver-

schwunden und verloren in diesen Tod, verschlungen und bedeckt von diesem Anspruch Gottes. Und damit ist er von der Insolenz und Illusion menschlicher Gottähnlichkeit absolut abgeschnürt und abgeschnitten; denn was soll davon übrig bleiben angesichts des Kreuzes? Er hat seine Identität mit dem Menschen, der die Sünde weiß und will, eingebüßt. Er ist der Macht der Sünde, der Bestimmtheit durch sie ledig; denn er ist als *der* Mensch, über den die Sünde Macht haben, den sie bestimmen kann, gestorben (6, 2, 7). Denn der Christustod hebt den Abfall auf. Er schafft den Hohlraum, in dem die usurpierte Selbständigkeit des Menschen nicht mehr gedeiht. Er greift die unanschauliche Wurzel der anschaulichen Sünde an. Er macht Adam, den Menschen Nicht-Gottes, zu einer gewesenen, zu einer vergangenen Größe. Jenseits dieses Todes lebt darum auch der Mensch, der in der Sünde weiter leben will (6,2), der Mensch, der sein will wie Gott, nicht mehr. Der Anspruch, den Gott hier auf den Menschen erhebt, hebt *diesen* Menschen auf. »Himmelstürmender Idealismus« (H. Holtzmann) ist *darum* nicht der Sinn dieser Einsicht, weil ihr Ergebnis gerade das Ende aller idealistischen Himmelstürmerei ist. Und »reiner harter Doktrinarismus« (Wernle) ist *darum* nicht ihr Charakter, weil sie als Appell an den Gott, der die Toten lebendig macht (4,17b), gar nicht Doktrin und darum auch nicht »rein« und »hart« werden kann, weil sie sich in der vollen Blöße eines einmaligen Paradoxons selbst dem wohlfeilen Widerspruch jedes Doktrinärs preisgibt, weil ihr Inhalt: der Gedanke der göttlichen Kraft in der menschlichen Schwachheit grundsätzlich (im Gegensatz zu jeder Doktrin) nur immer *neu* zu denken ist, als wäre er noch nie gedacht. »Theologie des absoluten Moments« (Troeltsch)? Gerade das ist gemeint! Das Absolute existentiell gedacht, Erkenntnis der positivsten und exklusivsten Existentialität der göttlichen Gnade: gerade darum geht es im Taufakt. »Eure Taufe ist nichts anderes denn ein *Würgen* der Gnade oder ein *gnädiges* Würgen, dadurch die Sünde in euch ersäuft wird, damit ihr unter der Gnade bleibet und nicht durch die Sünde unter Gottes Zorn verderbet. Denn so du dich taufen läßt, so gibst du dich unter das gnädige Ersäufen und barmherzige Töten deines lieben Gottes und sprichst: ersäufe und würge mich, lieber Herr; denn ich will nunfort gerne mit deinem Sohn der Sünde gestorben sein« (Luther). Dieser Tod ist die Gnade.

»Wir wurden mit ihm begraben durch die Todestaufe, damit, wie Christus von den | Toten erweckt wurde durch die Herrlichkeit des Vaters, so auch wir in Lebensneuheit wandeln sollten.« Warum ist dieser Tod die Gnade? Weil er »der Tod des Todes, die Sünde der Sünde, das Gift des Giftes, die Gefangenschaft der Gefangenschaft ist« (Luther). Weil die Gefährdung, Unterhöhlung und Zersetzung, die von ihm ausgeht, das Tun Gottes ist. Weil die Kräftigkeit seiner Negation urkräftigste Position ist. Weil er als *letztes* Wort über *diesen* Menschen zugleich Angel, Schwelle, Übergang und *Wende* ist zum neuen Menschen. Weil der Getaufte (nicht identisch mit dem einen, der gestorben) identisch ist mit dem andern, der geboren ist. Tod ist nicht Gnade, solange er eine bloß relative Negation ist, solange der Angriff auf *diesen* Menschen stecken bleibt in bloßer Kritik, Opposition und Revolution gegen diese und jene Gegebenheit, solange die relativen Menschenmöglichkeiten etwa bloß vermehrt werden durch einige weitere (negative!) Menschenmöglichkeiten wie Askese, »zurück zur Natur!«, »schweigende Anbetung«, mystischer Tod, buddhistisches Nirwana, Bolschewismus, Dadaismus u. dgl., solange der Angriff also nicht (»*begraben* mit ihm!«) fortschreitet zur grundsätzlichen Negation *dieses* Menschen und *seiner* Möglichkeiten. Dann aber – und das gibt dann dem Angriff erst wirkliche *Angriffskraft* – geht die Krisis, das Ende, der Schall der letzten Posaune diagonal hindurch durch das Ja *und* Nein, Leben *und* Sterben, Alles *und* Nichts, durch das Genießen *und* Entbehren, Reden *und* Schweigen, Erhalten *und* Umstürzen, durch das tätige Handeln *und* durch das beschauliche Warten *dieses* Menschen. Denn in der Kraft der Auferstehung, in der »Erweckung von den Toten durch die Herrlichkeit des Vaters« (im Möglichwerden des dem Menschen Unmöglichen) beweist und bewährt sich der Ernst, die Energie, der Radikalis-

mus der wirklichen Negation: des Begräbnisses, das Christus *diesem* Menschen bereitet hat, in der Schaffung des neuen, des unanschaulichen Menschen die Wahrheit der vollzogenen Versöhnung (5,10-11), in unserem Sein in Christus die Aufhebung unsres Seins in Adam. Und eben diese Kraft der Auferstehung in der ihr eigenen durch den Begriff des Todes charakterisierten und gesicherten absoluten Andersartigkeit und autonomen Vorausgegebenheit gegenüber allem Leben diesseits der Todeslinie, die Kraft der Auferstehung als der neue göttliche Lebensinhalt, der jenen durch den Christustod geschaffenen Hohlraum ausfüllt, ist die Position ersten Grades, die das Weiterleben in der Sünde (6,2) nicht nur hemmt, sondern schlechthin unmöglich macht. Sie ist es, durch die der Mensch, der Mensch, der die Sünde weiß und will, | der bekannte, der anschauliche, der allein mögliche Mensch an die Wand gedrückt, sich selber zum Problem gemacht wird. Wie sollen wir in der Sünde weiterleben, wenn wir als die, die wir sind, von *daher*, in *dieser* Weise in Frage gestellt sind? Begraben durch die Todesstrafe »sollen wir in Lebensneuheit wandeln«. Wiederum (wie 2,13 3,30 5,17,19 usw. und wie hier 6,2,5,8,14) dieses *Futurum resurrectionis*: unsere Zukunft als Gleichnis unsrer Ewigkeit. Nur als Gleichnis! Denn so klar es ist, daß die Erweckung Jesu von den Toten kein Ereignis von historischer Ausdehnung *neben* den andern Ereignissen seines Lebens und Sterbens ist, sondern die »unhistorische« (4,17b usw.) Beziehung seines *ganzen* historischen Lebens auf seinen Ursprung in Gott, so klar ist es andrerseits, daß auch mein in der Kraft der Auferstehung als Notwendigkeit und Wirklichkeit in mein Dasein sich hereindrängendes »Wandeln in Lebensneuheit« weder in meiner Vergangenheit, noch in meiner Gegenwart, noch in meiner Zukunft etwa Ereignis *neben* andern Ereignissen ist und wird. Sondern als das Dürfen, Können, Müssen und Wollen meines in Christus neu geschaffenen Ich, als die Bestätigung meines »Bürgertums im Himmel« (Phil 3,20), als die Lebendigkeit meines mit Christus in Gott verborgenen Lebens (Col 3,3) ist dieses »Wandeln in Lebensneuheit« mein unsichtbarer Blick- und Beziehungspunkt, die Krisis, die mein Endliches durch mein Unendliches erfährt, die Drohung und Verheißung, die unzeitlich-unanschaulich jenseits *aller* zeitlich-anschaulichen Ereignisse »meines« Lebens steht – *jenseits* aller, weil und sofern Welt Welt, Zeit Zeit und Mensch Mensch ist. Dieses ewige Futurum meines »Wandelns in Lebensneuheit«, das als die inkommensurable Todeskraft der Auferstehung in radikaler Exklusivität in mein »Weiterleben in der Sünde« hineinragt, ist gleichzeitig der Sinn und die Kritik meines zeitlichen Seins, Denkens und Wollens. Sofern das Unmögliche möglich wird, daß ich »mit Christus begraben«, als der, der ich nicht bin, jenen Sinn und jene Kritik mir zu eigen mache (im Gegensatz zu allem, was ich bin!)[,] bin ich in der Tat »der Sünde gestorben« (6,2); denn in der unanschaulichen Lebensneuheit, in der der neue Mensch zur Ehre Gottes wandelt, hat die Sünde so wenig Raum, Licht und Luft wie der Tod in der in Jesu Erweckung von den Toten sich manifestierenden unanschaulichen Herrlichkeit des Vaters. Ob wir es wagen dürfen und tatsächlich wagen (5,1, 6,11), mit dieser unmöglichen Möglichkeit des neuen Menschen zu rechnen, diese Frage wird uns immer wieder brennen. Daß diese unmögliche Möglichkeit die mögliche Möglichkeit der Sünde ausschließt, das kann keine Frage sein.

»*Denn sofern wir ihm verwandt sind im | Gleichnis seines Todes, werden wir es auch in der Auferstehung sein.*« Anschaulich, zeitlich verstanden »verwandt« mit Christus sind wir, sofern unser Dasein als ein Dasein in der Bedrängnis offenbar ohne unser Zutun ein Gleichnis, ein Analogon seines Todes ist (8,17 Gal 6,17 II Cor 4,10 Phil 3,10 Col 1,24). Sein Tod aber ist der Anlaß für den Menschen, sich selbst in Gott zu verstehen: nämlich sein Wachstum in seinem Abnehmen, seine Kraft in seiner Schwachheit, sein Leben in seinem Sterben (II Cor 4,16f.). Eben als diese Schwelle vom Gericht zum Richter, von der Bedrängnis zu dem, der frei ist und frei macht, von der Not zur Hoffnung (5,3f.), als diese Gelegenheit, uns selbst in Gott zu erkennen (was aber mit keinem allfälligen »Erlebnis« identisch ist!), ist uns der Tod Christi bedeutsam. Eben darum ist uns das Zeichen der Taufe Erinnerung unsrer unanschaulichen Gemeinschaft mit Gott (6,3). Eine andre Verwandtschaft des Christen mit Christus, eine andere Nachfolge Christi als die, die im Tragen seines Kreuzes besteht, eine irgendwie *positive*, vom Menschen erst zu *erwerbende* oder zu *erlebende* Jesusmäßigkeit (etwa in Gottvertrauen, Bruderliebe, Freiheit, Kindlich- oder Menschlichkeit) gibt es auf dem Feld der seelisch-geschichtlichen Wirklichkeit *nicht*. Unsere *anschauliche* Verwandtschaft mit ihm (die uns im Spiegel seines Kreuzestodes als solche erkennbar wird) ist an sich mit der Verfassung und Lage des Menschen in der Welt gegeben, ist an sich identisch mit der Tatsache der unheilbaren Problematik des menschlichen Daseins überhaupt. Wir stehen (aber wer stünde nicht mit uns?) auf der Schwelle der engen Pforte der Einsicht, daß, der uns richtet, gnädig, daß der Heilige barmherzig ist. Wir blicken (aber wer blickte nicht mit uns?) aus von unsrer Christusverwandtschaft in Vergänglichkeit, Unehre und Schwachheit nach unsrer andern, nach unsrer *unanschaulichen* Christusverwandtschaft in Unvergänglichkeit, Herrlichkeit und Kraft. Was wir von hier aus einsehen, (wiederum als *Futurum aeternum*!) das, und nicht etwa die diese Einsicht allfällig begleitenden Erlebnisse, Gesinnungen u. dgl., ist das positiv Jesusgemäße des in der Zeit lebenden Menschen. Es ist in keiner Weise mit andern möglichen Gemäßheiten zu vergleichen oder gegen sie auszuspielen. Es wird keine menschliche Eigenschaft oder Betätigung. Es gewinnt nie und nirgends historisch-psychologische Breite. Kein Mensch ist direkt darauf anzusprechen. Positiv jesusgemäß ist unser mit Christus in Gott verborgenes Leben, welches jetzt und hier nur als ewiges Futurum »unser« Leben ist, – und nichts sonst. Aber das genügt. Die Gnade Gottes genügt (II Cor. 1,9). Sie ist die Gottestat, durch welche der neue Mensch wird und ist. | Und dieser neue Mensch ist als solcher der Sünde ledig. Die Negativität unsres sehr wenig jesusgemäßen alten Menschendaseins aber ist in Hoffnung voll von der heimlichen Positivität der *Auferstehung*.

V 6-7 Das erkennen wir: unser alter Mensch wurde mit Christus *gekreuzigt, damit der Leib der Sünde aufgehoben werde, so daß wir der Sünde nicht mehr dienen müssen. Denn der Gestorbene ist von der Sünde freigesprochen.*

»*Das erkennen wir*«. Indem wir das Zeichen der Taufe verstehen, verstehen wir uns selbst, wissen wir, was Gott von uns weiß: »Er weiß, was für ein Gemächte wir sind; er gedenket daran, daß wir Staub sind« (Ps 103,14). Gerade in der Hinfälligkeit, in der Relativität, in der durchdringenden Krisis, in der wir uns selbst vorfinden, im Gleichnis des Kreuzestodes Christi erkennen wir unsere Verwandtschaft mit ihm (6,3-5). Und diese Einsicht wird zur Aussicht. Der Ansatz zu einer *Psychologie der Gnade* (die sich aber jedes unnützen d. h. jedes direkt und nicht dialektisch gemeinten Wortes enthalten wird) ist mit der Erkenntnis dieser Verwandtschaft gegeben – als das Nicht-Gegebene gegenüber dem Bestand der menschlichen Psyche, das sich als Aufhebung aller Psychologie der Sünde wirksam erweisen muß. Sofern wir uns selbst als Verwandte des Christus (in seinem *Todes*weg) erkennen, schauen wir das Unanschauliche: das Erbarmen Gottes, uns selbst als seine Kinder, das Zurückbleiben, das Vergehen, das Nicht-Sein unsrer Bestimmtheit durch die Sünde, die überlegene Kräftigkeit des neuen Menschen.

»*Unser alter Mensch*« ist »der gefallene Adam, wie er wieder erscheint in jedem menschlichen Ich, das zur Welt kommt unter der Herrschaft der durch die erste Sünde entschiedenen Macht der Eigenliebe« (Godet). Wir sehen ihn, wir rechnen mit ihm, so gewiß wir mit der Welt der Zeit, der Dinge und des Menschen, so gewiß wir mit der ganzen Summe der gegebenen Lebensinhalte fortwährend rechnen. In dieser Welt ist kein andrer Mensch als eben dieser alte Mensch. Jede direkte Aussage, jedes Seins- oder Werturteil über den Menschen bezieht sich ohne weiteres und ausschließlich auf *diesen* Menschen. Das Subjekt Ich ist (sofern es nicht grundsätzlich aufgehoben ist durch das »Nicht ich, sondern Christus lebt in mir«) bei allen möglichen Prädikaten, die ihm gegeben, bei allen Hemmungen, Veredlungen, Vertiefungen und Überhöhungen, die ihm zuteil werden können, immer *dieser* Mensch. Aber dieses Bekenntnis zu meiner totalen Identität mit *diesem* Menschen weist zurück auf einen Standort *außerhalb* dieser totalen Identität, von dem aus ich mich selbst erkenne, ja vielmehr erkannt bin; von dem aus ich mich selbst qualifiziere, ja vielmehr qualifiziert bin | als *dieser* Mensch. Was ist das für ein Standort? Was ist das für eine Dynamik, die mir die Anschauung des restlos in sich geschlossenen Kreises, in dem ich (als Ich) mich befinde, so wuchtig, so unwiderstehlich aufdrängt, die es mir ermöglicht, diesem Ich gegenüber die Distanz zu nehmen, in welcher es mir zum Gegenstand möglicher Erkenntnis wird, die mich und dieses Ich gegenseitig als ein Anderes, Fernes, Fremdes, als das vorausgegebene X eines Erkennenden und als die Gegebenheit des erkannten »alten« Menschen auseinanderrückt und gegenüberstellt?

Antwort: Unser alter Mensch ist *»mit Christus gekreuzigt«*. Offenbar in der Erkenntnis meiner Verwandtschaft mit Christus im Gleichnis seines Todes kommt das unanschauliche Vorhandensein jenes Standortes außerhalb meiner totalen Identität mit mir selbst und die Dynamik eines von dort aus erkennenden X zur Geltung. Gerade *diesen* Menschen (den einzigen, von dem wir wissen und diesen in seiner letzten, höchsten Möglichkeit) sehe ich in Christus gerichtet, dem Tode preisgegeben, in letzter Unzweideutigkeit aufgehoben, in scharfen ursprünglichen Gegensatz zu dem unanschaulichen Gegenüber eines vor Gott gerechten und in Gott lebendigen neuen Menschen gestellt. Eben in diesem Gericht, in dieser Preisgabe, Aufhebung oder Gegensätzlichkeit, in die ich mich selbst im Blick auf Christus gestellt sehe, erscheint mir also (als Nicht-Erscheinendes!) dieses Gegenüber, dieses mich erkennende X, der Punkt, von wo aus ich negiert, als »alter« Mensch rekognosziert bin, und der eben darum ein *positiver* Punkt, ein *positives* X sein muß. Dieses unanschauliche positive X »gegenüber« dem Kreuzestod, welchen Christus für mich stirbt und welchen ich mit ihm sterbe, ist nun offenbar die Angel, in der sich die überlegene Wendung vom alten zum neuen Menschen vollzieht. Nur in einer Reihe von sich widersprechenden Momentbildern (Vogel im Flug!) läßt sich diese Wendung *beschreiben*. (Sie ist also weder in einem von diesen Momenten für sich, noch in der Reihe dieser Momente gegeben, sie ist die als solche nie und nirgends gegebene Bewegung selbst!) Von jenem gegenüberstehenden X aus wird *erstens* der alte Mensch, der Mensch der Sünde rücksichtslos als solcher festgestellt: denn das Nein, das aus diesem Ja geboren ist, ist unerbittlich. Von dort aus werde ich *zweitens* unausweichlich darauf behaftet, mit diesem alten Menschen identisch zu sein: ich selbst bin der Gekennzeichnete, der mir im Spiegelbild des Todes Christi entgegentritt. Von dort aus werde ich *drittens* genötigt, das Kreuzigungsurteil über diesen alten Menschen selbst zu unterschreiben; denn »dadurch, daß Christus zu uns kam und für uns auferstand, sind Menschen, wie wir | es sind, alt geworden, veraltet und überholt« (Schlatter). Von dort aus wird *viertens* jene Distanz geschaffen zwischen jenem alten Menschen und mir, die rätselhafte Möglichkeit, daß ich mir selbst gegenständlich werden kann, als ob ich nicht identisch mit mir selbst wäre. Und von dort aus wird *fünftens* meine Identität mit einem unanschaulichen neuen Menschen gesetzt, vorausgesetzt als Sinn und Bedingung des ganzen Vorgangs (der kein »Vorgang« ist).

»*Damit der Leib der Sünde aufgehoben werde.*« »*Leib*« heißt Körper, aber auch Leben, Sinnlichkeit, Person, Individuum, Sklave. Die Sünde hat einen Leib, d. h. sie ist eine Wesenheit, sie hat eine Einflußzone, eine Aktionsbasis, ein Substrat; sie hat Dasein, Ausdehnung, Selbständigkeit, Substanz und Aktivität in der Welt der Zeit, der Dinge und des Menschen. Sie wird als »Leib« fortwährend anschaulich, geschichtlich. Eben danach ist ja gefragt, ob wir in der Sünde weiterleben d. h. ob wir dieses Anschaulich- und Geschichtlichwerden der Sünde fernerhin wissen und wollen können. Dieser Leib der Sünde ist *mein* Leib, *mein* zeitlich-dinglich-menschliches Dasein, mit dem ich unabgrenzbar und unauflöslich *eins* bin. Sofern ich im Leibe lebe d. h. sofern ich bin, der ich bin, bin ich auch Sünder, ist mein »Verweilen in der Sünde« (6,1), mein »Weiterleben in ihr« (6,2) grundsätzlich natürlich und notwendig. Eben um die Ausschaltung dieses »sofern«, um die Aufhebung *dieses* Leibes, dieses meines zeitlich-dinglich-menschlich bestimmten

Daseins handelt es sich bei der Kreuzigung des alten Menschen. Darum und darin bin ich ja der alte Mensch, weil und sofern ich im Leibe lebe, unabgrenzbar und unauflöslich mit ihm eins bin. Das Sterben des alten Menschen, die Aufhebung meiner Identität mit ihm bedeutet also die Aufhebung meiner Einheit mit *diesem Leibe*. Ich bin als neuer Mensch nicht mehr der in diesem Leibe Lebende, der zeitlich-dinglich-menschlich bestimmt Daseiende. In der Krisis des Christustodes wird die Totalität meiner Leiblichkeit, meines Da-Seins und So-Seins als solche in Frage gestellt, um, also »aufgehoben«, in Beziehung gesetzt zu werden zu dem unanschaulichen neuen Menschen, mit dem ich, mit Christus gekreuzigt, identisch bin. Sie wartet *des* Leibes, der als Körper, Leben, Sinnlichkeit, Person, Individuum, Sklave der Gottesgerechtigkeit der Leib des neuen Menschen ist. Sie wartet der Auferstehung.

»*Sodaß wir der Sünde nicht mehr dienen müssen.*« Die mit der Kreuzigung des alten Menschen (dem Sinne nach auch hier als *Futurum resurrectionis*) angekündigte, unsichtbar in unseren Gesichtskreis getretene Aufhebung dieses Leibes schließt in sich, daß die Macht der Sünde beseitigt ist. Bin ich nicht identisch mit dem alten Menschen, der mit diesem Leib unabgrenzbar und unauflöslich eins ist, so muß ich der Sünde nicht mehr dienen. Ihr Lebenselement ist dahin. Sie wird zum Fisch, der aufs Trockene gesetzt ist. Sie wird im Zusammenhang des neuen Akkords zum falschen Nebenton. Ich (als der, der ich nicht bin) bin in Freiheit gesetzt. Die Sünde hat über den neuen Menschen keine Macht. Darum nicht, weil *sein* »Leib« anderer Ordnung ist. In der Erwartung der Auferstehung, im Hinblick auf meine Identität mit dem neuen Menschen jenseits des Christustodes muß, kann, darf und will ich nicht Sünder sein.

»*Denn der Gestorbene ist freigesprochen von der Sünde.*« Gnade ist also nicht eine *menschliche* Möglichkeit des Menschen, neben der dann andre Möglichkeiten, z. B. die der Sünde, auch noch Raum hätten. Gnade ist die *göttliche* Möglichkeit des Menschen, die ihn als solche seiner eigenen Möglichkeit beraubt.

Gnade ist die Beziehung des anschaulichen Menschen auf seine unanschauliche, in Gott begründete Persönlichkeit, welche sich zu jenem verhält wie der Tod zum Leben. Zweifel, Unsicherheit, Erschütterung, Unmöglichkeit verbreitend, überragt das *Futurum aeternum* unseres Da-Seins und So-Seins; das, was wir in Gott sind, in Gott wissen und wollen, wie eine überhängende Felswand unsre Vergangenheit, Gegenwart und Zukunft. *Der* Mensch, der mit dem Einsetzen dieses Angriffs in den Gesichtskreis tritt, *der* Mensch, welcher Christus in der Auferstehung verwandt »sein wird« (6,5), ist *nicht* der, der ist, was *ich* bin, weiß, was *ich* weiß, will, was *ich* will. Er ist als Gestorbener der Funktion des lebenden Menschen, er ist der Vergöttlichung des Menschen und der Vermenschlichung Gottes, der ich mich in Vergangenheit, Gegenwart und Zukunft unvermeidlich schuldig mache, unfähig. Er lebt von der *Vergebung* der Sünde, von dem der anschaulichen menschlichen Gegebenheit trotzenden forensischen *Freispruch* Gottes, von Gottes *eigener* (von uns aus gesehen unmöglicher) Lebensmöglichkeit. Er lebt von der *Negation* der Negation, des Abfalls, der unanschaulichen Sünde Adams. Von *ihm* (und, sofern Gnade die Setzung der Identität zwischen ihm und mir ist, von *mir*) aus wird also das Sein, Wissen und Tun des Menschen der Sünde jedenfalls keine Nahrung empfangen. Von ihm (von mir) aus hat er nur noch Aushungerung, Unterhöhlung, Skepsis zu erwarten. Von ihm (von mir) aus ist das Blatt, was auch auf seiner Rückseite stehen möge, umgeschlagen. Mag es tausendmal unvermeidlich sein, daß ich als der, der ich bin, in meinem anschaulichen Sein, Wissen und Tun, mich der Sünde schuldig mache: als Begnadigter, in Beziehung gesetzt zu dem, der ich nicht bin, dem neuen Menschen, kann ich nicht einmal mit der Möglichkeit dieses Unvermeidlichen rechnen. Die Vergangenheit, Gegenwart und Zukunft, in der dieses Unvermeidliche – unvermeidlich ist, ist für mich, sofern ich durch Gnade identisch bin mit dem *neuen* Menschen, der Tag, der gestern vergangen ist.

V 8-11 Wenn wir aber mit Christus starben, so glauben wir: wir werden auch mit ihm leben. Wir wissen nämlich: *Christus, von den Toten auferweckt, stirbt nicht mehr; der Tod herrscht nicht mehr über ihn. Denn sein Sterben war Sterben für die Sünde: ein für allemal. Sein Leben aber ist Leben für Gott. So rechnet auch ihr euch selbst als Tote für die Sünde, als Lebendige aber für Gott in Christus Jesus.*

»*Wenn wir aber mit Christus starben, so glauben wir: wir werden auch mit ihm leben.*« Es liegt im Wesen der Sache, daß der Beweis der (6,1) behaupteten Unmöglichkeit, in der Sünde zu »verweilen«, vorwiegend durch die kräftige Negation zu erbringen ist, die das durch die Tiefe bezeichnete »Sterben mit Christus«, jenseits dessen wir als Begnadigte stehen, für den Menschen der Sünde bedeutet. *Gekreuzigt, gestorben, begraben* bin ich als Sünder, sofern ich in Christus identisch bin mit dem X, das jenseits dieser Aufhebung des uns bekannten Menschen steht. Es bleibt uns nur noch übrig (in Unterstreichung des bereits 6,4 Gesagten) vorsichtig, aber nachdrücklich darauf hinzuweisen, daß die eigentümliche Wucht dieses *Nein* aus einem *Ja* stammt, das in sich die Verneinung alles Ja *und* Nein, alles Diesseits und Jenseits, alles »Sowohl – als auch«, aller Dualitäten, Spannungen, Polaritäten, Allogenitäten und Antinomien ist, daß es also eine *positive* Unmöglichkeit ist, die im Bisherigen, öfters als bloße Negation verhüllt, der Möglichkeit der Sünde entgegengetreten ist. – »Wenn wir mit Christus starben, so glauben wir.« Glaube ist das erste und letzte, das einzige und entscheidende Material jener Psychologie der Gnade, die das Nicht-Gegebene des Seins des Menschen in Gott als gegeben festzustellen sich getraut. Glaube ist der unvergleichliche, der unwiderrufliche, der nicht rückgängig zu machende Schritt über die Grenze vom alten zum neuen Menschen, von der alten zur neuen Welt. Glaube ist gerade in der vollen Paradoxie seines Begriffs als menschlicher Hohlraum, nein göttlicher Inhalt, als menschliches Verstummen, Nicht-Wissen und Warten, nein als göttliche Rede, Weisheit und Tat, als letzte menschliche, nein erste göttliche Möglichkeit die Wende, die Drehung, die Umkehr, in der die Gleichgewichtslage, in der sich Ja und Nein, Gnade und Sünde, | Gutes und Böses im Menschen befinden, gestört und aufgehoben wird. Sind wir mit Christus gestorben, ist uns sein Kreuz Gelegenheit, die Problematik unsres Daseins in ihrer göttlichen, über sich selbst hinausweisenden Notwendigkeit zu begreifen, im Ende des Menschen den Anfang Gottes, im Wetter des göttlichen Zornes das Licht der göttlichen Liebe zu erkennen, so sind wir eben insofern auch Glaubende: Das Ur-Datum des Seins des Menschen in Gott tritt ein, der unvergleichliche Schritt geschieht, die Umkehr, die sich nicht rückgängig machen läßt, ja die auch jedes Rückwärts*schauen* ausschließt, vollzieht sich. – Denn »*was*« glauben wir, sofern der Glaube im Licht des absoluten Moments, im Licht des Kreuzes Christi Glaube nicht nur *scheint*, sondern *ist*, nicht nur Hohlraum, sondern Inhalt, nicht nur menschlicher Glaube, sondern göttliche Treue ist? Wir glauben, daß Christus an unsrer Stelle gestorben ist und darum wir mit ihm. Wir glauben unsre Identität mit dem jenseits des Kreuzestodes erscheinenden, unanschaulichen neuen Menschen. Wir glauben unsre eigene in der Todeserkenntnis, in der Auferstehung, in Gott begründete ewige Existenz. Wir glauben: »Wir werden auch mit ihm leben.« Wir glauben also – an uns selbst als an das unanschauliche Subjekt des *Futurum resurrectionis*. Dieser Glaube mit aller gebührenden Zurückhaltung, mit allen Vorbehalten, Frage- und Ausrufzeichen als »unser« Glaube gesetzt, ist die genau außerhalb des Randes der gewöhnlichen, der möglichen Psychologie bestehende positive Unmöglichkeit[,] mit der Sünde als einer Möglichkeit *neben* der Gnade zu rechnen. »Glaubst du, so hast du!« Glauben wir, so *sind* wir von der Sünde abgedreht.

»*Wir wissen nämlich: Christus von den Toten auferweckt, stirbt nicht mehr; der Tod herrscht nicht mehr über ihn.*« Glaube ist das Wagnis, zu wissen, was Gott weiß und darum – nicht zu wissen, was Gott nicht mehr weiß. Die Möglichkeit dieses Wagnisses liegt darin, daß es als menschliche Möglichkeit überhaupt nicht in Betracht kommt, daß es die Infragestellung aller menschlichen Möglichkeiten zur Voraussetzung hat, daß es die Möglichkeit ist, die der Mensch nach Erschöpfung aller seiner eigenen Möglichkeiten in Gott, in Gott selbst, in Gott allein hat. Glauben heißt Halt machen, Schweigen, Anbeten – Nicht-Wissen. Der qualitative Unterschied von Gott und

Mensch wird unverkennbar, der Widerspruch Gottes zu der Welt der Zeit, der Dinge und des Menschen zur unausweichlich notwendigen Einsicht, der Tod zum einzigen (zum einzigen!) Gleichnis des Himmelreichs. Dies ist der anschauliche Sinn des »Lebens Jesu«: Jesus der Arzt und Heiland, Jesus der Prophet, Jesus der Messias, Jesus der Sohn des Vaters | – 183 das alles empfängt mit zunehmender Klarheit und Schärfe die Bestimmung: Jesus der Gekreuzigte, das alles ist offenbar nicht als menschliche Möglichkeit gemeint und kann nicht als solche gedeutet werden. Und dies ist der anschauliche Sinn des christlichen Glaubens: die Erkenntnis, daß die Todeslinie, die durch das Leben Jesu geht, das Gesetz und die Notwendigkeit alles Menschenlebens ist, die Erkenntnis, daß wir mit Christus gestorben sind, die Erkenntnis also, daß wir Gott gegenüber Nicht-Wissende sind, daß wir vor ihm nur Halt machen, schweigen und anbeten können. – Jener eigentümliche anschauliche Sinn des Lebens Jesu, der sich nur als Aufhebung aller menschlichen Möglichkeiten beschreiben läßt, setzt nun aber offenbar einen unanschaulichen Mittelpunkt voraus, von dem diese Krisis ausgeht, ein Unmögliches, an dem alle seine anschaulichen Möglichkeiten gemessen sind, ein Richtunggebendes und Konzentrierendes. Dem letztlich nur als leidend zu deutenden Jesus steht offenbar unanschaulich ein *wirkender* Jesus gegenüber, dem Verkündiger des Endes von Tempel und Welt der Menschensohn, der wiederkommend auf den Wolken des Himmels das *Reich seines Vaters* bringt, dem Gekreuzigten der *Auferstandene*. Der anschauliche Sinn dieses Lebens ist nicht zu fassen ohne die Offenbarung und Anschauung der unanschaulichen *Verherrlichung Gottes*, die sich in ihm vollzogen hat. Diese Offenbarung und Anschauung ist die *Auferweckung Jesu Christi von den Toten*: *Das* Gericht, das *Jesus* auf sich nimmt, ist Gerechtigkeit. *Der* Tod, den *er* stirbt, ist Leben. *Das* Nein, das *er* verkündigt, ist Ja. *Der* Widerspruch des Menschen zu Gott, der *hier* aufgedeckt wird, ist die Versöhnung. Es ist die unanschauliche Totalität des neuen Menschen Jesus, also der leiblich, körperlich, persönlich Auferstandene, in dem sich diese *Umkehrung* der Tendenz seines anschaulichen Lebens offenbart, in der sie angeschaut wird. Aber die Offenbarung und Anschauung dieser Umkehrung ist als solche die *Grenze* menschlich anschaulicher Geschichte, auch der menschlich anschaulichen Geschichte Jesu von Nazareth. Sie ist als solche nicht ein »historisches« Ereignis *neben* den andern Ereignissen dieser Geschichte, sondern das »unhistorische« Ereignis, das diese andern Ereignisse als ihre Grenze *umgibt*, auf das die Ereignisse vor und an und nach dem Ostertage *hinweisen*. Wäre sie selbst ein »historisches« (psychisches, physisches oder hyperphysisches) Ereignis, wäre sie ein Ereignis, auf *der* Fläche, auf der neben allerlei mehr oder weniger »gläubigen« Massivitäten und Klügeleien doch auch Scheintods-, Betrugs-, objektive und subjektive Visionshypothesen nebst spiritistischen und anthroposophischen Möglichkeiten zur Diskussion zu|gelassen werden müssen, dann wäre es offenbar nicht Gott selbst, Gott allein, der hier in der Umkehrung des anschaulichen Todesweges Jesu, in der Setzung des unanschaulichen Gegenüber des Gekreuzigten auf den Plan tritt und das Wort ergreift; es wäre dann die Auferstehung, so oder so gedeutet, eine Vermehrung jener Reihe menschlicher Möglichkeiten, die Jesus hinter sich zurückgelassen, um zu sterben; es müßte dann Jesus noch einmal sterben, damit der Sinn seines Lebens erfüllt, damit dem unbekannten Gott, vor dem alle anschauliche Psyche, Physis, und Hyperphysis Staub und Asche ist, der in einem Lichte wohnt, da *niemand* zu kann, der ihm schuldige Gehorsam und die ihm gebührende Ehre werde. Was in der Geschichte möglich, wahrscheinlich, notwendig oder wirklich ist, das ist vergänglich, verweslich, sterblich, darüber herrscht der Tod. Sollte eine direkte unmittelbare Kontinuität bestehen zwischen den »historischen« Fakten der Auferstehungs*geschichte* (also z. B. dem leeren Grab der Synoptiker oder den »Erscheinungen« von 1 Cor 15) und der Auferstehung *selbst*, sollte also die Auferstehung in irgendeinem Sinn selber ein Faktum der Geschichte sein, dann würde keine noch so starke Beteuerung und keine noch so verfeinerte Überlegung zu verhindern vermögen, daß auch sie in das Schaukelspiel von Ja *und* Nein, Leben *und* Tod, Gott *und*

Mensch, das für die geschichtliche Fläche bezeichnend ist, hineingerissen erschiene. Denn vor dem Relativismus, der Großes und Kleines nebeneinander sieht und ineinander rechnet, ist kein Sein und Geschehen, keine noch so auffallende Neuerung, kein noch so unerhörtes Erlebnis, kein noch so singuläres Mirakel unter *diesem* Himmel und auf *dieser* Erde geschützt. Die Auferstehung nähme dann Teil an der Ferne, Undeutlichkeit, Unrichtigkeit und grundsätzlichen Fraglichkeit aller geschichtlichen Dinge. Den von ihr ausgehenden Eindrücken in einzelnen Menschenseelen stünden dann ihre noch viel deutlicheren Verwischungen und Entstellungen, den von ihr herrührenden soziologischen Auswirkungen die noch viel sprechenderen »christlichen« Kraftlosigkeiten und Verfälschungen und ihren reinsten und höchsten Ausstrahlungen vielleicht die Ausstrahlungen anderer *noch* größerer Lichter und Kräfte gegenüber. (Vgl. Overbeck!) Der Gedanke an jene 150 000 Jahre Menschheitsgeschichte, »an die vergangenen und vermutlich wiederkehrenden Eiszeiten, die Folgen kleinster Polschwankungen und an den Auf- und Niedergang großer Kultursysteme« (Troeltsch) gewänne dann eine Würde und Bedeutung, ein Mitspracherecht in göttlichen Dingen, die ihm und seinesgleichen von Hause aus wahrlich nicht zukommt. Und nicht nur der Gedanke! Denn diese ganze Bedrohung des »Christentums« durch die Welt, durch die Geschichte findet ja tatsächlich unzweideutig statt, sofern das »Christentum« eine Größe in der Geschichte, in der Zeit, in der Welt geworden ist, sofern es dank des Verrates der Theologen auf weiteste Strecken jedes Bewußtsein davon verloren hat, daß seine Wahrheit nicht nur jenseits des Nein, jenseits des Todes, jenseits der Menschen zu suchen ist, sondern jenseits der Möglichkeit Ja und Nein, Leben und Tod, Gott und Mensch überhaupt zu kontrastieren, so oder so kontinuierlich aneinanderzureihen und gegeneinander auszuspielen. Denn dies besagt der Begriff der »Auferstehung von den Toten«: »Was suchet ihr den Lebendigen unter den Toten?« die Wahrheit Gottes auf *der* Ebene, in *dem* Raum, wo geschichtliche Größen wie »das Christentum« auf- und niedersteigen, werden und vergehen, ihre Möglichkeiten und ihre Schranken haben? Der Begriff der *Auferstehung* entsteht am Begriff des *Todes* d. h. aber am Begriff des Endes aller geschichtlichen Dinge als solcher. Der leiblich *auferstandene* Christus steht immer wieder gegenüber dem leiblich *gekreuzigten* Christus und nirgends sonst. »Lebendig gemacht nach dem Geiste«, offenbart und angeschaut als der *neue* Mensch unter dem *neuen* Himmel auf der *neuen* Erde ist er immer wieder, sofern er »getötet ist nach dem Fleische« (I Petr. 3,18), d. h. sofern er alle anschaulichen, menschlichen, geschichtlichen Möglichkeiten (und wäre es die des erstaunlichsten hyperphysischen Daseins!) eben als solche (als *anschauliche, menschliche, geschichtliche* Möglichkeiten!) preisgegeben und hinter sich gelassen hat, um zu sterben. Ist er aber der Auferstandene als der Gekreuzigte, der unanschauliche neue Mensch in Gott als das Ende des alten Menschen in dieser Welt, so hat er als solcher die Relativität der geschichtlichen Dinge, ihre grundsätzliche Bedrohtheit durch die Zeit, so hat er den Tod *hinter sich*. »Von den Toten auferweckt, stirbt er nicht mehr.« Gerade weil und indem seine Auferstehung das »*un*historische« Ereignis κατ' ἐξοχήν ist, »herrscht der Tod nicht mehr über ihn.« *Dieses* Leben ist unauflöslich, es ist unwiderruflich *Leben*, es ist das Leben Gottes, es ist das von Gott erkannte Leben des Menschen. – Glaubend wagen wir es also, uns diese Erkenntnis des Menschen von Gott aus zu eigen zu machen, *dieses* Leben, das Auferstehungsleben Jesu zu wissen als *unser* Leben: »Wir werden mit ihm leben!« (6,8). Es ist klar, daß die »Wir«, die dieses Leben »unser« Leben nennen, *nicht wir* sind, daß dieses Wissen immer nur als Wissen von unserem Tode anschaulich werden kann, daß der Glaube, der dieses Leben weiß, nur als unser Sterben mit Christus, als ehrfürchtiges, demütiges, liebendes Nicht-Wissen Ereignis wird. Sofern er es wird, sofern mit dem unanschaulichen, | unmöglichen Erkenntnis*objekt*, das uns in der Anschaulichkeit des Todesweges Jesu entgegentritt, ein ebenso unanschauliches unmögliches Erkenntnis*subjekt* (jenseits der Linie, die Tod und Leben scheidet und verbindet) gesetzt ist, sofern das *Futurum resurrectionis*: »wir werden leben« als die Kehrseite des Christustodes die Voraussetzung eines *neuen* »Wir« ist, *sind* wir neue Menschen und *sind* wir in der positiven Unmöglichkeit, das Leben, in dem die Sünde eine Möglichkeit ist, wiederum zu leben.

»*Denn sein Sterben war Sterben für die Sünde: ein für allemal. Sein Leben aber ist Leben für Gott.*« Die Aufhebung der menschlichen Möglichkeiten im Tode Christi ist als solche die Aufhebung der Möglichkeit der Sünde. Eben darum muß der Sinn des Lebens Jesu ein Sterben sein, weil die ganze diesseits des Todes liegende menschliche Möglichkeit als solche die Möglichkeit der Sünde ist. Das Leben in der Welt der Zeit, der Dinge und des Menschen ist als solches das Leben in der unanschaulichen Gottesferne des Abfalls und in der nur allzu anschaulichen Gottesnähe des Anthropomorphismus. Keine Unzweideutigkeit, keine Reinheit, keine Sündlosigkeit, keine Gerechtigkeit, die vor Gott gilt in diesem Leben! Der Sinn, das Letzte, das Leben in diesem Leben ist immer die Sünde. Und nun starb Christus. Der Sinn, das Letzte, der Tod in diesem Tod ist Gott: Gott als die jenseits des Todes dieses Lebens liegende und darum nur im Gleichnis des Todes zu veranschaulichende neue (unmögliche) Möglichkeit des Menschen. Eben *weil* diese neue Möglichkeit des Menschen seine reale *Gottesnähe*, seine *Sündlosigkeit*, seine *Gerechtigkeit* ist, kann sie nur im Gleichnis des Todes, in der prinzipiellen Negation aller seiner alten Lebensmöglichkeiten veranschaulicht werden. Sofern sie aber im Tode Christi tatsächlich veranschaulicht *wird*, sofern Christus tatsächlich in seinem Tode als der in Gott lebende Mensch *an meiner Stelle steht*, sofern ich tatsächlich »glauben« (6,8) an seinem Tode teilnehme, um mit ihm zu leben, ist ein grundsätzlich Anderer »ein für allemal« in meinen Gesichtskreis getreten. Dieser *Andere* als das Gegenüber, mit dem ich unanschaulich eins bin, so gewiß ich anschaulich eins bin mit dem sterbenden Christus, dieser Auferstandene, dieser dem Leben in der Sünde Gestorbene, dieser in Gott Lebende ist *der* Mensch, *das* Individuum, *die* Seele und *der* Leib – er steht an meiner Stelle, *er* ist *ich*. Und *darum* weil der Tod Christi das Ende des Lebens ist, das noch sterben kann und sterben muß, der Triumph grundsätzlicher Sündlosigkeit über die Möglichkeit der Sünde, die Verkündigung: Dir sind deine Sünden vergeben! *darum* weil Christus | nicht mehr stirbt, weil die Reihenfolge Tod und Auferstehung nicht umkehrbar ist – *darum* auch nicht die Reihenfolge Sünde und Gnade, *darum* bin ich, in Christus für Gott lebend, als solcher der der Sünde Gestorbene. Ich kann nicht Sünder *und* Begnadigter sein. Ich kann nur in der Umkehr (in der nicht umzukehrenden Umkehr!) *von* der Sünde *zur* Gnade stehen.

»*So rechnet auch ihr euch selbst als Tote für die Sünde, als Lebendige aber für Gott in Christus Jesus.*« Der Erweis des Erweises, die Entscheidung über unsre *Einsicht* in die erwiesene Sachlage, liegt in der Frage, ob das Wagnis des Glaubens gewagt ist. Glauben heißt sehen, was Gott sieht, wissen, was Gott weiß, rechnen, wie Gott rechnet. Gott »rechnet« (3,28; 4,3) mit *dem* Menschen, der für die Sünde gestorben ist und für ihn lebt (6,10). Die Offenbarung und Anschauung dieses neuen Menschen, des Menschen des göttlichen Wohlgefallens ist die Auferstehung Jesu Christi von den Toten. Die *Kraft* der Auferstehung aber ist die Erkenntnis dieses neuen Menschen, in der wir Gott erkennen, ja vielmehr von ihm erkannt werden (Gal. 4,9 I Cor. 8,2-3 13,12). Die Gnade ist die Kraft der Auferstehung. Ganz von selbst wird hier der Indikativ zum Imperativ, der doch nichts anderes bedeuten kann als die Wirklichkeit der Wahrheit, das *esse* im *nosse*, die Realität des Erkannten, des Erkennenden und der Erkenntnis. Die positive Unmöglichkeit, ein Sünder *und* ein Begnadigter zu sein, besteht – so *laß* sie bestehen! Die Vergebung der Sünde gilt – so *laß* sie gelten! »Du bist mit Christus der Sünde gestorben, so *sei* ihr nun auch tot! Du bist mit Christus auferstanden ins Leben für Gott, so *lebe* ihm nun! Du bist in die Freiheit gesetzt, so sei nun *frei*!« (Schlatter.) »*Werde*, was du schon *bist* in Christus!« (Godet.) Die Kraft der Auferstehung *ist* der Schlüssel, *ist* die aufgehende Türe, ist der Schritt über die Schwelle. Gnade *ist* die Störung und Aufhebung des Gleichgewichts. Die unmögliche Möglichkeit ist da, die Wirklichkeit »unseres« Lebens (immer wieder!) Lüge zu heißen und uns nach der Wirklichkeit unsres Lebens *in Gott* (immer wieder!) – auszustrecken! Wir (als die, die wir nicht sind, als das Subjekt des *Futurum resurrectionis*) können die Frage nach dem, was Gott – nicht mehr weiß, nicht aufwerfen. |

Die Kraft des Gehorsams

6,12-23

V 12-14 So herrsche nun nicht die Sünde, die *in eurem sterblichen Leibe* wohnt, *sodaß ihr seinen Begierden gehorchen müßt und stellt eure Glieder nicht als Waffen der Unbotmäßigkeit der Sünde zur Verfügung, sondern stellt euch selbst Gott zur Verfügung als aus dem Tode zum Leben Gekommene –* und so auch *eure Glieder Gott als Waffen der Gerechtigkeit! Denn die Sünde wird über euch nicht Herr sein, steht ihr doch nicht unter dem Gesetz, sondern unter der Gnade.*

»*So herrsche nun nicht die Sünde in eurem sterblichen Leibe, so daß ihr seinen Begierden gehorchen müßt!*« Die Gnade ist die Kraft des Gehorsams. Sie ist *die* Theorie, die als solche auch Praxis, *das* Begreifen, das als solches auch Ergreifen ist. Sie ist *der* Indikativ, der die Bedeutung des schlechthinnigen, des kategorischen Imperativs hat. Und sie ist *der* Imperativ, *der* Appell, *das* Gebot, *die* Forderung, der man nicht *nicht* gehorchen kann, die die Kraft einer schlichten Feststellung hat. Sie ist *das* Wissen, das das ihm entsprechende Wollen nicht als ein Anderes, Zweites, Nachträgliches *neben* sich, sondern unmittelbar *in* sich hat. Sie ist als das Wissen dessen, was Gott will, identisch mit dem Wollen des Gotteswillens. Denn Gnade ist die Kraft der Auferstehung. Sie ist das Erkennen des Erkanntseins des Menschen durch Gott. Sie ist das Bewußtsein des Menschen von seiner jenseits aller Gegebenheiten, aller Lebensinhalte, aller Wesenheit, alles Da-Seins und So-Seins von Gott gezeugten, von Gott bewegten und in Gott ruhenden Existenz. Sie ist diese aus Gott erzeugte Existenz selbst, sofern sich der Mensch in ihr wiederfindet. Sie ist der neue, der von Gott geschaffene und erlöste Mensch, der Mensch, der vor ihm gerecht ist, an dem er sein Wohlgefallen hat, in dem auch Gott sich selbst wiederfindet wie der Vater in seinem Kinde. An diesen neuen Menschen, der ich in der Kraft der Auferstehung, in der Krisis vom Tode zum Leben, allein durch den Glauben, aus Gnade bin, an diesen begnadigten Menschen die Forderung: Wolle, was Gott will! zu richten, ist sinnvoll. Denn dieser Mensch ist ja existentiell, von Haus aus der Mensch, den Gott will und der aus Gott lebt. Als dieser Begnadigte kann ich die Forderung hören und verstehen: nämlich als die Erinnerung an meinen eigenen Ursprung, als die Bejahung meiner eigenen Existenz, als gleichbedeutend mit der Einsicht: *Ich* (nicht ich!) *bin*. Ich, als dieser Begnadigte, bin als solcher durch diese Forderung geschaffen, belebt, | geweckt und beunruhigt, das Subjekt, der Träger, die Waffe des Angriffs auf die Welt des Menschen, auf den Menschen dieser Welt auf – mich selbst, des Angriffs, der in dieser Forderung zum Ausdruck kommt. Mir als diesem Begnadigten *ist* die Sünde das absolut Problematische, nicht nur relativ, nicht nur als eine fatale Möglichkeit im Gegensatz zu andern bessern Möglichkeiten, sondern als Möglichkeit überhaupt, als die Bestimmung und Macht, die hinter und über allen, den schlechten und den bessern menschlichen Möglichkeiten steht, als die Herrschaft, die scheinbar mit der Tatsache meines »sterblichen Leibes« (mit dem ich unauflöslich und unabgrenzbar eins bin) gegeben und über mich eingesetzt ist. Ich, als Begnadigter, kann diese Herrschaft nicht anerkennen, nicht gelten lassen, nicht mit ihr rechnen. Ich kann gerade ihrem Anspruch, eine Gegebenheit, eine Voraussetzung zu sein, nur mit absoluter Skepsis gegenüberstehen. Ich sehe die Sünde wohl, aber ich kann sie (gerade sie, die Notwendigkeit aller menschlichen Möglichkeiten!) nur als Unmöglichkeit sehen. In diesem sterblichen Leib wohnte sie, wohnt sie und wird sie wohnen, sofern Zeit Zeit, Mensch Mensch und Welt Welt ist, sofern der Tod *nicht* verschlungen ist in den Sieg und das Sterbliche *nicht* verschlungen vom Leben, sofern ich (diesseits des Christustodes, nicht-identisch mit dem neuen Menschen, nicht begnadigt, ungebrochen) bin – der ich bin, sofern ich, den linken Fuß noch im Grabe, das gemeine Individuum bin in seiner grotesken Zufälligkeit und Sonderbarkeit, begrenzt von den grauenhaften Vorgängen des Geborenwerdens und Sterbens, bis zur Identität verflochten, ja eins mit der kontingenten Dinglichkeit des rätselvollsten Kosmos. *Dieser* Leib kann nicht ein natürlicher, ein reiner Leib, ein Leib ohne Sünde sein. Wäre er es, so hätte das Sterbliche angezogen die Unsterblichkeit, das Verwesliche die Unverweslichkeit. Hat dieser Leib *noch nicht* angezogen Unsterblichkeit und Unverweslichkeit, so charakterisiert er sich damit selbst als Leib der Sünde, aber dieses Charakterisiertsein kann uns nicht zum Anlaß werden, in einem Dualismus von Gnade und Sünde, in einem Gegenüber von Ja und Nein zu verharren. Denn gerade dieses Charakterisiertsein des Leibes als sterblich und sündig ist mit der »Kreuzigung des alten Menschen« (6,6) aufgehoben, in Frage gestellt, angegriffen, aufgerollt, »so daß wir der Sünde nicht mehr dienen müssen«. Der »alte Mensch«, der Mensch der menschlichen Möglichkeiten, ist das mit dem als sterblich und sündig charakterisierten Leibe unauflöslich, unabgrenzbar eine Ich. Aber was für ihn gilt, gilt nicht für mich, den Begnadigten, den mit Christus Gestorbenen. Ich kann als solcher das Herrschen der in meinem sterblichen Leibe wohnenden Sünde nicht anerkennen, auch nicht ihr Herrschen im Bereich dieses meines sterblichen Leibes, sein Charakterisiertsein durch sie. Sie ist auch dort bedroht, in Frage gestellt, grundsätzlich entthront, indem, so gewiß Christus in der Kreuzigung des alten Menschen meine Hoffnung ist, auch mein Leib an der Hoffnung der Unsterblichkeit und Sündlosigkeit des neuen Menschen teilnimmt. Er ist mit mir, der ich bin, in Beziehung gesetzt zu mir, der ich nicht bin. Er ist mit mir nicht unumstrittene Domäne und Aktionsbasis der Sünde, sondern Kriegsschauplatz, auf dem die Sünde um ihre Herrschaft streiten muß. Und der Streiter gegen die Sünde, der, der ihre Herrschaft *auch* über meinen sterblichen Leib, auch über die Verhältnisse, auch über die Geschichte, auch über das ganze Reich der endlichen Zwecke, auch über das Äußere meiner Existenz (ja *gerade* über das Äußere; denn was kann, existentiell betrachtet, »draußen« sein, was nicht auch »drinnen« wäre?) nicht anerkennen, nicht rechtfertigen, nicht zugeben kann, dieser Streiter bin ich, ich der Begnadigte, der neue Mensch. *Ich* bin der Skeptiker, *ich* bin der Revolutionär gegenüber dieser Herrschaft. Ich kann also nicht gleichzeitig Zuschauer, nicht Neutraler sein zwischen Gnade und Sünde; ich kann die Sünde nicht als Möglichkeit sehen neben der Gnade, sondern nur als die (*die* menschliche!) Möglichkeit, die durch die Unmöglichkeit der Gnade selber Unmöglichkeit wird. Erklärlich ist es, daß die Sünde als die menschliche Möglichkeit da ist, soweit das Auge reicht; aber nicht erklärlich wäre es, wenn ich mit dieser Möglichkeit als mit *meiner* Möglichkeit rechnete. Erklärlich ist es, daß die Sünde in meinem sterblichen Leibe wohnt; aber nicht erklärlich wäre es, wenn ich mit ihr einen Kompromiß, einen Ausgleich, einen *modus vivendi* fände. Erklärlich ist es, daß die »Begierden« meines sterblichen Leibes Realitäten sind; als die Charakteristika, als die Ausbrüche, als die Gewalten seiner Sterblichkeit und Sündigkeit. Sie alle: mein Hunger und mein Schlafbedürfnis, meine Sexualität und mein Selbstbehauptungstrieb, mein Temperament und meine Originalität, die Gefräßigkeit meines Wissensdranges, das Spiel meines Kunsttriebes, das blinde Stürmen meiner Willenskraft und zuletzt und zuoberst doch wohl auch mein »religiöses Bedürfnis« samt den dem allem entsprechenden makrokosmischen, gesellschaftlichen »Begierden«, sie alle kennzeichnen sich selbst durch ihre Verwurzelung in der ganzen Zeitlichkeit, Dinglichkeit und Zufälligkeit, durch ihre restlose Komplikation in die Verweslichkeit meines Leibes, meines kosmischen Daseins als die Vitalität meiner – Sterblichkeit und Sündigkeit, als *das* Leben, das als sündig schon dem Tode preisgegeben ist. Die Realität dieses Lebens der Begierden ist nur zu erklärlich. Aber nicht erklärlich wäre es, wenn ich als der Begnadete dieser Charakterisierung meiner selbst *zustimmte*, wenn ich ihr *»gehorchen«*, wenn ich die Relativität dieser Realität verkennen und ihr eine *transzendente* Realität zuschreiben, wenn ich sie metaphysisch (als ein Zweites, Gegebens) *hypostasieren*, wenn ich sie also respektieren, weihen, *heiligsprechen*, religiös verklären würde, wenn mein Leben als neuer Mensch dem Leben meines sterblichen Leibes anders denn als Nicht-Sein dem Sein gegenüberstehen sollte. Unerklärlich wäre es, wenn ich vergäße, daß alles Vergängliche nur ein Gleichnis ist, wenn ich das heilsame Erschrecken verlernte vor dem Abgrund, der das, was ich bin, bis ans Ende der Tage scheidet von dem, was ich nicht bin, wenn ich eine ungebrochene, eine nicht mehr durch prinzipielle Negation gebrochene Linie suchte und fände zwischen der Natürlichkeit *Gottes* und *meiner* Natürlichkeit. Unerklärlich wäre es, wenn ich nicht als Begnadigter meine *eigene* Vitalität *anderer* Ordnung gegenüber den »Begierden meines sterblichen Leibes« hätte und betätigte. Wir empfangen als Begnadigte »die Gabe der Gerechtigkeit« (5,17); es wäre allzu töricht, diese Kampfkraft nicht zur Geltung zu bringen. Wir »werden Könige sein im Leben« (5,17); es wäre Wahnwitz, gleichzeitig unsre Knechtschaft im Tode zu bejahen. »Merke, die Heiligen haben auch böse Lüste im Fleisch – denen sie *nicht* folgen« (Luther).

»*Stellt eure Glieder nicht als Waffen der Unbotmäßigkeit der Sünde zur Verfügung, sondern stellt euch selbst Gott zur Verfügung als aus dem Tode zum Leben Gekommene.*« Die »Glieder« des Menschen, sein psychisch-physischer Organismus, sein kosmisches Dasein in der Totalität seiner Ursachen und Wirkungen als »Waffe der Unbotmäßigkeit«, als Werkzeug jener Überheblichkeit, in der der Mensch die Wahrheit gefangen nimmt, indem er sich selbst mit Gott identifiziert (1,18)[,] und der Mensch, der in der vermeintlichen Freiheit dieses Sklavenaufstandes selbst der Gefangene der Sünde ist, der er alles, was sein ist, »zur Verfügung stellen« muß – das ist immer wieder unsere anschauliche Lebensmöglichkeit. Diese anschauliche Lebensmöglichkeit wird aber negiert in der unanschaulichen Kraft des Gehorsams des Begnadigten. Sie ist existentiell *nicht* meine Möglichkeit. Du bist *kein* Gefangener! Deine Glieder sind *nicht* dazu bestimmt und fähig, den Turm von Babel zu bauen! Stelle sie *nicht* der Sünde zur Verfügung! Stelle dich selbst (du, der Begnadigte, dich, den Unerlösten, du, der neue Mensch, dich, den alten Menschen mit allen Gliedern seines Leibes!) Gott zur Verfügung. Du bist (existentiell) Gottes! »Soll es denn möglich sein, oft bis in den Tod hinein mit seinem ganzen Wesen mehr oder weniger rebellisch gegen Gott zu sein, mit der Hand etwa, die Gott gegeben, Gott gleichsam in das Angesicht zu schlagen und doch auf Christum hoffen zu wollen?« (J. Chr. Blumhardt). Diese in der Tat, so weit das Auge reicht, bestehende Möglichkeit wird als solche untergraben, unterhöhlt, ins Wanken gebracht durch das unanschauliche Begnadetsein des Menschen. Hier entsteht im Berg dieser Möglichkeit ein Loch, ein Hohlraum, hier setzt als Möglichkeit *anderer* Ordnung die Kraft des Gehorsams ein, die jene zum Einsturz bringt. Die *dritte* Möglichkeit aber: »abwechselnd als Söldner der Sünde gegen Gott und als Söldner Gottes gegen die Sünde anzukämpfen oder gar im Bereich des leiblichen Lebens der Sünde, im Bereich des geistlichen Lebens Gott dienen zu wollen« (Zahn), sie ist die *ausgeschlossene* Möglichkeit. Aus dem *Tode* seid ihr zum Leben gekommen. Zwischen Tod und Leben ist keine dritte Möglichkeit. In diesem Kriege gibt es keine Überläufer, keine Vermittler und keine Neutralen. Wo Berg ist, da ist nicht Höhle und wo Höhle ist, da ist nicht Berg.

»– – *und so auch eure Glieder Gott als Waffen der Gerechtigkeit*!« *Hic Rhodus, hic salta*! Das heißt existentiell Gott zur Verfügung stehen: daß auch über die Glieder des sterblichen Leibes und über sie auch *positiv* verfügt ist, daß die unanschauliche Kraft des Gehorsams die Totalität unsrer anschaulichen Lebensmöglichkeiten umkehrt, indem sie sie aufhebt, daß dort (gerade dort und nirgends sonst!), wo die Sünde herrschte im Tode, nun die Gnade herrscht durch Gerechtigkeit, durch das schöpferische Wort der Vergebung, durch das Trotzdem! mit dem Gott sich zu uns bekennt, uns zu sich rechnet, daß also unser sterblicher Leib in seiner ganzen Fragwürdigkeit und Preisgegebenheit zu einem Lobpreis der Liebe, zu einem Gefäß der Ehre, zu einer Waffe der Gerechtigkeit Gottes wird. Wie sollte das anders möglich werden als durch ein Möglichwerden des Unmöglichen? Wer sollte diese Forderung auch nur zu *vernehmen* vermögen, der nicht aus dem *Tode* zum Leben gekommen ist? Aber gerade darum handelt es sich. Darum und darin durchbricht die Gnade sowohl die Schranke der Mystik als die der Moral, daß ihr Indikativ sich als *dieser* Imperativ an den Menschen wendet, als die absolute Forderung, daß das *Unmögliche möglich* werde (6,19).

»*Denn die Sünde wird über euch nicht Herr sein; steht ihr doch nicht unter dem Gesetz, sondern unter der Gnade.*« Die Gnade ist die Kraft des Gehorsams, weil und sofern sie die Kraft der Auferstehung ist, die Kraft der Erkenntnis, in der wir uns selbst erkennen als das Subjekt des *Futurum resurrectionis*, die Kraft des Wagnisses, mit | unserm Sein als dem Sein des neuen Menschen zu rechnen, die Kraft der Umkehrung unsrer Existenz aus dem »Leben« in den *Tod*, aus dem »Tode« ins *Leben*. Der Begnadigte steht Gott zur Verfügung und seine »Glieder« dem, was Gott will. Nicht als *religiöser* Mensch ist der Mensch darauf anzusprechen, sondern als *begnadigter* Mensch. Also nicht sofern er wahrscheinlich *auch* »unter dem Gesetz« steht, irgend etwas »erlebt« hat mit Gott, irgendwie in seiner Seele, in seiner Gesinnung, in seinem Verhalten anschauliche Spuren des Unanschaulichen, Eindrücke einer Begegnung mit der Gnade Gottes aufzuweisen hat. Nicht sofern auch er vermutlich Anwohner jenes Kanals ist, in dem das lebendige Wasser fließen – kann. Nicht die Kraft eines Entschlusses, einer Tendenz, eine Begeisterung, einer (und wäre es die höchste!) Bewegtheit, Verändertheit, Bestimmtheit ist die Kraft des Gehorsams, in der er die Sünde überwindet. Wahrscheinlich wird ihm ja etwas von dem Allem *auch* zu eigen sein, er wird auch eine Religion haben und sogar eine Kirche, er wird auch dies und das »glauben«, er wird auch ein Gebetsleben haben und eine dem allem entsprechende religiös-sittliche Haltung, er wird ahnend und hoffend, kämpfend und leidend, besitzend und entbehrend auch irgendwo und irgendwie seinen Ort haben in dem großen Pandämonium menschlicher Frömmigkeit. Irgend einer von den vielen »Typen«, von denen Religionsgeschichte und Religionspsychologie zu erzählen wissen, wird unvermeidlich *sein* Typus sein (6,17)! Aber das alles kann wohl

Zeichen und Zeugnis, aber nicht die *Kraft* des Gehorsams sein, in welchem er in Hoffnung (»die Sünde wird über euch nicht Herr sein«) zu der Sünde Nein, weil zu Gott Ja sagt. Die Kraft dieses Gehorsams ist *nicht* typisch, sondern urbildlich, *nicht* gegenständlich (auch nicht im feinsten Sinn!), sondern ursprünglich, *nicht* religiös, sondern von Gott, *nicht* Gesetz, sondern Gnade. Wäre sie identisch mit dem, was als Frömmigkeit, Erfahrung, Erlebnis u. dgl. anschaulich und geschichtlich zu werden pflegt, dann wäre offenbar der Imperativ: Wolle nicht, was die Sünde, wolle, was Gott will! sinnlos. Denn wie sollte die Sünde nicht herrschen auf dem Gebiet der menschlichen Möglichkeiten, zu welcher offenbar auch die hohen und höchsten, die dämonischen und religiösen Erfahrungen der Seele in ihrem ganzen Umfang gehören? Und wie sollte der Mensch, *dieser* Mensch auch nur wollen können, was Gott will? Auch wenn er ein frommer Mensch ist! Wie sollte das Endliche – und wäre es Religion höchsten Grades – das Unendliche zu fassen vermögen? *Finitum non capax infiniti*! Auch beim religiösen Menschen steht freilich das Gnadenerlebnis im Kampf mit der sündigen Bestimmtheit seiner übrigen Lebensinhalte; aber was hier stattfindet, das ist der Kampf einer menschlichen Möglichkeit mit einer andern. Hier kann von einem Sieg der Gnade aufrichtigerweise gar nicht die Rede sein, hier halten sich tatsächlich die Wahrheit Gottes und die Wahrheit der Sünde im besten Fall die Wage, hier gilt Ja *und* Nein. Denn hier handelt es sich ja nicht grundsätzlich um die Umkehrung der Existenz des Menschen (vom Leben zum Tode, vom Tode zum Leben), hier steht darum der Mensch Gott keineswegs existentiell zur Verfügung. Hier ist die Realität Gottes in ihrem *Unterschied* von der Realität der menschlichen »Begierde« (unter denen die religiöse *neben* der sexuellen, der intellektuellen u.s.f. rangiert!) *nicht* einwandfrei, *nicht* kritisch festgestellt, darum ist hier auch die Realität des Willens Gottes im Menschen (im Gegensatz zum Willen der Libido!) eine zweifelhafte Größe, höchst zweifelhaft darum auch ein allfälliger Sieg der »Gnade« über die »Sünde« auf diesem Felde. Hier ist die Grenze menschlicher Vitalität

grundsätzlich *nicht* überschritten und darum auch der Boden des göttlichen Lebens grundsätzlich *nicht* betreten. Hier kann Kraft des Gehorsams, zur Sünde Nein und zu Gott Ja zu sagen im Ernste *nicht* vorhanden sein. Hier verschafft vielmehr das
5 Überfließen der Sünde (auf dem höchsten und schönsten Gipfel menschlichen Lebensdranges: in der Religion 5,20) dem Menschen Gottes Zorn (4,15). Ihr »aber steht nicht unter dem Gesetz«, sondern dort, wo jenseits dieser letzten höchsten Menschenmöglichkeit grundsätzlich nur noch die Verge-
10 bung in Betracht kommt (4,15, 5,13), wo sie aber in Betracht *kommt*: ihr steht »unter der Gnade«. »Die Formel eines sittlich idealen Optimismus« (Lietzmann)? Eben gerade das *nicht*! Gnade ist *Reich*, Königsmacht Gottes, existentielles Gott-zur-Verfügung-Stehen, reale Freiheit des Willens Gottes im
15 Menschen, jenseits von allem Optimismus und Pessimismus, Gnade ist *darum* Kraft des Gehorsams, weil sie das Sein des Menschen auf *der* Ebene, in *dem* Raum, in *der* Welt ist, wo Gehorsam unvermeidlich, unzweifelhaft und unwiderstehlich ist. Sie ist Gehorsamskraft, weil sie Auferstehungskraft ist, und sie
20 ist Auferstehungskraft, weil sie Todeskraft ist, Kraft des aus dem Tode zum Leben gekommenen Menschen, Kraft des Menschen, der sich selbst wiedergefunden, indem er sich an Gott selbst, an Gott allein – verloren hat.

V 15-16 Was folgt *nun daraus? »Laßt uns sündigen, weil wir nicht*
25 *unter dem Gesetz, sondern unter der Gnade stehen!«? Unmöglich! Wißt ihr nicht, daß, wem ihr euch selbst als Knechte zum Gehorsam anbietet, dessen Knechte seid ihr dann auch und müßt ihm gehorchen: entweder* Knechte der Sünde zum Tode *oder* Knechte des Gehorsams *gegen Gott* zur Gerechtigkeit*?* |

30 »Laßt uns sündigen, weil wir nicht unter dem Gesetz, sondern unter der Gnade stehen!«? Sollte etwa Gnade in irgendeinem Sinn Freiheit zum Sündigen bedeuten? Sollte die Einsicht in die Un-Anschaulichkeit, die Un-Möglichkeit, die Un-Wirklichkeit des Lebens des Menschen in Gott die Folge haben können,
35 daß der Mensch, resigniert oder selig lächelnd im Bewußtsein, daß der Kampf der Religion gegen die Sünde doch zu keinem Ziel führen könne, dem anschaulichen, dem möglichen, dem

wirklichen Leben seinen eigenen, durch die Sünde bestimmten Lauf läßt? Sollte Begnadetsein ein Beruhigtsein gegenüber den Begierden des sterblichen Leibes, gegenüber den Gewalten, die diese unerlöste Welt beherrschen, bedeuten? Die Möglichkeit, das Da-Sein und So-Sein dieses Leibes und dieser Welt (etwa unter Berufung auf die Schöpfung!) als *auch* von Gott gewollt oder doch zugelassen zu verstehen und darum im Hinblick auf *die* Erlösung, die jetzt und hier doch nicht Ereignis wird, Frieden oder doch Waffenstillstand mit ihm zu schließen? Sollte der »Begnadigte« *der* sein, der, im Gegensatz zu dem aufgeregten, unterwühlten, im Kampf mit der Sünde sich fast verzehrenden, verzweifelnden Gesetzesmenschen den befriedigenden Ausgleich des ruhigen Bürgers und Weltmanns, die skeptisch-überlegene und doch human liebenswürdige Balance des klugen Humanisten oder die mehr oder weniger betrübte oder heitere Zentralschau des Mystikers als das gute Teil zwischen Gott und Welt, Jenseits und Diesseits, Enderlösung und gefallener Schöpfung gewählt hat? Sollte unsre umfassende Verneinung des sündebeherrschten Da-Seins und So-Seins im Ergebnis einer ebenso umfassenden Bejahung gleichkommen, der jene, praktisch bedeutungslos als »die andere Seite«, als die andere mögliche Beleuchtung des Lebens irgendwie friedlich gegenüberstehen würde? – Dieser Deutung wäre offenbar dann *nicht* zu wehren, wenn »Gnade« etwa selbst nur eine neue Erscheinungsform des Gesetzes, eine neue, extremste, steilste menschliche Möglichkeit, nämlich die antinomistische, die mystische, die quietistische, die Möglichkeit der Passivität und des »Wartens«, also gegenüber den übrigen mehr positiven eine mehr negative Möglichkeit sein sollte. Ist Gnade eine menschliche Möglichkeit, dann ist es offenbar normal, daß gewisse andere menschliche Möglichkeiten im Frieden, im Ausgleich mit ihr ihren Lauf nehmen. Dann *bedeutet* offenbar »Gnade« im verschiedensten Sinn die Freiheit zum Sündigen. – Wer im Unterschied zu Paulus und den Reformatoren auch »Gnade« nur unter dem Gesichtspunkt des Gesetzes, auch Gott nur unter dem Gesichtspunkt menschlicher Religion und Moral, menschlichen Tuns oder Nicht-Tuns zu sehen vermag, | wer nicht im Stande ist, die Kategorie des Unmöglichen, das bei Gott möglich ist, ruhig und bestimmt ins Auge zu fassen, den Gedanken der Ewigkeit zu denken, der wird immer wieder Gnade mit dieser letzten, der relativ negativen Menschenmöglichkeit verwechseln, um dann, ob er sie wählt oder verwirft, ob er begeistert darauf hereinfällt oder mit billiger Polemik dagegen anstürmt, ein Meer von Verwirrung anzurichten. Denn wenn *das* »Gnade« ist, daß der Mensch nichts tun kann noch soll, weil Gott alles tut, dann bleibt offenbar nur übrig: *entweder* mit der kaum zu verhehlenden Genugtuung des Weltkindes ob solcher Kunde dieses »Nichts tun« zu wählen (mit der Folge, daß der Mensch, der »Leib der Sünde« erst recht auf den Thron erhoben wird), *oder* mit dem finstern Ernst des religiösen Moralisten dieses »Nichts tun« zu verwerfen (mit der Folge, daß der Mensch im Kampf gegen die Sünde fernerhin »tut« was er »tun« kann, endigend mit dem »Überfließen der Sünde« 5,20) *oder* aber (und das wird die sichere Mitte und das häufigste sein) zwischen Wählen und Verwerfen, zwischen »Quietismus« und »Aktivismus« mit halbem Wissen und Gewissen hin- und herzuschwanken (mit dem Erfolg, daß die Sünde abwechselnd und miteinander im gewöhnlichen und im religiösen Übermut des Menschen ihre Triumphe feiert). Was *so* gedeutet werden, was, ob angenommen oder abgelehnt, als menschliche Möglichkeit diese menschenmöglichen Folgen zu haben pflegt, ist jedenfalls *nicht* das, was wir als Gnade verkündigen. Wir sagen: *Unmöglich* ist das Gnade!

»*Unmöglich! Wißt ihr nicht, daß, wem ihr euch selbst als Knechte zum Gehorsam anbietet, dessen Knechte seid ihr dann auch und müßt ihm gehorchen?*« Gnade heißt weder, daß der Mensch etwas tun könne und solle, noch daß er nichts tun könne und solle. Gnade heißt, daß *Gott* etwas tut. Gnade heißt nicht, daß Gott »alles«, sondern daß er etwas ganz Bestimmtes tut, nicht im Allgemeinen, nicht da und dort, sondern am Menschen. Gnade heißt, daß Gott dem Menschen seine Sünde vergibt. Gnade ist das Selbstbewußtsein des neuen Menschen. Gnade ist die beantwortete Frage unserer Existenz. Erst wenn diese Einsicht, geschärft und gegen allen Pantheismus gesichert durch die Erinnerung an die kritische Bedeutung des Kreuzes Christi, grundsätzlich unverworren mit der Frage, was wir tun oder nicht tun können und sollen, feststeht, kann über Gnade und Sünde sachgemäß geredet werden. Gnade ist das Reich, die Herrschaft, die Macht und Gewalt *Gottes* über den Menschen. Sie ist der grundsätzliche *Widerspruch* gegen die Bestimmung durch die Sünde, der alle unsre menschlichen Möglichkeiten, von der ersten bis zu der letzten, unterliegen. Sie steht eben als dieser Widerspruch selber grundsätzlich jenseits aller menschlichen Möglichkeiten, sie ist aber, eben als dieser Widerspruch[,] zugleich ihre neue Bestimmtheit, ihre Krisis, ihre Bedeutung, ihre Verlegenheit, ihr Angreifer und, sofern es Gott ist, der hier seinen Widerspruch erhebt, ihre Verheißung und Hoffnung. Sie kann als Gottes Macht und Gewalt über den Menschen nie und nirgends identisch sein mit dem Tun oder Nicht-Tun *dieses* Menschen; sie ist aber die (unanschauliche) Wahrheit *dieses* Menschen, die (unmögliche) wahre Möglichkeit seines Tuns oder Nicht-Tuns, sein (als sein Nicht-Sein zu bestimmendes) wahres Sein. Gnade haben heißt diesen Widerspruch in sich haben, nicht als »etwas« was *wir* in uns selbst hätten, sondern als das, was *Gott* selbst in uns hat: den Widerspruch gegen den Menschen der Sünde d. h. aber, weil wir keinen andern Menschen kennen, gegen den Menschen als solchen, gegen – uns selbst. Gnade haben heißt schlechterdings *nicht*: selber dies und das sein *oder* nicht sein, dies und das tun *oder* lassen. Gnade haben heißt: dem Widerspruch Gottes gegen alles, was wir selber sind oder nicht sind, tun oder lassen, existentiell zur Verfügung stehen, sich diesem Widerspruch »zum Gehorsam anbieten«, sein »Knecht« sein. Solches Gnadehaben geschieht als die unmögliche Möglichkeit *Gottes* jenseits aller unsrer eigenen Möglichkeiten. Es ist *die* Freiheit, die *Gott* sich in uns nimmt. Er *nimmt* sie sich aber und er nimmt sie sich *in uns. Wir* sind die Begnadigten. Unser von der Gnade angegriffenes Selbst kann sich nicht nur diesem Angriff *nicht* entziehen, es kann auch nicht als Zuschauer neben diesem Angriff verharren, abwartend, wie er etwa endigen möchte, es muß – selber zum Angreifer werden, indem es als Angegriffener stirbt (gekreuzigt wird 6,6) um, aus dem Tode des göttlichen Widerspruches zum Leben gekommen, seine Einheit mit dem göttlichen Widersprecher zu entdecken. Denn das ist ja der Inhalt des göttlichen Widerspruchs, daß wir – nicht wir sind, daß das neue, das von Gott geschaffene und erlöste Individuum sich ankündigt als die nichtgegebene Wahrheit unsres individuellen Da-Seins und So-Seins, vor der seine gegebene Wahrheit zur Unwahrheit wird. Wir sind angegriffen – von unsrer Existenz in Gott her. Darum: »dessen Knechte seid ihr dann auch«. Ihr *seid* es, existentiell, ihr könnt nichts anderes daneben sein. Ihr seid *Knechte* (Sklaven), ihr seid existentiell zum Gehorchen da. Ihr seid Knechte *Gottes*, d. h. ihr seid existentiell da, um dem göttlichen Nein, das in euch selbst, gegen euch selbst, gegen die Sünde sich erhoben hat, zu gehorchen. Ihr seid existentiell nicht in der Lage, zur Sünde Ja zu sagen. |

Ihr seid Knechte »*entweder Knechte der Sünde zum Tode oder des Gehorsams zur Gerechtigkeit.*« Daß es sich beim Sündigen wie beim Begnadigtsein um ein existentielles Verhältnis, um ein Sklave-Sein handelt, und daß darum eines das andere und beide einen Mittelzustand ausschließen, daß beide nur in dem unanschaulichen Augenblick, da wir selbst von unsrer Existenz in Gott her angegriffen werden, da wir aus der Hand des einen Herrn in die des andern übergehen, nebeneinander stehen können, das ist hier einzusehen. Eine Bestimmung dessen, was nur eindeutig bestimmt sein kann, nämlich eben unsrer Existenz, eine Bestimmung des einen unteilbaren Menschen, und zwar eine Bestimmung seiner Totalität, eine Bestimmung, die, indem sie jenseits aller seiner Möglichkeiten liegt, sie alle umfaßt, eine »Knechtschaft« im strengsten Sinn des Wortes ist also Sünde sowohl wie Gnade. Eben darum können sie sich *nur* als Entweder – Oder gegenüberstehen; eben darum ist der Begnadigte ebensowenig in der Lage, sich mit dem Gegenüberstehen der Sünde beruhigt abzufinden, in einem Ausgleich mit ihr zu leben, sie als Möglichkeit in Betracht zu ziehen, als der Sünder in der Lage ist, mit der Gnade zu spielen als mit einer auch möglichen Möglichkeit. Beide sind Partei und zwar echt und ausschließlich Partei, in dem Grade, daß der Sünder für die Gnade und der Begnadigte für die Sünde überhaupt keine Augen hat, sondern nur Unmöglichkeit sieht, wo für den andern die einzige Möglichkeit ist. Denn eine »Kraft des Gehorsams« geht auch von der Sünde aus. Es ist also jedenfalls, sogar wenn wir nur von *dieser* Gehorsamskraft wüßten, ein Gleichgewicht zwischen Sünde und Gnade ausgeschlossen: wir könnten uns auch als »Knechte der Sünde« nur absolut auflehnen gegen den Anspruch, den die Gnade etwa auf uns, die schon Bestimmten, schon Vergebenen, schon Verkauften erheben sollte. Und so erst recht, ja »um wieviel mehr« (5,15,17) wenn wir »Knechte des Gehorsams« sind. Es besteht volle Unvereinbarkeit, »Inkompatibilität« zwischen dem Knechtsein dort und dem Knechtsein hier, zwischen dem Sein des *einen* Menschen in Adam und in Christus. Wobei nun zu bemerken ist, daß der ganze grimmige Ernst, mit dem das Gesetz, die Religion, die Moral den Menschen gegen die Sünde in Bewegung setzt, *diesen* Riß, *diese* Unruhe, *diese* Verunmöglichung aller gegenseitigen Garantierung zwischen Gnade und Sünde, Gott und Welt, Jenseits und Diesseits *nicht* zustande zu bringen vermag, sondern im Gegenteil letztlich verwischend, beruhigend, vermittelnd zu wirken pflegt – und daß es also keinesfalls, wie die Zuschauerfrage 6,15 zu vermuten scheint, eine Erleichterung und Verharmlosung, sondern die grundsätzlichste Verschärfung der menschlichen Lebenslage und Lebensfrage bedeutet, wenn wir sie »nicht unter dem Gesetz, sondern unter der Gnade« zu betrachten wünschen, wenn wir also den Sieg über die Sünde in keinem Sinn von Menschen, sondern von Gott erwarten. *Weil* wir »nicht unter dem Gesetz, sondern unter der Gnade« stehen, *darum* gibt es keine Freiheit zu sündigen, *darum* stehen wir vor dem Entweder – Oder *ohne* Brücken.

V 17-19 Gott sei Dank, ihr waret Knechte der Sünde, wurdet aber von Herzen gehorsam auf Grund des Eindrucks der Lehre, unter den ihr gekommen seid. Frei geworden von der Sünde seid ihr aber

Knechte der Gerechtigkeit geworden. Ich rede menschenmäßig mit Rücksicht auf die Schwachheit eures Fleisches! Denn wie ihr eure Glieder als Werkzeuge der Unreinheit und Ungesetzlichkeit zur Verfügung stelltet, um die Ungesetzlichkeit zu schaffen, so stellt eure Glieder jetzt als Werkzeuge der Gerechtigkeit zur Verfügung, um Heiligung zu schaffen.

»*Gott sei Dank, ihr waret Knechte der Sünde, wurdet aber von Herzen gehorsam.*« Unter Appell an die letzte Instanz, unter der selbstverständlichen *Reserve*, die gegenüber den menschlichen Möglichkeiten als solchen mit diesem »*Gott* sei Dank« *geboten*, aber auch mit der ganzen Freiheit, von den menschlichen Möglichkeiten möglicherweise *absehen* zu können, die mit diesem »Gott sei *Dank*!« *gegeben* ist, mag und muß nun der entscheidende Offensivstoß gewagt werden, der Vorstoß, der Ausbruch und Einbruch, durch den die sachliche Mitteilung zur Predigt, zum Kerygma, zur Verkündigung wird, d. h. zu dem Unternehmen, *bestimmte Menschen*, in diesem Fall die römischen »Christen«, *anzureden* als solche, die unter der Gnade stehen, bei denen also die Kraft des Gehorsams als gegeben vorausgesetzt und an die darum in sinnreicher Weise die Aufforderung gerichtet werden kann, die Überwindung der Sünde durch die Gnade in Erkenntnis zu betätigen und in der Tat zu erkennen. Mit »Gott sei Dank«! mag und muß es gewagt werden, diese bestimmten Menschen zu behaften dabei, daß *ihr* Fall nicht der der Sündenknechtschaft, sondern der der Gottesknechtschaft ist, daß für *sie* die Sündenknechtschaft das existentiell Ausgeschlossene, Aufgehobene und Erledigte ist, daß für *sie* der anschauliche (nur zu anschauliche!) Dienst der Sünde ihre Vergangenheit, der unanschauliche Gehorsam gegen die Gnade ihre Gegenwart und Zukunft ist. »Ihr *waret* Knechte der Sünde, ihr *wurdet* aber gehorsam!« Und das »von Herzen!« Es handelt sich also bei dieser direkten Anrede ganz bewußt um das anders als in Form einer kühnen Prolepse gar nicht auszuführende Unternehmen, die »Herzen« dieser und jener Menschen zu erkennen, wie *Gott* sie erkennt (2,16), den Aufruf zur Buße und die Verkündigung der Vergebung an sie zu richten, als ob es *Gottes* Wort an sie wäre, sie als existentiell Begnadigte einfach in Anspruch zu nehmen, sie zu Gott zu rechnen, sie in die Kraft der Auferstehung einzubeziehen und im Blick auf den für sie Gekreuzigten ihre Gehorsamskraft zu – glauben. Dieses Unternehmen *muß* gewagt werden. Denn wie sollte von Gnade, vom Reiche Gottes geredet werden können, ohne daß es dem Menschen, an den diese Rede sich richtet, gesagt wird, daß *er* gemeint ist, daß *er* begnadigt ist, daß *er* diesem Reiche untersteht? Wie sollte Gnade anders als die Gotteswahrheit *aller* Menschen erwiesen werden als durch ihre mit einem mehr als verwegenen Trotzdem! gewagte Beziehung auf diesen und jenen, auf den und den bestimmten Menschen; durch *den* Erweis, der sich existentiell gerade an ihm, an ihm selbst vollzieht? Und wie sollte Gnade als der Sieg der unanschaulichen Gehorsamskraft über die Sünde geglaubt werden, wenn sie nicht mit festem Griff über die anschauliche Sündenknechtschaft des einzelnen (*jedes* einzelnen!) Menschen hinaus für ihn vorausgeglaubt, in ihn hinein geglaubt wird? Eben darin beweist, bewährt und betätigt sich Gnade, daß sie es wagt (»Vergib uns unsre Schulden, wie auch wir vergeben unsern Schuldigern!«), ein »von Herzen« Begnadigtsein vorauszusetzen, nicht zu schauen und doch zu glauben. Eben darin unterscheidet sich ein Apostel von einem Religionsmann, daß er es wagt, ohne nach Gnaden*erlebnissen* Ausschau zu halten, zu glauben, daß es Menschen gibt, die Gnade haben.

»*Auf Grund des Eindrucks der Lehre, unter den ihr gekommen seid.*« Warum gerade *diese* Menschen? Das bedeutet keinen Ausschluß anderer. Mit dem Wagnis der grundsätzlich gleichen Prolepse tritt der Apostel auch an den »Juden« und an den »Heiden« heran. Etwas anderes als dankbar an den (unbekannten!) Gott appellieren, der die Menschen gefunden hat, bevor sie ihn suchten, und an den sie nur zu erinnern sind, kann der Missionar so wenig wie der Korrespondent der »schon« Bekehrten in Rom und dieser so wenig wie jener. Aber warum sollte das anschauliche Gnadenerlebnis der »Christen« nicht eine Ermutigung, ja Aufforderung sein, mit Gott sei Dank! gerade *sie* als Begnadigte anzureden. Der »Eindruck der Lehre, unter den ihr gekommen seid« ist (wie 6,3 die Taufe) ein »Zeichen« auf der Ebene, wo das »Christentum« neben anderen Religionen und nicht ohne mannigfache Berührung mit ihnen menschlich-anschauliche Gestalt annimmt als | Erlebnis, als Institution, als Dogma, als Kultus, als eine in verschiedenen »Typen« auftretende religiöse Verkündigung. Zu diesen »Typen« gehört die paulinische wie die vielleicht etwas andersartige Lehre, die für das römische »Christentum« »typisch« geworden ist. Die Andersartigkeit hat keine prinzipielle Wichtigkeit. Als Zeichen, das zeigen und zeugen, an das man diese »Christen« erinnern kann, nimmt Paulus auch *ihr* »Typisches« in Anspruch. Er denkt nicht fehlzugreifen, wenn er sie unter Berufung auf dieses Typische, Zufällige, Anschauliche an das Urbildliche, Existentielle, Unanschauliche erinnert, daß Gott sie *gefunden,* daß sie Vergebung *haben,* daß sie Begnadigte *sind,* an den neuen Menschen in Christus, an die Kraft der Auferstehung, die die Kraft des Gehorsams ist. Wobei es sich von selbst versteht, daß diese Erinnerung eben nur Erinnerung ist, während die Realität des Begnadigtseins, an die hier erinnert wird, von Gott kommt, dessen dankbare Anrufung darum dieser Erinnerung wahrhaftig nicht nur äußerlich *voran*geht.

»*Frei geworden von der Sünde, seid ihr Knechte der Gerechtigkeit geworden.*« Das ist das Begnadigtsein, auf das Paulus die römischen Christen anspricht; der Riß, die Beunruhigung, die Unmöglichkeit eines Ausgleichs *ist da* für sie; der Angriff auf ihr Dasein von ihrer Existenz (in Gott) her *ist geschehen,* ihr Sklavenverhältnis zur Sünde *ist gelöst* und Sklaven der Gerechtigkeit sind sie *geworden.* Die Kraft der Auferstehung, die Erkenntnis des Gottes, der die Toten lebendig macht, hat sie *umgekehrt,* – hat *sie* umgekehrt, ihr eigenster persönlichster Schritt, kein mechanisches Geschehen an ihnen war diese Umkehrung, in der Kraft der Auferstehung, haben sie, sie selbst ihn getan. Und unzweideutig, unwiderruflich, unumkehrbar ist dieses Geschehen. Gerechtigkeit ist nicht eine Möglichkeit des begnadigten Menschen, sondern seine Notwendigkeit. Nicht eine veränderliche Gesinnung, sondern der unveränderliche Sinn seines Lebens. Nicht eine Stimmung mit höhern oder niedern Wärme- und Kraftgraden, sondern die

Bestimmung, unter der er steht. Nicht ein Eigenes des Menschen, sondern sein Zueigensein. In Gottes Wohlgefallen und nirgends sonst ist die Freiheit des Menschen begründet. Aber diese Freiheit ist die Freiheit des göttlichen Willens im Menschen und keine andre Freiheit. Frei in Gott seid ihr gefangen in ihm! Dies ist der kategorische Imperativ der Gnade, des existentiellen zu Gott-Gehörens, in dessen Erkenntnis die Zweiheit des alten und neuen Menschen entsteht, um sofort in der Einheit des neuen Menschen aufgehoben zu werden. *Ihr steht* unter diesem Imperativ.

»*Ich rede menschenmäßig mit Rücksicht auf | die Schwachheit eures Fleisches.*« Ich sage: ihr *steht*, ihr *seid*: hier frei, dort Knechte. Das ist »menschenmäßig« geredet. Wir wissen, daß solche direkten, dialektisch ungebrochenen Aussagen über das in Frage stehende unanschauliche Existentialverhältnis des Menschen notwendig etwas aussagen, was gerade nicht ausgesagt werden kann. Wir wissen, daß wir uns, indem wir solche Aussagen wagen, in das gewisse Zwielicht der religiösen, der romantischen Redeweise begeben, in der »Sünde« und »Gnade« oder »Glaube« und »Unglaube« als Gegebenheiten auftreten, die der Mensch »hat« oder »nicht hat« und wo der Mensch dies und das »ist« oder »nicht ist«. Wir wissen, daß die Umkehr vom Tode zum Leben in der Kraft der Auferstehung, die Freiheit von der Sünde und die Knechtschaft der Gerechtigkeit von keinem bestimmten, mit diesem oder jenem Namen zu benennenden Menschen auszusagen ist, daß die Namen, von deren Trägern *das* auszusagen wäre, nur geschrieben stehen im Buche des Lebens, daß es aber in Sachen der Gnade kein anschauliches Sein und Nicht-Sein, Haben und Nicht-Haben dieser und jener Menschen (z. B. der Kinder, der Sozialisten, des russischen oder des deutschen Volkes – Dostojewski! Kutter!) gibt. Wir wagen trotzdem solche Aussage. Wir – leisten uns diesen Schein eines romantischen Psychologismus, weil es für die *göttliche* Unmittelbarkeit der Vergebung kein anderes Wort gibt als das *Gleichnis* einer solchen *menschlichen* Unmittelbarkeit, weil das indirekte Reden ohne Anwendung von »Sein« und »Haben« der »Schwachheit des Fleisches«, dem erst zu öffnenden Ohr des Menschen notwendig als eine Verdunkelung und Abschwächung der Vergebung erscheinen müßte, weil es sich darum handelt, auch die letzte Mauer von Zuschauerhaftigkeit, die das Verständnis für die Revolutionierung des Menschen von Gott her hindern könnte, auch den letzten Schein, als ob der Mensch Gott »objektiv« verstehen könnte, zu zerstören, und weil der Nachweis, daß »ihr« die Sünde nicht wissen und nicht wollen könnt, seinen springenden Punkt in der Einsicht hat, daß Gott *euch*, euch *selbst*, gerade euch vergeben hat. Wir meinen also zu wissen, was wir tun, wenn wir solche direkte Anrede (das ebenso unvermeidlich wie bedenklich Bezeichnende aller *Predigt*!) wagen, und daraufhin – wagen wir es, als die Gebrochenen ungebrochen zu reden. Aber die Erinnerung, daß wir damit »menschenmäßig«, im Gleichnis reden, daß, was im Glauben gesagt wird, im Glauben gehört werden, daß Gnade als Gnade, d. h. als die anschaulich nicht-gegebene Begründung des Menschen in Gott verkündigt und aufgenommen werden muß, diese Erinnerung darf gerade hier nicht fehlen. |

Und dieser aufgehobene Finger ist nun erst recht zu beachten beim folgenden: »*Wie ihr eure Glieder als Werkzeuge der Unreinheit und Ungesetzlichkeit zur Verfügung stelltet, um die Ungesetzlichkeit zu schaffen, so stellt eure Glieder jetzt der Gerechtigkeit zur Verfügung, um Heiligung zu schaffen.*« Ihr steht unter dem Imperativ der Gnade. Unter dem *Imperativ* der *Gnade*! Gnade ist die Aufhebung der in eurem sterblichen Leibe wohnenden Sünde. *Ihr* stehen die Glieder des Menschen zur Verfügung, nicht der Sünde. Sie ist die Bestimmung des sterblichen Menschen, nicht die Sünde. In *ihr* ergreift Gott Partei für den Menschen, nicht in der Sünde. Gnade bedeutet, daß Gott die Existenz des Menschen in ihrer Totalität zu sich rechnet und in Anspruch nimmt. Gnade ist die Gewalt Gottes über den einen und unteilbaren Menschen. Gnade ist die Wahrheit des Individuums in der vollen Breite seines Da-Seins und So-Seins, gerade weil und indem sie seine radikale Krisis ist. Gnade *kann* sich nicht beruhigen, nicht still stehen, sie *kann* nicht schweigen und verzichten – auch nicht vor der ehernen Schranke, die das Unanschauliche vom Anschaulichen, das Unendliche vom Endlichen trennt. Sie *kann* nicht das anschauliche Leben der Sünde überlassen, um sich mit einem »andern«, »jenseitigen«, unanschaulichen Leben der Gerechtigkeit zufrieden zu geben. Gerade das nicht. Das wäre ja der Dualismus Gnade *und* Sünde, in dessen Aufhebung gerade Gnade sich als Gnade erweisen muß. Gerade das anschauliche Leben greift die Gnade an, fordert seine Übergabe an die Gerechtigkeit. Gerade die »Glieder« des Menschen müssen der Gerechtigkeit zur Verfügung stehen. Denn daß »*dieses* Sterbliche anziehe die Unsterblichkeit«, gerade *das* ist doch der Inhalt, die Aussage des *Futurum resurrectionis* des begnadigten Menschen. Gnade, der die sündige Bestimmtheit unsres konkreten Lebensinhalts als Gegebenheit gegenüberstände, wäre *nicht* Gnade. Kein beruhigender Verweis auf ein besseres Jenseits kann die Inanspruchnahme, den Angriff, die Krisis aufhalten, der unser diesseitiges Leben, das Leben der »Glieder«, unser Leben in der Welt der Zeit, der Dinge und der Menschen ausgesetzt ist – wenn Gott uns gnädig ist. Denn wenn Gott uns gnädig ist, dann heißt das doch, daß unser Diesseits als solches in Frage gestellt wird durch jenes bessere Jenseits, durch seine offenkundige Abwesenheit sowohl wie durch sein offenkundiges Herannahen, Anklopfen und Hereinstürmen. Und ebenso kann keine fatalistische Diskreditierung des schlimmen Diesseits uns Ruhe verschaffen vor jener Krisis – wenn Gott uns gnädig ist. Denn wenn Gott | uns gnädig ist, dann heißt das doch, daß wir uns in dieses Schlimme des Diesseits nicht mehr finden, nicht mehr ergeben können, sondern in grundsätzlichen Widerspruch dazu gesetzt sind, daß uns gerade seine bloße Diesseitigkeit, seine reine Negativität zur bewußten Not aber auch zur Verheißung, zur Erkenntnis unsres Entbehrens aber auch unsrer Hoffnung wird. Daß Gott uns gnädig ist, das heißt doch, daß das »Jenseits« *sich bezieht* auf unser Diesseits und unser Diesseits *bezogen ist* auf das »Jenseits«, und daß uns damit verwehrt ist, eine Absperrung des einen gegen das andere anzuerkennen. Gnade, die unanschauliche Wahrheit, *kann* gar nicht anders als ausgreifen, mit der Möglichkeit des Unmöglichen ausgreifen nach dem bis ans Ende der Tage von der Sünde bestimmten Sein und Geschehen, Wollen und Vollbringen der Anschaulichkeit. Gnade will sich durchaus mit Augen sehen, mit Ohren hören, mit Händen greifen lassen, sie will *sich offenbaren* und sie will *angeschaut werden*. *Offenbarung* und *Anschauung* der unanschaulichen Gnade Gottes (historisch am Rande des Unhistorischen und unhistorisch am Rande des Historischen) ist ja die Auferstehung Christi von den Toten (6,9). Und ich bin ja als neuer Mensch nicht nur der, *der ich nicht bin*, sondern *ich bin* auch der, der ich nicht bin (5,1,9-11). Gnade heißt: *Dein* Wille geschehe auf *Erden* wie im Himmel! Und so *kann* denn Gnade als Existentialverhältnis des Menschen zu Gott gar nicht anders als aus dem die göttliche Wahrheit über diesen Menschen aussagenden *Indikativ* ausbrechen in den die göttliche Wirklichkeit von diesem Menschen fordernden *Imperativ*: Wollet jetzt, was Gott will, nachdem ihr es bis jetzt nicht gewollt habt! Dienet jetzt der Gerechtigkeit mit derselben Anschaulichkeit, in derselben Greifbarkeit, mit denselben »Gliedern«, mit denen ihr bis jetzt der »Unreinheit und Gesetzlosigkeit« gedient habt! Schaffet jetzt »Heiligung« mit denselben Mitteln und Werkzeugen, mit denen ihr bis jetzt »Gesetzlosigkeit« geschaffen habt! Preiset jetzt Gott an eurem Leibe, in denselben Lebensbedingungen, Funktionen und Verhältnissen, in denen ihr ihm bis jetzt Schande gemacht habt! Ein *anderes* Sein, Haben und Tun ist von euch gefordert, von euch selbst, gerade von euch! *Als ob* »Heiligung« eine menschliche Möglichkeit wäre! *Als ob* die Sünde nicht wohnte in dem sterblichen Leibe, mit dem ihr unauflöslich und unabgrenzbar eins seid. *Als ob* Zeit nicht Zeit, Mensch nicht Mensch, Dinglichkeit nicht Dinglichkeit wäre! *Als ob* ihr auch den linken Fuß schon nicht mehr im Grabe hättet! *Als ob* das Leibliche schon verschlungen wäre vom Leben und der Tod in den Sieg! *Als ob* ihr die Menschen wäret, an die *diese* Forderung, | die absolute, gerichtet werden kann. Die Möglichkeit, daß dieser Forderung Genüge geleistet werden, daß Gottes Wille auf Erden geschehen kann an Menschen und durch Menschen, die Möglichkeit also, daß ein geheiligtes

Menschenleben als solches geschichtlich und anschaulich wird,
daß das Unendliche das Endliche *faßt*, diese Möglichkeit kann
nicht nur nicht bestritten, sondern sie muß vom Standpunkt
der Gnade aus als die endlich und zuletzt einzige Möglichkeit
behauptet, ihr Eintreten mit geradezu stürmischer Ungeduld,
Sehnsucht und Beflissenheit erwartet werden. Könnten wir es
aushalten *ohne* sie, besäßen wir die Mäßigung, uns mit weniger
zufrieden zu geben und in einem Ausgleich zwischen dieser
und anderen Möglichkeiten zu leben, könnten wir die Unruhe
der von Natur christlichen (*gotischen!*) Seele wieder loswerden,
streckte sich also nicht alles in uns aus nach der Möglichkeit
eines für Gottes Gerechtigkeit geheiligten, bereiten, offenen,
ihr gleichsam parallelen Lebens und das im Sinn einer *Veran-
schaulichung* dieser Parallele an unseren »Gliedern«, an unserm
sterblichen Leibe, dann wäre Gnade nicht Gnade. Denn so gewiß das *Futurum resurrectionis* des begnadigten Menschen mit
seinem Prädikat »Leben« den ganzen Menschen betrifft, sein
himmlisches und sein irdisches »Teil«, den neuen Menschen
(»die Seele«) und den »aufgehobenen« Leib des alten gekreuzigten Menschen, so gewiß dieses Prädikat nicht futurisch
im gewöhnlichen Sinn gemeint ist (als ob man eventuell auf
diese Prädikation in einem zeitlichen Sinn »warten« müßte!),
sondern Vergangenheit, Gegenwart und Zukunft des Menschen in breiter Front umfaßt und aufrollt, so gewiß betrifft
es, ohne doch nur einen Augenblick »Warte«frist zu gewähren,
den *ganzen* Menschen auch mit seinem andern Prädikat: »Die
Sünde wird über euch nicht Herr sein!« (6,14). Aber wohlverstanden: *Diese* Möglichkeit ist die Möglichkeit des Unmöglichen. *Dieses* Geschehen ist das Geschichtlichwerden des Un-
geschichtlichen. *Diese* Offenbarung ist die Offenbarung des
ewigen Geheimnisses und *diese* Anschauung ist die Anschauung des Unanschaulichen. *Dieses* Sein, Haben und Tun des
Menschen ist als solches das Wunder, die neue Schöpfung,
es ist als solches anderer (wirklich *anderer*) Ordnung als all sein
sonstiges Sein, Wesen und Tun, so sehr anderer Ordnung, daß
keine Rede davon sein kann, daß es etwa als ein Besonderes,
Zweites *neben* jenem »Sonstigen« auftreten könnte. Es ist als

solches das *Überkleidet*werden mit unsrer Behausung, die vom Himmel ist (II Cor. 5,2). Es ereignet sich als solches auf der *neuen* Erde und unter dem *neuen* Himmel. Daß diese scheinbare Einschränkung in Wirklichkeit keine Einschränkung, sondern die denkbar stärkste Ver|schärfung dieses Imperativs bedeutet, daß dieses Aber! ein Darum! ist, das fasse, wer's fassen kann. Es wäre offenbar *allzu* herrlich, wenn die menschliche Sprache in dieser Sache unzweideutige, nicht-»menschenmäßige« Worte hätte! Denn daß dieser Imperativ (wie schon der ihm entsprechende Indikativ 6,18) »menschenmäßig« ist und darum jener Einschränkung, die keine sein soll, bedarf, das ist nicht zu bezweifeln. Er fordert von *Menschen*, was von Menschen gar nicht gefordert werden *kann*. Er fordert jetzt und hier, was die Aufhebung, die radikalste Neu-Qualifizierung dieses Jetzt und Hier voraussetzt. Es fordert ein direkt kenntliches, unzweideutiges Geschehen (an den »Gliedern«!), das, auch als es in Christus geschah, auch als es am Ostertag geschah, *nicht* direkt kenntlich wurde, sondern den Andern die Wahl zwischen Glauben und Ärgernis offen ließ. Das heißt »menschenmäßig« geredet, im Gleichnis direkter Anrede vom Menschen gefordert, was nur als Sein, Haben und Tun Gottes zu begreifen ist. Wenn das nicht bedacht ist, wenn das zugleich bewegende und hemmende »Als ob« dieses Imperativs, das daran erinnert, daß die Kraft, ihm zu gehorchen, die Kraft Gottes ist, überhört wird, dann sind wir mitten in den Prolepsen des religiösen Moralismus, mitten in den wildesten Illusionen der Romantik, mitten in den süßlichsten Vertauschungen und Vermengungen der Gottesgerechtigkeit mit allerlei Menschengerechtigkeiten, der Erlösung mit allerlei Erlöstheiten, des ewigen Lebens mit *dem* Leben, das wir allenfalls – erleben können. Daß das nicht bedacht sein könnte (nicht bedacht, »daß wir sterben müssen!« – aber wann und wo und von wem ist *das* zu Ende bedacht?), das ist die Zweideutigkeit, von der alles *Reden über* die Gnade bedrückt ist, solange und sofern es eben ein *Reden über* die Gnade ist. Müssen wir *über* die Gnade *reden*, unterwinden wir uns aus einem mehr oder weniger glaubwürdigen Grunde, das zu tun, dann müssen wir offenbar (wissend was wir tun!) »menschenmäßig« reden, müssen die Gnade auch ihr *letztes*, ihr ausbrechendes und übergreifendes Wort, das Wort von der Heiligung unsres sterblichen Leibes zum Werkzeug der Gerechtigkeit aussprechen lassen, auf die Gefahr hin, daß es auf *unsern* Lippen eine Banalität oder eine Phantasterei ist. Denn eben dieses auf unsern Lippen unmögliche Wort ist als solches die Verunmöglichung der Sünde, Gottes Gerechtigkeit als *Gericht*, Gottes Vergebung als *Macht*, Gottes Wort als *Schöpfung*.

V 20-23 Denn als ihr Knechte der Sünde waret, da waret ihr ja frei von der Gerechtigkeit. Was für eine Ernte hattet ihr damals? Dinge, vor denen euch jetzt ekelt; denn ihr Ziel ist der Tod. Jetzt aber, frei geworden von der Sünde und Knechte Gottes | geworden, habt ihr eure Ernte in dem, was zur Heiligung führt, als Ziel aber ewiges Leben. Denn der Sold der Sünde ist der Tod, die Begnadigung Gottes aber ewiges Leben in Christus Jesus unserm Herrn.

Gnade ist Krisis *vom Tode zum Leben*. *Darum* ist Gnade gegenüber der Sünde die absolute Forderung und die absolute Gehorsamskraft miteinander. *Darum* ist keine Spannung, keine Polarität möglich zwischen Gnade und Sünde, kein Ausgleich, kein Gleichgewicht, keine Zwischenlösungen. *Darum* können »wir« als Begnadigte nicht zusehen, nicht abwägen, nicht Gnade als eine Möglichkeit oder Notwendigkeit in Betracht ziehen und zu ihrem Recht kommen lassen und Sünde als eine andre. *Darum* ist die Heilsbotschaft von Christus die Beunruhigung, die Erschütterung, der alles in Frage stellende Angriff schlechthin. *Darum* gibt es nichts Sinnloseres als den Versuch, eine Religion aus ihr zu machen, d. h. eine menschliche Möglichkeit oder Notwendigkeit, neben der es andere gibt. Dieser Versuch, bewußter als je zuvor unternommen von der protestantischen Theologie seit Schleiermacher, ist der Verrat an Christus. Der Begnadigte ist als solcher unbedingt Partei. Er ist in den Kampf auf Leben und Tod verwickelt, in dem es keinen Frieden, kein Interim, keine Verständigung gibt.

In der Dämmerung einer gewissen Indifferenz und Neutralität scheint der Mensch seinen Weg zu gehen, tätig und leidend, lebend und gelebt, säend und erntend. Was ist's mit dieser »*Ernte*?« Was ist der Ertrag seines Ganges? Was bedeuten die Erlebnisse, Eigenschaften und Gewohnheiten, die Worte, Taten und Werke, in denen er sich selbst, gegenständlich geworden, wiedererkennt? Was bedeuten die Bewegungen, Verhältnisse und Ordnungen seiner Geschichte, und wohin führt ihr »Fortschritt«, ihre »Entwicklung«? Was ist das »Ziel«, das Telos, der Zweck der Zwecke in der unendlichen Fülle dessen, was er erstrebt und mehr oder weniger erreicht? Weiß er es? Kann er es wissen? Unentwirrbar, bis zur Identität ineinander und miteinander und durcheinander aufgewachsen sind offenbar bei seiner Ernte Unkraut und Weizen, das was »Ungesetzlichkeit« und das was »Heiligung« schafft (6,19). Wer will richten oder welche objektive Norm soll entscheiden darüber, ob dies oder jenes, was der Mensch mit den »Gliedern« seines sterblichen Leibes vollbringt, dieses oder jenes Erzeugnis des endlichen kreatürlichen Geistes, diese oder jene Einstellung zu den verschiedenen Möglichkeiten gegebener Lebensinhalte, diese oder jene Seelenverfassung oder diese oder jene geschichtliche Welle dahin oder dorthin gehört? Kann nicht alles, was der Mensch denkt, sagt, tut und erzeugt, kann nicht die | ganze Ernte dahin *oder* dorthin gehören? Gibt es eine anschauliche »Gesetzlosigkeit«, die etwa ganz unmöglich als »Heiligung«, und gibt es eine anschauliche »Heiligung«, die etwa ganz unmöglich als »Gesetzlosigkeit« gedeutet werden könnte? Wir besitzen offenbar den Kodex nicht, an Hand dessen die Geheimschrift des menschlichen Lebensinhaltes eindeutig zu entziffern wäre. Wir haben offenbar kein Wissen von *der* Ernte, die Gott der Herr bei Anlaß *unsrer* Lebensernte in *seine*, die ewigen Scheunen bringt. Und wissen wir nicht, was wir ernten, wie sollten wir dann wissen, was wir säen? Übersehen wir nicht, was unsere Erzeugungen bedeuten, wie wollen wir dann sehen, was unsre Existenz bedeutet? Kennen wir unser Ziel nicht, wie sollten wir dann unsern Anfang kennen? Ist es mehr als Zufall und Laune, wenn der Mensch im Ja oder im Nein seine Bestimmung erkennt, als Verbrecher oder als Hei-

liger seinen Weg geht, im Himmel oder in der Hölle sein
Schicksal finden will und wird, und wenn die »Guten immer
besser, die Schlechten immer schlechter werden?« (Harnack)
Was heißt gut? Was heißt schlecht? Hier, in dieser Dämmerung ist offenbar das rechtmäßige Reich jener Spannungen,
Polaritäten, Allogenitäten und Dualitäten, hier ist offenbar
der Ort, wo sich Ja und Nein gleich notwendig, gleich wertvoll, gleich göttlich gegenüberstehen (wobei über die Notwendigkeit, den Wert und die Göttlichkeit des Ja *und* des Nein
keine allzu großen Illusionen bestehen können!). Hier wird
das Finden eines Ausgleichs, einer Gleichgewichtslage, einer
Verständigung, eines reibungslosen Schaukelspiels hin und
her der Weisheit höchster Schluß sein.

Gottes Gerechtigkeit in Jesus Christus aber ist der Besitz
der Erkenntnis, der in diese Dämmerung einschlägt und daselbst die Existenz des Menschen in Brand setzt. Die Offenbarung und Anschauung (des unbekannten Gottes), in der
der Mensch sich selbst erkennt als erkannt, als gezeugt von
dem, der *er*, der Mensch, *nicht* ist, von dem zu ihm keine Kontinuität, kein Zusammenhang, kein Weg und keine Brücke
führt, den er *nur* als seinen Schöpfer, *nur* als seinen reinen Ursprung begreifen kann und der, indem er sich offenbart und
anschauen läßt als unser Vater, selber das Unmögliche möglich
macht. Diese Offenbarung und Anschauung ist die Gnade.
Begnadigt weiß der Mensch, wer er ist: der *»Knecht der Sünde«*,
der Schuldige und das Opfer des Abfalls vom lebendigen
Gott, *»frei von der Gerechtigkeit«*, unbehelligt durch das Wort
der Vergebung und des Gerichts, das – war er. *»Frei von der
Sünde«*, der *»Knecht Gottes«*, das – ist er. Begnadigt ist der
Mensch existentiell umgekehrt, bewegt, hinweggerückt von
hier nach dort: ein Abgrund trennt dieses »war« von | jenem
»ist«. »Tod« steht über diesem »war«, »Leben« über jenem
»ist«; denn nicht weniger als der Schritt vom Tode zum Leben, nicht weniger als Leben, das aus dem Tode kommt, ist
der Inhalt der Offenbarung und Anschauung Gottes. Begnadigt wissen wir, was wir säen, sehen wir, was unsre Existenz
bedeutet, kennen wir unsern Anfang. Dann aber auch unsre

Ernte, die Bedeutung unsrer Erzeugungen, das Ziel, das Telos unsrer Lebensinhalte. Der Blitz, der unsre Existenz in Brand steckt, wird nicht säumen, auch unser Sein, Wissen, Denken, Reden, Wollen und Vollbringen, unser seelisches und geschichtliches Da-Sein und So-Sein, unsre erstrebten und erreichten Zwecke zu beleuchten, um dann auch sie – vielleicht unversehrt zu lassen, vielleicht zu schmelzen und zu läutern, vielleicht zu verkohlen, vielleicht in andere Substanzen umzusetzen, vielleicht ganz und gar (und doch nicht ganz! *Non omnis moriar!*) zu verzehren und zu vernichten, jedenfalls sie einer auf Grund und Boden gehenden Prüfung zu unterziehen auf ihr Verhältnis zu jenem »war« und »ist« unsrer Existenz, auf ihre Stellung diesseits oder jenseits des durch die Offenbarung und Anschauung Gottes aufgerissenen Abgrunds, auf ihren Lebens- und (oder!) Todesgehalt. Denn daran scheidet sich unsre »Ernte«, scheiden sich Unkraut und Weizen, darin offenbart sich der Zweck in den Zwecken, das ist die Deutung der Runensprache des menschlichen Lebensinhaltes, daß alles je nach seiner Bestimmtheit durch das, was wir »waren« und »sind«, durch unsre existentiell erledigte Sündenknechtschaft oder durch unsre existentiell hergestellte Gottesknechtschaft *entweder* unter dem Telos des Todes *oder* unter dem Telos des Lebens steht, aber nie beides zugleich, so gewiß Tod und Leben nie zugleich sind, wobei wir uns erinnern, daß der Begriff des *Todes* immer wieder an dem zu gewinnen ist, was wir »Leben« heißen und der Begriff des *Lebens* immer wieder an dem, was wir »Tod« heißen. Von diesem Telos – Tod oder Leben! – aus, dessen ursprüngliche Bedeutung der Inhalt der Offenbarung und Anschauung Gottes ist, bestimmt sich nun eindeutig, was »Gesetzlosigkeit« und was »Heiligung« ist. Jawohl, es gibt eine ganz und gar eindeutige »Gesetzlosigkeit«, es gibt ein Schlechtes, das der Mensch *nicht* denken, *nicht* wollen, *nicht* tun soll. Er gibt »*Dinge, vor denen euch jetzt ekelt,*« Möglichkeiten, die im Lichte jenes die ganze zeitliche Lage erhellenden Augenblicks qualifiziert sind als schlechthin ausgeschlossen und verboten. Warum verboten? Weil »*ihr Ziel der Tod*« ist, weil sie *nur* aus der »Vitalität der Sterblichkeit« stammen, weil sie, *nur* Tod verbreitend, *nur* dem Tode geweiht sein, weil sie in dem verzehrenden Feuer des im Begriff des *Todes* erkannten Lebens | nicht bestehen können. Das Kriterium ist eindeutig für den, der es besitzt: »Der Sold der *Sünde* ist der *Tod*«. Und so gibt es nun auch eine ganz und gar eindeutige »Heiligung«, es gibt eine *»Ernte zur Heiligung«*, es gibt Möglichkeiten menschlichen Seins, Habens und Tuns, die in der Erkenntnis Gottes qualifiziert sind als schlechthin notwendig und geboten. Es gibt ein Gutes, das der Mensch denken, wollen und tun soll. Und zwar darum, weil das so bestimmte Da-Sein und So-Sein des Menschen, weil *diese* Zwecke, Werke, Verhältnisse und Bewegungen ihren Anfangs- und Endpunkt im Leben haben und diesen ihren Anfangs- und Endpunkt auch in der »Mitte«, in der vom Tode beherrschten Welt der Zeit, der Dinge und des Menschen nicht ganz verbergen können, weil sie in dem verzehrenden Feuer des als *Leben* begriffenen Todes bestehen können – vielleicht verwandelt, vielleicht verkohlt, vielleicht geläutert – vielleicht unversehrt gelassen werden, aber jedenfalls bestehen können. Eindeutig ist auch dieses Kriterium, wenn es – vorhanden ist. *»Die Begnadung Gottes ist ewiges Leben in Christus Jesus unserm Herrn.«*

So wenig Tod und Leben zugleich, nebeneinander oder als Glieder einer Reihe hintereinander sein können, so wenig Sünde und Gnade. Über den Abgrund, der hier aufgerissen ist, führt *keine* Brücke. Die Klarheit, die hier geschaffen ist, duldet *keine* Vermischung. Quer hindurch durch die Risse von »Gut« und »Böse«, »Wert« und »Unwert«, »heilig« und »unheilig«, die in der Dämmerungswelt des unbegnadeten Menschen – keine Klarheit, keine Scheidung zu schaffen vermögen, geht als Orientierung *neuer* Ordnung, als *das* eindeutige Kriterium dieser Abgrund. Sein Vorhandensein wird den Versuch einer *Ethik*, einer Tafel der sündigen und gerechten, verbotenen und gebotenen (weil toten oder lebendigen) Lebenszwecke immer wieder zur unerbittlich notwendigen Aufgabe machen, um eine Ethik, die mehr als *Versuch* sein sollte, immer wieder ebenso unerbittlich zu verunmöglichen. Denn die Erkenntnis Gottes, in der sich jene Orientierung vollzieht, in der jenes eindeutige Kriterium des Sündigen und des Gerechten erzeugt wird, schafft immer wieder menschliche *Erkenntnis*, indem sie *menschliche* Erkenntnis aufhebt. Daß wir die Möglichkeit des Unmöglichen begreifen und ergreifen als unsre eigene Aufgabe, das ist die Kraft des *Gehorsams*, in der wir *stehen*, weil sie die Kraft der *Auferstehung* ist.

DER CHRIST IN DER GESELLSCHAFT (1920)

I.

Hoffnungsvoll und zugleich seltsam nachdenklich sieht uns die Frage an: Der Christ in der Gesellschaft.

Der Christ in der Gesellschaft! So ist also die Gesellschaft nicht ganz sich selbst überlassen. Nicht ganz problemlos, nicht ganz ungehemmt, nicht nur nach den Gesetzen seiner eigenen Logik und Mechanik geht das Leben in Ehe und Familie, Wirtschaft und Kultur, Kunst und Wissenschaft, Staat, Partei und Völkerverkehr seinen bekannten Weg, sondern mindestens mitbestimmt durch einen andern Faktor voll *Verheißung*. Daß jener bekannte Weg ein Irrweg ist, das steht uns heute deutlicher vor Augen als früher. Die Katastrophe, von der wir herkommen und in der wir noch stehen, hat darüber nicht allen, aber vielen erschütternde Klarheit gebracht. Möchten wir uns nicht am liebsten in tiefer Skepsis und Entmutigung vom Leben, von der Gesellschaft abwenden? Aber wohin? Vom Leben, von der Gesellschaft kann man sich nicht abwenden. Das Leben umgibt uns von allen Seiten; es gibt uns Fragen auf; es stellt uns vor Entscheidungen. Wir müssen standhalten. Heute sehnen wir uns nach Verheißung, gerade weil uns die Augen weit aufgegangen sind für die Problematik des Lebens. Wir möchten *heraus* aus dieser Gesellschaft; wir möchten eine *andere* Gesellschaft. Aber noch *möchten* wir bloß; noch spüren wir schmerzlich, daß trotz aller Veränderungen und Umwälzungen alles im Alten ist. Und nun fragen wir: Hüter, ist die Nacht bald hin? Da wird der Gedanke: »*der Christ* in der Gesellschaft« zur Verheißung. Also ein neues Element mitten unter all dem Alten, also eine Wahrheit im Irrtum und in der Lüge, also eine Gerechtigkeit in dem Meer von Ungerechtigkeit, also Geist in all den groben materiellen Tendenzen, also gestaltende Lebenskraft in all den schwachen flackernden

Geistesbewegungen, also Einheit in der ganzen Zerfahrenheit der Gesellschaft auch unserer | Zeit. *Der Christ* – wir sind wohl einig darin, daß damit *nicht die Christen* gemeint sein können: weder die Masse der Getauften, noch etwa das erwählte Häuflein der Religiös-Sozialen, noch auch die feinste Auslese der edelsten frömmsten Christen, an die wir sonst denken mögen. Der Christ ist *der Christus*. Der Christ ist das in uns, was nicht wir sind, sondern Christus in uns. Dieses »Christus in uns« in seiner ganzen paulinischen Tiefe verstanden: es bedeutet keine psychische Gegebenheit, kein Ergriffensein, Überwältigtsein oder dergleichen, sondern eine Voraussetzung. »Über uns«, »hinter uns«, »jenseits uns« ist gemeint mit dem »in uns«. Und in seiner ganzen paulinischen Weite: wir werden wohl daran tun, den Zaun, der Juden und Heiden, sogenannte Christen und sogenannte Nicht-Christen, Ergriffene und Nicht-Ergriffene trennte, nicht wieder aufzurichten. Die Gemeinde Christi ist ein Haus, das nach allen Seiten offen ist; denn Christus ist immer auch für die andern, für die, die draußen sind, gestorben. Es ist in uns, über uns, hinter uns, jenseits uns eine Besinnung auf den Sinn des Lebens, eine Erinnerung an den Ursprung des Menschen, eine Umkehr zum Herrn der Welt, ein kritisches Nein und ein schöpferisches Ja gegenüber allen Inhalten unseres Bewußtseins, eine Wendung vom alten zum neuen Äon. Ihr Zeichen und ihre Erfüllung das Kreuz!

Das ist Christus in uns. Aber *ist* Christus in uns? Ist Christus auch in der heutigen Gesellschaft? Wir zögern, nicht wahr, und wir wissen, warum wir zögern? Aber woher nähmen wir das Recht, zu verneinen? Christ der Retter ist *da* – sonst wäre die Frage nicht da, die der heimliche Sinn all der Bewegungen unserer Zeit ist und die uns in diesen Tagen als die Unbekannten und doch bekannt hier zusammengeführt hat. Es gibt Fragen, die wir gar nicht aufwerfen könnten, wenn nicht schon eine Antwort da wäre, Fragen, an die wir nicht einmal herantreten könnten ohne den Mut jenes augustinischen Wortes: Du würdest mich nicht suchen, wenn du mich nicht schon gefunden hättest! Wir müssen uns zu diesem Mut, den wir *haben, bekennen*. Indem wir es tun, bekennen wir uns zu Christus, zu seiner Gegenwart und zu seiner Zukunft. Ist Christus aber in uns, dann ist die Gesellschaft trotz ihres Irrweges jedenfalls nicht gottverlassen. Das »Ebenbild des unsichtbaren Gottes«, der »Erstgeborene aller Kreatur« in uns (Col. 1,15), er bedeutet Ziel und Zukunft. Wir denken an den Sauerteig, den ein Weib nahm und verbarg ihn unter drei Scheffel Mehls, bis daß es gar | durchsäuert war. »Hoffnung der Herrlichkeit« hat Paulus dieses »Geheimnis unter den Heiden« genannt (Col. 1,24). Also: Wir heißen euch hoffen.

Aber unser Thema hat noch einen andern, schmerzlich merkwürdigen Sinn, und an ihn ist wohl bei seiner Aufstellung vornehmlich gedacht worden. Der Christ – in der Gesellschaft! Wie fallen diese beiden Größen auseinander, wie abstrakt stehen sie sich gegenüber! Wie fremdartig, fast phantastisch berühren uns heute die großen Synthesen des Colosserbriefes! Warum doch nur?

Was bedeutet für uns *»der Christ«*? Was *muß* das für uns bedeuten? Doch wohl ein abgesondertes heiliges Gebiet für sich, gleichviel, ob wir uns diese Absonderung mehr metaphysisch oder mehr psychologisch erklären. Als besondere Leute neben andern Leuten erscheinen uns die Christen, als eine besondere Sache neben andern Sachen das Christentum, als eine besondere Erscheinung neben andern Erscheinungen Christus. Die Beschwerden der Philosophie über die Anmaßung der Religion, die sich in dieser Absonderung äußere, sind nicht neu und das Treiben der Theologen, das solchen Verdacht nähren mußte, gleichfalls nicht. Heute erkennen viele, durch die Erfahrungen der Zeit belehrt, in dem, was vielleicht tatsächlich eine theologische Anmaßung war, eine Notlage. Aber die Notlage scheint fast unvermeidlich, und auch die Philosophie hat das Wort zu ihrer Überwindung noch nicht gesprochen. Ja, wir ahnen wieder, daß der Sinn der sogenannten Religion in ihrer Beziehung auf das tatsächliche Leben, auf das Leben der Gesellschaft besteht und nicht in ihrer Absonderung. Ein abgesondertes Heiligtum ist kein Heiligtum. Sehnsüchtig blicken wir aus dem sichern Port unseres einst so viel und laut gepriesenen spezifisch religiösen Gebietes hinaus auf die Welt, denn wir ahnen, auch viele Theologen beginnen es wieder zu ahnen, daß es kein Drinnen geben kann, solange es ein Draußen gibt. Aber noch ist's mehr ein Hinaus- und Hinüberblicken. Denn jene Absonderung des religiösen Gebietes hat einen Grund, der damit nicht aufgehoben ist, daß uns ein Licht darüber aufgeht, daß sie eigentlich nicht sein sollte. Wahrlich, es handelt sich zwischen dem »Christus in uns« und der Welt nicht nur darum, die Schleusen zu öffnen und bereitstehende Wasser dem dürstenden Lande zuströmen zu lassen. Schnell zur Hand sind alle jene Kombinationen, wie »christlich-sozial«, »evangelisch-sozial«, »religiös-sozial«, aber höchst erwägenswert ist die Frage, ob die Bindestriche, die wir da mit rationaler Kühnheit ziehen, nicht gefährliche Kurzschlüsse sind. Sehr geistreich ist das Paradoxon, daß Gottesdienst Menschendienst sein oder werden müsse, aber ob unsere eilfertigen Menschendienste, und wenn sie im Namen der reinsten Liebe geschähen, durch solche Erleuchtung Gottesdienste werden, das steht in einem andern Buch. Sehr wahr ist die evangelische Erinnerung, daß der Same das Wort und der Acker die Welt ist, aber was ist denn das Wort und wer von uns hat es, und sollten wir nicht vor allem einmal *erschrecken* vor der Aufgabe, Säemann des Wortes für die Welt zu werden, vor der Aufgabe, vor der ein Mose, ein Jesaja, ein Jeremia so erschrocken sind? Ist die anfängliche Weigerung dieser Männer, das Göttliche auf das Leben der Menschen zu beziehen, etwa unsachlicher als unsere rasche Bereitschaft dazu? Ist die Flucht des Jona vor dem Herrn etwa nur aus der Anmaßung der Religion zu erklären? Mit ein bißchen Erlebnis, Einsicht und gutem Willen ist es hier offenbar nicht getan. Das Göttliche ist etwas Ganzes, in sich Geschlossenes, etwas der Art nach Neues, Verschiedenes gegenüber der Welt. Es läßt sich nicht auftragen, aufkleben und anpassen. Es läßt sich nicht teilen und austeilen, gerade weil es mehr als Religion ist. Es läßt sich nicht anwenden, es will stürzen und aufrichten. Es ist ganz oder es ist gar nicht. Wo hat denn die Gotteswelt offene Fenster gegen unser Gesellschaftsleben hin? Wie kommen wir dazu, zu tun, als ob sie es hätte? Ja, Christus zum soundsovielten Male zu *säkularisieren*, heute z. B. der Sozialdemokratie, dem Pazifismus, dem Wandervogel zu Liebe, wie ehemals den Vaterländern, dem Schweizertum und Deutschtum, dem Liberalismus der Gebildeten zu Liebe, *das* möchte uns allenfalls gelingen. Aber nicht wahr, da graut uns doch davor, wir möchten doch eben Christus nicht ein neues Mal verraten. Aber andererseits: in welches Gedränge geraten wir bei dem Versuch, jenes, wozu die Einsicht und der gute Wille uns treibt, zu tun – und dieses, das was nicht geschehen sollte, zu lassen! Wie schwer ist es, reinen Herzens und in Ehrfurcht vor dem Heiligen auch nur den kleinsten Schritt zu tun mit Christus in der Gesellschaft! Wie spröde verhält sich das Göttliche, wenn es das Göttliche ist, dem Menschlichen gegenüber, dem wir es heute so gerne amalgamieren möchten! Wie gefährlich ist es, sich mitten in den Fragen, Sorgen und Erregungen der Gesellschaft auf Gott einzulassen! Wohin werden wir geführt, wenn wir die Absonderung des religiösen Gebietes aufgeben und uns *im Ernst* auf Gott einlassen, und wohin, wenn wir uns *nicht im Ernst* auf ihn einlassen? Wahrlich, Gott ist heute weniger als je wohlfeil zu haben und wir werden gut tun, das Bedenken, das sich gerade von dieser Seite her gegen unsere neue Parole erhebt, sehr ernst zu nehmen. »Wer ist unter euch, der einen Turm bauen will und sitzt nicht zuvor und überschlägt die Kosten, ob er's habe hinauszuführen?« (Lc. 14,28.) Das ist die eine Seite.

Und wir sehen auf der andern Seite die *Gesellschaft*, ebenfalls ein wenn auch innerlich brüchiges, so doch nach außen in sich geschlossenes Ganzes für sich – ohne Fenster gegen das Himmelreich. Wo ist der Sinn in all dem Unsinn, der Ursprung in der Entartung, der Weizen unter all dem Unkraut? Wo ist Gott in all dem Menschlichen, allzu Menschlichen? Du bist Erde und sollst wieder zu Erde werden! Ist das nicht das Urteil über die Menschheit und ihr eigenes Glaubensbekenntnis!? Wir leiden heute auch unter *dieser* Abgeschlossenheit, weil wir ihrer bitteren Folgen gewahr geworden sind. Es sträubt sich alles in uns, die vor dem Krieg bis zum Überdruß wiederholten Sätze von der Eigengesetzlichkeit der Kultur, des Staates, des Wirtschaftslebens fernerhin zu hören und nachzusagen. So gerne, ach so gerne würden wir heute die Gesellschaft in Christus begreifen, in Christus erneuern, »die Gesinnungsprinzipien Jesu als Maximen einer jeden öffentlichen, völkischen, staatlichen, weltlichen Gesellschaftsgestaltung anwenden«, wie Sie in Ihrem Programmsatz sagen. Hätten wir doch zu solcher Anwendung den verklärenden Optimismus eines Richard Rothe! Dahin führt nun für uns kein Weg mehr zurück. Aber wird uns der Weg vorwärts nicht zu Friedrich Naumann führen, der ja auch einmal von da ausgegangen ist? An einer ernsthaften »Anwendung« hindert uns doch wohl zunächst die brutale Tatsache, daß jene nun einmal gewonnene und vorhandene und auch im Revolutionszeitalter unerbittlich fortwirkende Eigengesetzlichkeit des gesellschaftlichen Lebens jedenfalls nicht *damit* beseitigt ist, daß wir ihrer gründlich müde geworden sind. Wir haben es gewollt, daß hart im Raume sich die Sachen stoßen, und nun müssen wir es zunächst so haben. Mögen wir diese harte Sachen des religiösen Glanzes wieder entkleiden, mit dem sie um die Jahrhundertwende von Naumann und den Seinen mit dem Mute der Verzweiflung oder zum ästhetischen Überfluß umgeben worden sind – wir sind *damit* die einmal gerufenen Geister noch nicht wieder los. Behauptet das Heilige heute, und heute erst recht, zu unserm Leidwesen sein Eigenrecht gegenüber dem Profanen, so behauptet das Profane nun ebenso das seinige gegenüber dem Heiligen. Die Gesellschaft *ist* nun beherrscht von ihrem eigenen Logos oder vielmehr von einer ganzen Reihe von gottähnlichen Hypostasen und Potenzen. Wir mögen uns heute den Frömmsten und Besten des hellenistischen oder auch des vorreformatorischen Zeitalters vergleichen: Daß die Götzen Nichtse sind, das beginnen wir zu ahnen, aber ihre dämonische Macht über unser Leben ist *damit* noch nicht gebrochen. Denn ein anderes ist der kritische Zweifel dem Gott dieser Welt gegenüber, ein anderes die Erkenntnis der δύναμις, der Bedeutung und Kraft des lebendigen Gottes, der eine neue Welt schafft. Ohne diese Erkenntnis ist doch wohl »Christlich-sozial« auch heute noch Unsinn. Es gibt allerdings auch hier die Möglichkeit, das alte Kleid mit losgerissenen Lappen vom neuen Kleid zu flicken, ich meine den Versuch, der weltlichen Gesellschaft einen kirchlichen Überbau oder Anbau anzugliedern und so nach dem alten Mißverständnis des Wortes Jesu dem Kaiser zu geben, was des Kaisers und Gott, was Gottes ist. Der Versuch des christlichen Mittelalters, die Gesellschaft zu *klerikalisieren*, wird vielleicht noch einmal unternommen und noch einmal von dem Erfolg gekrönt sein, der ihm seiner Natur nach beschieden sein kann. Bereits zeigen sich die Ansätze dazu auch auf protestantischem Gebiet: Laßt uns eine neue Kirche errichten mit demokratischen Allüren und sozialistischem Einschlag! Laßt uns Gemeindehäuser bauen, Jugendpflege treiben, Diskussionsabende und musikalische Andachten veranstalten! Laßt uns heruntersteigen vom hohen Kothurn der Theologen und dafür die Laien hinauf auf die Kanzel! Laßt uns mit neuer Begeisterung den alten Weg gehen, der mit dem Liebespietismus der inneren Mission beginnt und mit tödlicher Sicherheit mit dem Liberalismus Naumanns endigen wird. Vielleicht, daß wir über all den neuen oder wenigstens *uns* jetzt neuen Lappen vergessen können, daß das alte Kleid noch immer das *alte* Kleid ist. Gewiß werden wir gerade diesen Versuch ablehnen als den gefährlichsten Verrat an der Gesellschaft. Denn die Gesellschaft wird um die Hilfe Gottes, die wir doch eigentlich meinen, betrogen, wenn wir es nun nicht ganz neu lernen wollen, auf Gott zu warten, sondern uns statt dessen aufs neue eifrig an den Bau unserer Kirchen und Kirchlein machen. Aber ebenso gewiß stehen wir gerade dann, wenn wir uns von den modern-kirchlichen | Sirenentönen nicht einlullen lassen, mit unserm Programm des *omnia instaurare in Christo* gegenüber dem natürlich Gewordenen und unentwegt Bestehenden in der Gesellschaft da als solche, die auf Granit beißen wollen. Widerstehen wir tapfer der neuen kirchlichen Versuchung! Aber je tapferer wir ihr widerstehen, um so gewaltiger stehen da draußen die Giganten vor uns, zu deren Bezwingung wir uns doch aufgemacht haben. Wir werden also nach altbekannter Mahnung nicht nüchtern genug mit der »Wirklichkeit« rechnen können, wenn wir an die Ausführung unseres Programmes herantreten. Es hat seinen guten Grund, wenn es *rebus sic stantibus* unmögliche Ideale und unerreichbare Ziele gibt. Das ist die andere Seite.

Also das ist's, was ich in unserm Thema finde: zunächst eine große Verheißung, ein Licht von oben, das auf unsere Lage fällt; dann aber auch eine böse Abstraktion, ein erschreckendes Gegeneinander zweier artfremder Größen. Wir müssen beides offen ins Auge fassen. Das ist unsere Hoffnung und Not in Christus und in der Gesellschaft. Erwarten Sie in keinem Sinn, daß ich eine Lösung bringe. Niemand von uns darf sich hier einer Lösung rühmen. Es gibt nur *eine* Lösung, und die ist in Gott selbst. Unsere Sache kann nur das aufrichtige, nach allen Seiten eindringende, ich möchte den Ausdruck wagen: das priesterliche *Bewegen* dieser Hoffnung und Not sein, durch das der Lösung, die in Gott ist, der Weg zu uns freier gemacht wird. Und es ist selbstverständlich, daß das, was ich Ihnen heute bieten kann, nur die Aufstellung der *Gesichtspunkte* ist, unter denen dieses Bewegen stattfinden muß, das heute das Eine Notwendige ist. Man wird von diesen Gesichtspunkten immer auch noch anders reden können; aber darin bin ich allerdings meiner Sache sicher, daß die Gesichtspunkte, von denen ich reden möchte, die notwendigen sind und daß es neben ihnen keine andern gibt.

II.

Lassen Sie uns zunächst ohne Rücksicht auf das Hoffnungsvolle und Notvolle der Lage, das durch unser Thema bezeichnet ist, den *Standort* feststellen, den wir dieser Lage gegenüber tatsächlich einnehmen. Ich sage »tatsächlich«; denn es handelt sich nicht | darum, ihn erst einzunehmen, sondern wir haben ihn schon eingenommen, indem uns diese Lage zum Problem geworden ist.

»Standort« ist schon nicht das richtige Wort. Denn unsere Stellung zur Lage ist tatsächlich ein Moment einer *Bewegung*, dem Augenblicksbild eines Vogels im Fluge vergleichbar, außer dem Zusammenhang der Bewegung ganz und gar sinnlos, unverständlich und unmöglich. Damit meine ich nun freilich weder die sozialistische, noch die religiös-soziale Bewegung, noch die allgemeine, etwas fragwürdige Bewegung des sogenannten Christentums, sondern *die* Bewegung, die sozusagen senkrecht von oben her durch alle diese Bewegungen hindurchgeht, als ihr verborgener transzendenter Sinn und Motor, *die* Bewegung, die nicht im Raum, in der Zeit, in der Kontingenz der Dinge ihren Ursprung und ihr Ziel hat und die nicht eine Bewegung neben andern ist: ich meine die Bewegung der Gottesgeschichte oder anders ausgedrückt: die Bewegung der Gotteserkenntnis, die Bewegung, deren Kraft und Bedeutung enthüllt ist in der Auferstehung Jesu Christi von den Toten. Darum handelt es sich, wenn uns die Lage des Christen in der Gesellschaft hoffnungsvoll oder notvoll oder beides zugleich zum Problem geworden ist.

Machen Sie sich gefaßt darauf, gerade an dieser wichtigsten Stelle den schwächsten Teil meiner Ausführungen zu hören. Methodologische Erörterungen haben immer etwas Mißliches, Unmögliches und Gefährliches. Fast unvermeidlich verfallen sie in das Lächerliche des Versuchs, den Vogel im Fluge *doch* zeichnen zu wollen. Fast unvermeidlich verfallen sie dem Fluch des Ergebnisses, daß die Bewegung *an sich*, losgelöst vom Bewegtsein, zu einem Thema, zu einer Sache wird. Nicht umsonst hat sich Kant so ängstlich dagegen verwahrt, seine Vernunftkritik möchte statt als Prolegomenon als neue Metaphysik aufgefaßt werden. Und die Art, wie seine Warnung leichthin überhört worden ist, kann uns zeigen, wie groß die Gefahr ist, um die es sich hier handelt. Vernunftkritik muß sich vollziehen in kritischer Wissenschaft, Gottesgeschichte muß geschehen in Taten und Erweisungen, Gotteserkenntnis muß gegeben werden in zwingender, eröffnender, sich unmittelbar bewährender Einsicht und Rede, Leben muß gelebt werden in einem lebendigen Leben – was sollen sonst alle

Worte über das Wort? Dieses Mißliche erlebt der Philosoph, wenn er den Ursprung verkündigt, in welchem Erkennen und Handeln, Sollen und Sein eines ist. Dieses Mißliche erleben wir, wenn wir von der | Wirklichkeit des lebendigen Gottes zeugen. Stellt uns in die Kraft des Ursprungs! Stellt uns in die Wirklichkeit Gottes! Das ist's, was der Hörer verlangen dürfte – wenn er dürfte! Und da stehen wir vor unserer großen Armut, gerade in der Voraussetzung. Das, wovon jetzt die Rede sein soll, müßte, indem es ausgesprochen wird, da sein, vermittelt werden, wirksam werden, sonst *ist* es gar nicht das, wovon die Rede ist. »Das Wort Gottes ist lebendig und kräftig und schärfer denn kein zweischneidig Schwert und dringet durch« (Hebr. 4,12). Es steht nicht in meiner Macht, Ihnen dieses lebendige, kräftige, scharfe, durchdringende Wort Gottes zu sagen, wenn ich es nicht sagen *kann*, so wenig es in Ihrer Macht steht, es zu hören, wenn sie es nicht hören *können*. Wir hätten nun freilich durchaus das Recht und die Möglichkeit, wenigstens unsere Sehnsucht danach mit demjenigen religiösen Pathos zu beteuern, das dieser Sehnsucht wahrhaftig angemessen ist. Wir wollen uns aber auch das im Interesse der Sache verbieten; denn es ist besser, wenn wir uns gerade in der *Voraussetzung* unserer Armut bewußt werden und uns keiner religiösen Stimmung hingeben, die möglicherweise bei aller Wahrhaftigkeit diesen Tatbestand wieder verschleiern könnte. Also: Geben, was ich Ihnen hier geben müßte, *kann* ich nicht, es müßte denn ein Wunder geschehen. Beteuernd bezeugen, daß es sich um etwas sehr Großes handelt, *mag* ich nicht. So bleibt mir doch nichts übrig, als in dürren Worten zu umschreiben, um was es geht. Denken Sie aber bei dem, was ich zu sagen versuche, daran, daß der wirkliche, der fliegende Vogel gemeint ist und nicht das gezeichnete Rätselbild, das ich Ihnen vorlegen kann. Kommen Sie mit, wie ich auch versuche mitzukommen, so gut es uns allen gegeben ist.

Um *Gott* handelt es sich, um die Bewegung *von Gott her*, um unser Bewegtsein durch *ihn*, nicht um Religion. *Dein* Name werde geheiligt! *Dein* Reich komme! *Dein* Wille geschehe! Das sogenannte »religiöse Erlebnis« ist eine durchaus abgeleitete, sekundäre, gebrochene Form des Göttlichen. Es ist auch in den höchsten und reinsten Fällen Form, nicht Inhalt. Allzulange hat unsere ganze Theologie die Bibel und die Kirchengeschichte unter diesem formalen Gesichtspunkt gelesen. Allzulange hat die Kirche ihre ganze Tätigkeit auf die Pflege von allerlei Frömmigkeit gerichtet. Wir wollen heute von dieser Form ganz absehen. Das Unmittelbare, der Ursprung wird als solcher nie erlebt. Nur *Hinweis* auf den Ursprung, auf Gott ist alles »Erleben«. Und die in | Jesus enthüllte Lebensbewegung ist keine neue Frömmigkeit. Darum nehmen Paulus und Johannes kein Interesse am persönlichen Leben des sogenannten historischen Jesus, sondern allein an seiner Auferstehung. Darum sind auch die synoptischen Mitteilungen über Jesus schlechtweg unverständlich ohne die Bengelsche Einsicht in ihre Absicht: *spirant resurrectionem*. Das katholische Mittelalter und die Reformation haben das noch einigermaßen verstanden. Dem Pietismus, Schleiermacher und dem neuzeitlichen Christentum blieb es vorbehalten, das neutestamentliche Kerygma mit Bewußtsein rückwärts zu lesen. Wir müssen die große Sachlichkeit wiedergewinnen, in der sich Paulus mit den Propheten, mit Plato begegnet. Christus ist das unbedingt *Neue* von *oben*, der Weg, die Wahrheit und das Leben *Gottes* unter den Menschen, der Menschensohn, in welchem sich die Menschheit ihrer *Unmittelbarkeit* zu Gott bewußt wird. Aber Distanz wahren! Keine noch so feine psychische Dinglichkeit der *Form* dieses Bewußtwerdens darf die wahre Transzendenz dieses *Inhalts* ersetzen oder verschleiern. Allzu klein ist der Schritt vom Jahwe-*Erlebnis* zum *Baal*-Erlebnis. Allzu verwandt sind die religiösen mit den sexuellen Vorgängen. Es geht um die *Reinheit* und *Überlegenheit* der Lebensbewegung, in der wir stehen, es geht um das tiefste Verständnis unser selbst, wenn ich betone: nicht unser allfälliges Erfahren und Erleben Gottes, nicht unsere allfällige Frömmigkeit ist diese Lebensbewegung, nicht ein Erlebnis neben andern Erlebnissen, sondern – ich rede nun absichtlich so abstrakt und theoretisch als möglich, damit alle emotionalen Mißverständnisse heute einmal ausgeschaltet seien – die senkrechte Linie, die durch alle unsere Frömmigkeiten und Erlebnisse hindurch- und großenteils auch daran vorbeigeht, der Durchbruch und die Erscheinung der Gotteswelt, heraus aus dem verschlossenen Heiligtum hinein in das profane Leben: die leibliche Auferstehung Christi von den Toten. Daß wir an ihrer Bedeutung und Kraft Anteil haben, *das* ist unser Bewegtsein.

Wir müssen zurückkommen auf jene Sprödigkeit, in der das Göttliche dem Menschlichen gegenübersteht, von der wir bereits redeten. Wir hatten wohl schon dort den Eindruck, daß es bei dieser Absonderung des Heiligen vom Profanen nicht sein Bewenden haben könne. Gott wäre nicht Gott, wenn es dabei sein Bewenden hätte. Es *muß* ja *dennoch* einen Weg geben von dort nach hier. Mit diesem »Muß« und mit diesem »Dennoch« bekennen wir uns zu dem Wunder der *Offenbarung* Gottes. Mag uns das Heilige, das Göttliche noch so sehr zurückschrecken durch seine unerreichbare Höhe, wir können nicht mehr lassen von dem Wagnis, es unmittelbar auf unser Leben in seiner ganzen Ausdehnung zu beziehen. Wir wollen achtgeben auf die Stimme, die uns sagt: Tritt nicht herzu, zieh deine Schuhe aus von deinen Füßen, denn der Ort, darauf du stehest, ist ein heilig Land! Wir wollen uns mit Mose fürchten, Gott anzuschauen. Aber nun hören wir derselben Stimme weitere Botschaft: »Ich habe gesehen das Elend meines Volkes in Ägypten und habe ihr Geschrei gehört und bin herniedergefahren, daß ich sie errette von der Ägypter Hand!« und erkennen, daß jenes Verbot nur um der Fülle und Klarheit dieser Botschaft willen sein muß. Auch Jesaja, auch Jona haben schließlich dem Heiligen damit Ehre erweisen müssen, daß sie sich unterwanden, das Heilige direkt auf das profane Leben der Menschen zu beziehen. Die Zeit des *mysterium tremendum*, das nichts ist als das, läuft einmal ab und mit ihr die Zeit *der* Scheu vor dem Göttlichen, die Scheu ist und bleibt. Der Kern durchbricht die harte Schale. Das Hören der Botschaft, der Mut, es mit Gott zu wagen, die Aufmerksamkeit auf das, was sein »Herniederfahren« für uns bedeutet, gewinnt es bei aller Scheu über die *bloße* Scheu. Das ist kein Tun des Menschen, sondern das Tun Gottes im Menschen. Eben darum ist Gottes*erkenntnis* wesentlich Gottes*geschichte*[,] kein bloßer Bewußtseinsvorgang. Es geschieht etwas von Gott her, ein Wunder vor unsern Augen. Eine der Art nach *neue* Möglichkeit und Wirklichkeit tut sich dem Menschen auf. Wir halten es, nachdem wir einmal des Lebens im Leben bewußt geworden sind, nicht mehr aus im Lande des Todes, in einem Leben, dessen Ausgestaltungen uns gerade den Sinn des Lebens, die Beziehung auf den schöpferischen Ursprung aufs Schmerzlichste vermissen lassen. Ja, wir erkennen das ganz Andere, die Ewigkeit im Leben der Gottheit, aber darum kommen wir doch nicht mehr darüber hinweg, daß auch für uns nur das *ewige* Leben »Leben« heißen und sein kann. Gerade das ganz Andere an Gott, das sich gegen alle Säkularisierungen, gegen alle bloßen Anwendungen und Bindestriche sträubt, treibt uns mit zwingender Kraft, unsererseits auszuschauen nach einem wurzelhaften, prinzipiellen, ursprünglichen Zusammenhang unseres Lebens mit jenem ganz andern Leben. Wir wollen leben und nicht sterben. Der lebendige *Gott* ist es, der uns, indem er uns begegnet, nötigt, auch an *unser* Leben zu glauben. Mag denn diese Belebung unseres Lebens, an die wir, durch Gott selbst genötigt, glauben müssen, letzten Endes schlechthin jenseitig in der Aufhebung der Kreatürlichkeit bestehen, in der wir uns jetzt und hier dem Leben Gottes gegenüber befinden. Gerade das meinen wir ja auch im tiefsten Grund. »Wir warten auf unseres Leibes Erlösung« (Röm. 8,23). Es muß sich ja doch auch diese Aufhebung auf unser ganzes diesseitiges Leben beziehen und das Licht, das durch die wachsende Erkenntnis Gottes in unsere Seele kommt, wird es je länger desto weniger zugeben, daß wir uns auch nur an einem Punkt mit dem endgültigen Todescharakter unseres diesseitigen Daseins abfinden können.

Mit der Einsicht in diesen Durchbruch des Göttlichen ins Menschliche hinein wird es aber bereits klar, daß es auch bei der Isolierung des Menschlichen dem Göttlichen gegenüber nicht sein Bewenden haben kann. Die Unruhe, die uns Gott bereitet, muß uns zum »Leben« in kritischen Gegensatz bringen, kritisch im tiefsten Sinn zu verstehen, den dieses Wort in der Geistesgeschichte gewonnen hat. Es entspricht dem Wunder der Offenbarung das Wunder des *Glaubens*. Gottes*geschichte* ist auch diese Seite der Gottes*erkenntnis*, und wiederum kein bloßer Bewußtseinsvorgang, sondern ein neues Müssen von oben her. Mag es uns noch so einleuchten, daß der Staat und die Wirtschaft, die Kunst und die Wissenschaft, aber noch viel primitiver: schon die banalen Notwendigkeiten des Essens, Trinkens, Schlafens, Älterwerdens, diese brutalsten Voraussetzungen der Gesellschaft, ihre eigenen Bewegungs- und Trägheitsgesetze haben, mögen wir noch so ernst damit rechnen, die Gültigkeit dieser Gesetze immer und immer wieder erfahren zu müssen, mag uns die absolute Torheit des auf Granit Beißens noch so klar sein – eins ist doch noch klarer, nämlich daß wir uns in eine *letzte* selbständige Gültigkeit dieser Gesetze nicht mehr finden können. *Nicht nur darum*, weil wir ganz äußerlich in den Erfahrungen unseres Zeitalters durch Schaden klug geworden sind, *nicht nur darum*, weil wir auch geistig des Pantheons selbständiger Gottheiten müde, bis zum Überdruß müde geworden sind, *nicht nur darum*, weil nach dem Rausch Skepsis und Aufklärung über uns gekommen ist gegenüber den κοσμοκράτορες τοῦ σκότους τούτου Eph. 6,12 – das alles wäre allerdings noch nicht die Bedeutung und Kraft der Auferstehung, sondern *darum*, weil unsere Seele erwacht ist zum Bewußtsein ihrer Unmittelbarkeit zu Gott, d. h. aber einer verloren gegangenen | und wieder zu gewinnenden Unmittelbarkeit aller Dinge, Verhältnisse, Ordnungen und Gestaltungen zu Gott. Denn indem sich die *Seele* ihres Ursprungs in Gott wieder erinnert, setzt sie eben dahin auch den Ursprung der *Gesellschaft*. Indem sie zur Besinnung kommt, findet sie den Sinn des *Lebens* in seiner ganzen Breite. Und das mit dem Bewußtsein ihrer eigensten größten Beteiligung, Schuld und Verantwortlichkeit. Sie stellt sich unter das Gericht, in dem die Welt ist und sie nimmt die Welt als Last auf sich. Es gibt kein Erwachen der Seele, das etwas anderes sein könnte als ein »mitleidend Tragen der Beschwerden der ganzen Zeitgenossenschaft«. Dieses Erwachen der Seele ist die Bewegung, in der wir stehen, die Bewegung der Gottesgeschichte oder der Gotteserkenntnis, die Bewegung im Leben aufs Leben hin. Wir können es, indem wir in diesem Erwachen begriffen sind, nicht mehr unterlassen, alle Gültigkeiten des Lebens zunächst einer prinzipiellen Verneinung zu unterwerfen, sie zu prüfen auf ihren Zusammenhang mit dem, was allein gültig sein kann. Alles Leben muß es sich gefallen lassen, sich am Leben selbst messen zu lassen. Ein selbständiges Leben *neben* dem Leben ist nicht Leben, sondern Tod. Tot sind alle Dinge, die mehr als Stoffe sein, die eine eigene grob-klotzige Dinglichkeit für sich in Anspruch nehmen wollen. Tot ist unser persönliches Leben und wenn es das edelste, feinste und frömmste wäre, wenn es nicht seinen Anfang hat in der Furcht Gottes. Tot ist alles Nebeneinander von Teilen, mögen wir sie noch so begeistert in der Hand halten, fehlt leider nur das geistige Band, so fehlt ihnen alles. Tot ist ein Innerliches für sich, ebenso wie ein Äußerliches für sich. Tot sind alle »Dinge an sich«, alles hier und dort, einst und jetzt, dies und das, das nicht zugleich Eines ist. Tot sind alle bloßen Gegebenheiten. Tot ist alle Metaphysik. Tot wäre Gott selbst, wenn er nur von außen stieße, wenn er ein »Ding an sich« wäre und nicht das Eine in Allem, der Schöpfer aller Dinge, der sichtbaren und der unsichtbaren, der Anfang und das Ende. Es ist die Revolution des Lebens gegen die es umklammernden Mächte des Todes, in der wir begriffen sind. Wir können uns durch die Ideologien, mit denen sich diese Todesmächte zu umgeben gewußt haben und durch alles, was sich relativ für ihre Gültigkeiten sagen läßt, nicht mehr *ganz* täuschen lassen über ihren wahren Charakter. Es ist etwas in uns, was sie grundsätzlich in Abrede stellt. Und das ist nun der Sinn unserer Lage, der sich in der *heutigen Situation*, wenn auch durchaus nicht in neuer, so doch jedenfalls in ungewohnt deutlicher und bedeutsamer Weise abzeichnet. Das Leben hat sich gegen den Tod im Leben aufgemacht. Es handelt sich nicht darum, irgendetwas in die seltsam verworrenen und zweideutigen Bewegungen unserer Zeit hineinzulesen, wohl aber darum, sie in ihrem tiefsten Sinn mitleidend und mithoffend zu begreifen. Wir täuschen uns nicht über die Tatsache, daß die Erschütterung so vieler »Dinge an sich«, die wir heute miterleben, *hier* stecken zu bleiben im Banne der alten, *dort* auszulaufen droht in die Entstehung neuer Dinglichkeiten und Gottlosigkeiten an Stelle der alten. Wir werden es uns darum doch nicht nehmen lassen, im Auge zu behalten, um was es eigentlich geht: Die tödliche Isolierung des Menschlichen gegenüber dem Göttlichen ist's, die heute an mehr als einem Punkte sehr ernstlich in Frage gestellt ist. Mögen wir mit allem Recht den Kopf schütteln über den phantastischen Freiheitsdrang der heutigen Jugend, das Befremden und der Widerstand dagegen darf jedenfalls nicht der letzte Sinn unserer Haltung ihr gegenüber sein; es ist die *Autorität an sich*, gegen die sich die moderne Jugendbewegung aller Schattierungen richtet, und wer heute Erzieher sein will, der muß in diesem Kampf trotz Foerster grundsätzlich auf ihrer Seite stehen. Mag das Heiligste in Gefahr sein bei der Auflösung der Familie, die wir heute in vollem Gang sehen, wir dürfen bei allem Entsetzen und Widerstand, mit dem wir diesen Vorgang begleiten, nicht verkennen, daß es sich letztlich um den Angriff auf die *Familie an sich* handelt, die wahrlich kein Heiligtum, sondern der gefräßige Götze des bisherigen Bürgertums gewesen ist. Mögen wir den Produkten der modernen expressionistischen Kunst mit tiefster Abneigung gegenüberstehen; es ist doch gerade hier besonders deutlich, daß es diesen Menschen um das Etwas, um den Inhalt, um die Beziehung des Schönen auf das Eine im Leben zu tun ist im Gegensatz zu einer *Kunst an sich*, die sich wahrlich weder auf Raffael noch auf Dürer mit allzu großer Sicherheit berufen dürfte. Und für diese Tendenz müßten wir wiederum mehr als ein Kopfschütteln übrig haben. Und wenn wir heute mit allem Ernst, denn es geht um die Existenzfrage, einstimmen in den Ruf: Arbeit, Arbeit ist es, was Europa jetzt nötig hat! so wollen wir uns wenigstens nicht bis auf den Grund unserer Seele verwundern und entrüsten, wenn uns die Spartakisten gerade in diesem vitalsten Punkt antworten, daß sie lieber zugrunde gehen und alles zugrunde richten wollen, als wieder unter das | Joch der *Arbeit an sich* zurückzukehren. Mit ganzer Teilnahme werden wir endlich mit unserm Begreifen da dabei sein, wo in der Bewegung unserer Zeit die Kirche in Frage gestellt wird. War es nicht auch Ihnen etwas vom Überraschendsten an der deutschen Revolution und eigentlich das, was am meisten geeignet war, allzu große Hoffnungen für die nächste Zeit zu dämpfen, wie die neuen Gewalten so rasch Halt machten gerade vor den Pforten der *Religion an sich*, wie leicht gerade dieses Abstraktum, diese Todesmacht in ihrer katholischen und protestantischen Form sich in ihrer Geltung behaupten konnte, ohne sich mit einem nennenswerten grundsätzlichen Protest gegen ihr Dasein irgendwie auseinandersetzen zu müssen? Wenn irgendwo, so werden wir gerade hier die ersten sein müssen, diesen Protest zu begreifen, wenn er kommt, ja ihn selbst zu erheben, wenn er sonst nicht kommt, die ersten zu begreifen, was die heutigen dürftigen Kirchengegner offenbar selbst noch nicht begreifen, daß das Göttliche am allerwenigsten als ein Ding an sich betrieben und gepflegt werden kann.

Begreifen – lassen Sie mich den Sinn dieser einheitlichen Bewegung des Lebens in den Tod hinein und aus dem Tode heraus ins Leben, in der wir stehen, einmal zusammenfassen in dieses eine Wort: Begreifen. Begreifen wollen wir die große Beunruhigung des Menschen durch Gott und darum die große Erschütterung der Grundlagen der Welt. Begreifen all das Bewegende und Bewegte auch in seinem gottlosen Rohzustand. Begreifen unsere Zeitgenossen, von Naumann bis zu Blumhardt, von Wilson bis zu Lenin in all den verschiedenen Stadien der gleichen Bewegung, in denen wir sie sehen. Begreifen unsere Zeit und ihre Zeichen, begreifen auch uns selbst in unserer seltsamen Beunruhigung und Bewegtheit. Begreifen heißt: von Gott aus einsehen, daß das nun alles gerade so und nicht anders sein muß. Begreifen heißt: in der Furcht Gottes die ganze Lage auf sich nehmen und in der Furcht Gottes in die Bewegung der Zeit hineintreten. Begreifen heißt: Vergebung empfangen, um selber zu vergeben. Das ist's, wozu wir getrieben sind, weil es uns not tut. Denn täuschen wir uns darin nicht: es ist in dieser Beunruhigung durch

Gott, die uns in kritischen Gegensatz zum Leben bringt, enthalten die denkbar positivste und fruchtbarste Leistung. Das Gericht Gottes über die Welt ist die Aufrichtung seiner eigenen Gerechtigkeit. Sich auf den Anfang zurückwerfen lassen, ist keine öde Verneinung, wenn wir | wirklich auf den Anfang, auf Gott geworfen werden; denn nur mit Gott können wir positiv sein. Positiv ist die *Negation*, die von Gott ausgeht und Gott meint, während alle *Positionen*, die nicht auf Gott gebaut sind, negativ sind. Den Sinn unserer Zeit in Gott *begreifen*, also hineintreten in die Beunruhigung durch Gott und in den kritischen Gegensatz zum Leben, heißt zugleich unserer Zeit ihren Sinn in Gott *geben*. Denn die Vergebung ist im Gegensatz zu allen Ideologien, die eine Dinglichkeit beschönigen und verklären wollen, die Macht Gottes auf der Erde, die ein Neues schafft. Gerade indem wir durch alle Furcht, Verdrossenheit, Skepsis und polemische Aufklärung den Dingen gegenüber zurückgehen auf ihren Ursprung in Gott, gehen wir dem Punkt entgegen, wo sich das lebendige Wort und die schöpferische Tat wieder einstellen müssen. Möchten wir uns doch durch alle bloß negativen zersetzungsmäßigen Erscheinungen, die wir bei diesem Rückgang auf Gott an uns selbst und mit der Welt erleben, nicht irre machen lassen in der Richtung der Bewegung selbst. Die Grabeswächter, die, da die Auferstehung geschieht, nach Grünewalds und Rembrandts kühner Intuition nach allen Seiten von ihrem Sitz auf der verschlossenen Gruft herunterkollern, sie bieten freilich einen bloß negativen, einen »unerfreulichen und wenig lehrreichen Anblick« – aber handelt es sich denn *darum*? Daß *das* nicht die Auferstehung ist, wissen wir auch. Aber wer nötigt uns denn, den Blick auf diese Nebenszene zu richten? Wer hindert uns, die Auferstehung selbst zu sehen, Gotteserkenntnis zu gewinnen, Gottesgeschichte zu erleben? Und wer könnte die Auferstehung sehen, ohne selber an ihr *teilzunehmen*, selber ein *Lebendiger* zu werden und in den *Sieg* des Lebens einzutreten?

Was haben wir damit gewonnen, daß wir so unsere Lage, den Moment der Bewegung, in der wir stehen, beschrieben haben? Haben wir nur eine neue Überschrift gesetzt über den alten, den heillosen Konflikt? Vielleicht ja. Wir haben es versucht, uns zu *erinnern* an das, was wir vergessen haben und immer wieder vergessen, an Gottes Offenbarung und an unsern eigenen Glauben; vielleicht haben wir uns aber dessen nicht erinnert. Wir haben es versucht, unsern Blick auf das in Christus den Tod überwindende *Leben* zu richten; vielleicht haben wir aber nur eine tote Sache neben andern gesehen. Wir haben es versucht, den *archimedischen Punkt* zu bezeichnen, von dem aus die | Seele und mit der Seele die Gesellschaft bewegt ist; vielleicht haben wir aber aufs neue von einer metaphysischen Dinglichkeit, von einer falschen Transzendenz geredet und gehört. In dieser bösen Möglichkeit liegt die Schwäche und die Gefahr des eben Gesagten. Aber ist es nicht eigentlich gottlos, diese böse Möglichkeit als Möglichkeit allzu ernst zu nehmen? In Gott ist sie offenbar gerade die Unmöglichkeit, und in Gott leben, weben und sind wir. Wie könnten wir appellieren an diese letzte Instanz, an diese Voraussetzung alles Betrachtens und alles Betrachteten, ohne uns allen möglichen Mißverständnissen zum Trotz letztlich zu verstehen, zu verstehen, daß wir von der Kraft der Auferstehung *leben*, trotz aller Armut unserer Erkenntnis und Bewegtheit, zu verstehen, daß die Auferstehung Christi von den Toten keine Frage ist, sondern die Antwort, die uns gegeben ist und die wir alle schon irgendwie gegeben haben? ὃ καὶ παρελάβετε, ἐπ' ᾧ καὶ ἑστήκατε, δι' οὗ καὶ σώζεσθε I. Cor. 15,1-2! Wir *kommen* tatsächlich mit, wir *werden* mitgenommen, mit oder ohne religiöse Stimmung. Gottlos wäre es, bei aller Wahrhaftigkeit uns selbst gegenüber, unser Mitkommen und Mitgenommenwerden ganz in Abrede zu stellen. Es ist mindestens etwas in uns, was hier mitgeht. Wenn aber auch nur etwas in uns mitgeht, dann ist allerdings unsere Beschreibung unserer Lage mehr als Beschreibung. Wir sind keine unbeteiligten Zuschauer. Wir *sind* von Gott bewegt. Wir erkennen Gott. Gottesgeschichte geschieht in uns und an uns. Und so ist es das Licht des Sieges, in das unsere Hoffnung und unsere Not getreten ist. Die Hoffnung ist gegenüber der Not das entscheidende, das überlegene

Moment. Kein Gleichgewicht mehr von göttlichen und weltlichen Interessen, Tendenzen und Kräften. Gott setzt den Hebel an, um die Welt zu heben. Und die Welt ist gehoben von dem Hebel, den Gott angesetzt hat. Gottesgeschichte ist *a priori* Siegesgeschichte. Das ist das Zeichen, in dem wir stehen. Das ist die Voraussetzung, von der wir herkommen. Damit soll der ganze Ernst der Lage nicht verwischt, der tragische Zwiespalt, in dem wir uns befinden, nicht überstrichen sein. Wohl aber ist damit festgestellt, daß das letzte Wort zur Sache schon gesprochen ist. Das letzte Wort heißt *Reich Gottes*, Schöpfung, Erlösung, Vollendung der Welt durch Gott und in Gott. Nicht das: Tritt nicht herzu! ist das letzte Wort über Gott, sondern: Also hat Gott die Welt geliebet, daß er seinen eingeborenen Sohn gab! Nicht: Du bist Erde und sollst wieder zu Erde werden! ist das letzte Wort über die Welt des Menschen, sondern: Ich lebe und ihr sollt auch leben! Mit diesem *letzten* Wort in *offenen* Ohren wollen wir unsere Hoffnung und unsere Not in uns bewegen. Die vordringende Herrschaft Gottes ist unser vorher Gegebenes. Die unselige Statik eines konstanten Verhältnisses zwischen Gott und Mensch ist überwunden. Unser Leben gewinnt Tiefe und Perspektive. Wir stehen mitten in einer tragischen, aber auch zielgewissen Reihe göttlicher Taten und Erweisungen. Wir stehen in der Wende der Zeiten, in der Umkehrung von der Ungerechtigkeit der Menschen zur Gerechtigkeit Gottes, vom Tode zum Leben, von der alten zur neuen Kreatur. Wir stehen in der Gesellschaft als die Begreifenden, also als die Eingreifenden, also als die Angreifenden, gehemmt durch das Heilige, aber nicht ganz gehemmt, zurückgestoßen durch das Profane, aber nicht ganz zurückgestoßen. Die großen Synthesen des Colosserbriefes, sie *können* uns nicht *ganz* fremd sein. Sie sind uns offenbar. Wir glauben sie. Sie sind vollzogen. Wir selbst vollziehen sie. *Jesus lebt.* »In ihm ist alles geschaffen, das im Himmel und auf Erden ist, das Sichtbare und das Unsichtbare es seien Throne oder Fürstentümer oder Obrigkeiten; es ist alles durch ihn und zu ihm geschaffen« (Col. 1,16).

III.

»Durch ihn und zu ihm *geschaffen.*« Die nächste Aussicht, die sich gerade von da aus eröffnet, ist überraschend genug; wir dürfen uns aber nicht vor ihr verschließen, auch wenn sie vielleicht nicht ganz zu unsern augenblicklichen Stimmungen passen sollte. Die Lage zwischen Gott und Welt ist durch die Auferstehung in so grundsätzlicher umfassender Weise bewegt, und die Stellung, die wir in Christus dem Leben gegenüber einnehmen, ist so radikal überlegen, daß wir uns, wenn wir nun der Bedeutung und Kraft des Reiches Gottes im einzelnen nachgehen wollen, nicht etwa verleiten lassen dürfen, unsern Blick auf diejenigen Vorgänge und Erscheinungen zu beschränken, die wir im engeren und einzelnen Sinn als gesellschaftskritische, revolutionäre zu bezeichnen gewohnt sind. Der Protest gegen das jeweilig Seiende und Bestehende ist freilich ein integrierendes Moment im Reiche Gottes, und es waren dunkle, dumpfe, gottlose Zeiten, wo dieses Moment des Protestes unterdrückt und verhüllt werden konnte. Aber es ist auch dumpf und gottlos, Christus immer nur als den aus einer unbegreiflichen Versenkung auftauchenden Erlöser oder vielmehr Richter der gegenwärtigen, im Argen liegenden Welt zu denken. Das Reich Gottes fängt nicht erst mit unsern Protestbewegungen an. Es ist eine Revolution, die *vor* allen Revolutionen ist, wie sie *vor* allem Bestehenden ist. Die große Negation geht den kleinen voran, wie sie auch den kleinen Positionen vorangeht. Das Ursprüngliche ist die Synthesis, aus ihr erst entspringt die Antithesis, vor allem aber offenbar auch die Thesis selbst. Die Einsicht in die echte Transzendenz des göttlichen Ursprungs aller Dinge erlaubt, ja gebietet uns, immer auch das jeweilige Seiende und Bestehende *als solches* in Gott, in seinem Zusammenhang mit Gott zu begreifen. Der direkte, der schlichte, der methodische Weg führt uns notwendig zunächst nicht zu einer Verneinung, sondern zu einer *Bejahung* der Welt, wie sie ist. Denn indem wir uns in Gott finden, finden wir uns auch in die Aufgabe, ihn in der Welt, wie sie ist, und nicht in einer falsch transzendenten Traumwelt zu bejahen. Nur aus dieser Bejahung kann sich dann die echte, die radikale Verneinung ergeben, die bei unsern Protestbewegungen offenbar gemeint ist. Nur aus der Thesis kann die echte Antithesis entspringen, die echte, d. h. die ursprünglich der Synthesis entspringende Antithesis. Die Welt, wie sie ist, wie sie uns gegeben ist und nicht, wie wir sie uns träumen, werden wir also zunächst ganz naiv hinzunehmen und auf ihre Beziehung zu Gott zu befragen haben. Gott könnte die Welt nicht erlösen, wenn er nicht ihr Schöpfer wäre. Nur weil sie sein Eigentum *ist*, kann sie sein Eigentum *werden*. Echte Eschatologie leuchtet auch nach rückwärts, nicht nur nach vorwärts. Jesus Christus *gestern*, nicht erst heute. Gott will als Schöpfer erkannt und verehrt sein auch in dem, was schlechthin ist und geschieht, »schlechthin« diesmal nicht nur als *schlicht*hin, sondern wirklich auch als *schlecht*hin zu verstehen: in aller Schlechtigkeit, Entartung und Verwirrung, die diesem Seienden und Geschehenden augenblicklich anhaftet. Reich Gottes ist auch das *regnum naturae* mit dem ganzen Schleier, der über *dieser* Herrlichkeit Gottes jetzt liegt – dem Schleier zum Trotz werden wir freilich sofort hinzufügen. In diesem Sinn kommen wir um den bekannten und oft verurteilten Hegelschen Satz von der Vernünftigkeit alles Seienden nicht herum. Es ist in allen gesellschaftlichen Verhältnissen, in denen wir uns vorfinden mögen auch in ihrem schlechthinigen Sosein und Gewordensein, ein Letztes, das wir erkennen, eine ursprüngliche Gnade, die wir als | solche bejahen, eine Schöpfungsordnung, in die wir uns finden müssen, so gut wie wir uns in die Schöpfungsordnungen der uns umgebenden Natur zu finden haben. Nicht in das Tödliche und Gottlose des Weltlaufs schicken wir uns damit, sondern in das Lebendige und Göttliche, das im Weltlauf immer noch mitläuft, und gerade dieses *uns Schicken* in *Gott* in der Welt ist zugleich unsere Kraft, uns in die Welt *ohne Gott nicht* zu schicken. »*Durch ihn* und *zu ihm* geschaffen.« In diesem »Durch ihn« und »Zu ihm«: durch Christus und zu Christus hin, liegt die Überwindung der falschen *Weltverneinung*, aber auch die unbedingte Sicherung gegen alle *falsche* Weltbejahung.

In diesem Sinn verstehen wir die nur scheinbar epikureische Lebensweisheit des *Predigers Salomo*: »So gehe hin und iß dein Brot mit Freuden, trink deinen Wein mit gutem Mut; denn dein Werk gefällt Gott. Laß deine Kleider immer weiß sein und laß deinem Haupte Salbe nicht mangeln. Brauche des Lebens mit deinem Weibe, das du lieb hast, solange du das eitle Leben hast, das dir Gott unter der Sonne gegeben hat, solange dein eitel Leben währt; denn das ist dein Teil im Leben und in deiner Arbeit, die du tust unter der Sonne. Alles, was dir vor Handen kommt zu tun, das tue frisch; denn in der Hölle, da du hinfährest, ist weder Werk, Kunst, Vernunft noch Weisheit« (Pred. 9,4-11). Wer Ohren hat zu hören, der höre! Ich unterlasse also alle Erklärungen. Man kennt jedenfalls Jesus schlecht, wenn man meint, er könnte das nicht auch gesagt haben. Es liegt durchaus auf seiner Linie. Wer durch die enge Pforte der kritischen Negation hindurchgegangen ist – es ist alles ganz eitel, sprach der Prediger, es ist alles ganz eitel –, der darf und muß dann wieder so reden. In der Erkenntnis der *absoluten Eitelkeit* des Lebens unter der Sonne im Lichte des überhimmlischen Lebens Gottes liegt eben auch die Erkenntnis der *relativen* und nicht ganz unwichtigen und glanzlosen *Möglichkeit* und *Berechtigung* dieses eitlen Lebens.

In diesem Sinn verstehen wir die seltsame Tatsache, daß *Sokrates* sein Wissen um die Idee nicht ersinnt in weltabgeschiedener Klause, um es dann als ein Fremdes an die unwissenden Menschen heranzubringen. Nein, das Neue von oben ist ja zugleich das vergessene und verschüttete Urälteste. Erfinden heißt finden und so *findet* Sokrates auf den Straßen und Plätzen des Athens | der peloponnesischen Kriege, welches keine *civitas Dei* war, findet im Wissen des Arztes, des Baumeisters und Steuermanns um den Sinn und Zweck ihres Berufshandelns eine – trotz aller Isolierung und Splitterhaftigkeit dieses Sinn- und Zweckwissens – vorhandene Beziehung auf ein allgemeines ursprüngliches Wissen um den Sinn und Zweck des Lebens. Staunend wird diese Beziehung aufgedeckt und festgestellt. Das ist echte Verehrung Gottes des Schöpfers.

In diesem Sinn dürfte wohl auch der uns so schmerzliche Übergang *Naumanns* von seinem früheren christlich-sozialen Wollen zur schlechthinigen National- und Wirtschaftspolitik zu verstehen oder denn also mißzuverstehen sein. Naumanns »ästhetische« Bewunderung und Bejahung der Natur schlechthin, der Technik schlechthin, des Menschen schlechthin, warum sollte sie im Kern etwas anderes gewesen sein als das Staunen vor dem Ursprung, in dessen Lichte wir das Licht sehen auch in der Finsternis. Und wenn wir heute wieder dort einsetzen möchten, wo Naumann stehen geblieben ist, so soll uns doch auch sein Stehenbleiben den Blick erweitert haben auf das aller Finsternis zum Trotz auch im Finstern leuchtende Licht. Wie groß die Gefahr ist, daß aus solchem weltbejahenden Hindurchschauen auf den Schöpfer doch wieder ein bloßes Schauen der Geschöpfe wird, das werden wir uns freilich gerade durch die Erinnerung an Naumann sagen lassen. Auch Alkibiades, nicht nur Plato, ist bekanntlich an Sokrates Seite über den Markt von Athen gegangen. Aber die Tatsache allein, daß es möglich war, das Tun des Sokrates auch platonisch zu deuten, soll uns genügen zur Warnung, bei der Askese und bei dem Protest gegenüber den Ordnungen auch dieses Äons nicht stehen zu bleiben. Wir dürfen über der Oppositionsstellung zum Leben, die wir in Christus einnehmen müssen, gerade den Sinn Christi nicht verlieren für die Bedeutung dessen, was im Alltag um uns her geschieht, geschehen muß und in seiner Weise vollkommen und recht geschieht. Sondern gerade bei unserer Oppositionsstellung können und müssen wir das viel mißbrauchte: Verdirb es nicht, es liegt ein Segen drin! die dankbare, lächelnde, verstehende Geduld gegenüber der Welt, den Menschen und uns selbst durchaus mitnehmen, besser sogar als die andern, die von dieser Oppositionsstellung nichts wissen. Wir können es uns leisten, romantischer zu sein als die Romantiker und humanistischer als die Humanisten.

Doch das muß näher präzisiert sein. Denken wir an die Lebensanschauung, die sich in den *Gleichnissen* der synoptischen Evangelien ausspricht. Was ist denn das eine merkwürdige

Charakteristikum aller dieser Stücke, durch das sie sich von Äsops und Gellerts Fabeln, von Grimms und Andersens Märchen, von Christoph Schmids Erzählungen und vom indischen religiösen Mythus mit aller Bestimmtheit abheben? Doch wohl die schlichte Art, mit der hier das Himmelreich der Welt gleichgestellt wird. ὁμοία ἐστὶν ἡ βασιλεία τῶν οὐρανῶν heißt es – und dann kommt regelmäßig ein Bild aus dem Leben der Gesellschaft, das an sich gar nichts Himmlisches hat. Nicht die moralische, nicht die christliche, nicht irgendeine gedachte und postulierte Welt wird beschrieben, sondern höchst naiv die Welt schlechthin, wie sie's treibt und wie sie läuft, unbekümmert um den teilweise sehr massiven Erdenrest, der den geschilderten Vorgängen und Verhältnissen anhaftet. Ein rechter Lump, der von seinem Vater, weil er eben doch der Vater ist, mit einer für jeden Fernstehenden höchst unbegreiflichen Güte wieder aufgenommen wird. Ein keifendes Weib, das einem Richter, der sonst weder Gott noch die Menschen fürchtet, den Meister zeigt. Ein König, der in einen unvorsichtigen Krieg zieht und dann im rechten Augenblick noch zum Rückzug blasen läßt. Ein Spekulant, der sein ganzes Vermögen einsetzt, um eine kostbare Perle zu gewinnen. Ein Schlaumeier, ein rechter Kriegsgewinnler, der sich höchst umsichtig in den Besitz eines zufällig entdeckten Schatzes zu setzen weiß. Ein Spitzbube, der mit dem ungerechten Mammon umgeht, als ob es kein Mein und Dein gäbe. Eine Gruppe Kinder auf der Straße in vollem Händel. Der Bauer, der höchst behaglich schläft und wieder aufsteht, indes sein Land von selbst für ihn arbeitet. Ein Mensch, der, wie es so gehen kann, unter die Räder und unter die Räuber kommt im Leben, und der, obwohl die Welt voll frommer Leute ist, lange warten muß, bis er eine mitleidige Samariterseele findet. Ein launiger Gastgeber, der unter allen Umständen sein Haus voll sehen will. Eine alleinstehende Frauensperson, die, da sie einen Groschen verloren hat, tut, als wäre alles verloren. Der Gerechte und der Ungerechte nebeneinander in der Kirche, beide durchaus sich selber treu. Das ist alles so banal, so illusionslos, so ganz ohne eschatologische Spitze hingestellt, wie eben das Menschenleben tatsächlich ist und gerade darum von Eschatologie voll bis zum Rand. Denn es ist doch wohl nicht Erzählungstechnik, nicht literarische Form, sondern wie alle innerlich notwendige Form bereits selbst bedeutungsvoller Inhalt, Lebensanschauung, wenn da die Erscheinungen des Tages so ungebrochen | in ihrer in sich selbst beruhenden Notwendigkeit, Berechtigung und Vollkommenheit begriffen werden. Es ist dasselbe freie Überblicken und Verstehen und Darstellen des tatsächlichen Lebens der Gesellschaft, das z. B. die Romane Dostojewskis von der Art unterscheidet, mit der wir uns in den meisten Erzählungen Tolstojs sofort angepredigt fühlen. Nur aus der radikalsten Erkenntnis der Erlösung heraus kann man das Leben, wie es ist, so hinstellen, wie Jesus es getan hat. Nur vom Standpunkt der Antithesis, die in der Synthesis wurzelt, kann man die Thesis so ruhig gelten lassen. So kann nur einer reden, der dem Leben *absolut* kritisch gegenübersteht, und der darum, anders als Tolstoj, mit der *relativen* Kritik immer auch zurückhalten, der aus einer letzten Ruhe heraus ebensogut im *Weltlichen* die *Analogie* des *Göttlichen* anerkennen und sich ihrer freuen kann. Denn auch hier handelt es sich selbstverständlich nicht um ein sich an seinen Gegenstand verlierendes Anschauen, sondern um ein Hindurchschauen in die ursprüngliche Schöpfung, in das Himmelreich, dessen Gesetze sich in den Vorgängen und Verhältnissen des gegenwärtigen Äons abschatten. »Wird doch Gottes unsichtbares Wesen: seine ewige Kraft und Gottheit von der Erschaffung der Welt her durch die Vernunft in seinen Werken erschaut« (Röm. 1,20). Noch deutlicher als bei Sokrates ist bei Jesus jene weitblickende lächelnde Geduld, mit der alles Vergängliche auch in seinen abnormen Gestalten ins Licht des Unvergänglichen gerückt wird. Denn der Herr lobte nicht nur den trefflichen Arzt, den geschickten Steuermann, sondern auch den ungerechten Haushalter. Noch deutlicher aber auch: Alles Vergängliche ist *nur* ein Gleichnis. Denn gerade die große Gelassenheit dem Gegenstand gegenüber macht es hier ganz klar, daß das Ursprüngliche, das Schöpfungsmäßige im schlechthin Seienden und Geschehenden, in keinem

Sinn im Gegenstand selbst, sondern in seiner Idee, in seinem himmlischen Analogon zu suchen ist. Noch deutlicher endlich das keineswegs Rationale, Selbstverständliche, auf der Hand Liegende, sondern Wunderbare und Offenbarungsmäßige des Erschauens des unsichtbaren Wesens Gottes durch die Vernunft in seinen Werken, wie auch Paulus betont hat: »Der Gottesgedanke ist ihnen bekannt. *Gott* hat ihn ihnen bekannt gemacht« (Röm. 1,19). Denn einigen ist es gegeben, die Geheimnisse des Himmelreichs zu wissen, das Unvergängliche im Gleichnis des Vergänglichen zu schauen, andern aber ist es nicht gegeben. Ihnen muß es vielmehr gerade durch das Gleichnis | verhüllt werden, damit das Göttliche nicht etwa gottlos begriffen werde. Ohne Augen *darf* es kein Sehen geben, ohne den vergebenden Gott keine Vergebung. Sondern wer da *hat, dem* wird gegeben werden und er wird die Fülle haben. Die so oft bedauerte und belächelte sogenannte Markus-Theorie über den Sinn der Gleichnisse (Mark. 4,10-12, Matth. 13,10-17) ist also durchaus gerade ihre kongenialste und zweifellos von Jesus selbst herrührende Deutung. Bilder aus dem Leben, wie es *ist*, sind die Gleichnisse, Bilder, die etwas bedeuten. Denn das Leben, wie es *ist*, bedeutet etwas. Und wer das Leben, wie es *ist*, nicht versteht, kann auch seine Bedeutung nicht verstehen. Der so kühn und frei Welt und Himmelreich, Gegenwärtiges und Ursprünglich-Zukünftiges zusammen schaute, der hatte offenbar einen starken Sinn für *Sachlichkeit*. Eines kommt in den Gleichnissen nicht vor, nämlich Dilettantismus, Pfuscherei und Halbheit. Sogar der unnütze Knecht, der sein Pfund vergräbt, ist in seinem Tun und Reden in seiner Weise ein ganzer Mann. Die Kinder dieser Welt sind klug, sie machen ihre Sache auf ihrem Boden recht, besser als die Kinder des Lichts auf ihrem Boden, und der Herr lobt sie dafür. Sie sind hoffnungsvolle Erscheinungen. Wo man seine Sache recht macht, da ist offenbar – nicht das Himmelreich selbst, aber eine große Möglichkeit, daß das Himmelreich seinen weltlichen Vordergrund gleichsam durchschlägt und ins Bewußtsein, in die Erscheinung tritt. Soweit wir wissen, hat Jesus seine Jünger bei der Arbeit und nicht beim Müßiggang getroffen, als er sie in *seinen* Dienst rief: aus den *Fischern* konnten Menschenfischer werden, und aus der schlichten Pflicht, dem Kaiser zu geben, was des *Kaisers* ist, die Erkenntnis, daß noch viel mehr und noch ganz anderes Gott zu geben ist, was *Gottes* ist. Das klassische Beispiel für diesen bildlichen Charakter der bestehenden Verhältnisse und für das Durchschlagen des himmlischen Urbilds ist der Hauptmann von Kapernaum, der sich, ob es uns freut oder nicht, in seinem Tun als Militär selber zum Gleichnis wird für die Ordnungen des Messiasreichs, und dessen schlichte Einsicht dann von Jesus als Glaube gerühmt wird, wie er ihn in dem allzu geistlichen, ewig im Protest gegen die bestehende Welt begriffenen Israel nicht gefunden.

Was folgt aus dem allem? Offenbar der Hinweis darauf, daß schlichte *Sachlichkeit* unsers Denkens, Redens und Tuns auch innerhalb der jeweiligen bestehenden Verhältnisse und im Bewußt|sein der Gefangenschaft, in der wir uns hier befinden, eine *Verheißung* hat – nicht mehr, aber auch nicht weniger folgt daraus. Wir haben uns in keiner Weise als Zuschauer *neben* den Lauf der Welt, sondern an unserm bestimmten Platz in diesen Lauf hineinzustellen. Das Bewußtsein der solidarischen Verantwortlichkeit, die auf unsere Seele gelegt ist der entarteten Welt gegenüber oder anders ausgedrückt: der Gedanke an den Schöpfer, der auch der gefallenen Welt Schöpfer ist und bleibt, zwingt uns zu dieser Haltung. Mag denn alles, was wir im Rahmen des jeweilig schlechthin Seienden und Geschehenden tun können, nur *Spiel* sein im Verhältnis zu dem, was eigentlich getan werden sollte, so ist es doch ein *sinnreiches* Spiel, wenn es recht gespielt wird. Aus schlechten Spielern werden sicher keine guten Arbeiter, aus Bummlern, Journalisten und Neugierigen auf dem Kampfplatz des Alltags keine Stürmer des Himmelreichs. Das tiefste Befremden über die Problematik alles rein gegenständlichen Denkens und Schaffens muß zur Bereitschaft werden zum tiefsten Respekt vor jeder ehrlichen Leistung: es könnte ja die Reinheit des Ursprungs sein, die uns darin entgegentritt und gewiß tritt sie uns darin entgegen, wenn wir die Augen haben zu sehen. Die tiefste Unsicherheit in bezug auf den Wert unserer eigenen Arbeit muß den tiefsten Willen in uns erzeugen, rechte, gesunde, vollendete Arbeit zu tun; es könnte ja, wenn der Funke von oben dazu kommt, das Unvergängliche im Vergänglichen zur Erscheinung kommen. Die göttlichen *Gebote*: Erfüllet die Erde und machet sie euch untertan! Wer nicht arbeitet, der soll auch nicht essen! Der im Anfang den Menschen schuf, der schuf sie einen Mann und ein Weib! Ehre Vater und Mutter, auf daß es dir wohl gehe! sie stehen in voller Kraft. Die köstliche göttliche *Weisheit* des von Oetinger so dringend empfohlenen *sensus communis* der Sprüche und des Predigers Salomo werden wir doch nicht umsonst ihre Stimme auf den Gassen hören lassen, mögen diese Schriften so spätjüdisch sein als sie immer wollen. Und den göttlichen *Segen* zu erfahren, den Isaak und Hiob, nachdem sie durch die enge Pforte hindurchgegangen, schon auf dieser Erde empfingen, werden wir doch nicht zu großzügig sein wollen. Eine demütige, aber zielklare und auch wohl freudige Freiheit, uns auch auf dem Boden dieses Äons zu bewegen, wird uns nie ganz verboten und unmöglich sein: die Freiheit, im Lande der Philister zu wohnen, die Freiheit, im Haus der Zöllner und Sünder mit ruhiger Überlegenheit ein- und auszugehen, so auch im Hause des ungerechten Mammon, so auch im Hause des Staates, welcher ist das Tier aus dem Abgrund, heiße er wie er wolle, so auch im Hause der gottlosen Sozialdemokratie, so auch im Hause der falsch berühmten Wissenschaft und der losen Künste, so auch endlich und zuletzt sogar im Kirchenhaus. Warum denn nicht? Warum nicht just eben? *Introite nam et hic dii sunt*! In der Furcht Gottes werden wir ein- und ausgehen, ohne darum zu Götzendienern zu werden, ein- und ausgehen, als täten wir es nicht. Die Furcht Gottes ist unsere Freiheit in der Freiheit. »Ist's nun nicht besser dem Menschen, daß er esse und trinke und seine Seele guter Dinge sei in seiner Arbeit? Aber solches sah ich auch, daß es von Gottes Hand kommt. Denn wer kann fröhlich essen und sich ergötzen ohne ihn?« (Pred. 2,24-25.) Den Hinweis der Romantik, daß das Reich Gottes nicht erst heute anfange, den Hinweis des Humanismus, daß auch der gefallene Mensch der Träger des göttlichen Lichtfunkens ist, wir bejahen ihn. Wir bejahen das Leben. Auch das *regnum naturae*, die große Vorläufigkeit, in deren Rahmen sich alles Denken, Reden und Handeln jetzt abspielt, kann ja immer *regnum Dei* sein oder werden, wenn nur *wir* im Reiche Gottes sind und Gottes Reich in uns. Das ist nicht Weltweisheit. Das ist Wahrheit in Christus. Das ist gründliche und grundlegende biblische Lebenserkenntnis.

IV.

Aber von dieser Seite der Lebenserkenntnis werden wir lieber mit der Bibel leise als mit dem klassischen Altertum und dem deutschen Idealismus laut oder gar überlaut reden. Wir werden uns also zwar davor hüten, uns die *Lebensverneinung* mit gewissen Gestalten der russischen und überhaupt der östlichen Literatur zu einem eigenen Thema werden zu lassen. Denn der Untergang von Sodom und Gomorrha ist nichts zum Betrachten; über diesem Betrachten wird man zur Salzsäule. Aber auch die *Lebensbejahung* allein kann nicht wieder Thema werden. Hinter die grundsätzliche Gebrochenheit der Lebenserkenntnis Dostojewskis wollen wir nicht wieder zurück, weder zu den Griechen noch zu Goethe. Und nicht einmal einem harmonischen Gleichgewicht beider Momente möchten wir das Wort reden. Das Verhältnis zwischen der Tragik, die doch auch hinter dem griechischen Kulturbewußtsein steht und dem Glanz der Humanität, mit dem es sich dann trotzdem zu umgeben wußte, ist eine feine und ernste Frage, die jedenfalls nicht abstrakt und rational, sondern nur im Zusammenhang der Gottesgeschichte gelöst werden darf. Dann sind aber offenbar beide Momente nicht gleich starke, gleichsam symmetrische Momente der Wahrheit. Mögen es Goethe auf seinem weimarischen Jupiterthron und Dionysos-Nietzsche darin gehalten haben, wie sie wollten und durften, und mag es nach Kutters Mitteilungen dem göttlichen Humor zukommen, sich unter Tränen lächelnd in den Rätseln des Weltlaufs zu offenbaren – wir dürfen es uns jedenfalls nicht leisten, die Bewegung und Spannung zwischen diesen beiden Momenten irgendwie auszugleichen und zur Ruhe zu bringen, auch nicht um der uns wohl bewußten Vollständigkeit des philosophischen Begriffs des Menschen willen. Architektonische Gründe dürfen uns nicht übersehen lassen, daß die Antithesis mehr ist als bloße Reaktion auf die Thesis. In eigener ursprünglicher Kraft entspringt auch sie der Synthesis, die Thesis in sich begreifend und aufhebend und also in jedem denkbaren Moment sie an Würde und Bedeutung überragend. Ruhe ist in Gott allein. Wir müssen uns, auch wenn wir unsere Lage von Gott aus zu begreifen suchen, ehrlicherweise immer eingestehen, daß uns die Tragik unserer Lage stärker bewußt ist als die Souveränität, mit der wir uns allenfalls mit dieser Lage abzufinden wissen. Die Tränen sind *uns* näher als das Lächeln. *Wir* stehen tiefer im Nein als im Ja, tiefer in der Kritik und im Protest als in der Naivität, tiefer in der Sehnsucht nach dem Zukünftigen als in der Beteiligung an der Gegenwart. *Wir* können den *Schöpfer* der ursprünglichen Welt nicht anders ehren als indem wir schreien nach dem *Erlöser* der jetzigen Welt. Unser Ja gegenüber dem Leben trug ja von vornherein das göttliche Nein in sich, nun bricht es hervor in der Antithesis, gegenüber der vorläufigen Thesis hinweisend auf die ursprünglich-endliche Synthesis, selber noch nicht das Letzte und Höchste, aber der Ruf aus der Heimat, der auf unsere Frage nach Gott in der Welt antwortet. Das alte Lied von der Arbeit und Tüchtigkeit, von der Kultur und von der evangelischen Freiheit werden wir also auch im höheren Chor nur unter stärkster Dämpfung wieder aufnehmen. Unsere Beunruhigung durch Gott, seine Gnade und sein Gericht hat sich nun einmal der Entfaltung des Lebens verheißend, aber auch warnend in den Weg gestellt, und wir können keinen Augenblick mehr *nicht* an dieses Ereignis denken. *Zu* sehr bedrängt uns bei aller | erlaubten und nötigen Lebensbejahung die Tatsache, daß unser Handeln in diesem Äon wohl in Analogie, aber nicht in Kontinuität mit dem göttlichen Handeln steht. *Zu* wirksam ist gerade die Voraussetzung unserer Lebensbejahung, die darin besteht, daß alles eitel, alles ganz eitel ist. *Zu* belastet ist unsere Gegenwart durch die Einsicht, daß noch nicht erschienen ist, was wir sein werden. Zu olympischen Anwandlungen ist in diesem Äon kein Raum. Die Souveränität, die Alkibiades im »Gastmahl« an Sokrates bewundert, entspringt doch gerade der Gebrochenheit der sokratischen Lebenserkenntnis, dem kritischen Wissen um die Idee, und nicht anders steht es offenbar bei einem Michelangelo, einem Bach, einem Schiller. Das sah jener atheniensische Vollblutmensch nicht. Wir aber sollen es sehen und das Gleichnis nicht mit der Sache verwechseln. Wirkliche Lebenserkenntnis ist allen Abstraktionen feind. Sie kann Ja sagen, aber nur um aus dem Ja heraus noch lauter und dringender Nein zu sagen. Denn sie richtet sich nicht nach der systematischen Vollständigkeit, sondern nach dem Stand ihrer eigenen Geschichte, nach dem Gebot der Stunde. Sie hat ihren eigenen Gang. Sie ist bewegt und mehrdimensional.

Und so führt uns denn gerade der freie Blick auf die Schöpfungsordnung sofort weiter auf das Gebiet, wo Licht und Finsternis in siegreichem, aber schwerem *Kampf* stehen, vom *regnum natuae* hinüber ins *regnum gratiae*, wo in Christus das ganze Leben problematisch, bedenklich und verheißungsvoll wird. Es ist derselbe Gott, der »ansah alles, was er gemacht hatte, und siehe, es war sehr gut« (I. Mose 1,31) – »welcher uns errettet hat aus der Obrigkeit der Finsternis und hat uns versetzt in das Reich seines lieben Sohnes« (Col. 1,13). Eben dasselbe Bewegende, das uns die Harmlosigkeit gegenüber dem Leben gibt, nimmt sie uns auch wieder. Die richtig vernommene Antwort wird zur neuen Frage, das Ja zum Nein und mit der gleichen ganzen Notwendigkeit, mit der wir in Gott den ewigen Anfang und das ewige Ende erkennen, müssen wir uns nun auch finden in dem Übergangscharakter der Mitte, der Gegenwart, in der wir stehen. Gerade indem uns die Gesellschaft zum Spiegel ursprünglicher Gottesgedanken wird, wird sie uns zum Spiegel unserer Not und unserer Hoffnung.

So wendet sich das Reich Gottes zum *Angriff* auf die Gesellschaft. Warum ist uns Gott so verborgen? Warum wird es uns so schwer, fast unmöglich, mit Sokrates und den synoptischen Gleichnissen jenen ursprünglichen Sinn wiederzuerkennen in dem, was | wir schlechterdings tun und andere schlechterdings tun sehen? Liegt es an unsern Augen oder liegt es an den Dingen? Wie kommt es, daß es einigen nicht gegeben ist, zu sehen, andern aber gegeben, aber auch diesen so selten, so spärlich? Warum sind wir so gefangen und gehindert, wie von einem ungeheuren Druck, bei der an sich so schlichten Aufforderung, hier und jetzt den Willen Gottes zu tun? Warum läßt auch das Verhalten des ausgezeichnetsten Christen in der Gesellschaft einen Zweifel in uns übrig, ob das nun das Tun des Willens Gottes *sei*, von dem in der Bibel mit solchem Gewicht die Rede ist? Warum wendet sich unser Blick, wenn wir dieser schlichten Aufforderung gedenken, fast ausschließlich und als ob es so sein müßte, der Zukunft zu: *quod vixi tege, quod vivam rege!* Morgen, morgen soll es besser werden? Warum stehen wir immer nur in den Vorbereitungen zu einem Leben, das nie anfangen will? Warum können wir nicht triumphierend, im Sonnenschein des Humanismus, auf zwei Füßen, mit zwei Händen und zwei Augen ins Reich Gottes eingehen, sondern bestenfalls als Lahme, Krüppel und Einäugige, als die Erniedrigten, Gedemütigten und Zerknirschten? Warum können tatsächlich nur die Philister zufrieden und selbstzufrieden sein? Warum können wir uns, und wenn wir noch so viele *vorletzte* Einwände hätten, gerade im *letzten* Grunde *nicht* verschließen gegenüber dem Protest, den *Kierkegaard* gegen Ehe und Familie, den *Tolstoj* gegen Staat, Bildung und Kunst, den *Ibsen* gegen die bewährte bürgerliche Moral, den *Kutter* gegen die Kirche, den *Nietzsche* gegen das Christentum als solches, den der *Sozialismus* mit zusammenfassender Wucht gegen den ganzen geistigen und materiellen Bestand der Gesellschaft richtet? Warum bringen wir kein Pathos auf, um uns gegen das Unerhörte zu verwahren, daß *Dostojewski* den Christus als Idioten durch die Gesellschaft gehen und das echte Christusverständnis beim Mörder und bei der Dirne seinen Anfang nehmen läßt? Warum bejaht etwas in uns den radikalen Protest, den die *Mystik* des Mittelalters, die ursprüngliche

Reformation und das *Täufertum* gegen *die* Religion richtet, die innerhalb der Gesellschaft die allein vorstellbare und mögliche ist? Warum beugen wir uns mit einem *sacrificium*, bei dem wahrhaftig noch ein wenig mehr auf dem Spiel steht, als unser bißchen Intellekt, vor der Botschaft der *Bergpredigt*, in der Menschen selig gepriesen werden, die es gar nicht gibt, in der dem, was zu den Alten gesagt ist und was | wir beständig zueinander sagen müssen, ein »Ich aber sage euch!« gegenübergestellt wird, für das wir weder in der heutigen noch in irgendeiner denkbaren Gesellschaft Verwendung haben, die eine Moral verkündigt, deren Voraussetzung darin besteht, daß es keine Moral mehr geben darf? Warum sind wir so verlegen und antwortlos gegenüber der Anklage, die der *alttestamentliche Gesellschaftsphilosoph* gegen das Leben, – nicht nur gegen die und jene heutigen Zustände, sondern gegen das Leben selbst erhebt: »Ich wandte mich und sah an alles Unrecht, das geschah unter der Sonne; und siehe, da waren Tränen derer, die Unrecht litten und hatten *keinen* Tröster; und die ihnen Unrecht taten, waren zu mächtig, daß sie keinen Tröster haben *konnten*. Da lobte ich die *Toten*, die schon gestorben waren, mehr denn die Lebendigen, die noch das Leben hatten; und besser denn alle beide ist, der *noch nicht ist* und des Bösen nicht inne wird, das unter der Sonne geschieht.« (Pred. 4,1-3.) Wie kommt es, daß wir das alles verstehen, ohne es zu verstehen, bejahen, ohne es zu bejahen, daß wir bei dem ganzen Angriff, der sich da aus einer letzten Tiefe gegen die Grundlagen der Gesellschaft richtet, mitgehen müssen, ohne es zu wollen?

Es ist doch wohl klar, wir sind gegenüber diesem Angreifer in derselben Zwangslage, in der wir uns gegenüber dem Verteidiger befanden, und der Verteidiger und der Angreifer müssen einer und derselbe sein und der Angriff ist der Fortschritt über die Verteidigung hinaus. Und auch das ist klar: Diese Zwangslage kommt nicht von außen an uns heran; es geschieht das alles in unserer eigensten Freiheit. Denn Gott der Schöpfer, auf den wir aufmerksam geworden sind, ist auch Gott der Erlöser, dessen Spuren wir von uns aus folgen müssen, und im Fortgang der Gottesgeschichte, in die wir eingetreten sind, liegt es eben, daß wir von uns aus von der Verteidigung zum Angriff, vom Ja zum Nein, von der Naivität zur Kritik der Gesellschaft gegenüber fortschreiten müssen. So wenig wir uns jenem ursprünglichen Ja verweigern können, so wenig, nein, *rebus sic stantibus* noch weniger diesem ursprünglichen Nein; denn beide sind eins und eins folgt aus dem andern. Es ist in der Wahrheit Christi, die uns eben noch zur Mahnung zur schlichtesten Sachlichkeit wurde, zugleich ein stürmisches Vorwärts, das uns und unser gesellschaftliches Leben auf eine noch ganz andere Sachlichkeit hinweist. Wir *können* ja nicht dabei stehen bleiben, in allem Vergänglichen *nur* das Gleichnis zu sehen. Es | ist etwas in der Analogie, das zur Kontinuität hindrängt wie beim Hauptmann von Kapernaum. Das Gleichnis ist Verheißung und Verheißung will Erfüllung. Das Kind möchte, nachdem es empfangen ist, geboren werden. Es ist ein Harren in der Kreatur auf die Offenbarung der Söhne Gottes und ihr ὠδίνειν und στενάζειν, ihre Geburtswehen und ihre Seufzer sind doch keine andern als unsere eigenen (Röm. 8,19-23). Das, was in all unserm Denken Reden und Tun immer nur *gemeint* ist, gerade das drängt zur Erscheinung; wir *können* uns ja an den Bildern und Gleichnissen nicht genügen lassen. Nicht umsonst hat uns das Vergängliche das Gleichnis des Unvergänglichen geboten, nun können wir das Unvergängliche nimmer vergessen, nun kann keine Ruhe mehr sein fern vom Reiche Gottes. Nun kann kein Verweis auf ein Jenseits mehr Ruhe schaffen; denn eben das Jenseits ist es ja, das durch seine Abwesenheit im Diesseits und durch sein Anklopfen an die verschlossenen Türen des Diesseits zur Ursache unserer Unruhe wird. Und so hilft dieser Unruhe gegenüber auch keine pessimistische Diskreditierung des Diesseits; denn eben in unserer Diesseitigkeit wird uns unser Abfall bewußt und erscheint uns im Gleichnis unsere Verheißung. τὸ φθαρτὸν τοῦτο, *dieses* Verwesliche muß anziehen die Unverweslichkeit und τὸ θνητὸν τοῦτο, *dieses* Sterbliche muß anziehen die Unsterblichkeit (I. Cor. 15,53). Wir müssen *ganz hinein* in die Erschütterung und Umkehrung, in das Gericht und in die Gnade, die die Gegenwart Gottes für die jetzige und jede uns vorstellbare Welt bedeutet, wenn anders wir nicht zurückbleibend *heraus* wollen aus der Wahrheit Christi, aus der Kraft seiner Auferstehung. Diese Erschütterung und Umkehrung *können* wir nicht *betrachten* als fromme oder witzige Zuschauer, noch sie *umgehen* mit dem Begehren, breite, lichte, volle Straßen zu wandern mit den Romantikern und Humanisten; es wäre denn, wir stellten uns bewußt zu denen, von denen es heißt: ἀγνωσίαν θεοῦ τινες ἔχουσιν (1. Cor. 15,34). Wir *müssen* Gott gegenüber in unserer sichern Kreatürlichkeit einmal aus dem Gleichgewicht kommen, wir *dürfen* uns nicht länger auf die »Wirklichkeit« berufen, wo es sich eben darum handelt, daß die *Wirklichkeit* aus der »Wirklichkeit« hervorbrechen will. Wir *müssen* uns des Ernstes der Lage, der Wucht des gegen uns und doch von uns selbst geführten Angriffs einmal bewußt werden. Wie furchtbar, wenn gerade die *Kirche* tatsächlich von dem allen nichts merken, sondern ihren ganzen Eifer daran | setzen sollte, dem Menschen das Gleichgewicht, das er endlich *verlieren* sollte, zu *erhalten*! Doch was geht uns die Kirche an? Die Frage, ob wir es denn schon gemerkt haben, um was *es* geht, ist für uns alle so anhaltend ernst, daß wir uns aller Blicke nach links und rechts enthalten können. Ja, *haben* wir den Ruf gehört, den wir gehört haben? *Haben* wir verstanden, was wir verstanden haben? Daß eine Neuorientierung an Gott dem *Ganzen* unseres Lebens gegenüber, nicht nur ein in die Opposition treten in einigen oder vielen Einzelheiten heute die Forderung des Tages ist? Daß wir diese Wendung im ganzen dann aber auch erwahren und bewähren müssen in einer großen kritischen Offenheit im einzelnen, in mutigen Entschlüssen und Schritten, in rücksichtslosen Kampfansagen und geduldiger Reformarbeit, heute wohl ganz besonders in einer weitherzigen, umsichtigen und charaktervollen Haltung gegenüber, nein, nicht als unverantwortliche Zuschauer und Kritiker *gegenüber*, sondern als mithoffende und mitschuldige Genossen *innerhalb* der *Sozialdemokratie*, in der *unserer* Zeit nun einmal das Problem der Opposition gegen das Bestehende gestellt, das Gleichnis des Gottesreiches gegeben ist und an der es sich erweisen muß, ob *wir* dieses Problem in seiner absoluten und relativen Bedeutung verstanden haben. Wer von uns dürfte sich rühmen, tief genug in dieser gebrochenen Lebenserkenntnis zu stehen? *Domine ad te nos creasti* – das ist ihr Ja. *Et cor nostrum inquietum est donec requiescat in te* – das ist ihr überragendes, brennendes Nein. Wir stehen wohl alle erst im Anfang.

Aber wie dem auch sei – ein *neuer* Tag ist angebrochen. Jesus Christus *heute* – heute *derselbe*! »Heute, heute so ihr seine Stimme höret, so verstocket eure Herzen nicht!« »Seit den Tagen Johannes des Täufers und bis heute stürmt das Himmelreich herein (βιάζεται) und (die Stürmer die βιασταί) reißen es an sich« (Matth. 11,12). Und: »Ich bin gekommen, daß ich ein Feuer anzünde auf Erden; was wollte ich lieber, denn es brennete schon« (Lc. 12,49). Das ist das *regnum gratiae*. »Das Reich Gottes ist *nahe herbei* gekommen.«

V.

Aber nun müssen wir ein letztes Mal innehalten, um uns über das eben Gesehene zu verständigen. Neben die schlichte sachliche Mitarbeit im Rahmen der bestehenden Gesellschaft ist die radikale | Opposition gegen ihre Grundlagen getreten. Aber wie wir uns dort verwahren mußten gegen das Mißverständnis, als könnten durch solche Sachlichkeit die gestürzten Götzen wieder aufgerichtet werden, so müssen wir uns jetzt sichern gegen den Irrtum, als wollten wir durch Kritisieren, Protestieren, Reformieren, Organisieren, Demokratisieren, Sozialisieren und Revolutionieren, *und wenn dabei das gründlichste und umfassendste gemeint wäre*, etwa dem Sinn des Gottesreiches Genüge leisten. Darum kann es sich wirklich nicht handeln. Keine ungehemmte Naivität in diesem Äon, aber auch keine ungehemmte Kritik. Die Problematik, in die wir durch Gott geworfen sind, darf so wenig wie die Schöpfungsordnung, auf deren Boden wir durch ihn gestellt sind, zur Abstraktion werden. Sondern eins muß durch das andere und beides muß aus Gott verstanden werden. Wenn wir es anders halten, geraten wir aus einer Weltweisheit in die andere. Unser Ja wie unser Nein trägt seine Begrenzung in sich selber. Indem Gott es ist, der uns jene Ruhe und diese größere Unruhe bereitet, wird es klar, daß weder unsere Ruhe noch unsere Unruhe in der Welt, so notwendig beide sind, letzte Gesichtspunkte sein können.

Das *andere*, das wir mit unserm Denken, Reden und Tun in Gleichnissen meinen, das *andere*, nach dessen Erscheinung wir uns, der Gleichnisse müde, sehnen, es ist nicht nur *etwas* anderes, sondern es ist das *ganz* andere des Reiches, das das Reich *Gottes* ist. Die Kraft der Thesis und die Kraft der Antithesis wurzeln in der ursprünglichen, absolut erzeugenden Kraft der Synthesis. Das Verwesliche ist nicht etwa die Vorstufe zum Unverweslichen, sondern wenn es heißt, daß dies Verwesliche anziehen soll die Unverweslichkeit, so gilt es zu bedenken, daß diese Bekleidung, nach der uns verlangt, ein Bau ist, von Gott erbaut, ein Haus, das nicht mit Händen gemacht ist, das ewig ist, im Himmel (II. Cor. 5,1). Wir meinen zu verstehen, was der deutsche Theologe wollte, der während des Krieges die Entdeckung gemacht hat, daß man statt *Jen*seits hinfort besser *Inn*seits sagen sollte; wir hoffen aber lebhaft, daß dieses mehr schlangenkluge als taubeneinfältige Wortspiel keine Schule mache. Nein nein, antworten wir, *geht* uns, ihr Psychiker, mit eurem *Inn*seits! *Apage Satanas!* Jenseits, *trans*, *darum* gerade handelt es sich, davon leben wir. Wir leben von dem, was *jen*seits des Reichs der Analogien ist, zu denen auch unser bißchen *Inn*seits gehört. Von den Analogien führt keine Kontinuität hinüber in die göttliche Wirklichkeit. Kein gegenständlicher Zusammenhang zwischen dem, was *gemeint* ist und dem, was *ist*, darum auch kein gegenständlicher, etwa entwicklungsmäßig vorzustellender Übergang von hier nach dort. Das Himmelreich ist eine Sache für sich, seine Verheißung sowohl wie seine Offenbarung, wie die Fülle seiner Gegenwart, so gewiß es nicht für sich bleibt und bleiben kann. So ist das Ziel der Geschichte, das τέλος, von dem Paulus I. Cor. 15,23-28 geredet, kein geschichtliches Ereignis neben andern, sondern die Summe der Geschichte *Gottes* in der Geschichte, in ihrer uns verhüllten, ihm aber und den von ihm erleuchteten Augen offenbaren Herrlichkeit. τέλος heißt ja weniger Ende als Zweck. Das Reich der Zwecke ist aber bekanntlich eine höhere Ordnung der Dinge, die im Schema der Zeit und der Kontingenz nicht zu erfassen ist. Nur in *Gott* ist die Synthesis, nur in Gott ist sie für uns zu finden. Finden wir sie in Gott nicht, so finden wir sie gar nicht. »Hoffen wir nur in *diesem* Leben auf Christus, so sind wir die unglücklichsten aller Menschen« (I. Cor. 15,19). Denn die Schöpfung und die Erlösung haben ihre Wahrheit darin, daß Gott *Gott* ist, daß *seine* Immanenz zugleich seine *Transzendenz* bedeutet. »Fleisch und Blut kann das Reich Gottes nicht ererben« (I. Cor. 15,50). Die Kreatürlichkeit und die Offenbarung der Söhne Gottes schließen sich gegenseitig aus. Noch einmal: nur in *Gott* ist die Synthesis zu finden, – aber in Gott *ist* sie zu finden, die Synthesis, die in der Thesis *gemeint* und in der Antithesis *gesucht* ist. »Die Kraft des Jenseits ist die Kraft des Diesseits« hat Troeltsch in seinen »Soziallehren« merkwürdig treffend gesagt, und wir fügen hinzu: sie ist die Kraft der Bejahung und die größere Kraft der Verneinung. Die Naivität und die Kritik, mit denen wir in Christus der niederen Ordnung der Dinge gegenüberstehen, sie entströmen gleicherweise der höheren Ordnung der Dinge, die in Gott, aber nur in Gott mit jener eins ist. In der Kraft der Auferstehung haben Naivität und Kritik ihre Möglichkeit, ihre Berechtigung und ihre Notwendigkeit.

Die *Auferstehung* Jesu Christi von den Toten ist *darum* die weltbewegende Kraft, die auch uns bewegt, weil sie die Erscheinung einer *totaliter aliter* – mehr können wir nicht sagen – geordneten Leiblichkeit in unserer Leiblichkeit ist. Denken Sie noch einmal an die Darstellung des Isenheimer Altars und denken Sie meinetwegen an die kopfschüttelnden Glossen, mit denen die Kunsthistoriker sich um diese Darstellung herumzudrücken pflegen. *Das* gerade ist's! Und der *heilige Geist* der Pfingsten war *darum* der Heilige Geist, weil er nicht menschlicher Geist war, auch nicht im besten reinsten Sinn, sondern *horribile dictu* unter Brausen vom Himmel und Bewegen der Stätte, da sie versammelt waren, in feurigen Zungen auf sie kam, »senkrecht vom Himmel«, wie Zündel die Stelle treffend kommentiert hat. Wir glauben also *darum* an einen Sinn, der den einmal gewordenen Verhältnissen innewohnt, aber auch an Evolution und Revolution, an Reform und Erneuerung der Verhältnisse, an die Möglichkeit von Genossenschaft und Bruderschaft auf der Erde und unter dem Himmel, weil wir noch ganz anderer Dinge warten, nämlich eines neuen Himmels und einer neuen Erde. Wir setzen *darum* unsere Kraft ein zur Erledigung nächstliegendster banalster Geschäfte und Aufgaben, aber auch für eine neue Schweiz und ein neues Deutschland, weil wir des neuen Jerusalem, das von Gott aus dem Himmel herabfährt, gewärtig sind. Wir haben *darum* den Mut, in diesem Äon Schranken, Fesseln und Unvollkommenheiten zu ertragen, aber auch nicht zu ertragen, sondern zu zerbrechen, weil wir ertragend oder nicht ertragend den neuen Äon meinen, in welchem der letzte Feind, der Tod, das Beschränkende schlechthin, aufgehoben wird. Wir haben *darum* die Freiheit, mit Gott naiv oder mit Gott kritisch zu sein, weil uns so oder so der Ausblick offen ist auf den Tag Jesu Christi, da Gott alles in allem sein wird. Immer von oben nach unten, nur nie umgekehrt, wenn wir uns selber recht verstehen wollen. Denn immer ist ja das letzte, das ἔσχατον, die Synthesis, *nicht* die Fortsetzung, die Folge, die Konsequenz, die nächste Stufe des Vorletzten etwa, *sondern* im Gegenteil der radikale Abbruch von allem Vorletzten, aber eben darum auch seine ursprüngliche Bedeutung, seine bewegende Kraft.

Pessimistische Diskreditierung des Diesseits und unserer Tätigkeit im Diesseits haben wir gerade *dann nicht* zu befürchten, wenn wir die Stellung des Christen in der Gesellschaft letztlich mit Calvin unter den Gesichtspunkt der *spes futurae vitae* stellen. Von da die Kraft des Prädestinationsbewußtseins! Von da die Kraft der Lebensbestimmung zur Ehre Gottes! Ja, gehemmt werden wir durch diesen Gesichtspunkt sowohl in unserer Naivität als in unserer Kritik der Gesellschaft gegenüber. Aber Hemmung bedeutet bekanntlich nicht Kraft*verlust*, sondern Kraft*ansammlung*, heilsame Stauung der lebendigen

Wasser zur | Verhinderung törichter Vergeudungen und gefährlicher Überschwemmungen. Und gerade hier ist es ganz klar, daß und warum dem so ist. Der Blick von der Schöpfung und Erlösung hinüber auf die Vollendung, der Blick auf das »ganz andere« des *regnum gloriae* bedeutet offenbar praktisch, daß unsere naive wie unsere kritische Stellung zur Gesellschaft, unser Ja wie unser Nein *in Gott ins rechte Verhältnis gesetzt wird*, daß das eine wie das andere befreit wird von der Gefahr der Abstraktionen, in welchen der Tod lauert, daß eines zum andern in ein nicht systematisches, aber geschichtliches, gottesgeschichtlich und lebensnotwendig geordnetes Verhältnis tritt. Und das ist's offenbar, was wir brauchen und was in unserm Thema das Gesuchte ist. Die Bewegung durch Gott wird uns, je mehr es uns wirklich um Gott und um Gott allein zu tun ist, desto weniger stecken lassen, weder zur Rechten noch zur Linken. Wir werden uns dann weder mit Naumann ins Ja verrennen und verbohren, bis es zum Unsinn geworden ist, noch mit Tolstoj ins Nein, bis es ebenfalls *ad absurdum* geführt ist. Wir lassen uns dann vom Prediger Salomo sagen: »Sei nicht allzu gerecht und nicht allzu weise, daß du dich nicht verderbest! Sei nicht allzu gottlos und narre nicht, daß du nicht sterbest zur Unzeit! Es ist gut, daß du dieses fassest und jenes auch nicht aus deiner Hand lässest; denn wer Gott fürchtet, der entgehet dem allem« (Pred. 4,16-19). Aus *größter* Distanz und eben darum aus *größter* Einsicht in die Dinge werden wir im Blick auf das *regnum gloriae* unsere Entschlüsse fassen und der Kurzschlüsse zur Rechten und zur Linken werden dabei allmählich weniger werden. Wir werden dann, ohne uns um den bösen Schein zu kümmern, die Freiheit haben, jetzt Ja und jetzt Nein zu sagen und beides nicht nach äußerem Zufall und innerer Willkür, sondern nach dem wohlgeprüften Willen Gottes jeweilen »das Gute, das Wohlgefällige, das Vollkommene« (Röm. 12,2). Denn »ein jegliches hat seine Zeit und alles Vornehmen unter dem Himmel hat seine Stunde: geboren werden und sterben, pflanzen und ausrotten das Gepflanzte, würgen und heilen, brechen und bauen, Steine zerstreuen und Steine sammeln, behalten und wegwerfen, zerreißen und zunähen, schweigen und reden, lieben und hassen, Streit und Friede haben ihre Zeit.« Und wie es dann weiter heißt in des trefflichen *Oetingers* Lieblingsstelle, wenn die Septuaginta den Urtext richtig wiedergeben: »Gott tut alles fein zu seiner Zeit und hat dem Menschen *die Ewigkeit ins | Herz gegeben*, ohne welche er das, was Gott tut vom Anfang bis zum Ende – nicht finden könnte« (Pred. 3,1-11). Daß er's, die Ewigkeit im Herzen, finden *kann*, das ist die Synthesis. Jesus Christus gestern und heute derselbe – und in Ewigkeit.

Unser Thema hat es an sich, daß jetzt wohl uns allen heimlich die Frage auf den Lippen liegt: Was sollen wir denn nun tun? Es ist wahr, viele brennende große und kleine Fragen, die in dieser Zentralfrage enthalten sind und auf die wir dringend der Antwort bedürfen, scheinen durch die biblische Zentralantwort, die wir gehört haben, *nicht* beantwortet. Und *scheinen* doch nur nicht beantwortet. Denn wo und wann sollten wir *sub specie aeternitatis* nicht wissen können, was zu tun ist? Und wie sollte uns die Ewigkeit nicht ins Herz gegeben sein, wenn wir in Gott gegründet werden? Und wie sollten wir nicht in Gott gegründet werden, da wir von der Wahrheit Christi bewegt sind? Wir können ja doch nur eines tun, nicht vieles. Und das eine tun gerade nicht *wir*. Denn was kann der Christ in der Gesellschaft anderes tun, als dem Tun *Gottes* aufmerksam zu folgen?

NOT UND VERHEISSUNG DER
CHRISTLICHEN VERKÜNDIGUNG (1922)

Die freundliche Einladung, die Herr Generalsuperintendent D. Jacobi zur heutigen Tagung an mich hat ergehen lassen, enthielt die Aufforderung, Ihnen eine »Einführung in das Verständnis meiner Theologie« zu bieten. Es macht mich immer ein wenig verlegen, so ernsthaft von »meiner Theologie« reden zu hören. Nicht etwa darum, weil ich meinte, was ich treibe, sei etwas Anderes, Besseres als eben schlecht und recht Theologie. Die Kinderkrankheit, mich der Theologie zu schämen, meine ich einigermaßen überstanden zu haben. Einige von Ihnen kennen sie vielleicht auch und haben sie vielleicht auch schon überstanden. Wohl aber darum, weil ich mich etwas betroffen fragen muß, in was denn eigentlich meine Theologie bestehen möchte, wo denn nun die Kathedrale oder Festung sein könnte, die diesen Namen verdiente und in deren Verständnis ich Sie – an Hand eines Grundrisses etwa – »einführen« könnte. Ich habe genug darunter zu seufzen, daß es so ist, aber ich muß Ihnen offen gestehen, daß das, was ich »meine Theologie« allenfalls nennen kann, wenn ich genau zusehe, schließlich in einem einzigen Punkt besteht, und das ist nicht, wie man es von einer rechten Theologie als Mindestes verlangen dürfte, ein *Stand*punkt, sondern ein *mathematischer* Punkt, auf dem man also nicht stehen kann, ein *Gesichts*punkt bloß. Alles übrige, was zu einer rechten Theologie gehört, ist bei mir ganz in den Anfängen, und ich weiß nicht, ob ich je darüber hinauskommen werde, ja ob ich es nur wünschen soll, darüber hinauszukommen. Ich maße mir also wirklich nicht an, dem, was die großen ehrwürdigen Schöpfer theologischer Programme und Systeme geleistet haben und noch leisten, etwas Ebenbürtiges oder auch nur Kommensurables zur Seite zu stellen. Fassen Sie meinen Beitrag zur theologischen

Diskussion und auch das, was ich heute sagen möchte, nicht als ein Konkurrenzunternehmen zur positiven, liberalen, Ritschl'schen oder religionsgeschichtlichen Theologie auf, sondern als eine Art *Randbemerkung* und Glosse, die sich mit jenen allen in ihrer Weise verträgt und auch nicht verträgt, die aber nach meiner eigenen Überzeugung ihren Sinn in dem Augenblick verliert, wo sie mehr als das sein, wo sie Raum ausfüllend als neue Theologie neben die andern treten wollte. Sofern Thurneysen, Gogarten und ich wirklich im bekannten Sinn des Worts | »Schule machen« sollten, sind wir erledigt. Meine Meinung ist wirklich die, es möchte jedermann in seiner Schule und bei seinen Meistern *bleiben*, nur vielleicht als *Korrektiv*, als das »bißchen Zimt« zur Speise, um mit Kierkegaard zu reden, sich gefallen lassen, was allenfalls in jener Randbemerkung Erhebliches enthalten ist. »Meine Theologie« verhält sich zu den andern richtiggehenden Theologien etwa so wie die Brüdergemeinde zu den andern richtiggehenden Konfessionen und Kirchengemeinschaften; sie will jedenfalls auch keinen neuen eigenen Tropus bilden. Aber nun muß ich schon die zweite Bitte aussprechen, es mir auch nicht als Hochmut und Einbildung auszulegen, wenn ich mich so weigere, in die Reihe gestellt zu werden. Ich weiß ja, daß man nicht in der Luft stehen kann, sondern, ob man will oder nicht und wäre es auch nur mit einem Fuß, immer irgendwo auf der Erde steht. Ich weiß, daß ich nicht der erste und nicht der einzige bin, dem eine theologia via|torum quer hindurch durch die vorhandenen theologischen Möglichkeiten zur Linken, zur Rechten und in der Mitte, alle verstehend, alle umfassend und alle überwindend als das Ziel seiner Sehnsucht vorschwebt. Wer möchte heute nicht irgendwie »über den Richtungen« stehen? Ich weiß auch das, daß es noch keinem von diesen wirklichen oder vermeintlichen theologi viatores – wenn die Götter ihn nicht so sehr liebten, um ihn früh sterben zu lassen – gelungen ist, seinen Lauf zu vollenden, ohne daß er eben doch, wenn auch nicht eine Kathedrale oder Festung, so doch ein Zigeunerzelt irgendwo errichtet hätte, das dann, ob es ihm recht war oder nicht, statt als Glosse als Text, als eine *neue*

Theologie aufgefaßt worden ist. Kierkegaard selber, diesem verwegensten Springer auf dem Schachbrett, ist es nicht anders ergangen. So werden »wir« es uns wohl gefallen lassen müssen, daß in den Augen Vieler auch jetzt nichts weiter geschieht, als daß eine etwas wunderliche weitere Theologie auf den Plan getreten ist, geistigen Raum ausfüllend, historische Breite gewinnend, fragwürdig genug neben ihren alten und neuen, so viel stattlicheren Nachbarn, wahrscheinlich so etwas wie mystischer oder auch biblizistischer Neu-Supranaturalismus, um nicht zu sagen Neu-Marcionitismus. Wir können nicht verhindern, daß es so | aussieht, wir können nur, wenn es sich darum handeln sollte, das, was man da sieht, verstehen zu wollen, versichern, daß wir nicht von der Absicht und Vorbereitung eines solchen Schul- und Systembaus herkommen, sondern – nun eben von der *»Not und Verheißung der christlichen Verkündigung«*, von der ich heute zu Ihnen sprechen möchte.

Darf ich Ihnen das etwas erklären? Es gehört zur Sache. Ich war 12 Jahre Pfarrer wie Sie alle und *hatte* meine Theologie, nicht die meinige natürlich, sondern die meines unvergessenen Lehrers Wilhelm Herrmann, aufgepfropft auf die mit meiner Heimat gegebene und mehr unbewußt als bewußt übernommene reformierte Richtung, die ich ja heute auch von Amts wegen zu vertreten habe und gerne vertrete. *Unabhängig* von diesen meinen theologischen Denkgewohnheiten bin ich dann durch allerlei Umstände immer stärker auf das spezifische *Pfarrer*problem der *Predigt* gestoßen worden, suchte mich, wie Sie das ja sicher alle kennen, zurecht zu finden zwischen der Problematik des Menschenlebens auf der einen und dem Inhalt der Bibel auf der andern Seite. Zu den *Menschen*, in den unerhörten Widerspruch ihres Lebens hinein sollte ich ja als Pfarrer reden, aber reden von der nicht minder unerhörten Botschaft der *Bibel*, die diesem Widerspruch des Lebens als ein neues Rätsel gegenübersteht. Oft genug sind mir diese beiden Größen, das Leben und die Bibel, vorgekommen (und kommen mir noch vor!) wie Skylla und Charybdis: Wenn *das* das Woher? und Wohin? der christlichen Verkündigung ist, wer soll, wer kann da Pfarrer sein und predigen? Ich bin überzeugt, Sie alle kennen diese Lage und diese Plage. Viele von Ihnen kennen sie vielleicht *schweigend* viel tiefer, stärker und lebendiger als ich, und ihnen habe ich eigentlich heute nichts Wesentliches zu sagen, sie sind in meine Theologie schon eingeführt. Während sie schwiegen, habe ich *geredet*. Schweigen hat seine Zeit, und Reden hat seine Zeit. Ich überschätze den Wert der Möglichkeit, das Reden zu wählen, nicht, habe mir auch schon gewünscht, geschwiegen zu haben. Aber es war nun einmal so: die bekannte Situation des Pfarrers am Samstag an seinem Schreibtisch, am Sonntag auf der Kanzel verdichtete sich bei mir zu jener Randbemerkung zu aller Theologie, zuletzt in der voluminösen Form eines ganzen Römerbriefkommentars, und ähnlich ist es meinen Freunden ergangen. Nicht als ob ich etwa einen *Ausweg* gefunden hätte aus jener kritischen Situation, *gerade das nicht*, wohl aber wurde mir eben diese kritische Situation selbst zur Erläuterung des Wesens aller Theologie. Was kann Theologie anderes sein als der Ausdruck dieser auswegslosen Lage und Frage des Pfarrers, die möglichst wahrhaftige Beschreibung des Gedränges, in das der Mensch kommt, wenn er an diese Aufgabe sich heranwagt, ein Ruf also aus großer Not und großer Hoffnung auf Errettung? Was kann sie anderes tun zur Erfüllung ihrer *kulturellen* Aufgabe sowohl – und Theologie hat eine solche – wie ihrer *pädagogischen*, den ahnungslos-ahnungsvollen Jünglingen gegenüber, die beschlossen haben, »Pfarrer zu studieren«, wie man bei uns sagt – was kann sie anderes tun, als sich bei der Bearbeitung ihrer traditionellen historischen, systematischen und praktischen Stoffe dieses ihres innersten wahrhaftigsten Wesens immer wieder bewußt zu werden? Oder welche Situation ist etwa für den Beruf, auf den sie vorbereiten will, bezeichnender als *diese*? Aber wie kommt es nun, daß man dem theologischen Betrieb so wenig anmerkt davon, daß er auf *diesen* Beruf, der in *diese* Situation führt, vorbereitet? Wie kam es nur, mußte ich mich fragen, daß das schon mit der Existenz des Pfarrers gesetzte Frage- und Ausrufezeichen in der Theologie, die ich kannte, sozusagen gar keine Rolle spielte, so daß ich, als ich Pfarrer wurde, von der Wahrheit überfallen werden mußte wie von einem gewappneten Mann? War denn meine Frage wirklich nur *meine* Frage, und | *wußten* denn etwa andre den Ausweg, den ich nicht fand? Ich sah sie wohl Auswege gehen, aber solche, die ich als Auswege nicht anerkennen konnte. Aber warum suchten dann die mir bekannten Theologien jene Situation, wenn sie sie überhaupt berührten, als erträglich und überwindbar darzustellen, statt sie vor allem einmal zu *begreifen*, ihr ins Gesicht zu sehen und – dabei vielleicht zu entdecken, daß der Theologie eigenster Gegenstand sich gerade in dieser Situation in ihrer ganzen Unerträglichkeit und Unüberwindbarkeit manifestiert? Sollte es sich nicht lohnen, fragte ich mich weiter, sich zu überzeugen, was für ein Licht alle Theologie gerade von *hier* aus empfängt? Wäre es der Theologie nicht zu ihrem eigenen Heil besser, sie wollte am Ende nichts anderes sein als das Wissen um die not- und verheißungsvolle Lage und Frage des christlichen Verkündigers? Müßte sich nicht alles Weitere von selbst aus diesem Wissen ergeben? Bedrängt von dieser Frage – und ich frage nochmals: ist das bloß *meine* zufällige Frage? – habe ich mich seinerzeit an die Arbeit am Römerbrief gemacht, die anfänglich nur ein Versuch sein sollte, mich mit mir selbst zu verständigen. Natürlich steht nun sehr viel scheinbar ganz anderes in dem Buch: neutestamentliche Theologie, Dogmatik, Ethik, Philosophie. Aber am besten verstehen Sie es dann, wenn Sie aus allem immer wieder den Pfarrer heraushören, mit seiner Frage: was heißt predigen?, und – nicht: wie *macht* man das?, sondern: wie *kann* man das? Das andre, was darinsteht, ist schon Reflex, nicht selber das Licht, auf das ich mich hingewiesen sah und hinweisen möchte. Und so kam es denn zu dem, was sich jetzt als »meine Theologie«, sagen wir einmal als »Theologie des Korrektivs« schon ein wenig breit machen will.

Ich sage Ihnen das alles nicht, um Sie mit meiner Biographie zu behelligen, sondern um Ihnen zu zeigen, inwiefern meine Absicht, wenigstens primär, nicht eine neue Theologie, sondern eine sozusagen von au|ßen an die Theologie herankommende *Beleuchtung* ist, und zwar eine Beleuchtung gerade von dorther, wo Sie, vielleicht nicht als Theologen, aber sicher als Pfarrer ohnehin stehen. Es scheint mir, es *könne* gar nicht anders sein, als daß wir uns heute verstehen, wenn Sie mir zunächst einmal dies Eine abnehmen, daß ich im *Grunde*, wohlverstanden, wenn Sie den Humor haben, über einiges Zufällige freundlich *hinweg*zusehen, nicht mit einer neuen erstaunlichen Theologie bewaffnet daherkomme, sondern, welches auch *Ihre* Theologie sein möge, einfach mit Verständnis und Teilnahme für Ihre Lage als Pfarrer *neben* Sie treten möchte. Fassen Sie es darum richtig auf, wenn ich heute mehr als Pfarrer zu Kollegen, denn als Professor zu Ihnen rede. Nach der Lage der Sache ist zweifellos *das* die sinngemäße Ausführung des mir gewordenen Auftrags. Habe ich nicht nur einen *Gesichts*punkt, sondern etwa auch einen *Stand*punkt, so ist es einfach der wohlbekannte des Mannes auf der Kanzel, vor sich die geheimnisvolle Bibel und die geheimnisvollen Köpfe seiner mehr oder weniger zahlreichen Zuhörer – ja was ist nun geheimnisvoller? Auf alle Fälle: *Was nun?* Wenn es mir gelingen sollte, Ihnen dies »Was nun?« in seinem ganzen Gehalt wieder einmal akut in Erinnerung zu rufen, so habe ich Sie nicht nur für meinen *Stand*punkt, der ja ohnehin der Ihrige ist, sondern auch für meinen *Gesichts*punkt gewonnen, was Sie auch von meiner Theologie halten mögen.

Wenn am Sonntag morgen die Glocken ertönen, um Gemeinde und Pfarrer zur Kirche zu rufen, dann besteht da offenbar die *Erwartung* eines großen, bedeutungsvollen, ja entscheidenden *Geschehens*. Wie stark diese Erwartung in den etwa beteiligten Menschen lebt, ja ob da überhaupt Menschen sind, die sie bewußterweise hegen, darauf kommt jetzt gar nichts an. Die Erwartung besteht, sie liegt in der ganzen Situation. Da ist eine uralte ehrwürdige *Institution*, oft und schwer angegriffen von außen und noch öfter und schwerer kompromittiert von innen, aber von unverwüstlicher Lebens- oder sagen wir Daseinskraft, wandlungsfähig und beharrlich zugleich, altertümlich und in der Regel auch modern (was jeweilen gerade modern heißt), obwohl sie beides nicht gerne Wort haben will, den schwersten intellektuellen, politischen, sozialen und sogar religiösen Erschütterungen bis jetzt siegreich gewachsen – und wie sollte sie es nicht auch in Zukunft sein? Ihr Vorhandensein begründet auf einen Anspruch, der in groteskem Widerspruch zu stehen | scheint mit den Tatsachen und dessen Berechtigung und Möglichkeit doch eigentlich nur ganz Wenige und wenig Beachtliche etwa laut und unzweideutig und restlos zu leugnen wagen. Da ist ein *Gebäude*, dessen Bauart schon, auch abgesehen von den Symbolen, Bildern und Geräten, mit denen es geschmückt ist, in der Sprache alter oder neuer Architektenkunst verrät, daß es als Schauplatz außerordentlicher Dinge gedacht ist. Da sind *Menschen*, nur 2-3 vielleicht, wie es ja hierzulande vorkommen soll, aber vielleicht auch einige Hundert, die, von einem merkwürdigen Instinkt oder Willen getrieben, diesem Gebäude zuströmen, wo sie – *was* suchen? Befriedigung einer alten Gewohnheit? Ja, aber woher diese alte Gewohnheit? Unterhaltung und Belehrung? Eine sehr merkwürdige Unterhaltung und Belehrung auf alle Fälle! Erbauung? Ja, so sagt man, aber was heißt Erbauung? Wissen sie es etwa? Oder wissen sie sonst, warum sie da sind? Jedenfalls sie sind da – und wenn es nur ein altes Mütterchen wäre –, und ihr Dasein schon weist hin auf ein Geschehen, das sie erwarten oder doch zu erwarten scheinen, das hier mindestens, wenn denn alles tot und ausgestorben sein sollte, früher einmal erwartet worden ist. Und da ist vor allem ein *Mann*, auf dem die Erwartung des da scheinbar bevorstehenden Geschehens in ganz besonderer Weise zu ruhen, zu lasten scheint, nicht nur weil er die Technik dieses Geschehens studiert hat und beherrschen sollte, nicht nur weil er von der Gesellschaft besoldet und angestellt oder doch fast widerspruchslos geduldet ist in der Funktion, deren Sinn offenbar dieses Geschehen wäre – nein, da ist nicht nur Mechanik, da ist Freiheit im Spiel, er selbst hat ja diesen Beruf ergriffen, Gott weiß aus was für Verständnissen und Mißverständnissen heraus, aber doch so, daß es seine kurze, seine einzige Lebenszeit nun ganz und gar mit der Erwartung jenes

Geschehens verknüpft hat. Und dieser Mann wird nun vor der Gemeinde und für die Gemeinde *beten*, wohlverstanden: beten – zu Gott! Er wird die *Bibel* öffnen und Worte voll unendlicher Tragweite daraus zur Verlesung bringen, Worte, die alle auf Gott sich beziehen. Und dann wird er auf die Kanzel steigen und – welches Wagnis auf alle Fälle! – *predigen*, d. h. aus seinem Kopf und Herzen etwas hinzufügen zu dem, was aus der Bibel verlesen ist, »biblische« Gedanken der Eine nach bestem Wissen und Gewissen, kühn oder auch matt an der Bibel vorbeiflatternde Gedanken der Andere: es hat ja der eine eine »positive«, der andere eine »liberale« Predigt gestern vorbereitet, aber verschlägt es so viel, wenn | man den Gegenstand bedenkt? Von Gott scheint ja hier auf alle Fälle, nolens volens vielleicht, die Rede sein zu sollen. Und dann wird er die Gemeinde *singen* lassen, altertümliche Gesänge voll schwerer, unheimlicher Gedankenfracht, seltsame gespenstische Zeugen der Leiden, Kämpfe und Triumphe der längst entschlafenen Väter, alle an den Rand eines unermeßlichen Geschehens führend, alle, ob Pfarrer und Gemeinde verstehen, was sie singen, oder nicht, voll Erinnerung an Gott, immer wieder an Gott. »Gott ist gegenwärtig!« Ja, Gott *ist* gegenwärtig. Die ganze Situation zeugt, ruft, schreit ja offenbar davon, und wenn sie, vom Pfarrer oder von der Gemeinde aus gesehen, noch so fragwürdig, kümmerlich und trostlos wäre, ja dann vielleicht gerade am meisten, mehr noch als da, wo Fülle und – menschlich geredet – gutes Gelingen das Problem der Situation halb oder ganz verdecken.

Aber was bedeutet diese Situation? Was ist das für ein Geschehen, auf das die Erwartung, die sich in ihm widerspiegelt, hinweist? Was heißt »Gott ist gegenwärtig!« in diesem Zusammenhang? Offenbar nicht ganz dasselbe, wie wenn wir auf einen blühenden Kirschbaum, auf Beethovens neunte Symphonie, auf den Staat oder auch auf unser und anderer ehrliches Tagewerk solche Rede anzuwenden uns erlauben. Warum sonst die überflüssige Zurüstung? Warum das Besondere gerade *dieser* Situation, wenn hier nicht hingezielt wäre auf ein besonderes, spezifisches, kühner gemeintes: »Gott ist gegenwärtig!«? Ist's nicht so: Wenn die Menschen sich in *diese* Situation begeben, also in die Kirche kommen, dann haben sie, ob sie es wissen oder nicht, Kirschbaum, Symphonie, Staat, Tagewerk und noch einiges andre *hinter* sich als irgendwie erschöpfte Möglichkeiten. Die Antwort: Gott ist gegenwärtig, die in allen diesen Möglichkeiten zweifellos irgendwie gegeben ist, der Wahrheitsgehalt dieser Dinge, ihr Zeugnis von einem Sinn des Lebens, ist offenbar selbst wieder fraglich geworden, die großen Rätsel des Daseins: die unergründliche Stummheit der uns umgebenden sog. Natur, die Zufälligkeit und Dunkelheit alles dessen, was einzeln und in der Zeit ist, das Leid, das Schicksal der Völker und Individuen, das radikale Böse, der Tod, sie sind wieder da und reden, reden lauter als alles das, | was uns versichern möchte, Gott sei gegenwärtig. Nein, die Frage läßt sich nicht mehr unterdrücken, sie wird brennend heiß: *Ob's denn auch wahr ist?* Wahr die Ahnung von einer Einheit des Zerstreuten, von einem ruhenden Pol in der Erscheinungen Flucht, von einer Gerechtigkeit nicht irgendwo hinter den Sternen, sondern in dem Geschehen, das nun einmal unser Leben ist, von einem *Himmel* über der Erde: *über* der Erde ja, aber über der *Erde*? Wahr die Rede von der Liebe und Güte eines Gottes, der mehr wäre als eines jener freundlichen Götzlein, deren Herkunft so leicht zu durchschauen ist, deren Herrschaft so wenig lang währt? *Ob's wahr ist?*, wollen die Menschen vernehmen, erkennen, wissen, und *darum* greifen sie, nicht wissend, was sie tun, nach der unerhörten Möglichkeit zu beten, die Bibel aufzuschlagen, von Gott zu reden, zu hören und zu singen. *Darum* kommen sie zu uns, begeben sich in die ganze groteske Situation des Sonntagmorgens, die ja nur der potenzierte Ausdruck dieser Möglichkeit ist. Wohlverstanden: vernehmen, erkennen, wissen wollen sie, also nicht nur Behauptungen und Beteuerungen hören, und wenn sie noch so innig und begeistert wären. Und vernehmen, erkennen, wissen wollen sie, *ob's wahr ist*, also nicht irgend etwas anderes, das wie die Katze um diesen heißen Brei herumgeht. Lassen wir uns nicht dadurch irre machen, daß uns dieses Begehren selten oder nie in dieser Dringlichkeit offen entgegen tritt. *Das* schreien die Menschen natürlich nicht einfach heraus und am wenigsten uns Pfarrern in die Ohren. Aber lassen wir uns nicht täuschen durch dieses ihr Schweigen, – Blut und Tränen, tiefste Verzweiflung und höchstes Hoffen, leidenschaftliches Verlangen, *das,* nein *den* zu fassen, der die Welt überwindet, weil er ihr Schöpfer und Erlöser ist, der Anfang und das Ende, der Herr der Welt, leidenschaftliches Verlangen, sich das *Wort* sagen zu lassen, *das* Wort, das Gnade im *Gericht* verheißt, Leben im *Tode,* Jenseits im *Diesseits, Gottes* Wort – das ist's, was hinter unsern Kirchgängern steht, mag uns das, was sie begehren, in der sog. Wirklichkeit noch so schläfrig, noch so bürgerlich, noch so gewöhnlich vorkommen. Es ist wirklich nicht ratsam, sich an das vorletzte und vorvorletzte Begehren der Menschen zu halten, und sie werden uns keinen Dank wissen, wenn wir es tun. Sie erwarten von uns, daß wir sie besser verstehen, als sie sich selber verstehen, ernster nehmen, als sie sich selbst nehmen. Nicht dann sind wir lieblos, wenn wir tief hineingreifen in die Wunde, mit der sie zu uns kommen, sondern dann, wenn wir sie bloß betippen, als wüßten wir nicht, warum sie zu uns kommen. Nicht dann geben wir uns einer Illusion hin, wenn wir annehmen, daß sie von den letzten schwersten Fragen herkommen, sondern dann, wenn wir meinen, sie könnten sich, wenn sie zu uns kommen, wirklich mit vorletzten, leichteren Antworten abspeisen lassen. O ja, sie tun es natürlich vorläufig; sie sind gerührt, erfreut, befriedigt, auch wenn sie das, was sie eigentlich suchen, nicht finden, sondern (in religiösen, christlichen, positiv-christlichen Formen vielleicht) das, was sie im Grunde besser auch anderswo finden könnten. Der Katholizismus ist das gewaltige Beispiel dafür, wie es allenfalls gelingen kann, die Menschen hinzuhalten, einzulullen, ihr eigentliches Begehren vergessen zu lassen durch Darbietung einer glücklich gewählten letzten Vorläufigkeit. Aber täuschen wir uns nicht: *wir* sind nicht katholisch und unsre Gemeinden auch nicht, wir befinden uns in einem fortgeschrittenen Stadium der Situation, in dem uns die Verabreichung auch der bestgewählten

Narkotika trotz aller rückläufigen Erscheinungen nur noch teilweise, nur noch kurzfristig gelingen kann. Glaubt es ihnen *nicht*, den Gutmütigen, die uns versichern, daß wir unsre Sache gut gemacht haben, auch dann, wenn unsre ganze Kunst darin bestanden hat, dem Sinn der Situation auszuweichen! Hört *nicht* auf sie, die Ängstlichen, die uns jammernd davor warnen, die Situation doch ja nicht etwa ernst werden zu lassen, doch ja nicht von unserm gewohnten Blind- zum Scharfschießen überzugehen! Es ist *nicht* die Stimme der Kirche Gottes, die aus ihnen | redet! Der ernste Sinn der Situation bei *uns* ist der, daß die Menschen das *Wort* zu hören begehren, will sagen: die Antwort auf die Frage, *ob's wahr ist*, von der sie, ob sie es wissen oder nicht, bewegt sind. Die Situation am Sonntag morgen ist im wörtlichsten Sinn *end-geschichtlich*, eschatologisch, auch von den Menschen aus betrachtet, von der Bibel vorläufig noch ganz abgesehen; d. h. wenn diese Situation eintritt, dann ist die Geschichte, die übrige Geschichte zu Ende, und ein *letztes* Begehren des Menschen nach einem *letzten* Geschehen wird nun maßgebend. Verstehen wir dieses letzte Begehren nicht, nehmen wir die Menschen *nicht* ernst in der Bedrängnis ihrer Existenz, die sie zu uns geführt hat (ich wiederhole es: ernster, als sie sich selbst nehmen!), dann dürfen wir uns nicht wundern, wenn sie in ihrer Mehrzahl, ohne zu Kirchenfeinden zu werden, allmählich lernen, die Kirche links liegen-, uns mit jenen Gutmütigen und Ängstlichen allein zurückzulassen. Ist es etwa nur psychologisch bedingt, wenn immer wieder gerade auch aufgeweckte Pfarrers- und Theologensöhne zu diesem Heer der stillen Flüchtlinge stoßen, oder sollte es nicht auch daher kommen, daß sie aus der Nähe wissen: was man eigentlich sucht, das wird man bei uns schwerlich finden? Habe ich nicht wenigstens teilweise recht, wenn ich sage: Die Menschen sind eben *enttäuscht* von uns, und zwar die Gebildeten und die Ungebildeten, und zwar in ihrem Tiefsten enttäuscht; allzu oft sind sie, vielleicht schon seit Jahrhunderten, *abgespeist* worden, allzu oft ist, gerade in der wohlgemeinten Absicht, ihnen entgegenzukommen, an ihnen vorbeigeredet worden? Wäre es, statt aus vermeintlicher Menschenliebe auf immer neue Abspeisungen der Enttäuschten zu sinnen, nicht besser, einmal zu überlegen, ob sie nicht darauf warten, in der Kirche ganz einfach *ernster* genommen, besser *verstanden* zu werden in ihrer großen unstillbaren Lebensunruhe, als es ihnen in der Regel (im Gegensatz zur methodistischen, kommunistischen oder anthroposophischen Versammlung etwa) gerade hier widerfährt? Wunderlich genug, wie sie immer noch dadurch, daß sie sich von uns wenigstens taufen, konfirmieren, trauen und beerdigen lassen, zeigen, daß die Erwartung, die sie auf uns setzen, nicht ganz erloschen ist. Wunderlich genug, daß es immer noch sog. kirchliche Gemeinden und Gegenden gibt. Es wäre uns vielleicht besser, es gäbe sie nicht, damit wir endlich merkten, was die Glocke geschlagen hat. Wir sollten uns aber durch die Langmut Gottes, die uns Pfarrern vielfach noch in der Langmut, vielleicht auch | bloß in der Schläfrigkeit unsres Publikums entgegentritt, nicht abhalten lassen von der Buße, die durchaus auch im Blick auf die Menschen heute das erste Gebot der Stunde sein könnte.

Aber das ist nur die eine Seite der Situation am Sonntag morgen, und die andre ist noch belangreicher. Sie besteht äußerlich darin, daß da die *Bibel* aufgeschlagen wird, wenigstens in unsern protestantischen Kirchen. – Es lohnt sich wohl, hier einen Augenblick stehen zu bleiben und uns klar zu machen, welch unermeßlich Gefährliches damit geschehen ist, daß die Reformatoren es gewagt haben, als Grund und Ziel der Kirche das in der Heiligen Schrift ausgesprochene Wort Gottes zu proklamieren. Wer darüber noch nie *geseufzt* hat, der hat *nicht* das Recht, reformationsfroh darüber zu *jubilieren*. Denn damit haben uns die Reformatoren auch von der andern Seite den Riegel vorgeschoben, so daß wir mit gutem Gewissen mit vorläufigen Darbietungen uns nicht mehr zufrieden geben können, wie sich unsre Gemeinden im Grunde auch nicht damit zufrieden geben. Wie unvergleichlich viel gesicherter, kontinuierlicher und zuversichtlicher geht die andre Kirche ihren Weg, die dieses gefährliche Prinzip des Wortes wohlweislich unentdeckt gelassen hat! Und wir haben durchaus keinen Anlaß, über diese bekannte katholische Sicherheit ohne weiteres die Nase zu rümpfen. Ich denke an das, was mir einst ein Benediktiner aus dem Elsaß aus der Kriegszeit erzählte: Er hat eines Abends als Singmeister seines Klosters eben mit seinen Confratres das Magnifikat intoniert, da durchschlägt plötzlich eine französische Granate das Dach und explodiert mitten im Schiff der Kirche. Aber der Qualm verzieht sich, und das Magnifikat wird fortgesetzt. Man darf wohl fragen, ob die protestantische Predigt auch fortgesetzt worden wäre? Haben wir nicht alle, wenn uns unsre Aufgabe als verbi divini ministri, wie wir Reformierten sagen, wieder einmal bedrängte und bedrückte, etwa ein stilles Heimweh empfunden nach den »schönen Gottesdiensten« des Katholizismus und der beneidenswer|ten Rolle des Priesters am Altar, der, das Sanktissimum hoch erhebend vor allem Volk mit der ganzen Bedeutungsfülle und Kraft, die das dingliche Symbol immer voraus hat vor dem Symbol des Menschenwortes als solchem, die doppelte Gnade des Opfertodes und der Inkarnation des Gottessohnes nicht nur verkündigt in Worten, sondern sich vollziehen läßt unter seinen Händen, ein »creator creatoris«? »Le prêtre un autre Jésus Christ!«, wie ich einmal bei einer Primiz-Feier wörtlich habe verkünden hören. Wenn wir das auch könnten! Ja, auch dort wird nebenbei die Bibel ausgelegt. Aber wie belanglos, wie wenig sorgenerregend ist die Aufgabe der Predigt, wie ist dort auch das dürftigste Predigtlein zum vornherein gedeckt und gerettet durch den Abglanz des eucharistischen Wunders, in dem es geschieht. Um dieses Wunders willen kommen ja doch die Menschen tatsächlich allein zur Kirche. Wie anschaulich, einleuchtend, geordnet und möglich ist der Weg von Gott zum Menschen, vom Menschen zu Gott, den der katholische Pfarrer von diesem Zentrum aus täglich zu gehen und den andern zu weisen hat. Wie glänzend ist dort das Problem gelöst, die Menschen bei tiefstem Verständnis für das, was sie in der Kirche suchen, mit einer letzten enormen Vorläufigkeit hinzuhalten, bei scheinbar größter Erschütterung das Gleichgewicht der Seelen und der Welt tatsächlich nicht zu erschüttern und dabei doch den Anschein zu erwekken, als ob nun das letzte erlösende Wort gesprochen sei. Wer von uns hätte die Stirne, den kerygmatischen Gehalt und Erfolg des katholischen Altarsakraments unter Hinweis auf etwas Besseres, das *wir* etwa hätten, in Abrede stellen zu wollen? Wir sind uns doch klar darüber, daß das Bessere, das die Reformation genau an die Stelle der abgeschafften Messe gestellt wissen wollte – unsre Wortverkündigung sein müßte. Denn verbum vi|sibile, gegenständlich verdeutlichte Wortverkündigung ist auch das, was bei uns als Sakrament übrig geblieben ist. Alles hat uns die Reformation genommen und grausam allein die Bibel uns gelassen. Wollen wir das Rad nicht rückwärts drehen, um eine Viertels- oder Achtelsdrehung wenigstens? Ist es nur gewachsene Feinfühligkeit und Duldsamkeit oder nicht auch geschwundene Exusia, wenn wir es heute unterlassen, die päpstliche Messe mit der tapfern Frage 80 des Heidelberger Katechismus eine »Verleugnung des einigen Opfers und Leidens Jesu Christi und eine vermaledeite Abgötterei« zu nennen? Allzu deutlich verraten ja die bekannten Bestrebungen, die schmale, furchtbar schmale Basis der protestantisch-christlichen Verkündigung zu *verbreitern*, das Heimweh, dem sich viele von uns in nur zu verständlicher Weichmütigkeit überlassen haben. Könnte man, um nur eines zu erwähnen, offener beweisen, wohin die Reise geht, als durch den doch geradezu humoristischen Vorschlag, die in der Kirche des *Wortes* schmerzlich empfundene Lücke auszufüllen durch das sog. »Sakrament des – *Schweigens*«? Ist | der tiefe Eindruck, den das schwüle Buch von Heiler über das Gebet unter uns erzielt hat, nicht denkwürdiger als das Buch selbst? Was soll man davon halten, wenn man ernste Männer unter Zurückgehen noch *hinter* den Katholizismus sogar die Einführung des kirchlichen Tanzes ernsthaft in Erwägung ziehen hört? O die Verlegenheit, aus der das alles stammt, ist nur zu begreiflich. Es ist eine harte Sache, daß die Reformation uns hier einen Riegel vorgeschoben hat, den wir nicht so leicht zurückschieben werden, daß unsre Situation nach einer Vergangenheit von 400 Jahren auch nach dieser Richtung gegeben ist und durch die verschiedenen Weihrauchdämpfe, die man heute wieder aufsteigen lassen | möchte, wohl verdunkelt, aber nicht mehr grundsätzlich verändert werden kann, daß die Grenzen, die vom Lande Jahves in das Land Baals hinüberführen, uns wenn auch, wie figura zeigt, nicht hermetisch, so doch immerhin wirksam verschlossen sind, daß die Verkündigung des biblischen Gotteswortes uns nun einmal mit dem ganzen Schwergewicht einer geschichtlichen Realität zugewiesen ist und nicht mehr ganz wird abgeschüttelt werden können. Es ist eine harte Sache, statt in dem heiteren Schein des Mittelalters, wie er etwa vom Schluß von Goethes Faust, zweiter Teil, ausgeht, in dem düstern Schatten der Reformation stehen zu müssen, und wäre es auch nur als das Epigonengeschlecht, das wir sind. Ja gerade so hart wie die andre Sache, von der wir vorhin sprachen: daß unsre Zuhörer und Nichtmehr-Zuhörer durchaus mit der Erwartung des Wortes, der Antwort auf die Frage: *Ob's wahr ist?* uns und unsrer Kirche gegenüberstehen. Skylla und Charybdis, die sich gegenseitig anschauen und zwischen denen wir uns zurechtzufinden haben!

Aber wir müssen uns mit *der* Seite der Situation, die durch das auf Kanzel und Altar aufgeschlagene Bibelbuch bezeichnet ist, noch etwas näher befassen. Was macht es uns denn so schwer, auf dem Boden des reformatorischen Schriftprinzips zu verharren? Nun nur keine Kleinlichkeiten zur Antwort! Nicht das Alter, die Ferne und Fremdheit der Bibel (etwa die Fremdheit ihrer »Weltanschauung«) machen es uns so schwer. Auch nicht die verlockende Konkurrenz, die der Bibel durch Goethe und Schiller, durch Buddha und Nietzsche bereitet sind. In der Regel auch nicht das allzu reichliche Fließen der eigenen Inspiration, die sich durch die biblischen Gedankenbahnen etwa beengt fühlen würde. Nein, die Bibel ist uns unheimlich, weil sie eine neue große *(größere!)* spannungsvolle *Erwartung* in die kirchliche Situation hineinträgt von der *andern* Seite. *Bringt* die Gemeinde primär in die Kirche die große *Frage* des Menschenlebens und *sucht* darauf *Antwort,* so *bringt* die Bibel umgekehrt primär eine *Antwort*, und was sie dazu *sucht*, das ist die | *Frage* nach dieser Antwort, fragende *Menschen*, die diese Antwort als solche, eben als Antwort auf die entsprechende Frage verstehen, suchen und finden wollen. Auch die Linie, auf der sich die Gedankenwelt der Bibel bewegt, läuft offenbar dort durch, wo eine ganze Reihe großer und wertvoller Möglichkeiten in Frage gestellt sind durch das Übergewicht der negativen Faktoren in der Lebensrechnung, also eben dort, wo wir auf des Menschen Seite die Frage: ob's denn wahr ist? entstehen sehen. Die Bibel überspringt mit unheimlicher Einseitigkeit alle die Stufen des Menschenlebens, wo diese Krisis etwa noch nicht akut ist, wo der Mensch etwa noch in ungebrochener Naivität bei Kirschbaum, Symphonie, Staat, Tagewerk sich der Gegenwart Gottes trösten kann. Sie interessiert sich mit unheimlicher Dringlichkeit erst für *die* Stufe – ist es die höchste oder die tiefste? –, wo der Zweifel über ihn gekommen ist. Auch Lob und Dank und Jubel und Gewißheit finden in der Bibel nicht diesseits, sondern jenseits der Linie statt, wo der Mensch ein Suchender, Bittender, Anklopfender geworden ist, wo eben jene hilfesuchende letzte Verlegenheit über ihn gekommen ist, die ihn, sagen wir einmal: in die Kirche führt. Achten Sie darauf – um nur ein zentrales Beispiel zu nennen –, wo die Linie der Bibel die menschliche Lebenslinie in den *Psalmen* schneidet, da haben wir die Antwort doch ganz unzweideutig: in Schuldbewußtsein, Krankheit, Bedrängnis durch den persönlichen und durch den Volksfeind, in Ferne von Gott und göttlichen Dingen, in Zweifel und Verzweiflung, in Vergänglichkeit und Sterben. So stellt sich die Bibel zunächst ganz einfach neben den zum Bewußtsein seiner Lage erwachten Menschen und fragt mit ihm – denken Sie an den 42. Psalm, denken Sie an Hiob –, *ob's denn wahr ist*, wahr, daß es in dem Allem einen Sinn, ein Ziel und einen Gott gibt, nachdem diese Gewißheit sonst überall schwankend geworden ist.

Aber in zwei Punkten *unterscheidet* sich nun die Bibel von dem Bewußtsein jenes erwachenden Menschen. Erstens darin, daß sie seiner Frage erst ihre wirkliche Schärfe und Bedeutung gibt: und das in einer Weise, die doch wohl auch den Erschrockensten, Gedemütigtsten, Verzweifelndsten noch einmal an den Rand eines Abgrunds führt, von dem er nichts ahnte; in einer Weise, daß Freud und Leid, Gutes und Böses, Licht und Finsternis, Ja und Nein, wie wir sie als die Widersprüche unsres Daseins kennen, auf einmal ganz nahe aneinanderrücken und sogar unsre heißeste, brennendste Frage, die uns schließlich flehende Hände | zu Gott erheben läßt, erblassen und verstummen muß, in einer Weise, daß wir merken müssen: all unser Fragen war erst Vorbereitung und Übung, und nun erst fragt es sich, ob wir im *Ernst* fragen, ob wir nach *Gott* fragen wollen. Wenn der Dulder Hiob sein Leid klagt, dann meint er offenbar ein Leid, das, menschlich gesprochen, kein Ende hat. Wenn Paulus von der Sünde redet, dann meint er damit nicht die Puppensünden, mit denen wir uns plagen, sondern die Sünde Adams, in der wir erzeugt und mit der wir geboren sind, die Sünde, die wir, solange die Zeit währt, nicht ablegen werden. Wenn die Johannesschriften zu sagen wissen von der Finsternis dieser Welt, dann ist das nicht bloß eine von jenen Dunkelheiten, in denen und neben denen es doch noch allerlei freundliche Lichtlein gibt für jeden, der nicht als ganz rabiater Pessimist sich gebärden will, sondern von *der* Finsternis ist da die Rede, angesichts derer die Frage, ob einer mehr Optimist oder Pessimist sein will, ganz gegenstandslos wird. Und wenn Jesus Christus am Kreuze stirbt, dann fragt er nicht bloß: ob's denn auch wahr ist?, sondern: »mein Gott, mein Gott, warum hast du mich verlassen?« Man hat gemeint, Jesus entschuldigen zu müssen mit der schwer zu begründenden Ausrede, das sei doch noch nicht der Ausdruck wirklicher Verzweiflung, und hat ganz übersehen: das ist nicht weniger, sondern *mehr* als Zweifel und Verzweiflung, das ist derelictio, Verloren- und Verlassenheit, wie unsre alten Dogmatiker noch gewußt haben. Leiden heißt in der Bibel: an | *Gott* leiden. Sündigen: an *Gott* sündigen. Zweifeln: an *Gott* zweifeln. Vergehen: an *Gott* vergehen. Anders ausgedrückt: Aus der schmerzlichen Einsicht in die Grenzen der Menschheit, die der Mensch im Zusammenhang mit seinen auf- und absteigenden Lebenserfahrungen mehr oder weniger deutlich gewinnen kann, wird in der Bibel die Botschaft vom *Kreuz* als der Ordnung des heiligen Gottes, unter die der Mensch jetzt und hier ein- für allemal gestellt ist. Das Kreuz ist die Forderung Gottes, daß wir nach ihm, nach Gott fragen und lebenslänglich, auch wenn alle andern Fragen lösbar wären, *dieser* Frage uns nicht mehr entwinden und entziehen sollen. Deutlich und immer deutlicher ringt sich in der ganzen Bibel Alten und Neuen Testamentes diese Botschaft ans Licht und wird unzweideutig und unmißverständlich in Jesus Christus. Sie sucht Menschen, die nach Gott fragen können und wollen, die in der Lage sind, ihre *kleinen* Fragen – und welche werden da *nicht* klein? – aufgehen zu lassen in der *großen* Frage, sich unter das Kreuz und d. h. sich vor Gott zu stellen. »Kommet her zu mir alle, die ihr mühselig und beladen seid!« Wozu? »Nehmet auf euch *mein* Joch!« Das versteht sich nicht von selbst, auch nicht bei den erwachtesten, suchendsten Menschen, daß sie *so* sehr Mühselige und Beladene sind, daß sie *sein* Joch, *Christi* Joch auf sich nehmen. Das haben wir nie begriffen, und wenn wir es schon tausendmal begriffen hätten.

Der zweite entscheidende Punkt ist der, daß die menschlichen Lebensfragen auch in ihrer höchsten Form bloß Fragen sind, denen die gesuchte Antwort als ein Zweites, Anderes, das erst dazukommen muß, gegenübersteht. So dagegen, wie die *Bibel* die menschliche Lebensfrage faßt, übersetzt in die Frage nach *Gott*, unter die wir gestellt sind, kann man von »Frage« gar nicht reden und hören, ohne schon von *Antwort* zu hören. Wer sagen kann, da, wo die Bibel uns hinführe, sei schließlich nur ein großes Nein zu hören, ein großes Loch zu sehen, der beweist damit nur, daß er dahin noch nicht geführt worden ist. *Dieses* Nein ist eben Ja. *Dieses* Gericht ist Gnade. *Diese* Verurteilung ist Vergebung. *Dieser* Tod ist Leben. *Diese* Hölle ist Himmel. *Dieser* furchtbare Gott ist der liebende Vater, der den verlorenen Sohn in seine Arme zieht. | Der Gekreuzigte ist der Auferstandene. Und das Wort vom Kreuz als solches ist das Wort vom ewigen Leben. Kein Zweites, Anderes braucht zur Frage hinzuzutreten. Die Frage ist die Antwort. Die Wahrheit und Wirklichkeit, die Begründetheit dieser Umkehrung, die der Sinn der ganzen Bibel ist? Ich weiß keine andere als die Realität des lebendigen Gottes, dessen, der *ist*, der er ist, des sich selbst Begründenden. Die Bibel verzichtet auf alle Begründetheiten Gottes. Sie bezeugt Offenbarung. Wir sahen seine Herrlichkeit, und *so* sahen wir sie: als die Antwort in der *Frage*. Wie kann man die Antwort anders vernehmen, erkennen, wissen als eben so? Aber die *Antwort* ist das *Primäre*. Es wäre keine Frage, wenn nicht die Antwort wäre. Nur damit sie dem Menschen wirklich *Antwort sein* kann, muß sie ihm als Frage begegnen. Gott ist die Fülle des Ja; nur damit wir ihn als *Gott verstehen*, müssen wir hindurch durch sein Nein. Die enge Pforte führt zum Leben; nur weil sie *diese Pforte* ist, muß sie so eng sein. »Ich will euch erquicken!« Und »mein Joch ist sanft und meine Last ist leicht«. Nur damit dies an uns *wahr werde*, müssen wir das Joch und die Last auf uns nehmen. »So ihr mich von ganzem Herzen *suchet*, will ich mich von euch *finden lassen!*, spricht der Herr.« Nur der *Herr* kann so sprechen, kann Suchen und Finden, Frage und Antwort in eins setzen. Die Bibel aber bezeugt, *daß* er so spricht.

Das ist's also, was die *andre* Seite der kirchlichen Situation ausmacht. Sagte ich's recht? Es ist die *noch* größere Erwartung, die durch die *Bibel* in diese Situation hineingetragen wird. Dies ist die Erwartung: Wo sind die Menschen, die in der Frage der Bibel ihre eigene Frage wiedererkennen und dann *in* dieser Frage Gottes Antwort: endgültig, erlösend, neuschaffend, belebend, beseligend, Zeit und alles, was in der Zeit ist, in das Licht der Ewigkeit rückend, Hoffnung und Gehorsam erzeugend? Wo sind die Menschen, die Augen haben zu sehen, was kein Auge gesehen, Ohren zu hören, was kein Ohr gehört, Herzen zu fassen, was in keines Menschen Herz gekommen ist? Die Menschen, die den Heiligen Geist empfangen wollen und können als Unterpfand dessen, was immer *noch nicht* erschienen, auch den Kindern Gottes, *gerade* den Kindern Gottes *noch nicht* erschienen ist? Die Menschen, die glauben wollen und können *in* ihrer Not auf *Verheißung? Gott* erwartet, *Gott* sucht solche Menschen. Nicht *unser* Leben, *unsre*

| Angelegenheiten, Bedürfnisse und Wünsche sind's, die in der
Bibel in Frage stehen, sondern so steht's, daß der *Herr* Arbeiter sucht in *seinen* Weinberg. Klein und unbedeutend wahrhaftig ist die Erwartung, die von der *Gemeinde* in die kirchliche
Situation hineingetragen wird, und wenn wir sie noch so tief
verstehen, neben *der* Erwartung, die ebenso stumm wie jene,
aber noch ganz anders real von der Seite der aufgeschlagenen
Bibel aus besteht. Oder vielmehr: Ist das Erwachen der Menschen, das diese Situation kennzeichnet, groß und bedeutend,
dann im Lichte dessen, was *Gott* da erwartet. Darum ist das
menschliche Erwarten ernstzunehmen, kann nicht ernst genug genommen werden, weil es eine Abschattung ist des großen Erwartens, mit dem Gott hier zuerst auf dem Plan ist.
Das ist eine unheimliche Situation, wer wollte das verkennen?
Wohl begreiflich, daß wir ihr ausweichen möchten. Aber wir
werden nicht wider den Stachel löcken können: gerade nach
der Seite, von woher das Unheimliche in diese Situation ursprünglich kommt, gerade nach der Seite der Bibel sind *wir*,
ich wiederhole es, durch das, was vor 400 Jahren über die Christenheit gekommen ist, festgelegt.

Das Geschehen, auf das diese Erwartung von beiden Seiten
gerichtet ist, ist die christliche Verkündigung. Und der Mann,
der bei diesem Geschehen zwar nicht im Mittelpunkt, wohl
aber an vorderster, exponiertester Stelle steht, ist der christliche Verkündiger, der Pfarrer. Er ist doch, von den Menschen
aus gesehen, die am Sonntag in die Kirche kommen oder auch
nicht kommen, jedenfalls der Erste, der ihnen *Antwort* geben,
und er ist, von der Bibel aus gesehen, der Erste, der bereit sein
müßte, sich unter Gottes *Frage*, in das Fragen nach Gott hineinzustellen, ohne das Gottes Antwort für uns nicht wahr
werden kann. Würde er das tun: antworten auf das, was die
Menschen fragen, aber antworten als ein selber *von Gott gefragter*
Mensch, ja dann dürfte man wohl sagen, daß er – Gottes Wort
redet, das die Menschen bei ihm suchen und das Gott ihm zu
reden aufgetragen hat. Denn als wirklich von Gott gefragter
und nach Gott fragender Mensch würde er ja Gottes Antwort

wissen und so den Menschen Antwort geben können, diesen Menschen, die ja mit *ihrer* Frage gerade auf *Gottes* Antwort warten, auch wenn sie es nicht wissen. Ja wenn *das* der Fall wäre, gäbe es dann ein bedeutungsvolleres, entscheidenderes Geschehen als die christliche Ver|kündigung? Verständlich wäre auf einmal die ganze kirchliche Situation, wenn sie der Rahmen *dieses* Geschehens wäre, gerechtfertigt die Existenz des Pfarrers, wenn er *dieses* Geschehens Diener sein sollte, sinnvoll gerade das Tun, das im Protestantismus den Mittelpunkt seines Amtes bilden soll: die Predigt als Schriftauslegung, wenn sie eben Verkündigung des Wortes Gottes sein sollte. Es ist ja fast eine Banalität, wenn ich jetzt sage: Es gibt nichts Wichtigeres, Dringenderes, Notwendigeres, Hilfreicheres, Erlösenderes und Heilvolleres, es gibt vom Himmel wie von der Erde aus gesehen nichts der wirklichen Lage Entsprechenderes als das Reden und Hören des Wortes Gottes in seiner richtenden und aufrichtenden Wahrheitsmacht, in seinem alles entwurzelnden und alles versöhnenden Ernst, in seiner Leuchtkraft hinein in die *Zeit* und ihre Wirren und darüber hinaus in die Klarheit der *Ewigkeit* und immer Beides *zugleich* und das Eine *durch* das Andre und *im* Andern, das Wort, der Logos des lebendigen Gottes. Fragen wir uns selbst und denken wir dabei an Jesus Christus, ob der Wille Gottes nicht drängt und ob die Verfassung des Menschen, des heutigen Menschen hier in Deutschland 1922 nicht schreit nach diesem Geschehen? Noch einmal: Was wäre unsere christliche Verkündigung, wenn sie dieses Geschehen *wäre!* Und daß sie das ist, das ist die Verheißung, die sie hat: nehmen wir unsre Situation als Pfarrer ernst, dann *können* wir gar nicht anders als diese Verheißung *bejahen*. Sie ist mit dem Ernstnehmen unsrer Situation zwischen Gemeinde und Bibel *gegeben*. Ernstnehmen kann hier nichts anderes sein, als Gottes Verheißung, die hinter dieser merkwürdigen Situation steht, ergreifen und glauben, auf sie vertrauen und ihr gehorsam werden.

Aber hier müssen wir innehalten. Das ist die *Verheißung* der christlichen Verkündigung: daß wir *Gottes Wort reden*. Verheißung ist nicht Erfüllung. Verheißung bedeutet, daß Erfüllung uns versprochen ist. Verheißung hebt die Notwendigkeit zu glauben nicht auf, sondern begründet sie. Verheißung ist des *Menschen* Teil, Erfüllung ist *Gottes* Teil. Daß, was Gottes ist, auch des Menschen ist, das kann nur geglaubt werden. »*Wir* haben solchen Schatz in *irdenen* Gefäßen.« Keine Verwechslungen zwischen Gottes und des Menschen Teil, zwischen dem Schatz und den irdenen Gefäßen! Warum passiert diese Verwechslung niemandem so leicht wie uns Theologen und unvorsichtigen Philosophen etwa, gerade uns, die es besser wissen sollten? Es ist doch wohl klar: auch daß wir Gottes Wort reden, können wir nur glauben. Gottes Wort auf eines Menschen Lippen, das ist nicht möglich, das kommt nicht vor, das kann man nicht ins Auge fassen und nicht ins Werk setzen. *Gottes* Tun ist doch wohl das Geschehen, auf das sich die Erwartung vom Himmel wie von der Erde aus richtet. Etwas anderes kann den wartenden Menschen nicht genügen und etwas anderes kann Gottes Wille nicht sein, als daß er selbst der ist, der es schafft. Gottes Wort ist also und will und muß sein und bleiben *Gottes* Wort. Der Schein, als ob es anders wäre, verkehrt die Sache in ihr Gegenteil, und wenn es der glänzendste, der christlichste, der biblischste Schein wäre. Vorweggenommene Erfüllung raubt uns auch die Verheißung.

Und hier muß nun von der furchtbaren *Gefahr* der kirchlichen Situation geredet werden. Ist sie nicht ganz dazu angetan, jenen Schein zu erwecken: hier haben Menschen es darauf abgesehen und – wer weiß? – schon erreicht, Gottes Wort auf ihre Lippen zu nehmen als ihr eigenes Wort? Wohlverstanden: um so bedenklicher wird dieser Schein, um so bedrohlicher die Lage, je mehr Gelingen, Erfolg und Erfüllung etwa damit verbunden ist. Um so mehr, je voller unsre Kirchen, je gesegneter und befriedigender unsre Tätigkeit etwa ist. Was heißt Segen? Was heißt Befriedigung im Pfarramt? Machen uns die Propheten und Apostel, um von Jesus Christus nicht zu reden, etwa den Eindruck von Leuten, denen es gelungen ist, daß sie nachher auf ein gesegnetes, befriedigendes Leben zurückblicken konnten? Wie seltsam, wenn wir soviel besser daran sind als sie! Was kann das bedeuten? Das bedeutet auf alle Fälle, daß wir einmal gründlich erschrecken sollten. Was tust du, du Mensch, mit *Gottes* Wort auf *deinen* Lippen? Wie kommst du zu dieser Rolle des Mittlers zwischen Himmel und Erde? Wer hat dich befugt, sich dahin zu stellen und religiöse Stimmung zu erzeugen? Und nun gar noch mit Erfolg und Gelingen? Was kann das anderes bedeuten als höchste Überhebung, höchsten Titanismus und – weniger klassisch, aber um so deutlicher: höchsten Kitsch! Man überschreitet die Grenze der Humanität nicht ungestraft, und man bricht nicht ungestraft ein in die Gerechtsame Gottes! Gehört aber nicht Beides unvermeidlich zum Beruf des Pfar|rers? *Ist* nicht die ganze kirchliche Situation eine namenlose Überhebung des Menschen, schlimmer als das, was sein Übermut auf andern Gebieten sich leistet? Ich würde antworten: Bei Gott ist es möglich, daß dem *nicht* so ist, daß wir *als* Pfarrer und *in* der kirchlichen Situation gerettet sind wie ein Brand vor dem Feuer. Bei den Menschen aber ist das unmöglich. Soviel *wir* wissen, können wir nur sagen: Wo kann ernstlicher vom Zorne Gottes die Rede sein als über uns Pfarrern? Oder sollten wir nichts davon wissen, wie sehr gerade *wir* unter dem Gericht stehen; nicht irgendwie geistig, religiös oder sonst harmlos meine ich das, sondern höchst real: Mose und Jesaja, Jeremia und Jona haben wahrhaftig gewußt, warum sie sich in diese Situation des Predigers *nicht* begeben wollten. Kirche ist eigentlich eine Unmöglichkeit. Pfarrer kann man eigentlich nicht sein. Predigen, ja wer darf, wer kann denn das, wenn er weiß, um was es da geht? Ist uns die kritische Lage der Kirche etwa immer noch nicht drastisch genug vor Augen gestellt? Wann werden wir sie zu deuten wissen? In welchem von den vielen Einwänden, die heute gegen die Kirche und gegen das Christentum von den Gebildeten und Ungebildeten unter ihren Verächtern erhoben werden, steckte nicht letztlich der Einwand, den wir selber gegen uns erheben müßten, wenn wir uns dessen genauer bewußt wären, was wir als Pfarrer wagen? Wäre es nicht besser, uns jene Einwände, ob sie nun gerecht oder ungerecht, gescheit oder dumm seien, einfach einmal ein wenig gefallen zu lassen, in der Einsicht, daß etwas dran ist, wie David die Steinwürfe Simeis des Sohnes Geras, statt uns sofort mit dem Rüstzeug unsrer ebenso subtilen wie in ihrem Wert fragwürdigen Apologetik dagegen zur Wehr zu setzen? Wäre es nicht ratsamer, gewisse Stürme, die über uns kommen wollen, einmal ruhig ihre reinigende Kraft an uns auswirken zu lassen, statt ihnen sofort mit einem kirchlichen Gegensturm entgegenzutreten? Wäre es uns nicht besser, statt pastoral-theologischer Zeitschriften und dgl. z. B. Feuerbach zu lesen, und zwar ohne zu versuchen, den Kopf sofort wieder aus der Schlinge zu ziehen? Wenn Gott uns, das Wunder ist ja *möglich* bei *ihm*, erwählt hat und rechtfertigen will *als* Pfarrer und *in* der kirchlichen Situation, dann jedenfalls allein *da*, im *Gericht* über uns selbst, im *Gericht* über die Kirche, im *Gericht* über unser Pfarrertum. Denn erst *hier* können wir ja die Verheißung ergreifen, erst *hier* glauben. Erst damit, daß wir nicht nur als Menschen im allgemeinen – das wäre allzu bequem, denn niemand ist ein Mensch im allgemeinen –, sondern gerade als Geistliche, gerade in unsrer Mittlerstellung die Frage, die große schlechthin demütigende, ja tödliche Frage Gottes an alles, was Fleisch heißt, auf uns nehmen, gerade dadurch erst kommen wir in die Lage, »Geistliche« zu sein, d. h. Gottes *Antwort* zu vernehmen und dann auch den Menschen Antwort zu geben auf *ihre* Frage. Erst dadurch, daß unsre Verkündigung aus realer Not kommt, wird aus unserm Amt *Sendung*. Und Sendung allein kann unsre Verkündigung legitimieren. Es liegt Sinn darin, daß der Hohepriester am großen Versöhnungstag nach Lev. 16 zuerst einen Farren darbringen, schlachten und opfern mußte zum Sündopfer, »daß er *sich* und *sein* Haus versöhne«, und *danach* den Bock als Sündopfer für das Volk. Wäre es nicht ratsam, diesen Farren nun einmal darzubringen und unterdessen wenigstens den Bock noch leben zu lassen? Weigerten wir uns etwa dessen, daß das Gericht anheben muß beim Hause Gottes, weigerten wir uns, uns und unser Amt und unsre Kirche dahin zu stellen, wo alles Fleisch stehen muß, sollte das *nicht* das Erste sein, mit dem wir immer wieder *anfangen*, an das wir immer wieder *zu-*

erst denken, das unsrer Arbeit am Studiertisch und unsrem Reden auf der Kanzel *voran*gehen muß, wollten wir uns der gründlichen Desillusionierung, die das bedeutet, heimlich oder offen, mit weltlicher oder christlicher Begründung entziehen, sollten wir eine Anklage gegen die Welt, gegen die unchristlichen Weltanschauungen, die unreligiöse Masse und wie das alles heißt, schleudern, die nicht zuerst mit ihrer vollen Wucht uns selbst getroffen hat, so getroffen, daß uns zum Reden gegen die da draußen zunächst einfach der Atem ausgeht, sollten wir von der Sünde, der Sünde des Eritis sicut Dii reden, ohne | zuvor zu uns selbst gesagt zu haben: *Du* bist der Mann, du *mehr* als alle andern! – wie sollten wir dann nicht *bleiben* müssen unter dem Gericht, aus dem uns das Wort Gottes *mit* allem Fleisch freilich herausreißen und erretten will? Diese Weigerung würde ja bedeuten, daß wir uns *nicht* begnügen lassen wollen an der Verheißung, daß wir *nicht* glauben wollen. Wie sollte es dann für uns selbst zu einem Hören und Reden und für unsre Gemeinden zu einem Vernehmen, Erkennen, Wirken des Wortes *Gottes* kommen? Wie sollten wir dann glaubwürdig sein? Vergebung der Sünden, Auferstehung des Fleisches und ein ewiges Leben wirklich und nicht nur in Worten verkündigen können? *Glaubwürdig* werden wir nur durch das Wissen um unsre Unglaubwürdigkeit! *Überzeugendes* Reden von Gott, das gibt es ja nur da, wo die christliche Verkündigung selbst mitten drin steht in der *Not*, unter dem *Kreuz*, in dem *Fragen*, nach dem Gott allererst fragt, um antworten zu können. Aus dieser Not dürfen wir nicht *heraus* wollen. Das war es, was der junge Luther dem katholischen Mittelalter vorgeworfen hat, daß es aus dieser Not *heraus* wollte. Jede Seite fast in seiner Psalmen- und in seiner Römerbrieferklärung redet von dem Entsetzen, das ihn erfaßte, als er die Entdeckung machte: was die Scholastiker und Mystiker trieben, das war ja, wie er es in der Heidelberger Disputation von 1518 nannte: »theologia gloriae«, ein naives religiöses Stimmung-Machenwollen, eine *Flucht* vor dem Fragen, nach dem Gott fragt, um seine Antwort geben zu können. *Hier* hat er den Spaten eingesetzt und seine Theologie, die reformatorische, auf deren Boden wir angeblich stehen, definiert als »theologia crucis«, die von dort aus entworfen ist, wo der Mensch auch sein Höchstes und Bestes, *gerade* das, preisgegeben und unter das Gericht gestellt hat und *so* die Verheißung ergreift, auf Glauben, *allein* auf *Glauben* hin, weil er selber ergriffen ist von der grundlo|sen, nur in sich selber begründeten Barmherzigkeit Gottes, weil *Christus* der *Gekreuzigte* in seiner derelictio der Träger der Verheißung ist. »Er hat uns gemacht, und nicht wir selbst, zu seinem Volk und zu Schafen seiner Weide.« Wie sollen das die Menschen hören aus der christlichen Verkündigung der Kirche, wenn die Kirche selber es vielleicht noch gar nicht gehört hat?

Stehen wir auf dem Boden der theologia crucis? Das scheint mir die Schicksalsfrage zu sein, die heute, wo wir, was Kreuz ist, zu merken wahrhaftig Anlaß hätten, an unsre protestantischen Kirchen gestellt ist. Wir brauchen heute *ernste* Pfarrer. Jawohl, aber dieser Ernst muß der *Sache* der Kirche und in keinem Sinne der Kirche selbst gelten. Der sehr menschliche Pfarrerernst, der der Kirche gilt, ist dem beinahe göttlichen Ernst der heutigen Lage nicht mehr gewachsen. Wir brauchen *tüchtige* Pfarrer. Ja, aber nicht *geschäfts*tüchtige. Die Verwaltung des Wortes ist kein Geschäft, und wenn es noch so glänzend ginge. Die Tüchtigkeit wird sich zu erweisen haben in Situationen, in die in Geschäften nur Untüchtige zu kommen pflegen: in Erfolg- und Wirkungslosigkeit, in schwerster Isolierung, in negativen Abschlüssen vielleicht bis zum Lebensende. Wir brauchen *fromme* Pfarrer. Ja, wenn Frömmigkeit Gehorsam bedeutet gegen den Ruf: Folge du *mir* nach!, der uns vielleicht aus all dem, was man zur Rechten und zur Linken Frömmigkeit nennt, herausführt. Doch überlegen Sie sich selbst, was Ernst, Tüchtigkeit, Frömmigkeit auf dem Boden der theologia crucis etwa bedeuten möchte? Wollen wir dort stehen, dann müssen wir jedenfalls allem resolut den Abschied geben, was auf der Linie des katholischen Altarsakraments liegt, dieses genialsten Symbols einer Kirchenherrlichkeit, die sich dem Gericht *entziehen* zu können meint und sich ge|rade der

Gnade entzieht, die sich an der Verheißung nicht begnügen lassen, sondern Erfüllung haben, genießen, erleben – ja eben *erleben* will, als ob der Weg zum Erleben der Erfüllung nicht durch das Sterben aller menschlichen Herrlichkeit und zuerst aller kirchlichen ginge! Wir sollen unter keinen Umständen und in keinem Sinn creatores creatoris sein wollen. Nicht zu *erzeugen* haben wir Gott, sondern ihn zu *be*zeugen. In dieser Silbe liegt der Unterschied. Was in der Linie des Altarsakraments liegt, das ist *Flucht* vor der Not der christlichen Verkündigung und darum Flucht auch vor ihrer *Verheißung*. Täuschen wir uns nicht, sehr vieles liegt in dieser Linie, was noch lange nicht katholisch aussieht, sondern sehr evangelisch und vor allem auch sehr modern. Ich überlasse es Ihnen, zu überlegen, ob sie sich nicht ausziehen läßt tief hinein in unsre gewohntesten homiletischen und seelsorgerlichen Darbietungen, in unsre *traditionellen* kirchlichen Formen und noch viel mehr in die *neueren* und *neuesten* Bestrebungen gerade auf dem Gebiet der kirchlichen Formen, aber auch tief, sehr tief hinein in die systematischen und historischen Darstellungen unsrer Theologie aller Richtungen. Sie läuft überall da durch, wo ein Haben auftritt, das nicht auch ein Nicht-Haben wäre, ein Eilen ohne Warten, ein Geben ohne Nehmen, ein Besitzen ohne Entbehren, ein Wissen ohne Nicht-Wissen, ein Rechthaben ohne Unrechthaben, ein Sitzen ohne Aufstehen, eine Gegenwart des Himmelreichs, wo gar keine »Armen im Geist« sind. Auf dieser Linie kann es zu keiner Gewißheit, zu keinem Sieg kommen. Denn der Gott, von dem Gewißheit und Sieg kommt, wohnt in einem Lichte, da niemand zu kann, und als solcher will er erkannt und angebetet sein. Das ist die Krisis der christlichen Verkündigung. Wohlverstanden: ich möchte damit, daß ich von dieser fatalen Linie rede, keinen direkten Vorwurf richten nach irgendeiner Seite. Die Sache eignet sich schlecht zum Vorwürfemachen. Ich verkenne nicht, daß vieles aus der Not und darum mit der Verheißung der christlichen Verkündigung geredet und getan sein kann, was auf den ersten Blick jener fatalen Linie unheimlich nahe zu liegen scheint. Mag denn alles, was in Sachen der christlichen Verkündigung zur Rechten und zur Linken, bei den Volkskirchlern und bei den Hochkirchlern, von den Alten und | von den Jungen heute geredet und getan wird, seinen Lauf nehmen. Fiat, fiat! »Eines schickt sich nicht für alle. Sehe jeder wo er bleibe, sehe jeder wie er's treibe, und wer steht, daß er nicht falle.« Nicht darum kann es sich handeln, diesem oder jenem eine neue Position oder auch nur eine Negation polemisch gegenüberzustellen. Wohl aber darum, *Besinnung* eintreten zu lassen über das, was da geredet und getan wird, Besinnung auf das Eine, Notwendige, Unentrinnbare, dem unsre Kirchen, dem wir Pfarrer und Theologen vor allem heute mehr als je tatsächlich gegenüberstehen; Besinnung heißt *Erinnerung* an den *Sinn* unsres Redens und Tuns. Vielleicht daß bei solcher Besinnung dies und das nicht mehr gesagt und getan oder anders gesagt und getan werden wird als bis dahin. Vielleicht daß nur in neuer Meinung dasselbe gesagt und getan zu werden braucht wie bis dahin. Besinnung bedeutet grundsätzlich weder Position noch Negation, sondern eben nur – eine Randbemerkung, »ein bißchen Zimt«. Besinnung braucht uns jedenfalls nicht voneinander zu trennen, auch wenn ihre theoretischen und praktischen Ergebnisse nicht bei uns allen dieselben sein sollten. Ich halte dafür, daß es grundsätzlich möglich sein müßte, sich über diese Besinnung sogar mit einem katholischen Theologen zu verständigen, endlich und zuletzt sogar über das Altarsakrament und ohne es ihm durchaus nehmen zu wollen. Die Not und Verheißung der christlichen Verkündigung, göttliches Gericht und göttliche Rechtfertigung wird wohl letzten Endes auch hinter der Kirche des Tridentinums stehen. Es steckt genug Katholisches in uns Protestanten, daß wir annehmen müssen, das reformatorische Anliegen könne auch da drüben nicht einfach tot sein. Oder was berechtigte uns zu dieser Annahme? Um so weniger können wir uns untereinander etwa mit dieser Annahme gegenübertreten. Aber auch nicht mit der Annahme, als ob uns das reformatorische Anliegen etwa selbstverständlich sei. Es ist uns *nicht* selbstverständlich. Man kann über | die Frage, ob wir es kennen, ob es in uns wach ist, *nicht* zur Tagesordnung übergehen. Es muß heute, morgen, immer wieder in uns erwachen. Reformation ist wahrhaftig heute nicht minder möglich und notwendig als vor 400 Jahren. Reformation findet statt, wo Besinnung stattfindet. Wenn Ihnen heute die Sehnsucht nach Reformation vielleicht mehr als bittere Sorge entgegengetreten ist denn als etwas anderes, so bedenken Sie, daß es nicht anders sein darf. Seufzen: »Veni creator spiritus!« ist nun einmal nach Röm. 8 hoffnungsvoller als triumphieren, wie wenn man ihn schon hätte. Sie sind in »meine Theologie« eingeführt, wenn Sie diesen Seufzer gehört haben. Haben Sie ihn gehört und verstanden, verstanden vielleicht besser, als Ihnen lieb ist, dann werden Sie es auch verstehen, wenn ich schließen möchte mit einem Bekenntnis der *Hoffnung*. Es sind einige Sätze aus *Calvins* Erklärung von Micha 4,6 (»Zur selbigen Zeit, spricht der Herr, will ich die Lahmen versammeln und die Verstoßenen zuhauf bringen und die ich geplagt habe«). »Obwohl die Kirche«, sagt Calvin dazu, »zur Zeit kaum zu unterscheiden ist von einem toten oder doch invaliden Manne, so darf man doch nicht verzweifeln; denn auf einmal richtet der Herr die Seinigen auf, wie wenn er Tote aus dem Grabe erweckte. Das ist wohl zu beachten; denn wenn die Kirche nicht leuchtet, halten wir sie schnell für erloschen und erledigt. Aber so wird die Kirche in der Welt erhalten, daß *sie auf einmal* vom Tode aufsteht, ja am Ende geschieht diese ihre Erhaltung jeden Tag unter vielen solchen Wundern. Halten wir fest: Das Leben der Kirche ist nicht ohne Auferstehung, noch mehr: nicht ohne viele Auferstehungen. Tenendum est, ecclesiae vitam non esse absque resurrectione, imo absque multis resurrectionibus.« |

DAS PROBLEM DER ETHIK IN DER GEGENWART (1922)

Das Problem der Ethik ist die kritische Frage, unter die der Mensch sein Tun, d. h. aber sein ganzes zeitliches Dasein gestellt sieht. Gefragt ist nach Sinn und Gesetz seines Tuns, nach der Wahrheit in seinem Dasein, für deren Vorhandensein diese Frage ihn, den Menschen, verantwortlich macht. Sofern die Wahrheit des Menschenlebens auch in seiner Naturbedingtheit zum Ausdruck kommt, wird sie hier, im Licht der ethischen Frage, noch einmal problematisch. Das scheinbar Gegebene wandelt sich zur Aufgabe. Das als seiend Begriffene mit seinem Anspruch höchster Würde und Geltung tritt in den Schatten eines Andern, Überlegenen, Nicht-Seienden. Das Wahre, und wenn es das Wahrste wäre, muß sich der kritischen Frage unterziehen, ob es denn auch *gut* sei. Das Recht dieser Frage ist darin begründet, daß sie gestellt ist. Auch die logische Frage, die Frage nach dem Wahren im Sinn des Seienden, ist nicht zufällig und willkürlich, sondern notwendig, kein Gegenstand, sondern die Voraussetzung der sinnlichen Erfahrung, nicht in einem Andern, sondern in sich selbst begründet. Aber doch nur insofern, als sie die Rückfrage nach der Wahrheit des Wahren, d. h. aber die ethische Frage in sich schließt, in der der Gedanke des Nicht-Seienden, aber Sein-Sollenden des Menschen *Leben* in Anspruch nimmt als des Menschen *Tat*. In der Frage nach dem Nicht-Seienden, dem Guten, in der ethischen Frage ist die Frage nach dem Seienden, die logische Frage begründet als kritische, selber nicht mehr in Frage zu stellende Frage. Keinen Sinn hat es also zum vornherein, die Frage nach dem Guten der Wahrheitsfrage im logischen Sinn zu unterwerfen, als ob sie nicht selber die Wahrheitsfrage wäre, die jene erst zu einer in sich selbst begründeten macht. Keinen Sinn, die Frage nach Pflicht und

Recht, nach dem sittlichen Subjekt und Objekt umzusetzen in die Frage nach der Wirklichkeit und den Möglichkeiten *des* Menschen, der Gegenstand unsrer sinnlichen Erfahrung ist, als ob nicht mit *der* Frage, die aller sinnlichen Erfahrung letzte Voraussetzung ist, eben gerade dieser Mensch als solcher in Frage gestellt wäre. Keinen Sinn überhaupt, uns der ethischen Frage irgendwie betrachtend als Zuschauer gegenüberzustellen, als ob sie nicht gerade darin ihren Grund hätte, daß wir es beim Betrachten unsres Lebens, bei der Zuschauerrolle unsrem Tun gegenüber *nicht* bewenden lassen können, sondern in die Notwendigkeit versetzt sind, uns selbst als die Lebenden, als die Täter zu begreifen. Keinen Augenblick aus dem Gesicht zu verlieren ist freilich die Lückenlosigkeit des Seinszusammenhangs, in den verflochten wir uns unsre Existenz allein anschaulich zu machen vermögen und innerhalb dessen das Gute, nach dem in der ethischen Frage gefragt ist, *nicht* gegeben ist; was hier gegeben ist und gegeben sein kann, das kann ja als solches *nicht* das Gute sein. Aber das ändert nichts daran, daß offenbar eben diese unsre anschauliche Existenz in diesem Seinszusammenhang gemessen ist an einem Maßstab, der weder mit ihr selbst noch mit dem als seiend Begriffe|nen überhaupt gegeben ist. Ändert nichts daran, daß der Mensch als Mensch rettungslos in die Lage versetzt ist, sein Sein zugleich aufzufassen als sein verantwortliches Handeln, sein Begehren als fragwürdig, jenes Nicht-Seiende als Sein-Sollendes, das als die *Wahrheit* des Wahren sein Tun in Beschlag nehmen will. Mag denn der historisch-psychologische Vorgang, in dem die ethische Frage dem Menschen zum Bewußtsein kommt, und mögen die Zwecke, Güter und Ideale, in denen er gestern, heute oder morgen das Gute, also die Antwort auf die ethische Frage, zu erkennen meint, ableitbar sein aus dem als seiend Begriffenen oder Begreifbaren, aus kontingenten, sekundären, nicht-ursprünglichen Ursprüngen, aus Schicksal oder Natur, aus Willkür oder Zufall, aus Hunger oder Liebe, das Problem der Ethik selbst steht und fällt nicht mit seiner Genesis innerhalb des Zusammenhangs des Seienden und erst recht nicht mit den gestern, heute oder morgen sich einstellenden Lösungsversuchen, es greift über seine zeitliche Entstehung wie über alle seine wirklichen und möglichen zeitlichen Beantwortungen grundsätzlich hinaus, es ist in seinem Ursprung wie in seinem Ziel eigenen Rechtes, eigener Würde. Es widersteht der Skepsis, der alle ethischen Ideologien ausgesetzt sind, darum, weil es selber, längst bevor die Skeptiker aufgestanden sind, die erbarmungslose Krisis aller ethischen Ideologien ist. In Frage gestellt sind ja mit der Frage nach dem Guten alle wirklichen und möglichen *Inhalte* menschlichen Tuns, alles zeiterfüllende *Geschehen* in der Geschichte der Individuen wie der Gesellschaft. *Was* sollen wir denn tun?, ist hier gefragt, und dieses Was? richtet sich angreifend, zersetzend, aushöhlend gegen den ganzen Bestand dessen, was wir gestern getan haben und morgen tun werden, alles auf die Waage legend, scheidend in jedem Augenblick in allem Vorgefundenen, Gegebenen, Wirklichen, das getan wird, das Gute und das Böse, um schon im nächsten Augenblick auch das eben als gut wie das eben als böse Erkannte unter dieselbe kritische Frage zu stellen, als ob es von Ewigkeit her noch nie geschehen wäre. Das absolute Leben beginnt sich uns bemerkbar zu machen, wenn das ethische Problem sich stellt; aber was kann das für uns anderes heißen, als daß wir sterben müssen? Absolutes Aufbauen hebt an; aber wie kann sich das anders vollziehen als in | einem fortschreitenden Abbau? Absolute Unendlichkeit tut sich auf; Unendlichkeit, die besser das Ende aller Dinge heißen würde. Und indem der Mensch diese einfache Frage: Was sollen wir tun? sich zu stellen wagt, hat er diesem Absoluten sich gestellt, zur Verfügung, zu Dienst gestellt, er ist in Relation zu ihm getreten, ein Schritt, neben dessen Tragweite aller etwaige Verkehr mit den himmlischen oder dämonischen Mächten hintersinnlicher Welten zum Kinderspiel wird. Denn diese Frage hat ja sein Tun, sein Dasein und Verkehren in der Welt wie in allen möglichen Hinterwelten zum Gegenstande. Macht er diese Frage sich zu eigen, so hat er nicht nur zugegeben, daß er das Auge bemerkt hat, das ihn aus einem Jenseits aller Welten betrachtet, sondern daß er das, was dieses ewige Auge sieht, das Auf-der-Waage-Liegen aller seiner Lebensinhalte, die Krisis, in der sich sein ganzes Tun in jedem Augenblick befindet, *auch* sieht. Er ist nicht nur ganz gefragt, er muß *selber* die Frage stellen, mit der er doch eigentlich, sofern er sie versteht, sich selber aufhebt. Er betätigt, indem er diese einfache Frage sich stellt, in eigentümlichster Weise seine Gemeinschaft mit dem *ewigen* Betrachter seines Lebens; eben darum wird sie ihm unvermeidlich zum Ende alles *eigenen* Betrachtens, aller Beschaulichkeit. Er betätigt in dieser Frage sein Verhältnis zu *Gott* und nimmt die unheimlichen, die radikalen Konsequenzen auf sich, die das für ihn haben muß. Denn könnten wir uns einen Menschen denken, der sich dieser Frage zur Verfügung stellte mit dem Ernst, der ihrem absoluten Gehalt wirklich entspräche, so möchten wir einen solchen Menschen wohl an Gott gebunden, an Gott verloren nennen. Aber wie könnten wir ihn uns anders denken denn als wissentlich und willentlich *sterbend?* Aber wiederum: wie sollte wissentliches und willentliches Sterben eines Menschen (wie wir den Menschen kennen) das sein, was dem absoluten Gehalt jener Frage an Ernst etwa entspräche? Es wartet im Problem der Ethik das Geheimnis der Unmöglichkeit des Menschen, den wir kennen, des lebenden und des sterbenden, das Geheimnis, daß *dieser* Mensch vor Gott nur vergehen kann.

Und nun gilt es noch, sich Folgendes klar zu machen: Wir haben nicht etwa die Wahl, uns das ethische Problem zu stellen oder nicht zu stellen und also die mit ihm gegebene Krisis unsrer Lebensinhalte auf uns zu nehmen oder abzuschütteln, die unvermeidlich in ihr liegende Beziehung zu Gott zu betätigen oder ruhen zu lassen. Das ethische Problem | wartet nicht etwa auf unsre allfällige ethische Besinnung, die Krisis, in der unser Tun sich befindet, nicht etwa darauf, daß wir kritisch werden, unsre Beziehung zu Gott nicht etwa auf unsre sog. religiösen Erlebnisse. Das alles ist vielmehr in grundsätzlicher Überlegenheit *zuerst*, a priori auf dem Plan. Wir *haben* uns das ethische Problem schon gestellt. Wir *stehen* schon in jener Krisis und Beziehung, und nur darin kann unsre Besinnung und Kritik, unser sog. Erleben bestehen, daß wir vor der ohne unser Zutun feststehenden Wahrheit uns wieder einmal beugen, der Tatsache ins Gesicht sehen, daß wir gefragt *sind* und gefragt *haben*. Es gibt keinen Augenblick, in dem wir der Last dieser Frage etwa entzogen wären. Wir *leben* ja von Augenblick zu Augenblick. Und Leben heißt *Tun*, auch dann, wenn es zufällig ein Nicht-Tun sein sollte. Leben, das etwas anderes wäre als unser Tun, wäre uns schlechthin unanschaulich; es wäre nicht *unser* Leben. Alles Tun aber steht unvermeidlich unter der mit seinem Zweck gesetzten Frage nach seinem Sinn und Gesetz, nach seiner Wahrheit. Diese Frage ist *nicht* erschöpft mit der Erkenntnis des Sinns und Gesetzes, das unserm Tun kraft seiner Richtung auf diesen und jenen nächsten endlichen Zweck innewohnt. Denn in diesem Zweck selber schlummert die Frage nach seinem eigenen Zweck und endlich nach einem Inbegriff aller Zwecke, d. h. aber die über alles Sein hinausgreifende Frage nach dem Guten. Es schlummert also in jedem zufälligen zeitlichen: Was sollen wir tun? *das* Was?, auf das kein zufälliges zeitliches Das! beruhigende Antwort geben kann, weil es das notwendige, das ewige Was? ist. Und mit der Frage die Krisis unsrer Lebensinhalte, und mit der Krisis die Beziehung zu Gott. Wir *stehen* in dieser Beziehung. Sehen wir zu, wie wir uns damit abfinden.

Was kann es für einen Sinn haben, vom Problem der Ethik in der *Gegenwart* zu reden? Offenbar grundsätzlich nur den, uns nachdrücklich in Erinnerung zu rufen, daß es sich bei diesem Problem nicht um Lebensansicht, Weltanschauung und ähnliche Harmlosigkeiten handeln kann, sondern um unsre Existenz, um unsre eigenste realste Lage in diesem Augenblick, um eine Bedrängnis, von deren Aktualität wir keinen Moment abstrahieren können, wenn wir wirklich von *ihr* und nicht von etwas ganz anderem reden wollen. Es geht nicht um *ein* Problem, sondern um *das* Problem. Sagen wir »das Problem der Ethik in der *Gegenwart*«, so möchten wir damit alle zeitliche Ferne, allen Zuschauerabstand, der uns von der Bedrängnis des Problems etwa lösen könnte, tunlichst aufheben. Sofort freilich mit der Gegenerinnerung, daß uns das nur teilweise gelingen kann. Denn wir kennen keine Gegenwart, die sich nicht sofort wieder spaltete in die Zeiten, in Vergangenheit und Zukunft, keine Gegenwart, die nicht selber eine Zeit, wenn auch *unsre* Zeit wäre. Es gilt zu bedenken, daß es gefährlich ist, das ewige Problem aller Zeitlichkeit in das Licht einer bestimmten Zeit, und wenn es unsre Zeit wäre, zu rücken. Es kann und darf ja das Problem der Ethik in der Gegenwart kein anderes sein, als es zu allen Zeiten gewesen ist und zu allen Zeiten sein wird. Indem es uns gestellt ist, treten wir ein in *die* Geschichte und Gemeinschaft, in der es kein Werden und keinen Wandel gibt. Wir können heute nichts anderes tun, als was schon Jakob tat, ringen mit dem Herrn: Ich lasse dich nicht, du segnest mich denn! Nicht zeitgemäßer können wir uns mit diesem Problem beschäftigen, als indem wir es in seinem zeitlosen oder vielmehr alle Zeit angehenden Ernst ins Auge fassen. Revolutionsphilosophie oder auch Reaktionsphilosophie zu treiben ist die Versuchung, vor der wir uns heute z. B. zu hüten haben. Aber das alles kann uns nicht dispensieren von der Aufgabe, uns die ethische Frage als Menschen *unsrer* Zeit zu stellen und nicht anders, eingedenk freilich, daß wir damit in Wahrheit nicht unsre *Zeit*, sondern die *Gegenwart*, die Ewigkeit »zwischen den Zeiten« meinen. Warum können wir uns vom Blick auf *unsre* Zeit | nicht dispensieren lassen? Darum nicht, weil von der ethischen Frage nicht zu trennen sind wir, die Gefragten und Fragenden, die ganz bestimmten Menschen, denen sie gestellt ist, die von ihr beunruhigt und bedrängt sind. Und diese ganz bestimmten Menschen sind wir als Menschen *unsrer* Zeit. So gewiß das Problem der Ethik dem Menschen gestellt ist als seine Existenzfrage, so gewiß ist es ihm gestellt im Licht einer bestimmten Zeit, *seiner* Zeit, so gewiß hat er sich mit ihm in *besonderer, dieser* Zeit entsprechender Weise auseinanderzusetzen. Wobei wir einschränkend hinzufügen, daß dies Besondere nichts anderes sein kann als eine besondere Betonung und Unterstreichung innerhalb der Problematik, die für alle Zeiten die eine ist.

Das Besondere unserer Zeit liegt nun sicher darin, daß das Problem der Ethik uns in viel stärkerem Maße als etwa der uns vorangegangenen Zeit eine Sorge, man könnte auch einfach sagen, ein wirkliches *Problem* ist. Uns sind nicht mehr viele Stunden beschieden, wo wir auch nur *wähnen* könnten, uns der Frage: Was sollen wir tun? entziehen zu können, und nicht mehr viele Stunden, wo uns diese Frage als leicht und lösbar, wo sie uns anders denn als Last und Not zum Bewußtsein kommen würde. Ich möchte es Ihnen und mir ersparen, »aus dem Zeitungsblatt zu melden, was wir schaudernd selbst erlebt«. Es braucht keiner Worte darüber, daß, wenn die Neger am Rhein stehen und Lenin dort, wo einst der Zar stand, und der Dollar über 2000, jene Frage schon im Hinblick auf die allernächsten Zwecke mit etwas mehr Gewicht gestellt ist als etwa auf der Zinne der Jahrhundertwende im Glanz und in der Sicherheit des wilhelminischen Zeitalters. Aber davon kann auch die tiefere Problematik, die hinter unsern nächsten Zwecken steht, nicht unberührt bleiben. Sie ist für uns wirklich Problematik geworden, schwer, bitter und schmerzlich. Ich will damit nicht sagen, daß sie nicht auch denen schwer, bitter und schmerzlich war, die vor uns waren. Aber man kommt unmöglich vorbei an der Feststellung, daß wir ihr ratloser, verlegener, unsicherer gegenüberstehen als die Generation, die, als 1914 kam, fertig war. Wir ahnen deutlicher die unvermeidliche *letzte* Ratlosigkeit, Verlegenheit und Unsicherheit, die die ethische Frage dem Menschen bereitet. Und ohne es jenen abstreiten zu wollen, daß sie das auch geahnt haben, wundern wir uns, daß sie in ihrer Haltung und ihrem Reden so merkwürdig wenig davon verraten haben.

Lassen Sie mich den Gegensatz an einigen Punkten charakterisieren. Es gab eine Zeit, da war das ethische Problem jedenfalls für die Theologen und Philosophen das, was man ein akademisches Problem zu nennen pflegt. Was auch Pessimisten, Nörgler, Literaten und andere Aufgeregte, von Nietzsche, Ibsen oder Tolstoi herkommend, einwenden mochten – da war doch ein in Staat, Wirtschaft, Technik, Wissenschaft wohlgeordnet sich aufbauendes und unentwegt auf der ganzen Linie fortschreitendes Ganzes menschlicher Kultur, durch Kunst verklärt und geadelt, durch Moral und Religion scheinbar über sich selbst hinausragend in noch höhere Regionen, dessen Vorhandensein die Frage | nach dem Guten doch recht wesentlich vereinfachte, den größten Teil ihrer Schärfe jedenfalls ihr nahm. Auf diesem Hintergrunde war gut Ethik treiben. Handelte es sich doch im Grunde wirklich nicht darum, zu fragen, *was* zu tun sei, als ob man das nicht wüßte, sondern darum, mehr auf philosophischen oder mehr auf theologischen, mehr auf kantischen oder mehr auf schleiermacherischen Wegen nachträglich die einleuchtende Formel dafür zu finden, daß als das Gute gerade das zu tun sei, was nun eben auf dem Boden jenes gewiß unendlich verbesserungsbedürftigen, aber auch unendlich verbesserungsfähigen Kulturganzen selbstverständlich zu tun war, wobei die Umgehung oder Beseitigung des großen neutestamentlichen Hindernisses einer solchen Auffassung der Dinge die Sache speziell für die Theologen nur um so interessanter machen konnte. Könnte man sich, um nur zwei Beispiele zu nennen, die Ethik der *Ritschl*schen Schule auch nur einen Augenblick denken ohne den soliden Hintergrund des fröhlich emporsteigenden deutschen Bürgertums zur Zeit der Konsolidierung der Bismarckschen Reichsgründung? Oder die Ethik *Troeltschs* mit ihrem großen Sowohl – Als auch! ohne die auf den christlichen und speziell auf den christlich-sozialen Einschlag nicht ganz verzichtende neudeutsche Wirtschaftskultur, wie sie etwa in Friedrich Naumann ihren Propheten gefunden hat? | Oder in welcher anerkannten Ethik jener Zeit finden wir die Frage: Was sollen wir tun? anders gestellt als so, daß sie zu der aller Frage vorangehend in Staat, Gesellschaft und Kirche bereitgestellten Antwort: *Das* wollen wir tun! annähernd genau paßte? Mit dem inzwischen eingetretenen Wanken, Schwanken und Verblassen jener Hintergründe ist *uns* jedenfalls ein guter Teil des Mutes genommen, die ethische Frage mit einem solchen oder ähnlichen Das! zu beantworten. Wir meinen weniger Gutes geschehen zu sehen, das uns die Frage erleichtern würde. Unser Was? ist hohler, leerer geworden. Wir spüren deutlicher, daß es uns nicht erspart ist, in bitterstem Ernst, als Nicht-Wissende, zu *fragen:* Was sollen wir tun?

Weiter: Es gab eine Zeit, die empfand das ethische Problem mit Kant und noch mehr mit dem hochgemuten Fichte wesentlich als Ausdruck und Zeugnis der besonderen Würde und Hoheit des Menschen. Nicht beunruhigt und bedrängt, sondern erfreut und erhoben fühlte sie sich, wenn sie vom Sein aufs Sollen, von den Gegebenheiten auf die Normen, von der Natur auf die Geschichte zu sprechen kam. Hier fühlte sie sich auf sicherem Boden in der Unterschiedenheit des Menschen vom Tier oder doch des Kulturmenschen vom Wilden. Hier meinte sie sogar den archimedischen Punkt zu finden, von dem aus eine materialistische Welt- und Lebensanschauung mit ihrer Trost- und Gottlosigkeit aus den Angeln zu heben sei. Wir sind heute nicht mehr so sicher, ob der Adelsbrief, den man auf Grund der richtigen Erkenntnis des transzendentalen Ursprungs des ethischen Problems dem *Menschen* meinte ausstellen zu dürfen, nicht erschlichen sein könnte. Es gibt uns wieder mehr zu denken, daß dieses Problem eben nicht mehr als das *Problem* des Menschen ist. Wann und wo bedeutet denn etwa die Frage nach dem Guten etwas anderes als das *Gericht* über den uns bekannten, auch über den uns bekannten *moralischen* Menschen? *Wir* haben offenbar nicht nur den wilden und unmoralischen, sondern gerade den moralischen Menschen *nicht so* kennen gelernt, daß wir auf seine Errungenschaften noch allzu stolz sein möchten, und erinnern uns aus Gen. 3 an die Möglichkeit, daß das Unterscheidenkönnen von Gut und Böse und die ganze auf dieser Kunst beruhende Hoheit und Würde des Menschen ebensowohl seinen Abfall von Gott wie seine Überlegenheit über die Natur bedeuten könnte.

Weiter: Es gab eine Zeit, die hielt Dogmatik für ein schweres, Ethik | aber für ein verhältnismäßig leichtes Unternehmen. Den Römerbrief betrachtete man als dunkel und zeitgeschichtlich belastet, die Bergpredigt aber als einleuchtend und sehr wohl auch der Gegenwart zu predigen. Man hielt es für einen Gewinn, als es gelungen schien, das Evangelium unter Mißbilligung der überflüssigen metaphysischen Bemühungen der Kirchenväter und Scholastiker auf einige religiös-sittliche

Kategorien wie Gottvertrauen und Bruderliebe zu reduzieren, und meinte, das Christentum ausgerechnet dadurch, daß man es wesentlich als religiöse Ethik darstellte, dem Geschlecht unsrer Tage besonders empfehlend ans Herz legen zu können. Uns aber hat die erwiesene Unmöglichkeit des Christentums gerade als *Ethik* oder vielmehr die erwiesene Unmöglichkeit unseres europäisch-menschlichen Tuns gerade gegenüber der *Ethik* des Christentums in eine Not und vor Fragen gestellt, die uns den Gedanken nahelegen, es möchten die Unmöglichkeiten der christlichen Dogmatik alten Stils der wirklichen Lage immer noch besser entsprechen als die so getrost vorgetragenen Behauptungen von der Möglichkeit der sog. Nachfolge Jesu. Soll ich weiterfahren? Was einst allen, die Gott, Geist und Jenseits für apologiebedürftig ansahen, Trost und Halt war: der Ausblick, den gerade das ethische Problem über alles bloß Menschliche hinaus eröffnet, uns ängstigt und erschüttert es aufs schmerzlichste: daß das ethische Problem uns wirklich so unaufhaltsam über alles bloß Menschliche mit Einschluß unsrer liebsten, vor allem unsrer religiösen Ideologien hinausweist, daß es nicht so leicht ist, dem gerade durch das ethische Problem aufs schwerste bedrohten *Menschen* mit einer Apologetik zu Hilfe zu kommen. Weiter: Wo einst ein Schleiermacher, ein Rothe, ein Troeltsch sich fast nicht zu helfen wußten | vor dem Reichtum der mannigfachsten Lebensinhalte, vor der Aufgabe, doch ja der ganzen Fülle der Schöpfung und der Geschöpfe um jeden Preis gerecht zu werden, so gerecht, daß das Christentum mit seinen etwas andern Intentionen darüber in schwerste Wohnungsnot geriet, da können wir im Europäer der Neuzeit nicht mehr den reichen Mann, sondern nur noch den armen Lazarus sehen, da ist für uns die Sorge, wie die Ethik der Wahrheit des *Schöpfers* gerecht werden möchte, viel dringlicher geworden, da hat das Feld der Ethik für uns zunächst das Bild eines modernen Schlachtfeldes gewonnen, d. h. das ganze Vorfeld vor den eigentlichen Fronten ist erschreckend leer geworden. Weiter: Wo einst Ritschl und seine Schüler lauter Klarheit sahen: im Handeln des auf Gott vertrauenden Menschen in seinem Be-

ruf und damit im Reiche Gottes, da sehen wir schwerste Dunkelheit und möchten oft statt des vielempfohlenen »Befiehl du deine Wege ...!« lieber gerade hier mit dem Hebräerbrief sagen, daß es schrecklich sei, in die Hände des lebendigen Gottes zu fallen. Ich breche ab. Es handelt sich nicht um die einzelnen Punkte, die ich nannte, sondern um die durch sie bezeichnete *Linie*, an der es klar wird, daß das Problem der Ethik in der Gegenwart Beunruhigung, Bedrängnis, Angriff ist, das unheimliche, störende Eintreten eines *fremden, steinernen* Gastes in den heitern Zirkel unsres Lebens. Wer in der Gegenwart die Frage: Was sollen wir tun? im Ernst stellen und beantworten will, der muß, ob er nun zum Überfluß auch noch Dostojewski und Kierkegaard gelesen hat oder nicht, von dieser Veränderung der Situation etwas *gemerkt* haben. | 114
Es geht nicht an, hier sicher und geläufig weiterzureden, als wäre nichts geschehen. Die Zeit *dieser* Ethiken ist für einmal *vorbei*. Wer hier sicher sein will, der muß vor allem einmal *unsicher* geworden sein. Und wer hier reden will, der muß vor allem einmal *geschwiegen* haben. Denn inzwischen *ist* etwas geschehen, nicht ein Weltuntergang zwar und nicht der Tod des alten Menschen, wie manche unter dem ersten Eindruck der so vieles verändernden Ereignisse gemeint haben, aber immerhin gegenüber der Zuversicht, mit der der Mensch an sich selbst glaubt, die Aufrichtung eines Menetekels von beachtlicher Größe und Deutlichkeit.

Wohlverstanden: Nicht um Skepsis gegenüber dem Recht und der Dringlichkeit des ethischen Problems handelt es sich; mehr als je meinen wir zu sehen, wie unabweisbar es uns gestellt ist. Und wahrhaftig auch nicht um Skepsis gegenüber der Tatsache, daß das ethische Problem unsre Beziehung zu Gott bedeutet. Ganz im Gegenteil: gerade die Tatsächlichkeit dieser Beziehung ist es, die uns heute *erschreckt*, die uns mit Skepsis gegen uns *selbst*, gegen den *Menschen* und sein Verhältnis zu der Idee einer ethischen Persönlichkeit, eines ethischen Zieles erfüllt. Und das ist nun eben *unsre* Situation, von der wir nicht abstrahieren dürfen. Denn wie könnten wir das ethische Problem lösen von *unsrer* Situation, sofern wir begreifen, daß es nur als *uns* gestelltes Problem das *ethische* Problem ist? Es handelt sich nicht darum, die Impressionen und Stimmungen dieser Zeit zu verabsolutieren. Sie sind relativ wie alles in der Geschichte. Vielleicht, daß es unsern Kindern und Kindeskindern vergönnt sein wird, das Leben wieder harmonischer und naiver zu sehen als wir, wenn sie nur darüber nicht ganz vergessen, zu sehen, womöglich schärfer zu sehen als die, die vor uns waren, was heute fast nicht zu übersehen ist: daß das Problem der Ethik die Krankheit des Menschen, und zwar die Krankheit zum *Tode* ist. Denn das halten wir allerdings nicht für eine vorübergehende Impression der Nachkriegszeit, sondern für eine in zeitlich bedingter und beschränkter Form gewonnene unverlierbare Einsicht in eine Seite der Wahrheit, die ganz besonders gerne vergessen wird. Sie ist, wie wir eingangs sahen, im Zusammenhang der Sache begründet, und sie ist nun auch im Zusammenhang der Sache zu ent|wickeln. Es ist uns aber nicht nur erlaubt, sondern geboten, als Menschen *unserer* Zeit mit *dieser* Einsicht einzusetzen. Das Eine, für *alle* Zeiten Gültige kann uns nicht in anderer Weise zugänglich sein als in Form des Besondern, als das es zu *uns* redet.

Und nun noch eine Vorbemerkung. Wenn ich das ethische Problem auffasse als die Krisis des Menschen, als seine Krankheit zum Tode, wenn ich darin das Besondere der Gegenwart sehe, daß sie uns von allen gemächlicheren Auffassungen *ab*- und auf *diese* hinweist, so möchte ich bitten, dieses Besondere doch nicht mit Hilfe einer auch mir bekannten, an sich möglichen und auch jederzeit richtigen *theologisch-philosophischen* Operation zu neutralisieren: Ich habe auch davon gehört, daß Krisis ein dialektischer Begriff ist, der eine Umkehrung nicht nur erlaubt, sondern gebietet, daß also dieselbe Negation, durch die dem menschlichen Tun alle falsche Würde *genommen* wird, neue, nein seine ursprüngliche Würde ihm *geben*, daß Frage auch *Antwort*, Aufhebung auch *Begründung* bedeuten kann. Es wird von dieser wichtigen Operation noch die Rede sein müssen. Aber ich möchte jetzt schon warnen davor, um der logischen Symmetrie und Vollständigkeit willen sich so ohne weiteres auf diese Dialektik zu berufen, als ob dieser Umkehrung für uns Menschen der Gegenwart allzuviel *Realität* entspräche, als wären wir in der Lage, in der ethischen Problematik das *Nein*, unter dem wir uns befinden, ohne weiteres als *Ja* zu nehmen, oder noch kühner, diese Problematik von einer Höhe, die jenseits von Ja und Nein liegt, zu bewältigen. Die Realität einer letzten Umkehrung vorbehalten (aber nicht *uns* ist sie vorbehalten!), ist uns innerhalb der damit gegebenen Möglichkeiten eine *bestimmte* Stelle angewiesen, und zwar »tiefer im Nein als im Ja«. *Wir* wissen von der Negation, von dem Gerichtetsein alles Menschlichen durch das Problem der Ethik *mehr* als von der ihr allenfalls entsprechenden paradoxen Rechtfertigung und neuen Möglichkeit, so gewiß wir für alles das, was von ihr auch in der Gegenwart Zeug|nis ist, nicht blind sein wollen. *Getroster* zu reden, wo die Not und Verirrung von Millionen und unsre eigene Verlegenheit *so groß* ist, scheint mir unerlaubt, auch wenn ich es gedanklich begründen könnte! Nehmen wir also die Wahrheit von der Seite, von der sie sich, wie ein Blick auf die Straße lehrt, *uns* in *unsrer* Zeit zeigt, wissend, daß wir es auch *dann, gerade* dann mit der *ganzen* Wahrheit zu tun haben.

Doch wenden wir uns nun zurück zur grundsätzlichen Betrachtung, die ja doch allein entscheiden kann. Ich sage also: Das Problem der Ethik ist der gefährliche, der tödliche *Angriff* auf den Menschen. Denn es ist die Frage, auf die es für den *Menschen* entweder nur solche Antworten gibt, die selber wieder Fragen sind, oder aber eine Antwort, nach der er, der Mensch, nicht fragen kann. Er kann nicht leben dort, wo für ihn nur Fragen, neue Fragen zu holen sind. Er kann aber auch nicht leben von *der* Antwort, die, so abschließend sie ist, gerade für ihn keine Antwort sein kann.

Wir können uns die Tatsächlichkeit und Tragweite dieses Angriffs zunächst klar machen vom Begriff des fragenden *Subjekts* aus und orientieren uns dazu am besten an der Ethik *Kants*, in der diese Seite der Sache in eigentümlich scharfer Beleuchtung erscheint. Ich meine Kants Begründung des Begriffs der moralischen Persönlichkeit auf die Idee eines autonomen Willens. Allein ein *solcher* Wille kann gut genannt werden, lehrt Kant, der sich selbst bestimmt nach einem Gesetz, das *reine Form* ohne allen Inhalt ist. Denn gut kann nur sein, was aller Willkür enthoben, was allgemeingültig, was als Menschheitsgesetz denkbar ist. Aller Willkür enthoben ist aber nur die reine Form des verpflichtenden Sittengesetzes als solche. Ein *material*, durch das Begehren dieses oder jenes *Objektes* bestimmter Wille dagegen charakterisiert sich selbst als individuell-willkürlich, als Selbstliebe, als heteronom. Guter Wille richtet sich über alle endlichen Zwecke hinweg und also abgesehen von aller Lust an solchen aus reiner Achtung unmittelbar auf den *Endzweck*, welcher mit dem kategorischen *Imperativ* der Pflicht *identisch* ist. Den | Menschen nun, dessen Wille so bestimmt ist, sieht Kant gegründet in der intelligibeln Welt der Freiheit mit ihrer der Natur überlegenen eigenen Kausalität. Er ist die moralische Persönlichkeit, das Subjekt des in der ethischen Frage gemeinten Tuns und damit das Subjekt, das die ethische Frage überhaupt aufwirft. Deutlicher ist von dem durchdringenden Ernst dieser Frage selten geredet worden. Aber wenn dieser in der Welt der Freiheit begründete Mensch es ist, der diese Frage aufwirft, sich selber als Subjekt des Tuns, von dem sie redet, setzt, was wird dann aus allen wirklichen und möglichen *Beantwortungen* dieser Frage, also aus allem wirklichen und möglichen *Tun* des Menschen? Bringt denn etwa, um es anschaulich auszudrücken, dieses Subjekt die Kausalität der Freiheitswelt, aus der es stammt, mit hinüber in die Welt der Natur, in der sich das Tun des uns bekannten Menschen abspielt? Kommt es denn etwa zu einer erfahrbaren, einzusehenden, zu begreifenden Identifikation *dieses* Subjekts mit dem uns bekannten Menschen? Und also zu einem rein auf Achtung vor dem Gesetz und gar nicht durch ein Begehren dieses oder jenes Objektes bestimmten, zu einem unmittelbar auf den Endzweck, der gar kein Zweck, sondern der Inbegriff aller Zweckhaftigkeit ist, gerichteten Wollen und Tun dieses uns bekannten Menschen, *des* Menschen, den wir *Ich* und *Wir* zu nennen wagen dürfen?

Kant hat, und das ist's, was seine Ethik so glaubwürdig macht, streng zurückgehalten mit allen positiven Behauptungen in dieser Richtung. Die Persönlichkeit, die die Idee der Menschheit in ihren Willen aufgenommen hat und darum *reinen* und darum *autonomen* und darum *guten* Willens und darum eine *moralische* Persönlichkeit ist, der Mensch, der über die Schwelle der Freiheitswelt in *unsre* Welt tritt, er ist als solcher nie und nirgends gewesen und wird als solcher nie und nirgends sein, so gewiß es unmöglich ist, einen Menschen ohne Interesse oder ein Interesse eines Menschen am moralischen Gesetz als solchen vorstellbar und begreiflich und also ein durch reine praktische Vernunft bestimmtes menschliches Wollen und Tun irgendwo und irgendwann ausfindig zu machen. Freiheit ist nach Kant eine *Voraussetzung*, die damit vollzogen wird, daß der Mensch sich eines von seinem immer nur als begehrend vorstellbaren Willen *verschiedenen* Sollens bewußt wird. Aber was bedeutet der | Vollzug dieser Voraussetzung? Kant hat sich wohl gehütet, davon mit jenem Titanismus zu reden, mit dem nachher Fichte deklamiert hat: »Ein Entschluß – und ich bin über die Natur erhaben!« Als ob es zu diesem Erhabensein wirklich nur eines Rucks bedürfte, den man sich in irgendeiner Tiefe der Seele oder des Gewissens zu geben hätte! Nein, um eine Voraussetzung, um ein Apriori im strengsten Sinne geht es, wenn wir Freiheit als Kausalität *unseres* Wollens und Tuns zu setzen wagen. Mögen wir von dieser Freiheit mit gutem Grund eine *Idee* haben, so haben wir doch nicht die mindeste *Kenntnis* von ihr, denn wir kennen keine Triebfeder unsres oder irgendeines vorstellbaren Willens, die als Freiheit und Freiheit schaffend im Ernst in Betracht kommen könnte. *Kenntnis* haben wir offenbar nur von der Triebfeder der Lust, die nicht aus der Freiheit ist und nicht in die Freiheit führt. *Wissen* können wir nur von dem Menschen, der mit allem, was er will und hat, beweist, daß er nicht jene in der Welt der Freiheit begründete Persönlichkeit ist. *Begreifen* können wir nur die Unbegreiflichkeit des kategorischen Imperativs. Und darum gipfelt die Kantische Ethik in der Lehre von den *Postulaten*, dem Postulat *Gottes*, d. h. einer letzten Einheit dessen, was wir immer nur als Zweiheit begreifen können: des Reichs der Freiheit und des Reichs der Natur und also der Sittlichkeit und der Glückseligkeit, dem Postulat der *Freiheit*, d. h. der wirklichen Bestimmbarkeit unsrer selbst als Sinneswesen durch uns selbst als Vernunftwesen, dem | Postulat der *Unsterblichkeit*, d. h. der Herstellung einer Übereinstimmung unsrer wirklichen Gesinnung mit dem Sittengesetz in einem ins Unendliche gehenden Progressus der Heiligung. Was bedeuten gerade diese Postulate, die ja alle drei dasselbe sagen, anderes, als daß Kant den Menschen in der unerhörtesten Weise in Anspruch genommen sieht durch eine an seinen natürlichen Willen gerichtete Forderung, aber gleichzeitig gänzlich außerstande, diese Forderung anders zu realisieren als unter Zuhilfenahme einer noch viel unerhörteren Tat des Glaubens, in der er denken soll *erstens* einen Gott als Bürgen dieser der Wirklichkeit des Menschen hohnsprechenden Forderung, *zweitens* sich selbst als fähig, diese Forderung sich zu eigen zu machen, und endlich *drittens* sein tatsächliches Wollen und Tun als (unter Voraussetzung einer unendlichen Zeitreihe) dem Inhalt jener Forderung wenigstens annäherungsmöglich. Sehen wir einmal ab von der Schwierigkeit, daß die in dieser Postulatentheorie erhobene Forderung einer solchen Glaubenstat wahrhaftig noch unmöglicher, noch unmenschlicher ist als die moralische Forderung, die durch sie gestützt werden soll – ich sehe nicht klar, inwieweit Kant sich von dieser Schwierigkeit Rechenschaft gegeben hat –, auf alle Fälle noch einmal: was wird, wenn dieser nach allen Seiten ins Unendliche weisende Glaubensakt die Begründung und das Wesen der moralischen Persönlichkeit ist, aus dem, was wir in irgendeinem Augenblick der Zeit als »Ich« oder »Wir« bezeichnen dürften? Was wird aus dem wirklichen Menschen, dem einzigen, den wir kennen, wenn *der* Mensch, der allein gut ist, der Mensch ist, den man nur *glauben* kann? Ist dieser allein gute Mensch nicht die Aufhebung aller Prädikate, die der uns bekannte Mensch tragen kann? *Sein* Tun die Negation alles *wirklichen* Handelns in der Geschichte? Die Norm *seines* Tuns die Auflösung aller *möglichen* Normen? Welche *Antwort* auf die ethische Frage, welches menschliche Tun könnte, von hier aus gesehen – und von hier aus *muß* gesehen werden – dem Schicksal entgehen, sich zur neuen *Frage* zu verwandeln? Wie könnte gerade eine idealistische Ethik sich anders entfalten denn als *Kritik* aller Ethik? Was ist ihre tiefste Voraussetzung anderes als die Erkenntnis von der *Unfreiheit* des menschlichen Willens zum Guten, vom *servum* arbitrium? Und wenn Fragen und immer neue Fragen das Letzte sind, was der Mensch als Antwort auf die ethische Frage finden kann, wie kann er dann *leben*? Kann er leben von lauter Fragen? Oder kann er es etwa doch? Etwa mit stoischer Ergebenheit in diese Situation sich findend? Etwa mit Lessingscher Begeisterung Gott in die Linke fallend: Die Wahrheit ist nur für dich allein!? Oder anderswie?

Man kann sich die Situation auch vom Begriff des ethischen *Objekts* aus klar machen. Ich möchte dabei anknüpfen an die scheinbar – aber nur scheinbar – sehr fernliegende Vorstellung vom *tausendjährigen Reiche*. Sie ist für viele unsrer Zeitgenossen – und ich bekenne mich auch dazu – aktuell geworden in Form der sozialistischen Zukunftshoffnung. Sie hat auch bei Kant ihre Rolle gespielt und wird überhaupt, wo immer das ethische Problem ernsthaft ins Auge gefaßt wird (trotz Conf. Aug. Art. 17 mit seinem »damnant«), nicht zu umgehen sein. Es handelt sich um den unbeschadet der Hoffnung auf ein ewiges Leben in einer neuen Welt zu denkenden Gedanken eines *Ziels der irdischen Geschichte*. So gewiß die ethische Frage, wie wir eben sahen, als individuelle Frage doch nicht die Frage nach dem Individuellen, sondern nach dem Allgemeingültigen, Menschheitlichen ist, so gewiß schließt sie mehr oder weniger bestimmt in sich die Frage nach einem geschichtlichen *Ideal*, nach einem nicht außerhalb, sondern innerhalb der Zeit liegenden und zu verwirklichenden *Zielzustand*, nach einer, wie man dann stammelnd zu umschreiben pflegt, auf Wahrheit und Gerechtigkeit, auf Geist und Liebe, auf Friede und Freiheit gegründeten Verfassung der menschlichen *Gesellschaft*. Schon in dem »Wir« der Frage »Was sollen wir tun?« ist diese Frage offensichtlich enthalten. Indem der einzelne sich als Subjekt der ethischen Frage zu setzen versucht, faßt er sich zusammen mit den *Mit*menschen, setzt er sich als das *Subjekt* der *Gemeinschaft*, d. h. aber er setzt, mehr oder minder wissend, was er tut, das sittliche *Objekt*, ein Ziel der *Geschichte*. Ohne Chiliasmus, und wenn es nur ein Quentchen wäre, keine Ethik, so wenig wie ohne die Idee einer moralischen Persönlichkeit. Wer von dieser »judaica opinio« etwa frohgemut ganz frei sein sollte, von dem wäre zu sagen, daß er das ethische Problem wirklich noch nicht oder wirklich nicht mehr sieht. Soll es mit der Frage: Was sollen wir tun? ernst sein, dann hört das Geschehen in der Zeit, und zwar das äußere so gut wie das innere Geschehen, auf, eine Gegebenheit zu sein; es wird selber, und zwar immer wieder, und zwar auf der ganzen Linie zur Frage, und diese Frage darf nicht dadurch abgetötet werden, daß man zum vornherein, als verstünde sich das von selbst, sagt, ihre Beantwortung liege jenseits aller Zeit. Nein, durchaus einem Geschehen in der *Zeit* muß die ethische Frage gelten, wenn sie ernst gemeint ist. Sehe man wohl zu, was man tut, wenn man dieses Geschehen in der Zeit beschränkt auf die rechte Gesinnung oder auf die individuelle Moral des einzelnen. Wie es im engen oder weitern Kreis mit der Möglichkeit der *Antwort* steht, das steht für sich, aber kein Recht und keinen Grund haben wir, der an uns gerichteten *Frage* Grenzen zu stecken. Sie weist uns ebenso zwingend wie auf die Idee eines reinen Wollens hin auf die Idee einer Totalität guten Handelns, und diese Totalität ist es offenbar, die in der Vorstellung vom Millennium und allen ihren Derivaten das eigentliche Gemeinte und darum nicht Umzubringende ist. Ich halte es in diesem Zusammenhang für geboten, ein Wort einzulegen zum Verständnis meines Landmannes *Ragaz*, von dem mich sonst nicht Weniges zu trennen scheint. Sollte es wirklich schon | ein Zeichen sittlicher Reife sein, ein unverfrorener Nicht-Schwärmer zu sein, an Sozialstaat und Weltfrieden aus tiefstem Herzensgrunde *nicht* zu glauben? Ethisch, aus der Frage nach dem Sein-Sollenden läßt sich solche Skepsis auf alle Fälle nicht begründen. Und wiederum sehe ich viele, deren Zukunftsideal sich nur durch eine gewisse Verkürzung des Gesichtsfeldes und darum durch etwas andere Farben von dem von Ragaz unterscheidet. Müßten sie sich nicht fragen, ob es denn, wenn sie sich damit begnügen, z. B. an eine Zukunft Deutschlands oder der Kirche oder der Mission zu glauben, nicht auch erlaubt und vielleicht geboten sein könnte, den Radius etwas größer zu nehmen oder den Zirkel der Hoffnung an einem etwas andern Punkte einzusetzen und also z. B. einmal den Völkerbund oder etwas ähnliches als hoffnungsvolle Vorstufe zum Millennium ins Auge zu fassen? Warum denn nicht? »Phantastisch« sind *alle* Vorstellungen von einem Zielzustand der Ge|schichte und heute sogar alle Vorstellungen von den Vorstufen, die dahin führen könnten. Und es kann ihr *Inhalt*, sofern sie ethisch gemeint sind, hüben und drüben so verschieden letztlich *nicht* sein. Es fragt sich nur, und das ist's, was man sich von Ragaz sagen lassen sollte, ob man, ohne solche Vorstellungen sehr ernsthaft sich zu machen, das ethische Problem wirklich sehen kann. So einfach, wie es z. B. von *Althaus* und noch einfacher leider in der »Furche« von *Schlatter* versucht worden ist, sind die Schweizer Religiös-Sozialen nicht zu erledigen. Doch dies nur nebenbei. Es gilt nun folgendes zu beachten: Nicht der eudämonistische Traum eines wiederkehrenden goldenen Zeitalters allgemeinen Glückseligseins ist der bewegende Sinn der chiliastischen Erwartung, sondern der bewußte Ausblick auf die Wirklichkeit jenes Inbegriffs aller Zwecke, dessen Möglichkeit ja die Frage ist, die in jedem alltäglichen banalen Zweckhandeln verborgen schlummert. Schon nach Offenb. 20 ist ja das tausendjährige Reich keineswegs eine Insel der Seligen, sondern das Reich der Heiligen und Märtyrer, gebaut über den Abgrund, in dem der alte Drache gefesselt ist, und nach Kant das Reich der praktischen Vernunft. In *diesem* Sinn: als Aufgabe, nicht als Wunschobjekt, als Ziel, nicht als Ende des sittlichen Kampfes ist das gemeint, was der enthusiastischen, idealistischen, kommunistischen, anarchistischen und (trotz aller echt-lutherischen Belehrung) wohl zu merken auch immer wieder der *christlichen* Hoffnung als Wirklichkeit hier auf Erden vor Augen steht: Freiheit in Liebe und Liebe in Freiheit als reines, *direktes* Motiv gesellschaftlichen Handelns und eine in Gerechtigkeit verfaßte Gemeinschaft als sein *direkter* Gegenstand, Aufhebung der Bevormundung oder vielmehr der Ausbeutung und Unterdrückung der einen durch die andern, Aufhebung der Klassenunterschiede und Ländergrenzen, des Krieges, des Zwangs und der Gewalt überhaupt, Kultur des Geistes an Stelle der Kultur der Dinge, Menschlichkeit an Stelle von Sachlichkeit, Brüderlichkeit an Stelle des allgemeinen Gegeneinander! Mögen die Farben, in denen man sich diesen Zielzustand ausmalt, lebhafter oder blasser sein, mag sich der eine den Weg dorthin kürzer, der | andre länger denken, mag dem einen mehr der Gedanke an das Ziel selbst, dem andern mehr der Gedanke an den Weg dazu, also z. B. an den vorläufig unentbehrlichen Nationalstaat die Seele erfüllen, das ist sicher, daß die Frage nach dem Guten ganz ohne die primitiver oder geläuterter, phantastischer oder nüchterner gefaßte Vorstellung von einem Wirklichwerden des Guten in der Geschichte nicht im Ernst gestellt werden kann. Plato nicht ohne den platonischen Staat! Calvin nicht ohne die Cité de Dieu am Genfersee! Kant nicht ohne die Idee vom ewigen Frieden! Es war keine glückliche Stunde, als *Schiller*, in abstrakter Überspannung der *einen* Seite der idealistischen Erkenntnis, leugnend, was sittliches Denken nicht leugnen kann noch darf, seine »Worte des Wahns« schrieb. Denn so gewiß wir mit der Frage: Was | sollen wir tun? unser Tun im *Diesseits*, in der *Zeit* in Frage stellen, so gewiß können wir uns den Gedanken an ein Etwas, das im *Diesseits*, in der *Zeit* zu tun ist, an ein sittliches Objekt in der *Geschichte*, in dem sich die beiden Geraden *schneiden, nicht* nehmen lassen durch eine Vertröstung auf den Himmel oder durch den Verweis auf die sog. Innerlichkeit, Auskünfte, die notorisch noch immer die Wirkung gehabt haben, die Frage als *Frage* erschlaffen und endlich einschlafen zu lassen.

Aber nun ermesse man, was die Notwendigkeit gerade *dieses* sittlichen Gedankens besagen will. Was heißt denn Freiheit? Was heißt Liebe, Geist, Friede, Brüderlichkeit ... alle diese Worte, die sinngebend und doch selber noch nicht in letzter

Klarheit hinter den verschiedenen Zukunftsbildern stehen, diese Worte, in denen der Mensch in der Verlegenheit seines Gefragtseins und Fragens stammelnd das ausdrückt, was allenfalls getan werden müßte, wenn dem Ernst der Frage der Ernst der Antwort entsprechen sollte? Mögen wir uns den Menschen vorstellen den Sozialstaat aufbauend, den Weltfrieden aufrichtend, vielleicht sogar mit einem dazu gehörigen religiösen Menschheitsbund – wie aber sol||len wir ihn vorstellen *das* tuend, was jene Worte besagen? Und was wäre das ganze Zukunftsbild, wenn nun etwa gerade das, was diese Worte besagen, *nicht* getan werden sollte? Und nun fragen wir: Ist es nicht das stille, bittere Geheimnis alles zielbewußten sittlichen Gestaltungswillens und ist es nicht schmerzlich offenkundig im Ausgang aller enthusiastischen und revolutionären Bewegungen: je bestimmter und aufrichtiger der Blick des Menschen sich heftet nicht nur auf seine mehr oder weniger praktisch oder träumerisch ausgedachten Zukunftsbilder, sondern auf jene dahinter stehenden sinngebenden Worte, je deutlicher er sich bewußt wird: *das* ist's, was wir tun sollten: frei sein und frei machen, uns lieb haben, Geistesmenschen und Friedensmenschen sein, das, *das* wär's! – desto mehr fühlt er sich von dem Bild, das ja wirklich nur diesen Sinn haben kann, zurückgestoßen in ferne und immer fernere Distanzen, desto mehr erscheinen ihm – nicht diese Worte, aber das *Werk*, das diese Worte von ihm fordern, er selbst als *Täter* dieses Werkes in seiner Unmöglichkeit. Und wohl ihm, wird man sagen müssen, wenn er diesen bestimmten und aufrichtigen Blick für die Realität des tausendjährigen Reiches wenigstens hat oder bekommt, wenn er sich darüber klar ist oder wird, daß jene Worte allein es sind, die seinen Bildern Sinn geben! Wohl ihm, wenn er sich dann wenigstens keinen Illusionen hingibt über *sein* Vermögen, das, was er da sieht, zu realisieren, wenn er die Distanzen nicht unterschätzt und die hohen Worte nicht verfälscht und um seiner beschränkten Möglichkeiten willen das Ideal nicht etwa beschneidet und verkürzt, den sittlichen Gedanken als solchen nicht etwa verspielt und verschleudert um ein Linsengericht! Wohl ihm weiter, wenn er erkennt, daß *er*, der *Mensch*, unvermögend, unmöglich ist und nicht etwa, Worte des Wahns ausstoßend, die Hoffnung verleugnet und lästert, als sei *sie* der Betrüger, das Unmögliche! Wohl ihm, mit einem Wort, wenn er wenigstens mit wehender Flagge, ohne Kompromiß und Kapitulation, ohne sich selber und dem, was er wollen soll, untreu zu werden, untergeht! Es lauert viel Gemeinheit auf den Menschen in dem Augenblick, wo er zu merken beginnt, was das | sittliche Objekt für ihn bedeutet. Aber ob ehrenvoll oder gemein (in Wirklichkeit wohl immer beides!), der Mensch *geht unter* an diesem Riff, auf das loszusteuern er nicht lassen kann noch darf. Denn die Idee eines Inbegriffs der Zwecke braucht als Objekt menschlichen Willens bloß ins Auge gefaßt zu werden, um früher oder später, spätestens aber mit dem ersten Schritt, den der Mensch, und wäre es nur in Gedanken, in dieser Richtung zu tun unternimmt, die unversöhnliche Heterogenität aller vorletzten Zwecke, die er allein wollen kann, im Verhältnis zu jenem letzten Zweck ins hellste Licht zu stellen. Fragen wir uns doch einmal: Was *können* wir denn wollen und tun? Vor allem essen, trinken und schlafen, Kinder zeugen und gebären und alles, was dazu gehört; das ist die breite Grundlage, die von der Ethik in der Regel vornehm übergangen oder mit Hilfe einiger Gemeinplätze rasch »verklärt« wird, als ob es ein Kinderspiel wäre, gerade diese Zwecksphäre, die mindestens 90 Prozent aller Menschen fast ganz und uns übrige wahrhaftig noch gerade genug in Anspruch nimmt, zu »verklären«, in Beziehung zu Dingen wie Geist und Gerechtigkeit zu bringen! Über dieser Grundlage eine erheblich dünnere Schicht von Wissenschaft, Technik, Politik und Kunst. Man sagt, diese Zwecke könnten doch gewiß dem Endzweck, dem Guten dienen. In theologischen Ethiken werden sie sogar fröhlich in den »Dienst des Reiches Gottes« gestellt, was ja noch mehr sein soll als das tausendjährige Reich! Ja, wenn sie zu trennen wären von uns *Menschen*, wenn sie nicht immer und überall die von *uns* gewollten Zwecke wären! Als solche aber sind sie doch nichts anderes als wunderbare Blähungen *unseres* Ingeniums, die an sich, ich erinnere nur an die Verwendung der Technik im Kriege, auch die größte Sinnlosigkeit bedeuten können. Und liegt diese Sinnlosigkeit nicht auch abgesehen von solchem Mißbrauch offen am Tage, überall wo ein Mensch etwa als Nur-Wissenschaftler, Nur-Künstler, Nur-Politiker »ganz auf|geht« in diesen Zwecken? Darüber eine *noch* dünnere Schicht von *moralischen* Zwecken. Aber auch sie sind *unsre* Zwecke. Und darum gibt es eine bürgerliche, eine bolschewistische, eine Negermoral. Angenommen einmal, unsre Moral habe gar nichts zu tun mit gewissen tieferliegenden Zwecken, was keinen Augenblick so ganz sicher ist, so ist doch zunächst auch sie ein Sich-Emporrecken des *Menschen*, nicht gerade freundlich, nicht gerade erfreulich anzusehen für seine Mitmenschen, nicht eben friedestiftend und lichtverbreitend, je bewußter und gewollter es ist. Gibt es eine kräftigere Negation des Reichs der Freiheit und der Liebe als einen Menschen, bei dem der Wille etwa ganz Moral sein sollte? Vielleicht ja, denn über der moralischen findet sich ja als oberste und dünnste Schicht auch der *religiöse* Zweck. Der Mensch kann auch noch Gott suchen, fromm werden, beten, in allen Tonarten aller Religionen und Konfessionen. Auch *das* noch! Man hört die Religion empfehlen als unentbehrliches Ferment der Kultur. Man freut sich übermäßig, wenn gelegentlich auch ein Wissenschaftler oder Regierungsmann ihr dieses Lob spendet. Es kann ja sein, aber jedenfalls muß man dann unter Kultur ausdrücklich eine jener *untern* Sphären verstehen, *nicht* etwa das Reich der Liebe, *nicht* etwa den Endzweck. Oder läßt sich etwa der religiöse Mensch als solcher, heiße er nun Luther oder Ignatius von Loyola oder Kierkegaard, *er* mit seiner Wunderlichkeit, seinem Fanatismus, seiner Einbildung, seiner fast unvermeidlichen Tendenz zur feinsten Pharisäerei, mit seinem höchsten, vermessensten Titanismus – denn *das* ist Religion als menschliches Wollen und Tun betrachtet –, läßt er sich etwa verstehen als Station auf dem Weg zum Reich der Liebe? Sollte nicht vielleicht tragischerweise gerade er das schwerste Hindernis sein für sein Kommen, der religiöse Zweck der heterogenste von allen gegenüber dem Endzweck? Was der *Mensch* wollen kann, das sind Dinge, das ist nicht

Geist. Was der *Mensch* tun kann, das ist höchste Entfaltung seiner selbst, aber nicht Liebe. Was der *Mensch* erreichen kann in der Geschichte, das ist das bunte Bild einer mannigfach gegliederten Gemeinschaft mit allem schreienden Unrecht, das mit dieser Gliederung unvermeidlich verbunden ist, oder aber der Zwang, die Langweiligkeit und der Stumpfsinn einer Kaserne, wo höchstes Recht erst recht zum höchsten Unrecht wird – auf keinen Fall aber Freiheit in Liebe und Liebe in Freiheit. Des *Menschen* mögliche Liebe ist Eros. Die dem *Menschen* mögliche Gerechtigkeit ist justitia civilis. Auch das dem *Menschen* mögliche Beten ist (vide Heiler!) Überschwang eines Gefühls, das ein Gefühl wie andere und nicht einmal ein sehr sympathisches ist. Zur Realisierung des sittlichen Objekts, des Ziels der Geschichte ist der Bestand der menschlichen Möglichkeiten vom gewöhnlichen Schlafen bis zur mystischen Versenkung einfach nicht geeignet. Dieser Bestand ist gewiß in sich sehr entwicklungs- und verbesserungsfähig, aber zum Endzweck verhält er sich immer wie $1 : \infty$. Der Mensch will eben *leben*, das ist's. Und dieses Lebenwollen läßt sich grundsätzlich weder vergeistigen, noch verklären, noch, wie man sagt: »in den Dienst Gottes stellen«. Es ist eben, was es ist. Es stempelt den Menschen zur *Kreatur*. Und daß jeder Mensch *sterben* muß, offenbar einer nach dem andern, ohne das Ziel der Geschichte gesehen zu haben, ist das aufgedrückte Siegel. Er kann mit der wirklichen Antwort auf die ethische Frage nichts anfangen. Er kann nur immer wieder einsehen, daß er gar nicht in der Lage ist, nach dieser Antwort zu fragen. Was sich aus dem Begriff des sittlichen Objekts gewinnen läßt, das ist die Erkenntnis dessen, was die Bibel schildert als den aller Geschichte vorausgehenden und alle Geschichte determinierenden *Sündenfall*. Und auch von der Antwort, der er nicht gewachsen ist, kann der Mensch offenbar nicht leben. Oder doch? Etwa indem er, um der Erkenntnis der Sünde auszuweichen, die Gemeinheit wählt, den Kompromiß, die Kapitulation – indem er es lernt, ein Auge zuzudrücken. Oder sonstwie? |

Es ist nun an der Zeit, uns die bereits einmal kurz gestreifte

Gedankenreihe in Erinnerung zu rufen, die sich angesichts der eben geschilderten Situation aus der *Dialektik des Gottesgedankens* ergibt. Es ist der Weg des *Paulus, Luthers* und *Calvins*, mit dem ich aber auch den Weg *Platos* auf weite Strecken parallel gehen sehe, den ich im folgenden, aber, soweit es geht, in meiner eigenen Sprache, darstellen möchte. Dieser Weg fängt an mit der unbedingten Bejahung des soeben auf doppelte Weise gewonnenen Ergebnisses, daß der Mensch durch die Frage nach dem Guten sich selbst zum Tode verurteilt, weil die einzige sichere Antwort die ist, daß er, der Mensch, *nicht gut*, unmöglich ist. Aber, hören wir, eben diese Einsicht, diese umfassende kritische Negation, unter die wir uns und unsre ganze Welt stellen, dieser Todesschrecken des ganz aufrichtig gewordenen Gewissens, in den wir uns mit dieser Einsicht begeben, eben das ist der schmale Weg und die enge Pforte [vgl. Mt. 7,14] zur Wahrheit, zu der wirklichen, der erlösenden Antwort. Erste Forderung: es gilt dieser Einsicht standzuhalten, ins Gesicht zu sehen, ihr nicht auszuweichen *weder* dadurch, daß wir den Ernst und den Radikalismus der uns gestellten Frage abschwächen, *noch* dadurch, daß wir an der Reinheit und Erhabenheit der Voraussetzung und des Gegenstandes eines wirklich sittlichen Tuns etwas abmarkten lassen, *noch* dadurch, daß wir uns, zwischen Skylla und Charybdis geraten, über unser eigenes wirkliches Vermögen Illusionen machen. Es gilt, die volle Unerträglichkeit der menschlichen Lage einzusehen, sich zu ihr zu bekennen, sie auf sich zu nehmen. Es gilt, sich rückhaltlos unter das im Problem der Ethik sich offenbarende Gericht zu *beugen*. Eben in der unentrinnbaren Schärfe dieses Gerichts stoßen wir auf die Wirklichkeit *Gottes*. Gerade sie ist die Bestätigung dafür, daß das Problem der Ethik, indem es uns gestellt ist, unsre Beziehung zu Gott bedeutet. Bedenken wir, daß wir sterben müssen, so werden wir klug, so brechen wir gerade damit vor zu dem, was uns und der ganzen Welt nicht nur graduell, sondern prinzipiell überlegen ist. Was ist denn diese unerbittliche Scheide, dieser unüberbrückbare Abgrund, vor dem uns da Halt! geboten wird, anderes als die Grenze, die scheidet und scheiden muß zwischen Gott und Welt, Schöpfer und Geschöpf, dem Heiligen und den Sündern, der überhimmlischen Idee des Guten und allen ihren als sol|chen notwendig gebrochenen und unendlich unvollkommenen Erscheinungen? Wäre Gott Gott, wenn er uns anders begegnete? Wäre ein Ursprung alles Seienden, ein Schöpfer aller Dinge, wenn nicht, gemessen an ihm, alles Seiende sich selbst disqualifizieren müßte als Nicht-Seiendes, alle Dinge als entfremdet und herausgefallen aus Gottes allein gutem und vollkommenem Leben? Und gäbe es eine Beziehung des Menschen zu ihm anders als durch das Todes- und Höllentor der Erkenntnis seiner eigenen Entfernung, Verdammnis und Unmöglichkeit? Ist aber dieses Gericht der Felsen unvergänglicher *Wahrheit* und unsre Unterwerfung unter dieses Gericht die *Rettung* aus dem Meer des Scheins und Trugs auf diesen Felsen, dann muß die erschütternde Negation, unter die wir gestellt sind, auch ihre positive Kehrseite haben. Daß Gott nicht von uns läßt und wir von Gott nicht lassen können, *das* ist der Sinn unsrer Lage. Weil *Gott selbst, Gott allein* unsre Lebensmöglichkeit ist, darum ist es uns so unmöglich gemacht, zu leben. Weil *Gott* Ja zu uns sagt, darum müssen wir so radikal, so unentrinnbar im Nein stehen. Weil *Gott* die Antwort ist, *Gottes* Tun an uns, darum können wir uns über unser Tun nur Antworten geben, die sich sofort wieder in Fragen verwandeln oder denen wir sofort nicht gewachsen sind. Weil das unsterbliche Leben *Gottes* unser wahres Teil ist, darum erinnert uns unser Sterbenmüssen so unerbittlich an die sündige Beschränktheit unsres Le|benwollens. So erscheint *im* Gericht das, was über dem Gericht ist, Gottes Liebe, *in* der Erkenntnis der Sünde die Vergebung, *im* Tod und Ende aller Dinge der Anfang des neuen, des ursprünglichen Lebens. So findet den Menschen gerade in seiner Gottesferne Gottes Barmherzigkeit. Nur auf die Demut, die ihm seine Ehre wieder gibt, die er keinem andern lassen kann, nur auf die Buße, in der sich der Mensch auf Gnade und Ungnade in seine Gefangenschaft stellt, nur auf die »desperatio fiducialis«, die getroste Verzweiflung, in der sich der Mensch freudig verloren gibt, freudig, weil er den Sinn dieses Verlorenseins begriffen hat, nur darauf hat ja Gott gewartet – wenn man von einem Warten Gottes überhaupt reden kann –, um nun erst recht die Beziehung zu ihm in ihrer positiven Bedeutung, d. h. eben als Liebe, Vergebung, Leben, Barmherzigkeit, als *Gnade* zu realisieren. Steht es nun so, dann fällt von der ethischen Frage aus, gerade von dort, wo sie *ganz* vernichtend wird, ein neues Licht auf alles das, was wir innerhalb ihres dunkeln Schattens tatsächlich tun. Wird gerade in jener letzten Krisis in ihrer ganzen negativen Wucht die ursprüngliche, die positive Beziehung des Menschen zu Gott sichtbar, dann nimmt *in* der durch jene Krisis bedingten Gebrochenheit offenbar das ganze Tun des Menschen teil an der Rechtfertigung, an der Verheißung, an der heilvollen Bedeutsamkeit, die das Dasein des Menschen in diesem Tale des Todes gewonnen hat. Wohlverstanden: um ein *Teilnehmen* handelt es sich, bei dem der unendliche Abstand von Gottes- und Menschengerechtigkeit *nicht* aufgehoben, sondern in dem seine Unendlichkeit nur immer tiefer erkannt wird, um Verheißung, nicht um Erfüllung, um Bedeutsamkeit, nicht um Gegebenheit, um Gerechterklärung, nicht um Gerechtmachung. Wie jene neue Schöpfung des Menschen selbst justificatio forensis, justificatio impii ist, ein Anderswerden des nicht anderswerdenden Menschen, eine Paradoxie sondergleichen, so auch die positive Beziehung Gottes zu des Menschen Tun. Es ist und bleibt sein Wille unfrei, er steht und wird stehen bis an das Ende seiner Tage unter der vernichtenden Wirkung des Sündenfalls, heterogen seine Zwecke vom niedrigsten bis zum höchsten, böse sein Tun, nicht nur unvollkommen, sondern verkehrt sein Vollbringen. Es ist und bleibt aber darum auch das Gesetz aufgerichtet in untrennbarer Einheit mit dem Evangelium, m. a. W. die ethische Frage mit ihrem verpflichtenden und fordernden Ernst ungeschwächt bleibt *gestellt*. Kein Entrinnen aus der Problematik des Lebens, kein Schlummerkissen für das getröstete Gewissen, keine Sicherheit, auch keine religiöse Sicherheit. Bedenklich die Lehre älteren und neueren Luthertums, daß es nun sog. Ämter gebe, eine Hierarchie geheiligter Funktionen vom Vater- und Mutteramt über das Pfarramt bis zum gottbegnadeten Königsamt, die aus einer angeblichen Schöpfungsordnung zu übernehmen seien und innerhalb derer dann das Tun der Menschen in besonderer Weise gerechtfertigt wäre. Was ist das alles | als ein Ausweichen vor der Frage: Was sollen wir tun?, der man, weil die Rechtfertigung des Sünders unzertrennbar mit ihr verbunden ist, *nicht* ausweichen darf. In der Erkenntnis der Gnade Gottes wird es erst ganz ernst mit dieser Frage. Erst wenn wir wissen, wie barmherzig Gott ist, wissen wir, wie heilig er ist, wie furchtbar in seiner Heiligkeit. Wie sollte vor ihm gerade der *religiöse* Mensch mit seiner mehr als fragwürdigen »Gewißheit« in besonderer Weise gerechtfertigt sein, als ob nicht gerade er die justificatio impii am nötigsten hätte? Und wie sollten vor ihm jene irrational begründeten Lebensverhältnisse als solche einen Vorzug haben vor den rational zu begründenden? Die Würde des nicht zu begründenden, nur in sich selbst Begründeten kann nur *Einem* zukommen, nie und nirgends dem Geschöpf, sondern *allein* dem Schöpfer. Nein, hier darf und kann es keine Rettungen, keine Sicherheiten geben außer der einen, der göttlichen Vergebung, mit der die Sünde der Frommen und der Unfrommen, die Sünde *aller* Lebensverhältnisse, die Sünde, die die Voraussetzung des *ganzen* Systems menschenmöglicher Zwecke ist, *bedeckt* wird. Daß die Vergebung nur bei *Gott* zu finden ist, Gott aber nur in der *Not*, in die der Mensch durch das Problem der Ethik gestürzt wird, diese heilsame Not aber nur dort, wo im Ernst darum *gerungen* wird, das sichert diesen Gedanken vor der Verwechslung mit einem wohlfeilen Quietismus; das macht jene Annahme besonderer, von oben in das Leben der Menschen eingesenkter Ämter grund|sätzlich überflüssig, denn das sichert die fortbestehende, nun erst recht bestehende relative Würde und Gültigkeit jenes durchaus profan, durchaus von unten, vom gefallenen Menschen aus zu begründenden Systems menschlicher Zwecke, *aber* auch die Berechtigung und Notwendigkeit des Kampfes um relativ höhere Zwecke, sagen wir also z. B. um politischen oder sozialen Fortschritt, ohne oder, wenn es nicht anders sein kann, auch mit Revolution.

Der unsichere Zusammenhang zwischen dem Licht der Vergebung und dem Schattenreich der Ethik sichert m. e. W. die ungebrochene Kontinuität der sittlichen Arbeit, gebrochen nur durch das, was sie auch aufrecht erhält. Bedeckt von der Vergebung (die immer Vergebung der *Sünde* ist!) gibt es also ein gerechtfertigtes Tun des Menschen. Es gibt einen *Heiligungsgehorsam*, der freilich, anders als die Moralisten meinen, damit anhebt, daß wir von allen Höhen, und zwar von der höchsten zuerst, heruntersteigen, als Erstes also religiöse und moralische Abrüstung treiben und ja nicht das Gegenteil. Es gibt eine werktätige *Bruderliebe*, deren »Helfen« zwar am andern Ende anfangen wird als das der bekannten christlichen Carität, nämlich damit, daß wir – mit leeren Händen! – unsern Schuldnern vergeben, wie auch uns vergeben ist. Es gibt *schlechtere* und *bessere* Zwecke, ein bewußtes Auswählen und ein ernstes Sich-Einsetzen für die besseren. Es gibt eine Mitarbeit an den Aufgaben der technischen, wissenschaftlichen, künstlerischen, politischen und sogar religiösen *Kultur*. Ihre eigene Würde – nicht als manifeste Schöpfungsordnung, sondern als *Zeugnis*, als gänzlich im Diesseits liegender *Abglanz* der jetzt und hier für uns verlorenen und verborgenen Schöpfungsordnung ist ja eingesehen, eingesehen auch das, daß sie einer besonderen Verchristlichung nicht bedarf und nicht fähig ist. Es gibt also die *Möglichkeit*, und diese Möglichkeit ist *Notwendigkeit*, nicht nur zu der ethischen Frage, sondern zu ethischen *Antworten* trotz, nein *wegen* ihrer Fraglichkeit, trotzdem, nein *weil* wir der entscheidenden ethischen Frage nicht gewachsen sind, ein von Pessimismus und Skepsis unangekränkeltes Ja zu sagen, so gewiß das Nein, unter dem zunächst alles steht, nicht aus Pessimismus und Skepsis, sondern aus Erkenntnis geboren ist.

Ich sehe in diesen im wesentlichen paulinisch-reformatorischen Gedanken ganz grundsätzlich, unter Vorbehalt besserer Formulierungen und vielleicht noch reichhaltigerer dialektischer Entfaltungen im einzelnen, auch in der Gegenwart, *gerade* in der Gegenwart die einzige Möglichkeit, um der Schwere des Problems der Ethik, wie es unsere Zeitgenossenschaft bedrückt, gerecht zu werden. Wenn ich eine Hoffnung habe für Kirche und Theologie, so ist es die, es möchten diese Gedanken, an denen das Christentum schon mehr als einmal aufs neue seiner selbst bewußt geworden ist, auch heute wieder lebendig und wirksam werden. Ich glaube mich nicht zu irren, wenn ich sage: Unzählige unter den Christen und Heiden unsrer Tage warten darauf, daß ihnen das endlich wieder einmal gesagt werde.

Aber! – Ja gibt es hier noch ein Aber? Sind, indem wir die paulinisch-reformatorische Dialektik entfaltet haben, nicht *letzte* Worte gefallen? Ich bin auch der Meinung: ja, *letzte* Worte. Es ist möglich und notwendig, sie viel tiefer und umfassender auszuschöpfen, als wir es eben getan haben, aber immer wird es sich um diese große Umkehrung handeln: vom Ende zum Anfang, von der Sünde zur Gnade, vom Gericht zur Gerechtigkeit, vom Tode zum Leben, vom Menschen zu Gott, von der Zeit zur Ewigkeit. Aber muß es uns nicht beunruhigen, daß das Letzte, womit wir dem Problem der Ethik noch heute zu begegnen wissen, *Worte*, und zwar im besten Fall *diese* Worte sind? Ich habe gerade im vergangenen Jahr viele Einwände hören müssen gegen die hier vertretene Anschauung. Die meisten davon haben mir keinen Eindruck gemacht, weil sie offenkundig auf einem Mißhören oder Mißverstehen an irgendeinem Punkte beruhten – und an welchem Punkte wäre hier Mißhören und Mißverstehen nicht naheliegend für die vielen, denen diese ganze Gedankenreihe, obwohl das Neue Testament und eine Luther-Ausgabe ge|wiß auch unter ihren Büchern steht, fabelhaft neu ist? Andre haben mich veranlaßt, auf dem betretenen Weg behutsam einen Schritt und wieder einen Schritt weiterzugehen. Schwer aber, unüberwindlich schwer gibt mir *der* Einwand zu schaffen, der von allen der naheliegendste, der banalste, um nicht zu sagen der dümmste ist, nämlich der, hier möchte es sich im Grunde doch nur um ein großes intellektuelles Spiel handeln, das von Hegel und seinesgleichen längst viel schöner gespielt worden sei und das uns in der wirklichen Problematik der Lage keinen Schritt weiter führe. Was steckt hinter diesem Einwand?

Grundsätzliche Denkfaulheit, die, sobald der Weg um die zweite Ecke geht, ermüdet zurückbleibt, um sich dann scheinbar von oben herab mit Anti-Intellektualismus herauszureden: »Nicht Lehre, Leben ...«? Man kennt ja die ganze Melodie schon an den Initialen!? Oder gar grundsätzliche Gottlosigkeit, ἀγνωσία θεοῦ, die nach dem schreit, was Kierkegaard als »direkte Mitteilung« verpönt hat, nach übersichtlichen Tröstungen und Ermahnungen, die man zuhanden nehmen kann, ohne den Gedanken Gott und Ewigkeit zu denken? Aber woher nähmen wir das Recht und die Sicherheit, einem Mitmenschen diese zweite oder, wenn es sich nicht gerade um einen in flagranti ertappten Studenten handelt, auch nur die erste Anklage an den Kopf zu werfen, und wenn die »theologia irregenitorum« dem Widerredner aus allen Löchern seines Mantels guckte? Könnte er nicht trotz allem irgendwie recht haben gegen *uns*, gegen die paulinisch-reformatorische Dialektik in *unserm* Munde? Könnte es nicht sein, daß sie in *unserm* Munde mindestens ebensosehr theologia irregenitorum ist wie seine, des andern Dürftigkeiten? Und könnte uns nicht sogar das ärgerliche Phänomen seiner Denkfaulheit darauf aufmerksam machen, daß unser Weg uns hart an die Grenze unsres und vielleicht nicht nur unsres Denkens geführt hat? Gegen den Vorwurf, es möchten das alles eben doch »nur Worte« sein, dürfen wir uns jedenfalls nicht verteidigen mit dem Hinweis auf die Göttlichkeit des Logos; denn daß das, was *wir* sagen, und wenn es wörtlich das Wort des Paulus oder Luthers wäre, nicht der göttliche Logos ist, das geht schon daraus hervor, daß es uns beständig auseinanderbricht in eine Vielheit von Logoi, zunächst in zwei, dann aber sofort in ein ins Unendliche gehendes System von Paradoxa, die wir nur durch fortwährende Umkehrungen und offen gestanden oft nur im Schweiß unsres Angesichts so zusammenhalten können, daß sie auf ein Einziges und Ganzes wenigstens hinweisen. Welcher noch so stramme Pauliner könnte dem entgehen? Was mutet uns der Römerbrief in dieser Beziehung beständig zu, aber wahrhaftig auch Luther fast auf jeder Seite, aber auch Calvin (lesen Sie einmal das Kapitel De fide, Instit. III 2, das für sich allein ein wahres Meer von Paradoxien ist), um von dem Meister dieser Dialektik im 19. Jahrhundert, Kierkegaard, nicht zu reden. Das Wort Gottes aber ist freilich ein zweischneidig Schwert, aber seine Zweischneidigkeit bedeutet doch gerade, daß es nicht erst umgekehrt zu werden braucht, um auch nach der andern Seite zu schneiden, wie es bei unsern, auch bei unsern vermeintlich letzten Worten, auch bei dem Worte »Gott«, und wenn wir es noch so emphatisch aussprächen, der Fall ist. Den *Schein*, als ob alles »nur Worte« seien, als ob hier gespielt werde (mit einem Fußballspiel ist die Sache sogar ausdrücklich verglichen worden), diesen Schein müssen wir auf alle Fälle auf uns nehmen. Denn daß mit diesen Worten gescheit und töricht, fromm und unfromm unendlich oft gespielt worden ist, das kann unmöglich bestritten werden. Aber noch mehr: Wir werden mit der ernsten Möglichkeit zu rechnen haben, daß der Schein auch *Wahrheit* sein könnte. Wir haben keine, auch nicht die geringste Sicherheit dagegen. Denn daß dem, was wir sagen, wenn wir die paulinischen Paradoxien nachsprechen, *Realität* entspricht, das steht nicht bei uns, das steht bei *Gott*. Und über Gott haben wir nicht zu verfügen, und wenn wir über die Dialektik des Gottesgedankens noch so trefflich verfügten. Daß die Frage die *Antwort* sei, Nein *Ja*, Gericht *Gnade*, Tod *Leben* und wie das alles heißt, daß es eine desperatio *fiducialis* gibt und auf ihrem Grund ein gerechtfertigtes Leben in Heiligung und Gehorsam in diesem Tal des Todes, das doch Gottes Welt ist, das alles wird nicht dadurch wahr, daß wir es denken und sagen. Das alles steht, täuschen wir uns nicht, als *Wirklichkeit* logisch auf derselben Stufe wie Kants Postulate Gott, Freiheit, Unsterblichkeit oder wie das Ideal eines geschichtlichen Zielzustandes. Setzen wir es als wirklich, so appellieren wir an eine Instanz, an die wir eben nur appellieren, deren Entscheidung wir aber | nicht erzwingen können. Noch einmal droht uns hier die Versuchung, mit Fichtescher Insolenz an uns zu reißen, was uns nicht zukommt. Ihr gegenüber ist also noch einmal, und weil wir hier dem brennenden Busch so nahe sind, mit besonderer Dringlichkeit daran zu erinnern, daß der

Mensch nicht in der Lage ist, das ethische Problem zu lösen, auch nicht durch sein Denken, auch nicht durch sein Denken der richtigen Lösung. Es gibt keinen Weg zu Gott von uns aus, auch keine via negativa, auch keine via dialectica oder paradoxa. Der Gott, der am Ende eines menschlichen Weges stünde, wäre, auch wenn es sich um diesen Weg handelte, schon darum nicht Gott. Die vermeintlich richtige Lösung *könnte*, von uns aus gesehen, immer auch bloß die Feststellung der Unlösbarkeit des ethischen Problems sein. Sie *könnte*, von uns aus gesehen, auch Feuerbachisch gedeutet werden. Die Verheißung, die wir im Scheitelpunkt der Krisis hoffnungsvoll zu ergreifen meinen, *könnte*, von uns aus gesehen, auch eine tolle Fata Morgana sein. Es *könnte* von uns aus gesehen auch so sein, daß sie in dem Augenblick, wo wir uns vertrauend an Gott verloren geben, unsre eigene Verdammung zum ewigen Tod unterschreiben, daß Verzweiflung – nicht getroste Verzweiflung, sondern einfach Verzweiflung nun nicht unser letztes Wort, sondern unsre letzte Wirklichkeit, unser Schicksal wäre. Jawohl, wir stoßen mit dem ethischen Problem unweigerlich auf die Wirklichkeit Gottes – in seinem *Gericht* nämlich. Es ist ein gefährliches nautisches Manöver, was Goethe in den zwei letzten Versen des Tasso beschreibt: »So klammert sich der Schiffer endlich noch am Felsen fest, an dem er scheitern sollte.« Wir rechnen mit Gottes *Gnade*. Aber liegt es denn in unsrer Macht, mit Gottes Gnade zu rechnen? Und daran hängt *alles!* Gottes Gnade wird sich wohl nicht einfach durch eine dialektische Umkehrung beschaffen lassen. Er *ist* und er *bleibt frei*, sonst wäre er nicht Gott. »Wessen er *will*, dessen erbarmt er sich, und wen er will, den *verstockt* er.« Das ist's: der Begriff der ewigen doppelten *Prädestination*, was wir auch vom Gipfel der paulinischen Dialektik aus | allein wirklich zu fassen bekommen. Das Wissen, daß wir nicht verworfen, sondern *erwählt* sind, m. a. W. das Wissen um die *Realität*, die unsren letzten Worten entspricht, das Wissen, daß wir es *wagen* dürfen, an diese letzten Worte uns haltend, zu *leben*, es ist auch auf diesem Weg *nicht* zu gewinnen.

Und nun würde ich hier am liebsten abbrechen oder Ihnen zum Schluß meiner Ausführungen die Geschichte von der Auferweckung des Lazarus aus Joh. 11 vorlesen, um Ihnen so zu sagen, was jetzt noch gesagt werden müßte. Aber ich möchte Sie nicht mit einem Rätsel entlassen, sondern Ihnen wenigstens sagen, daß ich weiß, was ich getan habe, wenn ich Sie bis auf diesen ausweglosen Punkt führte. Nur können Sie nicht von mir erwarten, daß ich Ihnen nun noch eine sog. »positive Ergänzung« biete. Nein, hier gibt's nichts zu ergänzen. Der Kreis einer Betrachtung über die Frage: Was sollen wir tun? muß an dieser Stelle offen bleiben. Was jetzt noch gesagt werden müßte, steht in einem andern Buch. Ich meine das nicht als Ausflucht. Es ist einfach so. Nur punktieren möchte ich noch die Kurve eines ganz andern Kreises, von dem jener Kreis an dieser Stelle überschnitten wird.

Zwei zentrale Begriffe der paulinisch-reformatorischen Dialektik habe ich vorhin mit Absicht nicht genannt, weil sie, obwohl selber auch dialektisch, bereits der Kurve jenes andern Kreises angehören, auf ein anderes Zentrum hinweisen, die beiden Worte »Glaube« und »Offenbarung«. Was *Glaube* ist, würde ich jener Stelle im Evangelium entnehmen, wo es heißt: »Ich glaube, lieber Herr, hilf meinem Unglauben!«, und was *Offenbarung* ist, einem Worte Luthers: »Ich weiß und verstehe es nicht, aber ich höre, daß von oben herab schallet und in meine Ohren klinget, welches kein Mensch je erdacht hat« (E. A. 20,133). Glaube und Offenbarung sind die ausdrückliche Leugnung, daß es einen Weg vom Menschen zu Gottes Gnade, Liebe und Leben gibt. Beide Worte besagen, daß hier ausschließlich der *Weg Gottes zum Menschen* in Betracht komme. Zwischen diesen beiden Worten aber stehen – und das ist der innerste Kern der paulinisch-reformatorischen Theologie – noch zwei andre Worte. Sie heißen *Jesus Christus*. Auch diese beiden Worte sind dialektisch. Sie waren es schon für Paulus. Eine Sündflut von Erwägungen und Wiedererwägungen ist über sie gezogen. Wie sollte hier nicht auch für uns Problem auf Problem sich türmen? *Wir* werden mit keinen *Worten* auf jenes andre Ufer hinüberfahren, wo keine Problematik mehr ist, auch nicht mit diesen beiden Worten. Wir können nur sagen: Mit diesen beiden Worten meinte Paulus und meinten Luther und Calvin zuletzt und am deutlichsten hinüberzuzeigen auf jenes andre Ufer, auf den andern Kreis, der den Kreis des ethischen Problems überschneidet, auf den Weg Gottes zum Menschen, der die Realität ist alles Positiven, was sie über das Wollen und Tun des Menschen auf *seinen* Wegen meinten sagen zu dürfen. Jesus Christus *selbst* meinten sie, wenn ich töricht reden darf, wenn sie die Wende vom Nein zum Ja, vom Gericht zur Gnade, vom Tode zum Leben und damit die Gewißheit der Lösung des ethischen Problems verkündigten, eine Gewißheit, die mit der sog. »religiösen Gewißheit« *gar* nichts zu tun hat, denn sie ist nicht unsre, sondern *Gottes* Gewißheit. Gewißheit der Lösung, weil Gewißheit der *Er*lösung, der Erlösung des Menschen, des Fleisches, der Kreatur, der gefangenen, verlorenen Schöpfung Gottes. Erlösung, weil Anwesenheit des neuen Menschen von oben, des neuen Himmels und der neuen Erde, des Reiches Gottes, nicht hereingebrochen, nicht zu schauen ohne zu | glauben, sonst brauchte es wahrlich keiner Worte, keiner Dialektik mehr, aber unendlich nahe herbeigekommen, zu glauben und im Glauben zu schauen. Von daher ihr Zeugnis, als *Menschen*wort gebrechlich wie jedes andre, als Zeugnis von *Gottes* Wort die Wahrheit. Von daher ihre Verkündigung von der Vergebung der Sünde, dieser Kardinalantwort auf die ethische Frage. Aber wohl zu merken: Vom *Weg Gottes zu den Menschen* her das alles, in keinem Sinn anderswoher. Und wohl zu merken: es gibt keinen Weg zu diesem Weg, sondern der Weg ist selber der Weg zu diesem Weg. *Ich* bin der Weg! Alle *unsre* Wege führen anderswohin. Jesus Christus ist *nicht* der krönende Schlußstein im Gewölbe *unsres* Denkens. Jesus Christus ist *nicht* ein supranaturales Mirakel, das wir für wahr zu halten unternehmen könnten. Jesus Christus ist *nicht* das Ziel, das wir am Ende unsrer Herzens-, Gewissens- und Bekehrungsgeschichten vorfinden würden. Jesus Christus ist *nicht* eine Figur unsrer Historie, zu der wir ein »Verhältnis« gewinnen könnten. Und Jesus Christus ist am *allerwenigsten* ein Gegenstand religiöser und mystischer Erlebnisse. Sofern er uns etwa das alles auch ist, ist er nicht Jesus Christus. Er ist Gott, der Mensch wird, der Schöpfer aller Dinge, der als Kindlein in der Krippe liegt. Aber dieses Wort interpretiert durch das andre: er ist der Gekreuzigte, Gestorbene, Begrabene, Niedergefahrene zur Hölle, der auferstanden ist von den Toten. Paulus und die übrigen jedenfalls haben *das* gemeint, wenn sie Jesus Christus sagten, und nichts anderes. Von *daher* haben sie von Lösung, denn von *daher* haben sie von *Er*lösung geredet. Wenn wir es nicht wieder lernen werden, *auch das* zu meinen, wird uns ihre Theologie in der Gegenwart so wenig helfen wie irgendeine andre. Aber auch wenn wir das meinen, ist uns nur geholfen dadurch, daß Jesus Christus das *ist*, bevor wir anfangen, etwas über ihn zu meinen.

Und nun möchte ich doch mit einem Wort aus der Lazarusgeschichte schließen. Wenn Sie können, so fassen Sie diesen Schluß *nicht* als erbaulich auf. »Wer da lebet und glaubet an mich, der wird nimmermehr sterben.« Und dazu die Frage: »Glaubest du das?«

DAS WORT GOTTES ALS AUFGABE
DER THEOLOGIE (1922)

I.

Wir Theologen sind durch unsern Beruf in eine Bedrängnis versetzt, in der wir uns vielleicht vertrösten, aber sicher nicht trösten lassen können. Wir ahnten es ja schon als Studenten dunkel, daß es so kommen werde; wir wurden älter, und es war schwerer, als wir je geahnt hatten. Wir sind Pfarrer, oder wir sind Dozenten; es ist immer die gleiche Bedrängnis, die Einen können ihr so wenig ausweichen wie die Andern. Ich wundere mich, daß es noch Theologen gibt, die in katholische Kirchen und wer weiß noch wohin gehen, um das sogenannte Numinose kennen zu lernen, als ob es nicht um uns wäre, sehr uninteressant, aber dafür real, wenn wir an unserm Schreibtisch sitzen, wenn wir uns niederlegen und wieder aufstehen, bevor wir wieder einmal unseres Amtes walten und nachdem es wieder einmal geschehen ist, einfach und ohne alle weitern Erlebnisse kraft der Tatsache, daß wir Theologen sind. Die Bedrängnis, die aus dieser Tatsache kommt, ist von den Umständen, in denen wir uns befinden mögen, ganz unabhängig. Sie ist, um das gleich vorwegzunehmen, mit den Mitteln der Psychologie sicher zu illustrieren, aber von daher so wenig zu erklären wie die allen Menschen durch ihren sicher bevorstehenden Tod irgendwie in die Seele geschriebene Frage. Das seltsame Schaukelspiel des seelischen Lebens, dem wir Theologen natürlich unterworfen sind so gut oder so schlimm wie jedermann, geht neben unsrer Bedrängnis her seinen eigenen Weg und hat mit ihr wesentlich nichts zu tun. Aber auch die Problematik der mechanischen Seite unsres Berufes geht ihr wohl immer zur Seite und ist doch nicht ihre Ursache. Das theologische System z. B. ist nun schon reichlich oft verbessert und gänzlich umgebaut worden, die theologische Praxis gleichfalls, und auch an Variationen in der persönlichen Stellung zu unserm Beruf ist wohl längst versucht und erprobt worden, | was da überhaupt zu versuchen ist. Bedeutet das Alles etwa mehr, als wenn man einen Kranken zur Abwechslung von der einen auf die andere Seite legt? Haben wir noch nicht gemerkt, in der Kirche wie auf der Universität, daß, was gestern uns Ruhe war, morgen sicher uns Unruhe sein wird, daß vom Wechsel der Methoden und Orientierungen, so unvermeidlich er uns immer wieder wird, eine Beseitigung dessen, was uns bedrängt, jedenfalls nicht zu erwarten ist? Es kann sich auch wirklich nicht etwa um eine eigentümliche Verlegenheit gerade der Gegenwart handeln. Darum nicht, weil die Theologen so ziemlich jeder Zeit gemeint haben, gerade zu ihrer Zeit sei es besonders schwer, diesen Beruf zu versehen. Von unserer Zeit wäre sogar zu sagen, daß es heute insofern leichter ist, Theologe zu sein, als vor zehn Jahren und hier in Deutschland leichter als etwa im neutralen Ausland, weil die allgemeine Auflockerung des Bodens infolge der Ereignisse, von denen wir herkommen, dem, was wir nun zu tun hätten, unvergleichlich viel günstigere Aussichten eröffnet. Und auch daran kann es nicht liegen, daß unsere Stellung in der Gesellschaft so fraglich ist: daß wir bei der Mehrzahl der Menschen jedenfalls als Theologen nicht eben beliebt und geachtet, sondern von jenem Duft von Mißtrauenswürdigkeit umgeben sind, von dem Overbeck so viel zu sagen wußte. Denn erstens dürften wir uns nach dem Evangelium darüber nicht wundern, wenn wir im übrigen unserer Sache ganz sicher wären, und zweitens steht es ja auch damit so schlimm nicht; war es doch auch im neuen Deutschland immer noch ein unerhörter Fall, als neulich die Möglichkeit auftauchte, unsereinem gegenüber die sogenannte Bedürfnisfrage aufzurollen. Im Ganzen haben | wir uns über die uns widerfahrene Behandlung durch das gebildete und ungebildete Publikum sicher nicht ernstlich zu beklagen. Die wirkliche und besorgniserregende Bedürfnisfrage ist uns von ganz anderer Seite gestellt. Unsere Not kommt aber auch nicht von der Kirche, von dem rückständigen Geist ihrer Leitung, von ihrer Bureaukratie, von ihrem Bekenntniszwang. Ich komme aus dem paradiesischen Lande, wo die Theologen vom Universitätsprofessor bis zum einfachen Dorfpfarrer ungefähr in jeder Beziehung machen können, was sie wollen, wo es keine Präambeln gibt und wo die mildeste und dehnbarste Vermittlungstheologie ungefähr in allen Kirchenregimentern das Szepter führt, und kann nur warnen vor der Illusion, als ob dadurch die Last, die auf die Theologen gelegt ist, auch nur im Geringsten erleichtert wäre. Im Gegenteil: Wenn einmal alle Kämpfe gegen eine alte und für eine neue Kirche äußerlich so gegenstandslos werden, wie sie es innerlich vielleicht ohnehin sind, wenn all der darauf verwendete Ernst frei wird | für ernsthaftere Gegenstände, rückt einem die wesentliche Not der Theologie nur um so grimmiger zu Leibe.

Sie liegt in der Sache, in der uns gestellten Aufgabe. Wie weit sie von Diesem und Jenem *empfunden* wird, ist eine Frage für sich. Über unsre *Situation* möchte ich mich mit Ihnen unterhalten, und das sollte möglich sein, gleichviel ob wir so oder anders empfinden. Ich möchte diese unsre Situation in folgenden drei Sätzen charakterisieren: *Wir sollen als Theologen von Gott reden. Wir sind aber Menschen und können als solche nicht von Gott reden. Wir sollen Beides*, unser Sollen und unser Nicht-Können, *wissen und eben damit Gott die Ehre geben*. Das ist unsre Bedrängnis. Alles Andre ist daneben Kinderspiel. Ich will versuchen, Eines nach dem Andern zu erläutern.

II.

Wir sollen von Gott reden. Unser Name sagt es. Aber nicht bloß unser Name. Es wird wohl auch uns Theologen gegenüber erlaubt sein, die schlichte Frage nach dem *Zweck* unsres Tuns zu stellen. Was hat die Aufmachung, der Betrieb unsres Amtes für einen Sinn? Was für eine Erwartung setzen die Menschen auf uns, sie, die uns als das, was wir sind, haben wollen oder doch gelten lassen? Oder auf was hin weist uns ihr Hohn und ihre Verachtung, wenn sie sich in ihrer Erwartung getäuscht sehen? Natürlich nicht nach ihren ersten besten Motiven werden wir sie fragen dürfen, als ob sie uns so ohne Weiteres sagen könnten, was sie von uns wollen. Um das Motiv ihrer Motive handelt es sich, darum, die Menschen um uns her in ihrer auf uns gerichteten Erwartung besser zu verstehen, als sie sich selbst verstehen. Ist es nicht so: Unsre Existenz als Theologen ist doch nur zu verstehen auf Grund der Existenznot der andern Menschen. Zum Aufbau ihrer Existenz mit Allem, was dazu gehört, brauchen sie uns nicht. Das besorgen sie ohne unsre Ratschläge, und zwar besser, als wir gewöhnlich denken. Jenseits ihrer Existenz aber und jenseits aller Fragen, die damit verknüpft sind, kennen sie ein großes Was? Wozu? Woher? Wohin?, das ist ein Minus vor der ganzen Klammer, eine Frage, die alle schon beantworteten Fragen in der Klammer aufs Neue zu Fragen macht. Auf diese Frage aller Fragen wissen sie sich keine Antwort zu geben und sind naiv genug anzunehmen, Andere könnten es, und darum schieben sie uns in unsre merkwürdige Sonderexistenz, darum stellen sie uns auf ihre Kanzeln und Katheder, damit wir daselbst von Gott reden sollen, von der Antwort auf die letzte Frage. Warum suchen sie mit dieser letzten Frage nicht selber fertig zu werden, wie sie es mit allen andern tun? Warum kommen sie zu uns, obwohl sie doch längst die Erfahrung gemacht haben müßten, daß man nicht zu uns kommen kann, wie man zum Rechtsanwalt oder zum Zahnarzt geht, daß wir in dieser Frage nicht mehr wissen, als sie sich selbst sagen können? Ja, so kann man wohl fragen. Offenbar drücken sie mit ihrem Zu-uns-Kommen aus, daß sie irgendwie wissen, daß der Mensch sich die Antwort auf diese Frage nicht selber geben könne und daß, wenn nun Einer mit dieser Frage zum Andern geht, doch auch dies jedenfalls nicht um der Antwort willen geschieht, die dieser Andere selber etwa geben kann.

Aber wie dem auch sei: wir sind *gefragt*. Und nun gilt es wohl zu beachten, *wonach* wir gefragt sind. Zum Leben brauchen uns die Menschen offenbar nicht, aber zum *Sterben*, in dessen Schatten ja ihr ganzes Leben steht, scheinen sie uns brauchen zu wollen. Die Geschichte geht ihren Gang ohne uns; wenn aber die eschatologischen, die *letzten Dinge* an ihrem Horizont auftauchen – und welches Problem in der Geschichte läge nicht auf der Schwelle zu den letzten Dingen? –, dann sollten wir offenbar da sein und eröffnende, entscheidende Worte zu sprechen haben. Über sich selbst und das, was ihnen möglich und erlaubt ist, sind sie leidlich orientiert; wie es aber mit dem dünnen Faden steht, an dem das ganze Netz dieser Lebensorientierung aufgehängt ist, mit dem messerscharfen Gratweg zwischen *Zeit* und *Ewigkeit*, auf dem sie sich manchmal plötzlich wandelnd wissen, nachdem sie es lange vergessen, das wollen sie wunderlicher Weise von uns wissen. An den *Grenzen* der Humanität ist das theologische Problem aufgeworfen. Die Philosophen wissen das, wir Theologen scheinen es manchmal nicht zu wissen. Denn wohlverstanden: auch über Sittlichkeit und Geistesleben, auch über Religion und Frömmigkeit, auch über allfällig mögliche Erkennt|nis höherer Welten brauchen sie *unsre* Aufklärungen und Mitteilungen im Grunde *nicht*. Auch das Alles gehört ja zu ihrer Existenz und ist in die *Not* ihrer Existenz mit hineingerissen, ob sie es wissen oder nicht. Mögen wir diesem und jenem und vielleicht Hunderten Freude machen und hilfreich sein, wenn wir ihm auf die ihn in diesen Sphären bewegenden Fragen unsre mehr oder weniger nützlichen Anregungen und kompetenten Auskünfte zu geben versuchen. Mögen wir es tun, warum sollten wir nicht? Aber ohne zu vergessen, daß damit *die* Frage, mit der sie eigentlich zu uns kommen, *nicht* erledigt ist, daß wir der Kunst, *hier* antworten zu können, *diesen* Bedürfnissen zu dienen (ich wiederhole: das religiöse inbegriffen!), unser Amt als Theologen *nicht* verdanken. Schützen wir nicht zu schnell die Liebe vor! Da fragt sich eben, was die Liebe ist, die *wir* den Andern schuldig sind? Es könnte sein, daß *wir unbarmherzig* sind, solange wir meinen, damit barmherzig zu sein, daß wir den Menschen existieren helfen, und wenn Tausende uns für unsre Gaben dankten. Nicht *ihre* Existenz, sondern das Jenseits ihrer Existenz, *Gottes* Existenz steht in Frage, wenn sie uns um unsre Hilfe angehen. Als Dorfweise oder

Stadtweise aber sind wir im Grunde unerwünscht, überflüssig und lächerlich. Wir haben unser Amt als Theologen nicht verstanden, solange wir es nicht verstanden haben als Exponenten und Wahrzeichen, nein Notzeichen einer Verlegenheit, die über die *ganze* Skala wirklicher und möglicher menschlicher Zuständlichkeiten sich ausbreitet, in der sich also der moralische *mit* dem unmoralischen, der geistige *mit* dem ungeistigen, der fromme *mit* dem unfrommen Menschen, in der sich der Mensch einfach als Mensch befindet. Der Mensch in seiner Menschlichkeit, die als solche Beschränktheit, Endlichkeit, Kreatürlichkeit, Getrenntheit von Gott bedeutet, ob er sich dessen nun mehr oder weniger bewußt sei. Seine Lage ist um so schlimmer, je weniger er sich dessen bewußt ist, je weniger er es uns sagen kann, was ihm fehlt, je leichter ihn die hilfsbereite Mitmenschheit mißversteht.

Der Mensch als Mensch schreit nach Gott, nicht nach *einer* Wahrheit, sondern nach *der* Wahrheit, nicht nach *etwas* Gutem, sondern nach *dem* Guten, nicht nach Antworten, sondern nach der Antwort, die unmittelbar eins ist mit seiner Frage. Denn er selbst, der *Mensch*, ist ja die Frage, so muß die Antwort die *Frage* sein, sie muß *er selbst* sein, aber nun als Antwort, als beantwortete Frage. Nicht nach Lösungen schreit er, sondern nach *Er*lösung. Nicht wiederum nach etwas Menschlichem, sondern nach Gott, aber nach Gott als dem Erlöser seiner *Menschlichkeit*. Mag man ihn tausendmal darüber belehren, daß er, um in das Unendliche zu schreiten, nur im Endlichen zu gehen habe nach allen Seiten – o ja, er tut es ja, er geht ja, und die Herrlichkeit und der Greuel alles dessen, was er auf diesem ihm in der Tat allein möglichen Gang leistet und vollbringt, ist Zeugnis genug für die unheimliche Wucht seines Suchens nach dem Unmöglichen, das ja doch das Bewegende auch dieses Ganges ist. Aber wieder und wieder begnügt er sich einfach nicht – warum kann er nicht? – mit diesem Gang im Endlichen, trotz aller Belehrungen und Zurechtweisungen. Immer wieder wird es ihm unerträglich, daß das Gefundene zu dem Gesuchten sich so offenkundig verhält wie $1 : \infty$, – wo er doch nicht glauben kann, daß $1 = \infty$;

wie sollte er das glauben können und dürfen, wo ihm doch vielmehr das ganze Meer von Antwort, über das er verfügt, immer wieder unter den Händen zu einem einzigen Tröpflein wird, das nur noch Frage ist, und diese Frage ist er selbst, seine Existenz, und jenseits, jenseits aller bekannten Meere ist die Antwort, die Realität, auf die alle Beziehungen, in denen er steht, hinweisen, das Subjekt all der Prädikate, der Sinn all der exotischen Buchstaben, der Ursprung all der unechten Anfänge, die zusammen sein bekanntes Leben bilden.

Aber diese Antwort, diese Realität, dieses Subjekt, dieser Sinn, dieser Ursprung ist ja eben *dort*, nicht hier. Die Antwort ist nicht die Frage. *Der dort* ist nicht *er hier*. Nach der Antwort, die als Antwort seine *Frage* wäre, nach dem Unendlichen, das als Unendliches *endlich* wäre, nach dem dort, der als der, der er dort ist, *er hier* wäre, nach Gott, der als Gott *Mensch* wäre, fragt er, wenn er nach Gott fragt. Ihm angesichts dieser Frage mit Antworten zu begegnen, die Kultur, Geistesleben und Frömmigkeit betreffen, oder auch mit einer Kritik aller dieser Größen, heißt das nicht, so gut es gemeint sein mag, ihn dahin wieder zurückschicken, woher er zu uns, zu den Theologen gekommen ist? Wollen wir denn immer wieder das Spiel mit ihm treiben, nie verstehen, wozu, zu welch allerdings unerhörtem Zweck er uns duldet und brauchen zu können meint? Warum sagen wir es ihm nicht offen heraus, wenn das im Stillen unsre Meinung ist, daß wir von Gott nicht reden wollen oder können? Oder wenn wir ernste Gründe haben, dies nicht oder nicht so zu sagen, warum machen wir uns nicht wenigstens seine *Frage* nach Gott zu eigen, zum zentralen Thema unsres Berufes?

Ich habe bis jetzt vorwiegend die Verkündigung der *Kirche* im Auge gehabt; es gilt aber grundsätzlich ganz dasselbe auch für die *Universitätstheologie*, auch wenn man von ihrer erzieherischen Aufgabe gegenüber den künftigen Pfarrern ganz absehen wollte. Auch als Glied der Universitas literarum ist die Theologie ein Notzeichen, ein Zeichen, daß etwas nicht in Ordnung ist. Es gibt auch eine akademische Existenznot, die natürlich mit der des Menschen überhaupt letztlich eine und dieselbe ist. Gerade die echte Wissenschaft ist bekanntlich ihrer Sache *nicht* sicher, und zwar nicht nur da und dort, sondern im *Grunde*, in den letzten *Voraussetzungen* nicht sicher. Jede einzelne Wissenschaft kennt sehr genau das Minus, das vor ihrer Klammer steht, von dem dann mit jener gedämpften Stimme geredet zu werden pflegt, die verrät, daß es hier freilich um den Nagel gehe, an dem Alles hänge, aber auch um das Fragezeichen, das unvermeidlich hinter das im übrigen methodisch aufgebaute Ganze zu setzen sei. Denke man sich, diese Fragezeichen seien nun wirklich das Letzte, was jede Wissenschaft zu sagen hat, wie offenkundig wäre es dann, daß der vermeintliche akademische Kosmos in Wirklichkeit ein Gewirr von vereinzelten Blättern ist, die über einem Abgrund flattern! Und nun *sind* diese Fragezeichen tatsächlich das Letzte in allen Wissenschaften. Und darum, um ihres schlechten oder vielmehr um ihres trostbedürftigen Gewissens willen, duldet die Universität die Theologie in ihren Mauern, etwas verdrießlich über die Ungeduld, mit der die Theologen ausgerechnet gerade auf das Letzte, von dem man nicht spricht, den Finger legen, und doch – oder täusche ich mich? – | auch heimlich froh darüber, daß Jemand sich dazu hergibt, so unwissenschaftlich zu sein und durch lautes, bestimmtes Reden eben von diesem Letzten, von dieser unanschaulichen Mitte, auf die alles hinweist, die Erinnerung wachzuhalten, daß das Ganze, was da getrieben wird, einen Sinn haben möchte. Auch hier ist die Theologie – welches auch die Privatmeinungen dieser und jener nicht-theologischen Akademiker von ihr sein mögen – tatsächlich von der Erwartung umgeben, daß sie ihres Amtes walte und als Antwort vertrete (sehe sie zu, wie sie sich damit abfinde!), was bei den Andern allen, solange sie es verschweigen können und wollen, nur als Fragezeichen im Hintergrund steht, als *möglich*, was sie alle nur als Grenzbegriff, als das Unmögliche kennen dürfen, daß sie von Gott nicht nur flüstere und munkle, sondern *rede*, auf ihn nicht nur hinweise, sondern von ihm herkommend ihn *bezeuge*, ihn nicht irgendwo in den Hintergrund, sondern allen methodischen Voraussetzungen, allen Wissenschaften zum Trotz in den *Vordergrund* stelle. Wohl verstanden: das Dasein der Theologie auf der Universität läßt sich nicht etwa a priori rechtfertigen und begründen, sondern nur als Notstandsmaßnahme, als eine, da der Notstand vermutlich nicht zu beheben ist, permanente Ausnahme von der Regel. Als solche aber läßt es sich rechtfertigen und begründen, wie das der Kirche in der Gesellschaft, die sich auch nicht aus deren Idee ableiten läßt. Es ist, paradoxer-, aber unvermeidlicherweise, so: gerade als Wissenschaft im Sinn der andern Wissenschaften hat die Theologie auf der Universität *kein* Daseinsrecht, ist sie eine ganz unnötige Verdoppelung einiger in andre Fakultäten gehöriger Disziplinen. Eine *theologische* Fakultät, mit der Aufgabe, das zu sagen, was die Andern rebus sic stantibus nicht, oder nur so, daß man es nicht hört, sagen dürfen, als Notsignal wenigstens, daß das durchaus gesagt sein *müßte*, als lebendige Erinnerung, daß ein Chaos [, sei es] noch so wunderbar, darum kein Kosmos ist, als Frage- und Ausrufzeichen am äußersten Rande, nein im Unterschied zu dem, was ja auch die Philosophie tut: genau jenseits des Randes der wissenschaftlichen Möglichkeiten – das hat einen Sinn. Eine *religionswissenschaftliche* Fakultät dagegen hat wirklich *keinen* Sinn. Denn so gewiß das Wissen | um das Phänomen der Religion dem Historiker, dem Psychologen, dem Philosophen unentbehrlich ist, so gewiß sind alle diese Forscher in der Lage, allein und ohne theologischen Beistand dieses Wissen zu gewinnen und zu pflegen. Oder sollte etwa das sogenannte »religiöse Verständnis« ein Pachtgut des zufällig theologischen Historikers und Psychologen sein, der Profanwissenschaftler die Urkunden der Religion nicht mit derselben Liebe und Sachkunde zu studieren vermögen? Wenn *das* wirklich unsre Meinung sein sollte, daß Theologie aufzugehen habe in Religionswissenschaft, dann hätten wir das Daseinsrecht auf der Universität jedenfalls verwirkt. Denn Religion ist ein Phänomen so lehrreich, aber auch so fragwürdig wie andre. Zu wissen notwendig und zu wissen möglich, jawohl. Aber gerade darum: indem ich Religion als etwas Wissens*mögliches* studiere, gestehe ich ein, daß ich mich dabei in derselben Existenznot aller Wissenschaft befinde, wie wenn ich einen Käfer studiere. Neue, besondere, gewiß sehr merkwürdige Fragen mögen mich dann beschäftigen, aber Fragen, wie alle Fragen sind, Fragen, die auf eine letzte, ungelöste Frage zurückweisen, nicht *die* Frage, die nichts Anderes als die letzte Antwort ist, um deren willen Theologie, einst die Mutter der ganzen Universität, immer noch, wenn auch etwas gesenkten Hauptes, als die erste, als etwas Besonderes neben den andern Fakultäten steht. Nicht den Finger gerührt habe ich zu jenem Wagnis, das die Andern, mögen sie von mir denken, was sie wollen, im Grunde von mir, dem Theologen erwarten.

Eine historische Anmerkung möge hier den Schluß bilden. Die Ahnenreihe, an der wir uns, wenn die soeben aus dem Wesen der Sache entwickelten Gedanken maßgebend sind, zu orientieren haben, läuft über *Kierkegaard* zu *Luther* und *Calvin*, zu *Paulus*, zu *Jeremia*. Auf diese Namen pflegen sich nun freilich Viele zu berufen. Ich möchte also verdeutlichend hinzufügen: nicht etwa auch und gleichzeitig über Martensen zu Erasmus, zu denen, die 1. Kor. 15 bekämpft werden, | zum Propheten Hananja, der das Joch vom Halse des Propheten Jeremia nahm und zerbrach es! Und um ganz deutlich zu sein, möchte ich ausdrücklich darauf hinweisen, daß in der hier empfohlenen Ahnenreihe der Name *Schleiermacher fehlt*. Ich halte Schleiermacher bei allem schuldigen Respekt vor der Genialität seines Lebenswerkes darum vorläufig für *keinen* guten theologischen Lehrer, weil es bei ihm, soweit ich sehe, in der verhängnisvollsten Weise unklar bleibt, daß der Mensch als Mensch sich in *Not*, und zwar in rettungsloser Not befindet, unklar, daß auch der ganze Bestand der sogenannten Religion, und wenn es christliche Religion wäre, an dieser Not *teilnimmt*, unklar darum auch, daß von Gott reden etwas *Anderes* heißt als in etwas erhöhtem Ton vom Menschen reden. Wer etwa gerade darin Schleiermachers besondren Vorzug sehen sollte, daß er den sogenannten Dualismus, in dem etwa Luther stecken geblieben sei, überwunden und gerade mit dem Begriff der Religion die erwünschte und mit Ehren zu begehende Brücke zwischen Himmel und Erde geschlagen habe, der wird nun freilich, wenn er es nicht schon getan hat, von dem, was hier vertreten wird, endgültig abrücken müssen. Ich kann es ihm nicht wehren, nur den Wunsch aussprechen, er möchte sich dann jedenfalls nicht etwa gleichzeitig auf Schleiermacher *und* die Reformatoren, auf Schleiermacher *und* das Neue Testament, auf Schleiermacher *und* die alttestamentlichen Propheten berufen, sondern von Schleiermacher aufwärts eine neue Ahnenreihe sich suchen, als deren nächstes Glied etwa *Melanchthon* in Betracht kommen dürfte. Denn was mit den Namen Kierkegaard, Luther und Calvin, Paulus und Jeremia bezeichnet ist, das ist unzweideutige, gänzlich unschleiermacherische Klarheit darüber, daß Menschendienst *Gottes*dienst sein muß und nicht umgekehrt. Die Negativität und Einsamkeit, in der Jeremia den Königen Judas, ihren Fürsten, dem Volke im Lande, vor allem aber seinen *Priestern* und *Propheten* gegenübersteht, die das ganze Leben des Paulus charakterisierende scharfe Wendung gegen die im Judentum verkörperte Welt der *Religion*, Luthers Bruch nicht mit der Unfrömmigkeit, sondern mit der *Frömmigkeit* des Mittelalters, Kierkegaards Angriff auf die *Christenheit*, alles Unternehmungen, auf die Schleiermacher nie gekommen wäre, sie sind die Merkmale der Art, wie hier von *Gott* geredet wird. Der Mensch und sein Universum, sein noch so lebendig angeschautes und gefühltes Universum, ein Rätsel, eine Frage, nichts sonst. Ihm steht Gott gegenüber als das *Unmögliche* dem Möglichen, als der *Tod* dem Leben, als die *Ewigkeit* der Zeit. Die Auflösung des Rätsels aber, die Antwort auf die Frage, das Ende der Existenznot ist das schlechthin neue Geschehen, daß das Unmögliche *selbst* das Mögliche wird, der *Tod* das Leben, die *Ewigkeit* Zeit, *Gott* Mensch. Ein *neues* Geschehen, zu dem *kein* Weg führt, für das der Mensch *kein* Organ hat. Denn der Weg und das Organ sind selber das Neue, die Offenbarung und der Glaube, das Geschautwerden und Schauen des neuen Menschen. Nur auf den *Ernst* dieses Versuches, von Gott zu reden, möchte ich hinweisen – das Gelingen ist eine andre Frage –, auf den Einsatzpunkt. *Verstanden* ist hier auf alle Fälle die Not, in der der Mensch als Mensch sich befindet. *Verstanden* die Frage, die er in dieser Not erhebt. An diese *Not* und an diese *Frage* wird der Versuch, von Gott zu reden, angeknüpft, nicht anderswo, zerstreut aller Schein, der sie etwa als Not und Frage verhüllen könnte. Das ist seine Ernsthaftigkeit. Das ist's, warum wir an dieser geschichtlichen Linie uns orientieren und also auch aus der Geschichte den Imperativ hören: Wir sollen von Gott reden! Wäre dieser Imperativ nicht Bedrängnis genug, und wenn wir in der Lage wären, ihm zu gehorchen? |

III.

Ich wende mich zu meinem zweiten Satz: *Wir sind aber Menschen und können als solche nicht von Gott reden.* Wir denken an das Wort des Ältesten unsrer Gewährsmänner: Ach Herr, Herr, ich tauge *nicht* zu predigen! Er hat es stehen lassen in seinen Reden, auch als er 23 Jahre gepredigt *hatte*, sicher nicht als Dokument seiner Entwicklung, sondern als Überschrift über Alles, was er nachher gesagt hat: ich kann es nicht sagen. Und Jeremia war ein von Gott selbst Berufener und Geheiligter. Wir wollen die Frage nicht aufrollen, ob es so einfach geht, an die Stelle der Berufung durch Gott selbst das kirchliche Amt zu setzen, das Eine mit dem Andern zu identifizieren, so lichtvoll die Gedanken waren, mit denen Luther das begründet hat. Nehmen wir an, wir hätten mit unserm Amt zugleich den Verstand, d. h. unsre göttliche Berufung und Ausrüstung bekommen, so bleibt es doch dabei: wir können als Menschen nicht von Gott reden. Wie erstaunlich die Meinung der Andern, der Gemeinde, sie könnten uns zuschieben, ihnen das zu sagen, was ja freilich, wir wissen es selber nur zu gut, um jeden Preis gehört werden müßte, uns zu delegieren, wie die Universität es tut, *das* zu sagen, was sonst Niemand sagen kann noch darf. Wir sind auch Menschen, wir können, was sie von uns wollen und was wir als Theologen selber wollen müssen, ebensowenig wie sie. Wir können nicht von Gott reden. Denn von Gott reden würde, wenn es ernst gelten soll, heißen, auf Grund der Offenbarung und des Glaubens reden. Von Gott reden würde heißen Gottes Wort reden, das Wort, das nur von ihm kommen kann, das Wort, *daß Gott Mensch wird*. Diese vier Worte können wir sagen, aber wir haben damit noch nicht das Wort Gottes gesagt, in dem das *Wahrheit* ist. Das zu sagen, daß *Gott Mensch* wird, aber als *Gottes* Wort, wie es eben wirklich *Gottes* Wort ist, das wäre unsre theo|logische Aufgabe. Das wäre die Antwort auf die an uns gerichtete Frage der erschrockenen Gewissen, die Antwort auf die Frage des Menschen nach der Erlösung seiner Menschlichkeit. Das müßte wie mit Posaunen erschallen in unsern Kirchen und wahrhaftig auch in unsern Hörsälen, und aus den Kirchen und Hörsälen hinaus auf die Straßen, wo die Menschen unsrer Zeit darauf warten, daß ihnen *das* gesagt werde, aber anders als wir Schriftgelehrten pflegen. Dazu stehen wir auf unsren Kanzeln und Kathedern, um ihnen *das* zu sagen. Solange wir ihnen *das* nicht sagen, reden wir an ihnen vorbei, enttäuschen wir sie. Denn das allein, aber wohl gemerkt: als Gottes Wort, ist die Antwort, die echte Transzendenz besitzt und gerade darum die Kraft hat, das Rätsel der Immanenz aufzulösen. Denn nicht in einer Beseitigung der Frage darf diese Antwort bestehen, aber auch nicht bloß in einer Unterstreichung und Verschärfung der Frage, und endlich auch nicht in der kühnen, überaus wahren, aber in unserm Munde abwechselnd allzu eindeutigen oder allzu zweideutigen Behauptung, daß die Frage selber die Antwort sei. Nein, die Antwort muß eben die Frage *sein* und so die Erfüllung der Verheißung, das Sattwerden der Hungrigen, die Eröffnung der blinden Augen und tauben Ohren. Diese Antwort sollten wir *geben*, und eben diese Antwort können wir *nicht* geben.

Ich sehe drei Wege, auf denen wir versuchen können, sie doch zu geben, und die alle drei endigen mit der Einsicht, daß wir sie nicht geben können. Es ist der dogmatische, der kritische und der dialektische Weg. Wobei zu bemerken ist, daß diese Unterscheidung nur begrifflich zu vollziehen ist. In Wirklichkeit ist noch nie ein ernstzunehmender Theologe nur den einen oder andern oder dritten gegangen. Luther etwa werden wir auf allen dreien begegnen.

Der erste ist der *dogmatische* Weg. Hier werden dem Menschen in richtiger Einsicht seiner Not und Frage, in mehr oder weniger ausdrücklicher Anlehnung an Bibel und Dogma die bekannten christologischen, soteriologischen und eschatologischen Gedanken vor Augen gestellt, die sich aus der einen These: Gott wird Mensch entwickeln lassen. Ich würde es, in Erinnerung an Luthers Predigten etwa, immer noch für besser halten, wenn man sich nicht anders zu helfen weiß, *diesen* Weg zu gehen, als etwa zurück[zu]kehren dazu, mit Hilfe der Geschichte, und wäre es die biblische Geschichte, Geistesleben und Frömmigkeit zu pflegen und so zu vergessen, wozu uns der Mensch *nicht* nötig hat, wo|nach er uns aber in Wirklichkeit *fragt*, und daß wir als Theologen von Gott reden sollen. Gegen die Orthodoxie ist gewiß Manches zu erinnern; aber in ihr lebt jedenfalls eine kräftige Erinnerung an das, was überflüssig, und an das, was nötig ist, mehr als in manchem ihrer theologischen Gegner. Und das, und wahrhaftig nicht bloß Gewohnheit und Denkträgheit, ist denn auch sicher die Ursache, daß sie immer noch und immer wieder religiös und kirchlich und sogar politisch so wirksam ist. Der Spaten wird eben einfach auf jener Seite tiefer eingesetzt. Ferner ist zu bemerken, daß auch der überzeugteste Nicht-Orthodoxe stellenweise, und zwar gerade dann, wenn er von seinen gewohnten Psychologismen zu entscheidenden Mitteilungen übergehen will, wenn auch er, wenn auch fast wider Willen, statt von Frömmigkeit von Gott reden will, gar nicht anders kann, als in dogmatischen Wendungen sich bewegen. Wenn eben einmal die entscheidende Einsicht gewonnen ist, daß nicht die Vergottung des Menschen, sondern die Menschwerdung Gottes das Thema der Theologie ist, ja wo diese Einsicht auch nur gelegentlich aufblitzt in einem Theologen, da gewinnt er Geschmack gerade an dem Objektiven, nicht als psychischer Vorgang zu Analysierenden in Bibel und Dogma, dann beginnt die ihm vorher als »supranaturalistisch« so verdächtige und mißliche Welt, in der er sich da befindet, allmählich, aber fast mühelos ihm verständlich und sinnvoll zu werden, dann sieht er ihre Gedanken sozusagen von innen oder von hinten, begreift, daß es so und nicht anders geschrieben stehen muß, manchmal bis auf entlegenste Winkel, von denen er sich nicht träumen ließ, daß er da noch heimisch werden könnte, bekommt eine gewisse Freiheit, sich in diesen ungewohnten Räumen zu bewegen, und ist vielleicht zuletzt soweit, das Apostolikum etwa mit allen seinen Härten einfach wahrer, tiefer und sogar geistreicher zu finden als das, was moderne Kurzatmigkeit an seine Stelle setzen möchte.

Aber freilich: von Gott kann man auch in den kräftigsten und lebendigst aufgefaßten Supranaturalismen nicht reden, wir können auch so nur bezeugen, daß wir es gerne möchten. Die Schwäche der Orthodoxie ist nicht der sogenannt supranaturalistische Inhalt der Bibel und des Dogmas, das ist gerade ihre Stärke, wohl aber der Umstand, daß sie, daß wir, sofern wir alle ein wenig Dogmatiker sind, nicht darüber hinauskommen, diesen Inhalt, und wäre es auch nur das Wort »Gott«, dinglich, gegenständlich, mythologisch-pragmatisch uns selbst und den | Menschen gegenüberzustellen: da, das glaube nun! Wir sind wohl alle schon bei Luther auf die vielen Stellen gestoßen, wo wir z. B. angesichts des trinitarischen Dogmas einfach mit dem Bescheid stehen gelassen werden: da gelte es, sein Hütlein zu lüften und Ja zu sagen. Da spüren wir, bei aller Bereitwilligkeit, die Hure Vernunft totzuschlagen: so geht's jedenfalls nicht, und denken mit Bestürzung daran, wie oft wir es, ohne Luther zu sein, offen und besonders heimlich auch schon so gemacht haben. Warum geht es so nicht? Weil da die Frage des Menschen nach Gott durch die Antwort einfach niedergeschlagen wird. Nun soll er nicht mehr fragen, sondern an Stelle der Frage die Antwort haben. Er kann aber als Mensch von der Frage nicht lassen. Er selbst, der Mensch, ist ja die Frage. Soll ihm Antwort werden, so muß sie seine Natur annehmen, selber zur Frage werden. Das heißt nicht von Gott reden, etwas, und wäre es das Wort »Gott«, vor den Menschen hinstellen mit der Aufforderung, das nun zu glauben. Das ist's ja, daß der Mensch das *nicht* glauben kann, was bloß *vor* ihm steht, das nicht *als* das, was es *dort* ist, auch *hier* wäre – daß er *nicht* glauben kann, was sich ihm nicht *offenbart*, die Kraft und das Vollbringen nicht hat, *zu ihm* zu kommen. Bloß Gott ist nicht Gott. Er könnte auch etwas Anderes sein. Der Gott, der sich offenbart, ist Gott. Der Gott, der Mensch wird, ist Gott. Und der Dogmatiker redet nicht von diesem Gott.

Der zweite Weg ist der *kritische*. Hier wird nun allerdings sehr deutliche, erschreckend deutliche Anweisung zur Menschwerdung Gottes gegeben. Da wird dem Menschen empfohlen, er habe, um Gottes teilhaftig zu werden, als Mensch zu sterben, aller Eigenheit, Selbstheit, Ichheit sich zu begeben, ganz still, ganz einfach, ganz direkt zu werden, nur noch empfänglich schließlich zu sein, wie die Jungfrau Maria, als der Engel zu ihr trat: Ich bin des Herrn Magd, mir geschehe, wie du gesagt hast! Kein Dies und Das sei ja Gott, kein Ding, kein Etwas, kein Gegenüber, kein Zweites, sondern das reine, qualitätslose, Alles erfüllende Sein, dem nur das partikulare Eigensein des Menschen im Wege stehe. Falle dies endlich und zuletzt dahin, dann werde es gewißlich zu der Geburt Gottes in der Seele kommen. Der Weg der Mystik, auch er wahrhaftig beachtenswert! Wer dürfte da sofort schelten, wo mit den Besten des Mittelalters auch der junge Luther eine Strecke weit mit Begeisterung mitgegangen ist? Sehr beachtenswert ist auch hier die Einsicht, daß es sich, wenn von Gott die Rede sein soll, auf keinen Fall darum handeln kann, dem Menschen beim Aufbau, sondern vielmehr grundsätzlich beim Abbau seiner Existenz behilflich zu sein, die Einsicht, daß der Mensch wirklich nach dem fragt, der *er nicht* ist. Darum nenne ich den mystischen Weg, der sich auch als Idealismus verstehen läßt, den kritischen, weil sich hier der Mensch unter ein Gericht, in eine Negation hineinstellt, weil es hier so klar erkannt ist: Der Mensch als Mensch ist das, was überwunden werden muß. Wir sind auch auf diesem Weg Alle schon betroffen worden und werden es nie aufgeben können, ihn streckenweise zu begehen, wie auch Luther ihn nie ganz aufgegeben hat. Dem in seiner Kultur oder Unkultur sich aufblähenden, dem in seiner Moral und Religiosität sich so titanisch gen Himmel reckenden Menschen wird man immer wieder sagen müssen, daß er, von Aufhebung zu Aufhebung schreitend, warten, klein, zunichte werden lernen, daß er sterben müsse. Diese Lehre von der Katastrophe des Menschen als solchen ist ein Stück Wahrheit, das, was sich auch gegen die Mystik einwenden läßt, nicht ungestraft vernachlässigt werden könnte. Die Stärke dieses Redens liegt dort, wo die Schwäche des dogmatischen liegt: hier geschieht etwas, hier werden wir nicht stehen gelassen mit dem Bescheid, wir müßten eben glauben, hier wird der Mensch in der ernsthaftesten Weise angegriffen, hier wird Gott so energisch Mensch, daß vom Menschen sozusagen gar nichts übrig bleibt. Unendlich viel besser natürlich auch das, als der paganistische Kultus des Geisteslebens und der Frömmigkeit.

Aber auch so kann man von Gott nicht reden. Denn daß das nun Gott sei, was da den Menschen, ihn selber vernichtend, erfüllen will, dieser Abgrund, in den der Mensch sich stürzen, diese Finsternis, in die er sich begeben, dieses Nein, unter das er sich stellen soll, daß das alles *Gott* sei, das pflegten die Mystiker und wir alle, sofern wir auch ein wenig Mystiker sind, mit ihnen zwar zu *behaupten*, wir sind aber nicht in der Lage, es zu *zeigen*. Der Inhalt der Botschaft, dessen wir *sicher* sind, das, was wir *zeigen* können, das ist immer nur die Negation, die Negativität des Menschen. Und wenn wir nun daran denken, daß der Mensch von dieser Negativität seiner Existenz, von diesem Fragezeichen jenseits aller seiner Lebensinhalte ja gerade *her*kommt, so muß es uns doch stutzig machen, daß wir auf dem kritischen Wege eigentlich nichts Anderes tun, als daß wir ihm dieses Fragezeichen irgendwie riesengroß machen. Gewiß, das wird immer wieder gut sein, ihn darüber zu verständigen, daß die Frage, mit der er sich an uns gewandt hat, noch ganz anders radikal ist, als er sich in den zufälligen Verlegenheiten seines Lebens einbildete, immer wieder gut, seine Kultur und Unkultur in das blendende Licht des unendlichen Abstandes von Schöpfer und Geschöpf zu rücken und ihm so klar zu machen, was er eigentlich will, wenn er in seiner Not nach Gott schreit. Aber vergessen wir nicht: keine Negation, die wir ihm empfehlen können (und wenn wir ihm

Selbstmord empfehlen würden!), ist so groß, so prinzipiell wie *die* Negation, auf die alles Negieren doch nur hinzielen kann, die Negation, die unmittelbar erfüllt ist von der Positivität Gottes. Über eine gewaltige Verschärfung der Frage als Frage kommen wir mit der schärfsten Kritik des Menschen nicht hinaus. Das heißt nur noch einmal den Ort bezeichnen, richtig bezeichnen allerdings, den Ort, wo von Gott allenfalls die Rede sein kann, wenn man den Menschen in Frage stellt. Das heißt aber noch nicht von Gott reden. Das ist's noch nicht. Auch der Angriff Luthers und Kierkegaards auf die Christenheit war's ja noch nicht! Das Kreuz wird dabei aufgerichtet, aber die Auferstehung wird so nicht verkündigt, und darum ist es endlich und zuletzt doch nicht das Kreuz Christi, was da aufgerichtet wird, sondern irgend ein anderes Kreuz. Das Kreuz Christi brauchte wohl nicht erst von *uns* aufgerichtet zu werden! Die Frage hat keine Antwort bekommen. Nicht *Gott* ist da Mensch geworden, sondern der *Mensch* ist da wieder einmal und nun erst recht Mensch geworden, und das ist kein heilvoller Vorgang. Erst recht ragt nun seine Subjektivität wie eine abgebrochene Säule in ganzer Herrlichkeit gen Himmel. Nur wo *Gott* (in jener Objektivität, von der die Orthodoxie nur zu viel weiß!) Mensch wird, mit seiner *Fülle* eingeht in unsre Leere, mit seinem *Ja* in unser Nein, nur da ist von Gott geredet worden. Die Mystiker, und wir mit ihnen, reden nicht von diesem Gott.

Der dritte Weg ist der *dialektische*. Er ist, nicht nur weil er der paulinisch-reformatorische ist, sondern wegen seiner sachlichen Überlegenheit, weitaus der beste. Die großen Wahrheiten des dogmatischen und des kritischen Weges sind hier vorausgesetzt, aber auch die Einsicht in ihre Stückhaftigkeit, in ihre bloß relative Zulänglichkeit. Hier ist mit dem positiven Entfalten des Gottesgedankens einerseits und mit der Kritik des Menschen und alles Menschlichen andrerseits von vornherein Ernst gemacht; aber beides darf nun nicht beziehungslos geschehen, sondern unter beständigem Hinblick auf ihre gemeinsame Voraussetzung, auf die lebendige, selber freilich nicht zu benennende Wahrheit, die in der Mitte steht und beiden, der Position und der Negation, erst Sinn und Bedeutung gibt. Daß Gott (aber wirklich Gott!) Mensch (aber wirklich Mensch!) wird, das ist da gleichmäßig gesehen als jenes Lebendige, als der entscheidende Inhalt eines wirklichen Von-Gott-Redens. Wie aber soll nun die notwendige Beziehung von beiden Seiten auf diese lebendige Mitte hergestellt werden? Der echte Dialektiker weiß, daß diese Mitte unfaßlich und unanschaulich ist, er wird sich also möglichst selten zu direkten Mitteilungen darüber hinreißen lassen, wissend, daß alle direkten Mitteilungen *darüber*, ob sie nun positiv oder negativ seien, *nicht* Mitteilungen *darüber*, sondern eben immer *entweder* Dogmatik *oder* Kritik sind. Auf diesem schmalen Felsengrat kann man nur gehen, nicht stehen, sonst fällt man herunter, entweder zur Rechten oder zur Linken, aber sicher herunter. So bleibt nur übrig, ein grauenerregendes Schauspiel für alle nicht Schwindelfreien, Beides, Position und Negation, *gegenseitig aufeinander* zu beziehen, Ja am Nein zu verdeutlichen und Nein am Ja, ohne länger als einen Moment in einem starren Ja *oder* Nein zu verharren, also z. B. von der Herrlichkeit Gottes in der Schöpfung nicht lange anders zu reden als (in Erinnerung an Röm. 8 etwa) unter stärkster Hervorhebung der gänzlichen Verborgenheit, in der sich Gott in der Natur für unsre Augen befindet, vom Tod und von der Vergänglichkeit nicht lange anders als in Erinnerung an die Majestät des ganz andern Lebens, das uns gerade im Tod entgegentritt, von der Gottebenbildlichkeit des Menschen um keinen Preis lange anders als mit der Warnung ein für allemal, daß der Mensch, den | wir kennen, der gefallene Mensch ist, von dessen Elend wir mehr wissen als von seiner Glorie, aber wiederum von der Sünde nicht anders als mit dem Hinweis, daß wir sie nicht erkennen würden, wenn sie uns nicht vergeben wäre. Was das heißt, daß Gott den Menschen gerecht macht, das läßt sich nach Luther nicht anders erklären denn als justificatio impii. Der impius aber soll, indem er weiß und hört, daß er das ist und nichts Anderes, sich sagen lassen, daß er, gerade er ein justus ist. Die einzig mögliche Antwort auf die wirklich gewonnene Einsicht in die Unvollkommenheit alles menschlichen

Werkes ist die, sich frisch an die Arbeit zu machen. Wenn wir aber Alles getan haben, was wir zu tun schuldig sind, so sollen wir sprechen: wir sind unnütze Knechte. Alle Gegenwart ist nur wert gelebt zu werden im Hinblick auf die ewige Zukunft, auf den lieben jüngsten Tag. Aber wir sind Phantasten, wenn wir meinen, daß die Zukunft des Herrn nicht in eben unsrer Gegenwart unmittelbar vor der Türe stehe. Ein Christenmensch ist ein freier Herr über alle Dinge und Niemand untertan. Ein Christenmensch ist ein dienstbarer Knecht aller Dinge und Jedermann untertan. Ich brauche nicht fortzufahren. Wer's merkt, merkt's, wie's gemeint ist, wo so geredet wird. Er merkt's, daß gemeint ist: die Frage ist die Antwort, weil die Antwort die Frage ist. Er freut sich also der ihm durchaus vernehmbar gewordenen Antwort, um im selben Augenblick erst recht und aufs Neue zu fragen, weil er ja die Antwort nicht hätte, wenn er nicht immer wieder die Frage hätte.

Der Zuschauer freilich, ein »Flachlandbewohner« wahrscheinlich, | steht verblüfft daneben und merkt von Allem nichts, jammert jetzt über Supranaturalismus und jetzt über Atheismus, sieht jetzt den alten Marcion aus seinem Grab hervorgehen und jetzt Sebastian Frank, was doch wirklich nicht ganz dasselbe ist, und jetzt gar Schellingsche Identitätsphilosophie, erschrickt jetzt über eine Weltverneinung, bei der ihm Hören und Sehen vergeht, und ärgert sich jetzt darüber, daß gerade auf diesem Weg eine Weltbejahung möglich sein soll, wie er sie sich nie hat träumen lassen, bäumt sich jetzt gegen die Position auf und jetzt gegen die Negation und dann wieder gegen den »unversöhnlichen Widerspruch«, in dem beide zueinander stehen. Was soll ihm der Dialektiker, wahrscheinlich ein »Sohn der Berge«, Anderes antworten als: Mein | Freund, du mußt einsehen, daß du, wenn du nach *Gott* fragst, und wenn nun wirklich von *Gott* die Rede sein soll, von *mir* etwas Anderes nicht erwarten darfst. Ich habe getan, was ich konnte, um dich darauf aufmerksam zu machen, daß mein Bejahen wie mein Verneinen nicht mit dem Anspruch auftreten, die Wahrheit Gottes zu sein, sondern mit dem Anspruch, *Zeug-*

nis zu sein von der Wahrheit Gottes, die in der Mitte, jenseits von allem Ja und Nein steht. Und darum eben habe ich nie bejaht, ohne zu verneinen, nie verneint, ohne zu bejahen, weil das Eine wie das Andre nicht das Letzte ist. Wenn mein *Zeugnis* von diesem Letzten von der Antwort, die du suchst, dir nicht genügt, so tut mir das leid. Es kann sein, daß ich noch nicht deutlich genug davon gezeugt, d. h. daß ich Ja durch Nein und Nein durch Ja immer noch nicht kräftig genug aufgehoben habe, um alles Mißverständnis zu verhindern, so kräftig, daß dir nichts übrig blieb, als zu sehen, worauf Ja und Nein, Nein und Ja sich beziehen. Es könnte aber auch sein, daß das Versagen meiner Antwort davon herrührt, daß du noch gar nicht richtig *gefragt*, nach *Gott* gefragt hast, sonst müßten wir uns doch verstehen. So könnte der Dialektiker antworten und würde damit dem Zuschauer gegenüber wahrscheinlich, vielleicht im Rechte sein.

Ja *vielleicht*, aber vielleicht auch *nicht*, vielleicht nicht einmal dem Zuschauer gegenüber! Denn auch das dialektische Reden leidet an einer in der Sache liegenden Schwäche. Sie zeigt sich darin, daß der Dialektiker, wenn er überzeugen will, darauf angewiesen ist, daß ihm auf Seiten seines Unterredners die Frage nach Gott schon *entgegenkommt*. Redete er wirklich von Gott, gäbe er also die Antwort, die zugleich die Frage ist, dann dürfte die Situation nicht eintreten, daß er seinen Unterredner kopfschüttelnd stehen lassen muß mit dem Bescheid, er habe eben die rechte Frage noch nicht. Er würde besser über sich selbst den Kopf schütteln, daß *er* offenbar die rechte *Antwort* noch nicht habe, die Antwort, die dann auch die Frage des Unterredners wäre. Sein Reden beruhte eben auf einer schwerwiegenden Voraussetzung, nämlich auf der Voraussetzung jener lebendigen, ursprünglichen Wahrheit dort in der Mitte. Sein Reden selbst aber war nicht ein Setzen dieser Voraussetzung, konnte und durfte es ja auch nicht sein, sondern ein Bejahen und Verneinen, das sich freilich auf diese Voraussetzung, auf diesen Ursprung bezog, aber zunächst doch auch das nur in Form einer *Behauptung*, daß dem so sei. *Eindeutig* klang die Behauptung zur Rechten, eindeutig die zur Linken, und *zwei-*

deutig, sehr zweideutig die zusammenfassende Behauptung, daß mit Behauptung links und Behauptung rechts schließlich dasselbe behauptet sei. *Wie kommt es dazu, daß menschliches Reden in notwendiger, in zwingender Weise bedeutsam, zeugniskräftig wird?*, das ist das Problem, das sich auf dem Boden der dialektischen Methode darum besonders lebhaft stellt, weil hier alles getan ist, was getan werden konnte, um es bedeutsam und zeugniskräftig zu machen. Denn *wenn* dialektisches Reden sich als bedeutsam und zeugniskräftig erwies – und an einigen Unterrednern Platos, des Paulus und der Reformatoren scheint es sich als das erwiesen zu haben –, dann nicht auf Grund dessen, was der Dialektiker tut und kann, nicht auf Grund seines Behauptens, das in der Tat fragwürdig ist, fragwürdiger, als der entrüstete Zuschauer solcher Kunst ahnt, sondern auf Grund dessen, daß in seinem immer eindeutigen und zweideutigen Behaupten die lebendige Wahrheit in der Mitte, die Wirklichkeit Gottes *selbst* sich behauptete, die Frage, auf die es ankommt, schuf, und die Antwort, die er suchte, ihm *gab*, weil sie eben Beides, die rechte Frage und die rechte Antwort *war*.

Aber diese Möglichkeit, die Möglichkeit, daß Gott *selbst* spricht, wo von ihm gesprochen wird, liegt nicht auf dem dialektischen Weg als solchem, sondern dort, wo auch dieser Weg *abbricht*. Den Behauptungen des Dialektikers kann man sich, wie der Augenschein lehrt, auch entziehen. Der Dialektiker als solcher ist nicht besser dran als der Dogmatiker und der Kritiker. Ihre eigentliche Schwäche, ihr Unvermögen, wirklich von *Gott* zu reden, ihr Zwang, immer von etwas Anderem reden zu müssen, das alles erscheint sogar beim Dialektiker potenziert: gerade *weil* er *alles* sagt und alles im Hinblick auf die lebendige Wahrheit selbst, muß ihm die unvermeidliche *Ab*wesenheit dieser lebendigen Wahrheit in seinem Alles-Sagen nur um so schmerzlicher zum Bewußtsein kommen. Und auch wenn nun jenseits seines Alles-Sagens das ge|schehen sollte, was Allem erst Sinn und Wahrheit gibt, auch wenn nun Gott selbst seinem Unterredner das Eine sagen sollte, sein eigenes Wort, auch dann, ja *gerade* dann ist er, der Dialektiker, als solcher ins Unrecht gesetzt und kann nur bekennen: Wir können nicht von Gott reden. Denn daß Gott selbst spricht, das kann auch jenseits dessen geschehen, was die Andern, der Dogmatiker und der Kritiker und vielleicht noch viel primitivere Gottesredner sagen. Es ist ja nicht einzusehen, wieso etwa gerade die dialektische Theologie *vorzüglicherweise* in der Lage sein sollte, auch nur bis unmittelbar *vor* diese nur von innen zu eröffnende Pforte zu führen. Wenn sie etwa wähnen sollte, eine besondere Höhe zu bedeuten, wenigstens als Vorbereitung auf das, was Gott tut, so möge sie sich klar machen, daß ein simples direktes Wort des Glaubens und der Demut *dazu* denselben Dienst tun kann wie sie mit ihren Paradoxien. Im Verhältnis zum Reiche Gottes kann alle Pädagogik gut und alle schlecht sein – ein Schemel hoch genug und die längste Leiter zu kurz, um das Himmelreich zu stürmen.

Und wer das Alles nun etwa eingesehen, die Möglichkeiten aller dieser Wege (ich nannte nur die, die ernsthaft in Betracht kommen) durchprobiert haben sollte – und klar oder unklar hat jeder Theologe diese Einsicht und Erfahrung –, sollte der nicht in Bedrängnis sein?

IV.

Mein dritter Satz lautet: *Wir sollen Beides*, daß wir von Gott reden sollen und nicht können, *wissen und eben damit Gott die Ehre geben*. Zu diesem Satz ist nicht viel zu bemerken. Er kann nur als Schlußstrich dastehen und bedeuten, daß alles so gemeint ist, wie es gesagt ist.

Das Wort Gottes ist die ebenso notwendige wie unmögliche Aufgabe der Theologie. Das ist das Ergebnis des Bisherigen, und das Bisherige ist das Ganze, was ich zu diesem Thema zu sagen habe. Was nun, angesichts dieses Ergebnisses? Zurückkehren in die Niederungen, wo man scheinbar Theologe und in Wirklichkeit etwas ganz Anderes ist, etwas, was die Anderen auch sein könnten und wozu sie uns im Grunde *nicht* brauchen? Ich fürchte, auch wenn wir eines solchen Gewaltakts fähig wären, die Logik der Sache würde uns bald eben dahin zurückführen, wo wir stehen. Oder vom redenden zur Abwechslung zum *schweigenden* Dienst übergehen? Als ob es etwa leichter und möglicher wäre, | vor Gott (wirklich vor *Gott*) zu schweigen, als von ihm zu reden! Was soll das Spiel? Oder der Theologie Valet sagen, unser Amt an den Nagel hängen und irgend etwas von dem werden, was die glücklichen Andern sind? Aber die Andern sind nicht glücklich, sonst wären wir nicht da. Die Bedrängnis unsrer Aufgabe ist nur das Zeichen der Bedrängnis aller menschlichen Aufgaben. Wenn wir es nicht wären, müßten eben andere Theologen sein unter denselben Umständen. Die Frau kann auch nicht von den Kindern weglaufen und der Schuster nicht von seinem Leisten, und wir können überzeugt sein, daß die Dialektik etwa der Kinderstube nicht minder angreifend ist als die Dialektik unsrer theologischen Studierstube. Die Theologie aufgeben hat so wenig Sinn wie sich das Leben zu nehmen; es wird nichts, gar nichts anders dadurch. Also ausharren, nichts weiter. Wir sollen eben Beides, die Notwendigkeit und die Unmöglichkeit unsrer Aufgabe *wissen*. Was heißt das?

Den Blick fest und unverwandt auf das richten, was von uns erwartet ist, da wir nun einmal dahingestellt sind, wo wir stehen. Was daraus wird und ob man mit uns zufrieden ist, sind keine Fragen. Einordnen läßt sich unsre Aufgabe in das Ganze des bekannten Menschenlebens, in Natur und Kultur nur dort, wo die Frage entsteht, wie sich dieses Ganze etwa seinerseits in die Welt und Schöpfung Gottes einordne. Diese Frage kann vom Menschen aus gesehen immer nur eine Frage sein. Einordnen läßt sich also unsre Aufgabe nur als das Nichteinzuordnende. Von daher die Logik, der kategorische Imperativ der Sachlichkeit, der unserm Beruf innewohnt so gut wie jedem Beruf, der nun aber für unsern Beruf *diesen* Inhalt hat. Mehr kann nicht von uns verlangt werden, als daß wir diesen kategorischen Imperativ starr ins Auge fassen, wie z. B. jeder Eisenbahnbeamte es auch tun muß. Das aber *ist* von uns verlangt.

Und ebenso genau ist zu bedenken, daß es mit unsrer Aufgabe so steht, daß von Gott nur Gott *selber* reden kann. Die

Aufgabe der Theologie ist das Wort Gottes. Das bedeutet die sichere *Niederlage aller* Theologie und *aller* Theologen. Auch hier gilt es, dem, was zu sehen ist, nicht auszuweichen, nicht links noch rechts auszublicken nach einer von den vielen erbaulichen oder unerbaulichen Verschleierungen und | Bemäntelungen des Tatbestandes, die allerdings möglich sind. Wir müssen uns klar sein darüber, daß wir, und wenn wir Luther und Calvin wären, und welchen Weg wir auch einschlagen mögen, so wenig ans Ziel kommen werden, wie Moses in das gelobte Land gekommen ist. So gewiß wir irgendeinen Weg gehen müssen und so gewiß es sich wahrhaftig lohnt, wählerisch zu sein und nicht den ersten besten Weg zu gehen, so gewiß müssen wir bedenken, daß das Ziel unsrer Wege das ist, daß Gott selber rede, und dürfen uns also nicht wundern darüber, wenn uns überall am Ende unsrer Wege, und wenn wir unsre Sache noch so gut gemacht hätten, ja dann am meisten, der Mund *verschlossen* wird.

Dreierlei möchte ich zum Schluß noch sagen.

1. Fast wage ich es nicht und wage es nun doch zu hoffen, daß Niemand nachher komme und mich frage: Ja, was sollen wir denn nun tun? wie denkst du dir's nun, was in der Kirche und auf der Universität zu geschehen hätte, wenn *das* die Situation ist? Ich habe Ihnen keine Vorschläge zu unterbreiten, weder über die Reform des Pfarramts noch über die Reform des theologischen Wissenschaftsbetriebes. Es handelt sich nicht *darum*. Es scheint mir, daß wir nicht darüber reden sollten, was zu tun ist, *wenn* unsre Situation die ist, sondern darüber, ob wir anerkennen wollen, *daß* unsre Situation die ist, die hier gezeichnet wurde. Auf Grund dieser Anerkennung würde dann vielleicht in der Kirche und auf der Universität Einiges anders zu machen sein, als es gemacht wird. Vielleicht auch nicht. Nur auf Grund jener Anerkennung wäre ein Gespräch darüber möglich und nützlich. Aber noch einmal: es kommt jetzt nicht *darauf* an.

2. Unsere Bedrängnis ist auch unsere Verheißung. Wenn *ich* das sage, so ist es ein dialektischer Satz wie ein andrer. Und wir wissen nun, wie es mit der Dialektik steht. Da kann Jeder

sagen: ich danke für eine Verheißung, die ich nur als Bedrängnis erfahren kann!, und ich kann ihm nicht antworten. Aber es könnte ja sein, daß nicht nur *ich* das sage, daß unsre Bedrängnis unsre Verheißung ist. Es könnte ja sein, daß das die lebendige Wahrheit wäre, die über Ja und Nein ist, die Wirklichkeit Gottes, über die ich nicht zu verfügen habe mit einer dialektischen Um|kehrung, in der es aber aus eigener Macht und Liebe verfügt sein könnte, daß Verheißung eingegangen ist in unsre Bedrängnis, daß das Wort, das Wort Gottes, das wir nie sprechen werden, angenommen hat unsre Schwachheit und Verkehrtheit, so daß *unser* Wort *in* seiner Schwachheit und Verkehrtheit fähig geworden wäre, wenigstens Hülle und irdenes Gefäß des Wortes Gottes zu werden. Es könnte sein, sage ich, und wenn es so wäre, dann hätten wir allen Anlaß, statt von der Not, laut und stark von der Hoffnung, von der verborgenen Herrlichkeit unsres Berufes zu reden.

3. Ich habe das *eigentliche* Thema meiner Darlegungen einigemal berührt, aber nie ausdrücklich genannt. Alle meine Gedanken kreisen um den einen Punkt, der im Neuen Testament Jesus Christus heißt. Wer »Jesus Christus« sagt, der darf nicht sagen: »es könnte sein«, sondern: es *ist*. Aber wer von *uns* ist in der Lage, »Jesus Christus« zu sagen? *Wir* müssen uns vielleicht begnügen mit der Feststellung, daß Jesus Christus *gesagt* ist von seinen ersten Zeugen. Auf ihr Zeugnis hin zu glauben an die Verheißung und also Zeugen von ihrem Zeugnis zu sein, also *Schrift*theologen, das wäre dann unsre Aufgabe. Mein Vortrag ist alttestamentlich gemeint und reformiert. Ich habe ja als Reformierter – und nach meiner Meinung natürlich nicht nur als das – die Pflicht, gegenüber dem lutherischen est wie gegenüber der lutherischen *Heilsgewißheit* eine gewisse letzte *Distanz* zu wahren. Ob die Theologie über die *Prolegomena* zur Christologie je hinauskommen kann und soll? Es könnte ja auch sein, daß mit den Prolegomenen *Alles* gesagt ist.

DIE KIRCHE UND DIE KULTUR (1926)

I.

Die Kirche ist die durch Gott selbst eingesetzte Gemeinschaft des von seinem Wort lebenden Glaubens und Gehorsams sündiger Menschen.

Lassen Sie mich beginnen mit dem Hinweis darauf, daß die in meiner ersten These gegebene Bestimmung der Kirche eine theologische Bestimmung sein möchte, eine Wiedergabe der Bestimmung, die die Kirche von sich selbst gibt. Das charakteristisch Theologische liegt darin, daß die Kirche 1. eine von Gott selbst *eingesetzte* Gemeinschaft, 2. die Gemeinschaft des *Glaubens* und *Gehorsams*, 3. die Gemeinschaft des von *Gottes Wort* lebenden *Glaubens* und *Gehorsams* genannt wird.

Das Problem der Kirche bietet neben dem theologischen auch einen geschichtlich-soziologischen Aspekt. Wollten wir die Kirche von da aus bestimmen, so müßten wir von Gott und seinem Wort, von Glauben und Gehorsam schweigen. Von »derjenigen soziologischen Gruppe, in der es um Religion geht«,[1] oder konkreter: Von einer Gemeinschaft oder von einer Vielheit von Gemeinschaften, religiös-ethisch mehr oder weniger übereinstimmend überzeugter Individuen, oder (schon ein bißchen metaphysisch:) von der organisch existierenden und wirksamen geistigen Gesamtmacht des von Jesus ausgehenden geschichtlichen Lebenszusammenhanges[2] hätten wir dann zu reden. Aber derartige Bestimmungen leiden, und wenn sie mit der größten religiösen Wärme vertreten würden, daran, daß sie genau nur halbe | und zwar gerade die wesentliche Hälfte *nicht* erreichende Bestimmungen sind. Sie sind freilich auf dieser bestimmten, der geschichtlich-soziologischen Ebene der Beobachtung und des Urteils notwen-

---

[1] So P. *Tillich*, Kirche und Kultur 1924. S. 3.
[2] Vgl. *Troeltsch*, Art. Kirche III dogmatisch in R. G. G. 1. Aufl.

dig, möglich und richtig und sie sind indirekt auch theologisch lehrreich. Ich habe versucht ihren theologischen Wahrheitsgehalt aufzunehmen, indem ich zu den genannten drei Punkten hinzufüge (4), daß der in dieser von Gott eingesetzten Gemeinschaft von Gottes Wort lebende Glaube und Gehorsam, der Glaube und Gehorsam *sündiger Menschen ist*. Damit ist vollauf gesagt, welches die theologische Kehrseite des geschichtlich theologischen Außenaspektes der Kirche ist, was über »Religion«, über religiös ethische »Überzeugungen«, über geschichtliche Geistesmächte und Lebenszusammenhänge theologisch grundsätzlich zu sagen ist. Wir werden auf die Bedeutung dieser theologischen Kehrseite des geschichtlich-soziologischen Außenaspektes der Kirche unter These 7 zurückkommen. Weil und sofern er bloß *Außen*aspekt ist, lassen wir uns zunächst nicht auf ihn ein. Er ist als solcher doch untergeordnet, sekundär. Er ist vom theologischen Innenaspekt aus zu deuten und nicht umgekehrt. Das gilt nicht nur darum, weil wir hier zufällig – aber kann das ein Zufall sein, ist nicht schon das entscheidende Notwendigkeit, daß wir hier – als *Christen*, als in Anspruch genommene Glieder der Kirche vereinigt sind? Es gilt auch abgesehen davon darum, weil die Kirche, als offenbar erste Sachverständige, sich selbst erklärend, diesen Weg einschlägt, und weil wir auch als Nichtchristen diesem, ihrem Weg, methodischerweise zunächst folgen müßten.

Das Eigentliche Wesentliche, Innere, das die Kirche über sich selbst zu sagen hat, liegt in den Begriffen »Gottes Wort«, »Glaube« und »Gehorsam« »sündige Menschen«, »von Gott eingesetzte Gemeinschaft«. Von allen diesen Begriffen gemeinsam ist im Sinne der Kirche selbst zu sagen, daß sie sich (im Unterschied zu den aus geschichtlich soziologischen Betrachtungen zu gewinnenden) einzeln und miteinander auf eine Entscheidung beziehen, die sich ereignet zwischen Gott und dem Menschen, beide in ihrer *qualitativen Eigenart und Verschieden\heit*, aber beide als *Personen* verstanden. Abstrahiert von der Wirklichkeit dieses Ereignisses, wären jene Begriffe leer. Sie können nur mißverstanden werden, sobald sie als Bezeichnung von Dingen, von Gegenständen und ihren möglichen Beziehungen zueinander, sobald sie nicht von *Gott* und dem *Menschen*, von der in ihrer Begegnung fallenden *Entscheidung* verstanden werden.

»Gottes Wort« ist seine, des unbekannten, unerforschlichen, heiligen Gottes gnadenvoll sich uns eröffnende Wahrheit, sofern er sie zu uns redet und durch sein Reden uns zu hören gibt und eben damit Gemeinschaft schafft zwischen ihm und uns, uns und ihm. Wir kennen das Wort Gottes nicht, wir haben es nie anders, als indem er es – die Entscheidung fällt – zu uns spricht, im *Akt* seines Sprechens. Man kann es auch so sagen: Jesus Christus handelnd in seinem Amt, zeugend als Prophet, für uns eintretend als Priester, herrschend als König, immer als Person. *Er* ist der Logos, das Wort Gottes.

Auf dieses Wort Gottes nun bezogen, aus ihm geboren und von ihm lebend, der Glaube und der Gehorsam. Ich lege Gewicht darauf, eines nicht ohne das andere zu nennen: Der Glaube vernimmt, hört, hat das Wort Gottes, nur der Glaube, aber nur der *gehorsame*, der auf das Hören hin handelnde Glaube, der Glaube im Akt der Entscheidung, in der alles Betrachten und Erwägen, alles Zugleich von ja und nein dahinter bleibt, und in der doch der Glaube so völlig bedingt ist durch Gottes Reden, daß er den Seufzer: »Lieber Herr hilf meinem Unglauben!«, keinen Augenblick unterlassen kann.

Denn, und das ist das dritte: Sündige Menschen sind ja die Glaubenden und Gehorchenden nicht nur bevor sie dies tun, sondern auch – sie wissen nun was sie sind – indem sie dies tun. Glauben und gehorchen heißt: Sein ganzes Tun ins Licht der Wahrheit stellen, nicht mehr verteidigen sondern preisgeben, anerkennen, daß wir Gottes nicht würdig und daß wir uns vor ihm unmöglich gemacht haben und täglich noch unmöglich machen und daß wir nun *als solche* gewürdigt sind seine Kinder zu | heißen. Mit dem Sprechen des göttlichen Wortes zu uns, mit der Entscheidung des Glaubens und Gehorsams, fällt auch diese Entscheidung über uns: Daß wir uns selbst in voller Blöße preisgeben müssen der göttlichen Barmherzigkeit.

Und nun ist die *Kirche* »die von Gott eingesetzte Gemeinschaft« solcher, sündiger Menschen also, glaubender und gehorchender Sünder, deren Glaube und Gehorsam lebt vom Worte Gottes. Unter *Einsetzung* oder Stiftung verstehen wir eine (nicht ursprünglich, aber um des menschlichen Abfalls und der den Abfall überwindenden Versöhnung willen notwendige) göttliche Anordnung und Veranstaltung, auf die sich, mitten in der Relativität des geschichtlichen Lebens der Menschheit eine entsprechende menschliche Anstalt und Ordnung gründet. Eingesetzt in diesem Sinne ist die Kirche von Ewigkeit her im Dekret der göttlichen Versöhnung, verwirklicht in der Zeit, in der Fleischwerdung des Wortes als menschliche Ordnung und Anstalt begründet in der Ausgießung des Heiligen Geistes zu Pfingsten. Diese Ordnung und Anstalt besteht eben in der Zusammenberufung von Sündern zum Glauben und Gehorsam, in der Errichtung dieser, in ihrer menschlichen Wirklichkeit sichtbaren, in ihrer göttlichen Wahrheit, in ihrem Leben aus dem Wort unsichtbaren Gemeinschaft. Durch sie – wohl verstanden: nicht durch die Geschichte im allgemeinen, sondern durch die Kirche handelt Gott der Versöhner an der abgefallenen Menschheit, läßt er im Tal des Todes seine Ehre verkündigen. Er *handelt*! Noch einmal möchte ich dieses Moment scharf betonen. Die Kirche *ist* durch den Heiligen Geist, nicht anders. Der Heilige Geist aber ist göttliche Person. Entscheidend göttlicher Akt ist ihre Einsetzung, deren Wahrheit steht und fällt mit ihrer immer zu erneuernden Begründung und Erhaltung, – wie bestünde sie sonst in der Ausgießung des Heiligen Geistes? Entscheidender Akt ist darum auch die Einbeziehung jedes Einzelnen in die Kirche und seine Erhaltung in ihr. »*Erhalt* uns Herr bei Deinem Wort!« Diese Bitte ist wahrlich keine Floskel. Man ist nicht anders in der Kirche, als indem man auf Grund seiner Taufe *in spiritu sancto* | heute bekennt: *Credo* ecclesiam. Nicht *creditur ecclesia*, sondern *Credo* ecclesiam, *ich* glaube – lieber Herr, hilf meinem Unglauben! – als einer aus der Zahl der ἐκκληθέντες die den Ruf zur ἐκκλησία vernommen haben und sich zur Stelle melden.

2.

Die Kultur ist die durch das Wort Gottes gestellte Aufgabe der in der Einheit von Seele und Leib zu verwirklichenden Bestimmung des Menschen.

Meine zweite These will ein Versuch sein, auch den Begriff der Kultur theologisch zu bestimmen. Unser erster Schritt zieht diesen zweiten unaufhaltsam nach sich. Indem wir uns für die methodische Überordnung des theologischen Innenaspektes entschieden haben, und indem wir, wie es durch das inhaltschwere Wörtlein *und* in unserem Thema geschieht, eine Beziehung zwischen Kirche *und* Kultur überhaupt voraussetzten, sind wir genötigt auch die Kultur auf ihren theologischen Innenaspekt hin anzusehen. Man kann ihr Wesen ja auch untheologisch bestimmen. Zum Beispiel (in Annäherung an den Begriff »Zivilisation« der im Französischen für den der Kultur eintritt) als »die Summe von Zwecken, die aus dem menschlichen Handeln hervorgehen und menschliches Handeln wieder anregen«.[1] Oder, (etwas idealistischer, mehr im Sinne des deutschen Gebrauches des Wortes »Kultur«) als die Idee des Endziels und den Inbegriff der Normen von denen menschliches Handeln sich leiten lassen soll. Sollten solche Formeln abschließend und ausschließend gemeint sein, so wäre über eine Bedeutung der Kultur für die Kirche nur Negatives und Polemisches zu sagen. Beide Größen würden dann auf nicht nur verschiedenen, sondern als Wahrheit und Irrtum sich ausschließenden Ebenen sich befinden, so daß sinnvollerweise nur zuerst von der Kirche, dann selbständig von der | angeblichen Kultur gesprochen werden könnte, dann aber drittens diese selbständige angebliche Kultur als ein von der Voraussetzung der Kirche aus unmögliches Phantom und Götzenbild perhorresziert werden müßte. Denn, indem die Kirche sagt, was sie selbst ist, sagt sie, daß letztlich weder

---

[1] So S. *Eck*, Art. Kulturwissenschaft und Religion in R. G. G. 1. Aufl.

Zwecke noch Werte noch Güter, weder die Idee eines Zieles noch der Begriff von Normen das menschliche Handeln leiten oder leiten sollen. Sie setzt an den Anfang und an das Ende das Wort Gottes als das allen empirischen oder transzendentalen Prinzipien schlechthin überlegene Gesetzgebungs-*ereignis*. Und weiß ebenso nichts von einem menschlichen Handeln *in abstracto* und im allgemeinen, sondern nur von einem erstens sündigen und zweitens gläubigen und gehorsamen Handeln des konkreten, vom Worte Gottes lebenden Menschen. Sie könnte sich also mit einem abschließend untheologisch bestimmten Kulturbegriff nur kritisch beschäftigen und sie kann ihm, indem sie ihn als unabgeschlossen relativ würdigt, wieder nur untergeordnete, sekundäre Bedeutung beimessen: Sie kann sich also auch hier auf den Außenaspekt als solchen und in seiner Beschränkung nicht einlassen, sondern sie fragt, auf ihrem eigenen Boden bleibend, auch hier nach dem Innenaspekt. Weit entfernt davon, sich etwa einen, ihren Voraussetzungen fremden, Kulturbegriff aufdrängen zu lassen, mit dem sie sich dann irgendwie abzufinden hätte, meint sie durchaus auch über die Kultur das erste, das eigentliche und wesentliche Wort zu sagen. Versuchen wir es also, auch hier den Innenaspekt der Sache zu überschauen.

Das Gesprochen- und Vernommen-werden des göttlichen Wortes wäre nicht jener Akt, als den wir es bei Besprechung von These 1 beschrieben haben, wenn wir auch nur einen Augenblick vergessen könnten, daß wir, indem wir in der Kirche sind, auch in der Welt, in der Zeit, daß wir als Christen weder Tiere noch Engel, sondern *Menschen* sind. Daß wir dem Worte glauben und gehorchen, kann keinen Augenblick den Sinn haben, daß wir uns über unser Menschsein hinwegsetzen. Der das *credo ecclesiam* spricht, ist der Sünder und der Sünder ist der Mensch, der sich selbst kennt und weiß, daß er aus seiner Haut nicht heraus kann. Damit (und erst damit!), daß ich glaube, sehe ich das Problem meines Menschseins. Nicht glaubend, nicht gerichtet, als Sünder *un*gestört im Traum meiner Gottähnlichkeit, könnte ich mich über mich selbst täuschen. Das Wort Gottes aber setzt dem Menschen als solchem seine

Grenze und damit bestimmt es ihn. Es stellt ihn nämlich *Gott* gegenüber, der 1. als der Schöpfer, 2. als der Heilige und Barmherzige, 3. als der in sich selbst Ewige, reinlich und vollständig nicht *er* und nicht *wie* er, der Mensch ist. Es stellt ihn vor das Problem seiner Existenz. Und eben das ist das Kulturproblem. Kultur heißt Humanität. Der Mensch existiert aber als Seele *und* Leib, Geist *und* Natur, Subjekt *und* Objekt, innerlich *und* äußerlich, *gerichtet* auf die Synthese dieser beiden Momente, aber eben dieser Synthese auch – *entbehrend*. Mit dem *credo ecclesiam* hat er aufgehört zu träumen, ist er gleichsehr aufgeschreckt aus der bloßen Äußerlichkeit, wie aus einer abgesonderten Innerlichkeit. Er hält es nicht mehr aus in der sumpfigen Region einer rein natürlichen, aber wahrlich auch nicht in der darüberliegenden Nebelregion einer rein geistigen Existenz und am allerwenigsten in der Illusion, er existiere schon jenseits des Gegensatzes als Geistnatur, als Körperseele, als Mensch an und für sich. Eben der Dualismus, das vernichtende Gegeneinander und das tödliche Auseinander seiner Existenz, manifest in der Sterblichkeit seines Leibes gegenüber einer wenig tröstlichen Unsterblichkeit seiner Seele, ist die Strafe seiner Sündhaftigkeit, in der er von Gott erkannt ist, in der er vor Gott nicht bestehen kann, der Spiegel seiner Feindschaft gegen seinen Herrn. Eben diesen Spiegel lasse ich mir vorhalten, indem ich bekenne: *Credo ecclesiam*. Indem der Mensch um Gott weiß, weiß er um die Einheit, weiß er um seine Eigenbestimmung, weiß er, was es heißen würde, sich selber zu finden, weiß er, daß er nur im Ganzen sich selber finden kann. Er würde sich selber nicht suchen, wenn er nicht von Gott gefunden wäre. Gefunden durch Gottes Wort weiß er: ja, der Geist müßte die Natur gestalten, Natur den Geist erfüllen und | verwirklichen. Das Subjekt müßte Objekt und das Objekt Subjekt werden. Das Innere müßte im Äußeren erscheinen, das Äußere im Inneren sein Wesen finden. Er weiß aber auch – im Akt seiner Begegnung mit Gott weiß er wahrlich nichts anderes, – daß er gerade nicht, daß er in keinem Punkt im Ganzen lebt. Indem er vor Gott gestellt zu sich selbst kommt, steht er vor dem Riß, der durch seine Existenz geht und vor der *Frage* nach der Synthese. Was immer den Namen Kultur verdient, das ist in irgendeiner Form aus diesem Riß und aus dieser Frage erwachsen. Kultur heißt Entbehren und Gewißwerden, Suchen und nicht Finden der Einheit Gottes durch den Menschen. Unerbittlich zeigt uns der Spiegel unserer Doppelexistenz, den uns das Wort Gottes vorhält beides, die Dringlichkeit und die Schrecklichkeit des Problems der Kultur. Seine Dringlichkeit als unvermeidliche Frage und Aufgabe: Es hat Sinn, daß die christliche Predigt in alten und in neuen Tagen immer zugleich Aufruf zur Kulturarbeit gewesen ist. Seine Schrecklichkeit als unauflösliche Frage und Aufgabe: Es hat wiederum Sinn, daß dieselbe christliche Predigt, wenn sie nicht sich selber untreu wurde, keiner vermeintlich erreichten und verwirklichten Kultur anders als mit letzter, schärfster Skepsis gegenüber getreten ist. In der Logik des vom glaubenden und gehorchenden Sünders zu vernehmenden Gotteswortes ist beides begründet. Und wichtiger als beides ist die Tatsache, daß uns durch das *Gotteswort* das Problem der Kultur auf alle Fälle *gestellt* ist.

3.

Das Thema: »Kirche und Kultur« bezeichnet also die nur im Hören des Wortes Gottes zu beantwortende Frage nach der Bedeutung dieser Aufgabe für jeden Menschen.

Ich kann mich zu dieser These ganz kurz fassen. Sie soll nur eine Zusammenfassung und Einschärfung der methodischen Voraussetzungen von These 1 und 2 sein. Wir befinden uns, indem | wir das Thema »Kirche und Kultur« aufrollen, nicht als überlegene Zuschauer und weise Beurteiler diesen beiden Größen gegenüber in einem leeren Raum. Es steht nicht so, daß wir durch Philosophie oder Offenbarung belehrt, etwa ein Drittes wüßten, von dem aus oder mit Hilfe dessen wir Kirche und Kultur meistern und aus den Angeln heben könnten. Grundsätzlich nicht »Weltanschauung« (als ob es sich um die Welt, als ob es sich um Dinge handelte!) sondern Gott hören ist die sachgemäße Haltung zur Behandlung unseres Themas.[1] Ich mache dazu drei erläuternde Bemerkungen.

1. »Es gibt« Kirche und »es gibt« Kultur nur in dem entscheidenden Geschehen des Gesprochen- und Vernommenwerdens des göttlichen Wortes durch das wir zur Kirche berufen und damit vor die Kulturfrage gestellt werden. Bricht dieses Geschehen ab, schaut Gott weg von uns und schweigt sein Wort, ist es nicht aktuell wirklich, daß wir zur Kirche berufen und vor die Kulturfrage gestellt sind, so ist alles Denken und Reden darüber, auch das umsichtigste und eindringendste, Schaum und Rauch.

2. Ein Gleichnis, wichtig für den Unterschied von Weltanschauung und Gott hören: Die Augen kann man anders wohin wenden und schließen, die Ohren nicht. Hier kommen die *Ohren* in Betracht: Wir sind, Gott *hörend*, nicht frei, sondern durchaus gefangen und gebunden in unserm Denken und Reden. Gefangen und gebunden dadurch, daß wir uns, Gott hörend, schon mitten in der Kirche aber auch mitten in der Kultur befinden. Hier haben wir zu fragen und hier zu antworten. Weichen wir aus von hier in eine noch so klug gewählte Zuschauerstellung, so wird unser Denken und Reden wiederum zu einem Spiel mit leeren Begriffen.

3. Wir sind, Gott hörend, nicht in der Lage, über unsere Stellung zu Kirche und Kultur zu disponieren, als ob wir in Beziehung auf beide nicht in ganz *bestimmter* Weise in Anspruch genommen, kompromittiert, beteiligt wären, als ob sich hier nicht eine ganz bestimmte – wir nannten sie die theologische – Blickrichtung von selbst verstünde. Unser Anliegen ist das der *Kirche*. Von da aus verstehen und vertreten wir das der Kultur, nicht umgekehrt. Gott redet von einem höheren, freieren Ort aus, das wissen wir. Aber von dort aus haben wir angemessenerweise gerade nicht zu reden. Unser Standpunkt

---

[1] Das Meiste, das Allermeiste von dem, was sich heute Theologie nennt, ist »Weltanschauung«. Ich denke dabei (und bei dem zu dieser These Gesagten überhaupt) auch und nicht zuletzt an die eingangs zitierte Schrift von *P. Tillich*.

ist der des Knechtes, der gerade, wenn er gehorcht, ein charakteristisch anderer sein wird, als der des Herrn. Gott ist nicht gebunden, aber wir. Also nicht Bestimmtheit, sondern gerade Unbestimmtheit, nicht Parteinahme, sondern gerade Neutralität und Erhabenheit zwischen Kirche und Kultur würde hier unsachliche Voreingenommenheit bedeuten. Auch die Erinnerung, daß Gott im Himmel ist und wir auf Erden, darf uns nicht veranlassen, das empfangene *eine* Talent im Schweißtuch zu vergraben, die alleinige Absolutheit Gottes uns nicht hindern an relativem Entschieden- und Gerichtetsein. Gott fordert uns als die Irdischen und Irrenden. Er weiß, was für ein Gemächte wir sind. Aber er fordert uns.

4.

Unter dem Gesichtspunkt der Schöpfung (regnum naturae) ist die Kultur die dem Menschen ursprünglich gegebene Verheißung dessen, was er werden soll.[1] |

Das Wort Gottes ist inhaltlich Gnadenwort, Versöhnungswort. Es richtet sich an den *gefallenen* Adam, an den *verlorenen* Menschen. Die Kirche Christi ist *Sünderkirche*, sie weiß also von keinen ursprünglichen Beziehungen zwischen Gott und Mensch, die etwa anders als *gebrochen* bestehen würden, gebrochen durch den Zwiespalt zwischen beiden. Sie weiß aber, daß solche gebrochene Beziehungen bestehen können, nicht an sich, aber Kraft der neuen ungebrochenen Beziehung der Ver-

---

1 Leser meiner früheren Schriften werden sich bei These 4-6 an die Abschnitte 3-5 meines Tambacher Vortrags »Der Christ in der Gesellschaft« (siehe S. 187-228) erinnert fühlen. Ich sagte damals: »Man wird von diesen Gesichtspunkten immer auch noch anders reden können; aber darin bin ich allerdings meiner Sache sicher, daß die Gesichtspunkte, von denen ich reden möchte, die notwendigen sind, und daß es neben ihnen keine anderen gibt.« S. 194. Heute nach 7 Jahren rede ich in der Tat etwas anders von diesen Gesichtspunkten. Sie durch andere zu ersetzen, bin ich seither nicht veranlaßt worden.

söhnung, durch die auch jene wiederhergestellt sein können. Sie vergißt erstens nicht, daß der verlorene und verdammte, allein durch Gnade errettete Mensch, *Gottes Geschöpf* ist. Und sie vergißt zweitens nicht, daß das Reich des Wortes, das Reich Christi, nicht erst mit der Fleischwerdung anfängt und nicht durch sie beschränkt ist, daß der göttliche *Logos* (ich berufe mich hier auf eine wichtige Aufstellung der reformierten Konfession, das sogenannte *Extra Calvinisticum*) indem er in seiner ganzen Fülle Mensch ist in Jesus von Nazareth, darum nichtsdestoweniger *Himmel* und *Erde* erfüllt, daß ihre eigne, der Kirche unsichtbare Wahrheit auch jenseits ihrer sichtbaren Wirklichkeit Wahrheit ist.[1] Ich wiederhole: Keine selbständig wirkliche Beziehung zwischen Gott und Natur, Gott und Geschichte, Gott und Vernunft soll damit behauptet sein, wohl aber das, daß das Gesprochen- und Vernommenwerden des Wortes in der Welt des sündigen Menschen, also in der Welt der Natur, der Geschichte, der Vernunft auf einer durch die Sünde nicht zerstörten Möglichkeit beruht, auf einem *Rechtsanspruch*, nicht des Menschen an Gott aber Gottes an den Menschen, der durch die Versöhnung grundsätzlich in Kraft tritt. Der Mensch ist nicht sein Eigen, sondern Gottes, – so lautet dieser Rechtsanspruch des Schöpfers, den der Sündenfall wohl dem Menschen schlecht|hin verbergen, nicht aber in sich ungültig und unwirksam machen kann. Daß er vielmehr gilt und wirksam ist, das ist das Regiment Christi im *regnum naturae*, das Reich des Logos oberhalb des Gegensatzes von Sündenfall und Versöhnung, von dem wir an sich nichts wissen und sagen können, das aber eine unentbehrliche Voraussetzung seines Reiches unter den Sündern ist. In der Fleischwerdung des Wortes, in der Versöhnung

---

[1] In der Diskussion in Amsterdam ist versucht worden, diesen Teil meines Vortrags in Beziehung zu setzen mit der Lehre von *Friedrich Brunstäd*. Ich möchte die Ireniker doch bitten, zu bedenken, ob Brunstäd und ich nicht auch hier, wo ich in die Nähe seines Themas komme, etwas *ganz* Verschiedenes sagen, denken und vor allem *wollen*.

durch Christus lebt diese Voraussetzung auf. In der *theologia revelata* ist die *theologia naturalis*, in der Wirklichkeit der göttlichen Gnade ist die Wahrheit der göttlichen Schöpfung mit enthalten und ans Licht gebracht – in diesem Sinn gilt: *Gratia non tollit naturam, sed perficit* – und man kann geradezu den *Sinn* des Wortes Gottes überhaupt darin finden, daß es die verschüttete, vergessene Wahrheit der Schöpfung mächtig ans Licht bringt. Zu dieser Wahrheit der Schöpfung gehört nun aber nicht nur der Anspruch, den Gott auf den Menschen ursprünglich erhebt, sondern auch die Verheißung, die er ihm ursprünglich gegeben hat. Es gibt eine Bestimmung des Menschen, die nicht nur *Gesetz* ist, wie wir in der 5. und nicht nur *Grenze*, wie wir in der 6. These werden sagen müssen, sondern freundliche, den Menschen schlechterdings bejahende *Verheißung*, Zusage Gottes an ihn als sein Geschöpf und Ebenbild, Zusage eines Lebens in der Gemeinschaft mit ihm selbst, eines Lebens, dem jene gesuchte *Einheit* der Existenz nicht versagt, nicht unerreichbar wäre. Denn soweit hat die Sünde Gottes Ebenbild des Menschen nicht zerstört, daß die Menschenfreundlichkeit Gottes etwa gegenstandslos geworden wäre, daß der Mensch aufgehört hätte, immerhin der *Mensch*, von Gott geschaffen und geliebt, und nicht ein *lapis aut truncus* zu sein. *Homo* ist er auch als *homo peccator*, als *solchen* redet ihn Gott an in Jesus Christus und Humanität ist darum die Verheißung – der Mensch ist fähig dieser Verheißung teilhaftig zu sein – die mit der Inkraftsetzung des göttlichen Rechtsanspruchs in Christus wieder auflebt. Verheißen ist dem Menschen gerade das, was der Begriff Kultur bezeichnet: Vollkommenheit, Einheit, Ganzheit in | seiner Sphäre als Geschöpf, als Mensch, wie Gott in seiner Sphäre vollkommen, ganz ist, Herr über Natur und Geist, Schöpfer des Himmels *und* der Erde. Diese Verheißung – scheint sie dem Menschen nicht voran zu leuchten überall da, wo er mühselig und verworren genug, aber in unstillbarer Unruhe und unerschöpflicher Produktivität im Ringen um Gestaltung und Verwirklichung begriffen ist? – sie wird (das ist unsere 4. These) durch das Evangelium nicht verleugnet, sondern bestätigt. Ist es ein wahnsinniges

Schöpfen ins bodenlose Faß der Danaiden, dieses Ringen? *An sich ja*. Denn der Mensch ist gefallen und hat mit dem Vergessen des göttlichen Rechtes auch seinen Anteil an der Verheißung verwirkt und keine Mühsal noch Begeisterung kann ihn ihm wiederbringen. In Christus *nein*. Denn wie der Zwiespalt zwischen Gott und Menschen keine letzte Wirklichkeit ist in Christo, so auch nicht seine Folge und Strafe, der Zwiespalt im Menschen selbst, der Riß der durch seine Existenz geht. Ringen um die Überwindung dieses Zwiespalts, Kulturarbeit also, *kann* gleichnisfähig, *kann* Hinweis sein auf das, was der Mensch als Gottes Geschöpf und Ebenbild werden soll, kann ein Widerschein sein vom Licht des ewigen Logos, der Fleisch wurde und doch auch König war, ist und sein wird im Reiche der Natur. Sie *kann* Zeugnis sein von der Verheißung, die dem Menschen ursprünglich gegeben ist. *»Sie kann«*, sage ich. Sie *ist* es in Christus. Die Versöhnung in Christus ist die Wiederbringung der verlorenen Verheißung. Sie erneuert den Gesichtspunkt der Schöpfung mit ihrem großen Ja zum Menschen, mit ihrer Vernünftigkeit der Vernunft. Sie gibt ihm wieder den Ausblick auf einen Sinn seines Tuns. Sie gibt ihm den Mut, auch die gebrochene Beziehung, in der er zu Gott steht und handelt, als Beziehung zu verstehen und ernst zu nehmen. Indem dies *Geben geschieht*, indem Gott dies tut am Menschen, in Christus also, ist ihm die ihm gestellte Frage und Aufgabe freudige Verheißung. Also nicht im allgemeinen, nicht abgesehen von diesem göttlichen Tun und auch nicht abgesehen von seinem Glauben und Gehorsam, nicht an | sich, nicht neben der Sündenvergebung, aber *durch* sie und *in ihr*.

Das ist die erste Linie, die die Kultur mit der Kirche verbindet. Sie kann sich an der Frage und Aufgabe, die dem Menschen als solchem gestellt ist, nicht desinteressieren. Sie kann sie wohl praktisch, aber nicht grundsätzlich der Gesellschaft, beziehungsweise den »Fachleuten« überlassen. Sie kann auch in eine Trennung der Gebiete, zum Beispiel zwischen sich und dem Staate nur praktisch, aber nicht grundsätzlich einwilligen, sie kennt den Menschen nur als Sünder, aber immerhin als Menschen, sie hofft für ihn, sie sieht ihn und sein Tun an auf die in Christus mögliche Beziehung zum Vater, Schöpfer Himmels und der Erden. Sie kennt die Verheißung, an der er in Christus Anteil haben kann. Am Wort, am Glauben und Gehorsam, am Akt zwischen Gott und Mensch hängt alles. In dem Maße, als die Kirche das Wort hört, als sie glaubt und gehorcht, fällt offenbar die Frage und Aufgabe der Kultur, fällt die Arbeit an der Kultur unter die irdischen Zeichen, an denen sie sich selbst und der Welt die Güte, die Menschenfreundlichkeit Gottes anschaulich zu machen hat. Eine allgemeine Heiligsprechung der Kulturarbeit, wie sie in idealer Weise Schleiermacher vollzogen hat, kann nicht in Betracht kommen, aber eine grundsätzliche Blindheit für die Möglichkeit, daß sie gleichnisfähig, daß sie verheißungsvoll sein könnte, fast noch weniger. Sie wird sich wohl überlegen müssen, ob sie weiß was sie tut, wenn sie im konkreten Fall das Vorhandensein der Verheißung bejaht. Es müßte aber merkwürdig stehen um sie selber, wenn sie von solchem Falle nicht wüßte und schlimm, wenn sie von solchem überhaupt nicht wissen *wollte*. Das Reich Gottes wird sie in keiner menschlichen Kulturarbeit anbrechen sehen, sie wird sich aber offen halten für die vielleicht in vieler Kulturarbeit sich meldenden Anzeichen, daß es nahe herbeigekommen ist. |

5.

Unter dem Gesichtspunkt der Versöhnung (regnum gratiae) ist die Kultur das Gesetz, im Blick auf das der von Gott geheiligte Sünder seinen Glauben und seinen Gehorsam zu üben hat.

Das Wort Gottes an den Menschen ist nach seinem *Inhalt* Wort von der *Versöhnung* der Sünder mit Gott. (Ich möchte unterscheidend sagen: Es ist nach seinem *Sinn*, wie wir eben sahen, Wort von der ursprünglich in der Versöhnung wieder sichtbaren *Schöpfung*; und es ist nach seiner *Form*, wie wir sehen werden, Wort von der *Erlösung*, Eschatologie.) Von der Bedeutung der Kulturfrage unter dem Gesichtspunkt der Versöhnung haben wir nun zu reden.

Das Reich Christi steht als Reich der Gnade *in medio inimicorum*. Mit dem *homo peccator* also haben wir es hier ganz und gar zu tun. Mit dem *glaubenden* und *gehorchenden* Sünder gewiß, aber mit dem, was das Glauben und Gehorchen für ihn, den *Sünder* bedeutet. Offenbar – wenn er lebt vom Worte Gottes und wenn das Wort Gottes als Versöhnungswort Jesus Christus selbst ist, der Gekreuzigte und Auferstandene – grundsätzlich nichts anderes als: daß er, der Sünder, *gestorben* ist mit Christus und wiederum er, der Sünder, auferstanden ist und *lebt* mit Christus. Diese seine Gemeinschaft mit dem Versöhner ist der Grund und die Kraft seiner ihm durch das Sakrament der Taufe bezeugten Berufung, Wiedergeburt und Bekehrung durch den Heiligen Geist. Daß er, der Sünder, gestorben ist mit Christus, das heißt, daß er, der ein Sünder ist und bleibt (nicht in sich selbst, aber in seiner Gemeinschaft mit Christus:) rein und als Kind dasteht vor Gott. Das ist das Wunder der Gnade als *Rechtfertigung*. Daß er, der Sünder mit Christus auferstanden ist und lebt, das heißt, daß wiederum er, der ein Sünder ist und bleibt (nicht in sich selbst, aber in seiner Gemeinschaft mit Christus:) Gottes Willen tut in einem neuen Leben. Das ist das Wunder derselben Gnade als *Heiligung*. Bedarf es des Gehorsams wahrlich auch zum | Glauben an die *Rechtfertigung*, so bedarf es des Glaubens wahrlich auch zum Gehorsam in der *Heiligung*. Von ihr haben wir hier zu reden.

Es gibt keine in die Erscheinung tretende Heiligung des Menschen, keine Heiligung, die man sehen, feststellen, messen könnte, die man nicht *glauben* müßte. Sie ist Tat der göttlichen Barmherzigkeit. Sie ist nicht und sie wird nicht ein Besitz und Ruhm des Menschen. Sünder sind und Sünder bleiben auch die Geheiligten. In *Christus* tun sie den Willen Gottes, nicht sonstwie. Ihr Leben, ihr neues Leben ist mit ihm verborgen in Gott. Sonst wäre die Heiligung nicht Gnade und eben darum nicht *wirkliche* Heiligung. Der *Gehorsam* in der Heiligung steht ganz und gar im Glauben, nicht im Schauen. Vergottungen kommen nicht in Betracht, auch nicht als minimale Keime und dergleichen. Es gibt keine Heiligkeit, die nicht *gänzlich* verhüllt wäre von Unheiligkeit. Es *gibt* aber einen Gehorsam in der Heiligung, einen Gehorsam der *Sünder* also, als ihr Werk gänzlich befleckt und verkehrt wie Alles, was Sünder tun, in Christus in der Kraft seiner Auferstehung anerkannt und angenommen als Gehorsam. Diesen Gehorsam haben wir, in Christus berufen, zu *leisten*. Der Glaube ist nicht dawider, sondern dafür. Im Glauben *ist* er Gehorsam, *tun* wir den Willen Gottes, *leben* wir das neue Leben, wir die Ungerechten, die Heuchler, die Feinde Gottes, die wir sind, nicht als vielversprechender Anfang eigener Gerechtigkeit, wohl aber als Verkündigung der Gerechtigkeit Gottes im Tal des Todes. Als Übung bloß – was kann unser Gehorchen anders sein als ein uns Üben im Gehorsam? – aber als eine Übung, die stattfindet. Als Demonstration bloß, aber als notwendige, nicht zu unterlassende Demonstration. Als Opfer bloß – und das Opfer ist nicht anders heilig als weil der Altar heilig ist – aber als gefordertes und als freudig gebrachtes Opfer; denn der Altar *ist* heilig. Und darum gilt nun auch, wenn die Frage nach der *Norm* dieses irdischen, sündigen aber in Christus heiligen Gehorsams sich erhebt: Daß durch das Wort von der Versöhnung das *Gesetz* | nicht aufgehoben, sondern aufgerichtet wird. Was zu *geschehen* hat im *regnum gratiae, in medio inimicorum*, was die verlorenen Sünder zu *tun* haben im Gehorsam in der Heiligung, es ist, – wie wäre es sonst Gehorsam? – nicht ihrer Willkür überlassen, sondern von Gott selbst vorgezeichnet. Wo und wie? Offenbar prinzipiell nirgends sonst als in der dem Menschen durch das an ihn ergehende Wort gestellten *Aufgabe*. Was unter dem Gesichtspunkt der Schöpfung die dem Menschen gegebene *Verheißung* ist, das ist unter dem Gesichtspunkt der Versöhnung das *Gesetz* unter dem er steht. Die göttliche Forderung heißt Humanität. Das Gebot der positiven Offenbarung trifft hier mit dem Gebot des Naturrechts inhaltlich genau zusammen. Es faßt es nur, es erhebt es aus der Sphäre der Ahnung, der Willkür zum wirklichen zum göttlichen Gebot, es erweckt die Verheißung, die im Naturrecht von der Schöpfung her schlummert, es gibt ihm – eben um der Verheißung willen – Notwendigkeit. Es fordert, daß der

Geist nicht müßig und die Natur nicht sich selbst überlassen sei. Es fordert Gestaltung und Verwirklichung. Es setzt ein Oben und Unten, ein Besser und Schlechter auch des Tuns, das als Ganzes der Sünde verfallen ist. Und immer ist das Maß solcher Unterscheidungen die Einheit, die Bestimmung des Menschen, sich selber zu finden als ein Ganzes. Immer ist der Inhalt des Gesetzes ganz einfach die Kultur. Immer bedeutet also Heiligung, Aussonderung für Gott, Tun des Willens Gottes, inhaltlich Humanisierung. Die Menschen sollen *Menschen* werden, nicht mehr aber auch nicht weniger. Daß dieses Ziel erreichbar, daß ein Reich Gottes als Reich des Friedens, des Rechts und der Wahrheit durch Menschen aufzurichten sei, daß es Humanität *gebe* auf der Welt, – das ist durch das Gesetz *nicht* gesagt. Das Gesetz sagt nur, daß es sich um das alles *handelt* bei der Übung des Gehorsams. Damit, daß die Gehorchenden sich selber nie anders denn als *Sünder* erkennen werden, als geheiligt sich nur *glauben* können, damit ist gesagt: Das Ziel ist wirklich unerreichbar; wir haben das Reich Gottes *nicht* zu bauen; es gibt keine Humanität in der Welt. In Christus ja, aber nicht in der Welt. Der Gehorsam aber wird danach nicht fragen, ob das ihm gestellte Ziel erreichbar sei oder nicht; sonst wäre es nicht Gehorsam.

Das ist die zweite Linie, die die Kirche mit der Kultur verbindet. Sie bejaht in ihr das *Gesetz*, das den Menschen durch das Wort gegeben ist. Sie kann es nicht unterlassen, das Gesetz zu *vertreten, mit* der Gesellschaft, *ohne* die Gesellschaft, *gegen* die Gesellschaft, zeitgemäß oder unzeitgemäß. Sie weiß früher als die Gesellschaft und besser als sie, um was es sich handelt bei dem Tun, in dem sie sie bald in dumpfem, bald in bedächtigem, bald in stürmischem Drang begriffen sieht. Sie weiß es darum früher und besser, weil sie den Menschen früher und besser als *Menschen* kennt, weil sie von möglichen Vergottungen *nichts* weiß, weil sie kein erreichbares aber das *wirkliche* Ziel verkündigt, weil sie sich begnügt *Gehorsam* zu fordern, aber *Glaubens*gehorsam, der in Weisheit und Kühnheit in den dem Menschen gesetzten Schranken läuft. Wehe der Kirche, wenn sie diesen Gehorsam etwa *nicht* verkündigte.

Sie würde mit dem Gesetz auch das Evangelium, mit der Kultur auch sich selbst verraten!

6.

Unter dem Gesichtspunkt der Erlösung (regnum gloriae) ist die Kultur die dem Menschen gesetzte Grenze, jenseits derer Gott selbst in Erfüllung seiner Verheißung alles neu macht.

Das Wort Gottes ist – das ist unser dritter Gesichtspunkt – Wort von der *Erlösung*. Es hat (nicht zu guter Letzt sondern durchgängig) *eschatologische* Form, das heißt, es bezieht sich in jedem Punkt auf ein dem Menschen durchaus *nicht* Gegebenes, *nicht* Mögliches, *nicht* Erreichbares. Es spricht in jedem Punkt von einem schlechterdings und exklusiv in Gott und durch Gott Wahren, von Gott Kommenden, von Gott zu Gestaltenden und zu Verwirklichenden. Es redet in jedem Punkt *sub specie aeternitatis*, das heißt im Hinblick auf eine allein in Gott selbst und seiner Treue begründete Erfüllung. Es fordert in jedem Punkt – und das ist charakteristisch für die Entscheidung die damit fällt, daß es gesprochen und vernommen wird – ein *Sursum corda!*, ein Suchen dessen was droben ist, bei dem ein nicht nur graduelles sondern prinzipielles Droben! gemeint ist: Das *regnum gloriae*, die endgültige, die ewige Selbstoffenbarung der Ehre Gottes in einer *neu* geschaffenen Welt.

Erlösung ist *mehr* als *Schöpfung*, mehr auch als (wie Schleiermacher meinte) Vollendung und Krönung der Schöpfung. Gottes Schöpfung hat keine Vollendung nötig. Sie war und ist vollkommen. Aber als solche *konnte* sie uns verloren gehen und *ist* sie uns *verloren* gegangen. Uns muß sie durch Vergeben und Neuwerden hindurch *unverlierbar wiedergebracht* werden. Erlösung heißt Auferstehung der Toten ins ewige Leben, *radikaler* Wechsel aller Prädikate des Seienden, Aufhebung aller *nicht* göttlichen Möglichkeit und Größe zugunsten unbedingter und unbedingt manifester Gewalt Gottes selbst, Gottes allein in allem. Erlösung ist Schöpfung, aber ohne die Möglichkeit der Sünde und des Todes. Insofern ist sie *mehr* als Schöpfung.

Erlösung ist aber auch *mehr* als *Versöhnung*. Vollkommen ist freilich auch die Versöhnung als Wiederherstellung der Gemeinschaft der sündigen Menschen mit Gott in Christus. Zweifellos: die Gnade *genügt*. Sie hat die Erlösung, das ewige Leben schon in sich. Ist jemand in Christus, so *ist* er neue Kreatur, das Alte *ist* vergangen, siehe es *ist* neu geworden. Gott *ist* dem Sünder jetzt und hier schon *alles*. Aber im *Glauben*. Im Glauben steht jetzt und hier die Vollstreckung unsrer Gemeinschaft mit Christus. Und es gibt keinen Glauben, der nicht auch Unglauben wäre. Ein Trauen und Wagen auf das Unsichtbare ist jetzt und hier alle Gewißheit, ob sie nun christliche Wahrheits- oder Heilsgewißheit heiße. Ihr Grund und Anker ruht in Gott, nicht in uns. Was in uns ist, ist immer auch Ungewißheit. Wahres Gleichnis, wahres Zeugnis, wahrer Hinweis nur ist auch das wahrste Menschenwort, durch das Gottes Wort zu uns kommt, Übung, Demonstration und Opfer auch das gehorsamste Tun des Willens Gottes. Sakramentale, nicht reale Gegenwart Gottes ist jetzt und hier unser Teil, so könnten wir auch sagen. Erlösung aber ist Versöhnung, ohne den Vorbehalt, ohne das »Noch nicht« das wir jetzt und hier mit dem »in Christus«, mit dem Hinweis auf Glauben und Sakrament aussprechen müssen: Insofern ist Erlösung mehr als Versöhnung.

Der Erlösung in diesem eigentlichen strengen Sinn *warten* wir. Und Erlöser in diesem eigentlichen strengen Sinn ist Jesus Christus in seiner *Wiederkunft*, nicht vorher, nicht anders. Erlösung vorweg nehmen, vorweg besitzen, haben, fühlen, wohl gar in eigenem Erleben gestalten und verwirklichen wollen, läuft immer und notwendig nicht nur auf unnütze Illusionen, sondern auf Ungehorsam und Rebellion hinaus. Die Form, unter der Gottes Wort zu uns kommt, ist nun einmal die eschatologische Form, durch die sein Sinn und Inhalt unter den Vorbehalt der *göttlichen*, der noch *ausstehenden* Erfüllung gestellt wird. *Dein* Reich komme! und: Dein Reich *komme*!

Ist nun die Erlösung positiv die Realisierung der durch die

Sünde nicht hinfällig gewordenen aber vereitelten Bestimmung des Menschen in einer neuen Schöpfung, in manifester Vollstreckung der Versöhnung, so ist deutlich, daß *Humanität* unter diesem dritten Gesichtspunkt zu einem kritischen, zu einem *Grenz*begriff wird. Kultur als Verheißung nicht nur, als Gesetz nicht nur, sondern nun als Ereignis, als *gestaltete* Wirklichkeit und *wirkliche* Gestalt, das ist nicht da, sondern das kommt, das steht nicht bei uns, sondern bei Gott, das gibt es nicht diesseits, sondern nur jenseits der Totenauferstehung. Das *kommt*, das *gibt* es, das *steht* bei Gott, sagt uns sein Wort als Wort von der Erlösung. Grenze ist ja nicht bloß ein negativer, sondern ein höchst positiver Begriff. Unsere Grenze sagt uns, wo wir uns befinden. *Gott* ist unsere Grenze – brauchen wir etwas Besseres über unseren Ort erfahren als das? – Gott der den Menschen geschaffen und mit sich selbst versöhnt hat um ihn ewig zu sich zu ziehen, Gott der treu ist über unsrer Untreue.

Aber das ist klar, daß diese dritte Linie, die die Kirche mit der Kultur verbindet, eine *kritische* sein muß: Auf *Gott* und *sein* erfüllendes Ja und Amen hofft die Kirche. Beim Bau des Turmes von Babel, dessen Spitze an den Himmel stoßen soll, kann sie *nicht* dabei sein. Sie hofft auf Gott *für* den Menschen, aber nicht *auf* den Menschen, auch nicht auf den frommen Menschen, auch nicht etwa darauf, daß der Mensch mit *Hilfe Gottes* jenen Turm schließlich doch noch bauen und vollenden werde. Sie glaubt weder an die Göttlichkeit des Geistes noch an die der Natur und erst recht nicht an angeblich schon vollzogene Synthesen zwischen beiden. Sie nimmt ganz einfach den Tod zu ernst, als daß ihr Humanität etwas anderes sein könnte als Hoffnung der Totenauferstehung. Sie beharrt dabei, daß der Erlöser sein: Siehe ich mache alles *neu*! erst sprechen *wird*. Mit diesem, dem eschatologischen Vorbehalt, tritt sie der Gesellschaft entgegen. Nicht aus Geringschätzung der Kulturarbeit, sondern in höchster Schätzung dessen, worauf sie alle Kulturarbeit zielen sieht. Nicht aus Pessimismus, sondern aus überschwenglicher Hoffnung. Nicht als Spielverderberin, aber wissend, daß Kunst und Wissenschaft, Wirtschaft und Politik, Technik und Erziehung wirklich ein Spiel sind, ein ernstes Spiel, aber ein Spiel, das heißt ein abbildliches und letztlich absichtsloses Tun, das seinen Sinn nicht in seinen erreichbaren Zwecken hat, sondern in dem was es bedeutet, das vielleicht um so sachlicher, um so besser gespielt würde, je besser es als solches verstanden würde. Es könnte ja unserm Ernst nichts schaden, wenn wir uns klar machen würden, daß es *letzter* Ernst nie sein kann und nie ist, daß Gott *allein* das Recht und die Möglichkeit hat, *ganz* ernst zu sein. Die Kirche leistet der Gesellschaft keinen Dienst, wenn sie, um sie nicht zu stören und sich selbst nicht mißliebig zu machen, diesen Vorbehalt nicht geltend macht, wenn sie in ihrer Haltung und Lehre den Trost und die Warnung der Ewigkeit nicht zum Ausdruck bringt. Die Gesellschaft *wartet* gerade auf *diesen* Dienst. Sie wird vor einer Kirche, die es wagt sie zu stören und sich selbst mißliebig zu machen, Respekt haben, *keinen* Respekt aber vor einer Kirche, die etwa hier – und dann sicher nicht nur hier – versagen sollte. Denn die Gesellschaft weiß, besser als sie sich eingesteht, daß dieser Trost und diese Warnung erst Kulturarbeit letztlich möglich macht.

7.

Unter allen diesen Gesichtspunkten hat die Kirche als eine Gemeinschaft menschlich-sündigen Wollens und Wirkens nicht nur die Gesellschaft, sondern vor allem immer wieder sich selbst zu beurteilen und zu orientieren.

Wollten These 4-6 eine Übersicht geben über die Stellung der Kirche zum Kulturproblem der *Gesellschaft*, so soll in These 7 der Nachdruck darauf gelegt werden, daß das Kulturproblem auch ein Problem der *Kirche selbst* ist und auch als solches nach allen Seiten gewürdigt werden muß. Nach unsern, in These 1-3 entwickelten Voraussetzungen ist das selbstverständlich. Es wird aber doch nicht überflüssig sein, es ausdrücklich auszusprechen. Wir kommen jetzt darauf zurück, daß die Kirche in ihrer sichtbaren Wirklichkeit eine menschliche Ordnung und Anstalt, eine Gemeinschaft des Glaubens und Gehorsams sündiger Menschen, das heißt aber eine Gemeinschaft menschlich-sündigen Wollens und Wirkens ist. Dem untheologischen Außenaspekt der Kirche soll nun sein Recht werden. Christen sind Menschen, die besser als alle anderen wissen, was für ein *Gericht* unter allen Umständen über den Menschen hängt, wie heillos – nicht die anderen sondern sie selber sind. Christen sind Menschen, die weniger als alle andern geneigt sein können, die menschlich tiefste Solidarität, die Solidarität der Schuld und Strafe, die uns alle drückt, auch nur durch eitle Hintergedanken etwa zu brechen. Daß die Kirche als Gemeinde der Heiligen der Gesellschaft unter andern Gesetzen und Bedingungen, in überlegener Position gegenüberstehe, das kann zu allerletzt ihre eigene | Meinung sein. Sie weiß sehr genau um ihren profanen Außenaspekt. Sie weiß sehr wohl, daß sie, auf der Ebene der Geschichte und des Menschheitslebens betrachtet, in der Tat nur eine Sozietät (oder schöner gesagt: ein »Lebenszusammenhang«) neben andern ist. Sie weiß sehr wohl um die Relativität des Christentums. Sie weiß, daß ihre Haltung, ihr Wollen und Wirken, ihr Denken und Reden nicht prinzipiell andersartig ist als das der Menschen insgemein, daß ihr sonderlicher Gegenstand, die sogenannte »Religion« denselben Fragen und Bedenken unterliegt wie alles menschliche Wesen und ihr sonderliches Tun denselben Notwendigkeiten wie alles menschliche Tun. Sie weiß also, daß auch ihre Arbeit vom ersten Schritt an nichts anderes sein kann als schlecht und recht Kulturarbeit, Streben nach Gestalt und Verwirklichung, Suchen nach Humanität an einer sehr merkwürdigen, sehr exponierten Stelle im ganzen der menschlichen Gesellschaft, gewiß, aber Kulturarbeit im Rahmen der menschlichen Gesellschaft. Keine noch so tief gegründete christliche Gemeinschaft wird sich den allgemeinen soziologischen Gesetzen auch nur teilweise entziehen können. Kein gutes Werk des einzelnen wird nicht auch seine weniger gute psychologische Außenseite haben. Kein christlicher Theologe wird (leider) mit seiner Predigt oder Wissenschaft wirklich als *doctor angelicus* (frei von *aller* menschlichen Philosophie zum Beispiel!) sichtbar über diese Erde gehen. Keine christliche Liebe wird nicht mit gutem Recht auch als sublimierte, höchst kultivierte Erotik anzusprechen sein. Keine christliche Zeit-Prophetie wird sich der Messung an sachlich politischen und wirtschaftlichen Maßstäben entziehen können. Die Kirche schwimmt auf der ganzen Linie mit im Strom der Kultur. Das *Darüber* und *Dagegen* ist wohl ihr heimlicher *Existenz*grund. Aber der kann von ihr nur geglaubt werden und bleibt auch als geglaubter – weil auch der Glaube ein menschliches, ein seinen Ursprung und Gegenstand verhüllendes Tun ist – ihr *heimlicher* Existenzgrund. Die Existenz der Kirche und die Existenz der Christen in ihr hört in keinem Augenblick auf ein Wagnis zu sein, das der Begründung und Sicheǀrung bedarf, wie alles menschliche Wagen. Analog ihrer Stellung zum Tun des Menschen überhaupt wird sie darum auch zu ihrem eigenen Tun Stellung nehmen, unter allen vorhin entwickelten Gesichtspunkten auch sich selbst beurteilen und orientieren müssen.

Sie wird sich also *erstens* – und das ist ihr Trost als Sünderkirche – daran erinnern, daß auf Grund der Versöhnung in Christus menschliches Wollen und Wirken gleichnisfähig, transparent, beziehungsvoll, teilhaftig der ursprünglich dem Menschen gegebenen Verheißung sein *kann*, daß es also keinen Sinn hätte, sondern gottlos wäre, aus allzu tiefer Erkenntnis der menschlichen Sündhaftigkeit die Hände sinken zu lassen, und das Wollen und Wirken den andern, dem Teufel zu überlassen. Auch spezifisch kirchliches Handeln, wie etwa das Halten und Hören einer Sonntagspredigt oder der Dienst einer Krankenschwester oder etwas so Fragwürdiges wie die Bemühungen der Theologie *kann* gesegnet sein – wohl verstanden: nicht darum und nicht insofern als es *kirchliches* Handeln ist, sondern gerade darum und insofern als auch es sündiges aber menschliches Handeln ist, weil auch das, was an diesem exponierten Rande der Gesellschaft geschieht, wo es »um Religion geht«, im Schatten aller Kulturarbeit in *Christus* gesegnet sein, vom λόγος σπερματικός einen Funken in sich tragen kann. Warum sollte es (nicht in der Ecke des Pharisäers, sondern in der Ecke des Zöllners) nicht auch das, nicht auch spezifisch und bewußt kirchliches Handeln geben? Warum sollte uns die Relativität der Kirche hindern, die Kirche ohne alle Überheblichkeit, aber in aller Gelassenheit als menschliche Möglichkeit ebenso ernst zu nehmen wie die Künstler ihre Kunst, wie die Wissenschaftler ihre Wissenschaft? Auch die Kirche *kann* ein Gleichnis sein dessen, was werden soll. Zwischen dem »kann« und dem »ist« steht Gottes freie Gnade und das Seufzen auch unserer Herzen aus tiefer Not, weht der Geist, der weht, wo er will. Aber der Geist ist kein zweifelhafter, sondern der *gewisse* Faktor!

Die Kirche wird *zweitens* bedenken, daß in und mit der Versöhnung das Recht Gottes aufgerichtet ist über alles, was Fleisch heißt, und daß sie, diesem Recht sich unterwerfend, nicht nur handeln *darf*, sondern handeln *soll*. Auch für sie gilt, daß der Glaube, der Glaube an die selbst- und alleinwirkende Gnade nicht dawider sondern dafür ist. *Dafür*, daß (im Schatten aller Kulturarbeit! in aller Verkehrtheit des Menschlichen!) der Versuch nicht unterlassen werde, die Ehre Gottes zu verkündigen auch auf der schmalen und gefährlichen Linie, auf der die Kirche als Kirche handeln kann, daß auch hier der Geist nicht träge und das Fleisch nicht wild sei, daß auch hier mit Weisheit und Kühnheit innerhalb der dem Menschen gesetzten *Schranken gelaufen* werde. *Ohne* die Einbildung, als wären nicht auch wir, nachdem wir alles, was uns geboten ist, getan haben, unnütze Knechte. *Ohne* Gott zu widerstehen, wenn seine Ehre vielleicht öfters als wir denken da *besser* verkündigt wird, wo es durchaus *nicht* »um Religion geht«. Aber auch *ohne* Scham, *ohne* jene Zimperlichkeit, die um jeden Preis lieber profan und »laienhaft« sein möchte als kirchlich, *ohne* Weigerung, auftragsgemäß nun eben an *dieser* Stelle *Dieses*, das Kirchliche zu tun. Ist das Opfer *geboten* und im Gehorsam in der Heiligung gebracht, warum sollte es dann nicht auch hier von Gott angenommen werden?

Und die Kirche wird *drittens* den Trost und die Warnung der Ewigkeit, die Erinnerung an Gott als die Grenze, auch und vor allem an sich selbst richten. Sie wird vor allem sich selbst den Dienst leisten, nicht trotz sondern wegen des Ernstes der Sache des letzten Nicht-Ernstes auch ihres Tuns sich bewußt zu bleiben, zu bedenken, daß Gott seine Ehre, auch die *Verkündigung* seiner Ehre, letztlich keinem andern läßt. Sie wird also dem weltlichen ja nicht etwa einen kirchlichen, einen frommen Turm zu Babel zur Seite stellen, Vergottungsexperimente auch auf ihrem Gebiet weislich unterlassen, sondern sich demütig und distanzbewußt, aber auch freudig und zuversichtlich an den *vor der Tür* stehenden und *anklopfenden* Christus halten als an den Erlöser auch ihrer Kümmerlichkeit und Gebrechlichkeit. | Die Hoffnung: *Dein* Reich komme! Dein Reich *komme*! gilt auch ihr. Sofern sie sich auch *gegen* sie richtet (vielleicht, wenn das Wort vom Gericht, das anheben muß beim Hause Gottes, sogar zuerst und vor allem gegen sie!), wird sie sich ihm, weil es das Gericht der Hoffnung ist, zu allerletzt entziehen.

8.

Der letzte (eschatologische) Gesichtspunkt ist es, unter dem die Kirche unserer Zeit zuerst wieder nach Gottes Willen und Wegen fragen lernen muß.

Meine letzte These will nicht mehr sein als ein Zusatz zum ganzen.

Ich habe die drei Gesichtspunkte, unter denen die Beziehungen zwischen Kirche und Kultur zu erwägen waren, in These 4-7 in möglichst *gleichmäßiger* Betonung entwickelt. Ich meine nun aber zum Schluß noch folgendes sagen zu müssen: Hat es mit dem aktuellen Charakter aller christlichen Erkenntnis, von dem eingangs die Rede war, seine Richtigkeit, dann werden wir in Beziehung auf solche Gleichmäßigkeit aller Wahrheitsmomente nicht allzu gerecht und nicht allzu weise sein wollen dürfen. Dieselbe Wahrheit kann, wirklich ausgesprochen und gehört, nicht zu jeder Zeit in derselben Weise, nicht immer und vielleicht nie in dem lehrbuchartigen Gleichmaß ihrer einzelnen Momente ausgesprochen und gehört werden, um das wir uns heute ernstlich bemüht haben. Es gibt vielmehr eine notwendige *Zeit*bestimmtheit der Wahrheit, auch der christlichen Wahrheit, deren Berücksichtigung man vielleicht, im Unterschied zur methodischen, als *prophetische* Sachlichkeit bezeichnen dürfte. Und nun hoffe ich, daß Sie die gewisse *Un*gleichmäßigkeit in der Gleichmäßigkeit, die gewisse Überbetonung *eines* Moments in meinen Ausführungen nicht überhört haben, auf die ich nun auch noch ausdrücklich aufmerksam machen möchte.[1] |

Was die Kirche *unserer* Zeit in Beziehung auf das Kulturproblem *vor allem* wieder lernen müßte, das ist meines Erachtens das, was ich die Form, die *eschatologische Form* des Wortes Gottes nannte. Nicht als ob unser Wissen um die großen Wahrheiten der Schöpfung und der Versöhnung allzu gesättigt wäre, im Gegenteil, aber wenn wir wieder besser und mehr sehen möchten in Beziehung auf die *Verheißung* und das *Gesetz*, dann werden wir, wenn ich recht sehe, den Hebel ansetzen müssen bei der Frage nach der *Grenze*.

Die Bedeutung der Kultur[,] Verheißung unter dem Gesichtspunkt des *regnum naturae*, die Wahrheit von der Identität des gefallenen mit dem ursprünglich von Gott gut geschaffenen Menschen, ist uns und wird uns seit dem 18. Jahrhundert kräftig zum Bewußtsein gebracht und dafür wollen wir bei al-

---

1 Als Illustration zu der erschreckenden Gehörlosigkeit, mit der auch der wohlmeinende moderne Kirchenmensch unsereinem zuzuhören pflegt, sei hier abgedruckt, wie *René H. Wallau* in den Theolog. Blättern 1926 Nr. 7 Spalte 184 über diesen Vortrag referiert hat: »Von den deutschen Darbietungen *(scil.* am Amsterdamer Kongreß) bot das Referat von Prof. D. Karl Barth-Münster über »Kultur und Kirche« *(sic)* ein eindrucksvolles Bekenntnis zum relativen Wert der Kultur als Gehorsamstat des Glaubens, wenn auch zum Schluß in bekannter Weise stark die »Grenze, jenseits deren Gott alles neu macht« herausgearbeitet wurde. Es war wenigstens von christlicher Besinnung ein Hintergrund geschaffen, vor dem sozialpolitische Betätigung der Kirche als sinnvoll und von Gott gewollt Geltung behalten konnte.«

ler gebotenen Vorsicht gegenüber dem 18. Jahrhundert dankbar sein. Auch vom Zweiten, von der Bedeutung der Kultur als Gesetz im *regnum gratiae* ist zu sagen, daß die moderne Kirche im ganzen, mag man ihre Haltung im einzelnen auch sehr bedenklich finden, das Problem des ohne Werke toten Glaubens gesehen und bearbeitet hat. Wir leiden aber (dies nicht erst seit dem 18. Jahrhundert, und Pietismus, Erweckung und Schleiermacher haben diesem Übel nicht gewehrt, sondern Nahrung gegeben!) an einem ans Verlieren streifenden Übersehen des Trostes und der Warnung der Ewigkeit, an einem für Lehre und Leben auf der ganzen Linie verhängnisvollen Nichtmehrwissen um Gott als Grenze, um den wiederkommenden Christus mit seinem: *Ich* mache alles | *neu*! Es handelt sich nicht um dogmatische Subtilitäten, die hier vernachlässigt sind, nicht um eine harmlose Lehre von den letzten Dingen, die etwa auf Kanzel und Katheder etwas fleißiger getrieben werden sollen, sondern um die Einsicht, daß das ganze Christentum und sein Verhältnis zur Kultur schlechterdings auf der Hoffnung steht, daß Versöhnung und Erlösung grundsätzlich zweierlei sind, und darum dann auch Versöhnung und Schöpfung. Am Wissen um die Grenze hängt das Wissen auch um die Verheißung und um das Gesetz. Dem Nicht-Wissen an diesem Punkt, das heißt dem »liberalen« und »positiven« Kulturprotestantismus gegenüber gilt es heute auf die andre Seite zu treten, und dieses, das Dritte wieder zu sehen zu versuchen. Einseitig? Nein nicht einseitig. Nicht ohne auch das Erste und das Zweite zu sehen, ohne das man das Dritte nicht sehen kann, aber heute das *Dritte* zu sehen und zu suchen, nicht zuletzt um des Ersten und Zweiten willen. Es gab andere Stunden als die unsrigen und es wird wieder andre geben. *Unsere* Stunde weist uns, wenn nicht alles täuscht, in *diese* Richtung. Die christliche Kirche aller Konfessionen und aller Länder hätte (ich will nur zwei große Symptome nennen) 1914-18 eine andere Haltung gewahrt und sie hätte 1925 zu Stockholm ein anderes Wort gefunden, wenn sie nicht *krank* wäre. Sie wird nicht gesund werden, es sei denn, sie wage es wieder, sich ganz auf die Hoffnung zu stellen, auf die sie gegründet ist. Oder sagen wir besser: Es sei denn, der Herr erleuchte sein Angesicht über uns und sei uns gnädig, daß sein Wort uns wieder erreiche in seiner Vollkraft: als das Wort des *ewigen* Gottes.

ABGRENZUNGEN UND ÜBERGÄNGE

EIN BRIEFWECHSEL MIT
ADOLF VON HARNACK (1923)

1.
FÜNFZEHN FRAGEN AN DIE VERÄCHTER
DER WISSENSCHAFTLICHEN THEOLOGIE
UNTER DEN THEOLOGEN

1. Ist die Religion der Bibel bzw. sind die Offenbarungen in der Bibel etwas so Einstimmiges, daß man in Hinsicht auf Glauben, Anbetung und Leben einfach von der »Bibel« sprechen darf? Wenn sie es aber nicht sind, darf man die Feststellung des Inhalts des Evangeliums allein der subjektiven »Erfahrung« bzw. dem »Erlebnis« des Einzelnen überlassen, oder sind hier nicht geschichtliches Wissen und kritisches Nachdenken nötig?

2. Ist die Religion der Bibel bzw. sind die Offenbarungen in der Bibel etwas so Eindeutiges und Klares, daß man kein geschichtliches Wissen und kein kritisches Nachdenken braucht, um ihren Sinn richtig zu verstehen? Sind sie umgekehrt etwas so Unfaßliches und Unbeschreibliches, daß man lediglich abwarten muß, bis sie im Herzen aufstrahlen, weil keine menschliche Seelen- und Geistesfunktion an sie heranreicht? Oder sind nicht vielmehr beide Annahmen falsch, und braucht man nicht, um die Bibel zu verstehen, neben der inneren Aufgeschlossenheit geschichtliches Wissen und kritisches Nachdenken?

3. Ist das Gotteserlebnis von der Erweckung des Glaubens verschieden oder mit ihm identisch? Ist es von ihm verschieden, wie unterscheidet es sich von unkontrollierbarer Schwärmerei? Ist es mit ihm identisch – wie kann es anders entstehen als aus der Predigt des Evangeliums, wie kann es aber eine solche Predigt geben ohne geschichtliches Wissen und kritisches Nachdenken?

4. Ist das Gotteserleben konträr bzw. disparat zu allem sonstigen Erleben, wie läßt sich die Notwendigkeit radikaler Weltflucht vermeiden oder wie läßt sich dem Sophismus entgehen, man müsse doch in der Welt bleiben, weil auch die Weltflucht auf dem eigenen Willensentschluß beruhe, also etwas Weltliches sei? |

5. Sind Gott und Welt (Leben in Gott und weltliches Leben) schlechthin Gegensätze, wie läßt sich die enge Verbindung, ja Gleichsetzung der Gottes- und Nächstenliebe, welche den Kern des Evangeliums bildet, verstehen? Wie ist aber diese Gleichsetzung möglich ohne Höchstschätzung der Moral?

6. Sind Gott und Welt (Leben in Gott und weltliches Leben) schlechthin Gegensätze, wie ist eine Erziehung zu Gott hin, das heißt zum Guten, möglich? Wie aber ist Erziehung möglich ohne geschichtliches Wissen und Höchstschätzung der Moral?

7. Wenn Gott alles das schlechthin nicht ist, was aus der Entwicklung der Kultur und ihrer Erkenntnis und Moral von ihm ausgesagt wird, wie kann man diese Kultur und wie kann man auf die Dauer sich selbst vor dem Atheismus schützen?

8. Wenn der Pantheismus Goethes oder der Gottesbegriff Kants oder Verwandtes lediglich Gegensätze zu den wahrhaften Aussagen über Gott sind, wie läßt es sich vermeiden, daß diese Aussagen der Barbarei ausgeliefert werden?

9. Wenn es aber umgekehrt richtig ist, daß, wie in aller physischen und geistlichen Entwicklung, auch hier Gegensätze zugleich Stufen und Stufen zugleich Gegensätze sind, wie kann man diese grundlegende Erkenntnis erfassen und ausbauen ohne geschichtliches Wissen und kritisches Nachdenken?

10. Wenn die Erkenntnis »Gott ist die Liebe« die höchste und abschließende Erkenntnis Gottes ist und Liebe, Freude und Friede seine Sphäre sind, wie darf man immerfort zwischen Tür und Angel hängen bleiben, Durchgangspunkte christlicher Erfahrung verselbständigen und die Dauer ihrer Schrecknisse verewigen wollen?

11. Wenn die befreiende Ermahnung noch gilt: »Was wahrhaftig ist, was ehrbar, was gerecht, was wohl lautet, ist etwa eine Tugend, ist etwa ein Lob, dem denket nach« – wie darf man Scheidewände zwischen dem Gotteserlebnis und dem Guten, Wahren und Schönen aufrichten, statt durch geschichtliches Wissen und kritisches Nachdenken sie mit dem Gotteserlebnis zu verbinden?

12. Wenn alle Sünde nichts anderes ist als Mangel an Ehrfurcht und Liebe, wie kann man diesem Mangel anders steuern als durch die Predigt von Gottes heiliger Majestät und von Gottes Liebe? Wie darf man es wagen, alle möglichen Paradoxien und Velleitäten dazuzumischen? |

13. Wenn es gewiß ist, daß alles Unbewußte, Empfindungsmäßige, Numinose, Fascinose usw. so lange untermenschlich bleibt, als es nicht von der Vernunft ergriffen, begriffen, gereinigt und in seiner berechtigten Eigenart geschützt wird, wie darf man diese Vernunft schelten, ja ausmerzen wollen? Und was hat man zu gewärtigen, wenn dieses herostratische Werk vollbracht ist? Erhebt sich nicht schon jetzt der gnostische Okkultismus auf den Trümmern?

14. Wenn die Person Jesu Christi im Mittelpunkt des Evangeliums steht, wie läßt sich die Grundlage für eine zuverlässige und gemeinschaftliche Erkenntnis dieser Person anders gewinnen als durch kritisch-geschichtliches Studium, damit man nicht einen erträumten Christus für den wirklichen eintausche? Wer anders aber vermag dieses Studium zu leisten als die wissenschaftliche Theologie?

15. Gibt es – Trägheit, Kurzsichtigkeit und zahlreiche Krankheiten zugestanden – noch eine andere Theologie als jene, die in fester Verbindung und Blutsverwandtschaft steht mit der Wissenschaft überhaupt? Und wenn es eine solche etwa gibt, welche Überzeugungskraft und welcher Wert kommt ihr zu?

Berlin-Grunewald   Adolf von Harnack.

II.

FÜNFZEHN ANTWORTEN
AN HERRN PROFESSOR VON HARNACK

Zum Titel: Wer einen Einwand erhebt gegen die Form protestantisch-wissenschaftlicher Theologie, die sich seit den Tagen des Pietismus und der Aufklärung und im besonderen in den letzten fünfzig Jahren deutscher Vergangenheit als maßgebend herausgebildet hat, braucht darum noch kein »Verächter« der »wissenschaftlichen Theologie« zu sein. Der Einwand lautet dahin, *diese* Theologie möchte sich mehr als gut ist von ihrem (zuletzt durch die Reformation deutlich gestellten) Thema entfernt haben.

1. Jenseits der »Religion« und der »Offenbarungen« der Bibel dürfte als Thema der Theologie auch die *eine Offenbarung Gottes* in Betracht kommen. »Geschichtliches Wissen« könnte uns dann freilich sagen, daß die Mitteilung des »Inhalts des Evangeliums« jedenfalls nach dessen eigener Aussage nur durch eine Handlung dieses »Inhalts« selbst sich vollziehen kann. Aber »kritisches Nachdenken« könnte ja zu dem Ergebnis führen, daß diese Aussage des Evangeliums im Wesen der Sache (der Beziehung zwischen Gott und Mensch) begründet und also ernstlich zu respektieren ist. Die »Wissenschaftlichkeit« der Theologie wäre dann ihre Gebundenheit an die Erinnerung, daß ihr Objekt *zuvor Subjekt* gewesen ist und immer wieder werden muß – was mit »Erfahrung« und »Erlebnis« an sich *gar* nichts zu tun hat.

2. »Innere Aufgeschlossenheit« – Erfahrung, Erlebnis, Herz und dergleichen – einerseits und »geschichtliches Wissen« und »kritisches Nachdenken« andererseits sind Möglichkeiten, die zum *»Verstehen«* der Bibel ebensowohl förderlich, gleichgültig oder hinderlich sein können. »Verstanden« wird die Bibel weder durch diese noch durch jene »Seelen- und Geistesfunktion«, sondern kraft *des* Geistes, der ihrem Inhalt *gleich* ist, und das im *Glauben*.

3. Also ist das sogenannte *»Gotteserlebnis«* von der Erwek-

kung des Glaubens durch Gott so verschieden wie die Erde vom Himmel und unterscheidet sich *in der Tat* nicht von »unkontrollierbarer Schwärmerei«. Warum sollte es darum nicht deutlicheres oder verworreneres Symptom und Zeugnis von der Erweckung des Glaubens sein *können*? Der *Glaube* aber kommt *in der Tat* aus der Predigt, die Predigt aber (wie es auch mit dem »geschichtlichen Wissen« und »kritischen Nachdenken« des Predigers stehe) »durch das Wort des Christus«. Die Aufgabe der Theologie ist eins mit der Aufgabe der Predigt. Sie besteht darin, das Wort des Christus aufzunehmen und weiterzugeben. Warum sollten dabei »geschichtliches Wissen« und »kritisches Denken« nicht vorbereitenden Dienst leisten *können*?

4. Der von Gott erweckte Glaube wird die Notwendigkeit eines mehr oder weniger »radikalen« Protestes gegen *diese* Welt nie ganz vermeiden können, so gewiß er eine Hoffnung ist auf das verheißene Unsichtbare. Eine Theologie, die das Verständnis für die grundsätzliche Distanz des Glaubens gegenüber *dieser* Welt etwa verlöre, müßte im selben Maße auch der Erkenntnis Gottes des *Schöpfers* uneingedenk werden. Denn es ist der »schlechthinige Gegensatz« von Gott und Welt, das *Kreuz*, die einzige Art, in der wir als *Menschen* der ursprünglichen und endlichen *Einheit* von | Schöpfer und Geschöpf gedenken können. Sophistik ist nicht die Einsicht, daß uns auch unser Protest gegen die Welt vor Gott nicht rechtfertigen kann, wohl aber der übliche Versuch, mit Hilfe des verflachten Schöpfungsgedankens das Kreuz zu umgehen.

5. Gerade die evangelische Nebeneinanderstellung von Gottes- und Nächstenliebe ist der stärkste Hinweis darauf, daß das Verhältnis zwischen unserem »Leben in der Welt« und unserem »Leben in Gott« das eines »schlechthinigen Gegensatzes« ist, der nur durch das Wunder des ewigen Gottes selbst überwunden wird. Oder gibt es ein fremdartigeres, ein unbegreiflicheres, ein mehr der Offenbarung Gottes bedürftiges Faktum in der Welt als eben der »Nächste«? »Höchstschätzung der Moral«, ja, aber *lieben* wir denn unsern Näch-

sten, können wir es? Und wenn wir *ihn nicht* lieben, wie steht es dann mit unserer *Gottes*liebe? Was zeigt deutlicher als dieser »Kern« (nicht des Evangeliums, aber des Gesetzes), daß Gott nicht lebendig macht, er töte denn zuvor?

6. »Niemand kann zu mir kommen, es ziehe ihn denn der Vater, der mich gesandt hat, und ich werde ihn auferwecken am jüngsten Tage.«

7. Die »aus der Entwicklung der Kultur und ihrer Erkenntnis und Moral« stammenden Aussagen über Gott mögen als Ausdruck besonderer »Gotteserlebnisse« (z. B. des Kriegserlebnisses) neben denen primitiver Völker, die solch hohe Güter noch nicht kennen, ihre Bedeutung und ihren Wert haben (z. B. die Aussagen der Kriegstheologen aller Länder). Als »Predigt des Evangeliums« (3.) kommen *diese* Aussagen jedenfalls *nicht* in Betracht, und ob sie die Kultur und den Einzelnen »vor dem Atheismus *schützen*« und nicht vielmehr, aus dem Polytheismus stammend, Atheismus *pflanzen*, das dürfte in jedem einzelnen Fall eine *offene* Frage sein.

8. »Wahrhafte Aussagen über Gott« werden überhaupt nur da gemacht, wo man sich statt auf irgendeine Höhe der Kultur oder der Religion vor die *Offenbarung* und damit unter das *Gericht* gestellt weiß, unter dem mit allen menschlichen Aussagen über diesen Gegenstand doch wohl auch die Goethes und Kants stehen. Schleiermachers Bangemachen vor der »Barbarei« ist als unwesentlich und unsachlich abzulehnen, weil das Evangelium mit der »Barbarei« so viel und so wenig zu tun hat wie mit der Kultur.

9. Mögen innerhalb der menschlichen Aussagen über Gott *unter sich* »wie in aller physischen und geistigen Entwicklung« »Gegensätze zugleich Stufen und Stufen zugleich Gegensätze« sein, so gilt doch (und es ist, jedenfalls für die *Theologie*, dringlicher *diese* Erkenntnis zu »erfassen« und »auszubauen«!), daß zwischen der Wahrheit *Gottes* (die ja auch in einer menschlichen Aussage ausgesprochen sein *kann*) und *unserer* Wahrheit *nur* Gegensatz, nur *Entweder-Oder* besteht. Denn Demut, Sehnsucht und Flehen wird *unserer*seits wie das Erste, so auch immer das Letzte sein. Der Weg von der alten zur neuen Welt ist

kein Stufenweg, *keine* Entwicklung in irgendeinem Sinne, sondern ein neues Geborenwerden.

10. Wenn die Erkenntnis »Gott ist die Liebe« die *höchste* und *abschließende Erkenntnis Gottes* ist, wie darf man dann immerfort tun, als ob man in ihrem Besitz wäre? Ist der »Durchgangspunkt« nicht genau so lang wie die *Zeit?* Ist *unser* Glaube nicht immer auch Unglaube? Oder sollen wir an unseren *Glauben* glauben? Lebt er nicht davon, daß er Glaube an Gottes *Verheißung* ist? Sind wir etwa anders als in *Hoffnung* gerettet?

11. »Der Friede Gottes, welcher *höher* ist als alle Vernunft ...«, Phil. 4,7. Die »Scheidewand« dieses *»höher«* ist grundsätzlich und unübersteigbar. »*Bewahrt* er unsre Herzen und Sinne in Christo Jesu« und macht so die Ermahnung Phil. 4,8 (»Was wahrhaftig ist ...«) *möglich*, dann *als solcher*, als der, der *höher* ist als alle Vernunft. Es *ist* eine Verbindung zwischen ihm und dem, was *wir* gut, wahr und schön nennen, aber die Verbindung ist eben die »Scheidewand«, die göttliche *Krisis*, auf Grund deren erst ernsthaft vom Guten, Wahren und Schönen gesprochen werden kann.

12. Wenn Sünde vielleicht noch etwas mehr sein sollte als »Mangel an Ehrfurcht und Liebe«, nämlich *Abfall* des Menschen von *Gott* und Verlorensein in eine Gottähnlichkeit, deren Ende der *Tod* ist, dann ist die Predigt (die Theologie) von Gottes heiliger Majestät und Liebe eine Aufgabe, die *wunderliche* Wege zu gehen unserem menschlichen Denken und Reden nicht ersparen zu können scheint. *Zuschauer*theologie mag dann von »allen möglichen Paradoxien und Velleitäten« reden. Wer in der Lage ist, dieselbe (aber *dieselbe!*) Aufgabe einfacher zu lösen, der zeige, wie man das macht. Geschichtliches Wissen sagt uns, daß Paulus und Luther *nicht* in dieser Lage waren.

13. *Welche* theologische Tradition ist es doch, die von der Apotheose des »Gefühls« ausgehend nun in dem schauerlichen Sumpf der Psychologie des Unbewußten glücklich gelandet scheint? *Wer* hat abseits von der kritischen Vernunft eine besondere »religiöse« Erkenntnisquelle eröffnen zu können gemeint? Und ad vocem »gnostischer Okkultismus«: | *wel-*

che Theologie steht notorisch jeden Augenblick in Gefahr, ihre begabtesten Anhänger an Dr. Steiner zu verlieren?

14. Die Zuverlässigkeit und Gemeinschaftlichkeit der Erkenntnis der Person Jesu Christi als Mittelpunkt des *Evangeliums* kann keine andere sein als die des von Gott erweckten *Glaubens*. Kritisch-geschichtliches Studium bedeutet das verdiente und notwendige Ende *der* »Grundlagen« dieser Erkenntnis, die keine sind, weil sie nicht von Gott selbst gelegt sind. Wer es etwa noch nicht weiß (und wir wissen es alle immer *noch* nicht), daß wir Christus nach dem Fleische *nicht* mehr kennen, der mag es sich von der kritischen Bibelwissenschaft sagen lassen: je radikaler er erschrickt, um so besser für ihn und die Sache. Und das mag dann etwa der Dienst sein, den »geschichtliches Wissen« bei der eigentlichen Aufgabe der Theologie leisten kann.

15. Wenn die Theologie wieder den Mut zur Sachlichkeit bekäme, den Mut, Zeuge des *Wortes* von der Offenbarung, vom Gericht und von der Liebe *Gottes* zu werden, so könnte es ja auch *so* sein, daß die »Wissenschaft überhaupt« nach »fester Verbindung und Blutsverwandtschaft« mit der *Theologie* ausschauen müßte, statt umgekehrt; denn es stünde vielleicht auch um die Juristen, Mediziner und Philosophen besser, wenn sie wüßten, was die Theologen – wissen sollten. Oder sollte die heutige zufällige opinio communis der Andern wirklich die Instanz sein, von der wir unserem Tun »Überzeugungskraft« und »Wert« zusprechen lassen müßten?

Göttingen Karl Barth

III.

OFFENER BRIEF AN HERRN PROFESSOR K. BARTH

Hochgeehrter Herr Kollege!

Ich danke Ihnen, daß Sie auf meine »Fünfzehn Fragen« eingegangen sind; sie waren ja *auch* an Sie und vornehmlich an Sie gerichtet.

Durch Ihre »Antworten« ist mir einiges klarer, aber eben

darum der hier zwischen uns bestehende Gegensatz um so deutlicher geworden; dies werde ich im folgenden zu formulieren versuchen. Anderes freilich ist mir vollkommen dunkel geblieben oder vielmehr geworden, so vor allem Ihre | Antwort auf meine erste Frage. Trotz heißem Bemühen ist sie mir *total* unverständlich. Da aber auf diese grundlegende Frage sehr viel ankommt, so bleibt eine Hauptsache hier unter dem Druck eines lastenden Nebels, nämlich Ihr Begriff der »Offenbarung«.

Zum Titel meiner Fragen und zu 15: Sie sehen in der wissenschaftlichen Theologie der Gegenwart ein labiles und vergängliches Produkt, das sich seit den Tagen des Pietismus und der Aufklärung gebildet hat, und das nur den Wert einer zufälligen communis opinio besitzt. Ich sehe in dieser wissenschaftlichen Theologie die einzige mögliche Weise, sich des Gegenstandes erkenntnismäßig zu bemächtigen, eine Weise, die neu und alt zugleich ist – neu, weil sie erst seit dem 18. Jahrhundert zu größerer Klarheit und Reife gekommen ist; alt, weil sie begonnen hat, seitdem es denkende Menschen gibt. Sie sagen: »Die Aufgabe der Theologie ist eins mit den Aufgaben der Predigt«; ich erwidere: die Aufgabe der Theologie ist eins mit den Aufgaben der Wissenschaft überhaupt; die Aufgabe der Predigt aber ist die reine Darstellung der Aufgabe des Christen als Zeugen Christi. Sie verwandeln den theologischen Lehrstuhl in einen Predigtstuhl (und wollen, was »Theologie« heißt, an die profanen Fächer verteilen); ich sage Ihnen auf Grund des Verlaufs der gesamten Kirchengeschichte voraus, daß dieses Unternehmen nicht zum Erbauen, sondern zum Auflösen führt; oder soll Ihre Verkündigung nur als »Ferment« wirken? Das darf niemand sich vornehmen und liegt gewiß auch nicht in Ihrer Absicht. Dennoch – ich erkenne das Ferment an: Mut zur Sachlichkeit, Mut zur Zeugenschaft.

Zu Fragen 2 und 3: Was nach Ihrer Meinung übrigbleibt, wenn man verpflichtet ist in bezug auf das Verständnis der Religion der Bibel prinzipiell mit »Innerer Aufgeschlossenheit«, »Erfahrung«, »Erlebnis«, »Herz«, »Geschichtlichem Wissen«, »Kritischem Nachdenken« tabula rasa zu machen, verstehe ich nicht. Sie sagen zwar: »Die Religion der Bibel wird nur verstanden kraft des Geistes, der ihrem Inhalt gleich ist, und das im *Glauben*«, aber da Sie fortfahren: »Also ist das sogenannte ›Gotteserlebnis‹ von der Erweckung des Glaubens durch Gott so verschieden wie die Erde vom Himmel und unterscheidet sich in der Tat nicht von ›unkontrollierbarer Schwärmerei‹«, wird mir das »Also« ebenso dunkel wie die Berechtigung des von Ihnen gebrauchten Bildes und wie Ihre Verhältnisbestimmung von Gotteserlebnis und Glaube. Über Unverstandenes aber vermag ich nicht zu reden. Zu meiner Freude unterschreiben Sie zwar die These: »Der Glaube kommt aus der Predigt durch das Wort des Christus«; allein wie mir schon »des Christus« statt Jesu Christi kirchengeschichtlicher Reminiszenzen wegen fatal erscheint, so verstärkt sich mein Mißtrauen in Hinsicht des Zusammenhanges, in welchem Sie (zu Frage 14) von dem Paulinischen Wort: »Wir kennen Christum nach dem Fleische nicht mehr«, Gebrauch machen. Wir kennen also den evangelischen, den geschichtlichen Jesus Christus nicht mehr? Wie soll ich das verstehen? Nach der Theorie vom exklusiven innern Wort? Oder nach welcher der vielen andern subjektivistischen Theorien?

Zu Frage 4: Es schmerzt mich, daß Sie auf diese Frage nur eine sehr gewundene Antwort gegeben haben: »Der von Gott geweckte Glaube wird die Notwendigkeit eines mehr oder weniger (!) ›radikalen‹ Protestes gegen diese Welt nie ganz (!) vermeiden können, so gewiß er eine Hoffnung ist auf das verheißene Unsichtbare.« Sind Sie an diesem Punkt etwa noch nicht mit sich selbst im Reinen? Dann wäre es besser gewesen, die Antwort aufzuschieben. So wie sie halbschlächtig lautet, fehlt ihr entweder die Erkenntnis oder der Zeugenmut.

Zu Frage 5: Meine Frage in bezug auf die Gottes- und Nächstenliebe beantworten Sie mit einer Problematik der Begriffe »der Nächste« und »die Nächstenliebe«, die zwar für Ihre Theologie besonders charakteristisch ist, nicht aber für das Evangelium, welches hier Probleme überhaupt nicht kennt. Ich sehe in Ihrer Ausführung den größten Abstand von dem schlichten Evangelium.

Zu Frage 6 (Möglichkeit der Erziehung zu Gott): Sie antworten einfach mit Joh. 6,44; wenn das alles ist, was Sie hier zu sagen haben, so verurteilen Sie alle christliche Pädagogik und zerschneiden, wie Marcion, jedes Band zwischen dem Glauben und dem Menschlichen. Nach meinem Verständnis haben Sie hier das Vorbild Jesu gegen sich.

Zu Fragen 7-9: Sie behaupten, es sei eine in jedem einzelnen Fall offene Frage, ob die in der Menschheitsgeschichte, abgesehen von der Offenbarung, erwachsene Gotteserkenntnis vor dem Atheismus schütze oder ihn pflanze. Dies ist nur eine halbe Antwort auf meine Frage, ob Gott alles das schlechthin nicht ist, was aus der Entwicklung der Kultur und ihrer Erkenntnis und Moral von ihm ausgesagt wird. Oder darf ich annehmen, daß Sie eine solche Behauptung mit mir ablehnen? Schwerlich! Denn Ihr Satz: »Das Evangelium hat mit der ›Barbarei‹ so viel und so wenig zu tun wie mit der ›Kultur‹«, kann doch wohl nur als radikale Verneinung jeglicher wertvollen Gotteserkenntnis innerhalb der Denk- und Moralgeschichte der Menschheit ver|standen werden. Und vollends deutlich wird Ihr Standpunkt durch den Satz: »Zwischen der Wahrheit Gottes und unserer Wahrheit besteht nur Gegensatz, nur Entweder-Oder. Der Weg von der alten zur neuen Welt ist kein Stufenweg, keine Entwicklung in irgendeinem Sinne, sondern ein neues Geborenwerden.« Aber schließt es nicht aus, die Begründung des eigenen Christenstandes so zu empfinden – und doch anzuerkennen, daß Gott ihn auf einem Stufenwege hat werden lassen, auf welchem bereits ewige Werte geschenkt wurden? Erinnern Sie sich doch, wie Augustin vom Werden seines Christenstandes erzählt!

Zu Fragen 10 und 11: Die Antworten, die Sie auf die hier gestellten Fragen geben, sind meines Erachtens die, welche sich infolge der Problematik, in die Sie den christlichen Glauben hineinziehen, am weitesten von dem evangelischen Christentum entfernen: der »Durchgangspunkt« von der Gottlosigkeit zu Gott soll für jeden Christen so lange dauern, wie die »Zeit«; unser Glaube ist auch immer Unglaube; gerettet sind wir nur in Hoffnung; eine Verbindung dessen, was wir gut, wahr und schön nennen, mit dem Frieden Gottes besteht nur insofern, als auch eine Scheidewand verbindet usw. Indem Sie diese Antworten auf meine Fragen geben, sprengen Sie mit dem, was dem Christentum noch mangelt und was wir alle kennen, den Besitz selbst und machen die Zuversicht, in der er leben darf, zu einer Illusion, und die Freude, die sein Leben erfüllen soll, zu einer Frivolität. Das werden Sie bestreiten; aber was Sie an die Stelle setzen, ist die Darstellung eines Gemütszustandes, der im besten Fall von einigen wenigen als »Friede Gottes« empfunden werden kann und der keineswegs die notwendige Voraussetzung für alle christliche Demut ist.

Von hier aus wird auch Ihre Antwort auf Frage 12 verständlich. Das schlichte Evangelium, aus welchem heraus Jesus seine faßlichen und trostreichen Parabeln zur Errettung der Seelen gesprochen hat, paßt Ihnen nicht, vielmehr könne die christliche Predigt »wunderliche Wege dem menschlichen Denken und Reden nicht ersparen«. Der wievielste wird Sie auch nur begreifen können, da Sie ganz und gar in sublimster Psychologie und Metaphysik stecken? Wenn Sie dann aber überraschend auf Paulus und Luther überspringen, so ist mir nicht zweifelhaft, daß es auch heute noch jeder Christ leichter hat, der Verkündigung und dem Lebensbilde dieser Christen nachzuleben als Ihrer Botschaft. Doch – sind uns Paulus und Luther Vorbilder zur Nachahmung? Können wir uns in ihre Rüstung stecken? Müssen wir Kleineren uns abquälen, das zu erleben, was sie erlebt haben? | Es ist – lassen Sie mich auch einmal in »Problematik« reden – unsere Kraft und unser Schicksal zugleich, daß wir Paulus und Luther erlebt haben. Gegen dieses Schicksal hilft nur das Trostwort, das eben sie uns zurufen: »Ich glaube an eine Vergebung der Sünden.«

Auf die 13. Frage haben Sie nicht geantwortet, sondern sich mit dem Hinweise darauf begnügt, die herrschende Theologie oder eine ihrer Linien habe in den Sumpf der Psychologie des Unbewußten geführt und in den Okkultismus hinein. Da meine Frage gar nicht an Ihre Theologie, sondern an eine andere Adresse gerichtet war, kann ich hier schweigen, muß aber doch bemerken, daß mit dem Okkultismus jede Verachtung der Vernunft und Wissenschaft nach göttlicher Ordnung bestraft wird, und daß jede Zeit nur eine Wissenschaft besitzt.

Auch bei der 14. Frage vermisse ich eine runde Antwort. Vollzieht sich die Erweckung des Glaubens, sofern er die Erkenntnis der Person Jesu Christi als Mittelpunkt des Evangeliums einschließt, ohne Rücksicht auf dessen geschichtliche Person? Wenn diese Frage verneint werden muß, kann der Glaube geschichtlicher Erkenntnis dieser Person entraten? Wenn diese zweite Frage bejaht werden muß, kann kritisch-geschichtliches Studium derselben in Hinsicht des Glaubens etwas Abwegiges sein, ist es nicht vielmehr schlechthin notwendig? Was Sie demgegenüber in bezug auf die Bibelwissenschaft andeuten, läßt sich doch wohl auf die Formel bringen: Immer hat die radikalste Bibelwissenschaft recht, und Gott sei Dank, daß dem so ist; denn damit sind wir sie los. Dieser aus der neueren Kirchengeschichte zweiter Ordnung sattsam bekannte Standpunkt schafft den Freibrief für jede beliebige Phantasie und für jede theologische Diktatur, die das Geschichtliche unserer Religion auflöst und die Gewissen Anderer mit der eigenen Erfahrung zu foltern sucht.

Ich bedaure aufrichtig, daß Ihre Antworten auf meine Fragen nur die Größe der Kluft zeigen, die uns trennt; aber weder auf meine noch auf Ihre Theologie kommt etwas an, sondern allein darauf, wie das Evangelium recht gelehrt wird. Wenn Ihre Weise zur Herrschaft gelangen sollte, wird es aber überhaupt nicht mehr gelehrt, sondern ausschließlich in die Hand der Erweckungsprediger gegeben, die ihr Bibelverständnis frei schaffen und ihre eigene Herrschaft aufrichten.

In vorzüglicher Hochschätzung   von Harnack. |

IV.
ANTWORT AUF HERRN PROFESSOR VON HARNACKS OFFENEN BRIEF

Hochgeehrter Herr Doktor!

Es bedarf keiner Versicherung, daß ich die ausführliche Besprechung, die Sie meinen Antworten auf Ihre Fragen gewidmet haben, als eine Auszeichnung empfinde, für die ich Ihnen zu Dank verpflichtet bin. Trotzdem trete ich nur mit Zögern an die mir vom Herrn Schriftleiter als selbstverständlich zugewiesene Aufgabe heran, Ihnen auf Grund Ihres Briefes weitere Auskünfte über meine theologischen Gedanken zu geben. Sie stellen ja selbst fest, daß Ihnen meine Antworten nur die *Kluft* gezeigt haben, die uns trennt. Ist es nicht nutzlos und ärgerlich, wenn ich Ihnen und wohl den meisten Lesern der »Christlichen Welt« nun noch weitere Rätsel aufgebe? Meine Lage ist auch in anderer Beziehung mißlich: Sie haben das erste Mal wirkliche Fragen gestellt, auf die ich als einer von denen, die es anging, so gut oder schlecht es mir gegeben war, antworten mußte und konnte. In Ihrem Brief aber treten Sie mir – und es liegt mir aufrichtig ferne, Ihnen als meinem verehrten einstigen Lehrer das Recht dazu zu bestreiten – als der Fertige und Wissende entgegen, der nicht nur für andere Antworten als die, die er selbst sich geben würde, sondern auch für andere Fragen als seine eigenen auf Grund der Erfahrung und des Nachdenkens eines reichen Menschenlebens keine Zeit und kein Ohr mehr hat. Gibt es auf Ihre Feststellungen noch etwas zu antworten? Ist das Gespräch nicht beendigt? Aber da Sie mir sagen wollten – woran ich allerdings nicht gezweifelt habe – daß meine Antworten nicht die seien, in deren Besitz Sie Ihre Fragen aufgestellt haben, bin ich es Ihnen und den Zuhörern doch wohl schuldig, meinerseits zu bekennen, daß ich meine Antworten zwar selber als sehr diskutabel ansehe und mir für die Zukunft und für den Fall besserer Belehrung alles Weitere vorbehalte, daß mich aber Ihre Einwendungen doch darin nicht irremachen können, zunächst in der Richtung jener Antworten – weiterzufragen. Lassen Sie mich also, aber etwas zusammenfassend diesmal, Punkt für Punkt noch einmal berühren. Zum eigentlichen Verständnis meines andauernden Widerspruchs müßte ich Sie freilich – wie Sie es in ähnlicher Lage gewiß auch tun würden – auf meine und meiner Freunde Gogarten und Thurneysen (für die andere | Gruppe der von Ihnen Interpellierten übernehme ich keinerlei Verantwortung!) ausführlich vorliegende Schriften verweisen. Weniger zu Ihnen als zum Publikum gewendet erlaube ich mir die Feststellung, daß man auf die Länge doch auch uns nicht wirkungsvoll widerlegen können wird, ohne uns ernstlich gelesen zu haben.

Sie sehen in dem, was Sie »wissenschaftliche Theologie« nennen, »die einzig mögliche Weise, sich des Gegenstandes erkenntnismäßig zu bemächtigen« und nennen sie »neu, weil sie erst seit dem 18. Jahrhundert zu größerer Klarheit und Reife gekommen ist, alt, weil sie begonnen hat, seitdem es denkende Menschen gibt.« Ich hoffe, Ihnen nichts unterzuschieben, wenn ich bei dieser durch den Verweis auf das 18. Jahrhundert deutlichen Bestimmung annehme, daß für Sie (mit dem fatalen Geschlecht der »Erweckungsprediger« überhaupt) von den Reformatoren vielleicht nicht Zwingli und Melanchthon, wohl aber Luther und Calvin als »wissenschaftliche Theologen« *ausfallen* und daß Ihnen vollends der Gedanke, etwa den Apostel Paulus (neben dem, was er sonst war) ernsthaft als solchen in Anspruch zu nehmen, ganz fremdartig ist. Aber wie dem auch sei, ich meine in alten und neuen Jahrhunderten »denkende Menschen« zu kennen, die als Theologen ganz und gar andere Wege gegangen sind, als die seit dem 18. Jahrhundert als normal betrachteten, und deren »Wissenschaftlichkeit« in Abrede zu stellen (wenn »Wissenschaftlichkeit« etwa »*Sachlichkeit*« bedeuten sollte!) mir sehr bedenklich scheint. Sie können es sich nur als überheblichen Nachahmungsversuch erklären, wenn man sich auf die Theologie des Paulus oder Luthers beruft. Diesseits der »Kluft« sieht der Vorgang verhältnismäßig einfach so aus, daß sich uns die sachliche Überlegenheit dieser und anderer älterer Theologen, so wenig sie in das heutige Zunftschema passen, so unwiderstehlich aufgedrängt hat, daß wir uns weder durch den Protest des Geistes der Neuzeit (der sich selbst vielleicht erst verstehen lernen muß!) noch durch den von Ihnen geltend gemachten Glauben an die Vergebung der Sünden (!) von der Pflicht entbunden fühlen können, ihren prinzipiellen Ansatz ernstlicher auf seine allfällige Berechtigung hin in Erwägung zu ziehen, als es speziell in der letzten Epoche der Theologie trotz aller Paulusforschung und Lutherbegeisterung geschehen ist. Um Repristinationen kann es sich dabei grundsätzlich nicht handeln. Ich habe zwar die Privatansicht, daß die Übung im Repristinieren eines klassischen theologischen Gedankenganges, die zur Zeit der mittelalterlichen und protestantischen Scholastik |»Theologie« hieß, wahrscheinlich instruktiver war als der chaotische Fakultätsbetrieb unserer Tage, dem der Begriff eines maßgeblichen *Gegenstandes* vor lauter Maßgeblichkeit der *Methode* fremd und ungeheuerlich geworden ist. Aber ich meine auch zu wissen, daß *dasselbe* nicht wiederkehren kann noch soll und daß wir *in* unserer Zeit *für* unsere Zeit zu denken haben. Auch darum handelt es sich wirklich nicht, speziell die in den letzten Jahrhunderten ausgebildete historisch-kritische Methode der Bibel- und Geschichtsforschung von der theologischen Arbeit fernzuhalten, sondern darum, sie und die durch sie bedingte Verschärfung der Fragestellung jener Arbeit in sinnvoller Weise einzuordnen. Ich meine das in meinen Antworten 2,3 und 14 gesagt zu haben und darf doch wohl ein wenig staunen darüber, daß Sie mir immer noch zur Last legen, ich betrachte die kritische Bibelwissenschaft als etwas »Abwegiges«, ich wolle sie »los« sein und müsse daher wegen Verachtung von Vernunft und Wissenschaft mit der »nach göttlicher Ordnung« auf solches Vergehen gesetzten Strafe des Okkultismus bedroht werden. Wogegen ich mich zur Wehr setzen muß, das ist nicht die historische Kritik, wohl aber die auch Ihre heutigen Äußerungen charakterisierende Selbstverständlichkeit, mit der man die Aufgabe der Theologie *entleert*, das heißt an die Stelle dessen, was die Alten *»das Wort«* (die Korrelation von »Schrift« und »Geist«) nannten, dies und jenes durch die historische Kritik *jenseits* der »Schrift« und *abgesehen* vom »Geist« eruierte sogenannte *»schlichte Evangelium«* gesetzt hat, ein Evangelium, das nur noch tropisch »Wort Gottes« genannt werden kann, weil es tatsächlich bestenfalls ein menschlicher Eindruck davon ist. Der Sie und Andere so abstoßend anmutende Satz, daß die Aufgabe der Theologie eins sei mit der Aufgabe der Predigt, ist für mich als *Programm*satz (zu dessen Durchführung freilich noch Vieles zu überlegen ist) *unvermeidlich*. Ich setze dabei allerdings als zugestanden voraus, daß auch der Prediger von Rechts wegen »das Wort« zu verkündigen hat und nicht etwa seine eigenen Erfahrungen, Erlebnisse, Maximen und Reflexionen. Daß »durch das Wort des Christus« (das »des« ist mir sehr gleichgültig!) die Wahrheit der Predigt und der Glaube kommt, haben Sie ja eingeräumt. Ist aber dies »Wort« wiederzugeben die Aufgabe des Predigers, so ist dies auch die des (mit jenem in mindestens virtueller Personalunion befindlichen) Theologen. Die taktisch-praktischen Verschiedenheiten der Ausführung sind selbstverständlich und ebenso, daß Einiges auf das Katheder gehört, was auf der Kanzel unterbleiben kann | und umgekehrt. Das *Thema* des Theologen aber, dem er in der Geschichte nachzugehen und um dessen seiner eigenen Lage angemessenen Ausdruck er zu ringen hat, kann keine *zweite* Wahrheit *neben* der Wahrheit sein, die ihm als Prediger zu vertreten obliegt. *Das* war in den Anfängen protestantischer Theologie (ich denke besonders an Zürich und Genf) das Selbstverständliche. Ich kann aber auch nicht einsehen, inwiefern sich die seither durchgeführte abstrakte Trennung »gelehrten« und »erbaulichen« Denkens und Redens aus dem Wesen der Sache begründen läßt. Was aber, wenn es mit dieser Einheit der Aufgabe des Theologen und des Predigers seine Richtigkeit hat, als Thema des Einen wie des Andern *gänzlich ausfällt*, das ist mit Allem, was bloß menschlicher Eindruck und nicht Wort Gottes ist, ein *»schlichtes Evangelium«*, das als angebliche »Offenbarung« in der Bibel übrig bleibt, nachdem der in der Korrelation von »Schrift« und »Geist« gegebene zureichende Erkenntnisgrund aller Offenbarung grundsätzlich ausgeschaltet worden ist.

Aber hier setzt nun Ihre kategorische Erklärung ein, daß Ihnen mein *»Begriff der Offenbarung«* »total« (von Ihnen gesperrt!) unverständlich« sei. Sie hatten (Frage 1) gefragt, wie es zur »Feststellung des Inhalts des Evangeliums« kommen könne ohne geschichtliches Wissen und kritisches Nachdenken. Ich habe darauf geantwortet: 1. (Geschichtliches Wissen!): Das Evangelium selbst bekundet, daß diese Feststellung exklusiv durch eine Handlung (durch ein Tun und Reden) dieses »Inhalts« (Gottes oder Christi oder des Geistes) selbst geschieht. Einzelne Belegstellen für diese These werden Sie gewiß nicht von mir verlangen. 2. (Kritisches Nachdenken!) Es kann nicht wohlgetan sein, diese Ordnung umzukehren und aus dem »So spricht der Herr« ein »So hört der Mensch« zu machen. Gibt es einen Weg zu *diesem* »Inhalt«, so muß der Inhalt selbst der Weg, die redende Stimme auch das hörende Ohr sein. Alle anderen Wege führen nicht zu diesem Ziel, alle anderen Ohren hören nicht diese Stimme. Daß nun Gott selber wie allein das Ziel, so auch allein der Weg *ist*, das ist, wie ich Ihnen gerne einräume, *mir* wie Ihnen »*total* unverständlich«, nicht nur »Nebel«, sondern, mit Luther zu reden, *Finsternis*. Würden Sie mir sagen, daß man an einen Weg Gottes *zu uns*, dem augenscheinlich kein Weg von uns *zu Gott* entspricht (denn er ist immer wieder aufs Exklusivste der Weg Gottes *zu uns*), nicht »glauben« könne, so könnte ich Ihnen nur antworten, daß ich im Innersten meines Herzens genau so denke. Aber liegt es nicht, ganz abgesehen von dem, was die | Bibel auf allen Seiten davon sagt, schon im *Begriffe* der Offenbarung (und zwar wirklich nicht nur in *meinem* Begriffe!), daß man sie nicht »glauben« kann? Wäre es, wenn »Offenbarung« etwa nur die Bezeichnung für eine höchste oder tiefste, aber immerhin *mögliche menschliche* Entdeckung sein sollte, nicht besser, auf dieses volltönende Wort zu verzichten? Oder sollten wir Theologen, wenn wir dies *nicht* wollen, nicht den Mut fassen, unsere Theologie anfangen zu lassen mit der vielleicht grundskeptischen, aber jedenfalls klaren Erinnerung an das *allerdings* »total unverständliche«, unhörbare und unglaubliche, *allerdings* ärgerniserregende Zeugnis, daß Gott selbst etwas gesagt und getan hat, und zwar ein *Neues* außerhalb der Korrelation aller menschlichen Worte und Dinge, aber *als* dieses Neue *in* diese Korrelation hineingestellt, *ein* Wort und Ding neben andern, aber *dieses* Wort und *dieses* Ding? Ich rede jetzt nicht von der Möglichkeit, dieses Zeugnis anzunehmen, ich frage nur, ob wir nicht zunächst einmal viel nüchterner *rechnen* sollten mit der Tatsache, daß das sogenannte Christentum mit diesem Zeugnis seinen ersten uns erkennbaren Anfang genommen hat? Dieses Zeugnis, das durch die historische Kritik nicht genug in sich zergliedert werden kann und das darum doch nicht aufhören wird, *dieses* Zeugnis zu sein, nenne ich in seiner Totalität die »Schrift«. Wobei mir die Frage der Abgrenzung der »Schrift« gegenüber – anderen Schriften eine sekundäre Frage zu sein scheint. Sollte eine außerkanonische Schrift dieses (aber wirklich *dieses*!) Zeugnis in bemerkenswerter Weise enthalten, so kann eine Unmöglichkeit a priori, dieses Zeugnis auch durch *sie* reden zu lassen, nicht bestehen, im Gegenteil. Von dieser Feststellung bis zur Kanonisierung des »Faust« etwa ist ein weiter Weg, den eine einsichtige Kirche eben *nicht* gehen wird.

Also die Schrift bezeugt Offenbarung. Man braucht ihr nicht zu glauben; man *kann* das auch nicht. Aber man sollte auch nicht daran rütteln, daß sie Offenbarung bezeugt, und zwar *echte* Offenbarung, nicht eine mehr oder weniger verhüllte religiöse Menschenmöglichkeit, sondern die Möglichkeit Gottes, daß *er* gehandelt hat in der Hülle einer Menschenmöglichkeit – und dies als *Wirklichkeit*. Das Zeugnis lautet, daß das Wort *Fleisch* ward, Gott selbst menschlich-geschichtliche *Wirklichkeit*, und zwar in der *Person Jesu Christi*. Aber daraus folgt für mich keineswegs, daß dieses Geschehen auch Gegenstand menschlich-geschichtlicher *Erkenntnis* sein kann, sondern gerade das ist, weil und sofern es sich um *diese* Wirklichkeit handelt, ausgeschlossen. Die allenfalls historisch erkennbare Existenz eines Jesu von Nazareth zum Beispiel ist nicht *diese* Wirklichkeit. Auch ein historisch erkennbares, weil menschlich einleuchtendes, ein kein Ärgernis bereitendes und also wohl in Ihrem Sinne »schlichtes *Evangelium*«, ein Wort oder eine Tat dieses Jesus, die wirklich nichts Anderes wäre als die Realisierung einer menschlichen Möglichkeit, wäre nicht *diese* Wirklichkeit. Ich bezweifle freilich, daß es an irgendeinem erheblichen Punkt, auch nur historisch betrachtet, möglich ist, ein Wort oder eine Tat Jesu von dem Hintergrund *dieser* Wirklichkeit, das heißt von der die Offenbarung und damit auch das Ärgernis bezeugenden Schrift zu lösen und als »schlichtes Evangelium« in Ihrem Sinne aufzufassen. Warum ich dies zum Beispiel in bezug auf das Gebot der Gottes- und Nächstenliebe für unmöglich halte, habe ich das letzte Mal in Antwort 5 angedeutet und bin von Ihnen deswegen wohl gestraft, aber nicht widerlegt worden. Ich kann jetzt auch gegen Ihre Bezeichnung der Gleichnisse Jesu als »faßlicher und trostreicher« Parabeln nur im Vorbeigehen Protest einlegen und hoffe beide Male wenigstens *einige* Historiker auf meiner Seite zu haben. Aber selbst wenn es Ihnen gelingen sollte, den einen oder andern Punkt der Überlieferung für Ihre Auffassung in Anspruch zu nehmen, so würde daraus nur folgen, daß dieser Punkt *nicht* oder nur im Zusammenhang mit anderen Gegenstand des Zeugnisses, des Kerygmas, ist, das doch wohl auch nach Ihrem Urteil der alleinige Sinn der neutestamentlichen Schriftstellerei gewesen ist. Der Gegenstand des *Zeugnisses* aber ist von den Aposteln und Evangelisten selbst so sehr als *Offenbarung*, als Handeln Gottes selbst kenntlich gemacht, so sehr in eine höchst unschlichte Verborgenheit gerückt, so sehr gegen alles *direkte* Verstehenwollen *geschützt* worden, daß nicht nur alle offenkundig auf diesen »Mittelpunkt des Evangeliums« hinweisenden Aussagen, wie sie etwa im zweiten Artikel in ein bedenklich drohendes Bündel zusammengerafft sind, sondern wahrhaftig auch die »Bergpredigt«, die Gleichnis- und Streitreden Jesu, die Leidensgeschichte einer vorsichtigen Betrachtung nur das Urteil übrig lassen, daß von einer direkten geschichtlichen *Erkennbarkeit* der hier behaupteten geschichtlichen *Wirklichkeit* (der Offenbarung!) keine Rede sein kann. Erkennbar ist immer nur das Andere, das die historische Umgebung der behaupteten Offenbarung bildet. Jenseits dieses Anderen fällt der Schlagbaum, und es droht das

Ärgernis, die Fabel oder – das Wunder. Die geschichtliche Wirklichkeit Christi (als der Offenbarung, als des »Mittelpunkts des Evangeliums«!) ist nicht der »historische | Jesus«, den eine allzu eifrige Geschichtsforschung unter Umgehung jener in den Quellen selbst aufgerichteten Warnungen hat feststellen wollen (um auf eine Banalität zu stoßen, die man vergeblich als Kostbarkeit ausgerufen hat und ausrufen wird), freilich auch nicht ein, wie Sie sagten, »erträumter« Christus, wohl aber der *Auferstandene*, oder sagen wir, zurückhaltend um unseres Kleinglaubens willen: der als der Auferstandene *bezeugte* Christus. *Das* ist »der evangelische, der geschichtliche Jesus Christus«, und anders, nämlich abgesehen von diesem Zeugnis von ihm, abgesehen von der Offenbarung, die hier geglaubt werden müßte, »kennen wir ihn jetzt nicht mehr«. In diesem Sinne meine ich mich auf 2. Kor. 5,16 legitim berufen zu dürfen. An der entscheidenden Stelle, nämlich bei der Beantwortung der Frage: was Jesus zum Christus macht? durch den Hinweis auf *die Auferstehung*, wird also, vom Menschen aus gesehen, in der Tat nur Ihr »*total* unverständlich« übrigbleiben. Und ich gestehe Ihnen gerne, daß ich mich dem Nein, der Verweigerung des Glaubens, die Sie auf Grund dieses Tatbestandes proklamieren, immer noch hundertmal lieber anschließe als den Künsten einer »positiven« Theologie, die darauf hinauslaufen, das Unverständliche unter der Hand doch wieder als ganz selbstverständlich und einleuchtend erscheinen zu lassen: eine Entleerung und Verleugnung der Offenbarung, die mit ihrem scheinbaren Bekenntnis dazu schlimmer ist als die bitterböseste Glaubensverweigerung, die jedenfalls den Vorzug der Sachgemäßheit hat. In diesem Sinne ist aber auch meine Sympathieerklärung für die »radikalste« Bibelwissenschaft gemeint. Die reformatorische Theologie hatte diese negative Disziplin darum nicht nötig, weil sie noch den Mut hatte, das Ärgernis der Offenbarung *nicht* zu umgehen und darum die Frage nach einem historisch erkennbaren Mittelpunkt des Evangeliums überhaupt nicht aufwarf. *Wir haben* sie nötig, weil wir auf der Flucht vor dem Ärgernis auf diese unmögliche Frage verfallen sind. Uns a posteriori klar zu machen, daß es *so nicht* geht, daß wir es in der Bibel mit Zeugnissen und immer wieder *nur* mit Zeugnissen zu tun haben, darin sehe ich die theologische Funktion speziell der historischen Kritik. Und ich stelle fest, daß dies die Funktion ist, die sie seit den Tagen D. F. Straußens tatsächlich unter uns *erfüllt* hat, trefflich in ihrer Art, wenn auch weithin nicht verstanden und vor allem selber nicht wissend, was sie tat.

Die *Annahme* nun dieses unglaublichen Zeugnisses der Schrift nenne ich den *Glauben*. Wobei ich wiederum nicht zugeben kann, daß dies ein Fündlein *meiner* Theologie sei, sondern frage, was denn, wenn wir von | Sentimentalitäten absehen wollen, Glaube etwa anderes sein könnte als der Gehorsam, den ich einem menschlichen Wort schenke, das mir Gottes Wort als an mich gerichtet bezeugt, als wäre es selber Gottes Wort. Daß dies ein unerhörtes Geschehen ist, daß nun vom *Heiligen Geist* die Rede sein muß, wenn nicht alle die Einwände zu Recht bestehen sollen, die uns Herrmann gegenüber einem »Fürwahrhalten« historischer Dinge *abgesehen* von diesem Erkenntnisgrund eingehämmert hat, darüber darf man sich hier nicht täuschen. Ich unterscheide darum den Glauben als *Gottes Werk* an uns (denn nur Gott kann uns hörbar sagen, was *wir nicht* hören können, 1. Kor. 2,9) von allen bekannten und unbekannten menschlichen Organen und Funktionen, auch von allen unseren sogenannten »Gotteserlebnissen«. Ist das eine so unerhörte Neuigkeit? Muß ich als Reformierter die Frage aufwerfen, ob Luthers Erklärung des dritten Artikels im kleinen Katechismus eigentlich gilt oder nicht gilt? Und sollte es Ihnen nicht einleuchten, daß eben durch die unbedachte Preisgabe *dieses* Glaubensbegriffes um das Linsengericht eines weniger paradoxen, dem anthroposophischen Tohuwabohu von Glauben und okkulten »Fähigkeiten« des Menschen, dem die offizielle Theologie doch einfach ratlos gegenübersteht, Tür und Tor geöffnet worden ist? – Es muß so sein: Alles, was sich gegen die Möglichkeit der Offenbarung sagen läßt, läßt sich mit gleichem Gewicht auch gegen die Möglichkeit des Glaubens sagen. Und dann muß als die *zweite* ausgeschlossene Möglichkeit *die* übrig bleiben, daß der *Gott*, der nach dem Zeugnis der Schrift »das Wort des Christus« gesprochen, es *durch* das Zeugnis der Schrift, in Kraft gesetzt durch das testimonium spiritus sancti internum, auch zu *mir* spricht, daß ich es *höre* und indem ich es höre, *glaube*. Sollte dies nun die »Theorie vom exklusiven inneren Wort« sein oder eine von den »vielen andern subjektivistischen Theorien«? Sie haben in Frage 3 selbst von *Erweckung* des Glaubens geredet. Ich stimme zu, aber in der Meinung, daß es sich dabei, wie in der »faßlichen und trostreichen Parabel« vom verlorenen Sohn Luk. 15,32 vorgesehen, um die Erweckung eines *Toten*, also ebenso wie bei der Offenbarung um das *Wunder Gottes* handelt. Zu einer andern Objektivität als der hierdurch oder durch die Korrelatbegriffe »Schrift« und »Geist« bezeichneten habe ich allerdings kein Zutrauen und am allerwenigsten zu dem Papat einer Wissenschaft, die ihre unbedingte Superiorität gegenüber dem subjektivistischen Treiben der »Erweckungsprediger« erst durch Taten bewähren müßte.

Aber nun haben auch Sie, hochgeehrter Herr Doktor, den Schatten *Marcions* gegen mich beschworen mit der Behauptung, daß ich »das Band zwischen dem Glauben und dem Menschlichen zerschneide«. Darf ich fragen, wie Sie das aus meinen Antworten 2 und 3 begründen? Habe ich wirklich mit jenen menschlichen Organen, Funktionen und Erlebnissen »tabula rasa« gemacht? Jedenfalls denke ich gar nicht daran, das zu tun. Ich meine wirklich auch zu wissen, daß der Mensch glaubend oder nicht glaubend weiterlebt: als Mensch, in der Zeit, in der Welt der Dinge, von ihm aus gesehen immer ausschließlich auf seine eigenen menschlichen Möglichkeiten angewiesen. Ich meine auch das zu wissen, daß des Menschen Glaube jeden Augenblick restlos bestimmbar ist als »innere Aufgeschlossenheit«, »Erfahrung«, »Erlebnis«, »Religion«, »geschichtliches Wissen«, »kritisches Nachdenken« usf., gerade wie ja auch das Zeugnis von der Offenbarung restlos gedeutet werden *kann*, ja gedeutet werden *muß* (sofern nicht Gott selbst dazwischentritt!) als ein Stück unerfreulich dunkler menschlicher Geistes- und Kulturgeschichte. Ich würde nun hier wie dort gerade nicht »abschneiden« (was ein ganz sinnloses Unternehmen wäre!), sondern sagen: Das Menschliche ist das Relativum, das Zeugnis, das Gleichnis – also nicht, wie es jedenfalls in der Konsequenz Ihrer Sätze liegt: auf irgendwelchen Spitzen und Höhen der Entwicklung *selber* das Absolute! wohl aber der (verstandene oder unverstandene) *Hinweis* auf das Absolute. Danach wäre also das historisch-psychologisch Faßbare, das wir an uns selbst und Anderen als »Glauben« kennen, Zeugnis und Symptom jenes Werkes und Wunder Gottes an uns, des Glaubens, der, durch »das Wort« geschaffen und in »das Wort« vertieft, mit Luther zu reden, unsere Gerechtigkeit vor Gott selbst ist. Gerade wie dann die Religionen der Bibel, bei denen ja Ihre erste Frage einsetzte, Zeugnis und Symptom wären der geschichtlichen Wirklichkeit der Menschwerdung Gottes. Der Erkenntnisgrund beider aber: des rechtfertigenden Glaubens und der Offenbarung, wäre das Handeln Gottes durch sein Wort an uns. Ob ich Ihnen so wirklich nicht deutlich werde? – Aber, und hier meine ich auf den Nerv aller Ihrer Einwände zu stoßen: an dem *Zeugnis*charakter alles dessen, was hier wie dort in der Zeit und vom Menschen aus geschieht, lasse ich mir nun allerdings *genügen* und *negiere* ausdrücklich die Möglichkeit, irgendwo und irgendwie, sei es in der Geschichte, sei es in uns selbst, ein Relatives als absolut zu setzen, Kierkegaardisch geredet: vom Zeugnis zur »direkten Mitteilung« überzugehen, | die, wenn ich die Bibel und die Reformation nicht gänzlich mißverstehe, im exklusivsten Sinne Gottes Sache sein und bleiben muß. Denn daß die Ewigkeit Zeit, das Absolute relativ, Gott Mensch wird (und *damit* – nur damit! – jedesmal auch das Umgekehrte!), daß also die Sache mit dem Zeichen und *damit* das Zeichen mit der Sache zusammenfällt, wie es Luther in seiner Abendmahlslehre in letzter Einsicht, aber streifend an die natürlich-titanische Überhebung des homo religiosus behauptet hat, das ist nur wahr als Wort und Werk *Gottes*, als Handlung der Trinität selbst, die nur als offenbart *bezeugt* und *geglaubt* werden kann, nie und nimmer aber als historisch-psychologische Wirklichkeit, die etwa irgendwo in unserem religiösen

Erleben, in den Peripetien unseres Gewissens, in den Beziehungen zwischen Mensch und Mensch, und wenn es die reinsten wären, in den Gottesgedanken Goethes und Kants oder welche Türme menschlicher Gottähnlichkeit Sie immer nennen mögen, direkt *erkennbar* werden. *Wird* sie erkennbar, hier oder dort, so ist das Wunder geschehen, das wir nicht *leugnen*, mit dem wir aber auch nicht wie mit einer Möglichkeit oder gar wie mit einer allgemeinen Wahrheit *rechnen* dürfen, sondern das wir, wenn es *da* ist (als das Wunder *Gottes* da ist!), anzubeten haben. Mein Gegeneinwand gegen Ihren Vorwurf des »Abschneidens«, den ich nicht als gerecht anerkenne, lautet also dahin, daß Sie durch die Kontinuität zwischen dem »Menschlichen« und dem Glauben, die Sie behaupten, den *Glauben* ebenso entleeren wie durch die von Ihnen behauptete Kontinuität zwischen der Geschichte und der Offenbarung die Offenbarung entleert wird. Ich schneide nicht ab, ich bestreite aber auch jede Kontinuität zwischen hüben und drüben; ich behaupte eine dialektische *Relation*, die auf eine nicht zu vollziehende und darum auch nicht zu behauptende *Identität* hinweist. Lediglich *Gleichnis*wert ist darum den Stufenwegsbildern zuzumessen, die die »christliche« *Biographie* aller Zeiten (die trotz Augustin oder vielmehr gerade im Blick auf ihn als ein ebenso verheißungsvolles wie zweideutiges Unternehmen zu bezeichnen ist) uns zu entrollen pflegt, lediglich *Gleichnis*wert den Bemühungen und Erfolgen der »christlichen« *Pädagogik*, die das Heidentum wahrhaftig und mit Grund noch zu keiner Zeit losgeworden ist, und der man Ehre und nicht Unehre antut, wenn man sie unter die Hoffnung und unter das Gericht von Joh. 6,44 stellt, lediglich *Gleichnis*wert aber auch allem »christlichen« *Protest* gegen die Welt, der als menschliches Unternehmen ja wirklich (warum verlangen Sie die Konsequenz der Tollheit von mir? | ich wiederhole in aller Form meine »gewundene« Antwort:) nur ein mehr oder weniger »radikaler« Protest, ein »halbschlächtiges« Protestlein, eine Demonstration, eine Geste sein, nie und nimmer aber das Vergehen dieser Welt und das Kommen des Reiches vorwegnehmen und realisieren wollen kann. Gleichnis,

Gleichnis nur kann alles »Werden« sein gegenüber der Geburt vom Tode zum Leben, durch die wir allein – aber nur auf dem Wege, den Gott selbst geht und ist – von der Wahrheit des Menschen zu der Wahrheit Gottes kommen.

Sie wollen (immer im Zusammenhang der Anklage auf Marcionitismus) eine »ganze« Antwort von mir auf die Frage, »ob Gott alles das schlechthin nicht ist, was aus der Entwicklung der Kultur und ihrer Erkenntnis und Moral von ihm ausgesagt wird«. Es sei denn; aber ich darf Sie dann wohl bitten, wirklich meine *ganze* Antwort zu hören. Also: *Nein*, Gott ist »alles das schlechthin nicht«, so gewiß der Schöpfer nicht das Geschöpf oder gar das Geschöpf des Geschöpfes ist. Aber eben in diesem Nein, das nur im Glauben an die Offenbarung ganz scharf ausgesprochen werden kann, erkennt sich ja das Geschöpf als Werk und Eigentum des Schöpfers, eben in diesem Nein wird Gott als *Gott* erkannt, als der Ursprung und das Ziel auch der *Gedanken*, die der Mensch sich in der Finsternis seiner Kultur und Unkultur von Gott zu machen pflegt, eben dieses durch die Offenbarung endgültig gesetzte Nein ist nicht ohne »das tiefe heimliche Ja unter und über dem Nein«, das wir »mit festem Glauben auf Gottes Wort fassen und halten« sollen »und Gott recht geben in seinem Urteil wider uns, so haben wir gewonnen«. Also so steht es mit diesem Nein: »eitel Ja ist drinnen, aber je tief und heimlich, und scheint eitel Nein.« Welcher »Kontrastlüstling« mag das gesagt haben? Kierkegaard oder Dostojewski? Nein, Luther! (E. A. 11,120.) Ist Luther etwa auch des Marcionitismus verdächtig? Nach Zwingli ja, aber ich denke, Sie werden ihn mit mir *besser* verstehen als so, und warum sollten Sie dann nicht nebenbei doch *mich* etwas besser verstehen? Sollte das Menschliche wirklich dadurch bedeutungslos werden, daß im Glauben an die Offenbarung seine *Krisis* anbricht, die alle Identifizierungen zwischen hüben und drüben – immer abgesehen von der einen, die auszusagen uns nicht geziemt (von dem 1. Kor. 15,28 vorgesehenen Ende aller Dinge) – endgültig verunmöglicht? Sollte es nicht gerade dadurch bedeutungs- und verheißungsvoll, erst wichtig und möglich werden, daß es aus dem Zwielicht vermeintlicher Erfüllung in das Licht wirklicher | *Hoffnung* gerückt wird? Sollte es *uns* wirklich *nicht* genügen, im Vergänglichen das Gleichnis des Unvergänglichen zu haben und anzuschauen, darin zu leben und dafür zu arbeiten, uns als Menschen zu freuen, daß wir wenigstens das *Gleichnis* haben, und als Menschen darunter zu leiden, daß es *nur* das Gleichnis ist – *ohne* doch das »Verschlingen des Todes in den Sieg« in einem unechten Ewigkeitsbewußtsein vorwegzunehmen, gerade *weil* das große zeitliche Significat dem größeren ewigen Est gilt und nichts Anderem? Habe ich wirklich »tabula rasa« gemacht?

Ja, Sie sagen es, hochgeehrter Herr Doktor, und müssen wissen, *warum* Sie es sagen, obwohl Sie es aus meinen Äußerungen nicht begründen können. Ich fürchte hier, *gerade hier müssen* Sie mich wirklich mißverstehen, auch wenn wir uns über Offenbarung und Glauben einigen könnten. Wie kommt es, daß Sie gerade hier, wo es gerade um die existentielle Frage unserer Stellung zu Gott und Welt, um die Bewahrung des Offenbarungsglaubens in der *Hoffnung* geht, die Rolle des Verteidigers der *Wissenschaft* ganz unzweideutig vertauschen gegen die des Verteidigers des sogenannten christlichen »Besitzes«? Was soll die Klage über die »Sublimität« meiner Metaphysik und Psychologie, als ob Ihnen nun auf einmal *Gemeinverständlichkeit* der Maßstab der rechten Theologie wäre? Was soll das Feststellen der Distanzen, die mich hier mehr, hier weniger vom sogenannten »evangelischen Christentum« trennen sollen, als handle es sich in unserem Gespräch auf einmal um die *Christlichkeit* meiner Theologie? Was soll der Vorwurf der »Anpreisung« eines Ihnen unsympathischen »Gemütszustandes«, wo doch Ihr wissenschaftliches Bedenken dahin zielte, daß bei mir weder Offenbarung noch Glaube in der bekannten »schlichten« Weise als Gemütszustand verständlich gemacht wird, der *»Gemütszustand«* also offenbar von Ihnen hier in die Debatte getragen ist? Was sollen alle die starken Worte von »Illusion«, »Frivolität«, »Kontrastlüstlingen« usf., wo Sie doch sicher das Recht nicht bewiesen haben, aus meinen vielleicht unbefriedigenden, aber jedenfalls vorsichtigen

Antworten, solche tumultuarische Folgerungen und Anklagen abzuleiten? Wie soll ich mir diesen Übergang von der Belehrung zur Bestrafung erklären, wie darauf antworten? Sie erraten gewiß, daß auch ich mir meine zornigen Gedanken mache über den Zusammenhang zwischen dem *wissenschaftlichen* Charakter Ihrer Theologie, der Sie zur Ablehnung dessen, was ich (und nicht nur ich) Offenbarung und Glauben nenne, nötigt, und ihrer *Christlichkeit*, die sich darin äußert, daß das paulinische | »gerettet in Hoffnung« als »Problematik« verdächtigt werden muß. Auch ich wäre also in der Lage, gerade an dem Punkt, wo das Mißverständnis zwischen uns hoffnungslos scheint, stärkste Bedenken anzumelden und schärfste Worte auszustoßen. Aber was würde ich damit tun, als diese Hoffnungslosigkeit auch meinerseits zu besiegeln, und das soll man nicht tun. Es wird auch sonst in jeder Beziehung besser sein, wenn ich hier Halt mache.

Noch einmal: Ich gedenke nicht, mich in den Stellungen zu versteifen, in denen ich mich Ihnen, hochgeehrter Herr Doktor, und unseren freiwillig-unfreiwilligen Zuhörern in diesem Gespräch gezeigt habe, schon weil ich weiß, wie erschütternd relativ *Alles* ist, was man über den großen Gegenstand, der Sie und mich beschäftigt, *sagen* kann. Ich weiß, daß es nötig sein wird, noch ganz anders davon zu reden, als es meiner jetzigen Einsicht entspricht, und ich möchte auch in Zukunft aufmerksam auch auf das, was von *Ihnen* kommt, hören können. Aber daß Sie mich mit Ihren Fragen und Antworten aus dem Felde geschlagen hätten, wie ich es gerne erleiden will, wenn es wirklich *geschieht*, das kann ich für diesmal nicht zugeben.

Ehrerbietigst ergeben Ihr   Karl Barth

V.

NACHWORT ZU MEINEM OFFENEN BRIEF
AN HERRN PROFESSOR KARL BARTH

Auf meinen offenen Brief hat Professor Barth sehr ausführlich geantwortet; ich danke ihm für seine inhaltsreichen Darlegungen. Zu meinem Bedauern aber vermag ich die Auseinandersetzungen jetzt und in dieser Zeitung nicht fortzuführen, da die Zahl und das Gewicht der Probleme zu groß ist, um in Kürze und an diesem Ort behandelt zu werden. Doch ein Doppeltes möchte ich nicht unausgesprochen lassen: 1. Paulus und Luther sind mir allerdings in erster Linie nicht Subjekte, sondern Objekte der wissenschaftlichen Theologie und ebenso Herr Kollege Barth und alle diejenigen, welche wie Prediger ihr Christentum als Propheten und Zeugen zum Ausdruck bringen, mögen sie dies nun in biblischen Kommentaren oder in Dogmatiken usw. tun. Im Leben sind zwar wissenschaftliche Theologie und Zeugenschaft oft genug vermengt; aber weder die eine noch die andere kann gesund blei|ben, wenn die Forderung, sie getrennt zu halten, außer Kraft gesetzt wird. »Sachlich« sind beide – nicht nur die Zeugenschaft, wie es nach Professor Barths Ausführungen erscheinen kann –, aber die Art der Sachlichkeit ist hier und dort eine ganz verschiedene. Entzünden und erbauen *kann* auch eine wissenschaftlich-theologische Darlegung, dank ihrem Objekt; aber der wissenschaftliche Theologe, der auf Entzündung und Erbauung ausgeht, bringt fremdes Feuer auf seinen Altar; denn wie es nur eine wissenschaftliche Methode gibt, so gibt es auch nur eine wissenschaftliche *Aufgabe* – die reine Erkenntnis ihres Objekts. Was der Wissenschaft außer dieser Frucht als Erfolg zuteil wird, das ist unberechenbares Geschenk. 2. Der Begriff der *Offenbarung* ist kein wissenschaftlicher Begriff; die Wissenschaft vermag das Gottesbewußtsein und die paradoxe Predigt der Religionsstifter und Propheten (sowie die religiösen Erlebnisse überhaupt) weder unter einem Gattungsbegriff zusammenzufassen noch als »Offenbarung« zu erklären. Vollends aussichtslos aber ist der Versuch, ein »Wort« dieser Art als etwas so rein »Objektives« zu fassen, daß das menschliche Sprechen, Hören, Aufnehmen und Verstehen sich in seiner Einwirkung ausschalten läßt. Ich habe den Eindruck, daß Professor Barth so etwas versucht und dabei eine Dialektik zu Hilfe ruft, die uns auf einen unsichtbaren Grat führt zwischen dem absoluten religiösen Skeptizismus und dem naiven Biblizismus – die quälendste Ausdeutung des christlichen Erlebnisses und des christlichen Glaubens! Aber da sie seit Jahrhunderten immer wieder unter neuen Kulissen dargestellt wird, ist sie wohl individuell berechtigt und muß daher mit Achtung hingenommen werden. Aber vermag sie eine Gemeinschaft zu bilden, und sind die Keulenschläge berechtigt, mit denen sie Alles, was sich sonst als christliche Erfahrung gibt, niederschlägt? Und wenn der, der den christlichen Glauben in dieser Weise und niemals anders empfindet, auf seiner Gletscherbrücke Fuß zu fassen vermag, ist auch nur für seine Kinder und Freunde auf ihr noch Platz? Täte nicht auch er, statt ein starres Entweder-Oder aufzurichten, besser, wenn er anerkennte, daß er *sein* Instrument spielt, Gott aber noch andere Instrumente hat?

In der Antwort Barths tritt an einigen Stellen eine gewisse Empfindlichkeit hervor, die sich bis zu der Äußerung steigert, meine Entgegnung laute wie eine »Bestrafung«. Ich kann nicht Richter in eigener Sache sein; um so lieber erkläre ich, daß mich keine andere Absicht in meinem Briefe bewegt hat, als einem befreundeten Theologen gegenüber zur Klarheit zu kommen.

Berlin A. von Harnack

ABSCHIED VON
»ZWISCHEN DEN ZEITEN« (1933)

Als wir im Herbst 1922 »Zwischen den Zeiten« begründeten: Friedrich Gogarten, Eduard Thurneysen und ich mit Georg Merz als Schriftleiter, da waren wir uns, wie wir meinten, leidlich einig in dem, was wir wollten: im Gegensatz zu der positiv-liberalen oder liberal-positiven Theologie des Neuprotestantismus des Jahrhundertanfangs mit dem Menschgott, den wir als deren Heiligtum erkannt zu haben meinten, eine Theologie des Wortes Gottes, wie sie sich uns als jungen Pfarrern von der Bibel her allmählich als geboten aufgedrängt hatte und wie wir sie bei den Reformatoren vorbildlich gepflegt fanden. (Der Name »dialektische Theologie« ist uns noch im selben Jahr von irgend einem Zuschauer angehängt worden.) Es konnte nun schon nach der Vollendung weniger Jahrgänge unserer Zeitschrift keinem Kundigen verborgen bleiben, daß das Verständnis jenes stillschweigend vorausgesetzten Programms insbesondere bei Gogarten und mir ein nicht unerheblich verschiedenes war. Aber man konnte sich eine gute Weile dabei beruhigen und sogar daran erfreuen, daß es wohl ein Zeichen von Bewegung und Reichtum in unserem Kreise sein möchte, wenn man den Einen fast dauernd mit den philosophischen bzw. ethischen Grenzfragen der angeblich gemeinsamen Aufgabe, den Anderen fast ebenso dauernd mit Theologiegeschichte und Dogmatik beschäftigt sah. Schwebte nicht schon in der allerersten Zeit die Frage in der Luft: Warum versäumst du die notwendige Bereinigung der Voraussetzungen? Und die Gegenfrage: Wann wirst du endlich, endlich zur Sache kommen? Doch warum sollte es nicht ganz interessant und nützlich sein, sich gegenseitig so zu fragen und fragen zu lassen? Und wenn man mit den vorrückenden Jahren immer öfter so etwas wie gelegentliche implizite oder auch explizite Polemik herüber und hinüber wahrzunehmen bekam, wenn die anthropologische Richtung des Einen mit der Zeit so unverkennbar wurde wie die theologische des Andern – wenn dann scheinbar oder wirklich unabhängig von diesem Gegensatz, oder auch in bewußter Anteilnahme an der einen oder anderen Seite, Dritte und Vierte und Fünfte hinzutraten und, vermeintlich immer auf dem gemeinsamen Grundton, ihr besonderes Lied mehr oder weniger vortrefflich, erbaulich und lehrreich | dazwischen sangen – nun, dann konnte und durfte das Alles in all diesen geistig bewegten aber nicht eben zu Entscheidungen herausfordernden Jahren wohl so sein. Die vor fünf Jahren einmal gefallene Behauptung eines jüngeren Frechlings: daß die Führer der dialektischen Theologie unter sich so uneins seien wie die chinesischen Revolutionsgenerale, konnte als nicht übler Witz belacht und beiseite gelegt werden. Die vorhandenen und uns nicht unbewußten Spannungen wurden ertragen, weil sie nicht unerträglich waren und sie wurden von manchen Lesern offenbar nicht nur ertragen, sondern wegen des mannigfaltigen und gerade so anregenden Inhalts, den die Zeitschrift von daher zu bekommen schien, hochgeschätzt. Georg Merz aber, durch Natur und Gnade in gleicher Weise gerade zu solchem Amt ausgerüstet, hat in oft mühsamer und immer entsagungsvoller Arbeit, ermunternd und ausgleichend, wo es Not tat und auch aus seinem Eigenen aufs glücklichste ergänzend, die entstandende Gruppe in immer neuen Formationen aufgestellt und vorgeführt. Und auch unser Herr Verleger konnte von seinem besonderen Ort aus mit dem Gang der Ereignisse gewiß nur zufrieden sein. Es hätte vielleicht noch lange so weitergehen können.

Die Frage, ob es in Ehren so weitergehen dürfe, hat mich in akuter Weise zum ersten Mal jetzt vor einem Jahr und dann den ganzen letzten Winter hindurch beschäftigt. Die Leser des ersten Halbbandes meiner Dogmatik wissen um die Frage, die ich dort an Gogarten richten zu müssen meinte – der Text S. 128 f. stammt schon aus dem Sommer 1931 und ist Gogarten damals sofort mitgeteilt worden – die Frage: inwiefern sich seine anthropologische Unterbauung der Theologie nun eigentlich von der natürlichen Theologie des Katholizismus und des Neuprotestantismus noch unterscheiden möchte? Eine Antwort darauf habe ich nie erhalten. Es erschienen aber auf dem Hintergrund der inzwischen veröffentlichten »Politischen Ethik« in ZZ 1932 die Aufsätze »Staat und Kirche« und »Schöpfung und Volkstum«, die mich im Lichte jener unbeantworteten Frage mit einer nicht mehr zu unterdrückenden Bekümmerung erfüllten. Wohin, wohin ging die Entwicklung, die, mit den Untersuchungen über den echten Begriff der Geschichte begonnen, über die Lehre vom Du und Ich zu dem immer massiver werdenden Dogma von den Ordnungen geführt hatte? In welcher Meinung wohl, so fragte ich mich jetzt schon rückblickend, hatte Gogarten bereits seiner »Religiösen Entscheidung« von 1921 das Thomaswort: »Gratia non tollit naturam sed perficit« vorangestellt? | Es kam dazu, daß ich in und außerhalb unserer Zeitschrift den ebenfalls zu unserer Gruppe gerechneten Emil Brunner eine Theologie treiben sah, die ich immer mehr nur noch als eine unter neuen Fahnen vollzogene Rückkehr zu den – so wie *ich* unseren gemeinsamen Ausgang verstanden hatte – mit Ernst *verlassenen* Fleischtöpfen des Landes Ägypten, nämlich zu dem neuprotestantischen, bzw. katholischen Schema »Vernunft *und* Offenbarung«, wie es im Protestantismus zum ersten Mal von der sog. »vernünftigen Orthodoxie« an der Wende vom 17. zum 18. Jahrhundert offen proklamiert worden ist, beurteilen konnte. Ich sah aber auch mit Befremden, daß die Schar unseres engeren und weiteren Leserkreises und nicht zuletzt unser Schriftleiter sich durch den immer offenkundiger werdenden Zwiespalt durchaus nicht zu einer Entscheidung aufgerufen zu fühlen, ja, daß sie den Zwiespalt überhaupt nicht so sehr zu empfinden schienen, sondern daß sie sich immer wieder ebenso gern gefallen ließen, durch meine Manifeste – so faßte man es ja wohl auf – im Sinn des zweiten und dritten Artikels aufgerufen zu werden, wie durch die von Gogarten im Sinn des ersten Artikels eine Art Rückversicherung zu erhalten. In der vor einigen Jahren in den Verlag Chr.

Kaiser übernommenen mehr volkstümlichen Zeitschrift »Christentum und Wirklichkeit« sah ich es erst recht anschaulich zum Vorschein kommen, in welcher Dosierung und Mixtur man in Franken und in anderen mittleren Gegenden die vor 10 Jahren viel zu laut gepriesene Neuentdeckung »biblisch-reformatorischer Einsicht« zu verstehen und an den Mann zu bringen gedachte. Ich fragte mich in gewissen Stunden des letzten Winters fast verzweifelt, ob denn die so entstehende Limonade nun wirklich der Arbeit und der Kämpfe wert sein möchte, die wir an die Aufgabe einer Erneuerung des theologischen Denkens und der kirchlichen Verkündigung seit nahezu 20 Jahren gewendet zu haben meinten. Es war mir ein Trost zugleich und eine Beunruhigung, von dem einen Eduard Thurneysen immer wieder bestätigt zu hören, daß er meine Sorge teile und daß jedenfalls wir zwei es ursprünglich anders gemeint hatten als so. Ich dachte aber noch immer, nach einer zu Beginn des laufenden Jahrgangs eingeführten leisen Veränderung in der äußeren Aufmachung der Zeitschrift könnte ich mit gutem Gewissen, nämlich in der immerhin nicht unmöglichen Hoffnung auf neue Entwicklungen innerhalb des ganzen Kreises in diesem Kreis insofern mit drinstehen, als ich meine Arbeiten nach wie vor, in der Erwartung, mindestens *auch* gehört zu werden, in diese nun einmal | aufmarschierte Reihe stellte. Es war eben doch noch immer Friedenszeit, in welcher es als erlaubt oder sogar geboten erscheinen konnte, in solchen Fragen der Taktik fünf gerade sein zu lassen. Aber die letzten Monate dieser Friedenszeit sind für mich wahrhaftig nicht mehr schön gewesen.

Irgendeinmal im Lauf dieses Sommers las man dann im »Deutschen Volkstum« das Bekenntnis Gogartens zu dem Stapelschen Theologumenon, daß das Gesetz Gottes für uns identisch sei mit dem Nomos des deutschen Volkes. Daß Gogarten sich wenig später mitsamt seiner Umgebung auch kirchenpolitisch an die Seite von Ludwig Müller und Joachim Hossenfelder stellte, war und ist mir verhältnismäßig nebensächlich neben der Tatsache jenes von ihm in der Schrift »Einheit von Evangelium und Volkstum?« S. 18 und 23 in aller

Form wiederholten Bekenntnisses. Gogarten hat sich mit diesem Satz die entscheidende These der Deutschen Christen zu eigen gemacht. Es ist hier nicht der Ort, diese These zu diskutieren. Ich anerkenne ohne weiteres, daß Gogartens ganzer Weg ihn in höchster Folgerichtigkeit dazu führen mußte, sie gutzuheißen. Sie und sein Beitritt zu der »Glaubensbewegung« ist nur der unzweideutige Ausdruck dessen, was er immer gemeint und gewollt hat. Post eventum kann und muß man wirklich sagen: es ist nichts selbstverständlicher als dies, daß es mit ihm dahin kommen mußte. Es ist nun »aus dem Faß«, wie Luther zu sagen pflegte. Ebenso folgerichtig ist aber auch von meiner Seite die glatte, zornige Ablehnung jener These. Ich habe bei dem, was wir damals am Anfang der zwanziger Jahre gemeinsam zu bekämpfen schienen, immer gerade auf das gezielt, was jetzt in der Lehre, in der Mentalität und Haltung der Deutschen Christen in geballter Form auf dem Plane steht. Ich kann in den Deutschen Christen nichts, aber auch gar nichts anderes sehen als die letzte, vollendetste und schlimmste Ausgeburt des neuprotestantischen Wesens, das die evangelische Kirche, wenn es nicht zu überwinden ist, romreif machen muß und wird. Ich halte den Stapelschen Satz über das Gesetz Gottes für den vollzogenen Verrat am Evangelium. Ich meine, daß dieser Satz nun doch wieder und viel schlimmer, weil viel grundsätzlicher und viel konkreter als in der Ära Harnack-Troeltsch, die Aufrichtung des Menschgottes des 18. und 19. Jahrhunderts bedeute. Gogarten wird sich über mich so wenig wundern wie ich mich über ihn wundere. Die Sonne hat es ja bei mir wie bei ihm nur an den Tag gebracht. Wir sind jetzt beide klüger als wir vor dreizehn | Jahren oder noch vor einem Jahr waren. Das muß aber heißen: wir sind nun geschiedene Leute. Es hätte keinen Sinn mehr, sondern es könnte die theologische und kirchliche Öffentlichkeit nur noch irreführen und verwirren, wenn wir fernerhin nach außen eine Gruppe und Front darstellen wollten. Gogarten steht dort, wo E. Hirsch, wo Wobbermin, wo H. M. Müller, wo Fezer und Schumann, wo sie alle, alle stehen. Wer aber dort steht, mit dem kann und will ich nicht einmal scheinbar in einer Gruppe zusammenstehen und zusammenarbeiten. So wenig wie der Apostel Johannes, wenn die Nachricht stimmt, mit Kerinth zusammen in einer Badeanstalt sein wollte. Trotz oder gerade wegen seines: »Kindlein, liebet euch untereinander!«

Das ist meine Entscheidung hinsichtlich Gogartens und der Deutschen Christen. Ich nehme an, daß Gogarten selbst sie wenigstens formal verstehen und billigen wird. Sie ist aber nicht die Entscheidung des Schriftleiters und des Verlegers und sie ist, wenn nicht alles täuscht, auch nicht die Entscheidung des größeren Teiles der Leserschaft von ZZ. Ihre Entscheidung geht dahin, daß die kirchliche Krise dieses Jahres für ZZ keine Entscheidung notwendig mache, daß die Sonne in unserem Kreise nichts an den Tag gebracht habe, daß theologische Aufsätze auf der Basis jenes Stapelschen Satzes fernerhin ruhig neben einem Aufsatz wie etwa dem von mir über das erste Gebot in ZZ stehen und gelesen werden könnten, kurz, daß, als wäre nichts geschehen, in ZZ alles so weitergehen könne wie bisher. Das klassische Dokument dieser Entscheidung für die Nicht-Entscheidung war das Heft 4 dieses Jahrgangs. Auf Grund dieser Entscheidung muß ich meine Mitarbeiterschaft an ZZ als abgeschlossen ansehen. In einer Zeit wie der jetzigen, wo das Feld der Theologie und Kirche aus einem bloßen Manöverfeld zum Kriegsschauplatz geworden ist wie in den Zeiten, um die wir bis jetzt vorwiegend aus den Büchern wußten – in einer solchen Zeit müßte ich für den theologisch-kirchlichen Inhalt einer Zeitschrift, für die ich mich als Mitbegründer dem Inland und Ausland gegenüber haftbar fühle, die Verantwortung voll mitübernehmen können. Das kann ich aber nicht, wenn auch nur ein einziger von den Deutschen Christen oder den ihnen Nahestehenden fernerhin ebenfalls an dieser Zeitschrift mitarbeitet, wenn die Schriftleitung keinen Sinn dafür hat, daß es mit der Gemütlichkeit und Duldsamkeit nun für einmal vorbei sein muß, wenn ich also befürchten muß, im nächsten Heft z. B. irgend eine sanftkluge Verteidigung des | Arierparagraphen auf Grund der Schöpfungsordnungen als einen immerhin auch möglichen Beitrag zur »biblisch reformatorischen Einsicht« zu lesen zu bekommen. Weil ich das nicht kann und weil Schriftleitung und Verlag ihrerseits auch nicht anders können, darum muß ich von ZZ Abschied nehmen. Georg Merz will, wenn ich ihn recht verstehe, in der Gestaltung von ZZ im Kleinen die Situation wiederholen, die wir nun in der deutschen evangelischen Kirche im Großen vor uns haben: das interessante Nebeneinander von Ja *und* Nein. Ich meine, daß ZZ dies der »Christlichen Welt«, der »Zeitwende« oder ähnlichen Organen hätte überlassen dürfen. Ich meine, daß der Ort, von dem aus man solche Synthese für möglich hält, ein geschichtsphilosophischer und kein theologischer ist. Ich meine, wahrhaft kirchlich hätte unsere Zeitschrift in der heutigen Zeit nur dann sein können, wenn sie sich als ein bescheidener aber nicht zu durchbrechender Damm gegen die deutsch-christliche Überschwemmung bewährt hätte. Da das nicht möglich ist, kann ich, so leid es mir tut, nichts mehr mit ZZ zu tun haben. Ich will lieber gar nicht mehr gehört werden, als der Meinung Vorschub leisten, daß man fernerhin gemächlich mit dem einen Ohr mich und mit dem anderen Gogarten hören könne. Wer *das* will, der soll heute lieber gleich ganz und gar nur Gogarten hören. – Die Gründung und der Bestand von ZZ war ein Mißverständnis. Ein produktives Mißverständnis, so viel kann und darf man trotz allem schon heute sagen. Könnte man die Wege der Vorsehung einsehen, so dürften wir vielleicht sogar sagen: ein notwendiges Mißverständnis. Aber auf alle Fälle – der unversöhnliche Gegensatz zwischen Gogartens und meiner Arbeit, wie er nun am Tage ist, und noch mehr das Nichtverstehen zwischen Georg Merz und mir hinsichtlich des Ernstes jenes Gegensatzes beweist es – ein Mißverständnis. Mißverständnisse sind dazu da, um beseitigt zu werden. ZZ wird kein Mißverständnis mehr sein, nachdem ich mich davon zurückgezogen habe.

Erklärungen wie die hier abgegebenen pflegen nachher allerlei Deutungen ausgesetzt zu sein, mit denen man sich die Stellungnahme dazu vereinfachen zu können meint. Und wer kann sich wehren gegen Deutungen? Ich darf aber den

Deutern – es ist selbstverständlich, daß ich hier weder an Gogarten noch an Georg Merz denke – einige Warnungen mit auf den Weg geben.

Es werden etliche Lust haben, meinen Rücktritt von ZZ wie meine ganze Stellung zu der gegenwärtigen kirchlichen Krise auf | den Gegensatz meines reformierten zum lutherischen Bekenntnis zurückzuführen. Ich warne. Selbstverständlich bin ich reformiert. Aber der in der »Glaubensbewegung Deutsche Christen« kulminierende Neuprotestantismus zerstört das lutherische ebensowohl wie das reformierte Bekenntnis. Ein in seiner Weise so guter Lutheraner wie A. F. C. Vilmar hat einst in nicht ganz unähnlicher Lage ebensowenig mit sich markten lassen, wie dies mir jetzt möglich ist. Gute Lutheraner stehen heute nicht bei den Deutschen Christen, nicht bei den Vermittlern zwischen diesen und uns Anderen, sondern entschlossen bei uns Anderen! Und schlechte Reformierte genug stehen ganz oder halb bei den Deutschen Christen. Wenn irgend einmal der Augenblick zur Union zwischen den guten Lutheranern und den guten Reformierten (ich weiß, wie spärlich beide heute gesät sind) nämlich zur Union in einem neuen Kampfbekenntnis gegen die neueste Gestalt des altbösen Feindes, gekommen sein sollte, dann heute. Die ernsthaften Fronten laufen heute wirklich durch die Grenzen der beiden überkommenen Bekenntnisse quer hindurch.

Es werden etliche Lust haben, bei diesem Anlaß wieder und wieder Betrachtungen des Inhalts anzustellen, daß hinter meinem theologisch-kirchlichen Urteil entscheidend doch nur mein politisches Denken über die Vorgänge dieses Jahres stehe. Ich warne. Selbstverständlich habe ich darüber meine eigenen Gedanken. Aber wenn ich wirklich von daher zu interpretieren wäre, dann hätte ich wohl schwerlich den deutschen Religiös-Sozialen so gründlich das Konzept verdorben, wie dies schon 1919 nach dem unverdächtigen Zeugnis von Leonhard Ragaz geschehen ist, dann hätte meine theologisch-kirchliche Affinität zum Marxismus, Liberalismus etc. doch auch in den berüchtigten 14 Jahren irgendwie sichtbar werden müssen, dann müßten in dieser Zeit, und ich füge hinzu: auch in diesem Jahr 1933 meine politisch überwiegend ganz anders als ich eingestellten Zuhörer irgendetwas von diesem bösen kausalen Zusammenhang meiner Theologie gemerkt und sich entsprechend verhalten haben. Man beweise mir diesen Zusammenhang aus meinen Büchern, Aufsätzen und Predigten oder man frage, wenn man will, in Göttingen, Münster und Bonn nach, was ich in all den Jahren getan und nicht getan habe und dann – aber erst dann, setze man, wenn man kann und mag, das Reden über meine politischen Hintergründe fort. Bis dahin werde ich es für ein unter Männern unwürdiges Gerede halten. |

Und es werden etliche Lust haben, bei diesem Anlaß nochmals und nochmals darauf hinzuweisen, daß ich eben ein Schweizer und nicht, wie Hirsch so schön schrieb, »von der Wurzel bis zum Wipfel« ein Deutscher sei. Ich warne. Selbstverständlich bin ich ein Schweizer, nicht nur halb, sondern ganz, genau so wie ich nun ebenfalls nicht halb, sondern ganz zwölf Jahre lang mein Leben in Deutschland gelebt, meine Arbeit in Deutschland getan habe. Aber es gibt doch auch Schweizer, und zwar in der Schweiz lebende Schweizer, die nicht höher als auf Gogarten schwören und andererseits gute Deutsche, und zwar in Deutschland lebende Deutsche, die gar nicht daran denken, dies zu tun. Seit wann ist es üblich, den Heimatschein eines Menschen zum Argument in einer sachlichen Auseinandersetzung zu machen? Was gedenkt man eigentlich in der Sache, um die es heute in Theologie und Kirche geht, mit diesem Argument zu beweisen? Will man etwa mir und so und so viel geborenen Deutschen mit mir einreden, das echte Deutschtum fange erst mit dem Arianismus und mit dem Bekenntnis zur natürlichen Theologie an? Ein ernstes verantwortliches Mittragen des deutschen Schicksals müsse sich ausgerechnet in der Kniebeugung vor den Mysterien der Deutschen Christen oder doch in der Respektierung ihres angeblich berechtigten »Anliegens« erweisen? Ich weiß wohl, in welchem Stück ich ein Schweizer bin und mitten in der deutschen Theologie und Kirche auch total und unentwegt bleiben will – in dem nämlich, was bei dem sehr profanen Gottfried Keller zu lesen steht:

> Heil uns, noch ist bei Freien üblich
> Ein leidenschaftlich freies Wort!

Und ich meine allerdings, daß ich – wenn denn von meinem Heimatschein durchaus die Rede sein soll – meine Liebe zu Deutschland, meine Zugehörigkeit zu ihm nicht wohl besser beweisen kann als indem ich in diesem Sinn mitten in Deutschland aber im Unterschied zu vielen Deutschen ein – Schweizer bin. Man zeige mir, mit welchem Recht man mich deshalb erledigen will!

Dies an die Adresse der Leichtfertigen! – Ich weiß, daß auch Ernsthafte, auch Menschen, die sich der erwähnten, törichten Argumentationen enthalten werden, Menschen, die sich auch sachlich, auch gegenüber den Deutschen Christen, auch gegenüber den Vermittlern weithin mit mir eins wissen, über meine schroffe Haltung in der gegenwärtigen kirchlichen Lage und nun auch über diese meine besondere Absage den Kopf schütteln werden. Ich gebe zu, daß es auch im gegenwärtigen Augenblick angesichts der Verschiedenheit der Temperamente und Lebensführungen nicht ohne weiteres Jedermanns Sache sein kann, so scharf zu sein, wie ich es offenbar bin. Wenn man mir nur umgekehrt zeigen könnte, mit welchem inneren Recht man heute weniger scharf sein *darf!* Bis dahin möge man mir glauben, daß ich nicht nur der Sache, um die es uns allen gehen muß, sondern auch und gerade allen denen, denen es mit dieser Sache Ernst ist, ob sie mich in diesem Augenblick verstehen oder nicht, gerade damit Treue zu halten meine, daß ich jetzt scharf bin und also z. B., da ich ZZ nicht scharf machen kann, von ZZ Abschied nehme. Ich bin der Meinung, daß ich mit dieser *Tat* manchem deutlicher sagen kann, was ich sagen möchte, als wenn ich in ZZ im bisherigen Rahmen weitere *Worte* machen würde. Und ich bin der Hoffnung, daß dieser Schritt einmal auch denen als sinnvoll einleuchten wird, deren letzter Eindruck jetzt doch bloß der sein sollte, daß ich reichlich – eigensinnig sei.

Meine künftigen Veröffentlichungen werden bis auf weiteres in einer zwanglos erscheinenden Schriftenreihe unter dem Titel »Theologische Existenz heute« im Verlag Chr. Kaiser München erscheinen, die Eduard Thurneysen und ich herauszugeben schon begonnen haben.

Bonn, 18. Oktober 1933

DAS ERSTE GEBOT
ALS THEOLOGISCHES AXIOM (1933)

Man versteht unter einem *Axiom* einen Satz, der keines Beweises durch andere Sätze fähig, der eines solchen Beweises aber auch nicht bedürftig ist, weil er sich selbst beweist – einen Satz, der vielmehr umfassend und kräftig genug ist, die letzte entscheidende Voraussetzung zum Beweis aller anderen Sätze eines bestimmten wissenschaftlichen Bereiches zu bilden. Wenn es, wie der Titel meines Vortrages behauptet, auch ein *theologisches* Axiom gibt, so ist damit gesagt: auch die Theologie beruht hinsichtlich des Beweises ihrer Sätze auf einer letzten entscheidenden Voraussetzung, die als solche weder bewiesen werden kann noch bewiesen zu werden nötig hat, sondern die Alles zu ihrem Beweise Nötige selber sagt. Sie ist so genau angebbar wie das Axiom oder wie die Axiome irgendeiner anderen Wissenschaft. Die theologischen Sätze sind an ihr ebenso streng gemessen wie die Sätze jeder anderen Wissenschaft an ihren Axiomen: jeder theologische Satz steht unter der Frage, wie er sich zu dieser Voraussetzung aller theologischen Sätze verhält, das heißt, ob und wie er von ihr aus beweisbar, haltbar und also rechtmäßig ist.

Aber freilich: wer von einem *theologischen* Axiom redet und wer nun gar die bestimmte Angabe macht: das *erste Gebot* – das bekannte erste Gebot des Dekalogs – ist das theologische Axiom, der muß sich sofort darüber klar sein, daß er dem Begriff eine Füllung und einen Sinn gibt, den er so jedenfalls nur in der Theologie haben kann. Er wird im geringsten nicht meinen dürfen, mit der Wahl dieses Begriffes eine gemeinsame Plattform, einen »Anknüpfungspunkt« zu einem Gespräch mit dem Logiker, dem Mathematiker, dem Physiker gefunden zu haben. Er wird sich nicht wundern dürfen, diese seine Wahl vom Logiker, vom Mathematiker, vom Physiker her als einen unleidlichen Mißbrauch dieses Begriffes getadelt zu hören. Er wird ja schon, bevor dieser Einspruch erfolgt ist, wissen, daß die theologische Voraussetzung, daß das erste Gebot eine Instanz sui generis ist. Er wird ja den Begriff »Axiom« gewiß nicht darum zur Bezeichnung jener Instanz wählen, weil | er der Meinung wäre, daß diese Instanz unter diesen Begriff fiele, nicht darum, weil er diesem Begriff eine ihm von Haus aus eigene Ähnlichkeit mit jener Instanz, eine immanente Analogie zu ihr und also die Fähigkeit, diese Instanz zu begreifen, zuschreiben würde. Er wird ihn also nicht etwa um seiner Eignung willen wählen. Nicht *durch* den Begriff »Axiom«, sondern nur *an* ihm, und zwar *trotz* ihm, nur durch einen Einbruch in seinen allgemeinen Gebrauch, ja durch eine Umkehrung dieses Gebrauchs, sagen wir also ruhig: nur durch einen Mißbrauch dieses Begriffs kann versucht werden, die theologische Voraussetzung und ihre Bedeutung für die theologischen Sätze zu bezeichnen. Es verhält sich mit dem Begriff des Axioms wie mit allen Elementen der menschlichen Sprache, einerlei, ob sie dem philosophischen oder einem andern Bereich angehören: er hat an sich *keine* Analogie zu dem, was er im theologischen Gebrauch bezeichnen soll. Nur darum kann es sich handeln, daß er sie, daß er eine »Analogie des Glaubens« (Röm. 12,6) in diesem Gebrauch vielleicht *bekomme*. Kraft dieser empfangenen, nicht kraft einer immanenten Analogie mag er dann in der Tat zum »Anknüpfungspunkt« eines Gesprächs über die theologische Voraussetzung dienen. Gerade wenn das erste Gebot wirklich die theologische Voraussetzung sein sollte, ist mit aller Bestimmtheit dies vorauszuschicken – vorauszunehmen als eine Folgerung, die sich notwendig aus dieser Gleichsetzung selbst ergibt und an der wir uns den Sinn dieser Gleichsetzung sofort ein erstes Mal anschaulich machen: Was hier »Axiom« bedeutet, ist, ohne Rücksicht auf den allgemeinen Sinn dieses Begriffes, von der hier damit bezeichneten Sache her zu bestimmen. Denn: »Du sollst keine andern Götter neben mir haben!« Die Theologie ist nicht in der Lage, den Eigen-Sinn der Sprache an irgendeinem Punkte endgültig zu respektieren. Sie kann sie als Herrin unmöglich gelten lassen. Wir sagen also »Axiom«, weil die Sprache uns in diesem Begriff eine Gelegenheit bietet zu dem Versuch, zu sagen, was auch und gerade dieser Begriff an sich und in seinem allgemeinen Gebrauch *nicht* sagen könnte: was es auf sich hat um die schlechthin begründete und begründende theologische Voraussetzung. Und so steht es auch umgekehrt: Wer das, was da zu sagen versucht wird, wirklich hören sollte, der würde es nicht mittels dieses Begriffes in seinem allgemeinen Gebrauch hören, sondern durch Mißbrauch dieses Begriffes würde ihm eine Gelegenheit geboten sein, zu hören, was er mittels dieses Begriffes in seinem allgemeinen Gebrauch unmöglich hören könnte. |

Wir sprechen zuerst von der besonderen Füllung, von dem besonderen Sinn, den der Begriff »Axiom« dann bekommt, wenn wir die theologische Voraussetzung damit bezeichnen.

1. Das erste Gebot *»steht geschrieben«* im 20. Kapitel des Buches Exodus. Es ist dem theologischen Axiom wesentlich, daß es »geschrieben steht«, das heißt, daß es Bestandteil der Urkunde ist, auf die bezogen die Kirche in der Welt als Kirche existiert. Die Kirche existiert, indem sie diese Urkunde als das alleinige Zeugnis von Gottes alleiniger Offenbarung liest und verkündigt und wieder liest, verkündigt und liest und wieder verkündigt. In dieser Lebensbewegung der Kirche existiert auch die Theologie. Darum kann ihre Voraussetzung nur sein, was »geschrieben steht«; darum können ihre Sätze grundsätzlich nur Auslegung sein. Wir schlagen, indem wir hier und heute gerade das erste Gebot namhaft machen, eine ganz bestimmte Stelle dieser Urkunde auf, weil wir in ihr das theologische Axiom besonders deutlich zu hören meinen. Wir könnten es gewiß auch an andern Stellen hören. Wir könnten auch das Wort Joh. 1,14: »Das Wort ward Fleisch und wohnte unter uns und wir sahen seine Herrlichkeit«, wir könnten auch das Wort Matth. 11,28: »Kommet her zu mir alle, die ihr mühselig und beladen seid!«, wir könnten auch das Wort II. Kor. 5,19: »Gott war in Christus und versöhnte die Welt mit ihm selber« als das theologische Axiom angeben, weil alle diese Worte uns grundsätzlich nichts anderes zu hören geben als

das erste Gebot und weil im ersten Gebot nichts anderes gesagt ist, als was alle jene Worte an ihrem Ort und in ihrer Weise auch sagen. Wenn wir Ohren hätten, zu hören, würde uns gewiß jede Stelle jener Urkunde von der einen theologischen Voraussetzung reden. Aber die Beziehung, in der die Kirche existiert, ihre Beziehung zu jener Urkunde, wird doch wohl immer ihre Beziehung zu je einer ganz bestimmten Stelle in dieser Urkunde, zu einem bestimmten »Text« sein müssen, der jeweils heute und hier als pars pro toto zu ihr redet. Wir versuchen es heute und hier, gerade diese Stelle, gerade das erste Gebot als theologisches Axiom zu uns reden zu lassen. – Es dürfte nun deutlich sein, daß wir den allgemeinen Begriff des Axioms schon damit gesprengt haben, daß wir bei der Frage nach dem theologischen Axiom gerade von der Kirche aus fragen und darum so selbstverständlich gerade in jener Urkunde unsere Antwort finden. Den Axiomen im allgemeinen Sinn des Begriffes dürfte es gerade nicht wesentlich sein, daß sie irgendwo und daß sie in einer bestimmten, den Charakter einer Autorität besitzenden Urkunde »geschrieben stehn«. Ihnen dürfte es vielmehr wesentlich sein, daß sie, gleichgültig, ob und wo sie auch geschrieben stehen mögen, jedenfalls auch direkt, unmittelbar, allgemein auffindbar und gerade ohne formale Autorität einleuchtend sind. Das erste Gebot, das theologische Axiom aber ist nicht direkt, nicht unmittelbar, nicht allgemein auffindbar, es »steht geschrieben«, und nur so und darin ist es Axiom, daß es geschrieben steht: geschrieben für eine Kirche, für die es Autorität hat und die schlechterdings darin und nur darin existiert, daß sie dieses Geschriebene liest und verkündigt.

2. Das erste Gebot steht geschrieben als Bericht über ein *zeitliches Ereignis*, nämlich als eine Anrede einer Person an eine andere Person: »Und Gott redete alle diese Worte: *Ich* bin der Herr *dein* Gott! *Du* sollst keine andern Götter neben *mir* haben!« In solcher Anrede: Ich – du! tritt Gott auf den Plan, wird das theologische Axiom aufgerichtet. Was immer wir über Gottes Ewigkeit zu wissen meinen – es wird uns, wenn wir hier verstehen wollen, nicht veranlassen dürfen, von dem

Ereignischarakter dieses Axioms auch nur ein Jota abzustreichen. Nicht von einer zeitlosen *Beziehung*, sondern von einer in der Zeit sich abspielenden *Geschichte* zwischen Gott und Mensch ist hier die Rede. Ein Denken sub specie aeterni hilft zwar hier gar nicht. Daß das Wort Fleisch ward, daß Gott menschlich zum Menschen redet, in der Seinsweise des Menschen also und in der Zeit, das ist der Sinn schon des Buches Exodus. Nicht indem wir die zeitlose Wahrheit dieses zeitlichen Ereignisses zu erhaschen suchen, sondern indem wir diesem zeitlichen Ereignis als Hörer des geschriebenen ersten Gebotes *gleichzeitig* werden, verstehen wir das theologische Axiom. Wer sich in *seiner* Zeit dieselbe zeitlich bestimmte Anrede Gottes gefallen lassen muß, die sich der Israelit am Sinai zu *seiner* Zeit wohl oder übel gefallen lassen mußte, der und nur der versteht das theologische Axiom. Man versteht es auf keinen Fall als Zuschauer und Beurteiler dieses zeitlichen Ereignisses. – Vom Axiom im *allgemeinen* Sinn des Begriffes wäre offenbar zu sagen, daß *seine* Wahrheit und Geltung an eine solche Anrede, an ein solches Ich-du, an ein solches zeitliches Ereignis auf keinen Fall gebunden ist. Sie kann gar nicht durch eine Anrede von Person zu Person vermittelt werden, sondern sie wird entweder unmittelbar oder gar nicht erkannt. Sie leuchtet durch sich selbst ein, und sie leuchtet zeitlos ein, ganz unabhängig von dem Ereignis ihrer Erkenntnis. Das Ereignis, die Geschichte, kann hier nur »Vehikel« sein, wie das 18. Jahrhundert sagte. Überall, wo angeblich letzte Wahrheit in dieser Weise *ungebunden* ist, *abstrahierbar* von den Personen und von der Zeit in sich selber ruhend, da haben wir es, auch wenn sie sich als religiöse, als christliche Wahrheit ausgibt, mit Axiomen im allgemeinen Sinne des Begriffes, nicht mit dem theologischen Axiom zu tun. Das theologische Axiom erkennt man daran, daß es nur in dem Augenblick, dem zeitlichen Augenblick seiner Offenbarung von Person zu Person und also nur für ein durch diesen Augenblick bestimmtes und gebundenes Denken Wirklichkeit und Geltung besitzt. Es ist die Ewigkeit des Wortes, das sich, wie geschrieben steht, in unser Fleisch und also in die Zeit verborgen hat und immer wieder verbirgt.

3. Wir können das erste Gebot, wenn wir es in dem biblischen Zusammenhang verstehen wollen, und wir können also das theologische Axiom wirklich nur als das, als was es sich gibt, nämlich als *Gebot*, verstehen. Es ist wesentlich nicht nur eine Mitteilung Gottes über sich selbst: etwa über seine Einzigkeit, etwa darüber, daß es neben ihm keine Götter gebe. Es ist nicht bloß eine Offenbarung göttlicher Wahrheit. Sondern es ist wesentlich ein *Befehl* Gottes an den von ihm einzeln angeredeten Menschen in Israel. Gott *bezeichnet* sich nicht nur als der Herr, sondern er *benimmt* sich als solcher, indem er fordert, gebietet, verbietet: »Du sollst keine andern Götter neben mir haben!« Man darf auch von diesem göttlichen Sichbenehmen, von diesem faktischen Herrsein Gottes keinen Augenblick abstrahieren. Das theologische Axiom ist wesentlich eine göttliche Stellungnahme. Damit ist nun aber auch die Erkenntnis des theologischen Axioms durch den Menschen wesentlich als eine bestimmte Stellungnahme qualifiziert. Hört er nicht, was ihm gesagt wird, dann wird das nicht nur heißen, daß er sich irrt, sondern daß er ungehorsam ist. Hört er, was ihm gesagt wird, so wird das nicht nur heißen, daß er richtig verstanden, sondern daß er gehorcht habe. Es wird zuerst und entscheidend das heißen: Gehorsam oder Ungehorsam. Die göttliche Wahrheit, die ihm durch das Gebot freilich auch gesagt wird, kommt – wenn sie zu ihm kommt – zu ihm durch eine göttliche *Entscheidung* und so oder so in einer darauf antwortenden *menschlichen* Entscheidung. – Auch das ist eine dem allgemeinen Begriff des Axioms fremde Bestimmung. Ein Axiom im allgemeinen Sinne des Begriffes bedarf, um einleuchtend zu sein, keines göttlichen Befehls, und ebensowenig wird seine Erkenntnis oder Nichterkenntnis als Gehorsam oder Ungehorsam zu verstehen sein. Sondern es wartet irgendwo – in den Dingen selbst oder in der menschlichen Vernunft? wir müssen die Frage den Philosophen überlassen – es wartet irgendwo im Bereich des Menschen darauf, vom Menschen entdeckt und gewürdigt zu werden. Je im Akt dieser grundsätzlich jedem Menschen als solchem möglichen Würdigung bekommt und hat es für uns Geltung, ist es ἀξίωμα.

Seine Geltung ist also zugleich ein Triumph menschlicher Freiheit. Die Wahrheit des theologischen Axioms aber liegt im göttlichen Bereich und darum ist auch seine Geltung ein Triumph *göttlicher* Freiheit und eine Sache menschlichen *Gehorsams* oder *Ungehorsams*. Indem ich die Geltung eines Axioms im allgemeinen Sinne des Begriffes erkenne und anerkenne, verwirkliche ich meine Menschenwürde. Ich selbst wage jetzt diese und diese letzte Voraussetzung, stoße da und da vor zu den Grenzen der Humanität. Anerkenne ich die Geltung des theologischen Axioms, so anerkenne ich, nicht in Verwirklichung, sondern in einer mir widerfahrenden Einschränkung meiner Menschenwürde, daß ich selbst Gegenstand einer Voraussetzung bin. Dort *bin* ich Herr, hier *habe* ich einen Herrn. Wohl verstanden: Ich weiß dann nicht nur, daß es einen Herrn gibt; ich kenne ihn dann nicht nur, sondern ich habe ihn. Ich habe ihn, indem er befiehlt und indem ich gehorche. Ja, ich habe ihn auch dann, wenn ich nicht gehorche. Ich habe ihn dann eben so, wie auch ein ungehorsamer Knecht seinen Herrn hat. Wollten wir das theologische Axiom anders haben als so, anders denn als einen ergehenden Befehl, dem wir gehorsam oder ungehorsam sind, dann würden wir es nicht so haben, wie es geschrieben steht. Wir würden dann gewiß nicht das theologische Axiom, sondern irgendein anderes Axiom haben.

4. Es ist eine wesentliche Eigentümlichkeit des ersten Gebotes, daß der, der dieses Gebot gibt und der sich der Herr nennt, zu dem, dem er es gibt, in dem Verhältnis des *Befreiers* zum Befreiten, des *Erretters* zum Erretteten steht. »Ich bin der Herr dein Gott, der ich dich aus Ägyptenland, dem Diensthause, geführt habe.« Auch diese Vorgeschichte des Gebotes ist nicht etwa zufällig. Auch von ihr kann nicht etwa abstrahiert werden. Wer der Gott ist, der im ersten Gebot persönlich mit seinem Befehl auf den Plan tritt, das ergibt sich vielmehr entscheidend aus dieser Vorgeschichte seines Befehlens. Er ist der Erlöser Israels und so jedes einzelnen Israeliten. Er hat – in seiner Freiheit, aber wir müssen nun deutlich sagen: in der Freiheit seiner Barmherzigkeit – Israel erwählt unter den

Völkern. Er hat einen Bund zwischen sich und ihm aufgerichtet, und er hat diesen Bund seinerseits bereits gehalten und bewährt. Israel existiert kraft dieses von seinem Gott aufgerichteten und schon gehaltenen Bundes. | Der Gott des ersten Gebotes ist also der Gott des Menschen, den er in diesem Gebot anredet, weil und indem er der mächtige und gnädige Gott Israels ist. Er ist, wie Calvin sagt, der Deus ecclesiae (Instit. II 8,14). Als solcher sagt er: Ich und du, als solcher nennt er sich den Herrn und verhält er sich als Herr. Er war schon auf dem Plan in seiner Wundertat an einem elenden, verlorenen Volk, an einem Volk, das es in keiner Weise verdient hatte, dieses Gottes Volk zu sein. Er hatte sich schon erwiesen, mit Luther zu reden, als »der ein ewiger Quellbrunn ist, der sich mit eitel Güte übergeußet und von dem alles, was gut ist und heißet, ausfleußt« (WA. 30 I, 136,1). Dann und darauf hin tritt er mit seinem Gebot auf den Plan. Seine schon erwiesene Güte ist die Kraft des Gebotes. Sein Gesetz steht keinen Augenblick für sich und auf sich selbst. Es steht in und auf dem Evangelium von seiner geschehenen Hilfe im Tode, das als solches die Verheißung neuer Hilfe ist. »Ich bin der Herr, *dein* Gott«. *Dein* Gott, das heißt der Gott, der als solcher schon an dir gehandelt hat, befiehlt: »Du sollst keine andern Götter neben mir haben!« »Vergiß nicht, was er dir Gutes getan hat« (Ps. 103,2). Um dieses Nichtvergessen handelt es sich beim Gehorsam, um dieses Vergessen beim Ungehorsam gegen dieses Gebot. Gehorsam ist Dankbarkeit, Ungehorsam ist Undankbarkeit. Das theologische Axiom läßt sich nicht lösen aus diesem soteriologischen oder, sagen wir gleich konkret: aus diesem christologischen Zusammenhang. Die Offenbarung geschieht in der Versöhnung, in dem von Gott aufgerichteten und gehaltenen Bund zwischen ihm und den Menschen. Sie geschieht durch Sündenvergebung, Rechtfertigung und Heiligung. Auch als Offenbarung des Gesetzes! *Jesus Christus* ist der Sinn des Sinaigesetzes, sofern es Gottes Offenbarung ist. – Der allgemeine Begriff des Axioms versagt hier völlig. Was sollte die Geltung und Erkenntnis eines logischen und mathematischen Axioms mit göttlicher Wahl, Bundesschließung, Gnade, Sündenvergebung zu tun haben? Es ist sicher nicht darum und darin Axiom, daß Jesus Christus gestorben und auferstanden ist. Ihm ist es vielmehr gerade wesentlich, *keine* solche Vorgeschichte zu haben. Sondern in der ihm immanenten Kraft und Bedeutung, von Haus aus, unabhängig von Gottes Gnade oder Zorn und ohne Beziehung zu des Menschen Heil oder Unheil, hat es immer und überall Geltung, kann es in seiner Geltung immer und überall erkannt werden. Von gewissen, angeblich der sittlich-politischen Geschichte zu Grunde liegenden Axiomen ist offenbar Ähnliches zu sagen. Man nimmt sie in der heutigen Theologie mit | merkwürdigem Eifer als »Schöpfungsordnungen« in Anspruch. Das theologische Axiom aber gilt und wird erkannt im regnum gratiae und eben darum in der Kirche, wo die Botschaft von diesem Reich gehört, geglaubt und verkündigt wird. Ein Axiom, das man abstrakt aus der Schöpfung meint ablesen zu können, ist, was es auch sein mag, sicher nicht das Gebot Gottes, nicht *theologisches* Axiom. Das theologische Axiom ist das Wort, das Gott an die Seinigen, an seine Erwählten und Berufenen richtet. Subest locutioni relatio (Calvin l. c.).

Das erste Gebot lautet: *»Du sollst keine andern Götter neben mir haben!«* Was heißt das? Was heißt »andere Götter«? Ein Gott ist nach Luthers, die Meinung des biblischen Textes sehr genau treffender Erklärung dasjenige, worauf ein Mensch sein Vertrauen setzt, dem er Glauben schenkt, von dem er erwartet, daß er ihm gebe, was er liebt, und ihn bewahre vor dem, was er fürchtet. Ein Gott ist das, woran ein Mensch sein Herz hängt. Luther hat hinzugefügt, daß ebensowohl Geld und Gut, Kunst, Klugheit, Gewalt, Gunst, Freundschaft und Ehre wie die Abgötter des Heidentums und die Heiligen des Papsttums und nicht zuletzt des Menschen gute Werke, seine eigenen sittlichen Leistungen in diesem Sinne wirklich Götter sein könnten. Immer da, wo das Herz eines Menschen, also immer da, wo der Grund seiner letzten eigentlichen Zuversicht und Hoffnung, das primum movens seiner Lebensbewegung, aber auch das Fundament seiner Lebensruhe ist, immer da ist auch in aller Wirklichkeit sein Gott. Das Gebot sagt nämlich nicht, daß es keine andern Götter gebe neben dem, der da gebietet. Oder vielmehr: es sagt das nur – und das ist etwas anderes – indem es *verbietet*, andere Götter *neben* Gott zu haben. Es legt nicht dazu die Hand auf den Israeliten, um ihn darüber aufzuklären, daß sein Gott der einzige Gott sei. Man darf die Einzigkeit eines höchsten Prinzips aller Dinge, auch wenn dieses höchste Prinzip mit dem Namen Gottes bezeichnet wird, jene Einzigkeit, über die der Mensch allenfalls aufgeklärt werden kann, mit der Einzigkeit Gottes, wie sie hier offenbart wird, nicht verwechseln. Gerade jenes Einzige, ob es nun das höchste Sein oder der absolute Geist oder auch Gott genannt werde, über das der Mensch allenfalls aufgeklärt werden kann, dürfte vielmehr zu den andern Göttern gehören, die neben Gott zu haben durch das Gebot verboten sind. Das Gebot sagt von diesen andern Göttern gar nicht einfach, daß sie keine Wirklichkeit hätten. Es setzt bekanntlich vielmehr voraus, daß sie eine bestimmte Wirklichkeit hätten, so gewiß es voraussetzt, daß es Völker | gibt, die sie als Götter *haben*, die diesen Göttern ihr *Herz* schenken. Wo das geschieht, *da sind* eben Götter. Das Gebot legt aber die Hand auf den Israeliten, es isoliert ganz Israel als solches gegenüber diesen Völkern mit der Forderung, diese andern Götter trotz ihrer Existenz nicht etwa neben dem Gott Israels, dem Deus ecclesiae, neben dem Ich, das den Israeliten als du anredet, neben dem Gott, der Israel aus Ägypten geführt, *auch* als Gott zu haben, also für Gott zu halten. Der Israelit soll sein Herz nicht zwischen seinem Gott und jenen Göttern *teilen*. »Bete sie nicht an und diene ihnen nicht!«, wie es nachher heißt. Die Offenbarung der Einzigkeit Gottes im ersten Gebot ist kein Theorem, sondern ein Sicherheben *eines* Gottes, des Deus ecclesiae mitten heraus aus der zunächst als unbestreitbar wirklich anerkannten Vielheit der Götter, sein Griff nach bestimmten Menschen: *Ich* bin euer Gott, und *weil* ich es bin, kann und will nur ich *allein* es sein. In dieser herrischen, exklusiven Handlung an diesen Menschen, in diesem einzigartigen Gebaren existiert dieser Gott und offenbart er sich als der einzige Gott und alle andern Götter in ihrer ganzen vor seiner Offenbarung versinkenden Wirklichkeit als Nichtse. Und darin, daß ihm, ihm ganz allein, Furcht, Liebe und Vertrauen entgegengebracht wird, darin und nur darin wird er als der einzige Gott und werden neben ihm alle andern Götter trotz und in ihrer Wirklichkeit als Nichtse erkannt von diesen Menschen.

Uns beschäftigt ein bestimmter kleiner Ausschnitt aus der Bedeutung dieses Gebotes: seine Bedeutung für die *Theologie*. Theologie ist der mit den Mitteln des menschlichen Denkens und der menschlichen Sprache unternommene Versuch einer wissenschaftlichen Klärung der Frage nach dem Grund und Gesetz der Kirche und ihrer Verkündigung. So steht sie von Haus aus im Bereich der Heiligen Schrift und damit des ersten Gebotes. Dort, wo in andern Wissenschaften die Axiome stehen, steht in der Theologie vor allem theologischen Denken und Reden, an seiner Quelle oder Wurzel, begründend und kritisch, aber wie wir sahen: ganz anders begründend und kritisch als alle andern Axiome, der Befehl: Du sollst keine andern Götter neben mir haben! Theologisch verantwortlich denke und rede ich dann, wenn ich mich bei dem, was ich als Theologe denke und rede, diesem Befehl gegenüber verantwortlich weiß und wenn ich diese meine Verantwortlichkeit kenne als Verantwortlichkeit gegenüber einer Instanz, von der es keinen Appell an eine andere höhere gibt, weil sie selbst die letzte und höchste, die schlechthin entscheidende Instanz ist. | »Du sollst keine andern Götter neben mir haben!« Nichts ist weniger selbstverständlich als dies, daß gerade die Theologie wirklich keine andern Götter hat *neben* dem Deus ecclesiae! Es ist ja heute so wenig selbstverständlich, wie am Sinai oder wie an dem Morgen, da Jesus Christus auferstand von den Toten: daß dieser Gott sich erhebt und sich hören läßt: Ich bin der Herr dein Gott! und die andern Götter zu Nichtsen macht und daß dieser Gott unser Herz so gefangen nimmt, daß wir gerade *ihn* fürchten, *ihn* lieben, *ihm* vertrauen müssen. Auch und gerade die Theologie ist immer wieder gefragt: wo sie nun eigentlich ihr Herz, ihre Anliegen, ihr Interesse habe, und ob ihr Herz nicht etwa heimlich ein zwischen diesem Gott und den andern Göttern geteiltes Herz sein möchte. Sie ist zum Beispiel gefragt nach dem bei ihrer Arbeit vorausgesetzten Begriff vom höchsten *Gut* oder vom höchsten *Wert*. Sie ist gefragt nach der *Quelle*, aus der sie ihre Sätze ableitet. Sie ist gefragt nach dem Maßstab der *Gewißheit*, die sie ihren Sätzen beilegt. Sie ist gefragt nach dem praktischen *Motiv*, nach der *Absicht*, in der sie gerade diese Sätze und diese gerade so und so bildet. Sie ist gefragt, wo sie eigentlich herkommt und wo sie eigentlich hin will. Und auf allen Seiten werden andere Götter, andere Gründe und Gegenstände der Furcht, der Liebe und des Vertrauens neben dem Deus ecclesiae auch und gerade für die Theologie sehr ernsthaft in Betracht kommen. Sollte die Theologie wirklich an dem einen dünnen Faden hängen, den wir vorhin beschrieben haben: an dem geschriebenen Bericht von dem zeitlichen Ereignis eines Befehls des in Jesus Christus barmherzigen Gottes? Alle Theologie meint und behauptet natürlich »irgendwie« an Gott zu hängen. Aber wird dieser und nur dieser, der hier und so sich offenbarende Gott der Gott sein, an dem sie hängt? Sollte sie wirklich hier und nur hier den höchsten Wert, die Erkenntnisquelle, das Gewißheitskriterium, ihr praktisches Motiv erkennen müssen? Man braucht die Frage bloß zu stellen, um zu verstehen, daß in der Theologie zu allen Zeiten geseufzt und geklagt worden ist über die schwer erträgliche Enge ihrer Situation, über die gefährliche Isolierung, in der sie sich befinde, über die Bedenklichkeit, taub bleiben zu sollen gegenüber den Stimmen des bewegten, schönen und tiefen Lebens, gegenüber der Fülle der andern, der allgemeinen Axiome rings um sie her, die alle in ihrer Art zu rufen scheinen: Introite nam et hic dii sunt! Sollte Gott nicht größer und reicher sein als so? Sollte er durch Kirchenmauern, sollte er durch ein Buch, sollte er durch die Ereignisse der Jahre 1-30, sollte er | durch die Offenbarung und den Glauben des alten und des neuen Israel beschränkt sein? Arme Theologie, die einen so kleinen Gott hat! Arme Theologie, die so einem auf die Spitze gestellten Kegel gleichen muß! Wer kann uns hindern, so zu klagen und zu fragen?

Wer kann uns hindern, hier nach Abhilfe zu suchen? Das Wort »Gott« ist geduldig wie alle Worte. Es steht uns gewiß frei, bei diesem Worte polytheistisch an dies und das und vielleicht auch monotheistisch an *alles* zu denken, was uns wahr, groß und verehrungswürdig erscheinen mag. Und es mag uns dann auch freistehen, eine entsprechende Theologie zu treiben: je nach Bedürfnis und Neigung ausgerichtet nach *diesem* Wert und sich nährend aus *jener* Quelle, die Gewißheitsfrage *so* beantwortend und getrieben von *jenen* praktischen Absichten. Der freie Mensch kann alles. Das ist's, was die neuere protestantische Theologie, die Theologie seit der Wende vom 17. zum 18. Jahrhundert gut, nur zu gut begriffen hat. Sie meinte besser als jede frühere Theologie zu wissen, daß es doch wirklich recht schwer sei, der Philosophie, der Geschichts- und Naturwissenschaft und so vielen anderen Errungenschaften der modernen Welt gegenüber mit Gott und seinem Wort in jenem engen exklusiven Sinne des Begriffes so ganz allein zu stehen. Und sie meinte mehr als jede frühere Theologie rings um sie her Möglichkeiten und Notwendigkeiten, Wahrheiten und Wirklichkeiten, »Anliegen« und Bedürfnisse entdeckt zu haben, so beachtlich, so wichtig, so ernst, daß sie sich ihnen nicht entziehen, daß sie ihnen ihr Herz schenken, daß sie sie faktisch als zweite, dritte, vierte Offenbarung neben der ersten anerkennen zu müssen meinte. So sagte das 18. Jahrhundert: Offenbarung *und* Vernunft. So sagte Schleiermacher: Offenbarung *und* religiöses Bewußtsein. So sagten A. Ritschl und die Seinen: Offenbarung *und* Kulturethos. So sagten Troeltsch und die Seinen: Offenbarung *und* Religionsgeschichte. Und so sagt man heute von allen Seiten: Offenbarung *und* Schöpfung, Offenbarung *und* Uroffenbarung, Neues Testament *und* menschliche Existenz, das Gebot *und* die Ordnungen. Die Freiheit zu solchen Entdeckungen und die Aufrichtigkeit, der Scharfsinn und die Frömmigkeit, in der sie gemacht wurden und noch werden, sind nicht zu bestreiten. Man kann sich auch nicht einfach mit dem ersten Gebot bewaffnen und feststellen, daß es in der neueren protestantischen Theologie übertreten worden sei und noch werde. Richter kann und wird hinsichtlich des ersten wie hinsichtlich aller Gebote nur der Gesetzgeber selber sein. Er allein weiß, ob der Mensch ihm sein | Herz und ob er ihm sein ganzes oder ein geteiltes Herz zu schenken bereit ist. Man kann nur *fragen*. Sich selbst und die ganze moderne Theologie des »und« fragen, ob gegen jene Freiheit, gegen jenes »und« angesichts der Verantwortlichkeit der Theologie vor dem ersten Gebot nicht mindestens ein schweres Bedenken bestehen möchte. Ich sehe zum Stellen dieser Frage folgende konkrete Anlässe:

1. Wenn die Theologie, wissend um ihre Verantwortlichkeit, es für nötig hält, den Begriff der Offenbarung mittels des auf alle Fälle folgenschweren Wörtleins »und« zu einer andern aus irgendeinem Grund für wichtig gehaltenen Instanz in Beziehung zu setzen, dann wird sich diese Verantwortlichkeit dahin zeigen, daß sie in merklich erhöhtem Ernst und Interesse von der Offenbarung, und nur beiläufig und um der Offenbarung willen von jener andern Instanz reden wird. In der merklich ungleichen Verteilung ihres Eifers und ihres Pathos wird sie zeigen, wo sie ihr Herz, wo sie ihren Gott hat: daß sie ihn da hat, wo er in seinem Gebot sich selber hingestellt hat. Es ist bei den Reformatoren, die bekanntlich der Natur, dem Naturrecht und der natürlichen Religion nicht jede Anerkennung versagt haben, ganz klar, wo sie bei ihrer Frage nach dem Grund und Gesetz der Kirche ihr Herz und also ihren Gott haben. Es ist aber in der neueren protestantischen Theologie von Buddeus und Pfaff bis und mit Hirsch und Althaus, Gogarten und Brunner nicht klar, ob ihr Eifer und ihr Pathos nicht vielmehr jener andern Instanz gilt. Wo wird sie gesprächig, zornig und freudig, nachdrücklich und eindrücklich, diese Theologie? Wo schlägt sie ihre Entscheidungsschlachten? Wir hören sie immer da am lautesten, eindringlichsten und feierlichsten reden, wo sie auf die mit dem Wörtlein »und« mit der Offenbarung in Beziehung gesetzten Dinge zu sprechen kommt. Mit der Apologie einer bestimmten kleinbürgerlichen Moral fing es im 18. Jahrhundert an, mit der Apologie von Volkstum, Sitte und Staat scheint es heute endigen oder vielmehr noch nicht einmal endigen zu

wollen. Wäre es nicht umgekehrt am Platze, gerade da tonlos und beiläufig zu reden? Zum Zeichen, daß wirklich keine »andern Götter« auf dem Plane sind, daß das Herz ungeteilt bei dem einen Gott ist?

2. Wenn die Theologie es, wissend um ihre Verantwortlichkeit gegenüber dem ersten Gebot, in der Tat nicht unterlassen kann, indem sie von der Offenbarung redet, auch vom Menschen, von Vernunft und Erfahrung, von Geschichte und geschöpflicher Existenz und dann gewiß auch von Volkstum, Sitte und Staat zu reden, dann wird sich diese Verantwortlichkeit darin zeigen, daß sie jene andern Instanzen nach Maßgabe der Offenbarung und nicht etwa die Offenbarung nach Maßgabe jener andern Instanzen interpretieren wird. Sie wird nicht mit einem auf der Erde aufgestellten Scheinwerfer den Himmel abzuleuchten suchen, sondern sie wird versuchen, die Erde im Lichte des Himmels zu sehen und zu verstehen. Ich darf daran erinnern, wie wir es vorhin versucht haben, den Begriff des theologischen Axioms nicht etwa vom allgemeinen Begriff des Axioms, sondern eben vom göttlichen Gebot aus, in seiner uns schlechterdings vorgeschriebenen Struktur zu bestimmen. Wieder kann man bei den Reformatoren seiner Sache dahin sicher sein, daß sie trotz ihrer gelegentlich und beiläufig betriebenen natürlichen Theologie »keine andern Götter haben«, das heißt an keiner wichtigen Stelle die Offenbarung durch die Vernunft und durch die Natur oder durch die Geschichte richten lassen, sondern immer umgekehrt. Diese Sache ist es, deren man in der neueren protestantischen Theologie nicht ebenso sicher ist. Was helfen die stärksten und ehrlichsten Beteuerungen über die ausgezeichnete, ja einzigartige Bedeutung der biblischen Offenbarung, wenn diese Einzigartigkeit schon durch die angewandte Methode der Interpretation dieser Offenbarung fraglich gemacht wird? Hat diese Theologie nicht von Anfang an aus dem Gebrauch der Vernunft zum Verständnis dieser Offenbarung eine Kontrolle dieser Offenbarung durch die Vernunft und schließlich aus der Vernunft den Rahmen, das Schema gemacht, nach Maßgabe dessen sie diese Offenbarung allein als solche aner-

kennen sollte? War es bei Kant nicht so, daß der Name Gottes gerade nur noch das und beileibe nicht mehr sagen *durfte*, als er auf Grund des Verständnisses: daß er auf alle Fälle eine Idee der praktischen Vernunft sein müsse, sagen *konnte?* War es bei Schleiermacher nicht so, daß er Christus schlechterdings von der selbständig entdeckten Instanz »Religion« aus meinte verstehen zu sollen? Sind es heute nicht ebenfalls die selbständig im voraus festzustellenden und zu bestimmenden Instanzen Uroffenbarung, Schöpfungsordnung, menschliche Existenz, die im ganzen und im einzelnen das Konzept, den Grundriß, die Systematik für die theologische Lehre des 2. und 3. Artikels abgeben sollen? Welches Gesetz wird uns heute als der »Pädagoge auf Christus« empfohlen? Das Gesetz vom Sinai? Das Gesetz, das mit dem Evangelium von Hause aus eins ist? Das Gesetz, das zu *Christus* führt, weil auch es von Christus *kommt?* Oder ein anderes, vielleicht aus der Verfassung der griechischen Polis oder eines Negerstammes oder aus der | Ideologie des deutschen Mittelalters abgelesenes, vielleicht auch in freiem Raisonnement über das Dasein und die Bestimmung des Menschen gewonnenes Gesetz? Wird es noch das Evangelium sein, das nach all diesen natürlich vorgenommenen Schulmeistereien endlich und zuletzt auch zu Worte kommt? Und wenn das trotz allerlei sehr glücklicher und sehr dankenswerter Inkonsequenzen weithin mindestens problematisch ist, muß man dann nicht fragen, ob hier nicht doch so etwas wie »andere Götter« neben dem Deus ecclesiae zur Diskussion zugelassen worden sein sollten?

3. Wenn die Theologie, wissend um ihre Verantwortlichkeit gegenüber dem ersten Gebot, die Offenbarung in Beziehung sieht – und denkend und sprechend in Beziehung *setzt* (in Beziehung setzen *muß!*) – zu Vernunft, Existenz, Schöpfung oder wie die andere Instanz nun heißen mag, dann wird sich diese Verantwortlichkeit auf alle Fälle darin zeigen, daß es in dieser Beziehung, wie sie sie auch sehen und verstehen möge, unter allen Umständen keine Möglichkeit der Vermischung oder Vertauschung, keine Möglichkeit einer Identifizierung der beiden Begriffe geben wird. Calvin hätte noch zehnmal ausführ-

licher und nachdrücklicher vom semen religionis im Heiden usw. sprechen können, als er es Instit. I, 1-5 tatsächlich getan hat, wir könnten uns bei ihm doch darauf verlassen, daß irgendeine Umkehrung zwischen diesem natürlichen »Unten« und dem »Oben« der Gnade, der Prädestination, des Wortes Gottes und des Heiligen Geistes, des Glaubens usw. bei ihm *nicht* vorkommen wird. Er hat eben an den Möglichkeiten und Wirklichkeiten, die er auch dem gefallenen Menschen nicht absprechen will, tatsächlich »keine andern Götter«; sein Herz hängt *nicht* an ihnen; eine Apologie anderer Anliegen *gegenüber* dem der Kirche und darum eine andere Aufgabe der Theologie kommt bei ihm *nicht* in Betracht und darum bleiben bei ihm Rechtfertigung und Glaube an *ihrem*, die Gaben des natürlichen Menschen ebenso streng an *ihrem* Ort. Und ich brauche nicht zu sagen, daß Luther hier selbstverständlich ebenso reinlich ist. In der protestantischen Theologie von 1700 ab aber ist gerade hier alles ins Wanken und Schwanken gekommen. Endigte die Diskussion des 18. Jahrhunderts nicht damit, daß die Wegscheider und Genossen, den großen Kant verstehend oder auch mißverstehend, die Offenbarung fröhlich in der Vernunft aufgehen ließen, die Vernunft selber für die wahre Offenbarung erklärten? Ist die Offenbarung bei Schleiermacher mehr als eine Bestimmung des frommen Selbstbewußtseins, und ist sie bei den Theologen aus der Schule Hegels mehr als ein Teil der Selbstbewegung des ab|soluten Geistes? Verschwindet sie bei Ritschl nicht in der Kultur und bei Troeltsch und den Seinen in der allgemeinen Religions- und Geistesgeschichte, bei Holl und Hirsch im Gewissen und bei Bultmann in einem bestimmt interpretierten Dasein? Ich muß auch gegenüber Brunner und Gogarten fragen: Ist nun eigentlich »Gott« mehr als ein anderes Wort für den Nächsten? Das Gebot mehr als ein anderes Wort für die Ordnungen? Die Rechtfertigung mehr als ein anderes Wort für das Leben in diesen Ordnungen? Und gegenüber Bultmann: Ob Theologie und Anthropologie nun wirklich auswechselbare Begriffe sein sollen? Wo man in der Theologie mit dem arbiträren Begriff einer aus der Schöpfung zu vernehmenden, das heißt mittels irgendeiner mehr oder weniger klugen Exegese unserer Existenz zu erkennenden besonderen ersten Offenbarung ernst gemacht hat, da hat das noch immer zur Folge gehabt, daß *die* Offenbarung, von der das *erste Gebot* redet, zu einem Parergon, zu einem bloßen Schatten wurde. Ich weiß nicht, wie ich das, was in Gogartens Buch »Ich glaube an den dreieinigen Gott« aus dem 2. und 3. Artikel und in Brunners Ethik aus der Rechtfertigung wird, anders nennen soll. Und es wäre doch wohl zu fragen, ob das möglich wäre, wenn man nicht in jener angeblichen Schöpfungsoffenbarung, mag man lange beteuern, daß man sie selbstverständlich als Offenbarung des einen einzigen Gottes verstehe, tatsächlich doch mächtige, herrschsüchtige, ihrerseits exklusive »andere Götter« auf den Plan gerufen und ihnen mindestens einen Teil seines »Herzens« geschenkt hätte. So ist's nicht gemeint! hören wir von allen Seiten. In der Tat antworten wir, so kann es ja in der Theologie nicht gemeint sein. Aber warum redet man, warum schreibt man ganze gewichtige Bücher immer wieder so, als ob es eben doch so gemeint sei?

Die vom ersten Gebot als dem theologischen Axiom her nicht zu umgehende Frage an die neuere protestantische Theologie ist aber darum so unheimlich, weil die Entwicklung dieser Theologie, wenn die gestellte Frage nach den »andern Göttern« nicht bestimmt zu verneinen ist, bedeuten würde, daß diese Theologie ein freilich sehr viel schwächeres und ungeschützteres Gegenbild zu *der* Theologie geworden ist, von der sich die *Reformatoren* gerade unter Berufung auf das erste Gebot *geschieden* haben. Die Reformation wurde unvermeidlich, weil die Frage, ob nicht »andere Götter« im Leben und in der Lehre der katholischen Kirche mitherrschen und mitanerkannt sein möchten, dringlich und schwer wurde. Die katholische Kirche hat den Deus ecclesiae wahrlich nicht preisgegeben. | Sie weiß *auch* um Christus, *auch* um die Gnade, *auch* um den Glauben. Aber sie ist groß in der Kunst, ihr Herz zwischen Gott und den Göttern zu teilen. Sie weiß neben Christus noch um eine heilsnotwendige zweite Instanz, sie weiß um ein jenem »Oben« in seinem Dasein und Sosein analoges, in seiner immanenten Struktur zu ihm hingeordnetes »Unten«: um den Menschen mit seiner Fähigkeit, auf Grund der Gnade mit der Gnade zur Ehre Gottes und zu seinem eigenen Heil zusammenzuwirken. Die Reformatoren sahen sich trotz der klugen und vorsichtigen Art, mit der hier neben der Offenbarung eine andere Instanz geltend gemacht wurde, durch das erste Gebot genötigt, zu protestieren: *Allein* Gott in der Höh' sei Ehr'! Die Art, wie die neuere protestantische Theologie unter Anrufung des Namens Gottes andere Instanzen neben der Offenbarung geltend gemacht hat, zeichnet sich weder durch Klugheit noch durch Vorsicht aus. Sie bietet, verglichen mit ihrem augustinischen und thomistischen Gegenbild handgreiflicheren Anlaß zu der Frage, die damals sogar zur Kirchenspaltung geführt hat. Aber nicht das ist's, was sie uns unheimlich macht, sondern die Frage, ob sie in der Lage ist, sich von dem augustinisch-thomistischen Gegenbild *grundsätzlich* zu unterscheiden, oder ob dieses ihr Gegenbild nicht etwa geradezu ihr Urbild sein, ob sie etwa nichts anderes als eine etwas dürftige Variante des katholischen Themas sein sollte. Ich sage nicht, daß dem so sei. Wer das sagen wollte, der müßte von der Frage zum Protest oder vom *inner*kirchlich-theologischen zum kirchen*trennenden* Protest übergehen. Die Frage freilich oder der innerkirchlich-theologische Protest muß – und muß heute in der völligen Verdunkelung der theologischen Lage, die uns gerade die letzten Jahre, hauptsächlich in Form der erschütternden Äußerungen von Bultmann, Brunner und Gogarten, gebracht haben, nachdrücklicher als je angemeldet werden. Viele Straßen führen nach Rom zurück!

Aber das soll unser letztes Wort nicht sein. Der im Blick auf das erste Gebot als theologisches Axiom unvermeidliche Streit gegen die natürliche Theologie ist ein Streit um den rechten Gehorsam in der Theologie. Der rechte Gehorsam, das gute Werk in der Theologie muß in einem rechten theologischen Denken und Reden bestehen. Recht und gut ist es dann, wenn es dem ersten Gebot entspricht und nicht widerspricht. Auch die Theologie hat Anlaß, zu prüfen, »welches da sei der gute, wohlgefällige und vollkommene Gotteswille« (Röm. 12,2). Bei solcher Prüfung kommen wir zu dem Ergebnis, daß die Theologie heute – wir müssen heute | nach 400 und besonders nach 200 Jahren besser wissen als die Reformatoren, was es damit auf sich hat – aller und jeder natürlichen Theologie den Abschied geben und es wagen sollte, in jener Enge, in jener Isolierung, allein an dem Gott zu hängen, der sich in Jesus Christus offenbart hat. Warum? Weil ihr das und nur das geboten, weil alles Andere Willkür ist, die zu jenem Gott nicht hin, sondern von ihm weg führt. Das ist der einfache Sinn der These, die hier vertreten werden sollte. Aber auch die Theologie wird tatsächlich nie durch das gerechtfertigt sein, was sie als Leistung rechten Gehorsams, als Erfüllung des Gesetzes nach bestem Wissen und Gewissen meint denken und sagen zu sollen. Keine Theologie! Jede Theologie hat auch »andere Götter« und sicher immer da am meisten, wo man und wo sie selbst es am wenigsten merkt. Darum muß Rede und Gegenrede stattfinden, darum muß Streit sein in der Theologie, damit es nirgends zu einem Frieden komme mit den sicher überall mitherrschenden und mitanerkannten »andern Göttern«. Auch die aufs strengste auf das erste Gebot ausgerichtete Theologie wird allen Anlaß haben, für einen vielleicht gerade vom ersten Gebot her gerade gegen sie zu erhebenden Widerspruch offen zu bleiben. Auch sie wird nie durch ihr Werk, sondern (wenn überhaupt) nur durch die Vergebung der Sünden gerechtfertigt sein. Und darum kann der Streit in der Theologie, auch der gute notwendige Streit, auch der schwere Streit gegen den Katholizismus, und auch der schwerere Streit gegen die natürliche Theologie im modernen Protestantismus doch nur mit vorletztem und ja nicht mit absolutem Ernst und Zorn geführt werden. Wir durchschauen ja keine Theologie so, daß wir mit letzter Bestimmtheit behaupten könnten: sie hat »andere Götter« neben dem Deus ecclesiae. Wir können uns nur gemeinsam an das erste Gebot erinnern. Wir können nur fragen, wir können nur protestieren, wenn uns die Klarheit des Verhältnisses der Theologie zum ersten Gebot wieder einmal gefährdet erscheint. Aber wenn wir alles gesagt haben, was notwendig gesagt werden muß, wird auch das »Band des Friedens« (Eph. 4,3) sichtbar werden müssen, das Wissen um die schlechthin überlegene Weisheit des *Herrn* der Kirche, die Verheißung: »Siehe, ich bin bei euch alle Tage!«, die wir, wenn wir sie auf uns selbst beziehen, auf andere nicht weniger als auf uns selbst beziehen können. Nur in gemeinsamer Hoffnung kann der notwendige theologische Streit recht geführt werden. Das mag diesmal das Letzte sein, was wir uns gerade vom ersten Gebot her gesagt sein lassen müssen.

EVANGELIUM UND GESETZ (1935)

I.

Über »*Gesetz* und *Evangelium*« würde ich nach der unter uns fast selbstverständlich gewordenen Formel zu sprechen haben. Ich möchte aber sofort darauf aufmerksam machen, daß ich nicht über »Gesetz und Evangelium«, sondern über »*Evangelium* und *Gesetz*« sprechen werde. Die traditionelle Reihenfolge »Gesetz und Evangelium« hat an ihrem Ort, den wir noch bezeichnen werden, ihr gutes Recht. Richtunggebend für das Ganze der hier zu umreißenden Lehre darf sie gerade nicht sein. Es verhält sich nämlich so, daß, wer wirklich und ernstlich zuerst Gesetz und dann erst und unter Voraussetzung dieses zuerst Gesagten, Evangelium sagen würde, beim besten Willen nicht vom Gesetz *Gottes* und darum dann sicher auch nicht von *seinem* Evangelium reden würde. Von Zweideutigkeiten aller Art wird dieser übliche Weg auch im glücklichsten Falle umwittert sein.

Wer zu unserem Thema recht reden will, der muß zuerst vom *Evangelium* reden. Denken wir hier sofort an jene 430 Jahre Abstand, in dem das Gesetz nach Gal. 3,17 der Verheißung folgte. Es *muß* ihr folgen, aber es muß ihr *folgen*. Und indem es ihr folgt, folgt ihm selber die *Erfüllung* der Verheißung und in ihr, nur in ihr, auch seine eigene, des Gesetzes Erfüllung. Das Gesetz wäre nicht das Gesetz, wenn es nicht geborgen und verschlossen wäre in der Lade des *Bundes*. Und auch das Evangelium ist nur dann das Evangelium, wenn das Gesetz, das »zwischenhineingekommene« (Röm. 5,20) in ihm, als in der Bundeslade *geborgen* und *verschlossen* ist. Das Evangelium ist nicht Gesetz, wie das Gesetz nicht Evangelium ist; aber weil das Gesetz im Evangelium, vom Evangelium her und auf das Evangelium hin ist, darum müssen wir, um zu wissen, was Gesetz ist, allererst um das Evangelium wissen und nicht umgekehrt. |

Aber wir müssen sofort präzisieren: wer zu unserem Thema recht reden will, der muß zuerst vom *Inhalt* des Evangeliums, von Gottes *Gnade* reden. Wir sind uns einig darin: wie könnten wir vor der heiligen Schrift eine andere Aussage verantworten? – wenn wir vom Evangelium *und* wenn wir vom Gesetz reden, meinen wir Gottes Wort. Gottes Wort kann uns nun freilich vielerlei sagen: es kann uns nicht nur trösten, heilen, lebendig machen, es kann uns nicht nur belehren und erleuchten, es kann uns auch richten, strafen, töten; und es tut tatsächlich das alles. Aber übersehen wir hier dreierlei nicht:

1. Das Wort Gottes ist das eine »Wort der Wahrheit«, das Wort des »Vaters des Lichtes, in welchem ist keine Veränderung noch Wechsel des Lichtes und der Finsternis« (Jak. 1,17f.). Die Entgegenstellung von Evangelium und Gesetz bezeichnet nach der Schrift wohl eine Zweiheit. Sie kann auch einen Streit bezeichnen. Aber größer als ihre Zweiheit und ihr Streit ist ihr Frieden in dem einen Wort dieses Vaters.

2. Das Wort Gottes erweist seine Einheit darin, daß es immer *Gnade*, d. h. freie, ungeschuldete und unverdiente göttliche Güte, Barmherzigkeit und Herablassung ist, wenn es uns gesagt wird und wenn wir es hören dürfen. Ein Evangelium oder ein Gesetz, das wir uns selbst, kraft unseres eigenen Vermögens und im Vertrauen auf unsere eigene Autorität und Glaubwürdigkeit gesagt hätten, wäre als solches nicht *Gottes* Wort; es wäre nicht *sein* Evangelium und es wäre auch nicht *sein* Gesetz. *Daß* Gott mit uns redet, das ist unter allen Umständen schon an sich Gnade.

3. Das Wort Gottes bewährt diese seine Form darin, daß es auch inhaltlich, was es auch sage, eigentlich und letztlich *Gnade* ist: *freie, souveräne* Gnade, *Gottes* Gnade, die darum auch Gesetz sein, die auch Gericht, Tod und Hölle bedeuten kann, aber *Gnade* und nichts sonst. Jeder scheinbar andere Inhalt, den wir ihm zuschreiben könnten, erweist sich angesichts des alttestamentlichen Weissagungszeugnisses sowohl wie angesichts des neutestamentlichen Zeugnisses von der Erfüllung als eingeschlossen in diesen, als relativ zu diesem Inhalt, zu Gottes

Gnade. Ein Wort Gottes mit einem wirklich anderen Inhalt wäre als solches jedenfalls nicht ein Wort des dreieinigen Gottes, den die | heilige Schrift verkündigt. Hören wir dieses Gottes Wort, dann hören wir: Gnade. – Eben weil nun das *Evangelium* die Gnade zu seinem *besonderen direkten* Inhalt hat, der dann auch den Inhalt des Gesetzes in sich schließt, erzwingt es sich die *Priorität* vor dem Gesetz, das doch, eingeschlossen ins Evangelium und relativ zu ihm, nicht minder Gottes Wort ist.

Wir müssen also vor allem von diesem Inhalt des Evangeliums reden. Gottes *Gnade*, die dieser Inhalt ist – in dem auch das Gesetz eingeschlossen ist, wenn es wirklich *Gottes* Wort und Gesetz ist – sie heißt und ist *Jesus Christus*. Denn das ist Gottes Gnade, daß das ewige Wort Gottes *Fleisch ward*. Fleisch heißt: wie unsereiner. Gottes Wort verwandelte sich nicht in Fleisch. Wie wäre das Gnade, wenn Gott aufhörte, Gott zu sein, selbst wenn er das könnte? Was für eine Barmherzigkeit würde er uns damit erweisen? Nein, das Wort *ward* Fleisch, das heißt: ohne aufzuhören, Gott zu sein, nahm es zu seinem Gottsein hinzu und in sich auf zu unauflöslicher, aber auch unvermischter Einheit mit sich selber unser Menschsein, und zwar wohlverstanden: unser Menschsein in seiner durch die Sünde verfinsterten und zerstörten Gestalt, also nicht um der Kraft und Würde oder einer anderen Eignung des Menschseins, sondern um seines eigenen Wohlgefallens, um seiner unbegreiflichen Liebe willen und des zum Zeichen: aus Maria der Jungfrau. Das ist Gottes Gnade: daß es nicht nur unser aller Menschsein gibt, sondern in Jesus Christus Gottes eigenes Menschsein, das Menschsein seines Wortes und in ihm, in dieser seiner Erniedrigung zu unserer Niedrigkeit die Gegenwart seines Gottseins für uns Andere, unser Anteil an seinem Gottsein, unsere Erhebung zu ihm. – Und nun hat dieses ewige Wort Gottes, indem es Fleisch trug, *ertragen* die Not, den Fluch, die Strafe, die den Menschen als Fleisch stempelt und charakterisiert. Diese Strafe ist Gottes Antwort auf des Menschen Sünde. Die Sünde besteht in der Eigenmächtigkeit, die Eigenmächtigkeit ist aber die Gottlosigkeit. Daß Eigenmächtigkeit Gottlosigkeit ist, kommt an den Tag in des Menschen Abscheu und Flucht eben vor der Gnade Gottes. Gottes Antwort auf die Sünde – auch sie ist Gnade – ist unser Sein als Fleisch: wir müssen sterben. Würden wir diese Antwort *hören*, so wäre sie | unsere *Rettung*. Wir würden dann, bedenkend, daß wir sterben müssen (Ps. 90,12), in Erkenntnis unserer Verlorenheit als das Volk, das Gras ist (Jes. 40,7), Buße tun und, getötet in unserer Eigenmächtigkeit, das ewige Leben erben. Damit er sich bekehre von seinem Wesen und lebe, darum und nur darum will Gott den Tod des Gottlosen (Hesek. 18,21 f. u. Par.). Aber wer hört diese Antwort? Wer anerkennt sie? Wer beugt sich ihr? Wir alle nicht! Gottes Gnade stößt schon hier auf unseren Haß der Gnade. Das aber ist der Gnade eigentliches Werk, daß sein ewiges Wort – indem es Fleisch wurde, indem es im Fleische Gehorsam bewährte, indem es in diesem Gehorsam die Strafe litt und also starb – es übernommen hat, an unserer Stelle die rettende Antwort zu geben, die menschliche Eigenmächtigkeit und Gottlosigkeit preiszugeben, das Bekenntnis der menschlichen Verlorenheit abzulegen, Gott gegen uns recht zu geben und also die Gnade Gottes anzunehmen. Dies ist es, was Jesus Christus »die ganze Zeit seines Lebens auf Erden, sonderlich aber am Ende desselben« für uns getan hat. Er hat ganz einfach *geglaubt*. (πίστις Ἰησοῦ Röm. 3,22; Gal. 2,16 u. s. f. ist sicher als Gen. subj. zu verstehen!) Und in diesem Glauben hat er – nicht etwa zuerst uns ein Vorbild gegeben (das hat er freilich auch getan!), sondern zuerst und vor allem stellvertretend unsere Strafe getragen. Das ist Gottes Gnade: daß unser Menschsein nicht nur, sofern es das unsrige ist, gerichtet und verloren ist um unserer Sünde – um unserer immer neuen Sünde! – willen, sondern zugleich, sofern es das Menschsein Jesu Christi ist, von Gott gerechtfertigt und angenommen *im* Gericht und *in* der Verlorenheit, weil Jesus Christus – es brauchte das ewige Wort Gottes dazu – glaubte, d. h. zur Gnade und also zu dem Gerichtetsein und Verlorensein des Menschen nicht Nein, sondern Ja sagte. – Es ist aber der reale Vollzug dieser Rechtfertigung und Annahme unseres Menschseins die *Auferstehung* Jesu Christi von den *Toten*. Gottes ewiges Wort in seiner Einheit mit dem Fleische ist nicht nur die Verheißung, sondern die Erfüllung der Verheißung: daß die Buße des Menschen seine Errettung sei, daß der Gerechte seines Glaubens *leben* wird. Darum, weil er Knechtsgestalt annahm und also und darin gehorsam war bis zum Tode, darum hat Gott ihn *erhöht* (Phil. 2,6f.). In ihm, dem Einen und | Einzigen, der Gottes Gnade als Gnade gelten ließ im Fleische – weil er das ewige Wort war, das Fleisch geworden – in ihm *triumphierte* und *offenbarte* sie sich nun auch als Gnade. Der den Tod annahm als der Sünde Sold – und eben darin seine Sündlosigkeit bewährte – ihn konnte der Tod nicht halten, dessen Leben mußte den Tod *verschlingen* und *hat* ihn verschlungen. Und das ist Gottes Gnade, daß wir als das Ende alles Menschseins, sofern es das unsrige ist, wohl nichts anderes vor uns sehen als die Altersschwäche, das Krankenhaus, das Schlachtfeld, den Friedhof, die Verwesung oder die Asche – sofern es aber zugleich das Menschsein Jesu Christi ist, ebenso bestimmt, nein noch viel bestimmter, nichts als Auferstehung und ewiges Leben.

Also: Gottes Gnade – seine Gnade für unser Menschsein, die Güte, Barmherzigkeit und Kondeszendenz, in der er unser Gott ist und als solcher sich unser annimmt – ist Jesus Christus, er selber und er ganz allein. Er selber und er ganz allein ist also der Inhalt des Evangeliums. Gnade und also der Inhalt des Evangeliums besteht darum schlicht darin: daß Jesus Christus mit seinem in seiner Geburt angenommenen, in seinem Tode als gehorsam bewährten, in seiner Auferstehung verherrlichten Menschsein – er selber und er ganz allein – für uns mit unserem Menschsein eintritt. Er *kann* es, weil er nicht nur wie unsereiner, sondern Gottes Sohn und also selber Gott und also selber der Richter ist, vor dem er die Verantwortung für uns übernimmt. Und er *tut* es, weil es sein unergründliches Wohlgefallen ist, von seiner Gottesmacht diesen Gebrauch zu machen, den Gebrauch einer Liebe, die auf keine Gegenliebe wartet, die auch keine Gegenliebe findet, die uns nur und die uns immer und auf alle Fälle als freie und reine Liebe begegnet. – Der Stand und Gang des *Menschen* unter der Gnade ist danach zu bestimmen als der Stand und Gang eines solchen, für dessen Menschsein Jesus Christus mit seinem angenommenen, gehorsamen und verherrlichten Menschsein *eintritt* und zwar, weil der Mensch selber und von sich aus zum Glauben gar keine Willigkeit noch auch Fähigkeit hat, *ganz und gar* eintritt, so also, daß des Menschen eigenes Menschsein, wie Paulus gern sagt, tot ist, lebendig aber nur, indem er »in Christus« ist, d. h., indem Jesus Christus sein Subjekt geworden ist. »Ich bin mit | Christus gekreuzigt. Ich lebe, aber nun nicht ich, sondern Christus lebt in mir. Denn was ich jetzt lebe im Fleisch, das lebe ich in dem Glauben des Sohnes Gottes (ganz wörtlich zu verstehen: ich lebe – nicht etwa in meinem Glauben an den Sohn Gottes, sondern darin, daß der Sohn Gottes glaubte!), der mich geliebt hat und hat sich selbst für mich dargegeben« (Gal. 2,19 f.). Der Stand und Gang des Menschen unter der Gnade ist also darzustellen mit den alttestamentlichen Worten: »Wer unter dem Schirm des Höchsten sitzt und unter dem Schatten des Allmächtigen bleibt, der spricht zu dem Herrn: Meine Zuversicht und meine Burg, mein Gott, auf den ich hoffe« (Ps. 91,1). Daß er in der Gemeinschaft der Heiligen ist, daß er Vergebung seiner Sünden empfangen hat, empfängt und empfangen wird, daß er der Auferstehung des Fleisches und dem ewigen Leben entgegeneilt, das glaubt er, aber das steht real nicht, das steht real auch nicht teilweise bei seinem Glauben, beim Sieg seines Glaubens – das steht real allein darin, daß der Herr Jesus Christus, für uns ein Mensch geboren, für uns gestorben, für uns auferstanden, auch sein Herr, seine Zuversicht, seine Burg, sein Gott ist. Jesus Christus, er selber und er allein ist die einem solchen Menschen geschenkte Gnade.

II.

Wir haben nun, an zweiter Stelle, vom *Gesetz* zu reden. Das Gesetz ist nicht das Evangelium, wie das Evangelium nicht das Gesetz ist, haben wir gesagt. Wir müßten der ganzen heiligen Schrift widersprechen, wenn wir hier nicht unterscheiden wollten. Wir können aber nach dem Gesagten auch nicht vom Evangelium zum Gesetz hinüberblicken als zu einem Zweiten neben und außer dem Evangelium. Wir müßten wieder der ganzen heiligen Schrift widersprechen, wenn wir hier trennen wollten. Wenn wir den einen und den andern Fehler vermeiden wollen, werden wir jetzt ausgehen müssen von dem unzweifelhaften Zeugnis der Schrift, daß *Jesus Christus* (von dem wir hörten: er ist die Gnade, er ist der Inhalt des Evangeliums) dem Gesetz genug getan, das Gesetz erfüllt, das heißt durch Gehorsam gegen seine Gebote gehalten hat. Von dieser Tatsache, | daß Jesus Christus, indem er die »erschienene Gnade Gottes« (Tit. 2,11) war, zugleich die Gebote des Gesetzes gehalten hat, werden wir, wenn es um die Definition des Gesetzes geht, auf keinen Fall abstrahieren dürfen; wir werden vielmehr von ihr auszugehen haben. Sie wird nicht nur das Kriterium bilden, an dem wir alle von uns selbst gebildeten Gesetzes- und Normbegriffe zu messen haben. Sie wird auch der Kanon sein müssen zur Interpretation alles dessen, was uns im Alten und Neuen Testament als Gesetz begegnet: das Entscheidende, das eigentlich Gemeinte in jedem großen oder kleinen, inneren oder äußeren Gebot haben wir abzulesen aus der Erfüllung, die jedes von ihnen in Jesus Christus gefunden hat.

»Das Gesetz ist der offenbare Wille Gottes.« Die Definition ist richtig. Aber wo ist der Wille Gottes offenbar? Gewiß ist Gott der Schöpfer aller Dinge und also der Herr alles Geschehens. Er und sein Wille und also das Gesetz sind uns aber nicht in allen Dingen, nicht in allem Geschehen offenbar, so offenbar nämlich, daß unsere Erkenntnisse davon mehr und etwas Anderes zu sein beanspruchen könnten als unsere eigenen Theorien und Deutungen. Wenn auch das Gesetz *Gottes Wort* ist, wenn es aber *Gnade* ist, daß Gottes Wort laut und hörbar wird und wenn Gnade nichts anderes heißt als: *Jesus Christus*, dann ist es nicht nur unsicher und gefährlich, sondern verkehrt, das Gesetz Gottes aus irgend einem Ding, aus irgend einem Geschehen ablesen zu wollen, das verschieden ist von dem Geschehen, in welchem uns der Wille Gottes, den Schleier unserer Theorien und Deutungen zerreißend, formal und inhaltlich als Gnade sichtbar wird. Das ist aber das Geschehen des Willens Gottes zu Bethlehem, zu Kapernaum und Tiberias, in Gethsemane, auf Golgatha, im Garten des Joseph von Arimathia. Indem uns dieses Geschehen des Willens Gottes, also das Geschehen seiner Gnade *offenbar* wird, wird uns das *Gesetz* offenbar. Wir lesen aus dem, was Gott hier *für* uns tut, ab, was Gott *mit* uns und *von* uns *will*. Seine Gnade gilt ja *uns*, sie geht uns ja an. Auch und gerade in seiner Gnade bekundet er ja, daß er wohl für uns und an uns handelt, aber für und an *uns* als seinen Geschöpfen in der relativen aber realen Unterschiedenheit ihres geschöpflichen von seinem schöpferischen Dasein und Wesen. Sein Handeln kreist | nicht in sich selbst, sondern es zielt hin auf *unser* Handeln, auf eine Konformität unseres Handelns mit dem seinigen. »Ihr sollt – genauer und richtiger: *ihr werdet* – vollkommen sein, wie euer himmlischer Vater vollkommen ist« (Matth. 5,48). Die Gnade kann gar nicht Menschen offenbar werden, ohne daß sie diesen Anstoß bedeutet, sie bewegt in dieses Futurum: ihr werdet sein! Ja, die Offenbarung der Gnade *ist* als solche dieser Anstoß. Gilt der Indikativ: »daß ich nicht mein, sondern meines getreuen Heilandes Jesu Christi eigen bin«, dann ist eben dies sein Gelten die Aufrichtung der *10 Gebote* samt ihrer Auslegung in der *Bergpredigt* samt ihrer Anwendung in den *apostolischen Weisungen*. Die Gnade braucht bloß unter uns kund zu werden, sei es ursprünglich im Glauben aller biblischen Zeugen, sei es als Weissagung und Erwartung durch die Propheten, sei es als Erinnerung und Verkündigung durch die Apostel, so bedeutet eben dies ihr Kundwerden die Aufrichtung des *Gesetzes*. Durch das *Gesetz* und die *Propheten* wird die göttliche Rechtfertigung der insgemein sündigen Menschen durch den Glauben Jesu Christi nach Röm. 3,21 bezeugt. Die Proklamation des Bundes verheißener Gnade zwischen Gott und Israel geschieht als Promulgation der göttlichen *Gebote*. Aber Aufruf zur Kirche, und das heißt: zum *Gehorsam* des Glaubens (Röm. 1,5) ist auch der Sinn des auf die geschehene Erfüllung schon zurückblickenden Apostolats des Neuen Testamentes, weshalb denn auch die Ablehnung seiner Botschaft entscheidend als Ungehorsam bezeichnet wird (Röm. 10,21; 11,30; 15,31). Und als Prediger der *Buße* steht Johannes der Täufer mit seinem Hinweis auf den gegenwärtigen Messias sehr angemessen in der Mitte zwischen Mose und Paulus. »Du wirst sein!«, »Ihr werdet sein!«, das und also Gottes Gesetz ist es, was sie alle in der ihnen zuteil gewordenen Offenbarung der Gnade – gleichviel ob sie ihnen Zukunft, Gegenwart oder Vergangenheit bedeutet – vernommen haben und als ihr Zeugnis von dieser Offenbarung weitergeben. Gottes Gesetz, ein ganz bestimmter, fordernder, beanspruchender Gotteswille tritt aber auch in der *Kirche*, konkret in ihrer Predigt, in ihren Sakramenten, in ihrem Bekenntnis, denen, die in der Kirche sind, entgegen. Wie könnte die Herrschaft Jesu Christi verkündigt werden, ohne daß die Verkündigung als solche *Gehorsams*|forderung wäre, wie die Inkarnation anders denn als Gebot der *Selbstverleugnung*, wie das Kreuz Christi anders denn als Befehl, ihm *nachzufolgen* und das eigene Kreuz auf sich zu nehmen, wie seine Auferstehung anders denn als unter der Mahnung der altkirchlichen Osterperikope 1. Kor. 5,7f.: »Darum *feget den alten Sauerteig* aus, auf daß ihr ein neuer Teig seid!« Eben der Glaube an den articulus stantis et cadentis ecclesiae, an das Wort von der Rechtfertigung des Sünders durch die im Blut Christi geschehene Versöhnung bedeutet *Reinigung, Heiligung, Erneuerung* oder er bedeutet gar nichts, er ist Unglaube, Irrglaube, Aberglaube. »An dem merken wir, daß wir ihn kennen: so wir seine Gebote halten. Wer da sagt: ich kenne ihn und hält seine Gebote nicht, der ist ein Lügner und in solchem ist keine Wahrheit« (1. Joh. 2,4f.). Ja, und auch die Kirche wäre nicht die Kirche, wenn nicht schon in ihrer Existenz, aber auch in ihrer Lehre und Haltung das Gesetz Gottes, seine *Gebote*, seine *Fragen*, seine *Mahnungen*, seine *Anklagen* sichtbar und greifbar würden auch für die Welt, für Staat und Gesellschaft, wenn nicht gerade die Botschaft von des dreieinigen Gottes Gnade nach den drei Glaubensartikeln, die ganz allein die Aufgabe der

Kirche bildet, als solche zum prophetischen Zeugnis *für* den Willen Gottes *wider alle* sündige Überhebung, *wider alle* Gesetzlosigkeit und Ungerechtigkeit der Menschen würde. – Man kann also wohl allgemein und umfassend sagen: das Gesetz ist nichts anderes als die notwendige *Form des Evangeliums*, dessen Inhalt die Gnade ist. Gerade dieser Inhalt erzwingt diese Form, die Form, die nach Gleichform ruft, die gesetzliche Form. Gnade heißt, wenn sie offenbar, wenn sie bezeugt und verkündigt wird, Forderung und Anspruch an den Menschen. Gnade heißt, wenn an Jesus Christus, den Kommenden oder den Gekommenen geglaubt, wenn sein Name gepredigt wird: das Amt des Mose und Elia, des Jesaia und Jeremia, das Amt des Täufers, des Paulus, des Jakobus. Gnade heißt, indem sie zum Aufruf zur Gnade wird: Kirche, die es wagt und wagen muß, mit Autorität zu reden.

So also ist das *Gesetz im Evangelium* wie die Tafeln vom Sinai in der Bundeslade: so, daß das *Evangelium* immer als offenbares, als verkündigtes, als den Menschen an|gehendes *im Gesetz*, in der Krippe und in den Windeln der Gebote, des Gebotes und Gebietens Gottes ist. Darum nennt Paulus das Gesetz mit letztem Ernst heilig und seine Gebote heilig, recht und gut (Röm. 7,12). Darum verwahrt er sich dagegen, daß es gegen die Verheißungen Gottes sei (Gal. 3,21). Darum sagt er, daß es uns vielmehr zum Leben gegeben sei (Röm. 7,10). Darum erklärt er (im Einklang mit den bekannten Worten der Bergpredigt Matth. 5,17f.), daß die Verkündigung des Glaubens nicht die Aufhebung, sondern die Aufrichtung des Gesetzes bedeutet (Röm. 3,21). Darum bezeichnet er sich selbst – und das, wohlverstanden, gerade in seiner Eigenschaft als Heidenapostel, als ἔννομος Χριστοῦ (1. Kor. 9,21). Darum kann er mit dürren Worten und gar nicht hypothetisch sagen, daß nur die Täter des Gesetzes gerechtfertigt sein werden (Röm. 2,13). Es bricht also der Lobpreis des Gesetzes, wie er der Christusbotschaft des Alten Testamentes eigentümlich ist, wahrlich auch in der des Neuen Testamentes keineswegs ab. Wie sollte er auch? Man hat den Unterschied von Evangelium und Gesetz mit dem von Himmel und Erde, mit dem von Tag und Nacht verglichen. Gut! Auch die Unterscheidung von Inhalt und Form bezeichnet einen unendlichen Unterschied. Aber was bedeutet dieser Unterschied? Einen Unterschied von mehr oder weniger, besser oder schlechter oder gar den Unterschied von göttlich und menschlich oder von gut und böse, kann er sicher *nicht* bedeuten! Daß es unter dem Himmel eine Erde gibt, daß der Tag Tag ist in seinem Wechsel mit der Nacht, daß der Inhalt des Evangeliums auch eine Form hat, das ist nicht nur *auch* ein Gotteswerk, sondern nun gerade das Gotteswerk, das dem Evangelium Raum gibt in unserem menschlichen Raum und uns Menschen im Raum des Evangeliums. Wie sollte der Lobpreis angesichts dieses Gotteswerks unterbleiben, wie sollte er je abbrechen können? Nein, der Ruhm des Gesetzes Gottes, wie er etwa im 119. Psalm angestimmt ist, wird in alle Ewigkeiten hinein nicht veralten. Wir würden, obwohl das Gesetz nicht das Evangelium ist, ohne das Gesetz tatsächlich auch das Evangelium nicht haben.

Aber eben zur Beantwortung der Frage: was Gott denn nun mit uns und von uns will in seinem Gesetz? werden wir, wenn wir nicht in die Irre gehen wollen, nun doch wieder in aller | Strenge auf den *Inhalt* des Evangeliums, auf die Tatsache, daß *Jesus Christus* das Gesetz erfüllt und alle Gebote gehalten hat, zurückkommen müssen. Das Gesetz *bezeugt* ja die Gnade Gottes; darin ist es die Form des Evangeliums; darin ist es Anspruch und Forderung, Bußruf und Prophetie. Damit, daß es uns von Gottes Gnade Zeugnis gibt, sagt es uns: ihr sollt – nein: ihr werdet sein! Gottes Gnade ist aber Jesus Christus, der mit seinem Menschsein für uns eintritt. Er tritt aber damit für uns ein, daß er an unserer Stelle – es brauchte das ewige Wort im Fleische dazu – *geglaubt* und das heißt zu Gottes Herrlichkeit und also zu des Menschen Elend Ja gesagt hat. In diesem seinem Glauben hat er das, was Gott mit dem Menschen und von ihm will, ein für allemal vollbracht, hat er das Gesetz erfüllt und alle Gebote gehalten. Von diesem Glauben, den ganz allein *er* bewährt hat, zeugen, auf ihn zielen alle Gebote. Und darum wird dieser Glaube Jesu Christi, der der Kern und

Stern des Evangeliums ist, wenn das Evangelium offenbar wird, jene Form, die nach Konformität verlangt, und damit das Gebot in allen Geboten, das Prinzip unserer Reinigung, Heiligung und Erneuerung, das Eine in Allem, was die Kirche sich selbst und der Welt zu sagen hat. Denn wenn Jesus Christus an unserer Stelle *das* getan hat – was wird dann aus *uns?* Ihr Männer, liebe Brüder, was sollen *wir* dann tun? Diese Frage (und vor unserer Frage schon die Antwort darauf) ist uns vorgelegt und auferlegt mit der ganzen Würde und Gewichtigkeit eben des göttlichen Gesetzes: Ihr werdet *glauben!* Ihr, die ihr andere Götter habt neben mir, die ihr euch Bilder macht von mir, die ihr meinen Namen mißbraucht, den Sabbath schändet, Vater und Mutter ungehorsam seid, tötet, die Ehe brecht, stehlt, falsches Zeugnis redet wider euren Nächsten, begehrt, was sein ist – ihr werdet (und das wird die Negation und Umkehrung von dem allem sein) glauben, *ihr werdet* in Widerspruch zu diesen euren Sünden, im Kampf gegen sie, nein: in ihrer völligen und restlosen Austilgung – denn auch die kleinste Sünde wäre immer noch die ganze, die tödliche Sünde – *Gott fürchten und lieben.* Und dies wird eure Konformität sein mit jener Form des Evangeliums, euer Gehorsam also gegen Gottes Gesetz! Es ist also schon richtig, daß alle Gebote im *ersten* Gebot beschlossen und je als besondere Einschärfungen des ersten Gebotes zu verstehen und zu erklären sind.

Aber was bedeutet nun gerade dieses erste Gebot, wenn wir es nicht anders denn als Form des Evangeliums verstehen dürfen? Was heißt Gott fürchten und lieben? Was heißt glauben? Der Glaube Jesu Christi, in welchem die Gnade geschehen und zugleich das Gesetz erfüllt ist, ist eine einmalige, eine unwiederholbare Tat. Nochmals: es bedurfte des ewigen Wortes im Fleische zu ihrem Geschehen. Ihn nachzuahmen in diesem Glauben und also zu glauben *wie* Jesus Christus glaubte, das werden wir wohl bleiben lassen, so gewiß er Gott ist, wir aber sind Menschen. Wohl aber kann und muß dies der Sinn des ersten Gebotes und also aller Gebote und also unseres Gehorsams gegen Gottes Gesetz sein, daß wir *an* Jesus Christus glauben, daß wir, nachdem das ewige Wort Fleisch geworden, im Fleische Gehorsam bewährt und im Fleische sich verherrlicht hat, seinen stellvertretenden Glauben, den wir nie realisieren werden, anerkennen und gelten lassen als unser eigenes Leben, das wir also nicht hier und nicht für uns, nicht in unserer Hand und zu unserer Verfügung haben, sondern droben, verborgen mit ihm in Gott (Kol. 3,1f.). Daß wir in diesem ganz bestimmten Sinn »trachten nach dem, was droben ist«, das ist es, worum es geht, wenn die Gnade, wenn der Inhalt des Evangeliums uns angeht, wenn es offenbar wird und also annimmt die Form des Gesetzes. »Das Gesetz ist geistlich« (Röm. 7,14), d. h. aber: sein Sinn und seine Meinung ist dieses Aufgehobensein unseres Lebens mit Christus. Das ist's, was Gott von Israel wollte mit der ersten wie mit der zweiten Tafel des Dekalogs, mit den Opfer-, Speise- und Reinheitsgeboten, mit der Verfassung als Volkskirche oder Kirchenvolk, die er ihm als »Schatten zukünftiger Dinge« gegeben hat. Das ist's, was Jesus von seinen Jüngern wollte, wenn er ihnen geboten hat: Liebet eure Feinde! Habt acht auf euer Almosen! Sorget nicht! Richtet nicht! Das ist's, was die Apostel von ihren Gemeinden wollten, wenn sie sie ermahnt haben zur Liebe, zur Einigkeit, zur Reinheit, zum täglichen Ablegen des alten Menschen. Nur das kann auch der Sinn und Inhalt der Autorität sein, mit der die Kirche ihren Gliedern und der Welt gegenübertritt. Es geht immer um den Glauben an Jesus Christus, den Gekreuzigten und Auf|erstandenen. Es kann also nie Ansprüche und Anforderungen geben, die anderswoher oder die in sich selber Gesetzeskraft hätten: es kann nur *Zeugnisse* geben. Und diese Zeugnisse werden immer der *Gnade Gottes* gelten, die alles für uns vollbracht hat und bei deren Vollbringen es sein Bewenden haben muß. Damit, daß sie *das* sagen, werden diese Zeugnisse *mahnen, warnen, befehlen, gebieten* und *verbieten*. Sie werden Gesetzeskraft haben, weil und sofern sie das »Gesetz Christi« (Gal. 6,2) und also das »Gesetz des Glaubens« (Röm. 3,21) und also das »Gesetz des Geistes des Lebens« (Röm. 8,2) verkündigen. Und das Gesetz und alle seine Gebote werden von uns gehalten und erfüllt, wenn sie bei uns

Glauben finden, den Glauben an Jesus Christus, das heißt den Glauben, der sich an ihn hält und bei ihm bleibt, einfach darum, weil er das ewige Wort im Fleische ist, das alles vollbracht hat. In diesem Glauben ist aller Gehorsam beschlossen. Unsere Werke groß und klein, innerlich und äußerlich, sind angenommen, wenn sie als Werke dieses Glaubens – sie sind verworfen, wenn sie nicht als Werke dieses Glaubens geschehen. Hier müssen wir vorläufig Halt machen. Denn eben dieser Glaube, der sich Jesus Christus recht sein läßt als seinen Stellvertreter, ist das Werk und Geschenk des Heiligen Geistes, das wir uns nicht nehmen, um das wir nur bitten können.

III.

Wir haben im bisherigen von der *Wahrheit* des Evangeliums und des Gesetzes in ihrem gegenseitigen Verhältnis geredet. Nur von daher ist nämlich ihre *Wirklichkeit*, von der nun noch besonders zu reden ist, einzusehen.

Wir haben jetzt darauf zu achten: was es bedeutet, daß das Evangelium sowohl wie das Gesetz – oder also: der Inhalt und die Form des Evangeliums in *unsere*, der *Sünder* Hände gegeben sind.

Daß wir Sünder sind und was das heißt: Sünder sein, das wird durch Gottes Gnade, indem sie offenbar wird (und also durch das Gesetz) unwiderleglich und unzweideutig ans Licht gestellt. Wir mögen die *Tiefe* unserer Sünde daran ermessen, daß nicht weniger als Gottes ewiges Wort sich unserer in dieser Tiefe annehmen und zwar so annehmen mußte, daß es an unsere Stelle trat, uns allein den Glauben und zwar den Glauben an ihn, der das Werk und Geschenk des Heiligen Geistes ist, zuweisend! Eben damit wird aber auch das *Wesen* der Sünde enthüllt, gegen die Gott in Jesus Christus streitet, deren Vergebung er uns in Jesus Christus bereitet hat. Ist diese Vergebung darin begründet, daß Gott selbst, an unsere Stelle tretend, für uns tut, was vor ihm recht ist, dann besteht unsere Sünde darin, daß wir für uns selbst zwar nicht eintreten können, wohl aber eintreten *wollen*. Die Sünde besteht in der Eigenmächtigkeit, haben wir bereits gesagt, und insofern in der Gottlosigkeit, als Gott wesentlich gnädig ist, eben unsere Eigenmächtigkeit aber, unsere Abwehr der Gnade und unsere Selbstbehauptung gegenüber Gott unsere Gottesferne bezeugt und bedeutet.

Indem sich Gott unser annimmt in der Gabe des Evangeliums und des Gesetzes, legt er diese Gabe in unsere Hände, in die Hände von uns Eigenmächtigen, die, dem Sinn und der Bestimmung dieser Gabe zuwider, durchaus für sich selbst eintreten, weil sich selbst behaupten möchten. Was werden wir damit anfangen, wir, die wir mit allem und jedem durchaus »etwas anfangen« wollen? Man merke wohl: Gott legt seine Gabe *trotzdem* in unsere Hände und sie ist und bleibt trotzdem, trotz der mehr als fragwürdigen Reinheit unserer Hände, *seine* Gabe. Was dieses »trotzdem« positiv bedeutet, das soll im vierten Teil dieses Vortrags zur Sprache kommen. Es bedeutet aber zunächst etwas *Negatives*. Und dieses Negative bildet den Hintergrund, von dem sich das Positive abheben muß, um als solches erkennbar zu werden. Von ihm ist jetzt also zuerst zu reden.

Es liegt in der Natur der Sache, daß es sich hier vor allem um unser Verfahren mit dem *Gesetz* Gottes handelt. Gottes Gnade hat ja, indem sie zu uns kommt, die Form des Gesetzes, des Gebotes, der Forderung, des Anspruchs. Was wird daraus, wenn wir, wir Sünder, diesen Anspruch vernehmen? Paulus hat darauf besonders im 5. und 7. Kapitel des Römerbriefes die grundsätzliche Antwort gegeben: Unsere Sünde bedient sich des Gesetzes wie eines Sprungbrettes (ἀφορμή Röm. 7,8. 11) und erst, indem sie sich auf diese Weise Macht gewinnt (Röm. 5,20), indem sie »überaus sündig« wird (Röm. 7,13), indem sie mit dem Mißbrauch gerade des Gesetzes sozusagen ihr Meisterstück liefert, gerade das Gute, gerade das Beste in sein Gegenteil verkehrend (Röm. 7,13), einen Betrug mit ihm verübend (Röm. 7,11), feiert sie ihre Auferstehung (Röm. 7,8f.), wird sie als »in uns wohnende Sünde« (Röm. 7,20) als sündiges »Gesetz in unsern Gliedern« (Röm. 7,23) aktiv und erkennbar (Röm. 7,7). Was ist, verglichen mit ihr die Sünde des Menschen, dem Gottes Gesetz *nicht* begegnet ist? Paulus hat sie, wie Röm. 1,18 f. zeigt, wahrhaftig ernst genommen. Und doch muß er sie geradezu »tot« nennen (Röm. 7,8) neben der Sünde, deren der dem Gesetze Gottes begegnende Mensch sich schuldig macht. In ihr erst wird die Sünde in ihrem Wesen sichtbar und verständlich. – Was ist es aber mit diesem Riesenbetrug, den die Sünde mittelst des Gesetzes begeht? Paulus antwortet: Er besteht darin, daß die Sünde gerade angesichts des Gesetzes mit seinem »Laß dich nicht gelüsten!« das Gelüste, das Begehren in uns aufschießen läßt. Man darf sich durch die mit dem Analogon des klassischen nitimur in vetitum ... sich einstellenden Assoziationen nicht verführen lassen, dieses »Begehren« moralistisch zu deuten. Was wir moralisch unter »Begehren« verstehen, insbesondere die sexuelle Libido, an die die Auslegung der Kirche hier allzu schnell und allzu eifrig gedacht zu haben scheint, gehört im Sinn des Paulus sicher noch zu den Auswirkungen jener gewiß ernst zu nehmenden, aber im Vergleich zu dem, worum es hier geht, »toten« Sünde. Das Gesetz, von dem Paulus redet, ist ja *geistlich*, und so muß es auch bei dem Betrug, den die Sünde verübt, indem sie jenes Begehren des Verbotenen erweckt, genau so wie bei dem Betrug der Schlange in der Geschichte des ersten Sündenfalles, um einen Betrug gerade hinsichtlich des *geistlichen* Charakters des Gesetzes gehen. Worin er besteht, das entnehmen wir einer anderen Stelle, wo Paulus nunmehr konkret von den durch die Sünde mit dem Gesetz Betrogenen redet. Er sagt nämlich von den Juden, die Christus gekreuzigt haben und bis auf diesen Tag verwerfen: »Sie haben den Eifer um Gott, aber mit Unverstand; indem sie nämlich die Rechtfertigung durch Gott verkannten und ihre eigene aufzurichten sich bemühten, unterwarfen sie sich der Rechtfertigung durch Gott nicht. | *Christus* ist ja das Ziel des Gesetzes zur Rechtfertigung« (Röm. 10,2 f.). Das also ist das Begehren, das die Sünde angesichts des Gesetzes in uns aufschießen läßt – genau das Begehren jenes Schriftgelehrten, der von Jesus auf seine Frage: »Was muß ich tun, daß ich das ewige Leben ererbe« schlicht an das Gesetz erinnert wurde: »Er aber wollte sich selbst rechtfertigen« (Luk. 10,29). In der Tat, wer wollte jemals etwas Anderes, wenn ihm Gottes Anspruch begegnet? Eben dieses Begehren ist der menschliche Ungehorsam, in seiner Wurzel aufgedeckt! Denn was geschieht da, wo man, konfrontiert mit Gottes Anspruch, seine eigene Gerechtigkeit aufzurichten sich bemüht? Offenbar dies: daß man aus dem Anspruch Gottes einen eigenen Anspruch macht, den Anspruch nämlich, daß man dem von Gott Geforderten selber genügen wolle und könne. Warum ist das Ungehorsam? Darum, weil Gottes Anspruch Zeugnis ist von der uns verheißenen, von unserer in Christus erfüllten Rechtfertigung durch ihn selber. *Christus* ist ja das Ziel des Gesetzes und zwar zu unserer Rechtfertigung. Dieser Rechtfertigung uns zu unterwerfen, ein Leben in dieser Unterwerfung, das wäre Gehorsam. Eben an ihr schießt unser Begehren vorbei. Warum? Wir *erkennen* nicht, daß das Gesetz unsere Rechtfertigung durch Gott verkündigt. »Bis auf diesen Tag liegt, wenn Moses gelesen wird, die Decke über ihren Herzen« (2. Kor. 3,15). Warum ist dem so? Warum erkennen wir nicht, was wir doch im Gesetz lesen könnten? Das eben ist der Betrug der Sünde: von Haus aus beschäftigt damit, uns selbst zu behaupten und zu vertreten, verdecken wir uns selbst das Größte, das Entscheidende im Gesetz, den Inhalt, dessen Form es nur ist, die heilende und heiligende Gnade, um unterdessen mit Hilfe seiner Buchstaben, weil sie doch göttliche Buchstaben sind, bemüht, sie alle zu beachten und ihnen nach bestem Wissen und Gewissen gerecht zu werden, uns selbst zu stärken, zu bestätigen, zu erhöhen, als würdige Mitarbeiter Gottes darzustellen. Ganz mit uns selbst beschäftigt, haben wir aus dem göttlichen Du wirst! des Gesetzes das menschlich-allzumenschliche Du sollst! gemacht. Das ist das, was Paulus die »Schwächung des Gesetzes im Fleische« (Röm. 8,3) oder umgekehrt: das Gesetz als die *Kraft* der Sünde (1. Kor. 15,56) genannt hat. Von daher, aus diesem Betrug der Sünde der »Unverstand« unseres | »Eiferns um Gott«! Man denke nur ja nicht, daß es ein, weil es in *Unwissenheit* begründet und weil es immerhin ein Eifern um *Gott* ist, relativ harmloses und verzeihliches Eifern sei, um seiner Unvollkommenheit willen vielleicht zu bedauern, um seiner guten Absicht willen immerhin auch zu loben. Nein, seine Unwissenheit ist *Ungehorsam* und daß es Eifer um Gott sei, ist *Lüge!* Die *Sünde* triumphiert in diesem Eifern, mehr, unendlich viel mehr als in dem, was wir als Götzendienst, Gotteslästerung, Mord, Ehebruch und Diebstahl zu kennen meinen: unendlich viel mehr darum, weil hier, in seiner Gabe des Gesetzes, in dem mißdeuteten Dekalog, in den mißdeuteten Prophetenworten, in der mißdeuteten salomonischen Lebensweisheit, in der mißdeuteten Bergpredigt und Apostelmahnung Gott selbst zum Anlaß und Vorwand der Sünde gemacht worden ist. Ja, nun stürzt sich der Mensch freilich – mit der ganzen Leidenschaft seiner siegreichen und von Gott sich selbst überlassenen Willkür und zugleich mit der ganzen Leidenschaft seines bösen Gewissens und sicher, ganz sicher der Linie des geringsten Widerstandes folgend – der Eine auf diesen, der Andere auf jenen Buchstaben und Fetzen des Gesetzes: ein Jeder auf den, mit dem er das Geschäft am besten zu machen meint, und ein Jeder mit dem Triumph, daß er es mit seinem Buchstaben und Fetzen in der Hand, früher oder später – vor Menschenaugen wenigstens – zu einer Art Spezialrechtfertigung gerade seiner Existenz bringt. Hier einer blindwütend in die Arbeit. Hier einer in die Pflege eines musterhaften Bürger- und Familienlebens. Hier einer in die Jagd nach »interessanten« Anschauungen, Erlebnissen, Begegnungen und Beziehungen. Hier einer in eine demonstrative Einfachheit und Genügsamkeit. Hier einer in den souveränen Wandel eines zigeunernden Genies. Hier einer in eine zänkische kirchliche Orthodoxie und theologische Akribie. Hier einer in eine ewig lächelnde evangelische Freiheit. Hier einer in eine geschäftige philantropische oder noch lieber pädagogische Fürsorge für allerlei »lahme Enten« im Umkreis seiner Mitmenschen. Hier einer in ein weitausschauendes Unternehmen der Weltverbesserung im Großen. Hier einer in die feierlichen Schrullen einer Privatexistenz nach gar keinem anderen als seinem höchst individuell eigenen Bilde. Hier einer in eine Gerechtigkeit mit der | großen Masse und dem Zug der Zeit. Hier einer raffinierter Weise gerade gegen sie. Und hier einer in den phantastischen Plan, es nun einmal mit der absoluten Ehrlichkeit, der absoluten Reinheit, der absoluten Selbstlosigkeit, der absoluten Liebe zu versuchen. Eitelkeit der Eitelkeiten! Was noch alles? Wohin kann man sich nicht alles stürzen, wenn der Glaube, den Gott in Jesus Christus für sich selbst und für sich allein fordert, einmal übersehen und übergangen ist! Es gibt dann tausend Werke des Gesetzes – des in tausend Fetzen zerrissenen Gesetzes, tausend Knechtschaften, denen wir uns unterziehen, tausend Buchstaben, an deren jedem sich irgend ein Menschlein oder auch viele zugleich anklammern können, ihre eigene Gerechtigkeit daraus zu schlürfen. Wir armen, immer schlürfenden und doch immer wieder durstigen Zecher! Ein harmloses, ein teilweise wohl gar löbliches Begehren? Nein, denn eben aus diesem Begehren geht – in sichtbaren und unsichtbaren Verlängerungen dieser unserer »guten« Bestrebungen das hervor, was diesmal nicht der Mensch, sondern Gott in seinem Gesetz Abgötterei, Gotteslästerung, Mord, Ehebruch und Diebstahl nennt (vgl. Röm. 2,12f.). Eben dieses unser Begehren, dieses unser Eifern – um Gott? nein, mit Hilfe und zur Ehre Gottes um unsere eigene Gottlosigkeit – hat *Christus* ans *Kreuz* gebracht und bringt ihn mitten im Christentum (Hebr. 6,6) immer wieder ans Kreuz. – Sagt das noch nicht genug darüber, was das bedeutet, wenn Gott sein Gesetz in unsere Hände gibt?

Um nun zu verstehen, was darüber aus dem Gesetze wird – es ist und bleibt ja Gottes Gesetz! – müssen wir uns zwischendurch klar machen: was wird darüber aus dem *Evangelium*, das ja des Gesetzes Sinn und Inhalt ist? So geht es natürlich nicht zu, wenn die Sünde uns mit dem Gesetz und damit um das Gesetz betrügt: daß dabei das Evangelium nun etwa gänzlich weggeworfen und vergessen würde. Triumphiert die Sünde doch auch hinsichtlich des Gesetzes nur in seinem Mißbrauch, nicht etwa – wohlweislich nicht etwa in seiner Preisgabe! Und andererseits: So kann es nicht zugehen bei jenem Betrug: daß das Gesetz zwar durch die Sünde mißbraucht, geschändet, verkehrt würde, das Evangelium aber unversehrt bliebe, also die Gnade nach wie vor als Gnade von uns verstanden würde. Nein, mit der Form fällt und verdirbt auch der Inhalt, mit | Gottes Gesetz auch Gottes Evangelium. Von dem Volk Israel, das Mose und zwar entscheidend dem ersten Gebot des durch Mose verkündigten Gesetzes nicht gehorchte, das seine Propheten verwarf und steinigte, das schließlich seinen Messias ans Kreuz schlug – von diesem Volk hat Jesaia gesagt, es rede von nichts denn von »Bund« (Jes. 8,12); es hat von Gottes Gnade, Geduld und Sündenvergebung immer – und am meisten wohl gerade am Tage von Golgatha – *viel* gewußt und gehalten. Die Pharisäer waren lang nicht so pharisäisch, wie wir es uns der Einfachheit halber vorstellen möchten. Haben nicht auch sie dem zukünftigen Zorn entrinnen wollen? (Matth. 3,7). Haben nicht auch sie Jesus interessiert genug zu Tische geladen? Einen kleinen und unwesentlichen Schritt von ihnen weg stoßen wir schon auf ein Christentum, das hinsichtlich des Gesetzes ebenfalls dem Betrug der Sünde verfallen ist und also, sich selbst rechtfertigen wollend, an das Halten des Größten und Entscheidenden im Gesetz gar nicht mehr denkt und nun dennoch als Gegengewicht und zur Temperierung seines unverständigen Eiferns um Gott auch von der Gnade nicht lassen, auch die Gnade gerne gebrauchen und in seinen Dienst stellen möchte. Aber was heißt hier Gnade? Hier ist aus Jesus Christus, der den Seinen alles schenkt, indem er in der Majestät Gottes selbst an ihre Stelle tritt, ein mythischer Halbgott geworden, der ihnen angeblich Kräfte, eine Art magische Begabung mitteilt, deren Gegenwart sich konstatieren läßt wie die jeder anderen Begabung, mit der zu schalten und zu walten als mit ihrem Besitz sie Freiheit haben, die ihnen vor sich selbst und vor Anderen zum Ruhm gereicht, an der sie eine rechte Hilfe zu haben glauben bei ihrer Bemühung, sich selbst zu behaupten, zu vertreten, zu rechtfertigen, deren sie sich – und darauf kommt es wohl heimlich vor allem an – zu trösten gedenken, wenn es wegen der Unvollkommenheit ihrer Bemühungen zu Enttäuschungen und Stillständen, da und dort wohl auch einfach zum Versagen kommen sollte. Jesus Christus, die unentbehrliche Begleitfigur, der nützliche Hebelarm und schließlich und vor allem der Lückenbüßer bei unserem Bemühen um unsere eigene Rechtfertigung! Jesus Christus, die Personifikation der wunderbaren Ideen, die wir uns zum Zweck dieser Rechtfertigung je nach dem Geist und Geschmack unseres Jahrhunderts zu machen | pflegen! Jesus Christus, der große Kreditgeber, der gerade gut genug ist, uns zu unseren eigenen Gerechtigkeitsunternehmungen immer wieder die nötige Deckung zu geben! Dies ist's, was hier aus der Gnade, aus dem Evangelium wird. Im Schatten des Betrugs der Sünde mit dem Gesetz muß aus dem Evangelium unweigerlich *das* werden. Hier wird die Gnade weggeworfen, hier ist Christus umsonst gestorben (Gal. 2,21). Denn hier wird das Ärgernis, das heilsame Ärgernis des Kreuzes, beseitigt (Gal. 5,11). Hier ist geradezu Feindschaft gegen das Kreuz (Phil. 3,18). So hat Paulus von dem im Schatten dieses Betrugs blühenden Christentum geredet. Das ist sicher: »Gottes Kraft zur Errettung« (Röm. 1,16) wird das so entstellte und verkehrte Evangelium nicht bedeuten können, wenn das entstellte und verkehrte Gesetz uns etwa in die Anfechtung führen sollte, von der nachher zu reden ist. *Dieser* Jesus Christus hat in der Anfechtung, die dem Betrug der Sünde notwendig folgen muß, noch keinem einzigen Menschen auch nur Hilfe oder Trost, geschweige denn Errettung bedeutet.

Und nun läßt sich Antwort geben auf die Frage, was denn bei jenem Betrug der Sünde, wenn unsere Eigenmächtigkeit sich des Gesetzes Gottes bemächtigt, aus diesem wird.

Wir streifen jetzt nur die Tatsache, daß es in dieser Entstellung und Verkehrung jeder *Verfälschung* ausgesetzt ist: Jetzt, nämlich wenn es bei unserem angeblichen Gehorsam gegen das Gesetz um unsere Selbstrechtfertigung geht, mag das Naturrecht, mag eine abstrakte »Vernunft«, mag die Geschichte, mögen in diesen letzten betrübten Zeiten die so glücklich erfundenen »Volksnomoi« das Wort ergreifen, um dem Gesetz Gottes den zu diesem Zweck brauchbaren und erwünschten Inhalt zu geben. Wir streifen nur die Tatsache, daß seine Deutung jetzt, wenn Christus nicht sein Ziel sein soll, zwischen einem *Nomismus,* der sich unter diese oder jene Observanzen und Disziplinen beugen zu sollen glaubt, und einem *Antinomismus* der reinen, aller konkreten Forderung und Bindung abholden Innerlichkeit haltlos hin und herschwanken wird. Werkgerechtigkeit sind, wohlverstanden, beide: der Nomismus und der Antinomismus. Und wir streifen nur die von Paulus Gal. 4,8f. hervorgehobene Tatsache, daß der Dienst des der Verheißung beraubten und damit entehrten und entleerten Gesetzes – ohne alle Rhetorik, | sondern in konkretestem Ernst gesagt: den Rückfall aus dem Glauben an den einen lebendigen Gott in den armseligen *Elementendienst der Heiden* darstellt. Soll Gott einmal *nicht* mehr Gott sein in seinem Gesetz, dann ist es vielen andern Gesetzen, dann ist er selbst vielen andern Göttern, die es ja auch gibt, nur zu ähnlich geworden und ihn und sein Gesetz mit diesen andern gelegentlich zu vertauschen, wird dann eine reizvolle Sache werden. Wer sich einmal darauf eingelassen hat, sein Leben in dieser oder jener Form von Werkgerechtigkeit in seine eigene Hand zu nehmen, der soll, wenn er klug ist, die ewigen, ehernen, großen Gesetze seines Schicksals, seine kosmisch-siderischen Gegenspieler, nur ja nicht vergessen, er soll den Kalender seiner astrologischen Möglichkeiten für diese Woche und für den nächsten Herbst nur nicht zu weit von der Hand legen. Das gehört nämlich auch zu einem Leben unter dem durch unsere Eigenmächtigkeit entehrten und entleerten Gesetz, daß wir wie böse Buben in Erwartung des Lehrers im Weltraum herumspähen müssen, Ausschau haltend nach dem, was etwa noch über uns kommen möchte und was es etwa für uns bedeuten könnte. Das gehört auch zu diesem unserem Leben, daß uns jener Kalender tatsächlich sehr viel interessanter ist als die Bibel!

Das Alles ist schrecklich genug, aber es ist doch nur Symptom des viel schrecklicheren Gerichtes, das darin begründet ist, daß *Gott seiner* auch in seinem entehrten und entleerten Gesetz *nicht spotten* läßt, daß es Gottes Anspruch an den Menschen bleibt, auch wenn es der Mensch in den Dienst seiner eigenen Ansprüche stellt. Wie, wenn Gott nun dabei bliebe, daß sein Gesetz erfüllt, seine Gebote gehalten sein wollen? Ja, wie sollte er nicht dabei bleiben, wie sollte er, so gewiß er Gott ist, davon weichen können? Und wie, wenn Gott uns nun beim Wort nähme, uns behaftete bei unserem kühnen Plan und Programm, sein Gesetz selbst zu erfüllen und in dieser unserer Erfüllung des Gesetzes selbst für uns einzutreten? Wie, wenn er nun das kleinste seiner Gebote auch nur halbwegs, auch nur zu einem kleinen Teil wirklich von uns selbst gehalten haben wollte? Aber nein: Gott fordert zweifellos ein ganzes Halten aller seiner Gebote. Und nun: *rechtfertige* dich selbst, wenn du eben darin zum vornherein und in Grund und Boden *verurteilt* bist, daß du meinst, dich selber rechtfertigen zu können und zu | sollen!! Wir können ein ganzes Leben lang »um Gott eifern mit Unverstand« – und kein Zweifel: wir tun das tatsächlich alle! – dahinter aber steht unbeweglich (in der ganzen Unbeweglichkeit der Gnade Gottes, die in seinem Gesetz offenbar ist!) die Tatsache, daß Gott sich nichts vormachen läßt, daß wir vor ihm samt und sonders erfunden sind als solche, die ihm den Glauben verweigern, um desto sicherer sich selbst meinen und auf sich selbst vertrauen zu können – die Tatsache, daß dies das Gericht über alle unsere uns vermeintlich rechtfertigenden Werke und vor allem über das Werk unseres uns vermeintlich rechtfertigenden Glaubens bedeutet. Denn wenn eines unserer Werke als Sünde gegen das erste Gebot dem Gericht verfallen ist, dann sicher unser vermeintlich bestes: das Werk unseres Glaubens an den Arianer- und Pelagianer-Christus, dem wir die Ehre antun, ihn als unschuldig nützlichen Rand unserer Selbstbehauptung gerade auch noch gelten zu lassen. Steht es aber so mit unserem besten Werk, wie steht es dann mit allen anderen? Das Entsetzliche, was nun – in Entsprechung zu dem Betrug der Sünde – zwischen Gott und dem Menschen wirklich wird, ist oft beschrieben worden. Ich nenne jetzt nur das Ergebnis: Wir haben die Rechtfertigung durch Gott tatsächlich ausgeschlagen. Unsere Selbstrechtfertigung ist uns nicht gelungen, weil sie in sich selbst unmöglich ist. So haben wir keine – keine Rechtfertigung. Wollen habe ich wohl – ja nur zu viel – aber Vollbringen des Guten finde ich nicht – wie sollte ich, da schon mein Wollen als das eines betrogenen Betrügers ein verkehrtes ist? Das ist's, was das Gesetz, das von uns entehrte und entleerte Gesetz, das doch Gottes Gesetz ist und bleibt, uns jetzt zu sagen hat. Und das ist die *Anfechtung:* wenn wir aus dem Rausch unseres kraft der Sünde angesichts des Gesetzes aufgeschossenen Begehrens erwachen und sehen müssen, daß sich am Gesetz und seiner Forderung nichts geändert hat. Wenn wir das wirkliche Gesetz wieder hören und wenn wir nun vielleicht gar nichts anderes mehr hören können als das wirkliche Gesetz Gottes, das uns *das* zu sagen hat: Wollen hast du wohl, aber Vollbringen des Guten findest du nicht! Deine Sünden nicht nur, nein, deine guten Werke sind sündig, weil, mehr vielleicht als das, was du für deine Sünden hältst, Werke deines Begehrens *gegen* Gott! – dann ist die Anfechtung da. Wir wissen jetzt von Gottes Offen|barung nur dies, daß er uns mit Recht zürnt, daß wir ihm auf tausend Worte nicht eines zu antworten haben, daß wir also verloren, dem Tod und der Hölle verfallen sind. Und was soll nun, da wir mit dem Gesetz auch und gerade die Gnade verscherzt haben, aus uns werden? – Dies ist's, was aus dem Gesetz Gottes in unseren Händen wird: es ist jetzt das »Gesetz der Sünde und des Todes« (Röm. 8,2), der Vollstrecker des göttlichen Zornes (Röm. 4,15), das Gesetz, das Paulus – nicht durchgängig aber in der Regel – den »Nomos« nennt, vor dessen Dienst, vor dessen Werken, vor dessen Gerechtigkeit und vor dessen Knechtschaft und Fluch er seine Gemeinden nur aufs eindringlichste warnen kann. Dies ist das Gesetz, dessen »Amt« er 2. Kor. 3,2 f. ein Amt genannt hat, »das die Verdammnis predigt«, ja das »durch die Buchstaben tötet«. Dies ist das Gesetz, das später so wuchtig mit der Hure Vernunft, mit Sünde und Tod, ja mit dem Teufel in einem Atem genannt, als *der* Feind des Glaubens, der Liebe und der Hoffnung, als *der* große Gegenspieler des Evangeliums so eindringlich geschildert worden ist. Dies ist das Gesetz, von dem gesagt worden ist und gesagt werden muß: Entweder ganz das Gesetz und dann den Tod oder ganz das Evangelium und dann das Leben, ein Drittes gibt es nicht.

Es ist das durch den Betrug der Sünde *entehrte* und *entleerte* Gesetz, das mit der Kraft des *Zornes* Gottes dennoch *sein* Gesetz ist und bleibt. Dienen wir *diesem* Gesetz, dann gibt es vor Gottes Gericht kein Entlaufen und in der Anfechtung, in der uns dieses Gericht offenbar wird, keinen Rat, keinen Trost, keine Hilfe.

Dies ist das *Negative*, was sich daraus ergibt, daß Gott seine Gabe trotzdem – trotzdem wir Sünder sind – in unsere Hände legt, die *eine* Seite der Wirklichkeit des Evangeliums und des Gesetzes in ihrem gegenseitigen Verhältnis. Von diesem Negativen – wahrlich nicht nur von ihm, aber mit großem Nachdruck auch von ihm redet der Galaterbrief.

IV.

Wir zeigen das *Positive*, das nun hinsichtlich dieses »trotzdem« und nun erst recht zu sagen ist, an mit den Worten des|selben Paulus: »Das Gesetz ist zwischenhineingekommen, so daß die Übertretung mächtiger wurde. Wo aber die Sünde mächtig wurde, da gerade überströmte die Gnade, so daß, wie die Sünde im Tode herrschte, nun die Gnade herrscht durch die Rechtfertigung zum ewigen Leben durch Jesus Christus unseren Herrn« (Röm. 5,20). Denn: »Gott hat alle verschlossen unter den Unglauben, auf daß er sich aller erbarme. O welch eine Tiefe des Reichtums, beide der Weisheit und Erkenntnis Gottes! Wie gar unbegreiflich sind seine Gerichte und unerforschlich seine Wege! Denn wer hat des Herrn Sinn erkannt oder wer ist sein Ratgeber gewesen? Oder wer hat ihm etwas zuvor gegeben, daß ihm werde wieder vergolten? Denn von *ihm* und durch *ihn* und zu *ihm* sind alle Dinge, *ihm* sei Ehre in Ewigkeit. Amen« (Röm. 11,32 f.). Ja, das ist unbegreiflich und unerforschlich, das beruht auf einer anderen Ordnung als auf der von Aktion und Reaktion, Verdienst und Würdigkeit, das hat nur in *Ihm* seinen Anfang und sein Ende: daß Gott seine Gabe, sein Wort, das Evangelium und das Gesetz wohl in unsere sündigen unreinen Hände legt und nun geschieht, was geschehen muß – nun gerade und nun erst rebellieren wir; gerade sein Wort verkehren und schänden wir, nun gerade und nun erst recht, mit Hilfe und zur Ehre Gottes wird Jesus Christus nun ans Kreuz geschlagen – *aber:* wie das *Gesetz* auch als durch unser Begehren entehrtes und entleertes das Gesetz Gottes ist und bleibt in jedem seiner Buchstaben, so – nein nicht so, sondern noch viel mehr ist und bleibt Gottes *Evangelium*, was es ist. Noch mehr: gerade in unsere sündigen, unreinen Hände gelegt und nachdem sich alles ausgewirkt hat, was das bedeutet, gerade jetzt wirkt auch das Evangelium sich erst recht aus, zeigt auch es sich erst völlig als das, was es ist, die wirklich *frohe* Botschaft für *wirkliche* Sünder.

Aber ist denn nicht gerade das unsere wirkliche Sünde, daß wir »jagend nach der Rechtfertigung durch das Gesetz« (Röm. 9,31) das Evangelium im Gesetz nicht hören, Christus als das Ziel des Gesetzes nicht gelten lassen wollen? Welche Kraft soll denn die von uns verschmähte und verachtete, ja gehaßte Gnade haben? Darauf ist zu antworten: Gott ist Gott. Kraft, die Kraft der Auferstehung (Phil. 3,10), hat auf alle Fälle gerade und erst die von uns verschmähte und verachtete, ja gehaßte Gnade, der | bis auf diesen Tag in die Hände der Sünder gegebene, der gekreuzigte, gestorbene und begrabene Christus. »Siehe, *ich* mache alles neu!« Vor diesem »Ich« soll sich kein, wirklich kein Fleisch rühmen können, nicht einmal seines Nicht-Widerstandes! Sein Neumachen setzt genau an dem Punkt ein, wo von uns aus nichts, gar nichts Anderes wirklich ist als dies, daß wir uns selbst vor ihm und für ihn unmöglich machen, wo das Wort: »Ich werfe die Gnade Gottes *nicht* weg« (Gal. 2,21) nur als die Anerkennung eines uns widerfahrenen Wunders und Geschenkes und gleichzeitig mit der Anerkennung, daß ich der Sünder Vornehmster bin (1. Tim. 1,15), über unsere Lippen gehen kann. Gerade und nur für diese vornehmste Sünde in uns allen, für die als Sünde gegen ihn selbst »überaus sündig« gewordene Sünde ist Jesus Christus ein Mensch geworden, gestorben und auferstanden. Und so ist der Sieg des Evangeliums, der Sieg der Gnade gerade Gottes Sieg über diese *wirkliche* Sünde, über die Sünde unseres

Mißbrauchs des *Gesetzes*, die Sünde unseres *Unglaubens*. – Unter drei Gesichtspunkten werden wir diesen unbegreiflichen, diesen unerforschlichen Sieg, diesen Sieg, dessen Ehre ganz die Ehre Gottes ist, betrachten müssen:

Zum Ersten. Die Gnade Gottes, Jesus Christus selbst, macht gerade das *Gericht*, in das uns das mißbrauchte und doch gültige Gottesgesetz stellt, zu unserer *Rechtfertigung*. Er offenbart sich als Heiland durch das Gesetz auch in dieser Gestalt. Er macht lebendig durch das Evangelium, in dem er durch das Gesetz tötet. Jetzt wird diese Reihenfolge: »Gesetz und Evangelium« legitim und sinnvoll! Er erweckt nämlich unsere durch die *Form* des Evangeliums, also durch das Gesetz um unseres Unglaubens willen verurteilte und in die Hölle verstoßene Existenz, wie sie ist, in ihrer ganzen Nacktheit und Häßlichkeit, also mit Inbegriff unseres Unglaubens durch den *Inhalt* des Evangeliums, also durch sich selbst zum Leben des Glaubens an ihn als an den, der uns rechtfertigt. Trotz dessen, daß wir vom Scheitel bis zur Sohle, in unserem Herzen und in unseren Taten Sünder sind, nein, gerade weil wir so und nur so vor ihm dastehen! Wir müssen betonen: die freie Gnade, Jesus Christus selbst tut das. Wir können es nicht selbst tun, so gewiß wir das, was es dazu braucht, nicht in uns haben und so gewiß wir es noch viel weniger von außen an uns heranbringen können. Unsere Rechtfertigung im Gericht geschieht aber auch nicht kraft einer immanenten Gesetzlichkeit, etwa wie Nacht und Tag, Winter und Frühling, Schmerz und Freude, Angst und Ruhe aufeinander zu folgen pflegen, oder in der Einsichtigkeit der Funktion eines einmal in bestimmter Weise eingerichteten Mechanismus, oder nach der Regel jenes absoluten Geistes, der durch Thesis und Antithesis schließlich zu sich selbst zurückkehrt. Die Reihenfolge: Gesetz-Evangelium, Sünde-Gerechtigkeit, um die es hier geht, ist dadurch charakterisiert, daß sie identisch ist mit der Reihenfolge: Tod-Leben. Das heißt aber: Sie ist uns als Reihenfolge ganz uneinsichtig. Sie kann nur Ereignis und *Tatsache* sein und sie kann von uns aus nur als Verheißung dessen, was Jesus Christus an uns tut, geglaubt werden und in diesem Glauben werden wir uns selbst ein Wunder sein. Wir werden nur *tatsächlich* glauben können, ohne ein Wissen um die Möglichkeit dessen, was wir damit tun. Und wenn das geschieht, daß uns Jesus Christus offenbar wird durch das uns richtende Gesetz, wenn das Gesetz uns also zum Zuchtmeister wird auf ihn (Gal. 3,24), wenn wir, uns selbst ein Wunder, *an ihn* glauben in unserem Unglauben und trotz unseres Unglaubens, dann enthält dieser unser Glaube wohl in sich die entscheidende Erkenntnis unserer Sünde und die Gewißheit ihrer Vergebung, aber wie unser Glaube jetzt nur noch als Glaube *an ihn* Glaube sein wollen kann, wie er ganz und gar lebt und west in ihm als in seinem Gegenstande und ganz und gar nicht in sich selber – so wird auch unsere Sündenerkenntnis und Vergebungsgewißheit und also Heilsgewißheit ganz und gar nur Erkenntnis und Gewißheit von *ihm her* und ganz und gar nicht eine in sich selbst ruhende und also uns zu irgend einem Ruhm gereichende Erkenntnis und Gewißheit sein. *Gottes*kraft zur Errettung jedem Glaubenden ist das siegreiche Evangelium (Röm. 1,16). So und nur so ist es das nun wirklich trotz unserer sündigen, unreinen Hände *siegreiche* Evangelium.

Zum Andern. Die Gnade Gottes, Jesus Christus selbst macht uns frei von jenem »Gesetz der Sünde und des Todes« (Röm. 8,2). Sind wir, wie das siegreiche Evangelium uns sagt, in ihm gerechtfertigt, ohne uns und gegen uns, gegen unseren Ungehorsam und Unglauben, dann heißt das doch, daß dieses Gesetz uns unseres Ungehorsams und Unglaubens wegen nicht ver|dammen kann. Recht und Kraft, uns zu verdammen, hat es doch auch als »Gesetz der Sünde und des Todes« nur darum, weil es Gottes Gesetz ist. Ist aber Gott für uns, hat er uns »verschlossen« unter den Unglauben, um sich unserer gerade so, gerade in Form einer Totenerweckung zu erbarmen, wer mag dann wider uns sein? Das Recht und die Kraft seines eigenen Gesetzes sicher nicht! In jenen Verschluß unseres Unglaubens geworfen ist jetzt also auch unsere doppelte Angst vor dem Gesetz: die Angst vor seinen Buchstaben, ob wir sie auch alle kennen und ob wir ihnen auch gerecht werden möchten, und die Angst vor den Folgen der Tatsache, daß wir ihm im Ganzen, weil wir nicht glauben, sicher ungehorsam sind – zusammen: unsere Lebensangst. *Sie wird nicht mehr sein!* Über jenen Verschluß, in den sie geworfen ist, neigt sich das göttliche Erbarmen und das bedeutet: daß sie jetzt nur noch eine überwundene, eine getröstete, eine befriedete, eine von einem festen Ufer von Hoffnung und Freude umgebene Angst sein kann. Aber diese Befreiung greift tiefer: Verdammt uns Gottes Gesetz wirklich nicht, dann *ist* es doch gar nicht mehr das »Gesetz der Sünde und des Todes«! Siegt das Evangelium, dann stellt es nicht nur sich selbst wieder her als die überströmende Gnade, überströmend gerade auf ihre Feinde – nein, dann wird auch das *Gesetz*, die Form des Evangeliums, *wiederhergestellt* aus den Buchstaben zur Ganzheit seiner Worte, seines einen einzigen Wortes, aus der Forderung: Du sollst! zu der Verheißung: Du wirst sein!, aus dem Anspruch auf unser Vollbringen zum Anspruch auf unser Vertrauen. Dann redet das Gesetz nicht mehr als Instrument des Betrugs der Sünde und als Organ des Zornes Gottes, sondern in seinem eigentlichen ursprünglichen Sinn als Zeugnis, als Offenbarung dessen, der alles wohlgemacht und der gar nichts von uns haben will, als dies, daß wir glauben: er *wird* Alles wohl machen. Darum, weil der Sieg des Evangeliums auch das bedeutet, heißt es an jener Stelle ausdrücklich, daß wir in Christo Jesu »durch das Gesetz des Geistes des Lebens« frei gemacht sind. Wir merken wohl: in Christo Jesu das alles! Wir ehren in unserer Befreiung die Herrlichkeit *seines* Werkes. Wir können nur auf *ihn* schauen, um unsere Befreiung zu sehen. Wir können nur *ihn* preisen wollen, um dafür dankbar zu sein. Wir können nur an *ihm* hangen, um sie zu genießen. Außer ihm und ohne ihn, abgesehen von dem sich über uns neigenden Erbarmen Gottes, das er selber ist, bleiben wir verschlossen unter den Ungehorsam, betrogene Betrüger, in Verdammnis und Todesschatten nach wie vor. *Er* ist unsere Freiheit. *Er* ist das siegreiche Evangelium auch in dieser Hinsicht. Aber er *ist* es.

Zum Dritten. Die Gnade Gottes, Jesus Christus selbst gibt uns, was wir brauchen, damit unsere in ihm vollbrachte Rechtfertigung und Befreiung auch in uns selbst Wirklichkeit sei: den Heiligen Geist der Kraft, der Liebe und der Zucht (2. Tim. 1,7). Den Geist der *Kraft*, in einer letzten unerschütterlichen Klarheit und Wahrheit an ihm zu hangen, an ihm und in ihm zu bleiben, obwohl, nein gerade weil wir uns selbst dazu ganz untauglich erkennen müssen. Den Geist der *Liebe* zu ihm, die des Gesetzes Erfüllung ist (Röm. 13,10), weil sie uns mit allen Seinigen zusammen, einer des andern Last tragend (Gal. 6,2) und also auch mit ihnen verbunden, auf seinen offenbarten Willen schauen läßt, wie die Braut auf den Bräutigam, obwohl, nein gerade weil wir in uns selbst weder die Liebe zu ihm noch die zu unserem Nächsten finden. Den Geist der *Zucht* endlich, die uns immer wieder gerade davor bewahren wird, dieses »Obwohl« und »Weil« zu vergessen – zu vergessen, daß wir aus uns selbst zu unserem Verderben nach wie vor sein möchten wie Gott, wissend, was gut und böse ist, die uns also immer wieder zum Sehen und Hören auf ihn als unseren Erretter treiben wird. Diese Gabe des Heiligen Geistes ist keine Magie, keine Verzauberung. Wer sie so deuten kann, kennt sie nicht. Sie ist, ganz wunderbar aber auch ganz nüchtern, unsere Versetzung an den Ort und in den Stand von solchen, in deren Niederlage der Sieg des Evangeliums und damit ihre Rechtfertigung und damit die Offenbarung des Gesetzes als »Gesetz des Geistes des Lebens« wirklich geworden ist. Man wird die, die den Heiligen Geist haben, immer daran erkennen, daß sie sich selber als die *Armen* vor Gott erkennen. Diese Armen von Geistes wegen (Matth. 5,3) sind es, denen das Evangelium und das Gesetz nicht umsonst, sondern zu ihrem Heil in ihre sündigen unreinen Hände gelegt ist, weil sie durch Christi für uns gekreuzigten Leib und sein für uns vergossenes Blut gespeist und getränkt und erhalten werden zum ewigen Leben.

NACHWORT ZUR
»SCHLEIERMACHER-AUSWAHL« (1968)

Eingeladen, zu dieser Auswahl aus den Schriften Schleiermachers eine »Einführung« zu schreiben, habe ich mich nach anfänglichem Zögern entschlossen, in Form eines Nachwortes nach bestem Wissen und Gewissen eine kleine Übersicht über die Geschichte meines eigenen Verhältnisses zu diesem »Kirchenvater des 19. (und auch des 20.!?) Jahrhunderts« – oder, wenn man so will: eine »unwissenschaftliche Nachschrift« beizusteuern. Was hier folgt, wird also unbescheidenerweise auch ein nicht unwichtiges Segment meiner eigenen Lebensgeschichte beschreiben.

Die Versuchung könnte von daher für etliche nicht gering sein, bei der Lektüre dieses Buchs hier anzufangen, wo sie doch sinnvollerweise zuerst die von H. Bolli so geschickt und originell (ohne meine Mitwirkung) zusammengestellte Auswahl von Schleiermachers eigenen Lebensäußerungen zur Kenntnis nehmen und in sich aufnehmen sollten. Also: Neugierige sind gewarnt! Wer es anders hält, als jetzt feierlich angezeigt, der tut es unter meiner ausdrücklichen Mißbilligung! Dixi et salvavi animam meam.

Es gab – damit muß ich anfangen – eine Zeit meiner jugendlichen Beschäftigung mit der Theologie, in der ich, zunächst von der mehrfachen Durcharbeitung der Kritik der praktischen, (dann erst, aber ebenso intensiv betrieben) der reinen Vernunft Immanuel Kants herkommend, nicht höher zu schwören wußte als eben bei dem Mann Daniel Ernst Friedrich Schleiermacher.

Meinen Vater, Professor Fritz Barth in Bern – sein Bild hängt noch heute unmittelbar vor mir – hatte ich, von allem Persönlichen und Geistlichen abgesehen, als gediegenen Wissenschaftler hoch respektiert. Aber seine, wie man damals sagte, (gemäßigt) »positive«, in seiner Jugend durch J. T. Beck bestimmte theologische Haltung und Richtung konnte ich mir nicht zu eigen machen. Wieder vermochten es mein erster neutestamentlicher Lehrer Rudolf Steck mit seinen freundlich, aber etwas langweilig exakten Analysen (er hielt sogar den Galaterbrief für »unecht«!) und mein erster Dogmatik-Lehrer Hermann Lüdemann mit seinem immer galligen systematischen Scharfsinn (er war wie Steck ein direkter Schüler F. Chr. Baurs) nicht, mich tiefer und nachhaltig zu interessieren. Ähnliches galt von dem Alttestamentler Karl Marti: was er (ein Schüler Wellhausens) – auch er ein großer Gelehrter – uns von Israels Geschichte und Religion zu erzählen wußte, war eine arg trockene Weisheit. Daß es sich im Alten Testament um eine bewegende Sache | handeln möchte, fing mir erst in Berlin bei Gunkel an aufzugehen. Was ich jenen Berner Meistern trotz allem verdanke: ich habe damals das Gruseln verlernt, habe nämlich die »historisch-kritische« Schule in ihrer älteren Gestalt damals so gründlich durchlaufen, daß mir die Äußerungen ihrer späteren und heutigen Nachfolger nicht mehr unter die Haut oder gar zu Herzen, sondern, als nur zu bekannt, nur noch auf die Nerven gehen konnten.

Eben in Berlin, wo ich übrigens noch mehr als an Gunkel an Harnack hoch hinaufsehen lernte, kaufte ich mir dann, zusammen mit Wilhelm Herrmanns »Ethik«, mein bis heute benütztes Exemplar von Schleiermachers »Reden« in der Ausgabe von R. Otto. Heureka! Ich hatte offenbar »Das Unmittelbare« gesucht und hatte es nun – nicht bei Hermann Kutter, der unter diesem Titel sein erstes Buch schrieb – bei Schleiermacher gefunden. Daß jene »Reden« geradezu das Wichtigste und Richtigste seien, was seit dem Abschluß des neutestamentlichen Kanons auf dem Feld christlichen Erkennens und Bekennens ans Licht getreten sei, nahm ich zwar meinem großen Marburger Lehrer nicht ab – und ebensowenig seine Geringschätzung des Schrifttums des älteren und alten Schleiermachers. Ich sah nicht, aber ich ahnte doch die durchgehende Linie in Schleiermachers Lebenswerk von den »Reden« her bis hin zu der (sehr unschleiermacherisch so genannten) »Glaubenslehre« und war geneigt, ihm fide implicita auf der ganzen Linie Kredit zu geben. Immerhin, wie es ja auch sachlich ganz in Ordnung ging, liebte ich doch auch Eichendorff und besonders Novalis. War (und bin?!) ich doch selbst ein bißchen Romantiker! (Was ich in der 1. Auflage des »Römerbriefs« S. 195-204, übrigens mit namentlicher Nennung des jungen Schleiermacher, Böses über die Romantik geschrieben habe, das »reuet mich und tut mir von Herzen leid«, wie ich ja damals in meinem heiligen Eifer auch dem Pietismus durchaus nicht gerecht wurde.) Sicher ist, daß ich schon vor 1910 in der bourgeoisen Welt Ritschls und seiner Schüler in meinem Innersten ein Fremdling war. Noch im Erscheinungsjahr des ersten »Römerbriefs« habe ich mir ja den herausfordernden Satz geleistet: »Wir können es uns leisten, romantischer zu sein als die Romantiker.« Aber auch der »Historismus«, mit dem Ernst Troeltsch und die Religionsgeschichtler jener Zeit die Ritschlianer (und so auch meinen noch immer verehrten Wilhelm Herrmann) zu überbieten gedachten, schaute mich zu steril an, war jedenfalls nicht das, was ich meinte und suchte. Ich hatte nun eben (nicht ohne direkte und indirekte Unterrichtung durch Schleiermacher) etwas von dem geschmeckt, was »Religion« selbst sein möchte. Und die matte »Schleiermacher-Renaissance«, die sich um 1910 bemerkbar machte, war auch eine mehr | literarische Angelegenheit, die mich sachlich nicht weiterführte – wohl nicht weiterführen konnte. Der einzige unter ihren Vertretern, der mir als Interpret Schleiermachers Eindruck machte und dauernd zu denken gab, war Heinrich Scholz, der denn auch viel später mein lieber Freund wurde. Jene Schleiermacher-Renaissance wurde übrigens wenige Jahre später durch eine Luther-Renaissance abgelöst, die mir, jedenfalls in ihren Anfängen (rund um das Jubiläumsjahr 1917 herum), trotz und wegen Karl Holl den Eindruck einer ganz üblen Sache machte.

Nun, was mich betraf, so war ich 1909 von Marburg nach Genf und von da 1911 nach Safenwil übergesiedelt. An beiden Orten nahm das relativ Wenige, was ich an Schriften Schleiermachers auf meinen damals noch bescheidenen Bücherborden besaß, eine besondere Ehrenstellung ein. Aber nun kam es zu verschiedenen Wendungen, die auch mein Verhältnis zu ihm berührten.

Hatte ich in Genf noch ganz und gar von meinem aus Marburg, speziell aus dem Kreis der »Christlichen Welt« und ihrer Freunde mitgebrachten religiösen Pathos gelebt, so mußte mein Interesse an der Theologie als solches (wenn auch genährt durch eifriges Weiterlesen eben in der »Christlichen Welt«, in der ZThK, auch in den Werken von Troeltsch usw.) in dem Industriedorf Safenwil merklich zurücktreten gegenüber meiner durch die in der Gemeinde vorgefundene Lage heftig angeregte Beschäftigung mit dem Sozialismus, speziell mit der Gewerkschaftsbewegung. Ich wußte damals noch nicht, daß Schleiermacher in seinen späteren Jahren wenigstens am Rande ebenfalls mit den Anfängen dieser Dinge beschäftigt war – obwohl ich es in seinen Predigten da und dort hätte erkennen können! Die waren jetzt, zusammen mit seinen Briefen, mit der »Christlichen Sitte« und anderen seiner Hervorbringungen in meinen Besitz gekommen: infolge eines Raubzuges, den ich in der Hinterlassenschaft meines Großvaters mütterlicherseits in Basel unternommen hatte. Dieser Großvater hatte in den vierziger Jahren des 19. Jahrhunderts in Berlin u. a. bei dem späten Schelling und nachher in Heidelberg bei R. Rothe studiert und also immerhin noch etwas von der Atmosphäre Schleiermachers in sich aufgenommen, war dann aber in der Folgezeit wie so viele seiner Zeitgenossen zu einem etwas primitiven, nur durch den milden Pietismus meiner guten Großmutter gedämpften theologischen Konservativismus übergegangen. Er hatte Schleiermacher (wohl mir, daß er es tat!) zwar gekauft, aber wohl kaum ernstlich gelesen und jedenfalls, aus einigen bissigen Randbemerkungen zu schließen, nicht geliebt. Nun waren diese Bücher also bei mir gelandet. Aber eben, ich hatte Sombart und Herkner, ich hatte die Schweizerische Gewerkschaftszeitung und den »Textilarbeiter« zu lesen. Ich hatte ja | auch meine allsonntäglichen Predigten und meinen Konfirmandenunterricht vorzubereiten. War ich bei diesen pfarramtlichen Aktivitäten zwar ein entschieden von Schleiermacher Angeregter, so habe ich mich doch selbstverständlich – wie Schleiermacher es selbst ja auch gehalten hat – nicht etwa in der Sprache oder auch nur im originalen Sinn seiner »Reden« geäußert. Aber eben: ich hatte weder Zeit noch Lust zum eigentlichen Weiterarbeiten an seiner Erforschung.

Es kam dann der Beginn meiner Freundschaft mit Eduard Thurneysen. Er war der damals »modernen« Theologie von seinen Basler Lehrmeistern P. Wernle und B. Duhm her verpflichtet, darüber hinaus aber mit Hermann Kutter und weiter zurück mit Christoph Blumhardt verbunden. Er hat mich mit beiden, von denen ich bisher nur beiläufig Kenntnis genommen hatte, näher bekannt gemacht. Bei Kutter lernte ich schlicht, das große Wort »Gott« wieder ernst, verantwortlich und gewichtig in den Mund zu nehmen. Bei Blumhardt lernte ich ebenso schlicht (wenigstens in den Anfängen), was etwa christliche Hoffnung sein möchte. Ragaz und seine »Religiös-Sozialen« interessierten Thurneysen und mich auch, aber doch nur in einigem Abstand. Der Begriff des »Reiches Gottes« meldete sich in verschiedenen (mehr diesseitigen, mehr jenseitigen) Spielarten – aber sicher nicht mehr in der Gestalt, in der er uns von Ritschl und den Seinigen her geläufig gewesen war. Die Frage lauerte für mich vor der Tür: ob nicht auch »mein« Schleiermacher jenen Begriff in einem mir jetzt immer fremder werdenden Sinn gebraucht haben möchte?

Und dann brach der 1. Weltkrieg aus und brachte – für mich fast schlimmer noch als die Verletzung der belgischen Neutralität – das schreckliche Manifest der 93 deutschen Intellektuellen, die sich vor aller Welt mit der Kriegspolitik Kaiser Wilhelms II. und seines Kanzlers Bethmann-Hollweg identifizierten. Und unter denen, die es unterschrieben hatten, mußte ich mit Entsetzen auch die Namen ungefähr aller meiner deutschen Lehrer (mit ehrenvoller Ausnahme Martin Rades!) entdecken. Eine ganze Welt von theologischer Exegese, Ethik, Dogmatik und Predigt, die ich bis dahin für grundsätzlich glaubwürdig gehalten hatte, kam damit und mit dem, was man damals von den deutschen Theologen sonst zu lesen bekam, bis auf die Grundlagen ins Schwanken. Und Schleiermacher? Hatte nicht schon er in der ersten seiner »Reden« von 1799 über die Engländer und die Franzosen unmögliche Dinge geschrieben? War er nicht 1806-14 auch ein führender preußischer Patriot gewesen? Würde er jenes Manifest vielleicht auch unterschrieben haben? Fichte sicher, Hegel vielleicht auch, aber Schleiermacher? Nach dem, was ich etwa aus seinen Briefen in der Zeit nach 1815 weiß, bin ich noch jetzt der Überzeugung: nein, er würde das nicht getan ha|ben. Immerhin: entscheidend durch ihn war nun einmal die ganze Theologie, die sich in jenem Manifest und allem, was ihm (doch auch in der »Christlichen Welt«) folgte, demaskierte, begründet, bestimmt und beeinflußt!

»Mein Kind, was sollen wir nun sprechen?« Die Fortsetzung in der »Zauberflöte« lautet bekanntlich: »Die Wahrheit, die Wahrheit, wär sie auch Verbrechen!« Aber das war leichter gesagt als getan. Thurneysen war es, der mir einmal unter vier Augen das Stichwort halblaut zuflüsterte: Was wir für Predigt, Unterricht und Seelsorge brauchten, sei eine »ganz andere« theologische Grundlegung. Von Schleiermacher aus ging es offenbar nicht weiter. Ich sehe noch jetzt die geringschätzige Gebärde, mit der Thurneysen in Safenwil auf meine Schleiermacher-Bücher hinwies. Aber wo sollten wir sonst einsetzen? Mit Kutter ging es auch nicht: schon weil er, wie später auch Ragaz, mit Theologie überhaupt nichts zu tun haben, sondern nur eben den »lebendigen Gott« bekannt und verkündigt wissen wollte. Für mich auch darum nicht, weil mir eben sein »lebendiger Gott« durch sein Kriegsbuch »Reden an die deutsche Nation« bei allem Respekt vor ihm und seinem Ansatz reichlich verdächtig geworden war. Noch einmal Thurneysen hat zu jener Zeit einmal die seltsame Frage aufgeworfen: ob wir nicht – Hegel studieren sollten? Es kam damals nicht dazu. Aber auch nach den Reformatoren haben wir damals, obwohl ich Calvins »Institutio« schon in Genf gründlich gelesen hatte und wenigstens die Hauptschriften von Luther von noch früher her wohl kannte (zu kennen meinte), zunächst nicht gegriffen. Die »alte Orthodoxie« vollends war uns nur in den Karikaturen, in denen man sie uns auf der Universität vorgestellt hatte, präsent. Faktisch-praktisch drängte sich uns dann bekanntlich etwas viel Naheliegenderes auf: nämlich der Versuch, bei einem erneuten Erlernen des theologischen ABC noch einmal und besinnlicher als zuvor mit der Lektüre und Auslegung der Schriften des Alten und Neuen Testaments einzusetzen. Und siehe da: sie begannen zu uns zu reden – sehr anders, als wir sie in der Schule der damals »modernen« Theologie reden hören zu müssen gemeint haben. Am Morgen nach dem Tag, an dem Thurneysen mir jenes allgemein gehaltene Flüsterwort gesagt hatte, begann ich mich, immerhin mit allem mir damals zugänglichen Rüstzeug, unter einem Apfelbaum dem Römerbrief zuzuwenden. Es war der Text, von dem ich schon im Konfirmanden-Unterricht (1901/2) gehört hatte, daß es sich in ihm um Zentrales handle. Ich begann ihn zu lesen, als hätte ich ihn noch nie gelesen: nicht ohne das Gefundene Punkt für Punkt bedächtig aufzuschreiben. Jetzt erst begann ich meines 1912 verstorbenen Vaters auch sachlich »ehrerbietig und dankbar« zu gedenken, wie | ich es dann im Vorwort zum ersten »Römerbrief« angedeutet habe. Er gehörte zu den von den theologischen Säulen und Säulchen seiner Zeit Übersehenen und ein wenig Verachteten. Und ich will nicht verhehlen, daß mir einen Augenblick – uneingedenk der am Schluß der »Entführung aus dem Serail« vernehmbaren Warnung: »Nichts ist so häßlich wie die Rache« – der Gedanke durch den Kopf schoß, ich wolle und werde nun eine Art Vergeltung an denen üben, die meinen Vater, obwohl er so viel wußte wie sie (nur eben anders), so in den Schatten gestellt hatten! Wie dem auch sei: ich las und las und schrieb und schrieb. Zwischenhinaus veröffentlichten wir ein Bündel von Predigten. Gewiß: unter den von meinem Vater ererbten Büchern fand und fruktifizierte ich auch viele von J. T. Beck. Gewiß: wir hatten damals auch massenhaft Dostojewski (auch bei seiner Lektüre war Thurneysen führend), auch Spitteler, auch Kierkegaard gelesen, auch den »unerledigten« Overbeck, den man im damaligen Basel nur zu nennen brauchte, um Aller Haare zum Sträuben zu bringen. Mein philosophischer Bruder Heinrich sorgte dafür, daß mir auch die Weisheit Platos wieder ernstlich vor Augen geführt wurde. Und Vater Kant, der mir einst die Initialzündung vermittelt hatte, hat auch in jenen Jahren merkwürdigerweise aufs Neue direkt zu mir geredet. Aber auch Kutter redete ja trotz allem zweifellos auch noch mit. Ich habe also den biblischen Text damals (sicher auch noch später) mit sehr vielen, auch unter sich sehr verschiedenen Brillen gelesen und das auch ungeniert kenntlich gemacht. Was ich aber durch alle jene Brillen hindurch lesend zur Sprache bringen wollte, war doch nach meiner ehrlichen Absicht und Überzeugung das Wort des Apostels Paulus. Es entstand und erschien also das Buch »Der Römerbrief« in einer ersten und dann gleich in einer zweiten Gestalt, von der ich gleich am Anfang des langen streitbaren Vorwortes bekannte, es sei darin von der ersten »sozusagen kein Stein auf dem anderen« geblieben. In der Zeit der Entstehung dieses zweiten Buches erzählte unsere Älteste, heute eine tatkräftige Großmutter, damals ein sechsjähriges Mägdlein, jedem, der es hören wollte: Der Papa schreibe jetzt »einen noch viel schöneren Römerbrief«! Was sich die Engel bei diesem Anlaß erzählt haben mögen, ist eine andere Frage. Aber so war das eben mit dem Herauskommen des zweiten, des »berühmt« gewordenen »Römerbriefs«. Alles weitere mag man in den verdienstlichen Sammlungen zu den Anfängen und dem Fortgang der sogenannten »Dialektischen Theologie«, veranstaltet von J. Moltmann und W. Fürst, nachlesen.

Welches aber war in dieser ganzen Geschichte mein Verhältnis zu – Schleiermacher? Sicher ist einmal, daß er eine Predigt wie die, die ich 1916 unter dem Titel: »Der Pfarrer, der es den Leuten recht macht« gehalten und veröffentlicht habe, weder in seiner Jugend noch in seinem Alter gehalten haben könnte. Sicher ist weiter, daß ich es bei allem, was ich ungefähr seit jenem Jahr dachte, sagte und schrieb, schlicht ohne ihn machte und daß seine Brille nicht auf meiner Nase saß, als ich den Römerbrief auslegte. Er war für mich nicht mehr »Kirchenvater«. Sicher ist auch, daß dieses »ohne ihn« ein ziemlich scharfes »gegen ihn« implizierte. Gelegentlich habe ich das denn auch mit Wissen und Willen explizit gemacht. Ich tat es doch – denn »alte Liebe rostet nicht« – wirklich nicht ohne ein tiefes inneres Bedauern, daß es nicht anders ging.

Aber dann geschah es, daß mein Freund Emil Brunner im Zug unserer auch von ihm mitvollzogenen Wendung die in ihrem Zusammenhang nicht aufzuhaltende Abwendung von Schleiermacher in seinem Buch »Die Mystik und das Wort« (1924) sehr drastisch zur Sprache brachte. Ich hatte das Buch in »Zwischen den Zeiten« zu besprechen und fand mich dabei sofort in eine gewisse Verlegenheit versetzt. Obwohl es vieles enthielt, was auch ich jetzt gegen Schleiermacher auf dem Herzen hatte, war es mir doch nicht so recht wohl bei der Art, in der Brunner die Sache vorbrachte. Einmal: weil ich den Begriff »Mystik« zur Bezeichnung dessen, worauf Schleiermacher hinauswollte, nicht für zureichend halten konnte. Sodann (und darin zeichnete sich bereits etwas von meinem späteren Konflikt mit Brunner selbst ab): weil ich ihn mindestens ebenso kräftig (J. Moltmann hat das nicht umsonst S. XVIIf. der ersten seiner Sammlungen so freudig hervorgehoben!) von F. Ebners anti-idealistischer Logologie (einer Vorform der heutigen linguistischen Philosophie) her wie in Geltendmachung des »Wortes« (Gottes) gegen Schleiermacher kämpfen und siegen sah. Endlich und vor allem: weil ich für meine Person mit Schleiermacher, obwohl und indem ich in meiner Weise offenkundig auch »gegen« ihn war, lange nicht so sicher und gänzlich fertig war, wie Brunner es, nachdem er jenes Buch einmal geschrieben hatte, zweifellos war.

Das verdanke ich seinem Buch immerhin, daß es auf mich in meinem inzwischen neu und umfassender unternommenen Studium Schleiermachers ungemein anregend gewirkt hat.

1921 hatte ich mich nämlich fast über Nacht in eine neu begründete Honorarprofessur für reformierte Theologie in Göttingen versetzt gefunden. Ich war jetzt freudig entschlossen, mit der theologischen Forschung und Lehre – Ragaz und Kutter gaben mir keinen Beifall zu diesem Entschluß – in meiner Weise und in meinem Stil grimmigen Ernst zu machen. Auf seine Ausführung war ich freilich nur sehr teilweise vorbereitet. Und so kündigte ich denn – wesentlich zu meiner eigenen Unterrichtung, aber doch auch unter beachtlichem Zulauf seitens der Studenten – bevor ich mich an die Dogmatik wagte, lauter historische Vorlesungen an: zuerst zweistündig über den Heidelberger Katechismus, dann je vierstündig über Calvin, über die Reformierten Bekenntnisschriften, über Zwingli und endlich und zuletzt über Schleiermacher! Es hat m. W. vor und nach mir niemand den Versuch gemacht, Schleiermacher von seinen Predigten her zu interpretieren. Eben das war es, was ich in jener Vorlesung zunächst unternahm, um von da aus zu seinen »Reden«, zu den »Monologen«, zur »Weihnachtsfeier«, zur »Kurzen Darstellung des theologischen Studiums«, zu seiner »Hermeneutik« und schließlich, soweit die Zeit noch reichte, zum »Christlichen Glauben« vorzustoßen. Gewiß blieb dabei nicht verborgen, daß ich mit dem, was sich da unseren staunenden Augen enthüllte, nicht eben zufrieden war. Aber der erstrebte Hauptzweck war erreicht: ich und, wie ich hoffe, auch meine damaligen Studenten verstanden jetzt Schleiermacher ein bißchen besser als zuvor. Also: ohne die Voraussetzung eines über ihn ausgesprochenen Anathema konnte ich damals in meinen drei letzten Göttinger Semestern zum erstenmal an die Ausarbeitung und an den Vortrag meiner eigenen Dogmatik herangehen, die ich freilich – so lutherisch gebärdete sich damals die Göttinger Theologische Fakultät – nur im Anschluß an einen ganz Anderen als »Unterricht in der Christlichen Religion« anzeigen und, auf den Stockzähnen lachend, drei Semester lang vorführen durfte. In der Folgezeit habe ich dann Verschiedenes über Schleiermacher geschrieben – über die »Weihnachtsfeier« einmal mit einer gewissen Ironie, aber aufs Ganze gesehen immer mit aufrichtiger

Hochachtung gegenüber seiner Leistung, seiner überragenden menschlichen Person und Geistigkeit, vor der Größe seiner geschichtlichen Auswirkung, ja bei aller ihm gegenüber gewonnenen Distanz eben nicht ohne eine gewisse Liebe zu diesem Menschen, der es offenbar auf »die menschliche Natur« in ihrer Ganzheit abgesehen hatte. Ich habe mit meinen Schleiermacher-Versuchen weithin auch die Anerkennung von solchen gefunden, die ihm sachlich viel näher standen (oder wieder kamen?), als ich es seit 1916 vermochte. Hat sich nicht Paul Seifert (»Die Theologie des jungen Schleiermacher«, 1960, S. 11) sogar zu dem Satz verstiegen: ein neuerdings bemerkbares wachsendes Interesse an Schleiermachers Theologie sei »gewiß angeregt durch die überraschend positive Beurteilung«, die ich ihm in meiner »Geschichte der protestantischen Theologie« hätte widerfahren lassen. »Positiv« ist wohl eine etwas zu starke Bezeichnung für den wirklichen Sachverhalt, der da gemeint ist. Immerhin will ich auch angesichts solcher kleinen Übertreibung nicht verleugnen, daß ich Schleiermachers tatsächlich bei allem Gegensatz, in den ich zu ihm geraten war, wohl nie ganz ohne die Empfindung gedenken konnte, die der Doktor Bartolo in »Figaros Hochzeit« so schön zum Ausdruck bringt: »Immer sprach zu seinem Vorteil eine innere Stimme schon« – meinetwegen nie ohne Bewahrheitung der etwas rauhen französischen Redensart: »Le criminel revient toujours à la place de son crime.« Und habe ich nicht schon 1947 schwarz auf weiß geprahlt: ich sei von meinen Voraussetzungen her eigentlich in der Lage, Schleiermacher viel schöner zum Leuchten zu bringen als etwa Horst Stephan (der übrigens in Marburg zu meinen Lehrern gehört hatte)? Man wird es aber auch meinen nach Kräften alles Lobenswerte lobenden Schleiermacher-Arbeiten aus jener Zeit anmerken: ich hatte nun eben den ehernen Klang des »Apostolikums« und des Nicänischen Bekenntnisses in den Ohren. Sachlich konnte ich nicht zu Schleiermacher zurückkehren.

Soviel andeutungsweise über diese Phase der Geschichte meines Verhältnisses zu ihm: es war jetzt ein gleichzeitig durch bessere Kenntnis seines Werks und durch bewußte und nicht mehr aufzuhaltende Distanzierung ihm gegenüber geordnetes geworden.

Aber nun kam sie unversehens in eine weitere, vermutlich ihre letzte Phase. Es geschah nämlich, daß wir »alten Kämpfer« aus dem 2. und 3. Jahrzehnt unseres so ereignisreichen Jahrhunderts uns plötzlich durch eine neue theologische Bewegung überholt und überrollt sahen. »Entmythologisierung« und »Existenzialisierung« der theologischen Sprache waren ihre Stichworte. Und der sie ausgegeben hatte, war kein Geringerer als unser Weggenosse von einst: Rudolf Bultmann.

Das Unternehmen ließ mich, was die *Entmythologisierung* betraf, darum kalt, weil diese mir von meinen theologischen Anfängen her – nicht dem Wort, aber der Sache nach – nur allzu bekannt war, ferner, weil ich sie viel zu humorlos fand, ferner, weil ich sie gerade für das »Gespräch« mit dem modernen Menschen, auf das man ja damit im besonderen hinauswollte, nach meinen Erfahrungen mit diesem Geschöpf durchaus nicht für ein erfolgreiches Instrument halten konnte. Apologetik ist ein Unternehmen, das mir in jeder und so auch in solcher subtrahierender Gestalt nur eben tief verdächtig, jedenfalls fremd ist.

Wohl aber horchte ich auf bei der anderen, der wuchtig vorgetragenen Nachricht von der *Existenzialisierung*, deren die theologische Sprache angeblich bedürftig sei. Denn ich hatte zwar längst wohl gewußt und hatte es doch wohl schon in der ersten und erst recht in der zweiten Gestalt des »Römerbriefs« (sogar unter gelegentlichem Gebrauch der Vokabel) selbst gesagt: daß echte theologische Sprache nicht nur die eines über das, wovon er redet, intellektuell Unterrichteten sein dürfe – sondern nur die eines *existentiell*, d. h. von dem, was er aussagt, in seinem menschlichen Dasein unmittelbar und also unausweichlich betroffenen Menschen sein könne. Das war mir, bevor ich Kierkegaard las, schon durch Wilhelm Herrmann unüberhörbar eingehämmert worden und eigentlich schon vorher nicht ganz unbekannt gewesen. Das gehörte für mich zu den selbstverständlichen formalen Bedingungen, zu den moralischen Voraussetzungen meiner »theologischen Existenz«, denen ich schlecht und recht gerecht zu werden und zu bleiben versuchte. Nun aber vernahm ich die mir im ersten (aber nur im ersten) Augenblick fabelhaft neue Kunde: Theologie müsse auch und gerade materiell, sachlich, wesentlich *existenziale* Theologie sein. Der Theologe habe sich, abgesehen von seinem Erkennen und Bekennen als getauftes Glied der christlichen Gemeinde, also abgesehen von dem Betroffenwerden und Betroffensein seines eigenen menschlichen Daseins – zunächst darüber zu orientieren und Klarheit darüber zu verschaffen, um was es sich im menschlichen Dasein überhaupt und als solchem und in dessen existenziellem Betroffensein im allgemeinen handeln könne und müsse. Dann erst, im Rahmen und nach Maßgabe solcher »existenzialen« Unterrichtung könne und dürfe er die christliche Betroffenheit seines menschlichen Daseins und also seinen christlichen Glauben bedenken und zur Sprache bringen. Und eben diesen so sich als glaubwürdig erweisenden Glauben zu verstehen und zu verkündigen, sei seine, des Theologen Aufgabe. Tertullian mit seinem »Deus non est in genere« irrte sich: Deus est in genere. Das war es, was mich in meiner ersten Begegnung mit der neuesten Theologie als wirkliche Neuigkeit stutzig machte. Es gehört zu den unvergeßlichsten Einzelerinnerungen meines Lebens: wie Bultmann (es mag etwa 1922 gewesen sein – er war mir damals im Blick auf den zweiten »Römerbrief« noch freundlich gesinnt) mich einmal in Göttingen besuchte, um mir bei Kaffee und Streuselkuchen stundenlang aus den von ihm in Marburg gehörten und mitgeschriebenen Vorlesungen – Martin Heideggers vorzulesen. Zweck der Übung: in dieser (eben »existenzialen«) Richtung hätten wir uns um das Verständnis wie aller geistigen Größen so auch des im Neuen Testament dokumentierten Evangeliums zu bemühen. Erfreut durch diese seine systematische Grundlehre und zugleich durch die »historisch-kritische« Wissenschaft, die er, in dieser Hinsicht ein treuer Schüler seines Marburger Vorgängers Jülicher, selbst meisterhaft vertrat, haben sich viele, Ältere und Jüngere, um ihn geschart. Man konnte, statt von

Heidegger, auch von Jaspers, von M. Buber, zuletzt auch von 50 Seiten D. Bonhoeffer her, man konnte neuerdings sogar als römisch-katholischer Theologe Bultmannianer werden. Man konnte ihm (dem Meister) auch – so widerfuhr es besonders vielen aus der jüngeren Generation (im Zusammenhang mit der allgemeinen geistigen Ermüdung nach dem zweiten Weltkrieg) – gewissermaßen instinktiv bzw. intuitiv Folge leisten. Die Schüler Bultmanns sind dann eine unter sich sehr verschiedene, ja zerfallene Schar geworden. | Aber sie blieben von jenem systematischen Ansatz Bultmanns her doch eine Schar und Schule. Sie sind von jenem Ansatz her zweifellos auf einen Nenner zu bringen.

Welches ist dieser gemeinsame Nenner? Nun muß ich von dem Eindruck reden, den mir das ganze Phänomen von Anfang an und dann immer mehr machte: das war und ist ja Schleiermacher – nicht, wie er leibte und lebte, wohl aber in neuer Gestalt, der heutigen »Geisteslage« und »Gesprächslage« und dem heutigen (oder doch einem heutigen) Vokabular angepaßt, unverkennbar mein alter Freund-Feind Schleiermacher! Noch einmal der Vollzug des christlichen Zuspruchs im Lauschen auf den maßgeblichen Anspruch der zeitgenössischen Gesellschaft und Welt! Noch einmal die für Schleiermacher so bezeichnende Symbiose von Theologie und Philosophie! Noch einmal eine ebenso selbstverständlich wie bei Schleiermacher ins Werk gesetzte Anthropologisierung der Theologie, mit der er in seinen Tagen gleichzeitig die Gottesgelehrsamkeit des 18. Jahrhunderts vollendete und die des 19. Jahrhunderts begründete! Noch einmal die in der zweiten seiner »Reden« so meisterhaft beschriebene Spannungseinheit von Objekt und Subjekt! Und noch einmal die dort so triumphal verkündigte ursprüngliche und letztliche Einheit beider: die gloriose Beseitigung des »Subjekt-Objekt-Schemas«. Noch einmal die im Buch »Der christliche Glaube« vollstreckte Oberherrschaft des »Gefühls«, an dessen Stelle man jetzt freilich etwas bibel- oder doch reformationsnäher den »Glauben« setzte: seine Souveränität gegenüber allem, was sein Grund, Gegenstand und Inhalt sein möchte. So ungefähr (die Liste der Analogien ließe sich leicht verlängern) meinte und meine ich in andächtiger Betrachtung des Aufstiegs und der Entfaltung die nun eben heute »moderne« Theologie verstehen zu sollen: als eine neue, wuchtige Schleiermacher-Renaissance!

Nun, man erlaube mir noch ein Zitat aus »Figaros Hochzeit«: »Was ich sagte von dem Pagen, war Vermutung, war nur ein Argwohn.« War es in diesem Fall nur eine Vermutung, nur ein Argwohn? Ich fand sie doch merkwürdig bestätigt dadurch, daß ich bei den Vertretern des heute neuen Kurses selbst gelegentlich auf Äußerungen stieß, laut deren sie sich selbst zu jenen Analogien deutlich genug bekennen. Man lese, was Martin Redeker in der Einleitung seiner so verdienstlichen Neuausgabe der »Glaubenslehre« (1961, S. XXXI) schreibt: »Gefühl der schlechthinigen Abhängigkeit ist also das Betroffensein durch das Transzendente als Unendliches und Unbedingtes. Wollte man für den gegenwärtigen Sprachgebrauch den Begriff Gefühl und unmittelbares Selbstbewußtsein so interpretieren, daß das psychologistische Mißverständnis ausgeschlossen ist, so könnte man mit der modernen Existenz|philosophie diesen Urakt menschlicher Existenz etwa kennzeichnen: als Sorge um das Sein, um die Grundlegung und Sinnhaftigkeit des Daseins, wie das bereits Tillich in seiner Dogmatik anregt. Theologie der Glaubenserfahrung ist also die Beziehung aller theologischen Aussagen auf diese Grundfrage menschlicher Existenz.« Man lese bedächtig, was Friedrich Hertel im Vorwort seines (G. Ebeling gewidmeten) Buches »Das theologische Denken Schleiermachers, untersucht an der 1. Auflage seiner Reden ›Über die Religion‹« (1965, S. 9) schreibt: »Wenn sich heute Theologie und Verkündigung von der Aufgabe der ›nicht-religiösen‹ Interpretation biblischer Begriffe leiten lassen und ihnen damit nichts Anderes vor Augen steht, als menschlich zu reden, dann darf nicht vergessen werden, daß Schleiermacher – trotz seiner Verwendung des Religionsbegriffs – diesem Bemühen den Weg gebahnt hat!« Man betrachte ebenso bedächtig die Disposition und die Begrifflichkeit, in der Hertel (S. 87-124) seine Analyse der beiden ersten und entscheidenden »Reden«

Schleiermachers vorgetragen hat. Und was hatte ich schon 1922, also schon in der Zeit der »Anfänge der dialektischen Theologie« (in Moltmanns Sammlung Band I, S. 119) – aus der Feder Bultmanns selbst im gleichen Jahr, da er Heidegger entdeckte, hervorgegangen – als Anfang seiner großen Rezension des zweiten »Römerbriefs« zur Kenntnis nehmen müssen? »Man darf K. Barths ›Römerbrief‹ wohl mit einem Satz charakterisieren, dessen Formulierung er selbst freilich bestreiten würde, der aber nach bisher üblichem Sprachgebrauch doch gelten wird: Das Buch will die Selbständigkeit und Absolutheit der Religion erweisen. Es stellt sich damit ... in eine Reihe mit Werken wie Schleiermachers ›Reden über die Religion‹, mit Ottos ›Das Heilige‹, mit modernen Versuchen, ein religiöses Apriori aufzuweisen, ja endlich mit dem Römerbrief selbst, der ... nichts Anderes will, so verschieden all die Versuche im einzelnen sein mögen, dem Bewußtsein der Eigenheit und Absolutheit der Religion in der Sprache Ausdruck zu schaffen.« Beachtlich war auch in dieser Rezension ihre Disposition und deren Begrifflichkeit. Der »Glaube« und immer wieder der »Glaube« war für Bultmann das Zentrum dessen, was ihn in meinem Buch (dessen erste Fassung er zwei Jahre zuvor ziemlich geringschätzig abgelehnt hatte) interessierte und jetzt lobenswert fand. Was ich nach ihm vom »Glauben« vorgebracht hatte, das konnte er mühelos mit dem in eine Reihe stellen, was Schleiermacher, was R. Otto, was E. Troeltsch unter dem Titel »Religion« verhandelten. Und in dieselbe Reihe hat er dann gleich auch noch den Römerbrief des Paulus selbst zu stellen gewagt! Noch hatte er damals die Sprache Heideggers nicht gelernt. Aber was besagt das? In jener Rezension ist sachlich schon der ganze, auch der spätere und späteste Bultmann deutlich zu erkennen. Kein Wunder, daß die Nähe, ja Bundesgenossenschaft, in der man uns damals sehen zu können meinte, nur eine scheinbare und vergängliche sein konnte, wie es ja später schmerzlich sichtbar wurde: Bultmann war und ist ein Fortsetzer der großen Tradition des 19. Jahrhunderts und also in neuem Gewand ein echter Schüler Schleiermachers.

Und eben das ist der gemeinsame Nenner, auf dem ich wie ihn, so auch seine, unter sich so verschiedenen Nachfahren sehe: was diese mit ihm und untereinander verbindet, das ist der bewußt und konsequent durchgeführte und sichtbar gemachte anthropologische Ansatz im Mittelpunkt ihres Denkens und ihrer Aussagen. Und das eben war und ist eine klare Wiederkehr Schleiermachers. War nicht schon bei ihm die noch in der zweiten »Rede« so bemerkenswerte, wenn auch aufhebbare Unterscheidung zwischen »Anschauung« und »Gefühl« später verschwunden zugunsten des die »Anschauung« in sich schließenden »Gefühls« (schlechthiniger Abhängigkeit!)? Hat nicht schon er den christlichen Glauben als eine besondere Gestalt dieses »Gefühls« beschrieben, in welcher dann alle Gegenständlichkeit, alle ihn kennzeichnenden Inhalte versorgt und aufgehoben sein sollten? Hat nicht schon er mit dem Alten Testament als der unentbehrlichen positiven Voraussetzung des Neuen nichts anzufangen gewußt? Hat nicht schon er die Funktion und die Bedeutung Jesu auf die des großen Urbildes des Glaubens und also jenes Gefühls reduziert – das postulierte rechte Verhältnis des Christen zu ihm auf das, was man heute als die ihm notwendig zu leistende »Nachfolge« proklamiert? War nicht schon seine Eschatologie aller konkreten Inhalte ebenso bar wie das, was sich heute »Theologie der Hoffnung« nennt?

Wohl haben sich manche Existenzial-Theologen (wie es schon Wilhelm Herrmann getan hatte) eifrig auf Luther berufen, auf den sich Schleiermacher (er war ihm wohl zu wild und zu widerspruchsvoll) nicht oder nur selten berufen hat. Wieder andere gingen mehr auf Kierkegaard zurück, auf den Schleiermacher sich ja noch nicht berufen konnte. Aber was Luther betrifft: kein Zweifel, daß man aus der Weimarer Ausgabe, dieser großen Büchse der Pandora, auch einen existenzialtheologischen und also indirekt schleiermacherischen Faden herausziehen kann! Aber wieviel andere Fäden muß man dann unberücksichtigt lassen oder entschlossen abschneiden! Und was Kierkegaard betrifft, so muß ich gestehen, daß mich die Berufung der Existenzial-Theologen auf ihn, diesen ihren großen direkten Anreger, ihm selbst gegenüber ein wenig zurückhaltend gemacht hat. Warum hat er sich eigentlich – in seiner originellen Weise, aber doch konform dem Geist der Mitte des 19. Jahrhunderts – so scharf gegen Hegel, aber m. W. kaum je gegen Schleiermacher abgegrenzt? Kurzum: ich konnte mich dadurch, daß im | Sprachschatz der neuen Theologie auch Begriffe wie Wort, Begegnung, Widerfahrnis, Kreuz, Entscheidung, Grenze, Gericht usw., die Schleiermacher gewiß nicht geliebt hätte, eine wichtige Rolle spielen, darüber nicht hinwegtäuschen lassen, daß sie, in ihrem Zusammenhang verwendet, die Enge des schleiermacherischen, des anthropologischen Horizontes nicht sprengen, daß da unter dem Vorwand, so recht »menschlich« zu sein, in jener gewiß unromantischen Nüchternheit doch sein Weg neu begangen wurde. Daß Schleiermacher den christlich-frommen Menschen zum Erkenntnisgrund und zum Inhalt seiner Theologie machte, während man jetzt nach dem »Tode Gottes« und dem ihm gewidmeten Staatsbegräbnis jubelnd den christlich-unfrommen Menschen zum Gegenstand und Thema machen will, ist gewiß Zweierlei, dürfte aber prinzipiell und letztlich doch auf Dasselbe hinauslaufen. Und indem ich bei aller bleibenden Bewunderung den Weg Schleiermachers meinerseits entschlossen verlassen habe, war es mir nicht möglich, mich dem Heer der offen oder heimlich, bewußt oder unbewußt in seinen Spuren Wandelnden anzuschließen, mußte ich vielmehr, wie es im Liede heißt: »seitwärts durch den Wald, ein räudig Schäflein, traben« – ich armer Neuorthodoxer, Supranaturalist und Offenbarungspositivist, wie ich es von so vielen Seiten diesseits und jenseits des Atlantik hören muß. Bessere Belehrung vorbehalten, sehe ich keinen Weg, wie von Schleiermacher, so auch von seinen heutigen Epigonen her zu den Geschichtsschreibern, Propheten und Weisen Israels, zu den Erzählern des Lebens, Sterbens und Auferstehens Jesu Christi, zu dem Wort der Apostel – keinen Weg zum Gott Abrahams, Isaaks und Jakobs, als dem Vater Jesu Christi – keinen Weg zu der großen Tradition der christlichen Kirche. Ich meine hier bis auf weiteres nur wählen zu können. Und wie da zu wählen ist, kann für mich keine Frage sein.

Also: hatte mich das alte Marburg schließlich nicht festhalten können, so konnte mich das neue Marburg noch weniger erwischen. Noch weniger? Ja, denn ich muß hier – auf die Gefahr hin, der Bösartigkeit geziehen zu werden – noch etwas hinzufügen: eine »nur« humanistische, wenn man will: »nur« ästhetische Frage, die sich mir beim Vergleich Schleiermachers mit seinen heutigen Nachfahren unwiderstehlich aufgedrängt hat. Angenommen, ich könnte mich (was ich jetzt nicht kann) aus irgendeinem (mir jetzt nicht ersichtlichen) Grund Schleiermacher in der Sache anschließen und mich dann natürlich auch zu den Seinigen unserer Tage gesellen – so bliebe ich doch tief erschrocken angesichts des Kontrastes einfach zwischen der Statur, dem Format und der Qualität der menschlichen, christlichen und wissenschaftlichen Persönlichkeit und Leistung Schleiermachers und dem Entsprechenden, das bis|her im Rahmen der neuen Schleiermacher-Renaissance sichtbar geworden ist. Um der Deutlichkeit halber gleich wenigstens ein Beispiel anzuführen: welch ein erschütternder Unterschied des Niveaus zwischen Schleiermachers in seiner Weise immerhin eindrücklicher Definition Gottes als des »Woher des Gefühls schlechthiniger Abhängigkeit« und der ihr auf den ersten Blick so ähnlichen, offenbar von ihr abhängigen, aber nun im Vergleich mit ihr so schrecklich kümmerlichen und banalen Definition von einem seiner heutigen Epigonen: Gott sei das »Woher meines Umgetriebenseins durch den Mitmenschen«! Diesem Beispiel könnte leicht ein Heer weiterer, ähnlicher und wohl noch schlimmerer Art hinzugefügt werden. Aber nein, ich widerstehe der bösen Lust, irgendeine weitere Einzelheit jenes Schleiermacher bei seinen heutigen Schülern Entsprechenden direkt zu bezeichnen, sondern ich will das Ganze, was ich da gegen das Sein, Tun und Treiben im Raum der heute das große Wort führenden Theologen in petto habe, jetzt nur eben positiv: in Form eines kleinen Lobliedes auf die humane Größe Schleiermachers und seines Werkes zur Sprache bringen: also ohne irgendeinem der Großen und Kleinen unserer Tage zu nahe zu treten.

Schleiermacher – wie Zachäus »klein von Gestalt« und

überdies, nachdem ihn seine ihm später so nahestehende Schwester Charlotte als Kleinkind einmal hatte fallen lassen, etwas verwachsen – war ein weiträumiger und darum weitausgreifender, ein wahrhaft komprehensiver Geist. Über alle »Befunde«, über alles bloße Analysieren hinaus war er auf Synthese ausgerichtet. Er hatte die Freiheit, an der Art, der Sprache und den Idealen seiner Zeitgenossen in heiterer Bejahung teilzunehmen oder sich ihnen ebenso frei zu entziehen oder auch ihnen seine besondere Erkenntnis entschlossen als ein ihnen Neues entgegenzuhalten. Er war auf den Frieden ausgerichtet, auch wenn er sehr scharf wurde. Ihn betrübte und ärgerte vieles, was er sah und hörte und las; ich erinnere mich aber keiner Stelle in seinen Briefen oder gar in seinen Büchern, wo er sich grämlich, sauer oder gar giftig dazu geäußert hätte. Das hing sicher damit zusammen, daß er in allen Stadien seines Lebens und in all den Sparten seines Lebenswerkes etwas Positives zu sagen hatte. Er präludierte zwar in seinen Jugendschriften (»Reden« und »Monologen«), aber bereits damals dieselbe Melodie. Er experimentierte also nicht, wenn er redete und schrieb, sondern tat das in wohlüberlegten Sätzen und Satzzusammenhängen, in deren Anordnung und Formulierung er doch nie erstarrte, sondern eine erstaunliche Beweglichkeit des Denkens an den Tag legte. Ging sein Stil besonders in seinen jüngeren Jahren oft bis an die Grenzen des Erträglichen, so wurde er doch nie geschmacklos. Er entdeckte und vertrat in Personalunion eine konsistente Philosophie und eine ebenso konsistente Theologie. Und er hat auf beiden Feldern in einer bemerkenswerten Kohärenz des Ganzen und des Einzelnen, des Früheren und des Späteren gearbeitet. Darüber hinaus war er in der Lage, gleichsam mit der linken Hand, auch noch eine ganze Plato-Übersetzung mit Einleitungen zu allen Dialogen auf die Füße zu stellen – und in der Lage, den schwierigsten Punkt seiner Dogmatik nach Anhörung eines Flötenkonzertes in Novellenform zur Sprache zu bringen. Dazu seine Menschlichkeit im engeren Sinne: er wußte, was Freundschaft, und er wußte, was Liebe ist. Und wenn ihm dort (Friedrich Schlegel!) wie hier

(Eleonore Grunow und die etwas unreife, unselbständige und undurchsichtige junge Witwe, die dann seine Gattin wurde) Enttäuschungen nicht erspart blieben, so hat er sie in männlich-schonungsvoller Würde durchgestanden: vornehm und ritterlich, ein Gentleman durch und durch. Er kannte auf diesen beiden Feldern kein bloßes Spielen. Eben menschlich war er den beiden ihn in Berlin so gehässig bekämpfenden Kollegen: Hegel, dem Philosophen, und Marheineke, dem lutherischen Dogmatiker, weit überlegen. Man beachte weiter in den »Sendschreiben an Lücke« und schon in den Anmerkungen und Ergänzungen der späteren Auflagen seiner »Reden«: wie er auch Selbstkritik zu üben und nach neuen, seine bisher entfalteten überbietenden Aspekten auszuschauen wußte – auch wenn man annehmen muß, daß er, wenn er mit ihnen ernst gemacht hätte, sich selbst – das war ja eben seine Stärke! – erschreckend treu geblieben wäre. Immerhin besaß er nach den – für die Kenntnis der damaligen Zeit überhaupt so aufschlußreichen – »Denkwürdigkeiten« des K. A. Varnhagen von Ense (Bd. 4, 1838, S. 274) doch auch die herrliche Freiheit, lachen und vor allem über sich selbst lachen zu können. Er war Ethiker aus einem tiefen Ethos heraus, das ihn weder auf dem philosophischen noch (und noch weniger) auf dem theologischen Felde erlaubte, im Formalen und Methodologischen (das er wunderbar beherrschte!) steckenzubleiben, sondern ihm erlaubte und gebot, sich (mit Glück oder Unglück) auch an die diffizilsten Einzelprobleme des menschlichen und christlichen, des individuellen und sozialen Daseins heranzuwagen. Und nun berühren wir das Zentrum seiner Humanität, das doch auch wohl bei der Erwägung der Problematik der von ihm vertretenen Sache scharf im Auge behalten werden muß, wenn wir fortfahren: Schleiermacher war ein ausgesprochen kirchlicher Mann. Er dachte, redete und handelte zeitlebens im Bewußtsein seiner konkreten Verantwortlichkeit gerade nach dieser Seite. Es hat ihn von Jugend an bis in seine alten Tage unaufhaltsam auf die Kanzel getrieben. Und was man auch sachlich davon denken mag: er hat vom »Gefühl schlechthiniger Abhängigkeit« nicht nur geredet, sondern er hat dieses Gefühl – vielmehr: es hat ihn gehabt. Er war von dem, was er auf der Kanzel (und auf dem Katheder und im | Salon!) dazu sagte, selbst bewegt, ja bis zu Tränen hingerissen. Und das hängt zweifellos damit zusammen, daß er den »würdigen Männern, die man Rationalisten nennt« zwar zubilligte, was ihnen schon damals zuzubilligen war, daß er aber zu Jesus – kein Pietist, wohl aber ein »Herrnhuter höherer Ordnung« – ein persönliches Verhältnis hatte, das man wohl als Liebe bezeichnen darf. Obwohl ihn die Frage des Täufers: »Bist du, der da kommen soll, oder sollen wir eines Anderen warten?« immer wieder beschäftigte: er kam von ihm nicht los; er mußte immer wieder auf ihn zurückkommen. Ich vermute: von da aus (und allem bösen Schein insbesondere seiner Christologie zuwider), nur von da aus war es ihm gegeben, den »Christlichen Glauben« nicht in aphoristischen Exkursen, sondern »in seinem Zusammenhang« darzustellen.

Als dieser Mann, Denker, Prediger, Lehrer und Schriftsteller hat Schleiermacher das 19. Jahrhundert bestimmt. Nicht auf dem Felde der Philosophie! In deren Lehrbüchern figuriert er bekanntlich nur unter: »ferner liefen«. Wohl aber – und gerade das wird bei der Beurteilung seines sachlichen Willens als positiver Punkt in Erwägung zu ziehen sein – auf dem Felde der Theologie. Hier hat sein Einfluß nicht nur seine schlimme Kompromittierung durch Feuerbach und nachher die noch schlimmere durch Ritschl und die Seinen, sondern auch jene 1914 hereinbrechende Katastrophe der ganzen ihm folgenden Theologie und auch den Ansturm »unserer«, der sogenannten »dialektischen« Theologie überstanden. Hier hat er, wie gezeigt, noch in der Mitte unseres Jahrhunderts jene »existenzialistischen« Epigonen zu erzeugen vermocht. Wahrhaftig ein großer Mann und eine große Leistung!

Das ist das Loblied eines Solchen, der mit Schleiermacher rebus sic stantibus sachlich von Grund aus *nicht* einig zu gehen vermag. Darum auch nicht mit der liberalen, vermittelnden und konservativen Theologie des 19. Jahrhunderts. Darum erst recht nicht und noch weniger mit den Schleiermacher-Epigonen der Gegenwart. Und nun, auf dieser rein humanistischen Ebene, meine kurze Frage an die Heutigen: Wo und wann ist unter euch, in eurer Schule und in euren Hervorbringungen bis jetzt eine Persönlichkeit und eine Lebensleistung sichtbar geworden, deren Kaliber und deren Dimensionen denen der Gestalt Schleiermachers auch nur von ferne adäquat zu nennen wäre? Ich stelle mich selbst in dieser Hinsicht in eure Reihe, aber die Frage geht euch, die ihr in besonderer Weise an ihm zu messen seid, doch in besonderer Weise an. Vielleicht habe ich jemanden oder etwas bis jetzt übersehen. Vielleicht ist der und das hier Vermißte erst im Kommen. Man zeige es mir rechtzeitig, dann will ich auch euch, wenn auch nicht auf eure Sache gesehen, so doch auf der humanistischen Ebene ebenfalls lobpreisen. Bis dahin denke ich von euch, wie Psalm 2,4 geschrieben steht, während ich so | von Schleiermacher trotz allem nicht denken könnte. Schleiermacher imponiert mir (ich bemerke, daß ich in diesem Zusammenhang unwillkürlich in den Stil der ironisch-polemischen Stellen seiner »Reden« verfallen bin), während ihr mir – obwohl und indem ich mich herzlich bemühe, auch euch zu lieben wie mich selbst – ganz und gar nicht imponiert.

Es kann aufgefallen sein, daß ich mich in der Sache mit Schleiermacher nicht einig erklärt habe: rebus sic stantibus nämlich, »bis auf weiteres«, »bessere Belehrung« vorbehalten. Man hört da mit Recht so etwas wie einen Vorbehalt, eine gewisse Unsicherheit. Die Türe ist in der Tat nicht ins Schloß gefallen. Ich bin in der Tat bis auf diesen Tag nicht einfach fertig mit ihm. Auch nicht im Blick auf seine Sache. So wie ich ihn bis jetzt verstanden habe, meinte und meine ich einen ganz anderen Weg antreten und gehen zu müssen als den seinigen. Meines Weges und meiner Sache bin ich gewiß. Ich bin aber meiner Sache nicht ebenso gewiß, sofern mein Ja ein Nein der Sache Schleiermachers gegenüber impliziert. Denn: habe ich ihn richtig verstanden? Könnte er nicht vielleicht anders verstanden werden, so daß ich seine Theologie nicht ablehnen müßte, sondern mir freudig bewußt sein dürfte, im Grunde mit ihm einig zu gehen?

Ich versuche es im Folgenden viermal je zwei Fragen zu formulieren und zu ventilieren, um meine Verlegenheit kenntlich zu machen. In ihrer dialektischen Beantwortung könnte meine Geschichte mit Schleiermacher möglicherweise heute weitergehen.

Erstens: Handelt es sich in Schleiermachers Unternehmen (1) notwendig, esoterisch, eigentlich um eine auf Gottesdienst, Predigt, Unterricht, Seelsorge ausgerichtete christliche *Theologie*? Trägt diese nur zufällig, exoterisch, uneigentlich das Gewand einer dem Menschen seiner Zeit angepaßten Philosophie? Es ist klar, daß ich dann über die Bejahung dieses Unternehmens – alles Einzelne vorbehalten – jedenfalls mit mir reden lassen müßte. Aber hätte ich es dann richtig verstanden? Ich meinte Schleiermacher bis jetzt nicht so verstehen zu können, mich darum sachlich nicht mit ihm einig zu finden.

Oder handelt es sich bei ihm (2) primär, esoterisch, eigentlich um eine Aristoteles, Kant und Fichte abgewendete, dafür in der Nähe von Plato, Spinoza und Schelling errichtete, zwischen Logos und Ethos vermittelnde und ästhetisch beide überhöhende, christlich indifferente *Philosophie*, die sich nur zufällig, exoterisch, uneigentlich in das Gewand einer, der christlichen Theologie gehüllt hätte? Es ist klar, daß ich dann Schleiermacher gegenüber nur eben Distanz nehmen und wahren könnte. Aber habe ich ihn so richtig verstanden? Und habe ich ihn so nicht richtig verstanden, tue ich dann wohl daran, mich von ihm und seinen Unternehmen zu distanzieren?

Zweitens: Fühlt, denkt und redet der Mensch in Schleiermachers Theologie bzw. Philosophie (1) im Verhältnis zu einem unaufhebbaren Anderen, in Entsprechung zu einem seinem eigenen Sein, Fühlen, Erkennen, Wollen und Tun überlegenen *Gegenstand*, demgegenüber Anbetung, Dank, Buße, Bitte konkret möglich, ja geboten sind? Wäre dem so, so würde ich aufhorchen und freudig bereit sein, mir Weiteres über dieses Andere erzählen zu lassen – in der Hoffnung, mich mit Schleiermacher im Grunde einig zu finden. Aber hätte ich ihn, wenn ich solches bei ihm – etwa in der dunklen Stelle in den »Reden«, wo er eine »Ahndung von etwas außer und über der Menschheit« zur Sprache bringt, oder in der jener berühmten späteren Definition Gottes als »das Woher des Gefühls schlechthiniger Abhängigkeit« – zu finden meinte, richtig verstanden? Bis jetzt meinte ich ihn anders verstehen zu müssen, mich ihm also nicht anschließen zu können. Geschah und geschieht dies törichterweise oder eben doch wohlweislich?

Oder fühlt, denkt und redet der Mensch bei Schleiermacher (2) in und aus einem souveränen Bewußtsein seines eigenen Zugleichseins, ja *Einsseins* mit allem, was als Gegenstand, als ein von ihm verschiedenes Anderes oder gar als ein Anderer in Frage kommen könnte? Wäre dem so, dann wäre die Türe zwischen ihm und mir doch ins Schloß gefallen, sachliche Kommunikation wäre dann unmöglich. Aber habe ich ihn richtig verstanden, wenn ich ihn bisher auf dieser Linie meinte verstehen zu sollen? Hätte ich ihn ganz anders zu verstehen, um dann eine sachliche Kommunikation zwischen ihm und mir doch nicht als unmöglich ansehen zu dürfen?

Drittens: Fühlt, denkt und redet der Mensch nach Schleiermacher (1) primär im Verhältnis zu einer *besonderen*, konkreten und also bestimmten und bestimmbaren Wirklichkeit und erst von daher, sekundär verallgemeinernd, abstrahierend, im Blick auf Wesen und Sinn dessen, wozu er sich in Beziehung findet? Dann wären Schleiermacher und ich sachlich in großer Tiefe einig. Aber habe ich ihn in diesem Punkt so richtig verstanden? Wie schön, wie hoffnungsvoll wäre das! Wie aber, wenn ich ihm dann doch etwas angedichtet hätte, was seiner eigenen Ansicht und Absicht durchaus nicht entspricht, das mit der meinigen durchaus nicht in Konkordanz, geschweige in Deckung zu bringen wäre?

Oder geschieht das Fühlen, Denken und Reden des Menschen nach Schleiermacher (2) primär im Verhältnis zu einem *allgemeinen*, zum vornherein eruierten und festgestellten Wesen und Sinn der Wirklichkeit und erst von daher, nur sekundär in der Aufmerksamkeit auf ihre besondere, konkrete, bestimmbare und bestimmte Gestalt? Dann müßte | ich freilich sofort Protest einlegen. Dann wären Schleiermacher und meine Wenigkeit von Anfang je ganz anderswo. Aber hätte ich ihn so – ich verstand ihn bis jetzt so – richtig verstanden? Und wenn er anders als so zu verstehen wäre, dann würde mein Protest gegen ihn in der Luft hängen. Ich hätte ihm dann mit einem »Pater, peccavi!« zu begegnen und ihm seine mir zu erteilende Belehrung bescheiden abzunehmen. Ach, wenn ich doch in dieser Lage wäre!

Viertens: Ist der den fühlenden, redenden, denkenden Menschen bewegende Geist, wenn alles mit rechten Dingen zugeht, (1) ein schlechthin *partikularer*, spezifischer, von allen anderen Geistern sich immer wieder unterscheidender, ein ernstlich »heilig« zu nennender Geist? Hätte ich Schleiermacher so richtig, d. h. seiner eigenen Meinung entsprechend verstanden, wie sollte ich mich dann nicht – statt mich mit ihm (wie das bekannte blöde Wort lautet) aus-einander-zusetzen – vielmehr zu weiterer Beratung des Sachverhaltes und seiner Konsequenzen mit ihm zusammen-setzen können, dürfen, müssen? Aber eben: habe ich ihn so richtig verstanden? Könnte ich dieses Verständnis von Schleiermachers Position als gewissenhafter Ausleger verantworten?

Oder ist der nach Schleiermacher die fühlenden, denkenden, redenden Menschen bewegende Geist vielmehr (2) zwar individuell differenziert, aber doch *universal* wirksam, im Einzelnen aber eine diffuse geistige Dynamis? Dann wären und blieben wir – er, der große, und ich, der kleine Mann – geschiedene Leute. Aber verstehe ich ihn so recht, d. h. kongenial? Oder belaste ich ihn damit mit einer fremden Meinung? Müßte ich, wenn ich diese Meinung fallen ließe, nicht erkennen und bekennen, daß er und ich doch keine ganz und gar geschiedene Leute sind?

Wer meiner Explikation dieser vier mal zwei Fragen besinnlich gefolgt ist, wird nicht verkennen: ich hätte ihn jeweils in der ersten Frage liebend gern verstanden und ich hätte ihn jeweils in der zweiten Frage ebenso liebend gern mißverstanden. Ich möchte ja mit Schleiermacher ums Leben gern auch sachlich im Frieden leben. Ich mußte aber in allen vier mal zwei Fragen mit einer Frage schließen! Und das bedeutet, daß ich mit Schleiermacher auf der ganzen Linie sachlich nicht fertig, nicht im reinen bin: nach der positiven Seite nicht und nach der negativen auch nicht! Obwohl und indem ich mich, mir selbst und anderen unverkennbar, auf einem Weg befinde, der deutlich nicht der seinige ist. Ich bin der Sache dieses Mannes gegenüber tatsächlich in einer großen, für mich sehr schmerzlichen Verlegenheit. Und zu deren scharfer Beleuchtung will ich es nicht unterlassen, noch ein letztes Fragen-Paar laut werden zu lassen. Also:

Fünftens: Sind die ganzen vier mal zwei Fragen als solche (1) *richtig,* d. h. der Intention Schleiermachers entsprechend gestellt? Kann also ihre mögliche Beantwortung genügen zu einer gewichtigen (positiven, negativen oder auch kritischen) Stellungnahme zu der von ihm vertretenen Sache? Kann von diesen Fragen her eine sinnvolle sachliche Diskussion der Einzelheiten der Entfaltung seiner Sache stattfinden?

Oder sind alle die hier aufgeworfenen Fragen (2) *falsch,* d. h. der Intention Schleiermachers nicht entsprechend gestellt? Kann also ihre mögliche Beantwortung zu einer gewichtigen Stellungnahme zu seiner Sache nicht genügen? Kann also von diesen Fragen hier eine substantielle, sachliche Diskussion der einzelnen Sätze und Satzzusammenhänge, in denen Schleiermacher seine Sache entfaltet hat, unmöglich stattfinden?

Mir bleibt als sicherer Trost nur übrig, mich darauf zu freuen, mich mit Schleiermacher im Himmelreich in dessen erst kommender Gestalt über alle diese Fragen – vor allem natürlich über die fünfte – sagen wir einmal: ein paar Jahrhunderte lang ausgiebig zu unterhalten. »Dann werd ich *das* – mit so viel Anderem, auch das – im Licht erkennen, was ich auf Erden dunkel sah.« Ich stelle mir vor, daß das für beide Teile eine sehr ernste Sache werden wird, daß wir uns aber auch gegenseitig sehr festlich anlachen werden.

Beiläufig – aus dem angegebenen humanistischen Grund in einigem Abstand gesagt: das im Blick auf den »alten Hexenmeister« in eschatologischer Ferne ins Auge Gefaßte bezieht sich natürlich (mit Einschluß des fünftens und letztlich Gesagten) mutatis mutandis auch auf seine heute Dörfer und Städte unsicher machenden weniger großen Zauberlehrlinge. Ich weiß, was ich im Unterschied auch zu ihnen gewollt habe und will, aber ich gestehe, daß ich mich auch ihnen gegenüber in einer gewissen Verlegenheit befinde. Sie meinen es ja sicher, ohne das Format Schleiermachers zu besitzen, in ihrer Weise auch gut. Sollten sie, in den Spuren Schleiermachers wandelnd (in großer humaner Ferne von ihm), mit ihm fallen, so könnten sie doch auch mit ihm stehen. Und von meinem eschatologischen Frieden mit Schleiermacher, auf den ich vorhin hindeutete, möchte ich auch sie wahrlich nicht ausgeschlossen haben. Nur, daß ich mir mein »Wiedersehen« mit ihnen nicht ganz so ernst und auch nicht ganz so fröhlich vorstellen kann wie das mit ihrem Ahnherrn Schleiermacher. In Erwägung des großen Dann und Dort der kommenden Offenbarung auch an gewisse Abstufungen zu denken, dürfte ja nicht nur erlaubt, sondern auch geboten sein.

Was ich jetzt und hier – also nicht erst in einem theologischen Ereignis im Reich der Herrlichkeit (das dann den triumphalen Abschluß meiner Geschichte mit Schleiermacher bilden wird), sondern gleichsam in einem jenem Reich vorlaufenden Millennium – zur sachlichen Klä|rung meines Verhältnisses zu Schleiermacher gelegentlich in Erwägung gezogen und unter guten Freunden wohl auch da und dort schon angedeutet habe, wäre die Möglichkeit einer Theologie des 3. Artikels, beherrschend und entscheidend also des Heiligen Geistes. Alles, was von Gott dem Vater und Gott dem Sohn in Verständnis des 1. und 2. Artikels zu glauben, zu bedenken und zu sagen ist, wäre in seiner Grundlegung durch Gott den Heiligen Geist, das vinculum pacis inter Patrem et Filium, aufzuzeigen und zu beleuchten. Das ganze Werk Gottes für die Kreatur, für und in und mit dem Menschen wäre in seiner einen, alle Zufälligkeit ausschließenden Teleologie sichtbar zu machen. Ich hatte den guten Instinkt, in der »Kirchlichen Dogmatik« IV/1-3 wenigstens die Kirche und dann den Glauben, die Liebe und die Hoffnung ausdrücklich unter das Zeichen des Heiligen Geistes zu stellen. Aber hätte nicht schon die Rechtfertigung, die Heiligung, die Berufung unter dieses Zeichen gestellt sein können und müssen? Nicht zu reden von der Schöpfung als dem opus proprium Gottes des Vaters. Wäre nicht schon die alles beherrschende Christologie (conceptus de Spiritu Sancto!) von daher zu erleuchten? Ist Gott – der seinem Volk durch seine Bundesoffenbarung bekannte und als solcher in der Welt zu verkündigende Gott – nicht auf der ganzen Linie Geist (Joh 4,24; 1 Kor 3,17) – d. h. der in der ihm eigenen Freiheit, Macht, Weisheit und Liebe sich selbst vergegenwärtigende und applizierende Gott? Vielleicht war es etwas Derartiges, was meinen alten Freund Fritz Lieb, ohne daß auch er über dunkle Andeutungen hinaus kam, in den letzten Jahrzehnten seines von jeher so bewegten und bewegenden Lebens so leidenschaftlich umgetrieben hat? Und vielleicht ist es auch das, worauf in unseren Tagen der hoffnungsvolle junge katholische Dogmatiker Heribert Mühlen in Paderborn hinaus will? Wie dem auch sei: alles und alle in optimam partem deutend, möchte ich mit der Möglichkeit rechnen, daß eine Theologie des Heiligen Geistes das Schleiermacher schwerlich bewußte, aber ihn faktisch beherrschende legitime Anliegen schon seiner theologischen Aktion gewesen sein möchte. Und nicht nur der seinigen! Ich möchte dieselbe Vermutung auch zugunsten der ihm vorangehenden Pietisten und (!) Rationalisten und selbstverständlich der »Herrnhuter niederer Ordnung« des 18. Jahrhunderts und weiter hinauf zugunsten der von den Reformatoren so uneinsichtig und übel behandelten »Schwärmer« und noch weiter zurück zugunsten all der Aufgeregten und Tiefsinnigen, der Spiritualisten und Mystiker des Mittelalters geltend machen. Könnte es nicht sein, daß eigentlich die Wirklichkeit, das Kommen, das Werk des Heiligen Geistes gemeint sein möchte in so Vielem, was im westlichem und östlichen Katholizismus von der Kirche – und von Maria für uns in unannehmbarer Weise gesagt und geltend gemacht wird, daß | also dies von da aus in ein positivkritisches Licht treten könnte? Und dann doch auch (»in etwa« – wie man heute in schlechtem Deutsch zu sagen pflegt) die betrübte Nachfolgerschaft Schleiermachers im 19. und die Existenzialtheologen in unserem 20. Jahrhundert? Die ganze »Kirchen- und Ketzer-Historie« könnte dann – nicht als »unparteiische«, sondern als gar sehr kritische, überall Alles prüfende und das Beste behaltende »Historie« der durch den Heiligen Geist versammelten ecclesia una, sancta, catholica et apostolica erfunden, verstanden und geschrieben werden.

Dies ist (wie es sich gehört) nur in Andeutungen angezeigt, was ich gelegentlich träume hinsichtlich der Zukunft der Theologie im allgemeinen und im besonderen hinsichtlich der Verlegenheit, in der ich mich beim Versuch, Schleiermacher und die ihm Vorangehenden und Nachfolgenden auch sachlich zu würdigen, heute befinde. Ich werde diese Zukunft nicht mehr erleben, geschweige denn, daß ich sie heraufführen und ihr Werk in Angriff nehmen könnte.

Aber daß mir nun nicht alsbald irgendein begabter junger Mann – in der Meinung, er sei der dazu Berufene – mit einer flott geschriebenen Broschüre »Zur Theologie des Heiligen Geistes« oder dergl. über den Weg und auf den Markt laufe! Und wie wäre mein schöner Traum mißverstanden, wenn einer meinte, es gehe dabei darum: »das Selbe nun vom Menschen her« noch einmal zu sagen! Als ob nicht eben das das tief Problematische bei Schleiermacher wäre, daß er – glänzend wie keiner vor ihm und nach ihm – »vom Menschen her« gedacht und geredet hat! Als ob ausgerechnet der Heilige Geist ihn dazu ermuntert hätte oder irgend jemand dazu ermuntern würde! Als ob Pneumatologie Anthropologie wäre! Als ob ich, statt von einer Möglichkeit besseren Verständnisses von Schleiermachers Anliegen ganz primitiv von einer Fortsetzung seines eigenen Weges geträumt hätte! Ich warne! Sollte ich nicht schieren Unsinn geträumt haben, dann werden zum Entwurf und zur Entfaltung einer Theologie des 3. Artikels nur geistlich und geistig sehr gegründete Leute, wirklich »kundige Thebaner« brauchbar sein. Die das nicht oder noch nicht sind, sollten es, statt kühnlich eine Möglichkeit des Millenniums verwirklichen zu wollen, vorziehen, es noch ein Weilchen mit mir in der bewußten »Verlegenheit« auszuhalten.

KIRCHE, ETHIK, POLITIK
UND GESELLSCHAFT

QUOUSQUE TANDEM ...? (1930)

Durch unsere Kirchenzeitungen und Gemeindeblätter ging vor einigen Wochen – gewiß durch eine jener verheerenden »evangelischen Presse-Zentralen« veranlaßt – folgender Passus, mit dem Univ.-Prof. D. Schneider einen Aufsatz über die kirchliche Zeitlage im neuesten Band seines kirchlichen Jahrbuchs eingeleitet haben soll:

»Die evangelische Kirche hat die ungeheure Bedrohung ihres Daseins lebenskräftig überwunden«, so schreibt mit vollem Recht Präses D. Wolff in dem Sammelwerk: ›Zehn Jahre deutscher Geschichte 1918-1928‹. Es hat doch in der Tat eine Zeit gegeben, da ihr – wenigstens ihrem äußerem Organismus – buchstäblich die Zerschlagung drohte, eine Zeit, in der der Atheismus sich schon brav und bieder anschickte, ihr die Leichenrede zu halten. Etliche voreilige Schwätzer aus der Schicht der ›Intellektuellen‹ gaben schon die Texte an. Auch Äußerungen mitleidigen Bedauerns wurden laut. Das ›Volk‹ war eigentlich zuerst merkwürdig still, wie gelähmt, all das Erlebte sofort zu fassen. Aber dann merkte man doch, daß es noch ein »Kirchenvolk« gab. Es war eine Zeit, in der anfangs auch etliche der Bannerträger der Kleinmut packen wollte. Es will uns zuweilen vorkommen, als sei man im Begriff, das alles viel zu schnell zu vergessen. *Eins* hat sich damals gezeigt – und *eins* hat sich bewährt. *Gezeigt* hat sich, daß der religiöse Gedanke ⟨...⟩ doch tiefer in der deutschen Volksseele verwurzelt war, als nach außen hin in die Erscheinung trat. ⟨...⟩ Das heilige »Dennoch« hat sich durchgesetzt. *Bewährt* hat sich das, was wir empirische Kirche nennen, sowohl in seiner Dauerkraft als auch in seiner Elastizität. Die Kirchenführung des letzten Jahrzehnts war ein Meisterstück – das kommt immer mehr auch den Krittlern zum Bewußtsein. Spätere werden das noch deutlicher sehen als die Gegenwart. Aber die Tatsache, daß die Kirche dageblieben ist – allen Gewalten zum Trotz erhalten –, daß sie neue Freiheit und neue Kraft gewonnen hat, daß sie bei der ›Umwertung aller Werte‹ ihren Wert behauptet, ja | gesteigert hat, soll und darf uns nicht blind machen gegenüber den Wirbeln der Gegenwart. Wir sind noch lange nicht über den Berg, aber wir sind über den Engpaß heraus und sehen vor uns ein freies Feld.«

Unter Außerachtlassung aller professoralen Umständlichkeit, Rücksicht und Vorsicht möchte ich dazu folgendes sagen:

Es ist ein zum Himmel schreiender Skandal, daß die deutsche evangelische Kirche andauernd diese Sprache redet. Die deutsche evangelische Kirche, soweit und sofern sie eben nach außen, verantwortlich redend, zur Sprache kommt. Es gibt auch eine deutsche evangelische Kirche, die, durch den andauernden Skandal dieser Sprache übertönt, nicht so redet. Aber so, so reden ihre verantwortlichen Vertreter. So, in dieser Sprache, müssen wir anderen, wir, das »Kirchenvolk«, ohne uns dagegen verwahren zu können, uns nach außen vertreten lassen. Vor den Arbeitern, vor den Gebildeten, vor dem Ausland. Aus dieser Gesinnung heraus müssen wir uns anpredigen lassen. Prof. Schneider steht für Dutzende und Dutzende unserer kirchlichen Führer und für Hunderte und Tausende unserer Pastoren. Ich habe nichts gegen ihn und die anderen alle, aber ich habe alles gegen die Sprache, in der er und unzählige seinesgleichen das Land unsicher machen. Und ich bin es leid, dazu zu schweigen. Für indirekte theologische Bedenken haben diese Kreise offenbar keine Zeit, keine Aufnahmefähigkeit und keinen Willen. Es ist in den zehn Jahren, an deren Ende sie, ihres Meisterstücks sich freuend, hemmungslos zu posaunen wagen, daß das heilige »Dennoch« sich durchgesetzt habe – es ist in diesen zehn Jahren oft genug indirekt, theologisch geredet worden. Der Skandal jener Sprache dauert an, nein, er schwillt an, als wäre nichts geschehen. Als ich die angeführte Auslassung bis zu dem Satz vom heiligen Dennoch gelesen hatte, war es mir klar, daß der Augenblick, grob zu werden, gekommen sei.

Und so werde ich grob und sage: wo diese Sprache geredet wird, da ist Catilina, da ist die eigentliche, gefährliche Verschwörung gegen die Substanz der evangelischen Kirche. Gefährlicher als das Gefährlichste, was Katholiken, Juden und Freidenker nach den Schauernachrichten, mit denen ihr je und je euer »Kirchenvolk« außer Atem zu halten sucht, gegen sie im Schilde führen können. Gefährlicher als alles, was etwa der Sowjet-Atheismus gegen das »Christentum« unternehmen und vollbringen kann. Mögen solche Angriffe gegen die Kirche ausrichten, was sie können und dürfen, – eines werden sie nicht können und dürfen: die Substanz der Kirche werden sie nicht einmal anrühren, geschweige denn versehren. Sie kann ihnen zum Trotz nicht nur erhalten, sondern unter ihrem Ansturm verzehnfacht und verhundertfacht werden. Die Substanz der Kirche ist die ihr gegebene Verheißung und der Glaube an diese Verheißung. Wann wäre die Verheißung nicht größer, deutlicher, leuchtender geworden gerade unter wirklicher Anfechtung von außen? Wann hätte der Glaube bessere Gelegenheit gehabt, sich als Glaube zu bewähren und aufzurichten, als unter solcher Anfechtung? »Was können uns Menschen tun?« »Ist Gott für uns, wer mag wider uns sein?« Warum wird nicht das, das den Christen zugerufen von den Führern unserer Kirche, wenn sie wirklich zu sehen meinen, daß die Kirche heute in der Anfechtung stehe? Was sie ihr in Wirklichkeit zurufen, ist die Verleugnung der Verheißung und des Glaubens und bedeutet die Zerstörung der Substanz der Kirche, die nur von innen erfolgen kann. Und die erfolgt hier. Sie rufen uns zu, daß Menschen uns darum nichts tun können, weil wir selbst das Nötige zu ihrer Abwehr zu tun so energisch, so zielbewußt, so erfolgreich im Begriffe stehen. Sie rufen uns zu, daß Gott darum und so für uns ist, daß wir selbst (vertreten durch sie, die Kirchenführer!) unentwegt für uns sind. Sie rufen uns zu, daß das heilige Dennoch sich darin und so durchgesetzt habe, daß der in der deutschen Volksseele verwurzelte religiöse Gedanke sich gezeigt und die empirische Kirche sich bewährt habe. Das Übereinkommen, daß es angebracht sei, heute so zu reden und das zu sagen, nenne ich die eigentliche und gefährliche, die catilinarische Verschwörung gegen die Substanz der Kirche. Wenn das andauernd unwidersprochen unter uns gesagt werden darf, wenn das gehört und geglaubt werden sollte, dann hat die Kirche in ihrem Innersten zu leben aufgehört. Die sowjet-atheistische, oder auch die neue römische Verfolgung, mit der ihr uns gelegentlich graulen machen wollt, mag dann immerhin ausbrechen. Sie wird dann gegenstandslos und ihre allfälligen Märtyrer werden dann sicher keine christlichen Märtyrer sein. Wenn es denen, die heute, im Besitz des Namens, des Apparates, der Ämter, der Stimme der evangelischen Kirche befindlich, diese Kirche nach ihrem Belieben machen – wenn es ihnen endgültig gestattet sein sollte, aus der Kirche *das* zu machen, dann ist es an der Zeit, allem Volk zu sagen, daß die Kirche aus ist und daß es betrogen wird, wenn man von ihm verlangt, hier Kirche zu sehen, zu ehren, zu glauben, zu lieben. Die evangelische Kirche ist heute schon von einer finstern Wolke von Mißtrauen umgeben. Wer nicht blind ist, sieht es. Ihre Führer aber sind blind und sehen es nicht. Freuen sich des Vertrauens, das ihnen ein Häuflein »Kirchenvolk« entgegen zu bringen scheint, indem es sich an Sonn- und Feiertagen immer wieder erwartungsvoll zu ihren Füßen setzt – und sehen nicht, daß es sich auch und gerade bei diesem guten kleinbürgerlichen »Kirchenvolk« um einen Rest von Vertrauen handelt, der auch noch schwinden kann und schwinden wird, wenn die Unerheblichkeit der ganzen kirchlichen Angelegenheit einmal erwiesen sein sollte. Sie *ist* aber erwiesen, wenn die Kirche noch eine Weile ungestraft und ungestört so weiterredet. Für dieses Opium werden sich auch die Kleinbürger, die | heute noch den Trost der Pastoren bilden, eines Tages bedanken. Und wenn sie es gleich nicht täten und wenn dieses Treiben ungestraft noch 100 Jahre weiter und weiter gehen würde, so würde es dennoch wahr sein, daß diese Kirche – die Kirche, die legitim durch diese Stimme vertreten sein sollte – von Gott verlassen ist und jeder ein Verräter der Kirche (und nicht nur der Kirche), der sie dahin »geführt« hat.

Warum ist diese Art »Führung« unerträglich? Warum muß man, ganz und gar ohne den Anspruch eines Propheten, die Verantwortung übernehmen, dagegen zu schreien, solange es noch Zeit ist? Warum ists wahr, daß die Kirche, die so redet, die Verheißung und den Glauben verleugnet? Darum, weil sie in solchen Worten und Taten so unzweideutig wie nur möglich sich selber will, sich selber baut, sich selber rühmt und eben darin von den um andere Fahnen und Fähnlein Gescharten nur dadurch sich unterscheidet, daß sie das – gebläht durch den Anspruch, die Sache Gottes zu vertreten – viel ungebrochener, viel pausbackiger, viel hemmungsloser tut als alle anderen. Wenn es ihr um die Sache Gottes ginge, dürfte sie dann mit der Gemächlichkeit, mit der man auf eine überstandene Grippe zurückblickt, reden von der glücklich vergangenen Zeit, da ihr »buchstäblich die Zerschlagung drohte«? Und mit diesem selbstzufriedenen Spott (als ob der große Abfall etwa nur die Schuld der anderen wäre!) von jenen Atheisten, Intellektuellen und Schwätzern, die sich damals so gründlich geirrt haben sollen? Und mit diesem breiten Behagen (als ob das nicht eine elende Phrase wäre) von dem tief in der deutschen Volksseele verwurzelten »religiösen Gedanken«? Und mit dieser ans Lästerliche streifenden Sicherheit von der Durchsetzung des heiligen »Dennoch«? Und mit dieser Eitelkeit von dem nach 10 Jahren vollendet oder doch nahezu vollendet dastehenden »Meisterstück« von »Kirchenführung«? Und mit dieser Hartherzigkeit (als ob es keine Wohnungsnot und keine Arbeitslosigkeit gäbe in Deutschland) davon, daß sie, sie, die Kirche, »aus dem Engpaß heraus« sei? Wem es um *seine* Sache, um sein *Geschäft*, um seine *Partei*, um seinen *Stand* und dergleichen geht, der mag und darf vielleicht so reden. Ein tüchtiger Reklame-Chef eines beinahe und doch noch nicht ganz fallit gegangenen alten Hauses mag und darf vielleicht so reden. Er würde es wahrscheinlich mit mehr Geist und Geschmack tun. Aber nicht *wie*, sondern *daß* die Kirche hier mittut, ist empörend. Wenn sie das tut, wenn sie dazu übergeht und dabei bleibt als eine Marktbude neben anderen (wie es auf der »Pressa« unseligen Andenkens erschrekkend drastisch geschehen ist) sich selbst anzupreisen und auszuposaunen, dann hat sie einfach und glatt aufgehört, Kirche zu sein. Die Kirche kann nicht Propaganda treiben – Schmach und Schande, wenn die Universität anfängt, auf diese Wege zu geraten! | Die Kirche kann nicht sich selbst wollen, bauen, rühmen, wie alle anderen. Der Stab, auf den sie sich da stützt, wird ihr durch die Hand gehen. Denn bei dem bösen Gewissen, mit dem sie das tut (und sie kann das nur mit bösem Gewissen tun), kann es nicht anders sein, als daß sie das schlechter machen wird als alle anderen und am Ende – wie alle Überläufer zum Feinde – erst recht blamiert, blamiert vor Gott und vor der Welt dastehen wird. Und unterdessen wird, man verlasse sich darauf, das, was die Kirche tun sollte und könnte, die Predigt des Evangeliums versäumt dahinten bleiben: die gänzlich anspruchslose, die nicht welterobernde, nicht sich selbst behauptende, nicht die Jugend und die Arbeiter gewinnen wollende, nicht mit dem »Vorwärts« und mit den Katholiken zankende, die nicht nach dem in der deutschen Volksseele verwurzelten religiösen Gedanken schielende, sondern aufrichtige und lautere Predigt des Evangeliums. Man kann nicht Gott dienen und mit Teufel und Welt solche Rückversicherungen eingehen. Da wird keine Neuentdeckung der »reformatorischen Botschaft«, da wird keine Liturgie- und Gesangbuchreform, da wird kein Lutherfilm und kein violettes »Jahrhundert der Kirche«, da wird keine kirchliche Jugendbewegung und Gemeindearbeit, da werden keine ökumenischen Ideologien und Machenschaften auch nur das geringste helfen: eine Kirche, die zugestandenermaßen damit beschäftigt ist, ihren (ihren!) Wert zu behaupten, ja zu steigern, eine Kirche, die das Jubeljahr der Augsburger Konfession damit antritt, zu bejubeln, daß sie (sie!) wieder einmal »aus dem Engpaß heraus« ist, eine solche Kirche kann in keinem Wort ihrer Weihnachts- und Oster- und Sonntagspredigt glaubwürdig sein. Wenn sie »Jesus Christus« sagt, muß und wird man, und wenn sie es tausendmal sagte, ihre eigene Sattheit und Sicherheit hören und sie soll sich nicht wundern, wenn sie mit allem ihrem »Jesus Christus« in den Wind, an der wirklichen

Not der wirklichen Menschen vorbeiredet, wie sie am Worte Gottes vorbeigehört, aus aller Mahnung, Tröstung und Lehre der Bibel und der Reformatoren Wasser auf ihre eigenen kleinen Mühlen gemacht hat. Darum, weil sie im Begriff steht, ihren eigenen Brunnen zu verstopfen und zu vergiften durch eine heillose Unsachlichkeit, darum muß man ihr mit letztem Ingrimm widersprechen.

Mit letztem Ingrimm gerade dann widersprechen, wenn man sie lieb hat. Mir graut vor der Flut von Festreden, Festpredigten und Festspielen, die das Jahr 1930 mit tödlicher Sicherheit bringen wird. Sie werden nach menschlichem Ermessen mehr oder weniger alle auf den unerträglichen Ton von Professor Schneider und seinesgleichen gestimmt sein. Oder sie werden doch weit davon entfernt sein, ihm entgegenzutreten, mit jenem Zorn entgegenzutreten, wie es einer wirklichen Feier der Augsburger Konfession allein angemessen wäre. Und wenn diese Flut für einmal | verebbt sein wird, wird die Einbildung nach innen und die Lüge nach außen noch ein Stück größer und dicker geworden sein. – Irgend jemand soll der »empirischen Kirche« zuvor in den Rücken gefallen sein. Irgend jemand soll es zuvor ausgesprochen haben, daß wir nicht auf gutem Wege sind, daß es so auf keinen Fall gehen wird. Auf die Gefahr hin allerlei braven Leuten »Unrecht zu tun«! Aber auch die bravsten Leute schweigen da zu dem Greuel einer Sprache, die eine Beleidigung gegen das Christentum ist. Ich wollte, irgend jemand anderes hätte es, die christliche Kirche mehr liebend als die »christliche Liebe«, gesagt, den verantwortlichen Führern unserer Kirche und dem mitverantwortlichen »Kirchenvolk« mit ihnen zu Beginn dieses Jahres ins Gesicht gesagt: Es ist höchste Zeit, auf diesem Wege halt- und kehrtzumachen! Quousque tandem ... ?

THEOLOGISCHE EXISTENZ HEUTE! (1933)

Mir ist in einer zuletzt nicht mehr zu überhörenden Weise zugerufen worden, daß manche unter meinen ehemaligen akademischen Zuhörern und auch manche Andere von den an meiner theologischen Arbeit Beteiligten sich längst fragten, ob ich zu den uns alle nun seit Monaten beschäftigenden kirchlichen Sorgen und Problemen nicht auch etwas zu sagen haben möchte. Ich möchte dazu zunächst dies bemerken dürfen: das Entscheidende, was ich heute zu diesen Sorgen und Problemen zu sagen versuche, kann ich darum nicht zum Gegenstand einer besonderen Mitteilung machen, weil es sehr unaktuell und ungreifbar einfach darin besteht, daß ich mich bemühe, hier in Bonn mit meinen Studenten in Vorlesungen und Übungen nach wie vor und als wäre nichts geschehen – vielleicht in leise erhöhtem Ton, aber ohne direkte Bezugnahmen – Theologie und nur Theologie zu treiben. Etwa wie der Horengesang der Benediktiner im nahen Maria Laach auch im Dritten Reich zweifellos ohne Unterbruch und Ablenkung ordnungsgemäß weitergegangen ist. Ich halte dafür, das sei auch eine Stellungnahme, jedenfalls eine kirchenpolitische und indirekt sogar eine politische Stellungnahme! Und ich erwarte, daß dieses Wort ohne besondere Worte von einigen der mir anvertrauten Studenten so gut gehört und verstanden werde, als es inmitten der mannigfaltigen Aufregungen unserer Tage möglich sein mag. Ich habe Gründe, mir an diesem Reden und Gehörtwerden innerhalb der Schranken meiner Berufung genügen zu lassen. Sie wurden auch damit nicht überschritten, daß ich mich auf ergangene Einladung an der Ausarbeitung zweier der Öffentlichkeit vorgelegter theologischer Erklärungen meiner reformierten Bekenntnisgenossen beteiligte. Man hat gerade meine Beteiligung an dieser Sache sehr richtig verstanden, man hat diesen Erklärungen m. E.

das schönste Lob erteilt, indem man ihnen Mangel an Aktualität bzw. an Existentialität, d. h. an konkreter Bezugnahme auf die Probleme des Tages vorgeworfen hat. Soll ich mich nun dennoch unterwinden, das von mir erwartete »Wort zur Lage« zu reden, liebe fernere und liebe nähere theologische Freunde, so kann es inhaltlich wirklich nur in der Frage bestehen: ob es nicht der Kirche und uns Allen besser wäre, wenn wir jetzt gerade *nicht* »zur Lage«, *sondern* nun erst recht, ein Jeder in den Schranken seiner Berufung, »zur Sache« reden bzw. die Voraussetzungen bedenken und bearbeiten würden, deren es bedarf, um Tag für Tag »zur Sache« zu reden, wie es heute – nicht erst heute, aber auch heute! – von uns gefordert ist? Eine kleine Erläuterung dieser Frage kann allein der Sinn dessen sein, was ich, da man es denn hören will, zu den uns bewegenden Dingen zu sagen habe.

Das, was jetzt unter keinen Umständen geschehen darf, ist dies, daß wir im Eifer für irgend etwas, was wir für eine gute Sache halten, unsere theologische Existenz verlieren. Unsere theologische Existenz ist unsere Existenz in der Kirche, und zwar als berufene Prediger und Lehrer der Kirche.

In der Kirche ist man sich einig darüber, daß es in der ganzen Welt keinen dringlicheren Anspruch gibt als den, den das Wort Gottes darauf hat, ver|kündigt und gehört zu werden; diesem Anspruch muß Genüge getan werden, koste es, was es wolle, und werde aus der Welt und aus der Kirche selbst, was da aus ihnen werden möge. In der Kirche ist man sich einig darüber, daß das Wort Gottes Alles und Jedes aus dem Felde schlägt, was ihm widerstehen mag, daß es darum über uns und über alle seine anderen Feinde siegen *wird*, weil es – »gekreuzigt, gestorben, begraben, am dritten Tage wieder auferstanden, sitzend zur Rechten Gottes des Vaters« – schon ein für allemal über und für uns und alle seine anderen Feinde gesiegt *hat*. In der Kirche ist man sich darüber einig, daß Gott durch eben dieses sein Wort *alle* Dinge trägt (Hebr. 1,3), auf *alle* Fragen Antwort gibt, *allen* Anliegen Gerechtigkeit widerfahren läßt, Alles, was er geschaffen hat, erhält und zu seinem eigensten Ziele führt, daß aber auch *kein* Ding in der Welt ohne sein Wort bestehen und gedeihen kann. In der Kirche ist man sich darüber einig, daß es dem Menschen gut ist und daß ihm in Zeit und Ewigkeit nur dies Eine gut sein kann, dem Worte Gottes anzuhangen von ganzem Herzen, von ganzer Seele, von ganzem Gemüt und von allen seinen Kräften. In der Kirche ist man sich darüber einig, daß Gott für uns nirgends da ist, in der Welt ist, in unserem Raum und in unserer Zeit ist als in diesem seinem Wort, daß dieses sein Wort für uns keinen anderen Namen und Inhalt hat als Jesus Christus und daß Jesus Christus für uns in der ganzen Welt nirgends zu finden ist als jeden Tag neu in der heiligen Schrift Alten und Neuen Testamentes. Darüber ist man sich in der Kirche einig, oder man ist nicht in der Kirche.

Und wir als Prediger und Lehrer der Kirche insbesondere sind uns in Furcht, aber auch in Freude darüber einig, daß wir berufen sind, durch unsere Predigt und Lehre dem Worte Gottes in der Kirche und in der Welt zu dienen, daß wir mit der Erfüllung dieser Berufung nicht nur selbst stehen und fallen, sondern auch schlechterdings Alles, was uns in dieser Welt wichtig, lieb und groß sein mag, stehen und fallen sehen, daß uns also keine Sorge dringlicher und keine Hoffnung bewegender sein kann als die Sorge und Hoffnung unseres Dienstes, kein Freund lieber als der, der uns hilft in diesem Dienst, und kein Feind verhaßter als der, der uns in diesem Dienst hindern will. Wir sind uns darüber einig, daß wir neben diesem Ersten als Sinn unserer Arbeit und unserer Ruhe, unseres Ernstes und unserer Gelassenheit, unserer Liebe und unseres Zornes kein Zweites kennen, sondern alles Zweite und Dritte, das uns auch bewegen mag und muß, in diesem Ersten eingeschlossen und aufgehoben, von ihm her gerichtet und gesegnet sehen. Darüber sind wir uns einig, oder wir sind nicht Prediger und Lehrer der Kirche. Und dies ists, was ich unsere »theologische Existenz« nenne: daß uns inmitten unserer sonstigen Existenz (z. B. als Männer, als Väter und Söhne, als Deutsche, als Bürger, als Denker, als Besitzer eines allzeit unruhigen Herzens usf.) das Wort Gottes das sei, was es nun einmal ist und was nur es uns sein kann, und insbesondere unsere Berufung als Prediger und Lehrer uns so in Anspruch nehme, wie nur sie uns in Anspruch nehmen kann und darf.

Diese unsere theologische Existenz, d. h. unsere Bindung an das Wort Gottes und die Geltung unserer besonderen Berufung zum Dienst am Wort Gottes kann uns heute verloren gehen. Anders gesagt: Wir können heute versäumen, uns jetzt erst recht und mehr als je in dieser Existenz zu behaupten. Noch anders und besser gesagt: es kann sein, | daß sie uns heute nicht mehr geschenkt wird, wie sie uns jeden Tag neu geschenkt werden müßte, weil wir vergessen, darum zu bitten und uns danach auszustrecken, wie es jetzt mehr als je geschehen müßte, damit sie uns geschenkt werde. Denn das ist die kräftige, in allen möglichen Gestalten auftretende Versuchung dieser Zeit: daß wir über der Macht anderer Ansprüche die Intensität und Exklusivität des Anspruchs des göttlichen Wortes als solche nicht mehr und damit dieses Wort sofort überhaupt nicht mehr verstehen. Daß wir in der Ängstlichkeit vor allerhand Gefahren der Gewalt des Wortes Gottes nicht mehr so ganz trauen, sondern ihm mit allerhand Veranstaltungen zu Hilfe kommen zu müssen meinen und damit unser Vertrauen auf seinen Sieg ganz und gar wegwerfen. Daß wir bestimmte Dinge besser anderswoher als aus und durch Gottes Wort meinen beantworten, lösen, schaffen zu können und damit beweisen, daß wir es faktisch in keinem Ding als den Schöpfer, Versöhner und Erlöser zu würdigen wissen. Daß wir unser Herz teilen zwischen dem Wort Gottes und allerlei Anderem, was wir ausdrücklich oder stillschweigend neben ihm mit der Herrlichkeit des Göttlichen umkleiden, und damit zeigen, daß wir unser Herz gar nicht beim Worte Gottes haben. Daß wir unter dem stürmischen Eindruck gewisser »Mächte, Fürstentümer und Gewalten« Gott noch anderswo suchen als in seinem Wort und sein Wort noch anderswo als in Jesus Christus und Jesus Christus noch anderswo als in der heiligen Schrift Alten und Neuen Testamentes und eben damit solche sind, die Gott gar nicht suchen. Das Alles, obwohl man sich in der Kirche über das Gegenteil einig ist! Wie sollten wir aber dann in der Kirche sein? Und das ist die besondere Form dieser Versuchung für | uns Prediger und Lehrer der Kirche: daß es uns in den Sinn kommt, zwischen unserer Berufung in der Kirche und dieser und jener davon verschiedenen Berufung könnte so etwas wie Konkurrenz möglich und wirklich sein, in der Weise, daß wir uns gedrungen und gezwungen fühlten, diese und jene sonstige Berufung gegen unsere kirchliche Berufung oder doch neben ihr auszuspielen oder unsere kirchliche Berufung von dieser und jener anderweitigen Berufung her zu interpretieren und zu gestalten. Daß wir uns selbst und die Menschen, an die wir gewiesen sind, unter ganz anderen Bedingungen stehen und fallen sehen als unter der Bedingung, daß unser Dienst recht ausgerichtet werde. Daß uns das Zweite oder Dritte, das wir in dem Ersten wohl aufgehoben wissen müßten, faktisch das Erste wird, mit dem Ersten zusammenfließt und endlich an die Stelle des Ersten tritt. Womit uns dann das wirklich Erste und unsere Berufung selbst hoffnungslos verloren gehen. Obwohl wir uns doch als Prediger und Lehrer der Kirche in ganz anderem Sinne einig waren! Wir sind dann nicht mehr Prediger und Lehrer der Kirche. Wir sind dann Politiker und Kirchenpolitiker. Es ist kein Schimpf, sondern es hat seine besondere Ehre, Politiker oder auch Kirchenpolitiker zu sein. Es ist aber etwas anderes, Theologe zu sein. Es kann immer den Verlust der theologischen Existenz bedeuten, wenn ein Theologe Politiker oder Kirchenpolitiker wird. Es scheint heute in ganz besonderer Weise das bedeuten zu wollen. Und dann ist es an der Zeit, dies zu sagen: daß wir unter keinen Umständen unsere theologische Existenz verlieren, unser Erstgeburtsrecht gegen ein Linsengericht vertauschen sollten. Oder positiv: daß wir jetzt Mann für Mann in der Kirche, wie | sie uns geboren hat durch das Wort Gottes, und in dem unvergleichlichen Raum unserer Berufung *bleiben* oder in die Kirche und in diesen Raum unserer Berufung *zurückkehren* müssen: unter allen Umständen, unter Hintanstellung aller anderen Rücksichten und Anliegen, um jeden Preis.

Ich darf das, was ich meine, beispielsweise an drei von den

uns bis heute – ich schreibe dies am Abend des kritischen 24. Juni 1933 – beschäftigenden Fragen klar zu machen versuchen. Es trifft sich vorzüglich, daß diese Fragen einzeln und in ihrem Zusammenhang mit den heute gefallenen Entscheidungen: der Einsetzung eines staatlichen Kirchenkommissars und seinen ersten Verfügungen, in ein ganz neues Stadium getreten sind. Ich möchte ja wirklich nicht »zur Lage«, sondern »zur Sache« reden, und ich werde darin vielleicht nur umso besser verstanden, nachdem die Problematik, an der ich meinen Satz illustrieren möchte, durch diese Entscheidungen zwar sicher nicht erledigt, aber doch in ihrer bisherigen Gestalt sozusagen geschichtlich geworden ist.

Als die politische Bewegung dieses Jahres die entscheidenden ersten Etappen ihres Sieges bereits hinter sich hatte, da vernahm man auf einmal von verschiedenen Seiten den Ruf, es müßten nun auch die deutschen evangelischen Kirchen zu einer umfassenden Neuordnung ihrer äußeren Verhältnisse schreiten. Entsprechende Schritte sind dann, begleitet von einer mannigfaltigen, in Spruch und Widerspruch sich ergehenden Teilnahme der Theologen und Gemeindeglieder, getan worden. Die Initiative und Führung in dieser Neuordnung ist der Kirche durch das, was am heutigen Tage geschehen ist, aus der Hand genommen. Gerade für ihre Auseinandersetzung mit der nun entstandenen Situation dürfte es unerläßlich sein, nachträglich die Frage aufzuwerfen, wie es denn eigentlich damals mit der Legitimität jener *Aufrufe zur Kirchenreform* gestanden habe.

Der Satz dürfte zu wagen sein: auch eine zunächst die äußere Gestalt betreffende Kirchen*reform* muß aus der inneren Notwendigkeit des Lebens der Kirche selbst, sie muß aus dem Gehorsam gegen | das Wort Gottes hervorgehen, oder sie ist keine *Kirchen*reform. Wir werden uns nun jedenfalls eingestehen müssen, daß wir alle, die wir am Leben der Kirche einigen Anteil zu haben meinten, zwar um die ernstliche Verbesserungsbedürftigkeit so mancher kirchlichen Verhältnisse und auch um allerlei aus älterer und neuerer Zeit in der Luft liegende Verbesserungspläne wußten, aber doch noch am Anfang dieses merkwürdigen Jahres keine Ahnung hatten von einer so akuten Notwendigkeit, zur Tat zu schreiten, d. h. einerseits von dem Vorhandensein von Fragen und Nöten des kirchlichen Lebens, die so brennend gewesen wären, daß sie jetzt eben nach einer so umfassenden Tat gerufen hätten – andererseits von dem Vorhandensein der tiefen Einsichten und der großen Kräfte, die dieses Unternehmen gerade jetzt als verantwortlich und hoffnungsvoll hätten erscheinen lassen. Wir meinten damals einen als Gottes Wort an uns ergehenden Befehl zu solcher Tat jedenfalls noch nicht zu kennen. Ist das dann im Frühjahr und seit dem Frühjahr auf einmal anders geworden, und wenn ja, wie ging das zu? Die seither über die sogen. Reichskirche und was damit zusammenhängt, gepflogenen Verhandlungen sind weder sehr rasch vorangekommen, noch sehr zielbewußt, entschlossen und einmütig geführt worden, noch – wie das durch das folgenschwere Ereignis des heutigen Tages grell beleuchtet wird – sehr erträgreich gewesen. Hätte eine wirklich um brennender Not willen und dann auch mit zureichender Kraft unternommene, eine durch das Wort Gottes erzwungene Kirchenreform in ihrer Entwicklung während der vergangenen Monate nicht ein ganz anderes Gesicht zeigen müssen? Ich möchte die Schuld daran, daß dem nicht so war, nicht etwa den Persönlichkeiten der beteiligten Kirchenmänner zuschreiben! Man sage aber auch nicht zu rasch, daß es in der evangelischen Kirche als einer »Kirche unter dem Kreuz« nun einmal nicht anders als offenkundig menschlich allzu menschlich zugehen könne auch in ihren größten Zeiten und daß also die offenkundige Schwäche der bisherigen Aktion sozusagen als eine normale Erscheinung zu betrachten sei. Die wirkliche Kirche unter dem Kreuz ist auch die Kirche des heiligen Geistes, deren Handlungen in aller Schwachheit und Torheit des Menschlichen doch immer auch etwas zutiefst Freudiges und Friedliches, etwas Sonntägliches, ja Festliches an sich haben müssen. Ein unscheinbares, aber überzeugendes Licht pflegt wirklich geistlichen Entscheidungen der Kirche nie ganz abzugehen: das Licht eines guten Gewissens und der Verheißung der Vergebung der Sünden in aller Schwachheit des Fleisches. Dieses Licht ist doch wohl in den bisherigen kirchlichen Reformverhandlungen nicht sichtbar gewesen. Niemand hätte sich des Werks von Loccum und Berlin | schließlich auch nur einigermaßen freuen können. Diese Feststellung weist aber doch wohl darauf hin, daß es damals im Frühjahr, als man auf einmal nach dieser Reform meinte rufen zu sollen, vielleicht nicht ganz mit rechten Dingen zugegangen ist.

Fragt man sich aber, inwiefern es damals, als man diesen Turm zu bauen beschloß, nicht ganz mit rechten Dingen zugegangen sein könnte, dann stößt man, wie mir scheint, an entscheidender Stelle auf eine merkwürdige und verhängnisvolle, weil höchst grundsätzliche Unklarheit, nämlich auf die Unklarheit des Verhältnisses zwischen der Ereignis gewordenen politischen Revolution und dem, was angesichts dieses Ereignisses die Kirche meinte wollen und tun zu müssen. Wir fragen: Ging der Entschluß zu diesem Wollen und Tun aus der Kirche selbst, d. h. aus dem von der Kirche gehörten Wort Gottes hervor? Oder war er ein innerlich nicht notwendiger, sondern ein der politischen Begeisterung oder auch der politischen Klugheit entsprungener und also, obwohl in der Kirche und von der Kirche gefaßter, ein wesentlich unkirchlicher Entschluß? Wenn man die erste Frage nicht klar und mit gutem Gewissen bejahen kann, dann ist die Unfreudigkeit und Unfriedlichkeit der bisherigen Ausführung dieses Entschlus|ses kein Rätsel. Man kann aber die erste Frage leider nicht klar und mit gutem Gewissen bejahen. Wenn ich gerade die wichtigsten der in jener Zeit des Entschlusses und nachher ergangenen offiziellen und privaten kirchlichen Kundgebungen überblicke, so stoße ich immer wieder auf das sehr befremdliche Phänomen gewisser politischer Präambeln, in denen die Verfasser in einer bei einer kirchlichen Angelegenheit erstaunlichen Dringlichkeit mit mehr oder weniger Offenheit und Direktheit zunächst und vor allem Anderen ihre positive Beurteilung und Wertschätzung der im März geschehenen Revolution und des durch diese Revolution geschaffenen Staates meinen Ausdruck geben zu müssen. Ich zitiere als ein Beispiel für viele den ersten Aufruf des sogen. »Dreimännerkollegiums« vom 28. April 1933:

»Eine mächtige nationale Bewegung hat unser deutsches Volk ergriffen und emporgehoben. Eine umfassende Neugestaltung des Reiches in der erwachten deutschen Nation schafft sich Raum. Zu dieser Wende der Geschichte sprechen wir ein dankbares Ja. Gott hat sie uns geschenkt, ihm sei die Ehre.

In Gottes Wort gebunden erkennen wir in dem großen Geschehen unserer Tage einen neuen Auftrag unseres Herrn an seine Kirche ...«

Entsprechend dieser Erklärung war dann (wohlverstanden: immer von seiten der Kirche!) auch sehr oft zu vernehmen: der neue Staat »braucht« die Kirche, und: die Kirche ist bereit, dem neuen Staate (mit ihren »starken Kräften«, wie es einmal aus höchst kompetenter Feder kam) »Mitarbeit« zu leisten. Auf dem Hintergrund des so oder ähnlich umschriebenen Fundamentalartikels der neu zu konstituierenden Kirche kamen dann die verschiedenen Ankündigungen, Forderungen, Programme und auch wohl Glaubensbekenntnisse, die die Absicht dieser Kundgebungen waren, zu stehen.

Was ist dazu zu sagen? Vor allem dies, daß dieses Phänomen nicht etwa auf einen unwiderstehlichen äußeren Druck zurückzuführen ist, dem sich die Kirche, um in der neuen Situation zu retten, was zu retten war, hätte fügen müssen. Der neue Staat hat am 23. März 1933 durch den Mund des Reichskanzlers Adolf Hitler eindeutig erklärt:

»Die Rechte der Kirchen werden nicht geschmälert, ihre Stellung zum Staate nicht geändert.«

Von einem »aufrichtigen Zusammenleben zwischen Staat und Kirche« wurde an derselben Stelle gesprochen, nicht aber weder von einer inneren noch auch nur von einer äußeren »Gleichschaltung« der Kirche zugunsten des Staates. Es wäre auf Grund jener Erklärung Hitlers, die man geradezu die Magna charta der neuen Kirche im neuen Reich genannt hat, von der Kirche nicht verlangt gewesen, sich auf jenen Fundamentalartikel zu gründen. Und abgesehen von vereinzelten Übergriffen und Mißgriffen wird man dem Staat bzw. der Führung des Staates in dieser Sache bis jetzt auch sonst nichts vorzuwerfen gehabt haben.

Ich darf hier noch erinnern an die sehr korrekte Erklärung des preußischen Kultusministers Dr. Rust (Kreuzzeitung Nr. 125 vom 7. Mai 1933): »daß für Preußen jedenfalls kein Anlaß zu der Befürchtung bestehe, daß der Staat in das innere Leben der Kirche eingreifen werde. Er werde | sich nicht mit dem kleinen Finger in kirchliche Angelegenheiten mischen, die nur die Kirche erledigen kann.«
Inwieweit die neuesten Ereignisse nur eine sehr eigentümliche Interpretation oder aber eine in den Augen des Staates notwendig gewordene Aufhebung dieser Zusagen und Erklärungen bedeuten, läßt sich heute noch nicht übersehen. Damals aber bedeuteten diese Zusagen und Erklärungen eine der Kirche gegebene Chance, angesichts derer sie nicht etwa das Verhalten der Staatsleitung dafür verantwortlich machen darf, wenn sie wieder einmal sich selber untreu gewesen sein sollte.

Man muß aber die Frage stellen, ob eben dies in jenen für den Sinn der unternommenen Kirchenreform wahrhaftig wichtigen politischen Präambeln so vieler kirchlicher Kundgebungen bzw. in den hinter diesen Kundgebungen stehenden Gesinnungen und Haltungen nicht doch der Fall gewesen sein möchte: daß die Kirche sich selbst wieder einmal untreu war. Der Sinn dieser Präambeln war ja eben leider nicht bloß die gewiß mögliche und berechtigte Feststellung, daß die Führung Gottes durch die politischen Ereignisse der Kirche Anlaß gegeben habe, ihrerseits dem sie begründenden Worte Gottes neues Gehör und neuen Gehorsam zu schenken. Der Sinn dieser Präambeln war leider auch nicht bloß die selbstverständliche Anerkennung auch des neuen Staates als der von Gott der Kirche koordinierten »Obrigkeit« nach Röm. 13. Sondern ihr Sinn war eindeutig der eines politischen Urteils – eines politischen Urteils, wie es die Kirche zur Zeit des Sieges der Revolution von | 1918 mit Recht unterlassen hat.

Aber macht nicht dies, daß sie es heute nicht unterlassen hat, auch ihr damaliges Recht verdächtig? Schwieg sie etwa damals doch nur aus demselben Grunde, aus dem sie diesmal meinte reden zu sollen? Es kann sich wirklich nicht darum handeln, den Kirchenmännern, die damals durch ihr Schweigen, heute durch ihr Reden ihrem politischen Urteil Ausdruck gaben, dieses Urteil als solches, sofern es ihrer persönlichen Überzeugung entsprach, zu verübeln. Wer aber gab ihnen das Recht, dieses ihr Urteil im Namen der Kirche auszusprechen, die neue Kirche auf dieses ihr politisches Urteil zu gründen, sie gleich im Fundamentalartikel »gleichzuschalten« und damit nicht nur: alle diejenigen, die sich diesem Urteil nicht anschließen können, von der zu erneuernden Kirche auszuschließen, nicht nur: die Kirche in unverantwortlicher Weise an eine bestimmte Gestalt der Weltgeschichte zu binden, sondern vor allem grundsätzlich: die unternommene Erneuerung der Kirche sofort mit der Proklamierung eines unerhört neuen Erkenntnis- und Normprinzips zu eröffnen? Oder ist das nicht die Proklamierung eines unerhört neuen Erkenntnis- und Normprinzips in der evangelischen Kirche, wenn man offen erklärt, den »neuen Auftrag unseres Herrn an seine Kirche« *nicht* etwa in der heiligen Schrift, *sondern* »in dem großen Geschehen unserer Tage« erkannt zu haben? Was bedeutet daneben das Partizip »in Gottes Wort gebunden«? In »Gottes Wort gebunden«, würde die Kirche im Worte Gottes bleiben und nicht die Stimme eines Fremden hören. Quo iure wurde es anders gehalten? Denn sollte es zu verkennen sein, | daß die Kirche in jenen Präambeln eben doch die Stimme eines Fremden, d. h. nicht die Stimme des Wortes Gottes, sondern die Stimme eines menschlichen, rein politischen Urteils gehört hat? Ohne äußere Not, einfach weil sie innerlich ihrer Sache nicht sicher war, zwischen Theologie und Politik nicht zu unterscheiden wußte! In politischer Begeisterung oder aus politischer Klugheit nicht unterscheiden *wollte?* Jedenfalls nicht unterschieden *hat*, nicht bei ihrem Thema blieb. Und so, in dieser Zweideutigkeit, in der Befangenheit, in der sich die Kirche immer befindet, wenn sie Kirche sein möchte, und doch Kirche zu sein vergißt oder sich fürchtet, *so* ist sie dann an das Reformwerk herangetreten. Wie hätte da seinem Gang jene Festlichkeit, jene geistliche Gewißheit eigen sein können, die wir an ihm vermissen zu müssen meinen? Niemand hatte das gute Gewissen und den freien Rücken, den es zu einer solchen Arbeit brauchte. Ich denke nicht daran, das nun einmal begonnene Werk durch diesen Hinweis stören zu wollen. Die Fortsetzung könnte ja immer noch besser werden, als der Anfang gewesen ist. Die einfache Tatsache, daß es nun einmal hominum confusione et Dei providentia faktisch *begonnen* ist, *und* die andere Tatsache, daß es durch die neuesten Ereignisse in seinem Lauf faktisch *gehemmt* ist, mag und soll der Kirche wie das ganze »große Geschehen unserer Tage« Anlaß sein, nun vielleicht wirklich legitim an das Werk ihrer äußeren Umgestaltung heranzutreten. Der neue Tag | mit seinen neuen Bedingungen bringt neue Entscheidung. Ist nicht vielleicht gerade in dem Irrtum bzw. in den Folgen des Irrtums, in welchem die Sache im Frühjahr angegriffen worden ist, die brennende, die wahrlich nach Reform an Haupt und Gliedern verlangende Not der Kirche erst sichtbar geworden? Und sollten nicht gerade angesichts dieser brennenden Not ihre wirklichen Kräfte und Einsichten zu solcher Reform sich regen müssen? Sollte Gottes Wort und Befehl, nachdem wir bis jetzt vielleicht einfach zu eigenmächtig gewesen sind, nicht etwa *jetzt* gebieterisch zu vernehmen sein? Und sollte dann die Kirchen*reform* nicht etwa doch noch aus dem Leben der Kirche selbst hervorgehen und so wirkliche *Kirchen*reform werden können? Viel Eifer und Ernst und menschliche Treue ist in diesen Monaten an dieses Werk verwandt worden. Nur die heilige Schrift ist doch wohl nicht Meister gewesen bei diesem Werk und darum auch nicht das Wort Gottes. Aber noch hat die deutsche evangelische Kirche die heilige Schrift und mit ihr die Verheißung einer Reform nicht durch menschliche, durch politische und kirchenpolitische Willkür, sondern durch das Wort Gottes. Wo die heilige Schrift Meister ist, da ist theologische Existenz, und wo theologische Existenz ist, da mag es zur Kirchenreform aus dem Leben der Kirche kommen. Wo keine theologische Existenz ist, da kann und wird es in unserer wie zu jeder Zeit der Kirche, in der sie sich selber helfen wollte, nur zu Totgeburten kommen.

Die Frage, die die deutsche Kirchenreform bisher vor anderen charakterisierte und alsbald zum wenig schönen Kirchenstreit werden ließ, war die *Bi|schofsfrage*. Man möchte wohl wissen können, wie sich später die Kirchengeschichte mit dem Rätsel auseinandersetzen wird: welche ernsthaften, inneren, theologisch relevanten Gründe dazu vorlagen, daß in der kirchlichen Bewegung des Jahres 1933 ausgerechnet *diese* Frage solche Bedeutung bekommen konnte, wie sie sie nun bekommen hat? Siehe, sie war eines Tages in großer Einmütigkeit (auf der ganzen Linie von Zoellner bis zu Hossenfelder!) da, die Überzeugung: die neue evangelische Kirche muß vor allem und auf alle Fälle eine »entschlußkräftige«, d. h. eine in eine Hand gelegte »Führung« bekommen, und diese eine Hand soll in jeder Landeskirche die eines Landesbischofs, in der die Einheit der Landeskirchen realisierenden und repräsentierenden Reichskirche aber die eines Reichsbischofs sein. Wir brauchen und wir wollen »geistliche«, »autoritäre« Führer und zuletzt und zuoberst *einen* geistlichen autoritären Führer!

Auch hier ist zunächst zu fragen: Wer von uns hätte sich noch am Anfang dieses Jahres von der akuten Notwendigkeit gerade dieses Theologumenons auch nur träumen lassen? Gewiß, der Gedanke des evangelischen Bischofs hat in Deutschland schon eine lange Geschichte. Gerade in den zuletzt vergangenen Jahren ist in Deutschland oft genug mit ihm gespielt und sogar nicht ohne partielle Erfolge gespielt worden. Aber hat man uns damals nicht immer damit beruhigt, daß es sich bei den erstrebten und z. T. tatsächlich vollzogenen Bischofskreierungen gerade nicht um die Einführung des wirklichen, d. h. des katholischen Bischofsamtes mit besonderer geistlicher Vollmacht und Lehrgewalt, sondern eben nur um die Einführung einer im Verhältnis zu dem ungelenken Wort »Generalsuperintendent« etwas würdigeren Be|nennung eines keineswegs theologisch, sondern eben nur technisch, mit dem

Auftrag zu gewissen Aufsichtsfunktionen im größeren Kreis, unter den anderen hervorgehobenen gewöhnlichen evangelischen Predigers handle?

Der Bischof von 1933 war und ist offenbar *nicht* dieser harmlose Titularbischof. Wäre er es, wie wäre die Dringlichkeit des Rufs nach ihm, wie wäre vor allem die Hitzigkeit der Aussprache über die Frage »Müller oder Bodelschwingh?« zu erklären? War der Reichsbischof das Eine Notwendige, als das er doch sofort bei Beginn der ganzen Verhandlungen ausgegeben wurde, und war die Frage »Müller oder Bodelschwingh?« so wichtig, wie von beiden Seiten behauptet wurde, dann ergibt sich schon daraus, daß diesmal, 1933, von allen denen, die den Bischof überhaupt wollten, ein wirklicher Bischof gemeint sein mußte: ein den einzelnen Gemeinden und ihren Predigern nicht nur technisch, sondern theologisch, wesenhaft, vorgeordneter Führer, der Inhaber eines von dem Prediger-, Ältesten-, Lehrer- und Diakonenamt in den Gemeinden als übergemeindliche Instanz unterschiedenen und mit den entsprechenden besonderen Gaben nebst der entsprechenden besonderen Autorität ausgestatteten kirchlichen Amtes, kurz: der Bischof, wie er bis jetzt nur in der katholischen, nicht aber in der evangelischen Dogmatik vorkam. War *nicht* dieser Bischof gemeint, sondern bloß jener etwas geschmückte Generalsuperintendent, wie er etwa in den englischen und | skandinavischen Kirchen »Bischof« heißt, dann würde man denen, die im heutigen Deutschland, in welchem zur Beschäftigung mit Spielereien wirklich keine Zeit und Kraft vorhanden ist, ausgerechnet nach dem Bischof gerufen haben, den Vorwurf des Leichtsinns kaum ersparen können. Aber sie verdienen diesen Vorwurf doch nur teilweise und in anderer Hinsicht. Sie haben schon den wirklichen Bischof gemeint und gewollt. Sie sollten es freilich unterlassen, sich selbst als leichtsinnig hinzustellen, indem sie sich nun nachträglich so interpretieren, als ob sie in der Tat nur den englischen oder skandinavischen »Bischof« gemeint hätten.

Die Genesis des Bischofsgedankens von 1933 liegt ja am Tage: »Keine Nachahmung der staatlichen Formen!« (Zoellner). Doch! ist zu erwidern, es hat sich im Bischofsgedanken von 1933 eindeutig um die Nachahmung einer bestimmten »staatlichen Form« gehandelt. Man hatte in der politischen Zeitbewegung vor sich die eindrucksvolle Gestalt eines Führers, der sich als solcher, d. h. durch die Fähigkeit, die politische Macht zu erobern und zu gebrauchen, faktisch als solcher erwiesen hat. Die Kirche muß auch einen solchen Führer haben, sagte man sich, wobei die Einen diesen Satz sehr schlicht mit der Staatsräson begründeten: daß ein geführter Staat nur eine ebenfalls geführte Kirche neben sich oder in sich haben könne, während die Zweiten umgekehrt die Kirche damit, daß sie auch ihr eine solche Führung geben wollten, dem geführten Staat gegenüber stark zu machen gedachten, während wieder Andere nun auf einmal entdeckten, daß das Führerprinzip aus dem eigensten Wesen der Kirche heraus auch für die Kirche selbst anerkannt und in der Kirche selbst realisiert werden müsse. Wohl|verstanden: das Führerprinzip, wie man es konkret in der Gestalt Adolf Hitlers und seiner Unterführer vor Augen hatte. Um welchen anderen Begriff von »Führer« hätte es sich denn, wenn man im Deutschland des Frühjahrs 1933 dieses Wort in den Mund nahm, handeln können? Dieses Führerprinzip ergibt aber, das wäscht der Rhein nicht ab, wenn man es ins Theologische übersetzt, den wirklichen, den strengen, man täusche sich doch nicht: den katholischen Episkopalismus. Man wollte, auch wenn man sich nicht die Mühe nahm, auch wenn man sich scheute, sich das klar zu machen, einen richtigen Bischof mit einem richtigen Krummstab! Man wollte einen Bischof, der auf Grund irgend einer ausgezeichneten Begabung über die Geltung des Bekenntnisses, d. h. über das rechte Verständnis der heiligen Schrift in der Kirche zu wachen, Irrlehren als solche zu bezeichnen und autoritativ zu perhorreszieren in der Lage sei, der die Macht habe, Prediger und Lehrer ein- und abzusetzen, und das Recht, an den eingesetzten Predigern und Lehrern vorbei in besonderen Ansprachen sich direkt an die Gemeinde zu wenden, dem es überlassen sei, der Kirche in ihren Beziehungen zum Staat und zu den Kirchen des Auslandes dieses oder dieses in sein Ermessen gelegtes Gesicht zu geben. Nochmals: wenn man nicht das wollte, dann wäre die Proklamierung der Formel vom geistlichen, autoritären Führer und der Ruf nach ihm ein sträflicher Leichtsinn gewesen. Aber nochmals: man war, in dieser Hinsicht jedenfalls, nicht leichtsinnig. Man meinte schon diesen Bischof, nur daß eben – und hier könnte sich nun die Frage des Leichtsinns in ganz anderer Hinsicht ergeben – die allerwenigsten von denen, die so fröhlich nach dem kirchlichen Führer riefen, auch nur daran dachten, sich an Hand einer Übersetzung | dieses durch die heutige politische Situation schlechterdings geprägten Begriffs ins Theologische klar zu machen, was sie eigentlich meinten und wollten. Schon dieser primitivste Schritt theologischer Besinnung ist im Eifer des eiligst zu unternehmenden Turmbaus einfach unterlassen worden.

Es ist aber noch mehr unterlassen worden, was unmöglich hätte unterlassen werden können, wenn man über der Erhaltung seiner theologischen Existenz gewacht hätte und nicht vor lauter kirchenpolitischem Eifer theologisch eingeschlafen wäre. Hat sich eigentlich niemand fragen wollen, ob die Nachahmung eines politischen Vorgangs in der Kirche und durch die Kirche nicht schon an sich eine mindestens bedenkliche Angelegenheit sein könnte? Wie waren wir doch einst so scharfsichtig in der Feststellung, daß die dem römischen Imperium entsprechende und sich ihm anpassende Herausbildung und Zusammenfassung des monarchischen Episkopats auf dem Boden der alten Kirche als ein Symptom der Verweltlichung dieser Kirche zu verstehen sei! Mit welcher Selbstverständlichkeit befestigten wir nun diesen Balken in unserm eigenen Auge!

Und weiter hätte man sich doch Folgendes überlegen müssen: Wirkliche Führung – man wird diesen Begriff von dem der Regierung oder Leitung doch wohl unterscheiden müssen – kann auf allen Gebieten, wo sie in Betracht kommt, sicher nur als *Ereignis* wirklich sein. Wenn der Mann da ist, der faktisch *führt*, dann *ist* er eben der Führer. Auch ich denke jetzt an Adolf Hitler.

Wäre ich Nationalsozialist, so würde ich gegen das Gerede vom kirchlichen »Führer«, den es jetzt brauche und der jetzt einzusetzen sei, so argumentieren: Wir Nationalsozialisten haben nicht das Amt eines Führers als gut und | notwendig erkannt, um es dann mit Adolf Hitler zu besetzen. Sondern Adolf Hitler war da, *führte* und *war* der Führer – keines Amtes bedürftig, denn nicht seine oberste Charge in unserer Partei und nicht das Reichskanzleramt macht ihn zum Führer, sondern weil er Führer *ist*, hat er diese Charge und mußte er beim Sieg unserer Partei Reichskanzler werden. *Das* soll ihm einmal einer nachmachen in der Kirche! Dann, aber erst dann hat es Sinn, von einem kirchlichen Führeramt zu reden. Weder Müller noch Bodelschwingh noch sonst jemand hat ihm bis jetzt *das* nachgemacht. Ergo ...!

Warum sollte es nicht auch in der Kirche wirkliche Führung geben? Aber sinnvoll wäre doch auch und gerade in der Kirche erst dann davon zu reden, wenn sie *Ereignis* wäre. In Luther und Calvin *war* sie Ereignis. Es war ihnen nicht kraft eines besonderen Amtes, ja sogar ohne daß sie nachträglich Träger eines solchen besonderen Amtes werden mußten, sondern sehr schlicht im Rahmen ihres gewöhnlichen Amtes als Prediger und Professoren in Wittenberg und Genf faktisch *gegeben*, die Kirche zu führen, sehr autoritär, sehr geistlich, aber vor allem sehr wirklich. Wäre ein Luther oder Calvin einfach da in unserer Gegenwart, dann wäre das »Führerprinzip« sinnvoll, und zwar ohne die Errichtung eines besonderen Bischofsamtes. Es ist aber sinnlos, ein kirchliches Führeramt vorzusehen und einzurichten, um es dann mit irgend Jemandem zu besetzen im Vertrauen, daß er es ausfüllen werde, und wenn dieses Vertrauen persönlich noch so wohl begründet wäre. Führung gibt es nur, wo Führung vollendete *Tatsache* ist. Das Führungs*prinzip* ist barer Unsinn. Wer es anders sagt, der weiß nicht, wovon er redet. |

Aber auch dieser Einwand ist noch nicht entscheidend. Wie kommt es, so ist nun vor allem zu fragen, daß der Ruf nach dem Bischof als dem autoritären geistlichen Führer möglich wurde, ohne daß sich die Rufenden und die ihren Ruf Aufnehmenden zuvor verpflichtet gesehen hätten, sich selbst und Anderen Rechenschaft darüber abzulegen, ob und inwiefern denn die Existenz eines solchen Bischofsamtes in der evangelischen Kirche überhaupt *erlaubt* und *geboten* sein möchte, ja notorisch, ohne daß sie sich auch nur grundsätzlich klar gemacht hätten, was sie mit einem solchen Bischof bejahten, so daß der, der heute diesem Bischof widerspricht, in Gefahr steht, schon morgen als ein Don Quichote dazustehen, weil man ihm vielleicht schon morgen eröffnen wird, daß man an einen wirklichen Bischof nun doch nicht gedacht habe oder jedenfalls in Zukunft nicht mehr denken wolle. Ist die theologische Verwilderung eigentlich schon so weit fortgeschritten im evangelischen Deutschland, daß man es nachgerade ohne Risiko wagen darf, ein beliebiges neues Dogma mir nichts dir nichts ohne Autorität nicht nur, sondern auch ohne den Schatten eines theologischen Beweises, nur weil es einem so paßt und weil ja ohnehin Revolution ist, auszurufen und daß es sich dann ereignen kann, daß (in diesem Fall: außer den Reformierten) niemand nach dem theologischen Beweis auch nur fragt, sondern jedermann (in Revolutionszeiten ist ja zu theologischer Besinnung nicht die Zeit!) sich für überzeugt hält, daß es mit dem neuen Dogma wohl seine Richtigkeit haben werde? Und hat sich auch nur einer von den Verantwortlichen das Groteske der Tatsache klar gemacht, daß man zur Bischofs*wahl* und zu einem saftigen Bischofs*streit* übergegangen ist, ohne das, was man mit dem Bischof meinte und wollte – wenn man denn auf den theologischen Beweis in der Eile verzichten wollte – zuvor wenigstens dogmatisch und kirchenrechtlich ordentlich *bestimmt* zu haben, daß man offenbar die Kirche gemächlich darauf warten lassen wollte, welchen Inhalt das neue Amt vielleicht nachträglich durch seinen Träger bekommen werde?, daß also die Bischofsfreunde selbst nicht einmal davor sicher waren, daß das Ende vom Lied schließlich, allen Indizien zuwider, doch nur der etwas geschmückte oberste Generalsuperintendent, der schwedische oder englische »Bischof« ohne Vollmacht und Lehrautorität sein könnte?

Was für ein unverantwortliches Spiel ist da eigentlich getrieben worden! Kann man sich wundern, daß sich der auf dem so beschaffenen Hintergrund entstandene Streit um die Person des Reichsbischofs zu einer Blamage der evangelischen Kirche ausgewachsen hat, deren Folgen sich nun leicht als schlimmer erweisen könnten als die sämtlichen wirklichen und angeblichen Übel der Vergangenheit, die man mit Reichskirche und Reichsbischof meinte kurieren zu sollen und zu können?

Ich weiß keinen Ausweg aus dieser Sackgasse als die Umkehr. Man lasse aus dem Spiel Ernst werden! Wir *Reformierten* haben das wenigstens in der Weise versucht, daß wir die Ankündigung des autoritären Bischofs theologisch ernst genommen und unter Angabe unserer theologischen Gründe auf das Bestimmteste abgelehnt haben. Wir haben gesagt, daß das Oberhirtenamt, die Vollmacht und Autorität Jesu Christi bzw. der heiligen Schrift, in der Kirche seine menschliche Entsprechung nur im Dienst der ordentlichen Ämter der im synodalen Verband einander gegenseitig beratenden und mahnenden, sichernden und entsichernden konkreten Gemeinden, nicht aber in einem besonderen, den Ämtern der konkreten Gemeinden übergeordneten Bischofsamt haben könne. Wir haben erklärt, daß wir die Führung der Kirche als Ganzes, d. h. als der *einen* Kirche in den *einzelnen* Kirchen, sofern wir sie überhaupt von Menschen erwarten, nur von dem befohlenen Dienst in den Gemeinden, nicht aber von einem ad hoc aufgestellten bischöflichen Thron erwarten könnten. Diese These dürfte jedenfalls in sich deutlich sein. Wir haben bis jetzt vergeblich auf die ebenso geklärte und begründete Gegenthese gewartet. Wir haben vermutet, daß sie vielleicht eine Gegenthese *lutherischer* Theologie sein könnte, weil uns der sogen. »Bischofsgedanke« bis jetzt vornehmlich als ein Postulat unserer Glaubensgenossen lutherischer Herkunft bekannt war. Aber nicht nur die schon vorhandenen lutherischen Bischofsämter, sondern auch Erlangen, Göttingen, Leipzig, Rostock und die anderen akademischen Hochburgen des Luthertums haben diese Gegenthese, den evangelischen Locus de episcopo, die theologische Lehre vom wirklichen evangelischen Bischof, bis jetzt nicht auf den Plan gestellt, das neue Dogma weder zu beweisen noch | auch nur zu formulieren versucht. Was hätte man dort, aber schließlich in jedem lutherischen Pfarrhaus Wichtigeres zu tun, wenn es etwa so sein sollte, daß die Herausstellung eines wirklichen Bischofs eine lutherische Notwendigkeit wäre? Und ebenso: wenn das neue Dogma nun vielleicht doch auch für die lutherische Theologie untragbar wäre? Was der nun zurückgetretene »designierte Reichsbischof« D. v. Bodelschwingh während seiner Wirksamkeit als solcher gesagt und getan hat – ich denke besonders an seinen zu Pfingsten erschienenen Hirtenbrief –, das war eine Aufhebung und Widerlegung des wirklichen Bischofs: in jeder Zeile ein im ordentlichen Dienst am Wort stehender evangelischer Christ und Theologe, in keiner Zeile der autoritäre geistliche Führer! Gott Lob und Dank, daß dem so war! Und Gott Lob und Dank, daß er nun offenbar gnädig davor bewahrt geblieben ist, in Zukunft etwa doch noch ein autoritärer, geistlicher Führer werden zu – müssen! Aber hätte es nicht auch D. v. Bodelschwingh vor allem wichtig sein müssen, in Erfahrung zu bringen und uns zu sagen, ob und in welchem Sinn er eine Zeitlang befugt war, auch nur Hirtenbriefe, die *keine* Hirtenbriefe waren, zu schreiben – ob es einen wirklichen Bischof, der | zu solchen und ähnlichen Führerakten befugt ist, in der evangelischen Kirche überhaupt geben darf und soll? Aber wer es auch sei, der den wirklichen Bischof fernerhin wirklich zu fordern und zu vertreten oder gar Bischof zu *sein* gedenkt: er ist hiemit eingeladen, diesen wirklichen Bischof theologisch (nicht soziologisch, nicht politisch, nicht geschichts- und nicht kairosphilosophisch, sondern theologisch! an Hand von Schrift und Bekenntnis!) zu definieren und zu beweisen *oder aber* formell zu erklären, daß die Errichtung eines wirklichen Bischofsamtes unter Anspielung auf den heute maßgebenden Begriff des »Führers« fallen gelassen, daß allen (nochmals: auf der ganzen Linie von Zoellner bis zu Hossenfelder) gefallenen großen Worten zum Trotz hinfort höchstens noch von einem administrativ-dekorativen »Bischofsamt« *ohne* Autorität in bezug auf Lehre, Gottesdienst und Verfassung, *ohne* Einsetzungs- und Absetzungsgewalt usf. die Rede sein soll. Wie soll man, solange hier offenbar niemand im einen oder im andern Sinn Rechenschaft ablegen will – wie soll man die ganze Schöpfung des Reichsbischofsamtes und die ganze Reichsbischofswahl anders bezeichnen denn als Taten einer großen Unbesonnenheit, in welchen die Kirche – bis jetzt ist dieser Anschein nicht widerlegt – in unnötig-begeisterter oder in unnötig-ängstlicher Anpassung an die derzeitige Gestalt des Staates, d. h. aber in grundsätzlicher Unkirchlichkeit gehandelt hat? Und was soll man anderes dazu sagen, als daß es jetzt Zeit wäre, wieder nüchtern zu werden – nüchtern zu der Erkenntnis, daß die deutsche evangelische Kirche, | sofern auch sie in der einen heiligen allgemeinen Kirche ist, ihren »Führer« *hat* in Jesus Christus, dem Worte Gottes, der ihr wohl auch menschliche »Führer« geben kann, daß sie sich aber eben darum – und heute vielleicht so radikal wie Israel auf dem Karmel – darüber schlüssig werden muß, ob sie sich an *seiner* Führung und an der Möglichkeit, daß *er* uns Führer gibt, genügen [lassen] oder ob sie sich mit der Kirche des Papstes und als deren schlechte Nachahmung, Fleisch für ihren Arm haltend, eigenmächtig in die Hände eines selbsterwählten Führers legen will. Die deutsche evangelische Kirche hat sich in ihren verantwortlichen Vertretern in diesen Monaten nicht verhalten als die Kirche, die ihren Führer *hat*. Aber noch hat er *sie*, so gewiß wir sein Gesetz und sein Evangelium noch immer von ihm hören dürfen. Wo es begriffen ist, daß *er*, und zwar er *allein* Führer ist, da ist theologische Existenz. Und wo theologische Existenz ist, da ist man in aller Bescheidenheit – und wenn man ein noch so kleiner Theologe, wenn man der unbekannteste Dorfpfarrer oder auch gar kein Pfarrer und Theologe, sondern »nur« so etwas wie ein Laienältester wäre, der aber seine Bibel und seinen Katechismus kennt – *selber* der rechte Bischof, wie er in der heiligen Schrift vorgesehen ist. Wo keine theologische Existenz ist, wo man nach dem kirchlichen Führer *ruft*, statt Führer zu *sein* in seinem befohlenen Dienste, da ist alles Rufen nach dem Führer so vergeblich wie das Schreien der Baalspfaffen: »Baal, erhöre uns!« |

Der problematische Ruhm, die deutsche Kirchenreform von 1933 überhaupt und nicht zuletzt die Bischofsfrage ins Rollen gebracht zu haben, gebührt der sog. *»Glaubensbewegung Deutsche Christen«*. Man hat mich im Besonderen gefragt, warum ich noch nie ein öffentliches Wort gegen diese Bewegung gesagt habe. Ich habe es darum nicht getan, weil ich bis jetzt der Meinung war, was ich in dieser Sache zu sagen habe, sei allzu selbstverständlich, als daß es sich nicht Jeder, der mich auch nur ein wenig kenne, ebensogut selber sagen könne. Aber es sind an dieser Selbstverständlichkeit Zweifel aufgetaucht: weil man gewisse Reformierte, mit denen ich in diesen Monaten zusammenarbeitete, und noch mehr: weil man Diesen und Jenen, der bisher mehr oder weniger als mein Schüler gegolten hatte, in den Reihen dieser »Deutschen Christen« auftauchen sah. Mag denn also das Selbstverständliche ausdrücklich gesagt sein. Ausdrücklich und nachdrücklich, aber doch nur beiläufig; ich sage es nämlich nur, weil es als Voraussetzung dessen, was ich bei Anlaß der »Deutschen Christen« sagen möchte, offenbar unentbehrlich ist.

Nach den Richtlinien der »Deutschen Christen« in den beiden bekanntlich gleich maßgeblichen Gestalten vom 5. und vom 16. Mai 1933 ist der Standort und der Wille derer, die sich so heißen, in den theologisch wesentlichen Punkten dieser: »Es sieht so aus«, so sagen sie, »als wollte das deutsche Volk in der Besinnung auf die tiefsten Quellen sei|nes Lebens und seiner Kraft auch wieder den Weg zur Kirche finden. Die deutschen Kirchen haben darum Alles zu tun, daß dies geschehen könne.« Die Kirche hat sich zu erweisen als Kirche für das deutsche Volk, indem sie »dazu hilft, daß es den von Gott ihm aufgetragenen Beruf erkennen und erfüllen kann«, wie dies »das letzte Ziel auch für die heutige Staatsleitung« ist. Die deutschen Kirchen müssen eine Gestalt bekommen, »die sie fähig macht, dem deutschen Volk den Dienst zu tun, der ihnen durch das Evangelium von Jesus Christus aufgetragen ist«. Eben dies erstreben die »Deutschen Christen«.

Was aber zeichnet diese »Deutschen Christen« und ihre Forderungen vor anderen vielleicht ganz ähnlich klingenden aus? Dies zeichnet sie aus: ihnen ist die Anerkennung der »Hoheit des nationalsozialistischen Staates« nicht nur Sache der Bürgerpflicht, nicht nur Sache der politischen Überzeugung, sondern Sache des Glaubens, und sie fordern eine Kirche, die darin mit ihnen einig sei. Das Evangelium muß nach ihnen in Zukunft als »das Evangelium im Dritten Reich« verkündigt werden. Das Bekenntnis soll gewahrt, es muß aber im Sinne »scharfer Abwehr« des Mammonismus, des Bolschewismus und »des unchristlichen Pazifismus« weitergebildet werden. Die Kirche muß in Zukunft sein »die Kirche der deutschen Christen, das heißt, der Christen arischer Rasse«. Der Reichsbischof als »geistlicher Führer, der die maßgebenden Entscheidungen persönlich zu treffen und zu verantworten hat«, soll »nach Vorschlag und aus den Reihen der deutschen Christen« durch Urwahl unter Ausschluß des Wahlrechts für Christen nicht-arischer Abstammung bestimmt werden. (In einer späteren Verlautbarung ist als drittes Kriterium für den künftigen Bischof noch dies hervorgehoben worden: daß er ein Mann des besonderen Vertrauens des Reichskanzlers sein müsse.) Was soll die Kirche mit ihrem Bekenntnis? die Kirche soll »uns die Waffen für den Kampf gegen alles unchristliche und volksverderbende Wesen liefern«. Wie soll es dazu kommen? »Die Ausbildung und Führung der Pfarrer bedarf einer gründlichen Umgestaltung im Sinne größerer Lebensnähe und Gemeindeverbundenheit« usw.!

Was ich dazu zu sagen habe, ist einfach: ich sage unbedingt und vorbehaltlos Nein zum Geist und zum Buchstaben dieser Lehre. Ich halte dafür, daß diese Lehre in der evangelischen Kirche kein Heimatrecht hat. Ich halte dafür, daß das Ende der evangelischen Kirche gekommen wäre, wenn diese Lehre, wie es der Wille der »Deutschen Christen« ist, in ihr zur Alleinherrschaft kommen würde. Ich halte dafür, daß die evangelische Kirche lieber zu einem kleinsten Häuflein werden und in die Katakomben gehen sollte, als daß sie mit dieser Lehre auch nur von ferne Frieden schlösse. Ich halte diejenigen, die sich dieser Lehre angeschlossen haben, entweder für Verführer oder für Verführte und kann die Kirche in dieser »Glaubensbewegung« nur so wiedererkennen, wie ich sie auch im römischen Papsttum wiedererkennen muß. Ich kann auch meine verschiedenen theologischen Freunde, die sich kraft irgend einer Hypnose oder mittelst irgend eines Sophismus in die Lage versetzt fanden, diese Lehre zu bejahen, nur bitten, von mir aus zur Kenntnis zu nehmen, daß ich mich, sofern ihnen nicht in glücklicher Inkonsequenz neben dieser Irrlehre auch noch eine anderweitige christliche, kirchliche und theologische Substanz erhalten geblieben sein sollte, schlechterdings und endgültig von ihnen geschieden weiß. Ich nenne zur Begründung dieser meiner Ablehnung folgende Punkte:

1. Nicht dafür hat die Kirche »Alles zu tun«, daß das deutsche Volk »auch wieder den Weg zur Kirche« finde, sondern dafür, daß es *in* der Kirche das Gebot und die Verheißung des freien und reinen Wortes Gottes finde.

2. Das deutsche Volk empfängt seine Berufung von Christus und zu Christus durch das nach der heiligen Schrift zu verkündigende Wort Gottes. Diese Verkündigung ist die Aufgabe der Kirche. Es ist nicht die Aufgabe der Kirche, dem deutschen Volke zur Erkenntnis und Erfüllung eines von der Berufung von und zu Christus verschiedenen »Berufs« zu verhelfen.

3. Die Kirche hat überhaupt nicht den Menschen und also auch nicht dem deutschen Volk zu dienen. Die deutsche evangelische Kirche ist die Kirche für das deutsche evangelische Volk. Sie dient aber allein dem Worte Gottes. Es ist Gottes Wille und Werk, wenn durch sein Wort den Menschen und also auch dem deutschen Volke gedient wird.

4. Die Kirche glaubt an die göttliche Einsetzung des Staates als des Vertreters und Trägers der öffentlichen Rechtsordnung im Volke. Sie glaubt aber weder an einen bestimmten, also auch nicht an den deutschen Staat, und sie glaubt an keine bestimmte, also auch nicht an die nationalsozialistische Staatsform. Sie verkündigt das Evangelium in allen Reichen dieser Welt. Sie verkündigt es auch *im* Dritten Reich, aber nicht *unter* ihm und nicht in *seinem* Geiste.

5. Das Bekenntnis der Kirche ist, wenn es weiterzubilden ist, nach Maßgabe der heiligen Schrift und auf keinen Fall nach Maßgabe der Positionen und Negationen einer zu einer bestimmten Zeit in Geltung stehenden, politischen oder sonstigen, auch nicht der nationalsozialistischen Weltanschauung weiterzubilden. Es hat weder »uns« noch irgend Jemandem »Waffen zu liefern«.

6. Die Gemeinschaft der zur Kirche Gehörigen wird nicht durch das Blut und also auch nicht durch die Rasse, sondern durch den heiligen Geist und durch die Taufe bestimmt. Wenn die deutsche evangelische Kirche die Judenchristen aus|schließen oder als Christen zweiter Klasse behandeln würde, würde sie aufgehört haben, christliche Kirche zu sein.

7. *Wenn* das Amt eines Reichsbischofs in der evangelischen Kirche überhaupt möglich wäre, dann wäre es wie jedes kirchliche Amt auf keinen Fall nach politischen Gesichtspunkten und Methoden (Urwahl, Parteizugehörigkeit usw.), sondern durch die Vertreter des ordentlichen Amtes in den Gemeinden ausschließlich unter dem Gesichtspunkt der kirchlichen Eignung zu besetzen.

8. Nicht »im Sinne größerer Lebensnähe und Gemeindeverbundenheit« ist die Ausbildung und Führung der Pfarrer umzugestalten, sondern im Sinne größerer Disziplin und Sachlichkeit in der Ausführung der einen einzigen ihnen anbefohlenen und anvertrauten Aufgabe schriftgemäßer Verkündigung des Wortes.

9. . . . . Das sind, ohne Anspruch auf Vollständigkeit aufgezählt, einige von den gegen die »Deutschen Christen« zu vertretenden Gegensätzen. Aber so nachdrücklich ich sie vertreten möchte, so wenig möchte ich sie im Zusammenhang dessen, worauf es mir ankommt, betont wissen. Allein um der Abwehr der »Deutschen Christen« willen würde ich nicht das Wort ergriffen haben. Und von einer Diskussion mit ihren Wortführern erwarte ich schon gar nichts. Gewiß ist ihr Auftreten und ihre Ausbreitung besorgniserregend. Aber doch nicht darum, weil in ihnen eine noch nie dagewesene Ketzerei auf den Plan getreten wäre: wer sich | in der Theolo-

gie auch nur ein wenig auskennt, weiß, daß wir es in ihrer Lehre mit Ausnahme weniger Originalitäten doch nur – ich bediene mich einer glücklichen Formulierung, die nicht von mir stammt – mit einer kleinen Sammlung von Prachtstücken aus dem großen theologischen Mülleimer des jetzt so viel gescholtenen 18. und 19. Jahrhunderts zu tun haben. Auch nicht darum, weil sie ihre Lehre etwa mit einer besonders gefährlichen geistigen Kunst und Kraft vorzubringen wüßten!! Sondern schließlich doch nur darum, weil sie gezeigt haben und noch zeigen, daß man einer »*Glaubens*bewegung« auch einfach durch die Mittel der *Gewalt* im Stil der politischen Massenversammlung und des politischen Propaganda-Marsches Gestalt und Nachdruck geben kann. Daß eine wissenschaftliche Predigerkonferenz mit einem rein fachwissenschaftlichen Referat dadurch unmöglich gemacht wird, daß eine Anzahl Pfarrer, denen der Referent politisch nicht genehm ist, ganz schlicht mit Störungen drohen – das ist allerdings neu und erstaunlich. Daß man »Eine feste Burg ist unser Gott« auch mit Begleitung von Trommeln singen kann, daß das Feldgeschrei »Bauern, erobert die Kirchen!« möglich wird, das ist auch neu und sehr gefährlich. Und wenn man den theologischen Gegnern, diesen »vaterlandslosen Gesellen«, »diesen saubern Seelsorgern« unter Namensnennung in Aussicht stellt, sie würden in zwei Jahren (nach geschehener Befreiung des Saargebiets) »nicht nur *eine* Tracht *Prügel*« (ich weiß nicht, welches Wort hier im Sinne | des Verfassers zu betonen ist) in Empfang nehmen müssen, so ist das fabelhaft neu und könnte leicht geradezu lebensgefährlich werden. Aber wenn es offenbar zum Wesen dieser Glaubensbewegung gehört, sich auf dieser Ebene zu bewegen, dann ist sie so gefährlich, daß es gewiß vorsichtiger ist, sich nicht in Diskussionen mit ihr einzulassen, sondern an ihr, jedenfalls an ihren Führern vorbei zu den übrigen Menschen zu reden.

Ich meine, wir haben auch dringendere und ernsthaftere Sorgen als die, die »Deutschen Christen« theologisch widerlegen und belehren zu wollen. Mögen sie so schlimm sein, wie sie wollen, viel schlimmer scheint mir die Art zu sein, wie sich die evangelische Kirche bis jetzt mit ihnen auseinandergesetzt hat. Wenn die evangelische Kirche gesund wäre, hätte hier Anderes geschehen müssen, als geschehen ist. Was hat sich nämlich zugetragen?

Auf der einen Seite das Ereignis einer geradezu verblüffenden Widerstandslosigkeit, in der Pfarrer und Gemeindeglieder und Kirchenführer, Theologieprofessoren und Theologiestudenten, Gebildete und Ungebildete, Alte und Junge, Liberale, Positive und Pietisten, Lutheraner und Reformierte in Scharen dem Ansturm dieser Bewegung erlegen sind, erlegen, wie man eben einer echten, rechten Psychose erliegt. Erlegen die Einen im aufrichtigen Glauben, nun endlich geradezu messianische Botschaft vernommen zu haben, die Anderen mit irgend einer sehr tiefen philosophischen Begründung, wie man sie gerade dann am sichersten zu finden pflegt, wenn man sich wieder einmal aufs gründlichste von der »Wirklichkeit« hat überrennen lassen, die Dritten in der sim|plen Überlegung, was auf politischem Gebiet recht, werde gewiß auch auf kirchlichem billig sein, die Vierten in der ängstlichen Klugheit, die nur ja nicht »ausgeschaltet« sein, ihre wertvolle Kraft nicht müßig gehen lassen wollte, da nun einmal Alles in dieser Richtung lief, die Fünften mit weisem Vorbehalt nur »das Gute« an der Bewegung bejahend, die Sechsten in der etwas hinterhältigen Absicht, beizutreten, um alsbald die »nötige Opposition« zu machen, die »Einseitigkeiten« der Bewegung »von innen heraus zu überwinden« – aber alle miteinander erlegen einer Sache, die den Stempel der Verkehrtheit so deutlich auf der Stirn trägt, daß in einer gesunden Kirche schon ein Konfirmand hätte merken müssen, daß er da weder mit dem lutherischen noch mit dem Heidelberger Katechismus in der Hand nur eine Stunde dabei sein und unter irgend einem Vorwand mittun könnte. Und wie haben auch die, die *nicht* geradezu mitgingen, vielfach gemeint, diese Sache so blutig ernst nehmen, ihr nur ja nicht ungerecht werden zu sollen, die persönliche Lauterkeit und Begeisterung mancher ihrer Führer und Anhänger (die übrigens auch ich gewiß nicht bezweifeln möchte!) doch ja nicht zu wenig zu betonen, sich zu freuen an dem »Leben«, das da plötzlich in die Kirche gekommen sei – kurz, so recht zu beweisen, daß sie keine Engherzigen seien, sondern offen für alles Neue und Echte, daß sie nicht nur Neues, sondern Echtes hier in der Tat vorfänden und also den Glauben dieser Glaubensbewegung immerhin für eine höchst diskutable Sache halten müßten. Wo war die schlichte, aber entscheidende | Frage nach der christlichen *Wahrheit*, als dies Alles möglich wurde? Oder darf diese Frage etwa gar nicht mehr gestellt werden in der heutigen evangelischen Kirche? Ist sie etwa völlig untergegangen in einem einzigen Jubel oder Stöhnen von Aufbruch, Wirklichkeit, Leben, Geschichtsmächtigkeit und wie diese alle christliche Kritik ersticken wollenden Worte sonst noch lauten mögen? Ist man ein verknöcherter Kirchenmann oder Studierstubengelehrter, wenn man sich erlaubt, in dieser Sache auch den lautesten Trommelschlag als solchen noch lange für kein Argument zu halten? Ist das etwa gerade das Schöne an dieser Bewegung, daß ihr gegenüber Tausende nach der christlichen Wahrheit offenbar gar nicht erst gefragt haben? Aber wie tief und gründlich würden wir, gerade wenn das etwa gelten sollte, noch immer in der »Glaubensbewegung« des 18. und 19. Jahrhunderts stecken, deren höchste Weisheit eben darin bestand: daß in der Kirche nach so etwas wie Wahrheit nicht zu fragen sei und auch nicht gefragt werden könne, weil das nur zu Streit und Unduldsamkeit führe und weil über Wahrheit und Unwahrheit hier doch nichts auszumachen sei, während auf das »Leben« Alles ankomme! – Ich darf an dieser Stelle ein offenes Wort zu den Vorgängen in Loccum und Berlin nicht unterdrücken. Es hätte in einer gesunden evangelischen | Kirche nicht möglich werden dürfen, daß die »Glaubensbewegung Deutsche Christen« in der Person eines der Männer, die für die sämtlichen Irrtümer dieser Partei verantwortlich gezeichnet haben, zum maßgeblichen Mitreden bei der Gestaltung des Bekenntnisses und der Verfassung der Kirche zugelassen wurde. Ich weiß und bringe in Anschlag, daß Wehrkreispfarrer Müller als »Vertrauensmann des Reichskanzlers« zu diesen Beratungen Zutritt haben *mußte*. Es ist auch grundsätzlich nichts dagegen zu sagen, daß die Staatsregierung das Verlangen hatte, bei dieser Sache offiziell vertreten zu sein, obwohl es auch dann eine Selbstverständlichkeit hätte sein müssen, daß neben den in Anwesenheit des Staatsvertreters abzuhaltenden Sitzungen für ausgiebige Besprechungen der kirchlichen Beauftragten *unter sich* hätte Sorge getragen werden müssen. Was aber unmöglich war, war das, was geschehen ist: daß das »Dreimännerkollegium«, statt dem Abgesandten des Staates mit dem Respekt, der seiner Sendung gebührte, aber auch innerhalb der natürlichen Grenzen seiner Sendung Einblick in seine Arbeit und Gelegenheit zur Anmeldung allfälliger Wünsche und Bedenken der Staatsregierung zu geben, es für selbstverständlich hielt, ihn als Vierten in ihren Bund aufzunehmen und sich zu »vertrauensvoller Zusammenarbeit«, wie man so schön sagte, mit ihm an einen Tisch zu setzen. (Das hätte auch dann nicht geschehen dürfen, wenn gegen die Theologie des Staatsvertreters nicht die schweren Einwände zu erheben gewesen wären, die in diesem Fall vorlagen.) Wehrkreispfarrer Müller wird von denen, die ihn kennen, als eine sympathische, fromme Persönlichkeit geschildert. Ich zweifle nicht daran. Aber das durfte für die Beauftragten der Kirche kein Hindernis bilden, ihm und gegebenenfalls seinem Auftraggeber offen zu erklären, daß er in seiner Eigenschaft als »Schirmherr« der »Deutschen Christen« als *Theologe* in ihrem Kreise auf keinen Fall gehört zu werden und Einfluß zu erlangen erwarten dürfe. Was diese Mitarbeit Müllers für Früchte trug, kann man sich an dem in Loccum entstandenen Glaubensbekenntnis klar machen. Es ist so, wie es jetzt vorliegt, theologisch untragbar, und es würde, auch wenn gewisse Korrekturen nachträglich noch durchzusetzen sein sollten – was angesichts der neuesten Wendung wenig wahrscheinlich ist –, ein wegen seiner Ungenauigkeiten und Vieldeutigkeiten wenig erfreuliches Dokument auf alle Fälle bleiben. Hat das Dreimännerkollegium mit Rücksicht auf den Reichskanzler so handeln zu müssen geglaubt? Man wird doch wohl fragen dürfen, ob die Meinung des Reichskanzlers bei der Sendung des Wehrkreispfarrers Müller die war, der evangelischen Kirche die Theologie der deutschen Christen aufzudrängen, und ob er nicht dankbar gewesen wäre, bei diesem Anlaß eine offene Erklärung darüber, was evangelische Kirche ist und nicht ist, zu bekommen. Oder war etwa die Theologie des Dreimännerkollegiums selber so beschaffen, daß man sich, als man Wehrkreispfarrer Müller zur Mitsprache zuließ, über seine theologische | Eignung überhaupt keine Gedanken machte? Und daß man ihm nach Ausweis des Loccumer Bekenntnisses so weitgehend Gehör geben konnte? Jedenfalls: wo blieb in dieser Sache die kirchliche Verantwortlichkeit? Wo auch hier die Unerbittlichkeit der Frage nach der christlichen Wahrheit, eine Unerbittlichkeit, die sich durch keine »brüderliche Liebe« hätte bewegen lassen, dem Irrtum in der Kirche Raum und Geltung zu geben? Darf man sich angesichts der merkwürdigen Weichheit, mit der man den »Deutschen Christen« im damaligen obersten Rat der Kirche selber entgegengekommen ist, wundern über das, was in den Gemeinden im Lande hin und her Ereignis geworden ist?

Das andere Bedenkliche, was sich angesichts des Einbruchs der »Deutschen Christen« zugetragen hat, ist der größere und sichtbarere Teil des *Widerstands*, auf den sie allerdings *auch* gestoßen sind. Es gibt einen kleineren unsichtbaren Teil dieses Widerstands, dessen sich die Kirche dankbar freuen darf, aber gerade wer sich seiner freut und ihn, so gut er kann, verstärken möchte, hat Anlaß, sich gegenüber Vielem, viel zu Vielem, was gegen die »Deutschen Christen« gesagt und getan wurde, nicht minder scharf abzugrenzen wie gegen die »Deutschen Christen« selber. Ich denke an die sogenannte *»Jung-Reformatorische Bewegung«*, für deren Wesen und Wollen ihre Aufrufe vom 9. und 18. Mai und eine mir am | 23. Juni zugegangene von Lic. Dr. Künneth unterzeichnete Denkschrift zur Bischofsfrage als maßgebende Dokumente zu betrachten sind. Dieses sind die Gründe, aus denen ich die Opposition der Jung-Reformatorischen nicht als eine legitime und verheißungsvolle ansehen kann: Sie stehen zu den »Deutschen Christen« nicht in einem klaren und radikalen, nicht in einem ernst zu nehmenden kirchlich-theologischen Gegensatz.

Auch sie anerkennen, daß die »Deutschen Christen« den »stärksten Impuls zu einer gründlichen Neugestaltung der deutschen evangelischen Kirchen« gegeben hätten. Auch ihnen scheinen eine große Anzahl der Forderungen der »Deutschen Christen« »durchaus berechtigt«. Das Hervortreten der Jung-Reformatorischen Bewegung wurde von ihnen selbst und von Anderen »zunächst als eine Unterstützungsaktion für die Arbeit des Dreimännerkollegiums einschließlich des Wehrkreispfarrers Müller verstanden«. Sie wußten sich ja »mit den Deutschen Christen eins in dem radikalen Reformwillen«. Sie konnten sich sogar mit den Leitsätzen des gemäßigten ostpreußischen Flügels dieser Bewegung »weitgehend identifizieren« und standen »in direkter Fühlung« mit ihm. Als die neuen im Sinn dieses ostpreußischen Flügels der Bewegung abgefaßten Richtlinien der »Deutschen Christen« vom 16. Mai erschienen, da waren die Jung-Reformatorischen mit so vielen Anderen naiv genug, anzunehmen, daß eine Kampfstellung gegen die in diesem neuen Kurs begriffene Bewegung jetzt nicht mehr in Frage komme, ja, daß man ihrer Leitung jetzt »Vertrauen« entgegenbringen, zur »Zusammenarbeit« mit ihr bereit sein müsse. Nachträglich mußten sie dann freilich zugeben: »Die neuen Richtlinien der Deutschen Christen stellten eine verhängnisvolle theologische Tarnung dar«. Aber noch mitten in dem dann ausgebrochenen Bischofskrieg erklärten sie, ihr Eintreten für Bodelschwingh bedeute keineswegs eine Antithese zu der Person des Wehrkreispfarrers Müller, dessen Bedeutung für den Neuaufbau sie keineswegs verkennen wollten. Es ist nun gewiß anerkennenswert, daß die Jung-Reformatorischen im Unterschied zu den »Deutschen Christen« die Ausschließung der Nicht-Arier aus der Kirche ablehnen. Und es ist vor Allem lobenswert, daß sie »die Neugestaltung der Kirche aus dem Wesen der Kirche heraus« auf ihre Fahne geschrieben haben. Aber *was* hat man wohl unter dem »Wesen der Kirche« zu verstehen in einem Aufruf, unter welchem man u. a. die Namen Heim, Gogarten, v. Tiling, Jacobi, Lilje, Brunstäd, Knak, Lütgert, Ritter, Georg Schulz, Schreiner, W. Stählin *nebeneinander* findet, mit der ausdrücklichen Erklärung: »Die Jung-Reformatorische Bewegung proklamiert innerhalb der eigenen Reihen den theologischen *Burgfrieden*«? Wissend um *welches* »Wesen der Kirche« haben sich die Jung-Reformatorischen auf Fühlung, Zusammenarbeit usw. auch nur mit einem Flügel der »Deutschen Christen« einlassen und haben sie sich durch die neuen (doch wahrhaftig im Entscheidenden um kein Haar besseren!) Richtlinien der »Deutschen Christen« täuschen und in noch tieferen Schlaf versetzen lassen können? Was heißt »aus dem Wesen der Kirche heraus handeln«, | wenn man in Bezug auf die Kombination des Auftrags der Kirche mit dem »freudigen Ja zum neuen deutschen Staat« ebenso gedankenlos unkirchlich vorgeht wie das Dreimännerkollegium oder wie nur irgend eine Pfarrerkonferenz mit weniger klingendem Namen? Die Jung-Reformatorischen waren unter den Eifrigsten hinsichtlich der Schaffung des Amtes eines Reichsbischofs, und sie waren die Ungeduldigsten hinsichtlich der Ernennung eines solchen. Sie erblickten darin »einen symbolischen Akt neuer kirchlicher Einheit«, und sie nannten die Forderung dieses symbolischen Aktes ihr »Sofort-Programm«. Auf Grund *welcher* Erkenntnis *welches* Wesens *welcher* Kirche? »Die Willkür der Verkündigung muß durch feste Lehrautorität aufgehoben werden.« Sollte etwa die Autorität *der* Lehre gemeint sein, die den Jung-Reformatorischen eine solche Serie von Unbesonnenheiten erlaubt oder geboten hat? Sollte, wer selber so im Glashause sitzt, wirklich berufen sein, »die Versuche einer liberalistischen Theologie, sich von neuem in die Kirche einzudrängen«, so heftig zu bekämpfen? Und sollte der berufen sein, die Kirche gegen die »Deutschen Christen« zu verteidigen – mit denen er vielleicht schon morgen, wenn sie von ihrem Radikalismus etwas ablassen sollten, aufs neue zu brüderlicher Zusammenarbeit zusammenzutreten in der Lage wäre? Ist oder war die Jung-Reformatorische Bewegung nicht etwa doch bloß der Erbe der alten | Vermittlungstheologie in ihrem gelegentlich (aber wirklich nur sehr gelegentlich) geführten Kampf gegen die alten Liberalen? Sieht man sich alles das an, was die Jung-Reformatorischen nach ihren eigenen Erklärungen schließlich als Streiter für Bodelschwingh in den Gegensatz zu den »Deutschen Christen« und in den Bischofskrieg hineingeführt hat – wirklich, was bleibt als Kampfobjekt zuletzt übrig als die Vorstellung von der formalen Selbständigkeit der Kirche gegenüber dem Staat und den politischen Einflüssen, die sie durch die »Deutschen Christen« und durch die Kandidatur Müller mit Recht für bedroht hielten? Ich brauche nicht zu wiederholen, was ich gegen die »Deutschen Christen« gesagt habe. Ich kann aber an dieser Stelle hinzufügen, daß ich damit rechne (und nach den neuesten Ereignissen noch mehr als vorher): die Einheit mit einer auf irgend einem Weg doch noch Müller und den »Deutschen Christen« ausgelieferten deutschen evangelischen Kirche wird vielleicht nicht aufrecht zu erhalten sein. Den zu erwartenden evangeliumswidrigen Dogmen, Verkündigungen und Maßnahmen des deutsch-christlichen Reichsbischofs und seiner Domherren wird Renitenz geleistet werden müssen. Es werden ihnen gegenüber im Notfall auch die letzten Konsequenzen gezogen werden müssen. Und das Alles auch | dann, wenn 99% der bisher »evangelischen« Deutschen den »Deutschen Christen« zufallen sollten. Aber wohlverstanden: um deswillen, was die Jung-Reformatorischen von den »Deutschen Christen« scheidet, würde sich diese Renitenz nicht lohnen. Die Jung-Reformatorischen sind ja mit den »Deutschen Christen« doch nur über die formale Selbständigkeit oder Unselbständigkeit, aber gerade *nicht* über das *Wesen* der Kirche uneinig. Es war nicht wahr, wenn man im Bischofskrieg gesagt hat, um des Wesens der Kirche willen müsse Bodelschwingh und nicht Müller Reichsbischof werden. Es war jedenfalls im Munde der Jung-Reformatorischen nicht wahr: denn wenn es um das Wesen der Kirche gegangen wäre, dann hätten sie nach Ausweis der unter ihrem Aufruf versammelten Namen und nach Ausweis ihrer von ihnen selbst dokumentierten Haltung ebensogut für Müller wie für Bodelschwingh eintreten können. Das Verlangen nach einer selbständigen Kirche mußte, um spezifisches Gewicht zu haben, einen positiven, bekenntnismäßigen, theologischen Inhalt haben, der ihm jedenfalls im Munde der Jung-Reformatorischen fehlte. Das Verlangen der »Deutschen Christen« nach einer *un*selbständigen Kirche hatte und hat einen solchen Inhalt, das ist nicht zu verkennen, was man auch von ihm denken mag. Wogegen der zugestandenermaßen nur als »symbolischer Akt« gemeinte, der die kirchliche Selbständigkeit bloß *bedeuten* wollende Streit für Bodelschwingh schon äußerlich schwerlich zum Ziele führen und wegen seiner tiefen Unsachlichkeit jedenfalls un|möglich eine Verheißung haben konnte. In diesem Zeichen konnte nur leere, d. h. kirchlich-theologisch substanzlose Kirchenpolitik gemacht werden, eine Kirchenpolitik, die sich darin erschöpfen mußte, Taktik gegen Taktik, Überrumpelung gegen Überrumpelung, Kundgebung gegen Kundgebung zu setzen, wie es offenbar vor und in und nach der wenig erbaulichen Berliner Himmelfahrtswoche reichlich geschehen ist, eine Kirchenpolitik, die dann schon wegen dieser ihrer Gestalt mindestens die Frage nahelegen konnte, ob sie nicht ebenso wie die der Gegner mit ganz gewöhnlicher Politik ein gutes Stück weit verhängt sein möchte. Von der fatalen Theologie des 19. Jahrhunderts kamen jedenfalls diese beiden | Gegner von gestern gleich sehr her. Zu Baumeistern einer ernsthaften Erneuerung der Kirche dürften beide gleich wenig berufen gewesen sein. Aber während der theologische Modernismus bei den »Deutschen Christen« zum Greifen deutlich und z. B. in ihrem Satz zur Arierfrage ohne weiteres angreifbar ist, war er bei den Jung-Reformatorischen mit ihrem dreifachen »Hier ist der Tempel des Herrn!« (Jer. 7,4) hinter ihrem dröhnenden Antiliberalismus so verborgen, daß man sie allzu leicht für die Gerechten unter den Ungerechten halten konnte, die sie nun wirklich nicht waren. Während sich die »Deutschen Christen« mit einer allerdings erschreckenden Offenheit als die Vertreter des zur »Eroberung« der Kirche aufgerufenen »Volkes« bzw. als die Vollstrecker der Logik des herrschenden Staatsgedankens gaben, schienen die Jung-Reformatorischen als die mutigen Verteidiger der kirchlichen Freiheit den Beifall aller, die auch nur einigermaßen »wissen, was Kirche ist«, zum vornherein zu verdienen. Während uns für den nun vielleicht schon eingetretenen

Fall eines Sieges der | »Deutschen Christen« eine Art kirchlich-theologischer Schreckenszeit (in der im Gottesdienst getrommelt werden und in der E. Hirsch bestimmen wird, was Theologie ist) bevorzustehen scheint, wäre es bei einem Sieg der Jung-Reformatorischen gewiß nur zu einer neuen dauerhaften Form jener Vermittlung (Schöpfung *und* Erlösung, Natur *und* Gnade, Volkstum *und* Evangelium) gekommen, die dem natürlichen Menschen von jeher als die eigentlich christliche Lösung willkommen war. Ich glaube: mit den offenen wilden Ketzern wird die Kirche in nicht zu später Zeit fertig werden. Wer aber hätte sie bewahrt vor der Liebenswürdigkeit der kirchlich und sogar »biblisch-reformatorisch« Korrekten, die es im Grunde doch nicht anders meinten als jene?

Ich bin mir klar darüber, daß ich mit dem eben Gesagten Manchem und vielleicht Vielen ein hartes Wort zu sagen scheine, die sich bis gestern in guten Treuen und voll redlichen Willens um der wahrhaftig wichtigen Sache der Selbständigkeit | der Kirche willen gerade unter die Fahne der Jung-Reformatorischen stellen zu müssen meinten und die vielleicht auch in der nun veränderten Situation wiederum in aller Aufrichtigkeit das Heil in ähnlichen Bestrebungen suchen möchten. Sie argumentieren etwa so: »Wir stehen in der akuten Gefahr eines Staatskirchentums wie das der Karolingerzeit oder des 18. Jahrhunderts. Mit der Freiheit der Verkündigung und der Theologie wird es dann rein äußerlich und technisch vorbei sein, weil dann ein anderes als das ›Evangelium im Dritten Reich‹ einfach mechanisch unterdrückt werden wird. Die Gemeinden werden dann verhungern oder vergiftet werden. Also sind wir es der Kirche schuldig, diese Gefahr abzuwehren. Und nun helfe, *was*, und helfe, *wer* helfen mag! Ein Studierstubenmensch, wer jetzt Umstände macht! Irgend etwas mußte und muß getan werden, irgend eine Frontbildung wie die der Jung-Reformatorischen war gestern notwendig und wird heute erst recht notwendig sein!« Ich verstehe diesen Gedankengang, aber ich halte ihn für unrichtig. Er ist nicht ernsthaft genug, und in der | Kirche sollten jetzt, und zwar heute noch mehr als gestern, nur ganz ernsthafte Gedankengänge maßgebend sein dürfen. Die Freiheit der Verkündigung und Theologie, die es jetzt zu wahren gilt, kann nicht in erster Linie in der Sicherung vor der zu erwartenden äußeren technischen Vergewaltigung durch die »Deutschen Christen« bestehen. Die Freiheit, die es zu wahren gilt, ist die Freiheit, d. h. aber die Herrschaft des Wortes Gottes in Verkündigung und Theologie. Wir können uns nicht klar genug machen, daß *diese* Freiheit oder Herrschaft nach der Kirchengeschichte der letzten zwei Jahrhunderte, aus der wir alle miteinander herkommen, keine Selbstverständlichkeit ist, daß wir gerade nach dieser Seite keineswegs gesichert sind, auch wenn wir gegen den Einbruch und gegen die äußere Bedrohung der »Deutschen Christen« längst wieder völlig gesichert wären. Dieser Einbruch selbst könnte nur ein letztes, deutlichstes Zeichen dafür sein, wie gefährdet die Freiheit, d. h. die Herrschaft des Wortes Gottes in der ganzen deutschen evangelischen Kirche schon *lange* und ganz *allgemein* ist. Mit der Drohung der technischen Vergewaltigung der Kirche könnte ihr zugerufen sein, daß Gott frei ist, den Leuchter des Evangeliums, wenn wir es nicht anders haben wollen, wegzunehmen aus der Kirche Deutschlands wie einst aus der Kirche Nordafrikas, die die Kirche Augustins gewesen ist, so gut wie die deutsche Kirche die Kirche Luthers ist. Es wäre dann töricht und vergeblich, gegen das uns gegebene Zeichen mit den Mitteln der Kirchenpolitik zu kämpfen in einem vielleicht letzten Augenblick, in welchem Alles darauf ankäme, angesichts dieses allerdings furchtbaren Zeichens zu Gott zu schreien, daß er seiner Herrschaft inmitten der großen Untreue der modernen deutschen Christlichkeit und Kirchlichkeit noch nicht ganz müde sein, daß er uns durch sein Wort seinem Wort treuer machen wolle, als wir selbst und unsere Väter es gewesen sind. Es könnte dann sein, daß wir die drohende technische Vergewaltigung durch die »Deutschen Christen« und auch die von daher drohende Gefahr des geistlichen Verhungerns und Vergiftetwerdens weniger fürchten müßten als die Gefahr, daß uns das Wort Gottes, wenn wir – auch und gerade wir, die wir nicht »Deutsche Christen« sind – nicht umkehren, überhaupt genommen werden könnte. Es könnte dann sein, daß ein ganz anderer Kampf uns in Anspruch nähme, ein Kampf, der mit Wahlen und Kundgebungen und Protesten, mit Bewegungen und Fronten gar nichts zu tun hätte, ein Kampf nicht *um* die Kirche, sondern *in* der Kirche, nicht zum *Schutz*, sondern in *Betätigung* von Verkündigung und Theologie, nicht *gegen* die »Deutschen Christen«, sondern implizit auch und gerade *für* sie, ein Kampf, in dem wir nicht siegen wollen könnten, sondern nichts Anderes erwarteten als zu erliegen, aber nun doch wie Jakob zu unterliegen und gerade *so* evangelische Kirche zu *sein*. Helfe, *was*, und helfe, *wer* helfen mag? Burgfrieden mit Jedermann, wenn er nur mit uns gegen das drohende Staatskirchentum ist? – nein, das ginge dann nicht mehr. Die ganze Kirchenpolitik und ihre Möglichkeiten und Aussichten wären dann auf einmal zunächst weit weg. Schon die gewisse Ängstlichkeit vor den »Deutschen Christen« und ihren möglichen und schon erlangten Erfolgen wäre dann zunächst und grundsätzlich einmal weit weg. Teils weil wir gar nicht mit ihnen beschäftigt wären, teils weil wir mit dem beschäftigt wären, was ihre Lüge und die Macht ihrer Lüge jeden Augenblick in alle Winde verwehen kann wie Spreu. Mit Ruhe und Fröhlichkeit würden wir dann an ihre Macht denken als an die »Pforten der Hölle«, die die Kirche gewiß nicht überwinden werden. Keine Rede könnte dann davon sein, daß an einem kirchenpolitischen Sieg Alles gelegen oder mit einer kirchenpolitischen Niederlage Alles verloren wäre. Und nur mit Solchen würden wir dann gemeinsame Sache machen, mit denen wir uns schon gefunden hätten in der Mühe um das Wort Gottes; und nicht dazu würden wir gemeinsame Sache mit ihnen machen, um nun doch wieder eine neue Bewegung oder Einheitsfront auf die Beine zu bringen, sondern dazu, um uns mit ihnen weiter und weiter um Gottes Wort zu mühen. Es würde so vielleicht auch ein Widerstandszentrum gegen die der Kirche heute von außen drohenden Gefahren gebildet, ein Widerstandszentrum, das eines Tages ungesucht durchaus auch kirchenpolitische Bedeutsamkeit haben könnte. Was wir heute in *erster* Linie brauchen, ist doch ein *geistliches*

Widerstandszentrum, das einem kirchenpolitischen erst Sinn und Substanz geben würde. Wer das versteht, der wird heute nicht irgend einen Kampf, sondern ein sehr schlichtes: Bete und arbeite! auf sein Programm setzen. – Man sage nicht zu schnell: das hilft nun einmal nichts inmitten der Sorgen und Aufregungen des Sommers 1933. Theologen, die so und so oft von der Hilfe Gottes als der alleinigen Hilfe schön gepredigt haben, sollten sich ein wenig schämen, das so schnell zu sagen; sie sollten sich beim Wort nehmen lassen: die Hilfe Gottes ist wirklich die einzige, auch die einzige realkirchenpolitische Hilfe, die wir im Augenblick suchen können und offenbar jetzt mit ganz neuem Ernst suchen lernen sollen. – Man sage auch nicht zu schnell: daß in der konkreten Lage der Gemeinden etwas, und zwar etwas ganz anderes als das hier Bezeichnete getan werden müsse, um dem Übel zu steuern. Gewiß muß etwas, und zwar sehr viel getan werden, aber gewiß | nichts Anderes als dies: daß auch die Gemeinden nun erst recht und ganz neu in Furcht und großer Freude gesammelt werden durch das Wort zum Wort. Alles Geschrei um und über die Kirche wird die Kirche nicht retten. Wo die Kirche Kirche *ist*, da *ist* sie schon gerettet. Keine noch so schwere Vergewaltigung wird sie anrühren. *Dennoch*, heißt es, *dennoch* soll die Stadt Gottes fein lustig bleiben mit ihren Brünnlein! (Ps. 46,5). – Man sage auch nicht zu schnell, daß bei diesem Ratschlag das heute in Frage gestellte Ganze der Kirche vergessen sei. Als ob über das Ganze der Kirche in Berlin entschieden würde! Als ob man im stillen Kämmerlein und in der Gemeindearbeit geistlich vorgehen könnte, um dann, wenn es ums Ganze geht, erst recht das Geistliche weltlich zu vertreten! Das Ganze der Kirche ist immer da, wo zwei oder drei versammelt sind in seinem Namen. Wiederhole und bekräftige man, wo es nötig ist, das heißt wo der Feind konkret in Sicht kommt, durch Wort und Tat das kirchliche Bekenntnis! Wiederhole und bekräftige man es auch in der Gemeinsamkeit der Gemeinden untereinander, wo diese Gemeinsamkeit wirklich die Gemeinsamkeit des Glaubens und nicht die Gemeinsamkeit eines kirchenpolitischen Betriebs ist! Wo das Bekenntnis ist, da ist die eine heilige Kirche im Kampf mit dem Irrtum, in welchem sie nicht unterliegen wird. Wo dagegen »Bewegungen« sind, auch in bester Meinung und Absicht, da ist selber schon Irrtum und Sekte mindestens in größter Nähe. Der heilige Geist | braucht keine »Bewegungen«. Und die allermeisten »Bewegungen« hat wahrscheinlich der Teufel erfunden. – Man sage mir das also nicht, daß ich braven Leuten, die sich jetzt für die Kirche auf den Wegen der Jung-Reformatorischen Bewegung außer Atem setzen, in den Rücken falle, indem ich diese Art Widerstand als eine Versuchung bezeichne, die mindestens so schlimm ist wie die deutsch-christliche. Ich weiß, was ich tue. Ich möchte, weiß Gott, keinen Einzigen beruhigen, der jetzt beunruhigt ist. Ich möchte aber Viele von den jetzt so Unruhigen fragen dürfen, ob sie denn auch ernstlich beunruhigt sind, *so* beunruhigt, daß sie sich nicht mehr durch eine unruhige Kirchenpolitik beruhigen können, *so* beunruhigt, daß ihnen nichts mehr übrig bleibt als eben endlich die Kirche zu *sein*, die sie beständig gewiß sehr aufrichtig, aber vielleicht doch immer noch viel zu unwesentlich im Munde führen: die Kirche, das heißt die Gemeinde der Aufgerufenen, Hörenden, Gehorsamen, der Wachenden und Betenden, der Wartenden und Eilenden – *so* beunruhigt, | daß ihnen das Ausbrechen aus diesem Kirchesein verwehrt und versperrt ist. Daß sie ihn schlechterdings nur noch an diesem ihrem gewiesenen heiligen Ort kämpfen können, den Kampf, dessen Ernst sie jetzt vielleicht einfach ausweichen mit ihrem Feldgeschrei in Kämpfen, in die sie niemand als ihr eigenes unruhiges und verzagtes Herz gesendet hat!

Theologische Existenz in der durch die »Deutschen Christen« geschaffenen Situation – nochmals: heute noch mehr als gestern – würde schlicht bedeuten, »daß wir nicht mehr Kinder seien und uns schaukeln und umtreiben lassen von jedem Winde der Lehre ...!« (Eph. 4,14). Gott erbarme sich unser, was für eine Haltlosigkeit ist jetzt allenthalben an den Tag gekommen, was für eine Herrschaft des »Fürsten, der in der Luft herrscht« (Eph. 2,2)! Es hätte nicht so sein müssen, und es ist, Gott Lob und Dank, nicht notwendig, daß es morgen wieder so sein wird.

Ich komme zurück auf meinen Anfang. Alles »zur Lage« Gesagte hat für das, was ich sagen wollte, keine selbständige Bedeutung. Ich habe nicht darum das Wort ergriffen, weil ich ein Wort von mir über die Bischofsfrage, über die »Deutschen Christen« usf. für unentbehrlich gehalten hätte. Ich wollte und mußte aber in konkreter Beziehung zu einigen von diesen uns alle jetzt bewegenden Fragen das Einfache zu den evangelischen Theologen sagen: Wir müssen heute unsere theologische Existenz wahren, heute besser als gestern; wir müssen schlicht, gradaus, unbekümmert und unaufhaltsam den uns gebotenen Weg laufen und – »wenn dich die bösen Buben locken, so folge ih|nen nicht!« (Spr. 1,10). Wenn mir nun Einer erwidern wollte: angesichts der großen Bewegung, die jetzt durch unser Volk geht, angesichts der großen Aufgabe, vor die es sich gestellt sieht, angesichts der großen Hoffnung, in der es jetzt leben soll, sei das ein allzu geringfügiges, allzu partikuläres, wohl gar ein selbstsüchtiges Anliegen, daß wir jetzt um jeden Preis unsere theologische Existenz wahren müßten – dann würde ich ihm jetzt zum Schluß noch einmal sagen: Freund, laß uns *geistlich* und laß uns gerade so *real* denken! Gewiß, theologische Existenz ist kein Selbstzweck, so gewiß Gott selbst sich nicht damit begnügt hat, Selbstzweck zu sein, welcher vielmehr »auch seines eigenen Sohnes nicht hat verschont, sondern hat ihn für uns alle dahingegeben – wie sollte er uns mit ihm nicht alles schenken?« (Röm. 8,32). Ist Gott in Jesus Christus ganz und gar für uns Menschen, so muß auch die Kirche als der Ort, da seine Ehre wohnt, ganz und gar für die Menschen sein und also die deutsche evangelische Kirche für das deutsche evangelische Volk und also auch wir deutsche Theologen wirklich und ehrlich ganz und gar für dieses Volk. Wir müssen es aber sein als die, die *wir* sind, und mit dem, was *uns* aufgetragen ist. Uns ist aber aufgetragen, in diesem Volk dem Worte Gottes zu dienen. Wir versündigen uns nicht nur an Gott, sondern auch an diesem Volk, wenn wir anderen Idealen und Aufgaben nachgehen, die nun eben *uns nicht* aufgetragen sind. Es liegt aber auch in der Natur dieses Auftrags, daß er keinem anderen Anliegen, das uns auch bewegen mag, untergeordnet oder nebengeordnet werden kann. Wieder versündigen wir uns nicht nur an Gott, sondern auch an unserem Volk, wenn wir an dieser Rangordnung auch nur im Geringsten rütteln lassen. Und dieser Auftrag will durchgeführt sein, gleichviel ob das Volk selbst es wünscht oder nicht wünscht, versteht oder nicht versteht, gutheißt oder nicht gutheißt. Wir dürfen dabei weder Dank noch Ehre erwarten. Wir dürfen uns nicht wundern, wenn wir von alledem das Gegenteil ernten. Wir müssen es unter Umständen auf uns nehmen, sehr einsam zu werden gerade um der Gemeinsamkeit mit dem Volke willen. Wir würden uns auch darin nicht nur an Gott, sondern auch am Volk versündigen, wenn wir *mit* dem Volk gehen wollten, statt *für* das Volk zu stehen. Das Volk, auch und gerade das deutsche Volk von 1933, braucht es, kann das nicht entbehren, daß der uns gewordene Auftrag ausgeführt werde. Ihm ist heute Außerordentliches in Aussicht gestellt: daß es sich selbst finden, einig und frei werden solle auf einem Weg, den seine Führer zu kennen ihm erklärt haben und den mit ihnen zu gehen es sich entschlossen hat. Aber das deutsche Volk wird der Mahnung und des Trostes des Wortes Gottes bedürfen, auch wenn jenes Ziel erreicht sein wird, um wieviel mehr heute, da es am Anfang des Weges dazu steht. Und das umso mehr, als ihm um jener Verheißungen willen heute viel genommen werden mußte, dessen es sich früher freuen durfte und auch wohl allzu töricht und unverantwortlich gefreut hat. Wo ist alles das hingekommen, was noch vor einem Jahr und vorher hundert Jahre lang Freiheit, Recht und Geist hieß? Nun, das sind zeitliche und irdische Güter. Alles Fleisch ist wie Gras ... Kein Zweifel: schon manches Volk in alter und neuer Zeit hat diese Güter entbehren müssen und dann auch entbehren können, wenn das kühne Unternehmen des »totalen Staates« es von ihm verlangte. »*Aber* das Wort unseres Gottes bleibt ewiglich.« Und darum ist es jeden Tag – denn jeder Tag eilt zur Ewigkeit –

wahr und unentbehrlich. Darum kann die Kirche, kann die Theologie auch im totalen Staat keinen Winterschlaf antreten, kein Moratorium und auch keine Gleichschaltung sich gefallen lassen. Sie ist die naturgemäße Grenze jedes, auch des totalen Staates. Denn das Volk lebt auch im totalen Staat vom Worte Gottes, dessen Inhalt ist: »Vergebung der Sünden, Auferstehung des Fleisches und ein ewiges Leben«. Diesem Wort haben Kirche und Theologie zu dienen für das Volk. Darum sind sie die Grenze des Staates. Sie sind es zum Heil des Volkes, zu *dem* Heil, das weder der Staat noch auch die Kirche schaffen können, das zu verkündigen aber die Kirche berufen ist. Sie muß ihrer eigentümlichen Sachlichkeit treu bleiben *dürfen* und treu bleiben *wollen*. In der ihm aufgetragenen *besonderen* Sorge muß der Theologe *wach* bleiben, ein einsamer Vogel auf dem Dach, auf der Erde also, aber unter dem | offenen, weit und unbedingt offenen Himmel. Wenn doch der deutsche evangelische Theologe wach bleiben oder, wenn er geschlafen haben sollte, heute, heute wieder wach werden wollte!

Abgeschlossen: Sonntag, 25. Juni 1933

THEOLOGISCHE ERKLÄRUNG ZUR GEGENWÄRTIGEN LAGE DER DEUTSCHEN EVANGELISCHEN KIRCHE (1934)

(Barmer Theologische Erklärung)

Die Deutsche Evangelische Kirche ist nach den Eingangsworten ihrer Verfassung vom 11. Juli 1933 ein Bund der aus der Reformation erwachsenen, gleichberechtigt nebeneinanderstehenden Bekenntniskirchen. Die theologische Voraussetzung der Vereinigung dieser Kirchen ist in Art. 1 und Art. 2,1 der von der Reichsregierung am 14. Juli 1933 anerkannten Verfassung der Deutschen Evangelischen Kirche angegeben:

Art. 1: Die unantastbare Grundlage der Deutschen Evangelischen Kirche ist das Evangelium von Jesus Christus, wie es uns in der Heiligen Schrift bezeugt und in den Bekenntnissen der Reformation neu ans Licht getreten ist. Hierdurch werden die Vollmachten, deren die Kirche für ihre Sendung bedarf, bestimmt und begrenzt.

Art. 2,1: Die Deutsche Evangelische Kirche gliedert sich in Kirchen (Landeskirchen).

Wir, die zur Bekenntnissynode der Deutschen Evangelischen Kirche vereinigten Vertreter lutherischer, reformierter und unierter Kirchen, freier Synoden, Kirchentage und Gemeindekreise erklären, daß wir gemeinsam auf dem Boden der Deutschen Evangelischen Kirche als eines Bundes der deutschen Bekenntniskirchen stehen. Uns fügt dabei zusammen das Bekenntnis zu dem einen Herrn der einen, heiligen, allgemeinen und apostolischen Kirche.

Wir erklären vor der Öffentlichkeit aller evangelischen Kirchen Deutschlands, daß die Gemeinsamkeit dieses Bekenntnisses und damit auch die Einheit der Deutschen Evangelischen Kirche aufs schwerste gefährdet ist. Sie ist bedroht durch die in dem ersten Jahr des Bestehens der | Deutschen

Evangelischen Kirche mehr und mehr sichtbar gewordene Lehr- und Handlungsweise der herrschenden Kirchenpartei der Deutschen Christen und des von ihr getragenen Kirchenregimentes. Diese Bedrohung besteht darin, daß die theologische Voraussetzung, in der die Deutsche Evangelische Kirche vereinigt ist, sowohl seitens der Führer und Sprecher der Deutschen Christen, als auch seitens des Kirchenregiments dauernd und grundsätzlich durch fremde Voraussetzungen durchkreuzt und unwirksam gemacht wird. Bei deren Geltung hört die Kirche nach allen bei uns in Kraft stehenden Bekenntnissen auf, Kirche zu sein. Bei deren Geltung wird also auch die Deutsche Evangelische Kirche als Bund der Bekenntniskirchen innerlich unmöglich.

Gemeinsam dürfen und müssen wir als Glieder lutherischer, reformierter und unierter Kirchen heute in dieser Sache reden. Gerade weil wir unseren verschiedenen Bekenntnissen treu sein und bleiben wollen, dürfen wir nicht schweigen, da wir glauben, daß uns in einer Zeit gemeinsamer Not und Anfechtung ein gemeinsames Wort in den Mund gelegt ist. Wir befehlen es Gott, was dies für das Verhältnis der Bekenntniskirchen untereinander bedeuten mag.

Wir bekennen uns angesichts der die Kirche verwüstenden und damit auch die Einheit der Deutschen Evangelischen Kirche sprengenden Irrtümer der »Deutschen Christen« und der gegenwärtigen Reichskirchenregierung zu folgenden evangelischen Wahrheiten:

1. *»Ich bin der Weg und die Wahrheit und das Leben; niemand kommt zum Vater denn durch mich.«* (Joh. 14,6).

»Wahrlich, wahrlich ich sage euch: Wer nicht zur Tür hineingeht in den Schafstall, sondern steigt anderswo hinein, der ist ein Dieb und ein Mörder. Ich bin die Tür; so jemand durch mich eingeht, der wird selig werden.« (Joh. 10,1.9).

3 Jesus Christus, wie er uns in der Heiligen Schrift be|zeugt wird, ist das eine Wort Gottes, das wir zu hören, dem wir im Leben und im Sterben zu vertrauen und zu gehorchen haben.

Wir verwerfen die falsche Lehre, als könne und müsse die Kirche als Quelle ihrer Verkündigung außer und neben diesem einen Worte Gottes auch noch andere Ereignisse und Mächte, Gestalten und Wahrheiten als Gottes Offenbarung anerkennen.

2. *»Jesus Christus ist uns gemacht von Gott zur Weisheit und zur Gerechtigkeit und zur Heiligung und zur Erlösung.«* (1. Kor. 1,30).

Wie Jesus Christus Gottes Zuspruch der Vergebung aller unserer Sünden ist, so und mit gleichem Ernst ist er auch Gottes kräftiger Anspruch auf unser ganzes Leben; durch ihn widerfährt uns frohe Befreiung aus den gottlosen Bindungen dieser Welt zu freiem, dankbarem Dienst an seinen Geschöpfen.

Wir verwerfen die falsche Lehre, als gebe es Bereiche unseres Lebens, in denen wir nicht Jesus Christus, sondern anderen Herren zu eigen wären, Bereiche, in denen wir nicht der Rechtfertigung und Heiligung durch ihn bedürften.

3. *»Lasset uns aber rechtschaffen sein in der Liebe und wachsen in allen Stücken an dem, der das Haupt ist, Christus, von welchem aus der ganze Leib zusammengefügt ist.«* (Eph. 4,15-16).

Die christliche Kirche ist die Gemeinde von Brüdern, in der Jesus Christus in Wort und Sakrament durch den Heiligen Geist als der Herr gegenwärtig handelt. Sie hat mit ihrem Glauben wie mit ihrem Gehorsam, mit ihrer Botschaft wie mit ihrer Ordnung mitten in der Welt der Sünde als die Kirche der begnadigten Sünder zu bezeugen, daß sie allein sein Eigentum ist, allein von seinem Trost und von seiner Weisung in Erwartung seiner Erscheinung lebt und leben möchte.

Wir verwerfen die falsche Lehre, als dürfe die Kirche die Gestalt ihrer Botschaft und ihrer Ordnung ihrem Belieben oder dem Wechsel der jeweils herrschenden weltanschaulichen und politischen Überzeugungen überlassen.

4. *»Ihr wisset, daß die weltlichen Fürsten herrschen und die Oberherren haben Gewalt. So soll es nicht sein unter euch; sondern so jemand will unter euch gewaltig sein, der sei euer Diener.«* (Matth. 20,25-26).

Die verschiedenen Ämter in der Kirche begründen keine

Herrschaft der einen über die anderen, sondern die Ausübung des der ganzen Gemeinde anvertrauten und befohlenen Dienstes.

> Wir verwerfen die falsche Lehre, als könne und dürfe sich die Kirche abseits von diesem Dienst besondere, mit Herrschaftsbefugnissen ausgestattete Führer geben oder geben lassen.

5. *»Fürchtet Gott, ehret den König!«* (1. Petr. 2,17).
Die Schrift sagt uns, daß der Staat nach göttlicher Anordnung die Aufgabe hat, in der noch nicht erlösten Welt, in der auch die Kirche steht, nach dem Maß menschlicher Einsicht und menschlichen Vermögens unter Androhung und Ausübung von Gewalt für Recht und Frieden zu sorgen. Die Kirche erkennt in Dank und Ehrfurcht gegen Gott die Wohltat dieser seiner Anordnung an. Sie erinnert an Gottes Reich, an Gottes Gebot und Gerechtigkeit und damit an die Verantwortung der Regierenden und Regierten. Sie vertraut und gehorcht der Kraft des Wortes, durch das Gott alle Dinge trägt.

> Wir verwerfen die falsche Lehre, als solle und könne der Staat über seinen besonderen Auftrag hinaus die einzige und totale Ordnung menschlichen Lebens werden und also auch die Bestimmung der Kirche erfüllen.

> Wir verwerfen die falsche Lehre, als solle und könne sich die Kirche über ihren besonderen Auftrag hinaus staatliche Art, staatliche Aufgaben und staatliche Würde aneignen und damit selbst zu einem Organ des Staates werden. |

6. *»Siehe, ich bin bei euch alle Tage, bis an der Welt Ende.«* (Matth. 28,20).
»Gottes Wort ist nicht gebunden.« (2. Tim. 2,9).
Der Auftrag der Kirche, in welchem ihre Freiheit gründet, besteht darin, an Christi Statt und also im Dienst seines eigenen Wortes und Werkes durch Predigt und Sakrament die Botschaft von der freien Gnade Gottes auszurichten an alles Volk.

Wir verwerfen die falsche Lehre, als könne die Kirche in menschlicher Selbstherrlichkeit das Wort und Werk des Herrn in den Dienst irgendwelcher eigenmächtig gewählter Wünsche, Zwecke und Pläne stellen.

Die Bekenntnis-Synode der Deutschen Evangelischen Kirche erklärt, daß sie in der Anerkennung dieser Wahrheiten und in der Verwerfung dieser Irrtümer die unumgängliche theologische Grundlage der Deutschen Evangelischen Kirche als eines Bundes der Bekenntniskirchen sieht. Sie fordert alle, die sich ihrer Erklärung anschließen können, auf, bei ihren kirchenpolitischen Entscheidungen dieser theologischen Erkenntnisse eingedenk zu sein. Sie bittet alle, die es angeht, in die Einheit des Glaubens, der Liebe und der Hoffnung zurückzukehren.

Verbum Dei manet in aeternum.

EIN WORT AN DIE DEUTSCHEN (1945)

Es ist mir eine ernste Freude, heute seit zehn Jahren zum erstenmal wieder zu einer großen Versammlung von deutschen Männern und Frauen reden zu dürfen.

Ich bin während 14 Jahren deutscher Professor gewesen. Es waren Jahre voll Arbeit, Kampf und Freude. Ich fand damals aufgeschlossene und treue Schüler aus allen deutschen Gauen. Das deutsche Land und Volk ist mir damals lieb und vertraut geworden. Das alles läßt sich nicht auswischen. Und an meiner besonderen Verbundenheit mit der evangelischen Kirche in Deutschland hat das, was dazwischen gekommen ist, erst recht nichts ändern können. Es konnte nicht anders sein, als daß ich in der seither vergangenen Zeit in der Regel mit Sorge an Deutschland gedacht habe, und ich will offen gestehen, daß sich diese Sorge oft genug mit einem herzlichen Zorn verbunden hat. Das Wort von Heinrich Heine ging mir oft genug durch den Kopf: »Denk ich an Deutschland in der Nacht, so bin ich um den Schlaf gebracht.« Aber Deutschland ist mir auch so nahe geblieben, lebendig, gegenwärtig. Und so fühlte ich mich keinen Augenblick fremd, als ich im vergangenen Sommer zum erstenmal in dieses nun so schmerzlich veränderte Land zurückkehrte. So kann ich mich auch hier in Ihrer Mitte nicht als Fremder fühlen.

Aber ich stehe hier nicht nur für meine Person. Darf ich mich für einen Augenblick mit der Taube des Noah vergleichen, die mit einem Ölblatt im Schnabel in die einsam auf dem Wasser fahrende Arche zurückkehrte? Mehr als das kann es leider zur Zeit noch nicht sein. Noch hat sich ja die Flut des Entsetzens, die Deutschland heute umgibt, keineswegs verlaufen. Doch darf ich Ihnen wenigstens sichere Nachricht davon geben: eine *andere Umwelt* um Deutschland her ist da und dort im Kommen, eine Umwelt, die nie ganz aufgehört hat,

Deutschland zu lieben, und die es nun erst recht wieder lieben möchte, eine Umwelt, die an Deutschlands gegenwärtigem Leid bewegten Anteil nimmt, eine Umwelt, die mit Ihnen selbst trotz allem für Deutsch|land zu hoffen wagt. Nehmen und hören Sie mich als vorläufigen Boten dieser anderen Umwelt.

Ich komme aus der *Schweiz*. Lassen Sie mich wieder aufrichtig sein: Es war schon so, daß wir Schweizer uns in den letzten zwölf Jahren in eine Abwehrstellung gegen alles, was von Norden kam, begeben mußten. Was blieb uns schon übrig? Deutschland hieß Nationalsozialismus, dessen Einfluß und Propaganda, dessen offene Drohung uns genug zu schaffen gab. Wir Schweizer haben zwar keine Schwabenköpfe. Wir waren aber doch ziemlich fest entschlossen, uns eine innere oder äußere Ausdehnung des Dritten Reiches über den Rhein oder den Bodensee hinaus unter keinen Umständen gefallen zu lassen. So mußten wir uns mit Stacheln versehen. Und es ist schon so, daß viele von uns diese antideutschen Stacheln noch nicht abgelegt haben und wohl auch in Zukunft für eine gewisse Weile an sich tragen werden. Es ist aber auch wahr, daß uns die Unterscheidung zwischen dem Hakenkreuz und den deutschen Menschen und unter den deutschen Menschen zwischen den Nazis und den Anderen, so schwierig sie oft auch war, nie ganz verloren gegangen ist. Die so nötigen, so schönen und so bewährten Beziehungen hin und her, die freundnachbarliche Zusammengehörigkeit waren verdeckt, aber nicht abgerissen. Ich sage das nicht nur von der alemannischen, ich sage es auch von der romanischen Schweiz. Wir erbauten und trösteten uns gelegentlich sogar an dem kühnen Gedanken, daß es nun gerade unsere Sache sei, das Erbe und die humane Tradition des alten römischen Reiches deutscher Nation gegen seine schlimmsten Zerstörer zu verteidigen und in eine bessere Zukunft hindurchzuretten. Und es ist endlich auch dies wahr, daß die Zahl der Schweizer im Wachsen ist, die, nachdem sie, wie es sich gehörte, widersprochen und widerstanden haben, durch das, was seit dem Ende des Krieges in Deutschland geschehen ist und noch zu geschehen droht, beunruhigt, zur Verantwortung und zur Hilfe aufgerufen sind. Ich habe hier keinen offiziellen schweizerischen Auftrag. Ich weiß aber, daß ich hier im Geist und Namen von vielen guten Schweizern rede, wenn ich Ihnen sage, daß wir für die Deutschen offen sind, daß wir noch und nun erst recht ihre Freunde sein wollen.

Aber nun möchte ich Ihnen das Wichtigste nicht verhehlen: Ich würde mich wahrscheinlich doch nicht getrauen, das hier so vorbehaltlos auszusprechen, wenn ich mich nicht als Glied der christlichen Kirche dazu genötigt wüßte. Zu Deutschlands Umwelt gehören nicht nur die feindlichen und neutralen Völker und Staaten als solche, sondern gehört auch die christliche Kirche, die in diesen Völkern und Staaten mehr oder weniger lebendig ist. Ich will auch hier nichts | verschweigen. Wo immer die Kirche lebendig ist, da hat sie in den vergangenen Jahren, wie in Frankreich, in Holland, in Norwegen und anderswo, unter den Elementen des damals gebotenen Widerstandes in vorderster Linie gestanden. Es war auch in der Schweiz nicht anders. Es mußte so sein. Ich weiß in der ganzen Kirchengeschichte genau genommen keinen Fall, in welchem die Frage der christlichen Stellungnahme zu einem politischen Problem so klar und eindeutig gestellt war, wie in dem nun durchgekämpften Gegensatz, in welchem der Wille zur primitivsten Behauptung von Recht und Ordnung auf der einen, die Revolution des Nihilismus auf der anderen Seite sich gegenüberstanden. Und so waren wir Christen da draußen Gegner des nationalsozialistischen Deutschland: aus tiefstem Herzen und mit allem, was wir dachten und sagten. Wir trösteten uns dabei dessen, daß es ja schließlich auch in Deutschland selbst eine bekennende Kirche gab. Man darf aber in Deutschland damit rechnen: Wo immer die Kirche lebendig ist, da gehört sie *heute* zu jener *anderen*, am Schicksal und an der Zukunft der Deutschen teilnehmenden, für Deutschland hoffenden und bereiten Umwelt. In der Haltung des Pharisäers gegenüber dem Zöllner und in der des reichen Mannes gegenüber dem armen Lazarus wird sie sich dann nicht betreffen lassen. Die Augen und Herzen werden da vielmehr offen, das Gewissen wird da wach, die Christen werden da willig sein, zusammen mit den Christen, mit den Menschen in Deutschland überhaupt, das Alte vergangen sein zu lassen, ein neues Wegstück anzutreten. Denn wo die Kirche lebendig ist, da lebt sie nicht vom Gesetz, das den Menschen verhaftet und verurteilt, sondern vom Evangelium, das ihn freispricht und freimacht; da bekennt sie sich zum Glauben an die Vergebung der Sünden, die wir alle nötig haben, die für uns alle schon erworben und bereit ist. Wie könnte sie da stecken bleiben im Anklagen und Verdammen des deutschen Menschen? Wie müßte sie da nicht auch in ihm den Bruder sehen? Wie müßte sie da nicht glauben und sagen, daß es auch für ihn einen Freispruch und also eine Zukunft gibt? Es hat mit schmusigem Mitleid nichts zu tun, es beruht auf nüchterner, christlicher Erkenntnis, es ist ein Akt einfachster christlicher Freiheit und christlicher Notwendigkeit, dies festzustellen: Es gibt im Himmel nicht nur, sondern auch auf Erden, es gibt als Botschaft der lebendigen christlichen Kirche der ganzen Welt auch heute ein bestimmtes, ein unzweideutiges Ja zum deutschen Volk, zum deutschen Menschen, ein Ja, das dieser deutsche Mensch hören und das er sich so aufrichtig, wie es gemeint ist, zu Herzen nehmen darf.

Und eben das ist der Wunsch, mit dem ich hierher gekommen bin: er möchte sich dieses *Ja* zu Herzen nehmen. Er möchte es also doch ja nicht unterlassen, | auch zu sich selbst nun wirklich wieder Ja, ein ganz neues Ja zu sagen. Das deutsche Volk ist nicht fallen gelassen: von Gott nicht und auch nicht von den Menschen. So möge es nun auch sich selbst nicht fallen lassen!

Vielleicht war dies schon bisher das Unglück des deutschen Volkes, daß es so oft allzu bereit war, sein Heil darin zu suchen, daß es sich fallen ließ. Was heißt das: sich fallen lassen? Man meint dann nicht mehr stehen und gehen zu können. Man meint dann zum Stehen und Gehen auch nicht mehr verpflichtet zu sein. Man sagt dann Ja zu irgendeiner höheren, hinunterdrückenden, oder tieferen, herunterziehenden Gewalt. Man mag dann nicht mehr prüfen, ob diese Gewalt

Recht hat und ob man ihr nicht dennoch widerstehen müßte. Man hat dann ausgezweifelt, fertig gezweifelt. Man ist dann verzweifelt. Man denkt dann nicht mehr. Man will dann nicht mehr. Auch das Gewissen schweigt dann. Man läßt sich dann übernehmen von heiliger Ungeduld. Man ist dann froh und gewissermaßen erlöst, sich nicht mehr entschließen und entscheiden zu müssen. Man meint sich dann einfach damit helfen und retten zu können, daß man dem Drücken und Ziehen solcher Gewalt nachgibt. Man liefert sich dann aus. Man ist dann nur noch mitgerissen, hineingerissen, heruntergerissen. Es ist nichts Geringes. Es kann vielmehr in einer beseligenden Wehmut, es kann im Sturm einer wahren Begeisterung geschehen, es hat etwas Gottähnliches, sich so fallen zu lassen. Aber eben das ist es, was jetzt in Deutschland nicht weiterhin geschehen sollte.

Wenn ich mich recht erinnere, so war es eigentlich das, was 1933 am Anfang des traurigen Weges, an dessen Ende wir jetzt stehen, geschehen ist. Das Jahrzehnt nach dem ersten verlorenen Krieg war gewiß – ich habe es hier in Deutschland miterlebt – keine leichte Zeit. Aber unter den Folgen jenes ersten Krieges, unter Krise und Arbeitslosigkeit, unter politischer Verwirrung und moralischer Verwilderung litten damals auch andere Völker, die darum zu stehen und zu gehen doch nicht einfach aufhören wollten. In Deutschland aber öffnete sich damals – nach einem Vorspiel in Italien – so etwas wie ein glitzernder, verlockender Abgrund, die vermeintlich fruchtbare Tiefe der faustischen Möglichkeit, durch Verleugnung des Geistes, durch entschlossenen Verzicht auf Vernunft und Gewissen alle inneren und äußeren Probleme der Nation auf einen Schlag zu lösen. Die Einladung ertönte: Deutschland laß dich fallen! Deutschland schlaf ein! Deutschland träume! Deutschland versuche es nun mit dem Schlafwandel und seiner Sicherheit! Weichen vor der Gewalt soll nun deine Stärke sein. Blindes Vertrauen ist dir nun erlaubt und geboten. Führenlassen sollst du dich nun, um eben damit frei zu werden. Der Opfertod der | Vernunft und des Gewissens ist nun von dir verlangt, damit du eben so lebest. Und es geschah, daß die heilige Ungeduld siegte, daß diese Einladung befolgt, daß eben dieses Sichfallenlassen des deutschen Volkes hinein in diesen Abgrund – mit und ohne und gegen seinen Willen, aber tatsächlich – Ereignis wurde. Versailles und die Krisis waren damit überwunden, ja, aber um den Preis, daß Deutschland zum Narrenhaus und zum Schrecken der ganzen Welt wurde. Eben daß es sich heute wieder in irgendeiner neuen Form fallen ließe, ist das, was nun um keinen Preis geschehen dürfte.

War nicht schon früher Ähnliches geschehen? Ich denke an die Mitte und an die zweite Hälfte des vorigen Jahrhunderts. Deutschland suchte seine Einheit. Wie wäre das kein notwendiges, kein berechtigtes Ziel gewesen! Aber der Weg dahin war mühsam und steil, wenn es der ordentliche, ehrliche, verheißungsvolle Weg sein sollte: der Weg des freien Bundes der freien Stämme der freien deutschen Menschen. Liberale, konservative und sozialistische Männer aller deutschen Länder wollten ihn gehen. Sie hatten zunächst nur geringe Erfolge aufzuweisen. Und dann tat sich schon damals der Abgrund auf: das neue deutsche Reich in Gestalt des nach innen herrschenden und nach außen drohenden Macht- und Militärstaates. Nicht »Einigkeit und Recht und Freiheit«, sondern Blut und Eisen sollte es nun auf einmal schaffen. Warum war nur niemand zuvor auf diesen einfachen, direkten, allein möglichen Gedanken, auf diese Lösung des gordischen Knotens gekommen? Und die Einladung erging, gebieterisch genug, auch damals: Laßt euch fallen! Laßt nun fahren das Geschwätz von Gottesrecht und Menschenrecht und Volksfreiheit! Vorwärts an dem allem vorbei zu deutsch-nationaler Herrlichkeit! Und Faust begriff schon damals. Sie begriffen es mit der Zeit alle: die Preußen zuerst, dann doch auch die Süddeutschen, die Konservativen zuerst, dann auch die Liberalen, die Protestanten zuerst, dann auch die Katholiken, irgendeinmal sogar die deutschen Sozialisten. Die heilige Ungeduld, sich nun eben so helfen und retten zu wollen, siegte schon damals. Deutschland stieg empor: nein, Deutschland ließ sich fallen. Es hatte nun seine Einheit, aber es hatte sie um den Preis, daß es nun das kaiserliche Deutschland wurde. Noch nicht das faschistische Deutschland, aber doch schon das Deutschland eines reichlich autoritären, reichlich aggressiven Nationalismus, aus dem dann zu seiner Zeit der deutsche Faschismus nur allzu leicht hervorgehen konnte. Ein Volk läßt sich fallen, wenn es durch Verleugnung des Geistes emporsteigen will. Und eben das ist es, was heute nicht wieder versucht werden sollte.

Ich will diesen zwei Beispielen aus der näheren Vergangenheit keine weiteren | hinzufügen. Ich will hier auch den Gründen nicht nachgehen, die es scheinbar gerade in Deutschland so leicht zu dieser fatalen Wendung kommen lassen. Es geht mir als einem von außen in Ihre Mitte getretenen Freund und Bruder um Deutschlands Gegenwart und Zukunft. Es geht darum, daß der deutsche Mensch heute, heute sich nicht wieder fallen lasse, nicht wieder Nein statt Ja zu sich selber sage. Da hat ja das deutsche Volk nicht Ja, sondern Nein zu sich selber gesagt, als es sich in die Hände von Adolf Hitler begab. So konnte es sich irren – aber eben nur irren! – über sich selbst, daß es dessen fähig war. Der Nationalsozialismus war der böse Traum, der bisher böseste Traum des deutschen Volkes. Was es in diesem Traum angerichtet und was es nun dafür zu bezahlen hat, ist eine Sache für sich. Es war doch nur ein Traum und nicht mehr als das. Das ist keine Entschuldigung. Wir sind verantwortlich auch für unsere Träume. Aber das deutsche Volk war nicht bei sich selbst in dieser Sache. Niemand ist bei sich selbst, der sich selbst fallen läßt. Was jetzt geschehen muß, ist dies, daß das deutsche Volk gänzlich zu sich selbst komme und dann auch gänzlich bei sich selbst bleibe. Es steht uns anderen da draußen nicht an, die Deutschen zu tadeln, zu schelten, zurechtzuweisen. Man kann uns aber nicht wehren, zu bitten, zu flehen: Keine weiteren Träume nun, kein weiteres Sichfallenlassen. Es darf und muß nun geschehen, daß das deutsche Volk wach wird, stehen und gehen lernt.

Die Bedingungen sind fast unendlich schwer, unter denen das geschehen muß. Die Trümmerfelder, die einst deutsche

Städte waren, sind vor unseren Augen, und so das Meer von Entbehrung, Leid und Tod hier im Westen, und schlimmer, viel schlimmer noch im deutschen Osten, und so die Mühsal alles Verkehrs und damit aller Gemeinschaft unter den Deutschen, so die trostlose Behinderung von so viel nötigster Arbeit, so die seelische und sittliche Auflösung in so viel Ehen und Familien, in der Jugend, in so viel deutschen Einzelleben, so die Zerreißung des Landes in vier getrennte Zonen, so die offenbar noch lange nicht behobene Ratlosigkeit auch derer, die hier heute mächtig und verantwortlich sind, so die Ohnmacht zu aller eigentlichen Initiative, zu der sich heute gerade die besten, die am weitesten blickenden Deutschen verurteilt sehen. Um mehr als erste kleinste Schritte wird es sich gewiß auf keinem Gebiet deutschen Lebens heute handeln können. Aber wie folgenschwer werden nun gerade die ersten kleinsten Schritte sein, an die sich ja alle weiteren anschließen werden, mit denen ja so oder so die ganze deutsche Zukunft in Gang kommen wird. Wenn es doch sein dürfte, daß eben diese ersten kleinsten Schritte wirkliche Schritte sein dürften: Lebensäußerungen eines erwachten Volkes, eines Volkes, das nun stehen und gehen will!

Ein erwachtes deutsches Volk, ein deutsches Volk, das nun stehen und gehen will, wird ein Volk sein, das *nüchtern* werden und bleiben will. Es wird sich also auch die *kleinen* Illusionen, die sich ihm jetzt aufdrängen könnten, versagen. Es könnten ja auch die kleinen Illusionen von heute die Ritzen und Spalten sein, aus denen später irgend ein neuer, alles gefährdender und verschlingender *Abgrund* werden könnte. Und es könnte das kleinste Nachgeben und Weichen vor diesen kleinen Illusionen dies bedeuten, daß man schon wieder auf dem Wege zu einem neuen Sichfallenlassen begriffen ist. Lassen Sie mich darüber noch einige offene Worte sagen!

Deutsche Nüchternheit würde jetzt wohl vor allem bedeuten, daß man es unterläßt, sich in brausenden Klagen und Anklagen gegen die anderen zu ergehen. Auch dann nicht, wenn dazu viel und berechtigter Anlaß vorliegen sollte. Es ist eine von jenen kleinen Illusionen, wenn man heute vergißt oder vergessen will, daß das Unheil, das jetzt über Deutschland geht, diesmal unzweideutig in Deutschland selbst seinen Ursprung und Anfang gehabt hat. Es wäre kein gesundes, sondern ein ungesundes Denken, das über dem Schmerz und Verdruß der Gegenwart auch nur auf einen Augenblick vergessen wollte, wie es zu dieser schmerzlichen und verdrießlichen Gegenwart gekommen ist. Das löscht den deutschen Fehler, das deutsche Unrecht nicht aus, daß der Raum, Fehler und Unrecht zu begehen, nun den anderen gegeben ist. Gegen die anderen schreien dürfte jetzt doch nur der Deutsche, der 1933 und 1938 und in all den Jahren mit gleicher Tonstärke gegen Hitler, gegen sein eigenes Volk geschrien hat. Wo waren sie damals, die jetzt vom »Hunnensturm« und wie das alles heißt, so pathetisch zu reden wissen? Das hülfe keinen Schritt weiter, das brächte nun vielmehr gerade um den entscheidenden Schritt zurück, wenn man sich heute daran stärken wollte, daß die anderen offenbar auch keine Engel, sondern gar sehr Menschen sind. Man verlasse sich darauf: Gott ist auch der anderen Richter und er wird auch sie zu finden wissen; für die Deutschen aber kann heute nur eines interessant sein: daß und wie Gott sich in diesen Jahren als ihr eigener Richter erwiesen hat. Es ist wohl wahr, daß dem bösen Kreislauf von Schuld und Vergeltung und neuer Schuld einmal ein Ziel gesetzt werden müßte; es ist aber an dem, der Vergeltung *erleidet*, dies zu bedenken und also wohl zuzusehen, daß er nicht Gedanken in sich bewege, die auf eine einstige Wiedervergeltung hinauslaufen und also jenen Kreislauf aufs neue in Bewegung setzen müssen. Sie ist gefährlich, jene kleine Illusion. Ein neuer Abgrund könnte sich da anzeigen, ein neues Sichfallenlassen könnte sich da vorbereiten, wo sie sich breit machen darf.

Deutsche Nüchternheit würde darin bestehen, daß es jetzt ohne Umschweife eingesehen und ohne Vorbehalte ausgesprochen würde: Was gehen uns die Anderen an? Wir, in dem bösen Traum, in dem wir befangen waren, wir haben das angefangen, was, nachdem es unzählige andere Opfer gekostet hat, nun zuletzt gerade auf uns zurückgefallen ist! Es war eine große, von uns draußen wahrhaftig dankbar begrüßte Sache, daß die neue vorläufige Leitung der evangelischen Kirche in Deutschland neulich hier in Stuttgart die Entschlußkraft gefunden hat, dies männlich auszusprechen. Möchte es doch auch noch von anderen Seiten ausgesprochen werden! Eine ganze Welt draußen würde aufatmen, wenn sie – immer noch einfacher, immer noch direkter, immer noch greifbarer – als Stimme des deutschen Volkes das zu hören bekäme: aufatmen, weil sie dann, dann endlich wieder in wache, aufrichtige deutsche Augen blicken dürfte. Das deutsche Volk selbst dürfte aufatmen, dürfte vor Gott und den Menschen in aller Armut ehrlich dastehen, dürfte mit befreitem Gewissen und darum fröhlich an sein mühevolles Werk gehen, wenn es sich dieses Eingeständnis von der Seele reden würde. Die deutsche Vertrauenswürdigkeit nach außen, die deutsche Sauberkeit nach innen hängt an diesem Zugeständnis. Wer es für unmöglich hält und ablehnt, der sehe wohl zu, ob er sich nicht mitschuldig macht an dem Versuch, sein Volk einem neuem Abgrund, einem neuen Sichfallenlassen entgegenzuführen.

Deutsche Nüchternheit würde jetzt weiter darin bestehen, daß man sich nicht darauf versteift, nun möglichst schnell und völlig zu den Zuständen der Zeit vor 1933 zurückzukehren. Auch dann nicht, wenn man mit Grund froh wäre, wenigstens das wieder zu haben, was man damals hatte. Es ist wieder eine kleine Illusion, wenn man übersieht, und vielleicht geradezu übersehen will, daß die Zustände der Zeit vor 1933 beherrscht waren von einer Bewegung, deren Geist das Aufkommen des Nationalsozialismus nicht nur nicht gehindert, sondern gefördert hat. Ich habe jene Zeit an drei deutschen Universitäten miterlebt und weiß, von was ich rede. Der beherrschende Geist jener Zeit war der deutschnationale Geist, d. h. der Geist des als Fronde weiterlebenden bismarckisch-kaiserlichen Deutschland. Seine Vertreter waren es, die Hitler innerlich und dann auch äußerlich freie Bahn gegeben haben. Wer zu jenen Zuständen zurückkehren will, der will dahin zurückkehren, von wo das Übel seinen Anfang nahm. Die Katastrophe, die über Deutschland ergangen ist, hat nicht nur den Irrtum des Hitlerreichs, sie hat auch den Irrtum in den Wurzeln aufgedeckt, aus denen das Hitlerreich hervorgegangen ist. Restauration, d. h. Wiederherstellung dessen, was vorher war, kann eine gutgemeinte Sache und im einzelnen praktisch auch angebracht sein. Aber Restauration tut's heute nicht. | Restauration ist nicht das, was das deutsche Volk nötig hat. Und Restauration allein, sei es in der Verwaltung, sei es in der Wirtschaft, sei es in der Kirche, sei es in der Schule, sei es im Lebensstil – Restauration allein heißt Reaktion, Wiederherstellung der alten Gefahrenquellen. Nüchternheit besteht heute in der Einsicht: es gibt verbrauchte Verhältnisse, verbrauchte Gedankengänge, verbrauchte Gewohnheiten, verbrauchte Menschen in Deutschland – verbraucht nicht darum, weil sie alt sind, aber darum, weil sie sich als Keimzellen und Förderer des nun hereingebrochenen Unheils erwiesen haben. Nach ihnen wieder zu rufen, sie in Geltung zu erhalten und wieder in Geltung zu setzen, hieße einem neuen Abgrund entgegeneilen, hieße ein neues Sichfallenlassen des deutschen Volkes in Gang bringen und wenn dabei Hitler in Grund und Boden verdammt würde! Der neue Wachtraum nach kurzem Erwachen hätte sogar schon begonnen, wo nun wirklich die Parole: Gegen Hitler aber für die alte Welt, die Hitler hervorgebracht, sich durchsetzen sollte. Deutsche Nüchternheit müßte jetzt darin bestehen, daß alle, aber auch alle Überlieferung auf die Waage gelegt wird mit der Frage, ob sie angesichts des auf Herzen und Nieren gehenden Gerichtes, das nun über Deutschland ergangen ist, darum bestehen kann, weil sie sich in dieser Krisis bewährt hat. Wäre es nicht einfach gerecht, zu sagen: Was in dieser Zeit dem Widerstand gegen den Nationalsozialismus *nicht* gedient hat, was in dieser Zeit *kein* Element der Hoffnung, *keine* Bürgschaft einer besseren Zukunft gewesen ist, das ist faul, das darf nicht wiederkommen, das ist wert, daß es spätestens jetzt, wo es um Neuaufbau gehen soll, verschwindet und zugrunde geht? Wäre es nicht mutig und notwendig zugleich, sich jetzt wenigstens darüber einmal zu einigen: was jetzt kommen muß, das müssen auf alle Fälle solche deutschen Zustände und ein solcher deutscher Geist sein, in denen Möglichkeiten wie die, die wir nun wirklich werden sahen, als solche und in ihrer Wurzel beseitigt sind? Und weil der russische Kommunismus im künftigen Deutschland auf alle Fälle eine politische, eine wirtschaftliche, eine geistige Macht sein wird, so wäre es weise, hinzuzufügen: man wird dieser Begegnung nur dann gewachsen sein, wenn man ihr ungehemmt durch überlieferte, ungehemmt auch durch gewisse neu aufgekommene Vorurteile jedenfalls aufgeschlossen und verständniswillig entgegengeht. Und was jetzt kommen muß, das müssen auf alle Fälle solche deutsche Zustände und ein solcher deutscher Geist sein, die es dem deutschen Menschen erlauben, in der Auseinandersetzung mit den heute für ihn so akut gewordenen Ideen und Forderungen des Ostens ein gutes Gewissen zu haben! Wenn diese Kriterien gelten, dann ist es Reformation und nicht Restauration, was heute not tut. Wer das | ablehnt, wer jetzt immer noch nach rückwärts liebäugeln zu sollen glaubt, der sehe zu, was er tut. Er weiß vielleicht nicht, was er tut. Aber das ändert nichts daran: er geht gefährliche Wege.

Und deutsche Nüchternheit würde jetzt schließlich und vor allem darin bestehen, daß man in allen Teilen des deutschen Volkes und auf allen deutschen Lebensgebieten resolut aufhörte, nach besonderen Führern, Autoritäten, anregenden und leitenden Instanzen, nach irgendwelchen Worten, Weisungen und Befehlen von oben, nach irgendwelchen gewaltigen Stimmen aus der Wolke zu fragen. Auch dann nicht, wenn man nicht mit Unrecht der Meinung ist, daß man eben das jetzt besonders dringend nötig hätte. Es ist noch einmal eine kleine Illusion, wenn man nicht bemerkt oder nicht bemerken will, wie eben das das deutsche Volk immer wieder den Abgründen entgegengeführt hat, daß es immer wieder vorzog, sich regieren zu lassen, statt seine Regierung in aller Ruhe als seine eigene Sache zu betrachten und also in seine eigene Hand zu nehmen. Was bedeutet das, daß es bisher so beharrlich diese Neigung gehabt hat? Nicht doch das, daß man in Deutschland seine Verantwortlichkeit für das Ganze allzu gerne von sich abschob und in die Wolke verschob, aus der dann die gewaltige Stimme ertönen und entscheiden mochte, so daß man als Einzelner gehorchen durfte, ohne sich für jene höheren Entscheidungen haftbar und verbindlich machen zu müssen? Ist es nicht in diesem Begehren nach Verantwortungslosigkeit begründet, daß es immer wieder die Inhaber hoher politischer und militärischer Kommandostellen waren, die dem deutschen Volk den tiefsten Eindruck gemacht haben? Warum? Weil sie schließlich nur Gehorsam verlangten und verlangen konnten, dem Geist, dem Herzen, dem Denken, dem Gewissen aber seine Wanderungen erlaubten und erlauben mußten, sofern sie nur mit der Gehorsamspflicht nicht in Widerspruch gerieten. Deutsche Nüchternheit bestünde heute in der Einsicht: es gibt eine höhere, eine weitere Pflicht als die des Gehorsams, und das ist die Pflicht der Freiheit. Freiheit heißt eben Verantwortlichkeit, nicht abzuschiebende, sondern selber zu tragende Verantwortlichkeit, Verantwortlichkeit gerade des Geistes, gerade des Herzens, gerade des Denkens, gerade des Gewissens jedes Einzelnen und also des ganzen Volkes. Freiheit ist nicht da, wo jeder tun darf, was ihm gut dünkt. Freiheit ist natürlich auch nicht da, wo dem Einzelnen im Verhältnis zum Ganzen nur eben der ihm befohlene Einsatz zu leisten übrig bleibt. Freiheit ist da, wo jeder Einzelne sich selbst zu seinem Teil für die Führung des Ganzen haftbar macht. Freiheit ist da, wo dem Ganzen, seiner Führung, seiner Erhaltung, seiner Gestaltung die Verantwortlichkeit jedes Einzelnen zugute kommt. Freiheit ist da, wo der Einzelne nicht mehr ausreißen kann, indem er zwar gehorcht, im übrigen aber den Führer, die Behörde, die Stimme aus der Wolke über das Ganze entscheiden läßt, wo er vielmehr selber über dem Ganzen wacht, selber mitentscheidet über das, was aus dem Ganzen werden soll. Deutsche Nüchternheit bestünde heute in dem entschlossenen Willen, daß der Führer, den Deutschland nun zwölf Jahre lang gehabt hat, sein letzter Führer gewesen sein soll. Diesem Führer hat es neben allem übrigen die Herrschaft der Fremden zu verdanken, unter der es nun eine Weile stehen muß. Wird diese einmal vorbei sein, dann darf es nur noch Freiheit geben in Deutschland, freie Verantwortlichkeit jedes Deutschen. Die Zeit der Fremdherrschaft werde zur stillen Rüstzeit auf ein freies Deutschland! Ein freies Deutschland wachse in aller Stille schon in dieser Zeit. Auch sie braucht dann keine verlorene Zeit zu sein. Es ist wirklich nicht abzusehen, wieso es ausgerechnet keine deutsche Freiheit geben sollte. Wer so redet, tut seinem Volk eine geringe Ehre an, er traut ihm zu wenig zu. Wir da draußen möchten auch dem deutschen Volk zutrauen, daß es dessen fähig und würdig ist, einmal mündig zu werden. Wer weiß denn, ob nicht gerade die deutsche Freiheit sich noch einmal als eine viel tiefere, echtere, vollkommenere Freiheit erweisen könnte als alles, was jetzt außerhalb Deutschlands so genannt wird? Aber wie dem auch sei: man sollte auch hier nicht ablehnen, was dem deutschen Volk durch den bisherigen Verlauf seiner Geschichte nun so nahegelegt ist. Ich weiß nicht, wie ein neuer Abgrund, ein neues Sichfallenlassen zu vermeiden sein wird, wenn die Deutschland jetzt angebotene Freiheit auch diesmal der Ablehnung verfallen sollte.

Ich habe Ihnen etwas zugemutet, indem ich Ihnen das alles so gesagt habe. Ich habe es mit vollem Bewußtsein getan. Die Zeit ist zu schwer und zu ernst, als daß ich Ihnen das Schlimmere zumuten wollte, Sie mit schonenderen aber undeutlicheren Worten hinzuhalten. Die Fragen, die die Umwelt, auch die wohlmeinende Umwelt heute an Deutschland zu richten hat, sind zu eindringlich, als daß ich Ihnen ihre Schärfe verschweigen oder verschleiern durfte. Und vor allem: gerade weil ich auch heute und gerade heute Ja sage zu Deutschland, gerade weil ich Sie bitten wollte, zu Ihrem armen geschlagenen Land und Volk heute Ihrerseits erst recht Ja zu sagen, gerade darum mußte und wollte ich klar machen, was mit diesem Ja gemeint ist. Es kann kein billiges, kein sentimentales, es muß ein schweres, männliches Ja sein. Es ist das Ja zu einem deutschen Volk, das ich in einer bestimmten Bewegung zu sehen meine: einem anderen, einem neuen, einem freien Deutschland entgegen, das das eigentliche Deutschland ist. Man muß ein wenig hart und bestimmt reden von dieser Sache, sonst tut man es besser gar nicht. Meine Anteilnahme werden Sie darum nicht überhört haben. Und ich wiederhole: sie ist die Anteilnahme Vieler, die hier unsichtbar hinter mir stehen.

CHRISTENGEMEINDE
UND BÜRGERGEMEINDE (1946)

I.

Wir verstehen unter »Christengemeinde« das, was man sonst als »*Kirche*«, unter »Bürgergemeinde« das, was man sonst als »*Staat*« bezeichnet. Die Verwendung des einen Begriffs »Gemeinde« zur Bezeichnung beider Größen mag zunächst gleich zum vornherein auf die zwischen den beiden bezeichneten Größen bestehende positive Beziehung und Verbindung hinweisen. In ähnlicher Absicht hat wohl einst Augustin bei Behandlung desselben Themas von der *civitas coelestis* und *terrena*, hat Zwingli von göttlicher und menschlicher Gerechtigkeit geredet. Darüber hinaus soll der doppelte Gebrauch des Begriffs »Gemeinde« zum vornherein darauf aufmerksam machen, daß wir es in »Kirche« und »Staat« nicht nur und nicht in erster Linie mit Institutionen und Ämtern, sondern mit Menschen zu tun haben, die zur Bearbeitung und im Dienst gemeinsamer Aufgaben in einem »gemeinen Wesen« zusammengefaßt sind. Die Interpretation des Wortes »Kirche« durch »Gemeinde« ist in den letzten Jahrzehnten mit Recht wieder bekannt und üblich geworden. Der dem Wort »Christengemeinde« gegenübergestellte Helvetizismus »Bürgergemeinde« – im schweizerischen Dorf tagen oft hintereinander im gleichen Lokal und in Personalunion der Mehrheit aller Beteiligten die Einwohner-, die Bürger- und die Kirchgemeinde – mag die Christen immerhin daran erinnern, daß es »Gemeinde« auch außerhalb ihres besonderen Kreises gibt und immer gegeben hat: den Staat, die politische Gemeinde.

Die »*Christengemeinde*« (Kirche) ist das Gemeinwesen derjenigen Menschen eines Ortes, einer Gegend, eines Landes, die als »Christen« durch die Erkenntnis und zum Bekenntnis Jesu Christi aus den übrigen im besonderen herausgerufen und vereinigt sind. Die Sache, der Sinn und Zweck dieser »Versammlung« *(ekklesia)* ist das gemeinsame | Leben dieser Menschen in einem, dem heiligen Geiste, das heißt im Gehorsam gegen das eine Wort Gottes in Jesus Christus, das sie alle schon gehört haben und alle wieder zu hören bedürftig und begierig, das weiterzugeben sie alle verbunden sind, ihr Leben als Glieder des Leibes, dessen Haupt Jesus Christus ist. Dieses Leben der Christengemeinde stellt sich innerlich dar als der eine Glaube, die eine Liebe, die eine Hoffnung, von denen alle ihre Glieder bewegt und getragen sind und äußerlich als das gemeinsame Bekenntnis, zu dem sie alle stehen, als ihre gemeinsam anerkannte und ausgeübte Verantwortlichkeit für die Verkündigung des Namens Jesu Christi an alle Menschen, als ihre gemeinsam vollzogene Anbetung und Danksagung. Indem dies ihre Sache ist, ist jede einzelne Christengemeinde als solche ökumenisch (katholisch), das heißt bis zur Einheit solidarisch mit den Christengemeinden aller anderen Orte, Gegenden und Länder.

Die *»Bürgergemeinde«* (Staat) ist das Gemeinwesen aller Menschen eines Ortes, einer Gegend, eines Landes, sofern sie unter einer für einen jeden und für alle in gleicher Weise gültigen und verbindlichen, durch Zwang geschützten und durchgesetzten Rechtsordnung beieinander sind. Die Sache, der Sinn und Zweck dieses Beieinanderseins (die Sache der *polis*, die politische Aufgabe) ist die Sicherung sowohl der äußeren, relativen, vorläufigen Freiheit der Einzelnen, als auch des äußeren, relativen, vorläufigen Friedens ihrer Gemeinschaft und insofern die Sicherung der äußeren, relativen, vorläufigen Humanität ihres Lebens und Zusammenlebens. Die drei wesentlichen Gestalten, in denen diese Sicherung sich vollzieht, sind: die Gesetzgebung, in der die für alle gültige Rechtsordnung zu fixieren, die Regierung und Verwaltung, in der sie praktisch anzuwenden, die Rechtspflege, mittels derer über ihre Tragweite in Zweifels- und Konfliktsfällen zu entscheiden ist.

2.

Blicken wir von der Christengemeinde hinüber zur Bürgergemeinde, so fällt uns als Unterschied zunächst dies in die Augen, daß die Christen dort nicht mehr als solche unter sich, sondern mit Nicht-Christen (oder zweifelhaften Christen) beieinander sind. Die Bürgergemeinde umfaßt ja eben alle Menschen des betreffenden Bereiches. Und so hat sie kein allen gemeinsames Bewußtsein ihres Verhältnisses zu Gott. So kann dieses kein Element der in ihr aufgerichteten und gültigen Rechtsordnung bilden. So kann man | in ihren Angelegenheiten weder an das Wort noch an den Geist Gottes appellieren. Die Bürgergemeinde als solche ist geistlich blind und unwissend. Sie hat weder Glauben noch Liebe noch Hoffnung. Sie hat kein Bekenntnis und keine Botschaft. In ihr wird nicht gebetet, und in ihr ist man nicht Bruder und nicht Schwester. In ihr kann nur gefragt werden, wie Pilatus fragte: Was ist Wahrheit?, weil jede Antwort auf diese Frage ihre Voraussetzung aufheben würde. »Toleranz« ist in »religiöser« Hinsicht – »Religion« ist hier das letzte Wort zur Bezeichnung jener anderen Sache – ihre letzte Freiheit. Eben darum hat sie auch nur äußerliche, nur relative, nur vorläufige Aufgaben und Ziele. Eben darum hat sie das, ist sie aber auch belastet und verunziert durch das, was die Christengemeinde wesensmäßig entbehren darf: die physische Macht, den »weltlichen Arm«, um sich als die Vereinigung aller in ihrem Bereich Befindlichen durch Drohung und Anwendung von Gewalt allen gegenüber durchzusetzen. Eben darum fehlt ihr, was der Christengemeinde wesentlich ist: die ökumenische Weite und Freiheit. Die *polis* hat Mauern. Es hat jedenfalls bis auf diesen Tag faktisch immer nur mehr oder weniger bestimmt gegeneinander abgegrenzte lokale, regionale, nationale und als solche miteinander konkurrierende und kollidierende Bürgergemeinden (Staaten) gegeben. Und eben darum ist sie ohne Gewähr und Korrektiv gegenüber der Gefahr, sich selbst und ihre Rechtsordnung entweder zu vernachlässigen oder absolut zu setzen und so oder so sich selbst zu zerstören und aufzuheben. Man kann von der Kirche her wirklich nicht zum Staat hinüberblicken, ohne gewahr zu werden, in wieviel schwächerer, dürftiger und bedrohterer Weise die Menschen in dieser anderen »Gemeinde« beieinander sind.

3.

Aber es wäre nicht ratsam, sich bei dieser Feststellung allzulange aufzuhalten. »In der noch nicht erlösten Welt« steht nach der fünften These der »Theologischen Erklärung« von Barmen (1934) auch die Christengemeinde, und es gibt unter den den Staat bedrückenden Problemen keines, welches nicht irgendwie auch die Kirche berührte. Christen und Nicht-Christen, wahre und zweifelhafte Christen sind ja auch in ihr von ferne nicht reinlich voneinander zu scheiden. Hat am Abendmahl des Herrn nicht auch Judas, der Verräter, teilgenommen? Bewußtsein von Gott ist Eines, Sein in Gott ein Anderes. Das Wort und der Geist Gottes sind in der Christengemeinde ebenso unverfügbare Größen wie in der Bürgergemeinde. Ihr Bekenntnis kann erstarren und leer werden, ihre Liebe erkalten, ihre Hoffnung zu Boden fallen, ihre Botschaft verblöden und wohl gar gänzlich verstummen, ihre Anbetung und Danksagung zur bloßen Form werden, ihre Gemeinschaft verflachen und zerfallen. Auch die Kirchengemeinde »hat« ja weder den Glauben noch die Liebe noch die Hoffnung. Es gibt tote Kirche, und man braucht sich leider nirgends weit nach solcher umzusehen. Und wenn die Kirche in der Regel auf den Gebrauch physischer Gewalt verzichtet und also kein Blut vergossen hat, so war das gelegentlich doch nur darin begründet, daß sie dazu keine Möglichkeit hatte: an anderweitigem Kampf um Machtpositionen hat es jedenfalls auch in ihrem Raume nie ganz gefehlt. Wiederum waren und sind neben anderen und tiefergreifenden zentrifugalen Faktoren auch die lokalen, regionalen und nationalen Verschiedenheiten ihrer Existenzweise stark und die ihr wesentlichen zentripetalen

Kräfte schwach genug, um auch die Einheit der Christengemeinden unter sich weithin völlig in Frage zu stellen und darum eine besondere »ökumenische Bewegung« wünschenswert und notwendig zu machen. Es besteht also gewiß kein Anlaß, von der Christengemeinde her aus allzu großer Höhe auf die Bürgergemeinde herunterzublicken.

4.

Noch wichtiger ist aber die *positive* Beziehung, die sich daraus ergibt, daß die konstitutiven Elemente der Bürgergemeinde auch der Christengemeinde eigentümlich und unentbehrlich sind. Der Name und Begriff *ekklesia* selbst ist Leihgut aus dem politischen Bereich. Auch die Christengemeinde lebt und handelt im Rahmen einer für alle ihre Glieder verbindlichen Rechtsordnung, eines »Kirchenrechts«, das ihr zwar nicht Selbstzweck sein kann, das als »Zeichen der Herrschaft Christi« (A. de Quervain, Kirche, Volk und Staat, 1945, S. 158) aufzurichten sie aber doch nicht unterlassen kann. Auch die Christengemeinde existiert immer und überall als eine *politeia* mit bestimmten Autoritäten und Ämtern, Gemeinschaftsformen und Arbeitsteilungen. Was im staatlichen Leben die Legislative, die Exekutive, die Justiz ist, das hat, wie frei und fließend es sich hier gestalte, wie »geistlich« es hier begründet und gemeint sein mag, seine deutlichen Parallelen auch im kirchlichen Leben. Und wenn die Christengemeinde nicht alle Menschen, sondern eben nur die Christen – die sich als Christen bekennen und mit mehr oder weniger Ernst Christen sein möchten – umfaßt, so strebt sie, die zum »Licht der Welt« eingesetzt ist, von diesen Wenigen oder Vielen doch zu allen Menschen. Ihnen gegenüber bekennt sie, ihnen gilt die ihr aufgetragene Botschaft. Im engeren und weiteren Bereich des Ortes, der Gegend, des Landes allem Volk zu dienen, ist der Sinn ihrer Existenz nicht weniger als der der Bürgergemeinde. Wir lesen 2. Tim. 2,1-7, daß eben der Gott, dem es recht und angenehm ist, daß die Christen als solche ein ruhiges und stilles Leben führen in aller Gottseligkeit und Ehrbarkeit, will, daß allen Menschen geholfen werde und sie zur Erkenntnis der Wahrheit kommen und daß die Christen eben darum für alle Menschen und insbesondere für die »Könige«, das heißt für die, die im staatlichen (alle Menschen umfassenden) Bereich Träger besonderer Verantwortlichkeit sind, zu beten haben. Nicht apolitisch, sondern politisch existiert in diesem Sinn auch die Christengemeinde. Es kommt dazu, daß der Gegenstand der Verheißung und Hoffnung, in dem die Christengemeinde ihr ewiges Ziel hat, nach den unmißverständlichen Angaben des Neuen Testamentes gerade nicht in einer ewigen Kirche besteht, sondern in der von Gott gebauten, vom Himmel auf die Erde kommenden *polis*, in deren Licht die Völker wandeln und in die die Könige der Erde ihre Herrlichkeit bringen werden (Offenb. 21,2. 24) – in einem himmlischen *politeuma* (Phil. 3,20) – in Gottes *basileia* – in der richterlichen Entscheidung des seinen Thron einnehmenden Königs Jesus (Matth. 25,31 f.). Man wird von da aus von einer gerade allerletztlich hochpolitischen Bedeutung der Existenz der Christengemeinde reden dürfen und müssen.

5.

Und nun weiß gerade die Christengemeinde um die Notwendigkeit der besonderen Existenz der Bürgergemeinde. Sie weiß nämlich, daß alle Menschen (die Nicht-Christen und die Christen!) dessen bedürftig sind, »Könige« zu haben, das heißt unter einer durch überlegene Autorität und Gewalt geschützten äußerlichen, relativen und vorläufigen Rechtsordnung zu stehen. Sie weiß, daß deren in ihrer Eigentlichkeit, Ursprünglichkeit und Endgültigkeit zu offenbarende Gestalt das ewige Königreich Gottes ist und die ewige Gerechtigkeit seiner Gnade. Sie selbst verkündigt sie primär und ultimativ in dieser ewigen Gestalt. Sie preist aber Gott dafür, daß sie »in der noch nicht erlösten Welt« auch eine äußerliche, relative, vorläufige Gestalt hat, in der sie auch unter der Voraussetzung der unvollständigsten und betrübtesten Erkenntnis Jesu Christi, ja faktisch auch ohne sie gültig und wirksam ist. Diese äußerliche, relative, vorläufige, aber | darum nicht ungültige, nicht unwirksame Gestalt der Rechtsordnung ist die Bürgergemeinde. Die Christengemeinde – und in ganzem Ernst nur sie! – weiß um ihre Notwendigkeit. Sie weiß nämlich – indem sie um Gottes Reich und Gnade weiß – um des Menschen Übermut und um dessen schlechthin zerstörerische Konsequenzen. Sie weiß, wie gefährlich der Mensch ist und wie gefährdet durch sich selber. Sie kennt ihn als Sünder, das heißt als das Wesen, das beständig im Begriff steht, die Schleusen zu öffnen, durch die, wenn ihm nicht gewehrt würde, das Chaos, das Nichts hereinbrechen und seiner Zeit ein Ende setzen müßte. Sie kann die Zeit, die ihm gelassen ist, nur als »Gnadenzeit« verstehen in dem doppelten Sinn: als Zeit, die ihm dazu gegeben ist, Gottes Gnade zu erkennen und zu ergreifen – und als Zeit, die ihm eben dazu durch Gottes Gnade gegeben ist. Sie selbst, die Christengemeinde, existiert in dieser dem Menschen gelassenen Zeit: in dem Raum, in welchem des Menschen zeitliches Leben noch immer vor dem Chaos – sein Einbruch müßte an sich längst fällig sein – geschützt ist. Das sichtbare Mittel dieses Schutzes erkennt sie in der Existenz der Bürgergemeinde, in der Tatsache der im staatlichen Wesen stattfindenden Bemühung um eine äußerliche, relative, vorläufige Humanisierung des menschlichen Daseins in der Verhinderung des Schlimmsten, die dadurch garantiert ist, daß es für alle (für Nicht-Christen und Christen: sie haben es beide nötig, denn des Menschen gefährlicher Übermut ist in beiden lebendig!) eine politische Ordnung gibt, unter der – sehe jeder, wo er stehe! – die Bösen bestraft, die Guten belohnt werden (Röm. 13,3; 1. Petr. 2,14). Sie weiß, daß es ohne sie auch keine christliche Ordnung gebe. Sie weiß und sie dankt Gott dafür, daß sie – als innerer Kreis inmitten jenes weiteren (vergl. O. Cullmann, Königsherrschaft Christi und Kirche im Neuen Testament, 1941) – im Schutz der Bürgergemeinde existieren darf.

6.

Indem sie das weiß, erkennt sie in der Existenz der Bürgergemeinde – ohne Rücksicht auf das Christentum oder Nicht-Christentum ihrer Angehörigen und Funktionäre und auch ohne Rücksicht auf ihre besondere Gestalt und Wirklichkeit – nicht weniger als in ihrer eigenen Existenz die Auswirkung einer *göttlichen Anordnung* (*ordinatio*, Einsetzung, Stiftung), eine *exusia*, die nicht ohne, sondern nach Gottes Willen ist und wirksam ist (Röm. 13,1b). Wo Bürgergemeinde, wo Staat ist, da haben wir es, wieviel menschlicher Irrtum und menschliche Willkür dabei im einzelnen mitlaufen mag, in der Sache nicht etwa mit einem Produkt der Sünde, sondern mit einer der Konstanten der göttlichen Vorsehung und Weltregierung in ihrer zugunsten des Menschen stattfindenden Gegenwirkung gegen die menschliche Sünde und also mit einem Instrument der göttlichen Gnade zu tun. Die Bürgergemeinde hat mit der Christengemeinde sowohl den Ursprung als auch das Zentrum gemeinsam. Sie ist Ordnung der göttlichen Gnade, sofern diese – in ihrem Verhältnis zum sündigen Menschen als solchem, im Verhältnis zu der noch unerlösten Welt – immer auch Geduld ist. Sie ist das Zeichen dafür, daß auch die noch (oder schon wieder) der Sünde und also dem Zorn verfallene Menschheit in ihrer ganzen Unwissenheit und Lichtlosigkeit von Gott nicht verlassen, sondern bewahrt und gehalten ist. Sie dient ja dazu, den Menschen vor dem Einbruch des Chaos zu schützen und also ihm Zeit zu geben: Zeit für die Verkündigung des Evangeliums, Zeit zur Buße, Zeit zum Glauben. Indem in ihr »nach dem Maß menschlicher Einsicht und menschlichen Vermögens« und »unter Androhung und Ausübung von Gewalt« (Barmer These 5) für die Aufrichtung menschlichen Rechtes und (in dem damit gegebenen äußerlichen, relativen, vorläufigen Sinn) für Freiheit, Frieden und Humanität gesorgt wird, steht sie unabhängig von dem Ermessen und Wollen der beteiligten Menschen faktisch in diesem bestimmten Dienst der Vorsehung des Heilsplanes Gottes. Sie hat also keine vom Reich Jesu Christi abstrahierte, eigengesetzlich begründete und sich auswirkende Existenz, sondern sie ist – außerhalb der Kirche, aber nicht außerhalb des Herrschaftskreises Jesu Christi – ein Exponent dieses seines Reiches. Sie gehört eben nach neutestamentlicher Erkenntnis zu den »Gewalten«, die in ihm geschaffen und durch ihn zusammengehalten sind (Kol. 1,16 f.), die uns von der Liebe Gottes darum nicht scheiden können (Röm. 8,37 f.), weil sie, wie in der Auferstehung Jesu Christi offenbar geworden ist, in ihrer Gesamtheit ihm übergeben und zur Verfügung gestellt sind (Matth. 28,18). Gottesdienst ist also nach dem ausdrücklichen Apostelwort (Röm. 13,4. 6) auch das Handeln des Staates. Es kann als solcher pervertiert werden, wie ja auch das Handeln der Kirche, wie auch ihr Gottesdienst der Perversion nicht einfach entzogen ist. Der Staat kann das Gesicht und den Charakter des Pilatus annehmen. Er handelt aber auch dann in der Gewalt, die ihm von Gott gegeben ist (Joh. 19,11). Und daß und in welchem Sinn und Maß er pervers handelt, wird dann gerade von da – und mit | Bestimmtheit nur von da aus beurteilt werden können, daß er nach seinem Sinn und Auftrag auch dann im Dienste Gottes handelt, dem er auch in seiner Perversion nicht entlaufen kann, an dessen Gesetz er aber gemessen ist. Die Christengemeinde anerkennt darum »in Dank und Ehrfurcht gegen Gott die Wohltat dieser seiner Anordnung« (Barmer These 5). Die Wohltat, die sie anerkennt, besteht in der durch die Existenz der politischen Gewalt und Ordnung stattfindenden äußerlichen, relativen und vorläufigen Heiligung der unheiligen Welt. In welchen konkreten Stellungnahmen den je besonderen politischen Gestalten und Wirklichkeiten gegenüber diese christliche Anerkennung sich darstellen wird, kann dabei noch völlig offen bleiben. Sicher ausgeschlossen ist von da aus eines: die Entscheidung für die Indifferenz, ein apolitisches Christentum. Die Kirche kann sich gegenüber der Erscheinung einer mit ihrem eigenen Auftrag in so klarem Zusammenhang stehenden Anordnung auf keinen Fall gleichgültig, auf keinen Fall neutral verhalten. Das wäre die Widersetzlichkeit, von der es Röm. 13,2 heißt, daß sie sich unmittelbar gegen Gott selbst richten würde und daß sie dessen Gericht auf sich ziehen müßte.

7.

Kirche muß *Kirche bleiben*. Es muß bei ihrer Existenz als *innerer* Kreis des Reiches Christi sein Bewenden haben. Die Christengemeinde hat eine Aufgabe, die ihr durch die Bürgergemeinde nicht abgenommen werden und der sie auch ihrerseits nie in den Formen nachgehen kann, wie die Bürgergemeinde der ihrigen. Es geschähe auch nicht zum Heil der Bürgergemeinde, wenn die Christengemeinde in ihrer Mitte etwa nach R. Rothes Rat in ihr aufgehen wollte und also die ihr kategorisch vorgeschriebene besondere Aufgabe versäumen würde. Sie verkündigt die Herrschaft Jesu Christi und die Hoffnung auf das kommende Reich Gottes. Die Bürgergemeinde als solche tut das nicht; sie hat keine solche Botschaft auszurichten; sie ist darauf angewiesen, daß sie ihr ausgerichtet werde. Sie ist nicht in der Lage, an Gottes Autorität und Gnade zu appellieren; sie ist darauf angewiesen, daß dies anderswo geschieht. Sie betet nicht; sie ist darauf angewiesen, daß für sie gebetet werde. Sie ist blind für das Woher? und Wohin? der menschlichen Existenz, für deren äußerliche, relative, vorläufige Begrenzung und Bewahrung sie zu sorgen hat; sie ist darauf angewiesen, daß es anderswo sehende Augen gibt. Sie kann die menschliche Hybris nicht grundsätzlich in Frage stellen, und sie weiß von keiner definitiven Abwehr des von daher drohenden Chaos; sie ist darauf angewiesen, daß es in dieser Hinsicht anderswo letzte Erkenntnisse und Worte gibt. Das Denken und die Sprache der Bürgergemeinde schwankt notwendig hin und her zwischen einem allzu kindlichen Optimismus und einem allzu grämlichen Pessimismus hinsichtlich des Menschen – wie selbstverständlich erwartet sie von einem Jeden das Beste, um dann doch auch einen Jeden ebenso selbstverständlich aufs Schlimmste zu beargwöhnen! – sie rechnet offenbar damit, daß ihre Anthropologie von anderswoher radikal überboten und damit dann auch relativ gerechtfertigt sei und relativ zurechtgestellt werde. Ein Aufhören der besonderen Existenz der Christengemeinde ist entscheidend darum nicht möglich, weil es nur im Akt höchsten Ungehorsams der Christen dazu kommen könnte. Es ist aber auch darum nicht möglich, weil damit die Stimme der letztlich einzigen Hoffnung und Hilfe, die alles Volk von dorther zu hören nötig hat, verstummen würde.

8.

Die Christengemeinde *beteiligt* sich aber gerade in Erfüllung ihrer *eigenen* Aufgabe auch an der Aufgabe der Bürgergemeinde. Indem sie an Jesus Christus glaubt und Jesus Christus verkündigt, glaubt und verkündigt sie ja den, der wie der Herr der Kirche so auch der Herr der Welt ist. Und ihre Glieder befinden sich ja, indem sie jenem inneren Kreis angehören, automatisch auch in jenem äußeren, können also mit dem ihnen befohlenen Werk des Glaubens, der Liebe und der Hoffnung an der Grenze dieser beiden Bereiche, obwohl seine Gestalt hüben und drüben entsprechend den verschiedenen Aufgaben eine verschiedene sein wird, nicht haltmachen. Im Raum der Bürgergemeinde ist die Christengemeinde mit der Welt solidarisch und hat sie diese Solidarität resolut ins Werk zu setzen. Die Christengemeinde betet für die Bürgergemeinde. Sie tut das gerade darum erst recht, weil die Bürgergemeinde als solche nicht zu beten pflegt. Indem sie aber für sie betet, macht sie sich Gott gegenüber für sie verantwortlich, und sie würde das nicht ernstlich tun, wenn sie es beim Beten für sie sein Bewenden haben lassen, wenn sie nicht, eben indem sie für sie betet, auch tätig für sie arbeiten würde. Darin besteht aber ihr tätiges Eintreten für die Bürgergemeinde, daß sie deren Gewalt als eine Auswirkung göttlicher Anordnung als auch für sie bindend, als auch sie verpflichtend gelten läßt, daß sie deren Ordnung als auch für sie sinnvoll und recht

respektiert. Darin besteht dieses tätige Eintreten, daß sie auch
| sich selbst der Sache der Bürgergemeinde nach dem Wort des
Apostels (Röm. 13,1a) unter allen Umständen (und also mit
welcher politischen Gestalt und Wirklichkeit sie es auch *in concreto* zu tun habe) »unterordnet«. Luthers Übersetzung redet
von »Untertansein« und sagt damit etwas gefährlich Anderes
als das Gemeinte. Das Gemeinte ist nämlich gerade nicht dies,
daß die Christengemeinde und die Christen der Bürgergemeinde oder ihren Funktionären einen möglichst blinden Untertanen- und Jawohl-Gehorsam entgegenbringen, sondern
nach Röm. 13,6 f. dies, daß sie das von ihnen zur Begründung,
Erhaltung und Behauptung der Bürgergemeinde und zur
Durchführung von deren Aufgabe Verlangte darum zu leisten
hätten, weil sie, obwohl sie Christen und als solche anderswo
beheimatet sind, auch in diesem äußeren Kreis existieren, weil
Jesus Christus der Mittelpunkt auch dieses äußeren Kreises ist,
weil also für dessen Bestand auch sie verantwortlich sind. »Unterordnung« bedeutet den Vollzug dieser *Mitverantwortung*, in
der die Christen sich mit den Nicht-Christen an dieselbe Aufgabe begeben, derselben Regel unterstellen. Die Unterordnung gilt der so oder so besser oder schlechter vertretenen Sache der Bürgergemeinde und dieser darum, weil auch sie (und
also nicht allein die Sache der Christengemeinde!) des einen
Gottes Sache ist. Paulus hat Röm. 13,5 ausdrücklich hinzugefügt, daß diese »Unterordnung« nicht fakultativ, sondern notwendig sei und notwendig nicht nur »um des Zornes willen«:
aus gesetzlicher Furcht vor dem im anderen Fall unvermeidlichen Konflikt mit einem dunklen Gebot Gottes, sondern
»um des Gewissens willen«: im klaren evangelischen Wissen
um die göttliche Gnade und Geduld, die sich auch in der Existenz des Staates manifestiert und also eben: in voller Verantwortlichkeit gegenüber dem für den Christen auch in dieser
Sache offenbaren Willen Gottes, im Zuge des aus einem freien
Herzen kommenden Gehorsams, den der Christ ihm hier wie
im Raum der Kirche – wenn auch hier mit einem anderen
Zweck als dort (er gibt dem Kaiser, was des Kaisers, und Gott,
was Gottes ist, Matth. 22,21) – entgegenbringt.

9.

Die Christengemeinde hat, indem sie sich für die Bürgergemeinde mitverantwortlich macht, den verschiedenen politischen Gestalten und Wirklichkeiten gegenüber keine ihr notwendig eigentümliche Theorie zu vertreten. Sie ist nicht in der Lage, eine Lehre als *die* christliche Lehre vom | rechten Staat aufzustellen. Sie ist auch nicht in der Lage, auf eine schon vollzogene Verwirklichung des vollkommenen Staates hinzuweisen oder die Herstellung eines solchen in Aussicht zu nehmen. Es gibt, aus Gottes im Glauben vernommenen Wort geboren, nur einen Leib Christi. Es gibt also keinen der christlichen Kirche entsprechenden christlichen Staat, kein Duplikat der Kirche im politischen Raum. Denn wenn der Staat als Auswirkung einer göttlichen Anordnung, als die Erscheinung einer jener Konstanten der göttlichen Vorsehung und der von ihr regierten Weltgeschichte im Reiche Christi ist, so heißt das nicht, daß Gott in einer staatlichen Gemeinschaft als solcher offenbar sei, geglaubt und erkannt werde. Die in seiner Existenz stattfindende Auswirkung göttlicher Anordnung besteht darin, daß es den Menschen, ganz abgesehen von Gottes Offenbarung und ihrem Glauben, faktisch übertragen ist, »nach dem Maß menschlicher Einsicht und menschlichen Vermögens« für zeitliches Recht und zeitlichen Frieden, für eine äußerliche, relative, vorläufige Humanisierung der menschlichen Existenz zu sorgen. Dementsprechend sind schon die verschiedenen politischen Gestalten und Systeme menschliche Erfindungen, die als solche nicht den Charakter der Offenbarung tragen, nicht als solche bezeugt werden und also auch nicht Anspruch auf Glauben erheben können. Indem die Christengemeinde sich für die Bürgergemeinde mitverantwortlich macht, beteiligt sie sich – von Gottes Offenbarung und von ihrem Glauben her – an den menschlichen Fragen nach der besten Gestalt, nach dem sachgemäßesten System des politischen Wesens, ist sie sich aber auch der Grenzen aller vom Menschen auffindbaren (auch der unter ihrer eigenen Mitwirkung aufzufindenden) politischen Gestalten und Systeme bewußt, wird sie sich also wohl hüten, *ein* politisches Konzept – und wenn es das »demokratische« wäre – als *das* christliche gegen alle anderen auszuspielen. Sie hat, indem sie das Reich Gottes verkündigt, allen politischen Konzepten gegenüber ihre Hoffnungen, aber auch ihre Fragen geltend zu machen. Und das gilt auch und erst recht von allen politischen Verwirklichungen. Wird sie ihnen gegenüber zugleich nachsichtiger und strenger, geduldiger und ungeduldiger sein als die an dieser Sache beteiligten Nicht-Christen, so wird sie doch keine solche Verwirklichung – sie kann ja nur auf Grund menschlicher Einsicht und menschlichen Vermögens zustande gekommen sein – für vollkommen halten und also mit dem Reiche Gottes verwechseln können. Sie wartet angesichts aller schon vollzogenen und angesichts aller noch zu vollziehenden politischen Verwirklichungen auf »die Stadt, die | einen Grund hat, deren Baumeister und Schöpfer Gott ist« (Hebr. 11,10). Sie vertraut und gehorcht – nicht einer politischen Gestalt und nicht einer politischen Wirklichkeit – sondern der Kraft des Wortes, durch das Gott alle Dinge trägt (Hebr. 1,3; Barmer These 5) – auch die politischen Dinge.

10.

Gerade in dieser Freiheit macht sie sich aber für die Gestalt und die Wirklichkeit der Bürgergemeinde nicht so oder so, sondern in ganz *bestimmtem* Sinn verantwortlich. Daß sie sich der Politik gegenüber überhaupt indifferent verhalten könnte, haben wir bereits als die ausgeschlossene Möglichkeit bezeichnet. Es gibt aber auch keine christliche Indifferenz gegenüber den verschiedenen politischen Gestalten und Wirklichkeiten. Die Kirche »erinnert an Gottes Reich, an Gottes Gebot und Gerechtigkeit und damit an die Verantwortung der Regierenden und der Regierten« (Barmer These 5). Das bedeutet: Die Christengemeinde und der einzelne Christ können im politischen Raume zwar Vieles verstehen und an seinem Ort gelten lassen – Alles im Notfall hinnehmen und erleiden. Aber daß sie Vieles verstehen und Alles erleiden können, hat mit der von ihnen geforderten »Unterordnung«, das heißt mit der ihnen auferlegten Mitverantwortung in diesem Raum noch nichts zu tun. Ihre Mitverantwortung besteht in dem, was sie in diesem Raum vor Gott *wollen*, sie geht auf das, wofür sie sich in diesem Raum vor Gott *entscheiden* müssen. Müssen: denn eben von ihrem Wollen und Sichentscheiden gilt im Gegensatz zu ihrem Verstehen und Erleiden, daß es eine ganz bestimmte Richtung haben wird, über die es in der Christengemeinde zwar im einzelnen immer neuer Verständigung bedarf, über die es aber in der Sache keine Diskussion geben und die sie auch nach außen nicht zum Gegenstand von Nachgiebigkeiten und Kompromissen machen kann. Die Christengemeinde »unterordnet« sich der Bürgergemeinde, indem sie – messend an dem Maßstab ihrer Erkenntnis des Herrn, der Herr über Alles ist – *unterscheidet* (auf dem Feld der äußerlichen, relativen, vorläufigen Möglichkeiten dieses äußeren Kreises »um des Gewissens willen«, unterscheidet!) zwischen dem rechten und dem unrechten Staat, das heißt zwischen der jeweils als besser oder schlechter sich darstellenden politischen Gestalt und Wirklichkeit: zwischen Ordnung und Willkür, zwischen Herrschaft und Tyrannei, zwischen Freiheit und Anarchie, zwischen Gemeinschaft und Kollektivismus, zwischen Persönlichkeitsrecht und Individualismus, zwischen dem Staat von Röm. 13 und | dem von Offenb. 13. Diesem Unterscheiden gemäß wird sie in den zur Begründung, Erhaltung und Durchsetzung der staatlichen Ordnung sich erhebenden Fragen von Fall zu Fall, von Situation zu Situation *urteilen*. Und ihrem so gebildeten Urteil gemäß wird sie von Fall zu Fall, von Situation zu Situation dieses (den rechten, das heißt den jeweils besseren Staat) *wählen* und *wollen*, jenes (den unrechten, das heißt den jeweils schlechteren Staat) nicht wählen und nicht wollen. Und diesem Wählen und Nicht-Wählen, Wollen und Nicht-Wollen gemäß wird sie sich hier *einsetzen*, dort sich *entgegensetzen*. Eben mit diesem – von ihrem eigenen in seiner das Ganze umfassenden Bedeutung erkannten Zentrum aus erfolgenden – Unterscheiden, Urteilen, Wählen, Wollen und Sicheinsetzen, eben in den von jenem Zentrum aus notwendig in der einen ihr gebotenen Richtung gehenden praktischen Entscheidungen vollzieht die Christengemeinde ihre »Unterordnung« gegenüber der Bürgergemeinde, ihre politische Mitverantwortung.

II.

Und nun gibt es zwar keine Idee, kein System, kein Programm, wohl aber eine unter allen Umständen zu erkennende und innezuhaltende *Richtung* und *Linie* der im politischen Raum zu vollziehenden christlichen Entscheidungen.

Die Bestimmung dieser Linie ergibt sich *nicht* aus einem Rückgriff auf die problematische Instanz des sogenannten *Naturrechts*. Das würde bedeuten, daß die Christengemeinde sich den Weg und die Wege der nicht an ihrem Zentrum orientierten, der noch oder wieder unwissenden Bürgergemeinde, die Methode des heidnischen Staates zu eigen machte. Sie würde sich dann nicht als Christengemeinde in der Bürgergemeinde betätigen; sie wäre dann nicht das Salz und das Licht in diesem weiteren Kreise. Sie würde sich dann mit der Bürgergemeinde nicht nur solidarisch erklären, sondern sie würde sich ihr dann gleich, und zwar gerade in dem, was ihr fehlt, gleich machen. Sie würde ihr damit gewiß keinen Dienst leisten. Der Bürgergemeinde als solcher, in ihrer Neutralität Gottes Wort und Geist gegenüber, fehlt nämlich eben das: eine sicherere, eine eindeutigere Begründung der politischen Entscheidungen als die durch das sogenannte Naturrecht. Man versteht unter »Naturrecht« den Inbegriff dessen, was der Mensch angeblich »von Natur«, das heißt unter allen denkbaren Voraussetzungen, von Hause aus und also allgemein für Recht und Unrecht, für geboten, erlaubt und verboten hält. Man hat es häufig mit einer natürlichen, das heißt den | Menschen von Natur bekannten Offenbarung Gottes in Verbindung gebracht. Und die Bürgergemeinde als solche – die von ihrem Zentrum her noch nicht oder nicht mehr erleuchtete Bürgergemeinde – hat zweifellos keine andere Wahl, als so oder so von diesem angeblichen Naturrecht, das heißt von einer jeweils für *das* Naturrecht ausgegebenen Konzeption dieser Instanz aus zu denken, zu reden und zu handeln: immer aufs Erraten angewiesen oder auf irgendeine machtvolle Behauptung dieser oder jener Deutung dieser Instanz, immer tastend und experimentierend in ihren von daher abgeleiteten Überzeugungen und letztlich immer ungewiß, ob es nicht eine Illusion sein möchte, mit dieser Instanz zu rechnen und darum faktisch auch nie, ohne heimlich oder offen auch von den Gesichtspunkten eines feineren oder gröberen Positivismus kräftigen Gebrauch zu machen. Die Resultate der so begründeten Politik waren und sind denn auch danach! Und wenn diese Resultate nun doch nicht eindeutig und allgemein negative waren und sind, wenn es im politischen Bereich neben dem Schlechteren auch ein Besseres, neben dem unrechten auch einen rechten Staat – gewiß immer in allerhand merkwürdigen Mischungen beider! – gegeben hat und noch gibt, dann beruht das nicht darauf, daß es da und dort nun eben doch zur Entdeckung und Praktizierung des wahren Naturrechts gekommen wäre, sondern schlicht darauf, daß auch die unwissende, die neutrale, die heidnische Bürgergemeinde im Reiche Christi ist, daß alles politische Fragen und alle politische Bemühung als solche in Gottes gnädiger, den Menschen bewahrender, seine Sünde und damit sein Verderben begrenzender Anordnung begründet sind. Die Absicht, der Sinn und das Ziel dieser göttlichen Anordnung ist es, was in jenem jeweils »Besseren«, im jeweils rechten Staat sichtbar wird. Es geschieht das immer, obwohl doch eine sichere Erkenntnis sicherer Normen der politischen Entscheidungen fehlt, obwohl doch der offenkundige Irrtum der scheinbar erkannten Wahrheit übermächtig drohend zur Seite geht. Es geschieht also wohl unter Mitwirkung, aber ganz ohne Verdienst der beteiligten Menschen: *Dei providentia hominum confusione.* Würde die politische Verantwortung der Christengemeinde unter der Voraussetzung vollzogen, daß auch sie sich an der Frage nach dem wahren Naturrecht beteiligte, daß auch sie ihre Entscheidungen von daher zu begründen versuchte, dann würde das freilich an der Macht Gottes, aus Bösem Gutes werden zu lassen – wie er es in der politischen Ordnung faktisch immer tut – nichts ändern. Es würde aber bedeuten, daß auch die Christengemeinde sich an den menschlichen | Illusionen und Konfusionen beteiligte. Es ist gerade genug, daß sie, sofern sie ihren eigenen Weg nicht zu gehen wagt, faktisch weithin daran beteiligt ist. Sie kann diese Beteiligung aber jedenfalls nicht wollen, nicht mutwillig herbeiführen. Das würde sie aber tun, wenn auch sie die Norm ihrer politischen Entscheidungen in irgendeiner Konzeption des sogenannten Naturrechts suchen, sie von dorther ableiten und begründen würde. Es sind nicht christliche, sondern »natürliche«, weltliche, profane Aufgaben und Probleme, an denen sich die Christengemeinde in Wahrnehmung ihrer politischen Mitverantwortlichkeit zu beteiligen hat. Es ist aber gerade keine natürliche, sondern die für sie allein glaubwürdige und maßgebliche geistliche Norm, die klare Eigengesetzlichkeit ihrer eigenen und nicht die dunkle Eigengesetzlichkeit dieser ihr fremden Sache, an der sie sich dabei orientiert, von deren Erkenntnis her sie auch ihre Entscheidungen im politischen Raum vollziehen wird.

12.

Sie hat eben von daher die Freiheit, sich ehrlich und ruhig für diese ihr *fremde* Sache einzusetzen. Sie wird sich also im politischen Raum *nicht etwa für sich selbst*, nicht für ihre eigenen »Belange« und »Anliegen« einsetzen. Ihre eigene Geltung, ihr Einfluß, ihre Macht als Kirche im Staat, ist gerade nicht das Ziel, das die Richtung und Linie ihrer politischen Entscheidung bestimmen wird. »Mein Reich ist nicht von dieser Welt. Wäre mein Reich von dieser Welt, so würden meine Diener kämpfen, damit ich den Juden nicht überliefert werde; nun aber ist mein Reich nicht von hier« (Joh. 18,36). Die heimliche Geringschätzung, die sich eine mit politischen Mitteln für sich selbst kämpfende Kirche auch dann zuzuziehen pflegt, wenn sie mit diesem Kampf gewisse Erfolge erzielt, ist verdient. Und irgendeinmal pflegt dieser Kampf in allerlei offen beschämenden Niederlagen zu endigen. Die Christengemeinde ist nicht Selbstzweck. Sie dient Gott und eben darum und damit den Menschen. Es ist wohl wahr: der tiefste, der letzte, der göttliche Sinn der Bürgergemeinde besteht darin, Raum zu schaffen für die Verkündigung und für das Hören des Wortes und insofern allerdings für die Existenz der Christengemeinde. Aber der Weg, auf dem die Bürgergemeinde dies nach Gottes Vorsehung und Anordnung tut und allein tun kann, ist der natürliche, der weltliche, der profane Weg der Aufrichtung des Rechtes, der Sicherung von Freiheit und Frieden nach dem Maß menschlicher Einsicht und menschlichen Vermögens. | Es geht also gerade nach dem göttlichen Sinn der Bürgergemeinde durchaus nicht darum, daß sie selbst allmählich mehr oder weniger zur Kirche werde. Und so kann das politische Ziel der Christengemeinde nicht darin bestehen, den Staat allmählich zu verwirklichen, das heißt, ihn soweit als möglich in den Dienst ihrer eigenen Aufgabe zu stellen. Gewährt ihr der Staat in irgendeiner der hier möglichen Formen Freiheit, Ansehen und besondere Rechte (staatskirchenrechtliche Garantie dieser oder jener Art, Beteiligung an der Schule und am Rundfunk, Schutz des Sonntags, finanzielle Erleichterungen oder Unterstützungen und dergleichen), dann wird sie deshalb nicht von einem Kirchenstaat zu träumen beginnen. Sie wird dafür als für Geschenke, in denen sie die göttliche Vorsehung und Anordnung wirksam sieht, dankbar sein: vor allem damit, daß sie in ihren durch solches Geschenk erweiterten Grenzen um so treuer, um so eifriger Kirche ist und damit die offenbar auch von seiten der Bürgergemeinde auf sie gerichteten Erwartungen rechtfertigt. Sie wird aber solches Geschenk nicht zur Sache eines von ihr der Bürgergemeinde gegenüber zu verfechtenden Anspruchs machen. Sie wird, wenn ihr solches Geschenk von seiten der Bürgergemeinde verweigert wird, den Fehler nicht zuerst bei dieser, sondern bei sich selbst suchen. Hier gilt: »Widerstehet nicht dem Bösen!« Die Christengemeinde wird sich in diesem Fall fragen, ob sie wohl der Bürgergemeinde gegenüber den Beweis des Geistes und der Kraft schon so geführt, ob sie Jesus Christus der Welt gegenüber schon so vertreten und verkündigt habe, daß sie ihrerseits erwarten kann, als wichtiger, interessanter und heilsamer Faktor des öffentlichen Lebens entsprechend berücksichtigt zu werden. Sie wird sich zum Beispiel fragen, ob sie das Gewaltige denn wirklich zu sagen hat, das in der Schule gehört zu werden durchaus den Anspruch hätte. Sie wird – wann und wo hätte sie dazu keinen Anlaß? – zuerst und vor allem Buße tun, und es wird das am besten in der Weise geschehen, daß sie in dem ihr in der Öffentlichkeit gelassenen – vielleicht kleinsten – Raum um so getroster nun erst recht gesammelt, mit doppeltem Eifer »am kleinsten Punkte mit der größten Kraft« ihrem besonderen Werke nachgeht. Wo sie ihren »Öffentlichkeitswillen« erst anzeigen, ihren »Öffentlichkeitsanspruch« erst erheben muß, da beweist sie eben damit, daß er (im Faktum ihrer Existenz als Kirche) nicht in relativer Weise auf dem Plane ist, und es geschieht ihr dann vor Gott und den Menschen recht, wenn sie nun gerade nicht gehört – oder eben so gehört wird, daß sie über kurz oder lang sicher keine Freude dabei erleben wird. Es war immer nur die den besonderen Sinn des Staates verkennende und es war immer nur die unbußfertige, es war so oder so immer nur die geistlich unfreie Kirche, die mit diesem »Öffentlichkeitswillen« und »Öffentlichkeitsanspruch« als Kämpferin in eigener Sache in die politische Arena gegangen ist.

13.

Das Eigene, mit dem sie in diese Arena geht, wird aber – wir haben diese Abgrenzung bereits angedeutet – auch nicht einfach und direkt das Reich Gottes sein können. Die Kirche *erinnert* an Gottes Reich. Das bedeutet aber nicht, daß sie es dem Staate zumutet, allmählich zum Reich Gottes zu werden.

Das Reich Gottes ist das Reich, in welchem Gott ohne Schatten, ohne Problem und Widerspruch alles in allem ist, die Herrschaft Gottes in der erlösten Welt. Im Reich Gottes ist das Äußere im Inneren, das Relative im Absoluten, das Vorläufige im Endgültigen wohl aufgehoben. Im Reich Gottes gibt es keine Legislative, keine Exekutive, keine Jurisdiktion. Denn im Reich Gottes ist keine Sünde, die erst zurechtzuweisen, kein Chaos, das noch zu befürchten und aufzuhalten wäre. Das Reich Gottes ist die aus der Verborgenheit herausgetretene, die offenbar gewordene Weltherrschaft Jesu Christi zur Ehre Gottes des Vaters. Die Bürgergemeinde als solche, die neutrale, die heidnische, die noch oder wieder unwissende Bürgergemeinde weiß nichts vom Reich Gottes. Sie weiß bestenfalls um die verschiedenen Ideale des Naturrechts. Die Christengemeinde inmitten der Bürgergemeinde aber weiß darum und erinnert daran. Sie erinnert ja an den gekommenen und wiederkommenden Jesus Christus. Sie kann das aber wirklich nicht in der Weise tun, daß sie eine reichgotteshafte Gestalt und Wirklichkeit des Staates projektiert, in Vorschlag bringt und in der Bürgergemeinde durchzusetzen versucht. Wieder ist der Staat im Recht, wenn er sich alle im Grunde darauf hinauslaufenden christlichen Zumutungen zu verbitten pflegt. Es liegt in seinem Wesen, daß er nicht das Reich Gottes ist und daß er das auch nicht werden kann. Er beruht auf einer Anordnung Gottes im Blick auf »die noch unerlöste Welt«, in der mit der Sünde und mit der ihr folgenden Gefahr des Chaos in letztem Ernst zu rechnen ist und in der die Herrschaft Jesu Christi zwar real aufgerichtet, aber noch verborgen ist. Er würde seinen Sinn verleugnen, wenn er sich verhalten würde, als sei es ihm gegeben, sich zum Reich Gottes auszubauen. Wieder würde aber auch der Kirche, die ihn dazu veranlassen wollte, vorzuhalten sein, daß sie sich damit einer allzu unbesonnenen Überheblichkeit schuldig machte. Sie müßte ja der Meinung sein, vor allem sich selbst zum Reich Gottes ausbauen zu sollen und zu können, wenn ihre entsprechende Forderung dem Staat gegenüber Sinn haben sollte. Die Kirche steht aber mit dem Staat »in der noch unerlösten Welt«.

Reichgotteshaft pflegt es – auch im besten Falle – auch in ihr nicht zuzugehen. Ob sie das Reich Gottes wohl ihrerseits mit einem naturrechtlichen Ideal verwechselt hat, wenn sie seine Verwirklichung im Staat zum Inhalt ihrer Forderung macht, wenn sie also »Reichgottespolitik« treiben zu sollen und zu können meint? Ob sie es in diesem Fall nicht nötig hat, vor allem sich selbst aufs neue an das wirkliche, ihr selbst wie dem Staate erst zukünftige Reich Gottes erinnern zu lassen? Nein, eine freie Kirche wird sich auch auf diesem Weg gerade nicht betreffen lassen.

14.

Die Richtung und Linie des christlich politischen Unterscheidens, Urteilens, Wählens, Wollens und Sicheinsetzens bezieht sich auf die *Gleichnis*fähigkeit und *Gleichnis*bedürftigkeit des politischen Wesens. Das politische Wesen kann weder eine Wiederholung der Kirche noch eine Vorwegnahme des Reiches Gottes darstellen. Es ist in seinem Verhältnis zur Kirche ein *eigenes*, in seinem Verhältnis zum Reich Gottes (wie die Kirche selbst!) ein *menschliches*, ein die Art dieser vergänglichen Welt an sich tragendes Wesen. Eine *Gleichung* zwischen ihm und der Kirche auf der einen, dem Reich Gottes auf der anderen Seite kann darum nicht in Frage kommen. Wiederum hat es, indem es auf besonderer göttlicher Anordnung beruht, indem es zum Reiche Jesu Christi gehört, keine Eigengesetzlichkeit, keine der Kirche und dem Reich Gottes gegenüber selbständige Natur. Eine einfache und absolute *Ungleichung* zwischen ihm und der Kirche einerseits, dem Reich Gottes andererseits kann darum auch nicht in Frage kommen. Es bleibt somit übrig, und es drängt sich als zwingend auf: die Gerechtigkeit des Staates in christlicher Sicht ist seine Existenz als ein *Gleichnis*, eine Entsprechung, ein Analogon zu dem in der Kirche geglaubten und von der Kirche verkündigten Reich Gottes. Indem die Bürgergemeinde den äußeren Kreis bildet, innerhalb dessen die Christengemeinde mit dem Geheimnis

ihres Bekenntnisses und ihrer Botschaft der innere ist, indem
sie also mit dieser das Zentrum gemeinsam hat, kann es nicht
anders sein, als daß sie, obwohl und indem ihre Voraussetzung
und Aufgabe eine eigene und andere ist, im Verhältnis zu der
die Christengemeinde konstituierenden Wahrheit und Wirklichkeit gleichnis*fähig* ist: fähig dazu, sie indirekt, im Spiegelbild zu reflektieren. Da es aber bei der Eigenheit und Andersheit ihrer Voraussetzung und Aufgabe, bei ihrer Existenz als
besonderer äußerer Kreis sein Bewenden haben muß, kann
ihre Gerechtigkeit und also ihre Existenz als Spiegelbild der
christlichen Wahrheit und Wirklichkeit nun doch nicht selbstverständlich und ein für allemal vorausgegeben sein, ist diese
vielmehr aufs höchste gefährdet, ist es immer und überall fraglich, ob und in welchem Maß sie ihre Gerechtigkeit erfüllt,
muß sie also, um vor Entartung und Zerfall bewahrt zu bleiben, an sie erinnert werden; sie ist gleichnis*bedürftig* ebenso
wie sie gleichnisfähig ist. Es bedarf immer wieder einer Geschichte, die ihre Gestaltung zum Gleichnis des Reiches Gottes und also die Erfüllung ihrer Gerechtigkeit zum Ziel und
Inhalt hat. Die menschliche Initiative in dieser Geschichte
kann aber nicht von ihr selbst ausgehen. Sie ist ja als Bürgergemeinde dem Geheimnis des Reiches Gottes, dem Geheimnis ihres eigenen Zentrums gegenüber unwissend, dem Bekenntnis und der Botschaft der Christengemeinde gegenüber
neutral. Sie ist ja als Bürgergemeinde darauf angewiesen, aus
den löcherigen Brunnen des sogenannten Naturrechts zu
schöpfen. Sie kann sich nicht von sich aus an das wahre und
wirkliche Maß ihrer Gerechtigkeit erinnern, sich nicht von
sich aus zu deren Erfüllung in Bewegung setzen. Sie bedarf
eben dazu der heilsam beunruhigenden Gegenwart, der unmittelbar und direkt um jenes Zentrum rotierenden Tätigkeit
und also eben: der politischen Mitverantwortung der Christengemeinde. Die Christengemeinde ist auch nicht das Reich
Gottes, aber sie weiß darum, sie hofft darauf, sie glaubt daran;
sie betet ja im Namen Jesu Christi, und sie verkündigt diesen
Namen als den, der über allen Namen ist. Sie, die Christengemeinde, ist hier nicht neutral und darum auch nicht ohnmäch-

tig. Vollzieht sie nur die große, die ihr als ihre politische Mitverantwortung gebotene und notwendige *metabasis eis allo genos*, so kann und wird sie auch im anderen *genos* nicht neutral, nicht ohnmächtig sein, ihren Herrn auch dort nicht verleugnen können. Tritt sie in ihre politische Mitverantwortung ein, dann muß das bedeuten: sie ergreift jetzt die menschliche Initiative, die die Bürgergemeinde nicht ergreifen, sie gibt ihr jetzt den Anstoß, den diese sich selbst nicht geben, sie vollzieht jetzt eben die Erinnerung, deren diese von sich aus nicht fähig sein kann. Sie unterscheidet, urteilt und wählt dann im politischen Bereich immer zu Gunsten der Erleuchtung seines Zusammenhangs mit Gottes Heils- und Gnaden|ordnung und also zu Ungunsten aller Verdunkelungen dieses Zusammenhangs. Sie unterscheidet und wählt unter den sich jeweils bietenden politischen Möglichkeiten, unter Zurückstellung und Ablehnung der anderen, immer diejenigen, in deren Realisierung ein Gleichnis, eine Entsprechung, eine Analogie, das Spiegelbild dessen sichtbar wird, was den Inhalt ihres Bekenntnisses und ihrer Botschaft bildet. Sie tritt in den Entscheidungen der Bürgergemeinde immer auf die Seite, wo die Herrschaft Jesu Christi über das Ganze und also auch über diesen ihr fremden Bereich nicht verundeutlicht, sondern verdeutlicht wird. Sie will, daß die Gestalt und die Wirklichkeit des Staates inmitten der Vergänglichkeit dieser Welt auf das Reich Gottes hin und nicht von ihm weg weise. Sie will, daß die menschliche Politik die göttliche nicht kreuze, sondern daß sie ihr in ihrer ganzen Entfernung von jener parallel gehe. Sie will, daß die vom Himmel her offenbar gewordene und tätige Gnade Gottes in dem auf Erden allein möglichen Material äußerlicher, relativer und vorläufiger Handlungen und Handlungsweisen der politischen Gemeinde abgebildet werde. Sie verantwortet sich also erstlich und letztlich auch damit vor Gott – vor dem einen Gott, der den Menschen in Jesus Christus gnädig und offenbar ist, wenn sie sich für die Sache der Bürgergemeinde verantwortlich macht. Und so legt sie auch mit ihrem politischen Unterscheiden, Urteilen, Wählen und Wollen ein implizites, ein indirektes aber doch reales *Zeug-*

nis ab. So ist auch ihr politisches Handeln Bekenntnis. Sie ruft mit ihm auch die Bürgergemeinde aus der Neutralität, aus der Unwissenheit, aus dem Heidentum heraus in die Mitverantwortung vor Gott, in der sie ihre eigene politische Mitverantwortung betätigt. So handelt sie gerade in Treue gegen ihren eigensten Auftrag, indem sie auch politisch handelt. So also wird durch sie die Geschichte in Gang gebracht, die die Gestaltung der Bürgergemeinde zum Gleichnis des Reiches Gottes und also die Erfüllung ihrer Gerechtigkeit zum Ziel und Inhalt hat.

15.

Die Christengemeinde ist gegründet auf die Erkenntnis des einen ewigen Gottes, der als solcher *Mensch* und so des Menschen Nächster geworden ist, um Barmherzigkeit an ihm zu tun (Luk. 10,36 f.). Das zieht unweigerlich nach sich, daß die Christengemeinde sich im politischen Raum immer und unter allen Umständen in erster Linie des Menschen und nicht irgendeiner Sache annehmen wird, gleichviel, ob diese Sache das anonyme Kapital sei oder der Staat als solcher (das Funktionieren seiner Bureaus!) oder die Ehre der Nation oder der zivilisatorische oder auch kulturelle Fortschritt oder auch die so oder so konzipierte Idee einer historischen Entwicklung der Menschheit. Die letztere auch dann nicht, wenn es die Erhebung und das Wohl künftiger Menschengenerationen ist, die als Ziel dieser Entwicklung verstanden wird, zu dessen Erreichung dann der Mensch, die Menschenwürde, das Menschenleben in der Gegenwart zunächst einmal mit Füßen getreten werden dürfen. Sogar das Recht wird da zum Unrecht *(summum ius summa iniuria)*, wo es als abstrakte Form herrschen, statt als Menschenrecht der Begrenzung und Bewahrung eben des Menschen dienen will. Die Christengemeinde ist immer und unter allen Umständen der Gegner des Götzen Tschaggernat. Nachdem Gott selbst Mensch geworden ist, ist der Mensch das Maß aller Dinge, kann und darf der Mensch nur für den Menschen eingesetzt und unter Umständen geopfert – muß der Mensch, auch der elendeste Mensch – gewiß nicht des Menschen Egoismus, aber des Menschen Menschlichkeit – gegen die Autokratie jeder bloßen Sache resolut in Schutz genommen werden. Der Mensch hat nicht den Sachen, sondern die Sachen haben dem Menschen zu dienen.

16.

Die Christengemeinde ist Zeuge der göttlichen Rechtfertigung, das heißt des Aktes, in welchem Gott in Jesus Christus sein ursprüngliches *Recht* auf den Menschen und eben damit das *Recht* des Menschen selbst gegen Sünde und Tod aufgerichtet und befestigt hat. Die Zukunft, auf die sie wartet, ist die definitive Offenbarung dieser Rechtfertigung. Das zieht nach sich, daß die Christengemeinde in der Bürgergemeinde auf alle Fälle da zu finden sein wird, wo deren Ordnung darauf begründet ist, daß von der Beugung unter das gemeinsam als Recht Erkannte und Anerkannte, aber auch vom Schutze dieses Rechtes keiner ausgenommen, daß alles politische Handeln unter allen Umständen durch dieses Recht geregelt ist. Sie steht immer für den Rechtsstaat, immer für die maximale Geltung und Anwendung jener doppelten Regel und darum immer gegen alle Entartungen des Rechtsstaates als solchen. Sie wird also nie auf der Seite der Anarchie und nie auf der der Tyrannei zu finden sein. Ihre Politik wird auf alle Fälle dahin drängen, daß die Bürgergemeinde diesen Grundsinn ihrer Existenz: des Menschen Begrenzung und des Menschen Bewahrung durch Rechtsfindung und Rechtssetzung ganz ernst nehme. |

17.

Die Christengemeinde ist Zeuge dessen, daß des Menschen Sohn gekommen ist, zu suchen und zu retten, was *verloren* ist. Das muß für sie bedeuten, daß sie – frei von aller falschen Unparteilichkeit – auch im politischen Raum vor allem nach unten blickt. Es sind die nach ihrer gesellschaftlichen und wirtschaftlichen Stellung Schwachen und dadurch Bedrohten, es sind die Armen, für die sie sich immer vorzugsweise und im besonderen einsetzen, für die sie die Bürgergemeinde besonders verantwortlich machen wird. Daß sie ihnen im Rahmen ihrer eigenen Aufgabe (in Form ihrer »Diakonie«) Liebe zuwendet, ist Eines, und zwar ihr Erstes, über dem sie aber – nun im Rahmen ihrer politischen Verantwortung – das Andere nicht versäumen kann: den Einsatz für eine solche Gestaltung des Rechts, die es ausschließt, daß seine Gleichheit für alle zum Deckmantel werde, unter dem es für Starke und Schwache, selbständig und unselbständig Erwerbende, Reiche und Arme, Arbeitgeber und Arbeitnehmer faktisch doch ungleiche Begrenzung und ungleiche Bewahrung bedeutet. Die Christengemeinde steht im politischen Raum als solche und also notwendig im Einsatz und Kampf für die soziale Gerechtigkeit. Und sie wird in der Wahl zwischen den verschiedenen sozialistischen Möglichkeiten (Sozial-Liberalismus? Genossenschaftswesen? Syndikalismus? Freigeldwirtschaft? Gemäßigter –? Radikaler Marxismus?) auf alle Fälle die Wahl treffen, von der sie jeweils (unter Zurückstellung aller anderen Gesichtspunkte) das Höchstmaß von sozialer Gerechtigkeit erwarten zu sollen glaubt.

18.

Die Christengemeinde ist die Gemeinde derer, die durch das Wort der Gnade und durch den Geist der Liebe Gottes in *Freiheit* Gottes Kinder zu sein berufen sind. Das bedeutet in der Übersetzung und im Übergang in die ganz andere politische Gestalt und Wirklichkeit: sie bejaht als das jedem Bürger durch die Bürgergemeinde zu garantierende Grundrecht die Freiheit: die Freiheit, seine Entscheidungen in der politisch rechtlichen Sphäre nach eigener Einsicht und Wahl und also selbständig zu vollziehen, und die Freiheit einer Existenz in bestimmten, politischrechtlich gesicherten aber nicht politisch rechtlich geordneten und regulierten Sphären (Familie, Bildung, Kunst, Wissenschaft, Glaube). Die Christengemeinde wird sich nicht unter allen Umständen einer praktischen Diktatur, das heißt einer teilweisen und vorübergehenden Einschränkung dieser Freiheiten, sie wird | sich aber unter allen Umständen der prinzipiellen Diktatur, das heißt dem totalitären Staat entziehen und entgegensetzen. Der mündige Christ kann nur ein mündiger Bürger sein wollen, und er kann auch seinen Mitbürgern nur zumuten, als mündige Menschen zu existieren.

19.

Die Christengemeinde ist die Gemeinde derer, die als Glieder an dem einen Leib des einen Hauptes diesem ihrem Herrn und eben damit einander *verbunden* und *verpflichtet* sind. Daraus folgt, daß sie die politische Freiheit und also das dem einzelnen Bürger zu garantierende Grundrecht nie anders – das ist in den klassischen Proklamationen der sogenannten »Menschenrechte« sowohl in Amerika wie in Frankreich nicht eben deutlich geworden – als im Sinn der von ihm geforderten Grundpflicht der Verantwortlichkeit verstehen und interpretieren wird. Verantwortlich ist der Bürger also sowohl in der politischen wie in der nicht politischen Sphäre seiner Entscheidungen und Betätigungen, im ganzen Bereich seiner Freiheit. Und verantwortlich ist selbstverständlich auch die Bürgergemeinde in der Wahrnehmung ihrer Freiheit als Ganzes. So überbietet die christliche Haltung sowohl den Individualismus als auch den Kollektivismus. Sie kennt und anerkennt die »Interessen« des Einzelnen und des Ganzen, aber sie widersetzt sich ihnen, wo sie das letzte Wort haben wollen, sie unterordnet sie dem Sein des Bürgers, dem Sein der Bürgergemeinde vor dem Recht, über das die Einzelnen wie das Ganze nicht zu herrschen, sondern nach dem sie zu fragen, das sie zu finden, dem sie – immer zur Begrenzung und Bewahrung des Menschen – zu dienen haben.

20.

Als die Gemeinde derer, die unter dem einen Herrn auf Grund einer Taufe in einem Geist, in einem Glauben leben, muß und wird die Christengemeinde im politischen Bereich bei aller nüchternen Einsicht in die Verschiedenheit der Bedürfnisse, Fähigkeiten und Aufträge für die *Gleichheit* der Freiheit und Verantwortlichkeit aller als mündig anzusprechenden Bürger, das heißt für ihre Gleichheit vor dem sie alle verbindenden und verpflichtenden Gesetz, für ihre Gleichheit in der Mitwirkung an dessen Zustandekommen und Durchführung, für ihre Gleichheit in der durch dieses Gesetz gesicherten Begrenzung und Bewahrung eintreten. Liegt es gerade nach christlicher Erkenntnis im Wesen der Bürgergemeinde, daß | diese Gleichheit durch keine Verschiedenheit des Glaubens- oder Unglaubensbekenntnisses beschränkt sein kann, so darf und muß, wieder auf Grund christlicher Einsicht, um so bestimmter darauf hingewiesen werden, daß nicht nur die Beschränkung der politischen Freiheit und Verantwortlichkeit gewisser Stände und Rassen, sondern vor allem auch die der Frauen eine willkürliche Konvention ist, die der Konservierung wirklich nicht würdig sein kann. In der Folgerichtigkeit christlicher Erkenntnis wird es auch in dieser Sache nur eine mögliche Entscheidung geben.

21.

Indem die Christengemeinde in ihrem eigenen Raum weiß um die *Verschiedenheit* der Gaben und Aufträge des einen Heiligen Geistes, wird sie auch im politischen Raum wach und offen sein für die Notwendigkeit, die verschiedenen Funktionen und »Gewalten« – die gesetzgebende, die vollziehende, die richterliche – insofern zu trennen, als die Träger der einen nicht zugleich die der anderen sein können. Kein Mensch ist ein Gott, der die Funktionen des Gesetzgebers und des Regenten, die des Regenten und die des Richters ohne Gefährdung der Souveränität des hier wie dort zu respektierenden Rechtes in seiner Person zu vereinigen vermöchte. Auch das »Volk« ist kein solcher Gott, wie ja auch die Christengemeinde gerade nicht etwa in ihrer Gesamtheit ihr eigener Herr und Inhaber aller seiner Gewalten ist. Sondern hier wie dort ist es so, daß im Volk (durch das Volk und für das Volk) bestimmte und nun eben verschiedene und also auch von verschiedenen Personen zu versehende Dienste auszurichten sind, deren Vereinigung in einer menschlichen Hand die Einheit des gemeinsamen Werkes nicht etwa fördern, sondern sprengen würden. Die Christengemeinde wird der Bürgergemeinde vorangehen in der Erkenntnis der in dieser Sache zu respektierenden Notwendigkeit.

22.

Die Christengemeinde lebt von der Enthüllung des wahren Gottes und seiner Offenbarung, von ihm als dem *Licht*, das in Jesus Christus dazu aufgeleuchtet ist, damit es die Werke der Finsternis zerstöre. Sie lebt am angebrochenen Tage des Herrn, und ihre Aufgabe der Welt gegenüber besteht darin, sie zu wecken und ihr zu sagen, daß dieser Tag angebrochen ist. Die notwendige politische Entsprechung dieses Sachverhalts besteht darin, daß die Christengemeinde die abgesagte Gegnerin aller Geheimpolitik und Geheimdiplomatie ist. Was grundsätzlich geheim sein und bleiben wollte, das könnte auch in der politischen Sphäre nur das Unrecht sein, während das Recht sich eben dadurch vor dem Unrecht auszeichnet, daß es in seiner Aufrichtung, Behauptung und Durchführung an das Licht der Öffentlichkeit drängt. Wo Freiheit und Verantwortlichkeit im Dienst der Bürgergemeinde Eines sind, da kann und muß vor *Aller* Ohren geredet, vor *Aller* Augen gehandelt werden, da können und müssen der Gesetzgeber, der Regent und der Richter – ohne sich das Heft durch das Publikum verwirren zu lassen, ohne von diesem abhängig zu werden – grundsätzlich nach allen Seiten zur Rechenschaft bereit sein. Die Staatskunst, die sich ins Dunkel hüllt, ist die Kunst des Staates, der als anarchischer oder tyrannischer Staat das böse Gewissen seiner Bürger oder seiner Funktionäre zu verbergen hat. Die Christengemeinde wird ihm darin auf keinen Fall Beistand leisten.

23.

Die Christengemeinde sieht sich begründet und genährt durch das freie – in der Heiligen Schrift zu jeder Zeit aufs neue seine Freiheit bewährende *Wort* Gottes. Und sie traut es in ihrem eigenen Raum dem menschlichen Worte zu, dieses freien Wortes Gottes freier Träger und Verkünder zu sein. Sie muß das Gleichnis wagen, dem freien menschlichen Wort auch im Raum der Bürgergemeinde eine Verheißung, eine positive aufbauende Bedeutung zuzuschreiben. Sie kann hier nicht grundsätzlich mißtrauisch sein, da sie dort (mit guten Gründen) so vertrauensvoll ist. Sie wird damit rechnen, daß Worte nicht notwendig leer oder unnütz oder gar gefährlich sein müssen, sondern daß durch rechte Worte Entscheidendes geklärt und zurechtgebracht werden kann. Sie wird darum – auf die Gefahr hin, daß dann auch leere, unnütze, gefährliche Worte laut werden können – dafür eintreten, daß es dem rechten Wort jedenfalls an Gelegenheit, laut und gehört zu werden, nicht fehlt. Sie wird dafür eintreten, daß man in der Bürgergemeinde miteinander redet, um miteinander zu arbeiten. Und sie wird dafür eintreten, daß das offen geschehen kann. Sie wird mit aller Macht auf der Seite derjenigen sein, die mit allem Dirigieren, Kontrollieren und Zensurieren der öffentlichen Meinungsäußerung nichts zu tun haben wollen. Sie kennt keinen Vorwand, unter dem das doch eine gute Sache und keine »Lage«, in der dies doch geboten sein könnte! |

24.

In der Christengemeinde wird in der Nachfolge Christi selbst nicht geherrscht, sondern *gedient*. Sie kann darum auch in der Bürgergemeinde alles Herrschen, das nicht als solches ein Dienen ist, nur als einen Krankheits- und nie und nimmer als den Normalzustand anerkennen. Es gibt keinen Staat ohne Staatsgewalt. Aber die Gewalt des rechten Staates unterscheidet sich von der des unrechten wie *potestas* und *potentia*. *Potestas* ist die dem Recht folgende und dienende, *potentia* ist die dem Recht vorangehende, das Recht meisternde, beugende und brechende Gewalt – die »Macht an sich«, die als solche schlechthin böse ist. Bismarck – um von Hitler gar nicht zu reden – war (trotz des Losungsbüchleins auf seinem Nachttisch!) darum kein vorbildlicher Staatsmann, weil er den Staat grundsätzlich von oben nach unten, weil er sein Werk auf die »Macht an sich« aufbauen und begründen wollte. Das letzte Ende dieses allzu konsequent unternommenen Versuchs konnte kein anderes sein als das, das dann gekommen ist. Hier gilt: »Wer das Schwert nimmt, wird durch das Schwert umkommen.« Die christliche Staatsraison weist genau in die entgegengesetzte Richtung.

25.

Indem die Christengemeinde von Hause aus *ökumenisch* (katholisch) ist, widersteht sie auch im Politischen allen abstrakten Lokal-, Regional- und Nationalinteressen. Sie wird immer je dieser und dieser Stadt Bestes suchen. Sie wird das aber nie tun, ohne gleichzeitig über ihre Mauern hinauszusehen. Sie wird sich der Äußerlichkeit, Relativität und Vorläufigkeit gerade ihrer Grenzen, gerade der Absonderung ihrer Aufgaben von der anderer Städte bewußt sein. Sie wird grundsätzlich immer für Verständigung und Zusammenarbeit im größeren Kreis eintreten. Gerade die Kirche wird also für eine bloße

Kirchturmpolitik zu allerletzt zu haben sein. *Pacta sunt servanda? Pacta sunt concludenda!* Auch die Bürger hier und die Bürger dort müssen miteinander reden, müssen sich miteinander ins Einvernehmen setzen, wenn ihre Sache hier und dort Bestand haben und nicht in die Brüche gehen soll. In der Christengemeinde hat man auch in dieser Hinsicht die Luft der Freiheit geschmeckt und von ihr aus müssen sie auch die Anderen zu schmecken bekommen.

26.

In der Christengemeinde weiß man um Gottes Zorn und Gericht, aber auch darum, daß der Zorn nur einen Augenblick währt, seine *Gnade* aber in Ewigkeit. Die politische Analogie dieser Wahrheit besteht darin: Gewaltsame Konfliktslösungen in der Bürgergemeinde – von den Maßnahmen der Polizei bis zu den Entscheidungen der Strafjustiz, von der – nicht im Aufruhr gegen die rechtmäßige »Obrigkeit«, sondern zu deren Wiederherstellung unternommenen – bewaffneten Erhebung gegen ein bestimmtes, unrechtmäßig gewordenes, seiner Aufgabe nicht mehr würdiges und gewachsenes Regiment bis zum Verteidigungskrieg gegen die von außen kommende Bedrohung des rechten Staates sind unter gegebenen Umständen auch von der Christengemeinde – wie sollte gerade sie sich hier desolidarisieren können? – gutzuheißen, zu unterstützen und unter Umständen sogar anzuregen. Sie kann aber jede gewaltsame Konfliktslösung nur als *ultima ratio regis* gelten lassen. Sie wird sie nur gutheißen und unterstützen, wo sie sich als augenblicklich letzte unvermeidliche Möglichkeiten aufdrängen. Und sie wird diese Augenblicke der Erschöpfung aller anderen Möglichkeiten – indem sie warnt, so lange es noch andere Möglichkeiten gibt – immer so weit als möglich hinauszuschieben und zu vermeiden bemüht sein. Für einen absoluten Frieden, den Frieden um jeden Preis, kann sie nicht eintreten. Sie muß und wird aber dafür eintreten, daß für die Erhaltung oder Wiederherstellung des Friedens im Innern und nach außen außer dem letzten, der in der Aufhebung und Zerstörung des rechten Staates und damit in der praktischen Verleugnung der göttlichen Anordnung bestehen würde, kein Preis als zu hoch angesehen wird. Sie erweise sich, bevor sie sich den Ruf nach Gewalt zu eigen macht, als erfinderisch im Aufsuchen anderer Konfliktslösungen! Die Vollkommenheit des himmlischen Vaters, der als solcher nicht aufhört, auch der himmlische Richter zu sein, verlangt, wo sie erkannt ist, nach der irdischen Vollkommenheit einer wirklich bis an die Grenzen des Menschenmöglichen gehenden Friedenspolitik.

27.

Das sind einige *Beispiele* christlich politischen Unterscheidens, Urteilens, Wählens, Wollens, Sicheinsetzens: Beispiele von Gleichnissen, Entsprechungen, Analogien des in der Christengemeinde geglaubten und verkündigten Reiches Gottes im Raum der äußerlichen, relativen, vorläufigen Fragen des Lebens der Bürgergemeinde. Der Weg von hier nach dort verlangt auf der ganzen Linie christliche, geistliche, prophetische Erkenntnis. Die aufgezählten Vergleichs- und Entscheidungspunkte sind also nicht die Paragraphen einer Staatsverfassung. Sie wollen nur illustrieren, wie von der Christengemeinde her im Raum der Bürgergemeinde entschieden wird. Man könnte, um das Wesentliche sichtbar zu machen, auch doppelt oder dreifach oder auch nur halb so viele solche Beispiele oder auch nur ein einziges nehmen. Es wurden *Beispiele* genannt, weil die gleichnishafte, aber höchst konkrete Beziehung zwischen der christlichen Botschaft und bestimmten politischen Entscheidungen und Verhaltungsweisen sichtbar zu machen war. Noch konkreter könnte nur in Form von Nennung und Begründung einzelner geschichtlich bestimmter Stellungnahmen geredet werden. Und es wurden diesmal viele Beispiele genannt, weil sichtbar zu machen war, daß es sich in der christlichen Politik zwar nicht um ein System, aber auch nicht um je und dann zu realisierende Einzeleinfälle, sondern um eine stetige Richtung, um eine kontinuierliche Linie doppelseitiger Entdeckkungen, um einen Zusammenhang von Explikationen und Applikationen handelt. Die hier gebotene Reihe solcher Explikationen und Applikationen ist also selbstverständlich nach allen Seiten ergänzungsbedürftig. Und es liegt im Wesen der hier genannten oder sonst zu nennenden Vergleichs- und Entscheidungspunkte, daß die Übersetzungen und Übergänge von dort nach hier im einzelnen immer diskutabel, mehr oder weniger einleuchtend sein werden, daß das, was dazu zu sagen ist, den Charakter von unverbesserlichen Beweisen nicht tragen kann. Man überbiete also das hier Gesagte durch größere Weite, Tiefe und Genauigkeit! Man wird dabei bestimmt gewahr werden, daß man auf diesem Weg durchaus nicht etwa Alles und Jedes begründen und ableiten kann. Die Eindeutigkeit der biblischen Botschaft wird nämlich dafür sorgen, daß auch ihre Explikationen und Applikationen sich in einer stetigen Richtung und in einer kontinuierlichen Linie bewegen müssen. Was grundsätzlich sichtbar zu machen war und ist, ist die Möglichkeit und Notwendigkeit des Vergleichs der beiden Räume und der in diesem Vergleich vom ersten Raum hinüber in den zweiten zu vollziehenden Entscheidungen.

28.

Eine Anmerkung zu der Stetigkeit und Kontinuierlichkeit der hier aufgewiesenen Richtung und Linie des christlich politischen Denkens und Handelns: Wir haben nicht von einer Konzeption des »Naturrechts«, sondern vom Evangelium her argumentiert. Es kann aber nicht geleugnet werden, daß wir uns in der Reihe der aufgezählten Beispiele an mehr als einem Punkt in der Sache mit Aufstellungen berührt haben, die anderwärts nun doch auch schon *naturrechtlich* begründet worden sind. Wer sich da und dort an *J. J. Rousseau* erinnert und sich darüber gefreut oder geärgert haben sollte, dem sei das gegönnt. Wir brauchen uns der Nachbarschaft nicht zu schämen. Wir sahen ja: die göttliche Anordnung hinsichtlich des Staates macht es durchaus möglich, daß es in seinem Bereich auch da zu sachlich richtigen theoretischen und praktischen Erkenntnissen und Entscheidungen kommen kann, wo man angesichts der trüben Quelle, aus der sie stammen, lauter Irrtümer und Fehltritte erwarten müßte. Sollten wir uns mit naturrechtlich begründeten Thesen im Ergebnis hier wirklich getroffen haben, so würde darin nur eine Bestätigung dessen zu erblicken sein, daß die *polis* sich auch da im Reiche Jesu Christi befindet, wo ihre Träger diesen Sachverhalt nicht kennen oder nicht wahrhaben wollen und darum von der dem Menschen von daher nahegelegten Erkenntnis ihres Wesens keinen Gebrauch zu machen wissen. Wie sollte es unmöglich sein, daß es da ihrer Blindheit zum Trotz auch zu sachlich richtigen Einsichten kommen kann und je und je gekommen ist? Die heidnische Bürgergemeinde lebt davon, daß eine solche Führung der Blinden ihren Bestand und ihre Funktionen immer wieder möglich gemacht hat. Die Christengemeinde aber kann und darf ihr das Zeugnis ihrer reell begründeten, bestimmt umrissenen, folgerichtig anwendbaren Einsicht darum erst recht nicht vorenthalten.

29.

Noch eine Anmerkung zu der Stetigkeit und Kontinuierlichkeit jener Richtung und Linie: Man mag (wieder mit Vergnügen und Verdruß) auch dies bemerken, daß die christlich-politische Richtung und Linie, die sich vom Evangelium her ergibt, eine auffallende Neigung nach der Seite verrät, die man gemeinhin und allgemein als die des »*demokratischen*« Staates zu bezeichnen pflegt. Wir werden uns auch in dieser Hinsicht wohl hüten, einen offenkundigen Tatbestand in Abrede zu stellen. »Demokratie« in irgendeinem technischen (schweizerischen, amerikanischen, französischen usw.) Sinn des Begriffs ist zwar sicher nicht notwendig die Gestalt des im christlichen Sinn rechten Staates. Dieser von jenen Vergleichs- und Entscheidungspunkten her gesehen rechte Staat kann auch die Gestalt der Monarchie oder der Aristokratie, er mag gelegentlich sogar die der Diktatur tragen. Umgekehrt ist keine Demokratie als solche davor geschützt, in vielen oder allen jenen Vergleichs- und Entscheidungspunkten zu versagen, nicht | nur nach der Seite der Anarchie, sondern auch nach der der Tyrannei zu entarten und also zum Unrechtsstaat zu werden. Man kann und muß auch zugestehen, daß das Wort und der Begriff »Demokratie« (»Volksherrschaft«) ein ohnmächtiges Mittel ist, um das auch nur annähernd zu bezeichnen, was es nach christlicher Einsicht mit der der göttlichen Anordnung entsprechend konstituierten und existierenden Bürgergemeinde auf sich hat. Es ist darum doch nicht zu übersehen und zu leugnen, daß das christlich politische Unterscheiden, Urteilen, Wählen, Wollen, Sicheinsetzen auf der ganzen Linie eine Tendenz auf die Gestalt des Staates hat, die in den sogenannten »Demokratien« wenn nicht verwirklicht, so doch mehr oder weniger ehrlich und deutlich gemeint und angestrebt ist. Man muß, wenn man alles überblickt, schon sagen: es hat jedenfalls eine stärkere Tendenz nach dieser als nach irgendeiner anderen Seite. Es gibt schon eine *Affinität* zwischen der Christengemeinde und der Bürgergemeinde der *freien* Völker!

30.

Wir wenden uns zum Schluß zu der Frage nach der praktischen *Verwirklichung* der christlich-politischen Entscheidungen.

Es liegt nahe, hier zunächst an die Bildung und Tätigkeit einer besonderen christlichen *Partei* zu denken. Man hat in Holland schon lange, man hat dann auch in der Schweiz *(Evangelische Volkspartei)* und man hat neuerdings besonders in Frankreich *(Mouvement Républicain Populaire)* und in Deutschland *(Christlich-Demokratische Union)* nach diesem Mittel gegriffen. Man hat es von evangelischer Seite für möglich und geboten erachtet, sich zu diesem Zweck mit entsprechend interessierten römisch-katholischen Mitbürgern zusammenzuschließen. Nun sind aber die Parteien ohnehin eines der fragwürdigsten Phänomene des politischen Lebens: keinenfalls seine konstitutiven Elemente, vielleicht von jeher krankhafte, auf jeden Fall nur sekundäre Erscheinungen. Ist die Christengemeinde wohl beraten, wenn sie zur Erfüllung ihrer Mitverantwortung in der Bürgergemeinde diese Gebilde um ein weiteres vermehrte? Gibt es in christlicher Sicht eine andere »Partei« im Staat als eben – die christliche Gemeinde selber mit ihrem allerdings besonderen Sinn und Auftrag dem Ganzen gegenüber? Und könnte in christlicher Sicht als politische Entsprechung der Kirche im Staat (wenn diese die Form einer Partei haben sollte) etwas Anderes erlaubt und möglich sein als – man erschrecke nicht zu sehr! – eine einzige, alle anderen ausschließende Staatspartei, deren Programm mit der umfassend | verstandenen Aufgabe des Staates (unter Ausschluß aller Sonderideen und Sonderinteressen) identisch sein müßte? Wie soll es eine besondere christliche Partei neben anderen geben? Eine Partei, der dann manche Christen angehören, manche andere nicht angehören – eine Partei, der andere, nichtchristliche (und in ihrer Nicht-Christlichkeit von der christlichen Partei theoretisch und praktisch als legitim anerkannte) Parteien gegenüberstehen? Als ob die christliche Gemeinde nicht alle ihre Glieder mit dem gleichen letzten Ernst für ihre eigene politische Richtung und Linie in Anspruch nehmen müßte und als ob sie die Nicht-Christen in der Bürgergemeinde durch die ihnen entgegengestellte Zusammenballung von angeblichen Christen geradezu erlauben dürfte, sich ihrerseits als Nicht-Christen zur Durchsetzung ihrer, der christlichen geradezu entgegengesetzten Richtung und Linie ebenfalls zusammenzuballen, zu versteifen und zu befestigen! Ihr muß doch alles daran liegen, daß die Christen sich im politischen Raum, wo sie die alle Menschen angehende christliche Botschaft im Gleichnis ihrer von daher begründeten Entscheidungen zu vertreten und hörbar zu machen haben, gerade nicht zusammenballen, sich gerade als die zeigen und verhalten, die, indem sie ihren besonderen Weg gehen, nicht *gegen* Irgendwelche, sondern schlechterdings *für* Alle, die die gemeinsame Sache der ganzen Bürgergemeinde sind. Im politischen Raum kann ja die Christengemeinde gerade das Christliche, nämlich ihre Botschaft, gar nicht direkt, sondern eben nur im Spiegel ihrer politischen Entscheidungen sichtbar machen und können diese Entscheidungen nicht dadurch, daß sie christlich begründet, sondern allein dadurch, daß sie politisch besser, zur Erhaltung und zum Aufbau des Gemeinwesens faktisch heilsamer sind, einleuchtend gemacht und zum Sieg geführt werden. Sie können hier nur Zeugnis *sein* und als solches *wirken*. Der Titel und Anspruch, daß sie ein solches Zeugnis seien, macht sie aber noch nicht dazu! Wird es nicht notwendig so sein, daß einer christlichen Partei gerade das Christliche, für das sie im politischen Raum gar keine Verwendung haben kann, zur Verlegenheit werden muß? Und wird es nicht so sein, daß sie es durch die Ziele und Mittel, deren sie um ihrer Schlagkraft als Partei willen bedarf (Erringen von Mehrheiten und Machtpositionen, darum Propaganda, darum wohlwollende Duldung ja Heranziehung von nicht-christlichen oder christlich problematischen Mitläufern oder auch Führern, darum Kompromisse und Koalitionen mit »nichtchristlichen« Parteien usw.) geradezu verleugnen, es jedenfalls verdunkeln statt erhellen wird? Wird diese Partei die Christengemeinde und ihre Botschaft nicht notwendig gerade mit ihrer Christlichkeit auf Schritt und Tritt kompromittieren? Im politischen Raum können nun einmal die Christen gerade mit ihrem Christentum nur anonym auftreten. Nur indem sie jenen politischen Kampf für die Belange der Kirche führen würden, könnten sie diese Anonymität durchbrechen, um dann doch gerade mit diesem sehr unchristlichen Kampf dem Christennamen erst recht Unehre zu machen. In den eigentlich politischen, den Aufbau der Bürgergemeinde als solcher betreffenden Fragen können sie nur in Form von Entscheidungen antworten, die nach Form und Inhalt auch die anderer Bürger sein könnten, ja von denen sie geradezu wünschen müssen, daß sie ohne Rücksicht auf deren Bekenntnis auch die aller anderen Bürger werden möchten. Wie soll es aber unter diesen Umständen eine Sammlung der Christen in einer Partei überhaupt geben können? Die Sache ist nur möglich – und die ohnehin verdächtige Allianz der Evangelischen mit den Römischen im französischen MRP und in der deutschen CDU zeigt, daß sie auch nur erfolgreich wird, wo das Reich Gottes nun doch wieder als naturrechtlich begründetes menschliches Hochziel verstanden, wo neben das Evangelium in der politischen Sphäre ein angeblich christliches, in Wirklichkeit aus humaner Weltanschauung und Moral zusammengeleimtes Gesetz gestellt wird. Gerade repräsentiert durch eine christliche Partei, kann die Christengemeinde der Bürgergemeinde das politische Salz nicht sein, das zu sein sie ihr schuldig ist.

31.

Die ihr zur Leistung dieser ihrer Schuldigkeit schlicht gebotene Möglichkeit ist ihre eigenste: die Verkündigung des ganzen *Evangeliums* von Gottes Gnade, die als solche des ganzen – auch des politischen – Menschen ganze Rechtfertigung ist. Dieses Evangelium, dessen Inhalt der König und sein jetzt verborgenes, einst zu offenbarendes Reich ist, ist von Haus aus politisch, und wenn es in Predigt, Unterricht und Seelsorge in rechter Auslegung der Heiligen Schrift und in rechter Anrede an den wirklichen (christlichen und nicht-christlichen) Menschen verkündigt wird, notwendig prophetisch-politisch. Explikation und Applikation in jenen Vergleichs- und Entscheidungspunkten in einer mit keiner anderen zu verwechselnden Richtung und Linie wird da – ob in direkter oder indirekter Beleuchtung der politischen Tagesfragen – notwendig stattfinden, wo die Christengemeinde zum Dienst an diesem Evangelium versammelt ist. Die | Frage, ob dies geschieht, richtet sich auch, sie richtet sich aber nicht nur an ihre Prediger. Es ist kein gutes Zeichen, wenn die Gemeinde scheut und erschrickt, wenn die Predigt politisch wird: als ob sie auch apolitisch sein könnte, als ob sie als apolitische Predigt nicht bewiese, daß sie weder Salz noch Licht der Erde ist! Die ihrer politischen Verantwortlichkeit bewußte Gemeinde wird es wollen und verlangen, daß die Predigt politisch werde; sie wird sie politisch verstehen, auch wenn sie mit keinem Wort »politisch« wird! Sie trage wirklich nur dafür Sorge, daß das ganze Evangelium in ihrem eigenen Bereich wirklich verkündigt werde. Für die heilsame christlich-politische Beunruhigung des weiteren Bereichs der Bürgergemeinde wird dann sicher reichlich gesorgt sein.

32.

Die Christengemeinde handelt auch dann im Sinn und in den Grenzen ihres Auftrags und ihrer Kompetenz, wenn sie durch den Mund ihrer presbyterialen und synodalen Organe in wichtigen Situationen des politischen Lebens durch *besondere Eingaben* an die Behörden oder durch öffentliche Proklamationen sich zu Worte meldet. Sie wird diese Situationen gut auswählen, und sie wird ihre Worte zugleich sehr bedächtig und sehr bestimmt setzen müssen, um gehört zu werden. Sie wird nicht den falschen Eindruck erwecken dürfen, als erwache sie immer erst dann aus dem Schlafe einer im übrigen apolitischen Existenz, wenn wieder einmal die Lotterie oder der Alkoholmißbrauch oder die Sonntagsentheiligung oder ähnliche im engeren Sinn »religiös-sittliche« Fragen zur Diskussion stehen, als ob diese nicht doch bloß den äußersten Rand des eigentlichen politischen Lebens bildeten. Sie sehe auch zu, daß sie nicht regelmäßig zu spät, das heißt erst dann auf den Plan trete, wenn ihre Stellungnahmen kein besonderes Risiko mehr bedeuten, aber auch keine besondere Wirkung mehr haben können. Und sie sehe vor allem zu, daß nicht das Bild von der Kirche als der Vertreterin einer bestimmten klassenmäßig bedingten Weltanschauung und Moral sich immer aufs neue verfestige, die ohnehin getreuen Anhänger dieses Gesetzes noch weiter verhärte und das Kopfschütteln derer errege, die in diesem Gesetz nun einmal kein ewiges Gesetz zu erkennen vermögen. Das alles gilt sinnvoll auch für die mit mehr oder weniger kirchlicher Autorität oder schließlich auch ohne solche ausgeübte christliche *Journalistik* und *Schriftstellerei*. Sie sehe zu, daß sie sich rechtschaffen in den Dienst der Christengemeinde an der Bür|gergemeinde, in den Dienst des für alles Volk bestimmten Evangeliums und nicht in den Dienst irgendwelcher christlicher Schrullen stelle!

33.

Vielleicht der entscheidende Beitrag der Christengemeinde im Aufbau der Bürgergemeinde besteht darin, daß sie ihre eigene Existenz, ihre Verfassung und Ordnung theoretisch und praktisch demgemäß gestaltet, daß sie, die direkt und bewußt um jenes gemeinsame Zentrum versammelt ist, den inneren Kreis innerhalb des äußeren darzustellen hat. Der rechte Staat muß in der rechten Kirche sein Urbild und Vorbild haben. Die Kirche *existiere* also *exemplarisch*, das heißt so, daß sie durch ihr einfaches Dasein und Sosein auch die Quelle der Erneuerung und die Kraft der Erhaltung des Staates ist. Ihr Predigen und Proklamieren des Evangeliums wäre umsonst, wenn ihr Dasein und Sosein, ihre Verfassung und Ordnung, ihre Regierung und Verwaltung nicht praktisch dafür sprächen, daß jedenfalls hier, in diesem engeren Kreis vom Evangelium her gedacht, gehandelt, disponiert wird, daß man hier tatsächlich direkt und bewußt um das gemeinsame Zentrum versammelt und nach ihm hin ausgerichtet ist. Wie soll die Welt die Botschaft vom König und seinem Reich glauben, wenn die Kirche vielleicht durch ihr Tun und Verhalten zu erkennen gibt, daß sie selbst gar nicht daran denkt, sich in ihrer eigenen inneren Politik an dieser Botschaft zu orientieren? Wie soll es zu einer Reformation des Volkes kommen, wenn es die Spatzen von den Dächern pfeifen, daß die Kirche doch nur in der Restauration – oder nicht einmal in der Restauration! – begriffen ist? Es sind unter jenen theologisch-politischen Vergleichs-

und Entscheidungspunkten nicht viele, die nicht auch und zuerst im Leben und im Aufbau der Kirche selbst Beachtung verdienten und noch lange nicht Beachtung genug gefunden haben. Was für ein Unfug, wenn zum Beispiel in einem Land und Volk, das heute die Elemente von Recht, Freiheit, Verantwortlichkeit, Gleichheit usw., die Elemente der Demokratie von Grund aus zu erlernen hat, ausgerechnet die Kirche immer noch hierarchischer, immer noch bureaukratischer sich zu gebärden für nötig hält, und in einer Situation zum Hort des Nationalismus wird, wo gerade sie sich als heilige, allgemeine Kirche darstellen und damit auch die deutsche Politik aus einem alten Engpaß herauszuführen helfen dürfte. Die Christengemeinde darf nicht vergessen: sie redet gerade in der Bürgergemeinde am unmißverständlichsten durch das, was sie *ist*. |

34.

Wenn sie Christengemeinde ist, dann bedarf sie keiner christlichen Partei. Sie versieht dann nicht nur mit ihrem Wort und mit ihrer Existenz alle die Funktionen, die in dem unglückseligen Unternehmen einer solchen Partei offenbar das Gemeinte sind. Es wird dann auch nicht an den einzelnen *Christen* fehlen, die in jener Anonymität, in der sie im politischen Raum allein auftreten können, im Sinn der christlichen Richtung und Linie tätig und damit anspruchslose Zeugen der auch dort allein heilsamen Christusbotschaft sind. Nicht daß sie »feine, fromme Menschen« sind, wird dort ihren Ruhm ausmachen, sondern schlicht dies, daß sie von ihrem besonderen Ort aus besser als andere der Stadt Bestes zu suchen wissen. Nicht die Anwesenheit und Mitwirkung »christlicher Persönlichkeiten« ist ja das, was der Bürgergemeinde hilft. Wir denken nochmals an Bismarck: Nehmen wir einmal an, daß er so etwas wie die »christliche Persönlichkeit« gewesen sei, als die er von der Legende beschrieben wird – was aber hat das an der fatalen Richtung seiner Politik geändert? Was hat das dem armen Deutschland schon helfen können? Was im politischen Raum hilft, was Christen hier helfen können, ist dies, daß sie der Bürgergemeinde in der christlichen Richtung immer wieder Anstoß, auf der christlichen Linie Bewegungsfreiheit geben. Man sage nicht, daß ihrer zu wenige seien und daß diese wenigen in ihrer Vereinzelung »nichts ausrichten« könnten. Was könnte und kann hier tatsächlich schon ein Einziger, der ganz bei der Sache ist! Und nicht nach dem, was sie ausrichten können, sondern nach dem, wozu sie durch Gottes Gnade gefordert sind, sind die Christen auch in dieser Sache gefragt. Was hat es auf sich, wenn sie vereinzelt sind und wenn sie – da es nun einmal Parteien gibt – in verschiedenen und also, wie es sich gehört, in einer der verschiedenen »nichtchristlichen« Parteien stehen? Sie werden die Parteiprogramme, die Parteidisziplinen, die Parteisiege und Parteiniederlagen, in die sie dabei verwickelt werden, so ernst und so humoristisch nehmen, wie es diese Sache verdient. Sie werden in jeder Partei gegen die Partei für das Ganze und gerade so im primären Sinn politische Menschen sein. Sie werden also an verschiedenen Orten, ob bekannt oder unbekannt, ob mit oder ohne besondere Querverbindungen, beieinander – nun auch als Staatsbürger beieinander – sein, und in gleicher Weise unterscheiden und urteilen und also nichts Verschiedenes, sondern das Eine wählen und wollen, für Eines sich einsetzen. Die Christengemeinde liefere der Bürgergemeinde solche Christen, solche Bürger, solche im primären Sinn | politische Menschen! In ihrer Existenz vollzieht sie dann ihre politische Mitverantwortung auch in der direktesten Form.

35.

Der mehrfach angeführte fünfte Satz der »Theologischen Erklärung« von Barmen sei nun auch noch im Zusammenhang in Erinnerung gerufen:
»Die Schrift sagt uns, daß der Staat nach göttlicher Anordnung die Aufgabe hat, in der noch nicht erlösten Welt, in der

auch die Kirche steht, nach dem Maß menschlicher Einsicht und menschlichen Vermögens unter Androhung und Ausübung von Gewalt für Recht und Frieden zu sorgen. Die Kirche erkennt in Dank und Ehrfurcht gegen Gott die Wohltat dieser seiner Anordnung an. Sie erinnert an Gottes Reich, an Gottes Gebot und Gerechtigkeit und damit an die Verantwortung der Regierenden und Regierten. Sie vertraut und gehorcht der Kraft des Wortes, durch das Gott alle Dinge trägt.«

Ich bin der Meinung, das Thema »Christengemeinde und Bürgergemeinde« im Sinn dieses Satzes und also im Sinn der Bekennenden Kirche in Deutschland behandelt zu haben. Es würde dort Einiges anders stehen, wenn sie selbst diesem Element jener Erklärung rechtzeitig eine größere Aufmerksamkeit geschenkt hätte. Aber es kann nicht zu spät sein, nun eben heute mit neuem, durch die Erfahrung vertieften und verstärkten Ernst darauf zurückzukommen.

DIE UNORDNUNG DER WELT UND
GOTTES HEILSPLAN (1948)

Indem wir an unser Hauptthema herantreten, blicken wir auf eine Vorbereitung zurück, deren geschickte Organisation unsern aufrichtigen Dank und deren mannigfaltige und auf alle Fälle lehrreiche Ergebnisse unsere ernste Anerkennung verdienen.

Meine Aufgabe in dieser Eröffnungsrede kann nicht in der Entfaltung eines eigenen Entwurfes | zu diesem Thema, sie kann auch nicht darin bestehen, der Diskussion irgendeines der uns vorgelegten Fragenkomplexe vorzugreifen. Erlauben Sie mir statt dessen einige Anmerkungen zum Ganzen, die sich mir beim Studium des Vorbereitungsmaterials aufgedrängt haben. Der Kreis, dessen Inhalt unsere vier Sektionen schon beschäftigt hat und in diesen Tagen neu beschäftigen wird, hat einen Rand und er hat eine Mitte. Es wird bei Ihnen stehen, ob Sie das, was ich Ihnen jetzt sagen möchte, als Randbemerkungen oder als Zentralbemerkungen verstehen wollen. Sie werden es mir jedenfalls glauben, daß das nun eben meine Art sein soll, mich der Verantwortung zu unterstellen, die wir hier gemeinsam auf uns genommen haben.

»Die Unordnung der Welt – und Gottes Heilsplan«. Darf ich Ihre Aufmerksamkeit zunächst auf die Frage richten, ob wir dieses Thema nicht in seiner Gesamtheit und in allen seinen einzelnen Aspekten von hinten nach vorn betrachten und behandeln müssen? Es heißt ja, daß wir am *Ersten* nach dem Reiche Gottes und seiner Gerechtigkeit trachten sollen, damit uns dann alles | das, was wir im Blick auf die Unordnung der Welt nötig haben, hinzugefügt werden möge. Dürfen und wollen wir mit dieser Reihenfolge nicht ernst machen? Der Heilsplan Gottes ist *oben* – die Unordnung der Welt aber und so auch unsere Vorstellungen von ihren Gründen, so auch unsere

Vorschläge und Pläne zu ihrer Bekämpfung, das Alles ist *unten*. Was es mit diesem ganzen Wesen (unser eigenes kirchliches Wesen mit eingeschlossen!) auf sich hat, das kann uns, wenn überhaupt, nur von droben, nur von Gottes Heilsplan her, sichtbar und greifbar werden. Wogegen es von der Unordnung der Welt und auch von unsern ihr zugewendeten christlichen Analysen und Postulaten her keinen Ausblick und Ausweg gibt hinauf zu Gottes Heilsplan. Wir sollten in keiner unserer Sektionen dort drunten anfangen wollen: nicht bei der Einigkeit und Uneinigkeit unserer Kirchen, nicht bei der Art und Unart des modernen Menschen, nicht bei dem Schreckensbild einer nur noch technisch orientierten und nur noch auf Produktion bedachten Kultur, nicht bei dem des Zusammenstoßes eines gott|losen Westens mit einem gottlosen Osten, nicht bei der drohenden Atombombe und erst recht nicht bei den paar Überlegungen und Maßnahmen, mit denen wir all diesem Unheil zu begegnen gedenken. Man hört in dem uns vorgelegten Material doch zu viel Stimmen mühsam unterdrückter Sorge und Angst und anderseits zu viel Stimmen allzu freundlicher Illusionen, als daß wir nicht gewarnt sein müßten. Sie sind Symptome dafür, daß die Frage nach dem rechten Weg, der von oben nach unten führt, nicht gleichgültig ist. Wir haben gewiß recht, wenn wir unsern Bruder, den modernen Menschen, auf die Hut setzen wollen davor, vor lauter wissenschaftlich-technischen Problemen und Problemlösungen zu vergessen, daß er selbst ein Teil des Übels ist, das er auf diesem Weg überwinden zu können meint – zu vergessen, daß er nicht Richter, sondern Angeklagter ist – zu vergessen, daß die menschliche Existenz keinen Sinn hat ohne den Glauben an eine transzendente Wahrheit, Gerechtigkeit und Liebe, die der Mensch nicht selbst erschaffen, durch die er sich nur binden lassen kann. Wie stünde es aber | in allen diesen drei Punkten mit dem Balken in unserem eigenen Auge, und wie sollten wir diesem unserem Bruder helfen können, wenn wir uns auf eine positivistische Denkweise einlassen und versteifen wollten, die mit dem uns gebotenen, dem *christlichen* Realismus gewiß nichts zu tun hätte?

Aber hier erhebt sich eine weitere Frage: Sollten wir uns nicht auch darüber verständigen müssen, daß unter »Gottes Heilsplan« wirklich *sein* Plan, d. h. aber sein schon gekommenes, schon siegreiches, schon in aller Majestät aufgerichtetes *Reich* zu verstehen ist: unser Herr *Jesus Christus*, der der Sünde und dem Tod, dem Teufel und der Hölle ihre Macht schon genommen, Gottes Recht und das Recht des Menschen in seiner Person schon zu Ehren gebracht hat? Daß unter »Gottes Heilsplan« also *nicht* etwa zu verstehen ist: die Existenz der Kirchen in der Welt, ihre Aufgabe gegenüber der Unordnung der Welt, ihre äußere und innere Betätigung als Organe eines besseren Menschenlebens und schließlich der Erfolg dieser ihrer Tätigkeit in der Christianisie|rung der ganzen Menschheit und in Verbindung damit in der Herstellung einer unsern ganzen Planeten umfassenden Rechts- und Friedensordnung? Daß also unter »Gottes Heilsplan« *nicht* etwa so etwas wie ein christlicher Marshall-Plan zu verstehen ist? Man hat sich durch das biblische Bild von der Kirche als dem Leibe Christi zu der nun gewiß nicht biblischen Redensart verleiten lassen, daß wir es in der Kirche mit einer Fortsetzung der Inkarnation des Wortes Gottes zu tun hätten. Wenn dem so wäre, dann wäre offenbar die Herrschaft Jesu Christi zur Rechten des Vaters und also das Walten von Gottes Vorsehung gewissermaßen in die Regie und Verwaltung der Christenheit übergegangen, und es würde die geplagte Menschheit ihr Heil von uns, von unserem weltgeschichtlichen Scharfblick, von den Programmen und Aktionen, von den in irgendeiner Zukunft zu erhoffenden Triumphen der Kirche als der Verkörperung und Stellvertreterin Jesu Christi und also Gottes selber zu erwarten haben! Da kommt man dann leicht in die Lage, so tun zu müssen. als ob der liebe Gott gestorben wäre, als ob es | jedenfalls eine eigene Weisheit, Gerechtigkeit und Güte, einen Willen und Plan Gottes *selbst* hoch *über* unserem ganzen christlich-kirchlichen Wesen gar nicht gebe, sondern das Alles nur in Gestalt unserer Ansichten, Einsichten und Absichten, das Alles nur in Gestalt unserer christlichen Versuche, Gott und unserem Nächsten gerecht zu werden. Kein Wunder, daß wir dann so nervös und eigentlich doch ziemlich erschrocken auf die Unordnung der Welt blicken müssen: wie Petrus auf den Sturm und die Wellen blickte, in denen er denn auch sofort versinken mußte. Wir können es anders halten und haben. Die Definition der Kirche als Leib Christi ist gut. Aber der Leib Christi besteht doch wahrlich aus solchen Menschen, die, ein Jeder an seinem Ort und in seiner Weise, ihre ganze Hoffnung und Zuversicht ganz allein auf ihn selbst gesetzt haben: auf sein einmaliges Versöhnungswerk am Kreuz, auf seine Auferstehung als das Zeichen des neuen Äons, der in ihm schon angebrochen ist, auf seinen heiligen Geist, durch den er seine angefochtene Gemeinde tröstet und durch den er auch die Welt ganz | anders und viel besser richtet und zurechtbringt, als wir es vermögen – und schließlich: auf seine Wiederkunft in Herrlichkeit, in welcher die in ihm geschehene Erlösung der ganzen Kreatur in Herrlichkeit offenbar werden wird. Der Leib Christi lebt doch ausschließlich von dem her, durch den und zu dem hin, der ihm wohl ganz gegenwärtig, aber als der Herr auch ganz überlegen ist. Ich gestehe, daß ich erschrocken bin über die Tatsache, daß in dem ganzen uns vorgelegten Material wohl gelegentliche rhetorische und theoretische Erinnerungen, aber sozusagen keine praktischen Anwendungen dieser Erkenntnisse zu bemerken sind. Es ist, wie wenn Gottes Vorsehung, sein schon gekommenes Reich, die schon vollbrachte Versöhnung der Welt, der heilige Geist (dessen Gedanken höher sind als unsere Gedanken!) und eben: Jesu Christi Wiederkunft in Herrlichkeit und schließlich der dreieinige Gott selber, seine Person, sein Ratschluß, sein Werk, seine Verheißung, sein Sieg und seine Herrschaft irgendwo außerhalb des Kreises wären, auf den wir unter dem Thema »Die Unordnung der Welt und Got|tes Heilsplan« jedenfalls in unserer Vorbereitung geblickt haben. Müssen wir nicht in diesem Sinne in allen Punkten neu ansetzen, wenn in diesen Tagen, wie wir hoffen. Alles wohl gelingen soll? Wir schämen uns doch des Evangeliums nicht! Wie würden wir sonst, was Gott verhüte, selber beschämt werden müssen!

Ich möchte den Ernst und den guten Willen und die Hoffnungen, mit denen wir hier zusammengekommen sind, nicht abschwächen, sondern auf ihren rechten Grund stellen, wenn ich jetzt sage: Wir sollten den Gedanken gleich an diesem ersten Tag unserer Beratungen gänzlich fahren lassen, als ob die Sorge für die Kirche und für die Welt unsere Sorge sein müsse. Beladen mit diesem Gedanken würden wir nichts ausrichten, würden wir die Unordnung in Kirche und Welt nur noch vermehren können. Denn eben das ist schließlich die Wurzel und der Grund aller menschlichen Unordnung: die schreckliche, die gottlose, die lächerliche Meinung, als sei der Mensch der Atlas, dem das Himmelsgewölbe zu tragen verordnet sei. Was wir in diesen Tagen leisten können und sollen, ist schlicht dies: wir dürfen unsern Kirchen und der Welt in einem Beweis, der hoffentlich ein Beweis des Geistes und der Kraft sein wird, zeigen, wie das ist, wenn tausend Christen aus allen Ländern und Völkern, Sprachen und Konfessionen miteinander, in der heutigen Zeit und Lage zu einer einzigen Gemeinde versammelt, zu dem stehen, was sie alle an ihrem Ort und in ihrer Weise so oft gehört und selber gepredigt haben: »Befiehl dem Herrn deine Wege und hoffe auf ihn, er wird's wohl machen!« Dürfen wir dazu nicht stehen? Sind wir nicht Kinder Gottes, und warum wollten wir dann nicht dazu stehen und also den Beweis der Freiheit führen, der uns jetzt als einer Gemeinde Jesu Christi aufgetragen ist?

Darf ich an einigen Beispielen deutlich machen, an was für eine geistliche Haltung ich denke, wenn ich von dieser Freiheit rede?

Uns beschäftigt in unserer ersten Sektion die konfessionelle *Getrenntheit* unserer Kirchen und unsere Hoffnung auf irgendeine Gestalt ihres *Zusammenschlusses*. Die Haltung geistlicher Freiheit, auf die es jetzt ankäme, bestünde darin, | daß wir in unsern sämtlichen Interessen, Anliegen und Wünschen – den konfessionellen ebenso wie den ökumenischen – ein wenig locker ließen und uns fragen ließen, was der von uns denkt und will, dessen Name den Mittelpunkt aller unserer Konfessionen bildet, der aber auch allein das Recht und die Macht hat, uns zu seiner heiligen allgemeinen Kirche zusammenzurufen und zusammenzuschließen. Machen wir uns klar: Wenn wir nicht auf ihn hören, dann sind sowohl das konfessionelle wie das ökumenische Prinzip leere, geistlose, säkulare Formen, über die zu streiten und über die sich zu vertragen gleich unfruchtbar ist. Wir dürfen aber auf ihn hören. Wir dürfen die einfache Tatsache gelten lassen, daß er in seinem Werk und Wort *unser* Herr ist und nicht wir mit unsern christlichen Ideen *seine* Herren sind. Wir wissen nicht, was daraus werden wird, wenn wir auf ihn hören. Wir wissen nicht, wie sich unsere konfessionellen und unsere ökumenischen Vorstellungen im Feuer der Prüfung durch sein Wort bewähren werden. Wir sollen das auch nicht im voraus wissen wollen. Wir dürfen aber wissen, | daß es allen unsern Anliegen und uns selbst und unsern Kirchen nur heilsam sein kann, sie und uns in das Feuer dieser Prüfung zu stellen.

Ich kann nicht ganz schweigen von einer ernsten *Schwierigkeit*, die wir uns in dieser Sache selber bereitet haben. Wir sind hier unterwegs zwischen einer nicht mehr ganz bestehenden Trennung und einer noch nicht recht erreichten Einheit unserer Kirchen. Es war in dem Stadium, in dem wir uns jetzt befinden, noch nicht möglich, daß wir hier gemeinsam *Abendmahl* feierten. Es wird das vielleicht noch lange nicht möglich sein. Wir hätten das damit sichtbar machen dürfen, daß wir hier nun eben *kein* Abendmahl gefeiert hätten. Wir durften das aber nicht damit sichtbar machen, daß wir nun gerade hier getrennte Abendmähler feiern werden. Wir durften hier mit beschwertem, aber gutem Gewissen eine unvollkommene Gemeinde des einen Herrn sein. Es kann aber kein Segen und keine Verheißung darauf liegen, wenn wir nun ausgerechnet hier mit der einen Hand zurückstoßen werden, was wir mit der andern Hand doch empfangen möch|ten. Wir werden nun die Freiheit für den einen Herrn Jesus Christus *trotz* dieser getrennten Abendmähler zu gewinnen und zu behaupten versuchen müssen.

Möchte uns diese Freiheit dann auch das bedeuten, daß das Seufzen oder die Entrüstung über die Absagen, die wir von den Kirchen von *Rom* und von *Moskau* erhalten haben, in den Verhandlungen unserer ersten Sektion einen möglichst geringen Raum einnimmt! Warum sollten wir in diesen Absagen nicht schlicht die gewaltige Hand Gottes über uns erkennen? Er gibt uns damit vielleicht ein Zeichen, durch das er uns jeden Wahn nehmen will, als könnten wir hier einen Turm bauen, dessen Spitze bis zum Himmel reicht. Er zeigt uns damit vielleicht, wie kümmerlich unser Licht bis jetzt noch war, da es offenbar noch nicht einmal in diese andern angeblich doch auch christlichen Bereiche hinüber zu leuchten vermochte. Er bewahrt uns damit vielleicht vor Gesprächspartnern, mit denen zusammen wir hier nicht einmal in einer unvollkommenen Weise Gemeinde sein könnten, weil sie, wenn auch aus verschiedenen Gründen, gerade die Bewegung von allem Kirchentum weg zu Jesus Christus hin nicht vollziehen wollen, ohne die Christen verschiedener Herkunft und Art nun einmal nicht miteinander reden, nicht aufeinander hören, geschweige denn zusammenkommen können. Und er stellt uns vielleicht gerade damit an einen sehr *guten* Ort, daß ausgerechnet *Rom* und *Moskau* darin einig zu sein scheinen, daß sie von uns nichts wissen wollen. Ich schlage vor, daß wir Gott nun eben auch darin loben und danken wollen, daß es Ihm gefällt, unsern Plänen in so deutlicher Weise in den Weg zu treten!

Und nun beschäftigt uns in unserer zweiten Sektion die Frage des *Auftrags* der Kirche in der *Verkündigung des Evangeliums*. Eine gute, eine nötige Frage! Wie könnte sie uns in Ruhe lassen? Es gibt ja so viele Menschen, die die Kunde von Gottes in Jesus Christus geschehenem Gnadenwerk noch nie gehört oder wieder vergessen und vielleicht darum wieder vergessen haben, weil unsere Kirchen sie ihnen noch nie richtig ausgerichtet haben. Es braucht ja so viel Gebet und so viel Arbeit dazu, damit unser Zeugnis nicht irgendein frommes und moralisches Gerede, sondern wirklich das Evangelium von Jesus Christus sei. Und es ist ja eine so hohe Kunst, in der Ausrichtung dieses Zeugnisses so schlechterdings einfach und direkt zu werden, wie es durch diese Botschaft gefordert ist. Aber was uns auch in dieser Sache allein helfen kann, das ist eine Haltung geistlicher Freiheit und Freude, die darauf beruht, daß es uns um die schon siegreiche Sache unseres Herrn und nicht um unsere irgendeinem Sieg entgegenzuführende Sache geht. Ich sehe merkwürdigerweise gerade über dem uns hier vorgelegten Material so etwas wie einen tiefen Trauerschatten, der davon herzurühren scheint, daß wohl noch allzu Viele der Meinung sind, als müßten wir Christenmenschen und Kirchenleute das ausrichten, was doch nur Gott selbst vollbringen kann und was er ganz allein vollbringen will: dies nämlich, daß Menschen wirklich durch das Evangelium wirklich zum Glauben kommen. Laßt uns aus diesem Trauerschatten heraustreten! Wir dürfen Gottes Zeugen sein. Seine Advokaten, In|genieure, Manager, Statistiker und Verwaltungsdirektoren zu sein, hat er uns nicht berufen. Mit den Sorgen solcher Tätigkeit in seinem Dienst sind wir also nicht beladen. Wie kommen wir eigentlich zu der phantastischen Meinung, der Säkularismus und die Gottlosigkeit seien Erfindungen *unserer* Zeit, es habe einmal ein herrliches christliches Mittelalter mit einem allgemeinen christlichen Glauben gegeben und diesen wunderbaren Zustand in neuer Form wieder herzustellen, sei nun unsere Aufgabe? Wie kommen wir auf den grämlichen Gedanken, unsere evangelistische Beziehung zu den modernen Menschen darauf zu begründen, daß wir uns in Tabellenform über ihre verruchten Axiome verständigen: als ob es uns erlaubt wäre, diese Weltleute von heute anders zu betrachten als unter dem Gesichtspunkt, daß Jesus Christus auch für sie gestorben und auferstanden, auch ihr göttlicher Bruder und Erlöser geworden ist? Wie kommen wir nur dazu, uns die zuerst von einem deutschen Nationalsozialisten vorgetragene Phrase, daß wir heute in einer »unchristlichen«, ja »nach-christlichen« Ära | lebten, mit einer Selbstverständlichkeit zu eigen zu machen, als ob wir von der Begrenzung unserer Zeit durch Jesu Christi Auferstehung und Wiederkunft noch nie etwas gehört hätten, um dann ausgerechnet von dieser Voraussetzung aus darüber meditieren zu wollen, wie man in unsern Tagen am besten Evangelisation und Mission treiben könnte? »Nach-christliche Ära«? Unsinn!

Etwas Anderes aber könnte sehr wohl in Frage kommen: was könnten wir eigentlich dagegen einzuwenden haben, wenn es Gott nun eben gefallen sollte, sein Werk nicht in einer weiteren zahlenmäßigen Vermehrung, sondern umgekehrt in einer energischen zahlenmäßigen Verminderung der sogenannten Christenheit weiter und seinem Ziele entgegenzuführen? Mir scheint: es gibt für uns in diesem Bereich keine andere Frage als die, wie wir uns selbst von allem Quantitätsdenken, von aller Statistik, von allem Rechnen mit sichtbaren Erfolgen, von allem Streben nach einem christlichen Weltreich frei machen und wie wir dann unser Zeugnis zum Zeugnis von der Souveränität der *Barmherzigkeit Gottes* gestalten könnten, von der wir | doch alle allein leben können – und so zu einem Zeugnis, dem der Heilige Geist seine Bestätigung sicher nicht verweigern wird?

Es werden uns schließlich in unserer dritten und vierten Sektion die Probleme der sozialen und internationalen Unordnung und die der christlichen Stellungnahme ihr gegenüber beschäftigen. Wie sollten sie uns nicht brennen? Wie sollten wir uns ihnen entziehen dürfen? Ich bitte aber, mich auch hier dafür einsetzen zu dürfen, daß wir ihnen in keiner andern als in der Haltung geistlicher Freiheit entgegentreten: in der Haltung, in der wir uns auf Gott allein und gar nicht auf Menschen und am letzten auf uns selbst, auf die Kraft irgendwelcher christlicher Unternehmungen verlassen. Die Unordnung der Welt ist heute auch in dieser Hinsicht nicht kleiner, aber auch nicht größer als sie es immer war. Inmitten dieser Unordnung *Gottes Reich* als das der Gerechtigkeit und des Friedens *anzuzeigen*, das ist der prophetische Auftrag der Kirche: der Auftrag ihres politischen Wächteramtes und ihres sozialen Samariterdienstes. Wir können uns nicht | zufrieden geben mit der Art, wie die Kirche früherer Zeiten diesen Auftrag ausführte. Sehen wir zu, daß wir ihn nach den uns gegebenen Erkenntnissen in unserer Zeit besser ausführen! Auf zweierlei wird hier aber Alles ankommen:

Es wird (1.) das Reich, das wir der Welt anzeigen, das Reich *Gottes* und nicht das Reich irgendwelcher von uns für gut gehaltenen Ideen und Prinzipien sein müssen. Unser Ja und unser Nein zum Tun der Gesellschaft und der Staaten sei das Ja oder Nein des Evangeliums und nicht das Ja oder Nein irgendeines Gesetzes! Wir werden uns auf nichts als auf den Gehorsam gegen die konkreten Gebote des lebendigen gegenwärtigen Herrn Jesus Christus festlegen können. Wir haben also nicht auf irgendwelche christliche Marschrouten zu sinnen, sondern wir haben uns im konkreten Gehorsam gegen diesen lebendigen Herrn zu üben. Es könnte sonst nicht ausbleiben, daß das, was wir der Welt unter der Autorität des Wortes Gottes meinen anzeigen zu sollen, ein Programm wie ein anderes und – wer weiß? – dem Programm bestimmter Parteien, Klassen und Na|tionen nur zu verwandt sein könnte. Darf man sich nicht wundern, daß der ganze Problemkreis des Eigentums, des Grundbesitzes und der Grundrente, des Kapitals, des Zinses und des Geldes überhaupt im dritten und vierten Band unseres Vorbereitungsmaterials, als wäre dieser Bereich tabu, nicht einmal angerührt, geschweige denn diskutiert und bearbeitet wird? Gerade dieser Bereich, der nun doch im Neuen Testament ausdrücklich unter die Alternative: »Gott *oder* der Mammon« gestellt wird! So etwas meinen vielleicht die ehrwürdigen Väter der Moskauer Synode oder ihre politischen Ratgeber, die uns nun so lieblos in Bausch und Bogen eines »anti-demokratischen« Wesens bezichtigt haben. Ist die Sache ganz ohne ein Partikelchen Wahrheit? Ich fürchte, daß wir dem Kommunismus von da aus zwar nicht schlechter, aber auch nicht besser begegnen können werden als die Mehrzahl unserer sonstigen westlichen Zeitgenossenschaft. Aber ich erwähne diesen Punkt nur, um darauf aufmerksam zu machen: wir müssen dessen sehr sicher sein, daß wir in Ausführung unseres prophetischen Auftra|ges wirklich *Gottes* und nicht in besten Treuen doch irgendein anderes Reich anzeigen. Wir dürften uns sonst nicht wundern, wenn unsere noch so gut gemeinten Ratschläge die Beachtung nicht finden würden, derer wir sie für würdig halten.

Und wir werden (2.) zu bedenken haben, daß wir Gottes Reich doch nur *anzeigen* können. Wir warten, indem wir unser politisches Wächteramt und unsern sozialen Samariterdienst wahrnehmen, auf die unbewegliche Stadt, die Gott bauen wird, und also nicht auf einen mit christlicher Assistenz zu errichtenden Zukunftsstaat liberalen oder autoritären Charakters. Diese Welt vergeht. Wir haben ihr eine revolutionäre Hoffnung sondergleichen zu verkündigen: wir haben ihr aber kein System von gesellschaftlichen oder politischen Prinzipien anzubieten, das als solches den Inhalt dieser Hoffnung darstellen wollte. Es gibt kein solches System; es gibt nur christliche Entscheidungen als Demonstrationen und Zeichen dieser Hoffnung. Denn Gott selbst und er ganz allein ist diese Hoffnung. Daß wir zu solchen christlichen Entscheidungen inmitten einer bösen | Welt wach, willig und bereit seien, das ist es, was von uns verlangt ist. Wir werden es nicht sein, die diese böse Welt in eine gute verwandeln. Gott hat seine Herrschaft über sie nicht an uns abgetreten. Ihre Errettung, die schon geschehen ist, war nicht unser Werk. Und so wird auch das, was noch aussteht: die Offenbarung ihrer Errettung, der neue Himmel und die neue Erde, nicht unser, sondern sein Werk sein. Daß wir inmitten der politischen und sozialen Unordnung der Welt seine Zeugen, Jesu Jünger und Knechte seien, ist Alles, was von uns verlangt ist. Wir werden eben damit, das zu sein, alle Hände voll zu tun haben. »Es ist dem Jünger *genug*, daß er sei wie sein Meister und der Knecht wie sein Herr.«

Ich bin am Ende und muß im Blick auf das vorbereitende Material wohl annehmen, daß ich Vielen von Ihnen nicht eben aus dem Herzen gesprochen habe. Vielleicht haben Sie dennoch bemerkt, daß ich mich wirklich von keiner Mühe, die an unser Thema gewendet worden ist und noch gewendet werden soll, distanzieren wollte. Ich wollte nicht niederreißen, sondern aufbauen. | Ich wollte nicht zerstreuen, sondern sammeln. Ich wollte nicht Nein, sondern Ja sagen. Ich habe es aber nach meiner Einsicht nur in der Form sagen können, daß ich an das Wort erinnerte, das die Kirche als die Gemeinde Jesu Christi immer *zuerst* als an sich *selbst* gerichtet hören muß: »Beschließet einen Rat und es wird nichts daraus; denn hier ist

Immanuel!« Wir haben es nach meiner Einsicht nötig, mit einem sehr vertrauensvollen, aber auch sehr aufrichtigen »Herr, erbarme dich unser!« an unsere Arbeit heranzutreten.

DIE KIRCHE ZWISCHEN OST
UND WEST (1949)

Nicht ich habe an diesem »Kirchensonntag« die Politik auf die Kanzel gebracht. Sondern das hat mit der Aufstellung dieses Themas: »Die Kirche zwischen Ost und West« der bernische Synodalrat getan. Er sieht die Kirche »zwischen Ost und West« und also wieder einmal mitten in die Entscheidung einer politischen Frage gestellt. Ich füge aber sofort hinzu: er hat recht, wenn er das tut. Diese Frage ist da: auf der Oberfläche als eine Wolke von viel klugem und noch mehr törichtem Gerede und Geschreibe und in der Tiefe als eine wirkliche Not und Aufgabe, die uns Menschen von heute wirklich betrifft und angeht. Da dem so ist, geht sie bestimmt auch dem *Gott* zu Herzen, der in seinem Sohn des Menschen – aller Menschen aller Zeiten – Bruder geworden ist. Und geht sie ihm zu Herzen, dann muß sie auch seiner *Kirche*, die sein irdischer Zeuge ist, zu Herzen gehen. Sie muß auf jene Frage eine Antwort suchen. Und diese Antwort muß eine ordentliche sein. Es ist gut, daß uns das durch das Thema dieses »Kirchensonntags« ins Bewußtsein gerufen wird. Ich möchte nicht unterlassen, dafür zu danken, daß der bernische Synodalrat das nicht nur getan, sondern laut seiner dem Thema beigegebenen »Wegleitung« für die Redner dieses Tages in einem so guten Geist getan hat.

I.

Wenn hier von »Kirche« geredet wird, so möchte ich Jeden und Jede von denen, die hier zuhören, zum vornherein bitten, bei diesem Wort auch an sich selbst zu denken: nämlich an sich selbst, sofern sie – ein Jeder nach dem Maß seines Glaubens, ein Jeder nach seinem Verstand und Vermögen – *Christen* sein und zur Gemeinschaft der Christen gehören möchten. Die Kirche ist diese Gemeinschaft der Christen. Die Kirche ist die lebendige Gemeinde des lebendigen Herrn Jesus Christus. In der Kirche kann also niemand gleichsam draußen stehen und bloß zuschauen, wie Andere etwas tun – anhören, was Andere sagen. In der Kirche sind immer Alle gefragt und Alle verantwortlich. Wenn in der Kirche Einer redet, so ist das nur eine Einladung und ein Appell an Alle, selber mitzutun: | nämlich *als Christen mitzutun*. Wir können auch die Antwort auf die Frage unseres heutigen Themas nur in dieser christlichen Gemeinschaft suchen. Ich will damit sagen: Wir müssen jetzt das, was uns in dieser Frage so oder so bewegt und beschäftigt, gemeinsam vor den Richterstuhl dessen bringen, auf dessen Namen wir Alle getauft, nach dem wir Alle genannt sind und dem wir alle es zutrauen, daß er allein auch in dieser Sache Recht behalten wird. Wir müssen gemeinsam um seinen Heiligen Geist bitten, daß er uns auch in dieser Sache erleuchte, die rechten Worte aussprechen und dann auch hören lasse. Es versteht sich nicht von selbst, daß das geschieht. Wir sind ja Alle außer dem, daß wir Christen sind, auch noch ziemlich viel Anderes, z.B. schweizerische Staatsbürger, Vertreter dieser und jener wirtschaftlichen Interessen, Leser dieser und jener Zeitung, Angehörige dieser und jener Parteien vielleicht, dazu unter dem gewissen Zwang alter oder neuer geistiger Gewohnheiten und Überlieferungen – und nicht zu vergessen: ein Jedes von uns auch versehen mit seinem eigenen mehr oder weniger harten Kopf und mehr oder weniger weichen Herzen, so wie sie einem Jeden geworden und gewachsen sind. Seien und haben wir das Alles! Aber um »die *Kirche* zwischen Ost und West« soll es ja jetzt gehen. Laßt uns also nicht als ein unverbindlich versammeltes Vortragspublikum, sondern als *Kirche* – in der gemeinsam zu tragenden Verantwortlichkeit, aber auch in der gemeinsam zu erfahrenden Freudigkeit der lebendigen Gemeinde jenes lebendigen Herrn, laßt uns als *Christen* an diese Frage herantreten! Wenn wir das tun, dann kann es gewiß nicht fehlen, daß wir beim

Suchen nach ihrer Beantwortung in dieser Stunde wenigstens einen Schritt weiterkommen. Würden wir es anders halten, dann könnten wir nachher sicher nur unter lauter alten und neuen Mißverständnissen und Widersprüchen auseinandergehen.

Ich sage das auch im Sinn einer kleinen *Warnung*. Es könnte ja auch sein, daß hier auch *Zaungäste* zugegen wären, d. h. solche, die zwar an der Frage Ost-West sehr leidenschaftlich, an der Kirche aber nur lau oder gar nicht interessiert sind. Ihnen möchte ich zurufen: Liebe Freunde, so wird es nicht gehen und wundert euch nicht, wenn ihr euch ärgern werdet! Wir befinden uns hier unter der ganz bestimmten *Verpflichtung*, und wir machen hier Gebrauch von der ganz besonderen *Freiheit*, uns als *Kirche* und also als *Christen* darüber Rechenschaft abzulegen, wo und wie wir zwischen Ost und West stehen. Wer von dieser Verpflichtung und von dieser Freiheit nichts wissen wollte, der könnte hier nicht einmal als Hörer kompetent dabei sein, der täte vielleicht besser, noch beizeiten wieder nach Hause zu gehen. Aber es braucht ja niemand ein solcher Zaungast zu sein oder zu bleiben. Man kann ja gewiß von jedem etwa | bezogenen Zaun auch wieder heruntersteigen – in diesem Fall: sich erinnern, daß man auch einmal getauft und konfirmiert wurde, auch einmal diesen und jenen Bibelspruch gehört hat und also durchaus eingeladen und in der Lage ist, als Christ – und das heißt: als ein lebendiges Glied der Gemeinde Jesu Christi – gleichberechtigt mit allen Andern, aber dann eben wirklich auch in jener Verpflichtung und Freiheit und also kompetent dabei zu sein und mitzutun, wenn darüber etwas ausgemacht werden soll, was es mit der *Kirche* zwischen Ost und West auf sich hat. Ich setze jetzt voraus, daß wir Alle in *diesem* Sinn dabeisein und mittun wollen.

2.

Es gibt zunächst eine einfachere Gestalt des heutigen Gegensatzes von Ost und West. Ihm gegenüber kann auch die Antwort auf die Frage nach der christlichen Stellungnahme dazu eine einfachere sein. Jener Gegensatz hat nämlich auch die Gestalt eines weltpolitischen *Machtkonfliktes*. Wir wollen nicht allzu lange dabei verweilen, denn eigentlich brennend wird die Frage und der sorgfältigsten Beantwortung bedarf sie im Blick auf eine ganz andere Gestalt dieses Gegensatzes. Aber es dient der christlichen *Ernüchterung* und damit der Vorbereitung auf die uns erwartende schwerere Aufgabe, wenn wir einen Augenblick auch vor ihrer einfacheren Gestalt Halt machen.

Was heißt Ost und West? Zunächst sicher auch schlicht die zwei Weltreiche: *Rußland* und die Vereinigten Staaten von *Amerika*. Was man auch sonst unter »Ost und West« verstehen mag und muß: es bekommt heute sein Gesicht und Gewicht davon her, daß es hüben und drüben in einer dieser beiden Weltgegenden vertreten, durch eine dieser beiden Weltmächte repräsentiert und getragen wird: von jeder in ihrer natürlichen und geschichtlichen Eigenart, von jeder mit ihren besonderen Interessen und Aspirationen, von jeder mit ihren besonderen politischen, sozialen, wirtschaftlichen und auch militärischen Möglichkeiten. Daß der weltpolitische Machtkonflikt heute gerade der Konflikt zwischen Rußland und Amerika ist, ist eine *Neuigkeit* unseres Zeitalters. Was hätte ein Bismarck oder Gladstone oder gar ein Metternich, ein Richelieu gesagt, wenn sie das noch erlebt hätten? Aber so ist es nun: Die einstigen »Großmächte« der kleinen Halbinsel Europa sind teils *überhaupt* nicht mehr da, teils nicht mehr als Konkurrenten um die *Weltherrschaft*, teils sind sie in dieser Hinsicht – ich denke an das noch immer so genannte »britische Weltreich« – mindestens in eine schwere *Krise* geraten. Japan ist ausgefallen. China wird vielleicht einmal gewaltig zählen, zählt aber heute noch nicht. Es bleiben Rußland und Amerika und eben damit »Ost und West« in der heutigen Gestalt des Weltkonfliktes. Ausschlaggebend diese beiden haben den letzten Krieg gewonnen. Und über die Besiegten, aber auch über die andern Mitsieger hinweg treten sich heute diese Beiden Auge in Auge gegenüber: *Rußland* in Vertretung eines von seinen Zaren seit Peter dem Großen schon seit Jahrhunderten angemeldeten und vorbereiteten Anspruchs und überdies als die Verkörperung des seit einem Jahrtausend von Westen nach Osten zurückgedrängten, nun aber mächtig von Osten nach Westen zurückdrängenden und zurückschlagenden Slawentums – *Amerika* schon darin im Vorteil, daß es die beiden Weltkriege weder im Land gehabt, noch auch nur aus der Nähe mitgemacht hat, wohl aber in beiden reich und dazu zu Lande, zu Wasser und in der Luft schlagkräftig geworden ist und über dem allem seine Weltgeltung ganz neu entdeckt und ins Werk gesetzt hat. *Rußland* und *Amerika*: beide, wenn auch in sehr verschiedener Weise Kinder des alten *Europas*, beide entlaufene, oder schöner gesagt: mündig gewordene Kinder dieser Mutter, beide – erst in aller Stille und dann sehr plötzlich – zu Riesen ausgewachsen und nun beide, wenn auch unter sich konkurrierend, darin einig, daß eben sie – jeder dieser Riesen sagt das von sich! – jenes alten Europas und damit des übrigen Globus Lehrer, Gönner, Beschützer, Wohltäter – oder sagen wir es deutlicher: *Herren* sein möchten. Beide haben auch das gemeinsam, daß sie je von einem Vorfeld oder Sicherheitsgürtel von anderen größeren und kleineren Staaten umgeben sind, die, formell unabhängig, – artig gesagt: des Einen oder des Anderen Freunde, unartig gesagt: des Einen oder des Anderen Vasallen sind, mit dem Einen oder Anderen mehr oder weniger dicht zu einem sogen. »Block« verbunden sind. Zwischen diesen Vorfeldern und Sicherheitsgürteln dann der berühmte »eiserne Vorhang«, durch dessen Öffnungen hindurch sich die beiden Großen, unterstützt von ihren beiderseitigen Verbündeten und Mitgängern, vorläufig in bösen Worten und Nadelstichen ihren gegenseitigen Unwillen kundgeben. Beide haben auch das gemeinsam, daß sie die Worte »freie Völkergemeinschaft« und »Frieden« viel im Munde führen. Bei Beiden ist es nicht eben sicher, was unter »Freiheit« in der Völkergemeinschaft zu verstehen ist, wogegen vorläufig kein Anlaß besteht, es dem Einen oder dem Anderen nicht zu glauben, daß er jedenfalls nicht den Krieg und insofern den Frieden sucht. Was jene Beiden gemeinsam haben, ist aber schließlich auch dies, daß sie sich gegenseitig voreinander fürchten, weil sie sich Einer von dem Anderen eingekreist und bedroht fühlen. Und weil die Erde eine Kugel ist, können beide in ihrer Weise recht haben. Wobei man doch dem östlichen Partner zugestehen muß, daß seine Besorgnis etwas begründeter sein kann als die seines Gegners, wenn man sich an Hand einer Erdkarte vor Augen hält, an wie viel Stellen ihm dieser – direkt oder durch seinen englischen Verbün|deten – den Weg zum offenen Meer versperrt hat. – Das ist der heutige Gegensatz von Ost und West in seiner einfacheren Gestalt.

3.

Auch die Antwort auf die Frage, was davon *christlich* zu halten sei, kann verhältnismäßig *einfach* lauten:

Wir werden vor allem zu bedenken haben, daß wir über einen Vorgang wie diesen als Christen zwar erschrecken mögen, daß wir uns aber nicht eigentlich darüber wundern und entsetzen, daß wir uns inmitten dieses Vorganges unter keinen Umständen *fürchten* können. Solche Vorgänge gehören gewissermaßen zur Naturgeschichte der Welt, in der das Reich Gottes, die Herrlichkeit Jesu Christi zwar verkündigt, aber noch nicht erschienen, noch nicht offenbar geworden ist. Solche großen Herren mit ihrer Angst voreinander und mit ihren Händeln, solche Zusammenballungen und Zusammenstöße weltlicher Macht hat es auch schon gegeben. Sie sind wohl eine Form jener Wehen, in denen die Kreatur auf die große Offenbarung wartet, eine Form jener Knechtschaft des vergänglichen Wesens, von dem sie einmal befreit werden wird zur herrlichen Freiheit der Kinder Gottes. Sie gehören zu den voran- und nachlaufenden Schatten des Gerichts, das am Kreuz von Golgatha über den Menschen ergangen ist und in welchem sich Gott dem Menschen gerade als ein gnädiger Gott erwiesen hat. Sie können die heimliche Herrschaft Jesu Christi nicht erschüttern, geschweige denn umstürzen und so auch nicht die Hoffnung für die ganze Schöpfung, in der wir, indem wir auf ihn blicken, dem Ende der Wege Gottes entgegensehen. Sie können den Glauben an seine Verheißung auf die Probe stellen, aber nicht gefährden. Man denkt unwillkürlich an die Situation Israels zwischen Ägypten auf der einen und Assur auf der anderen Seite. Man denkt an jene großen wilden Tiere, von denen im Buch Daniel die Rede ist. Und man denke von da aus auch ruhig an alles das, was sich an solchen weltgeschichtlichen Bewegungen und Zuspitzungen auch seit der Erscheinung Jesu Christi bis in unsere Tage hinein ereignet hat. Sie kamen, sie gingen. Es war immer eine Gemeinde der Christen da, die sie im Glauben durchgemacht, durchlitten, aber auch überstanden hat. Ihr christliches Zeugnis jedenfalls hat das Gebrüll dieser Tiere immer wieder fröhlich überdauert. Der Umfang des heutigen Konfliktes macht ihn nicht schwerer als das, was kleinere Konflikte dieser Art für die Menschen anderer Zeiten auch bedeutet haben. Sofern es heute nur um *jenen* Gegensatz geht: Rußland und Amerika, ist ein einziges Lied von Paul Gerhardt stärker als das Schlimmste, was wir in der Zeitung gelesen haben oder je lesen oder selbst erleben werden. Es wäre für die ganze Verhandlung der heutigen Ost-Westfrage schon viel gewonnen, wenn wir uns als Christen klar machen würden, daß jedenfalls die *Angst* in dieser Sache unsere Beraterin nicht sein darf. – Das ist das Eine, was wir uns selbst und unseren Mitmenschen heute zu sagen haben.

Das Andere ist dies: *Nicht mittun* bei diesem Gegensatz! Er geht uns als Christen gar nichts an. Er ist kein echter, kein notwendiger, kein interessanter Gegensatz. Er ist ein bloßer Machtkonflikt. Wir können nur warnen vor dem noch größeren Frevel, diesen Konflikt in einem dritten Weltkrieg austragen zu wollen. Wir können nur jeder Lockerung dieser Spannung, wir können gerade in dem Zwischenbereich, in welchem wir uns auch geographisch befinden, nur dem Rest von Vernunft das Wort reden, der der notorisch so unvernünftigen Menschheit noch geblieben sein möchte. Mit dem Evangelium im Herzen und auf den Lippen können wir zwischen jenen beiden streitenden Riesen nur mitten hindurch gehen mit der Bitte: Erlöse uns von dem Bösen! Und ich hoffe, der schweizerischen Außenpolitik diesmal nicht in unerwünschter Weise ins Handwerk zu pfuschen, wenn ich sage: gerade für uns Christen in der Schweiz müßte die Sache in dieser Hinsicht ganz klar sein; der Konflikt zwischen Ost und West in dem bisher beschriebenen Sinn ist einer von den »fremden Händeln«, in die wir uns nach Bruder Klausens Rezept nicht zu mischen haben. Sondern was gerade von der Kirche in der Schweiz her über unsere Grenzen dringen mag, das wird auf alle Fälle, ob es gehört wird oder nicht, nur ein entschlossenes Nein zu diesem Gegensatz, nur der energische Ruf zum Frieden sein dürfen. Was wir inmitten jenes Konfliktes tun können, kann gerade nur in der ganzen, aufrichtigen und hilfreichen Teilnahme bestehen, die wir allen seinen Opfern nach Vermögen entgegenzubringen schuldig sind. Und was wir, wenn es in jenem Konflikt für uns selbst zum Schlimmsten käme, zu verteidigen hätten, könnte immer nur unsere schweizerische Neutralität und mit ihr auch unsere christliche Freiheit sein: nur die vergessene Sache Gottes und des Menschen im Völkerleben und nie die Sache des russischen, nie die Sache des amerikanischen Weltreichs. Das ist das Andere, was hier zu sagen ist.

Das Dritte ist das, was ich die christliche *Ernüchterung* genannt habe, die wir gerade bei diesem ersten Aspekt der Sache gewinnen können. Wir werden sie nun gleich auch noch unter einem andern Aspekt betrachten müssen. Wir werden sehen, daß der Gegensatz Ost-West nicht nur in einem weltpolitischen Machtkonflikt besteht. Aber wir werden dabei jenen ersten Aspekt keinen Augenblick vergessen dürfen. Wir werden uns die angeblich höheren Gegensätze, mit denen wir es nun zu tun bekommen werden, sehr genau darauf ansehen müssen, ob sie mit dem sehr | unheiligen Streit jener beiden Riesen nicht zu viel Zusammenhang haben: zu viel, als daß es sich lohnen würde, auf der einen Seite das Gute, auf der anderen das Böse, hier einen Engel des Lichts, dort den leibhaftigen Satan zu sehen. Was immer jetzt noch zu bedenken sein mag: wir sind durch diesen ersten Aspekt der Sache jedenfalls warnend gefragt: Wird es, da der Gegensatz zwischen Ost und West zunächst einfach in diesem Gigantenstreit besteht, unter *irgend* einem Gesichtspunkt christlich sein können, zwischen Ost und West *Partei* zu ergreifen, wird der Weg der Gemeinde Jesu Christi in der Gegenwart nicht schon von daher gesehen ein anderer, ein *dritter*, ihr *eigener* Weg sein müssen?

4.

Was heißt »Ost und West«? Es ist wahr: Das ist auch – und nun wird schon die Beschreibung schwieriger – der heute extrem gewordene Gegensatz zweier verschiedener Auffassungen vom *Menschen* und besonders von der gesellschaftlichen, der politisch-wirtschaftlichen Ordnung seines Lebens, zweier mächtiger geistiger *Prinzipien* und *Systeme*, zweier *»Ideologien«*, wie das in der Sprache besonders des östlichen Partners gerne genannt wird. Wobei es sich aber nicht nur um einen vielleicht ganz interessanten, aber für die Mitwelt harmlosen,»akademischen« Streit zwischen den Anhängern zweier verschiedener Ansichten handelt, sondern auf beiden Seiten um wirklich *gelebte*, um zwei mit allen Konsequenzen ins *Werk* gesetzte praktische Methoden, um ganze Zusammenhänge von folgenreichen *Taten*, die dann auch Untaten sein oder scheinen können: – um Tatsachen und Tatzusammenhänge, an denen nicht nur Rußland und Amerika, sondern unter ihrer Anleitung je ein ganzer Teil unserer heutigen Welt verantwortlich und leidend beteiligt ist. Um was geht es? Da es sich um einen *Streit* handelt, hören wir wohl am besten einfach zu, was sich der Osten und der Westen, sofern es sich dabei um jene beiden Ideologien und Tatsachenzusammenhänge handelt, gegenseitig *vorzuhalten* haben.

Es spricht und klagt der *Westen*: Was ihr dort im *Osten* wollt und treibt, das beruht auf einer vollständig verkehrten, nämlich auf einer einseitig materialistischen Auffassung vom Menschen. Ihr tut, als wäre er nur ein wirtschaftliches Wesen, als wäre Produktion und Konsumtion das einzige Lebensproblem, ihre Ordnung die Aufgabe, die allen andern überzuordnen sei. Ihr habt die unsinnige Zuversicht, daß der Mensch gut sein werde, wenn nur diese Ordnung einmal aufgerichtet sei. Ihr habt die unsinnige Zuversicht, daß ihr das Rezept einer vollkommenen Ordnung in dieser Sache in der Tasche habt. Und ihr habt die unsinnige Zuversicht, daß der Mensch jedenfalls dazu schon jetzt gut genug sei, um | diese nach eurer Meinung vollkommene Ordnung, den radikalen Sozialismus, heraufzuführen. Und eben um diese eure vollkommene Ordnung der wirtschaftlichen Verhältnisse herbeizuführen, laßt ihr dem einzelnen Menschen gerade nur die Freiheit, zu produzieren und zu konsumieren, und dazu die Freiheit, sich nach eurem Rezept am Kampf für diese vollkommene Ordnung zu beteiligen – und wehe einem Jeden, der in seinem Tun und Reden oder auch nur in seinen Gedanken, soweit sie von außen zu erraten sind, eine andere Freiheit in Anspruch nähme! So macht ihr den Menschen zum bloßen Bestandteil eines Kollektivs, einer Maschine, so macht ihr ihn zum Massenmenschen. Und in der Durchführung des Kampfes für diesen euren Sozialismus kennt und respektiert ihr kein höheres Recht, ist euch gerade jedes Mittel brauchbar: jede noch so durchsichtige Propaganda, jede noch so rücksichtslose Agitation, und schlimmer als das: jede raffinierte und jede grobe Polizeimethode, jede Härte und jede Grausamkeit. In der Durchführung dieses Kampfes opfert ihr rücksichtslos nicht nur Tausende, sondern Millionen von Menschen. *Unmenschlichkeit* ist das, was wir euch vorwerfen. Kein Wunder: es ist ja erkennbar, und ihr sagt es ja selbst: ihr habt die christliche Zivilisation nie gekannt oder mutwillig von euch geworfen. Ihr lebt eines Glaubens, in welchem an die Stelle Gottes der wüste Dämon eurer Idee des sozialen Fortschritts getreten ist. Eben dieser *falsche Glaube* ist das andere, was wir euch vorzuwerfen haben. – So spricht der Westen zum Osten und über den Osten. Aber wir sind hier in der Kirche, wir sind hier als Christen versammelt und dazu gehört, daß wir die andere Seite auch zu Worte kommen lassen.

Es spricht und klagt der *Osten*: Was ihr dort im *Westen* wollt und treibt, das beruht auf einer völlig verkehrten, nämlich auf einer unaufrichtig geistigen und moralischen Auffassung vom Menschen. Ihr wißt so gut wie wir, daß der Mensch auch und zuerst ein wirtschaftliches Wesen ist, und um Produktion und Konsumtion dreht sich sein Leben wahrhaftig auch bei euch. Aber eben das wollt ihr nicht wahr haben, weil es dabei bei euch nicht mit rechten Dingen zugeht. Ihr scheltet über unseren Materialismus, ihr redet so viel von Geist und Moral, weil ihr etwas zu verstecken habt: nämlich die Tatsache, daß es das Geld, das blinde, anonyme Kapital, seine Verzinsung und Vermehrung ist, von dem ihr regiert werdet: einige Wenige als die Räder – Viele, die ungeheure Mehrheit, ob sie es wissen oder nicht, unter den Rädern des Wagens, auf dem dieser euer wahrer Gott thront. Ihr, ihr züchtet damit den wahren Massenmenschen! Kommt uns doch nicht mit eurer bloß formalen Demokratie, als ob ihr darum frei wäret, weil ihr dann und wann zur Urne gehen, eure persönlichen Meinungen haben und aus|sprechen dürft, weil ihr unabhängige Zeitungen und Parteien habt und wie das alles heißt. Wem sind sie denn alle so oder so verpflichtet: eure Zeitungen und Parteien und Verbände, von denen ihr eure vermeintlich freien Meinungen bezieht, auch eure selbstgewählten Behörden bis hin zu euren Gerichten? Wo anders als in euren großen Banken werden denn die Drähte gezogen, an denen ihr in eurer vermeintlichen Freiheit tanzt und von denen es letztlich abhängt, ob ihr arbeiten oder nicht arbeiten, real verdienen oder nicht real verdienen und also leben könnt? Ist euch nicht Alles gut genug, wenn es um euren teils böswilligen, teils verblendeten Kampf für die Herrschaft dieses eures Gottes geht: jeder Krieg unter Umständen und im Frieden jede zivilisierte Brutalität und Hinterlist, jede Machenschaft und Schiebung, jede Lügerei über unbequeme Tatsachen und Personen? Sand in die Augen ist eure ganze sogenannte Demokratie, und Sand in die Augen – der Massen nämlich, zu denen auch und vor allem eure sogenannten Intellektuellen gehören – ist eure angebliche Hochschätzung von Geist und Moral und zuhöchst

eure angebliche Christlichkeit, in der ihr von *Gott* redet, damit
das wirkliche Leben des Menschen nicht zur Sprache und an
den Tag komme, in der ihr ihn auf den *Himmel* verweist, damit
auf Erden alles beim Alten bleibe, in der ihr ein menschliches
Innenleben pflegen wollt, als ob es, wo das Äußere so korrupt
ist, ein der Rede wertes Inneres geben könnte. Was haben
wir euch vorzuwerfen? *Unmenschlichkeit* zum Ersten und einen
falschen, nämlich einen durch und durch heuchlerischen *Glauben* zum Anderen! – Das also sind die beiden Chöre, deren abwechselnden Gesang wir uns heute anhören müssen.

5.

Und nun die *Kirche*? Und nun wir *Christen*? Wenn wir dabei,
wie es sich gehört, von uns selbst und also von der Kirche *hier*,
von uns *hiesigen* Christen reden, so wird es gut sein, uns vorerst
klar zu machen, daß *wir hier* in dieser Sache von Hause und
von Natur aus *nicht unparteiisch* sind. Wir befinden uns ja von
Hause und von Natur aus zweifellos im Vorfeld und im Bereich von *Amerika* und also in der westlichen Welthälfte.
Und daher kommt es, daß wir *beeinflußt* sind. Wir hören die
Stimme jenes westlichen Chores, wir hören seinen Kampfgesang gegen den Osten viel stärker, viel deutlicher als den
des Ostens gegen den Westen. Noch mehr: irgend etwas in
uns singt bei diesem Chor des Westens ganz unwillkürlich
und selbstverständlich mit, während wir dem Chor des Ostens
zum vornherein nur etwas vergrämt zuhören mögen. Nun, es
hat Gott gefallen, daß wir als hiesige und also als westliche
Menschen geboren und hier versammelt sind. Daraus folgt
aber durchaus nicht, | daß es ihm auch gefalle, wenn wir der
westlichen *Befangenheit*, die das bedeuten kann, und besonders
auch dem Druck unserer westlichen *Umgebung* einfach nachgeben. Es folgt vielmehr daraus, daß wir uns um so mehr davon
hüten müssen, unser *westliches* Urteil ohne weiteres auch für
das rechte, das *christliche* Urteil zu halten. Wir haben, gerade
weil wir hier selbst mitten im Westen sind, allen Anlaß, jener

christlichen *Verpflichtung* und *Freiheit* zu gedenken, von der ich am Anfang gesprochen habe.

Und nun ist sicher schon das nur eine westliche, aber darum durchaus noch keine christliche Meinung, daß die politische Stellungnahme, die der Kirche zweifellos auch heute geboten ist, durchaus in einer *Wahl* zwischen den beiden sich heute gegenüberstehenden und sich gegenseitig verklagenden Weltsystemen bestehen müsse. Geld oder Blut! Deutliche bestimmte Worte! Klare Entscheidung! Offene Parteinahme! So ruft es heute auf allen Straßen – des Westens nämlich –, und es ist selbstverständlich, *welche* Parteinahme dabei gemeint ist. Eben uns *Christen*, eben der *Kirche*, ruft man das heute zu. Wie hat man es der Amsterdamer Kirchenkonferenz übelgenommen, daß sie die von ihr erwartete Parteinahme in dieser Sache nun gerade *nicht* vollzogen hat! Merkwürdig genug, die Straße des Westens hat uns das nicht immer zugerufen! Sie war in andern Fällen nicht ebenso interessiert daran, gerade von der Kirche vor ein solches Entweder-Oder gestellt zu werden. Dieselbe Straße des Westens hat uns vielmehr in andern Fällen, wo wir tatsächlich eine Parteinahme meinten vollziehen zu sollen, leise oder auch laut getadelt, uns nicht genug daran erinnern können, daß die Kirche über allen Gegensätzen und Parteien stehen müsse. Warum heute so eifrig? Wir gehen dem nicht weiter nach, sondern stellen zunächst nur einfach fest: die Kirche ist *nicht* identisch mit dem Westen, das westliche Gewissen und Urteil ist *nicht* ohnehin auch das christliche. Wie das christliche Gewissen und Urteil auch nicht ohnehin das *östliche* ist! Das eben ist es ja, was man heute der Kirche im *Osten* mit ganz demselben Eifer einreden will: ihr Gewissen und Urteil müsse durchaus das *östliche* sein! Und wie genau sehen wir hier aus der Ferne zu, ob die Christen in Prag und Budapest sich doch ja nicht etwa auf den Weg der Kollaboration begeben, sondern »fest« bleiben möchten! Ja würden *wir* denn fest bleiben, würden *wir* denn nicht vielmehr schon damit den Weg der Kollaboration mit dem Westen betreten, wenn wir uns auch nur auf jenes »Geld oder Blut!« einlassen wollten. Wir haben *keinen* christlichen Grund, uns darauf einzulassen. Wir haben vielmehr allen christlichen Grund, in klarer Entscheidung als unser deutliches bestimmtes Wort zunächst einfach zu sagen: *weder* Geld *noch* Blut! – zunächst einfach: keine Partei|nahme! Eben das ist zunächst auch unsere, die christliche, *politische* Stellungnahme: daß wir uns weigern, in diesem Gegensatz Kämpfer zu sein. Wir sagen das nicht nur als eine erbauliche Wahrheit im stillen Kämmerlein, wir sagen es auch zu euch, wir sagen es auch auf die westliche Straße hinaus: Die Sache des Westens mag von Natur und Haus aus unsere eigene Sache sein. Die Sache Gottes ist sie darum *doch* nicht. Wie die Sache des Ostens sicher *auch* nicht die Sache Gottes ist! Also, was uns angeht, zunächst einmal: Messer weg! Kein weiteres Öl in dieses Feuer! Denn so, indem hier fernerhin herüber und hinüber geflucht wird, bis schließlich nur noch ein drittes Mal geschossen werden kann, – so wird nichts besser, so wird keinem Menschen geholfen und keine Frage gelöst. Der Weg kann auf alle Fälle nur ein dritter Weg sein! Möge die Kirche im Osten zusehen, daß sie dort dasselbe sage! Wir aber, die Kirche im *Westen*, haben in diesem Konflikt zunächst nur das zu sagen.

6.

Aber vor zehn Jahren hat es anders getönt! erinnert man uns. Ja, vor zehn Jahren *hat* es anders getönt und *mußte* es anders tönen. Vor zehn Jahren stand eine einzige, schlechterdings eindeutige politische und geistige Drohung am Horizont, und wer sich damals gegen das Wildschwein wandte, beging damit nicht die Torheit, seinen Rücken dem Wolfe preiszugeben. Vor zehn Jahren ging es um den Nationalsozialismus, der uns nun wirklich keine einzige ernsthafte, etwa zu beachtende und zu bedenkende Frage zu stellen hatte, in welchem wir es vielmehr mit einer eindeutig von jeder Vernunft verlassenen Mischung von Wahnsinn und Verbrechen zu tun hatten. In welcher Tiefe und in welchem Umfang es sich damals *darum* handelte, konnte damals noch niemand wissen. Mit ein bißchen Instinkt konnte man es immerhin schon damals ahnen, daß es *darum* ging! Es kam dazu, daß der Nationalsozialismus sich uns auch noch in der Gestalt eines verfälschten Christentums darstellen und empfehlen wollte. Vor zehn Jahren war ganz einfach zur *Ordnung* zu rufen. Und vor zehn Jahren und noch bis in die ersten Kriegsjahre hinein war es nötig, angesichts jener Erscheinung zum *Aufwachen* und *Aufmerken* zu mahnen, weil allem zum Trotz ein gewisser Zauber von ihr ausging, weil es lange genug dauerte, bis der Feind als solcher erkannt war, weil er törichte Anhänger und Advokaten bis mitten in die Kirche hinein hatte, weil es ihm gegenüber in ganz Europa und so auch bei uns eine merkwürdige Weichheit und Anpassungsfähigkeit und vor allem schon damals auch eine große, schlotternde *Angst* gab. Nebenbei gesagt: vor zehn Jahren *kostete* es auch etwas, das einseitige eindeutige Nein auszusprechen, das damals nötig und geboten war. Denn wer das tat, der konnte damals nicht mit den Spatzen von den Dächern pfeifen, der sah sich damals von dem vorsichtigen Schweigen der meisten der heute so aufgeregten braven Leute umgeben, der konnte sich damals von denselben heute so lauten Zeitungen bescheinigen lassen, wie voreingenommen und fanatisch er doch sei, und wie sehr er doch mit seinem Reden die christliche Liebe verletze und die schweizerische Neutralität gefährde. Es war eine wunderbar einfache Situation damals vor zehn Jahren: man konnte bei klarer Einsicht und mit gutem Gewissen *nur* Nein sagen; es war *nötig*, Nein zu sagen, und es brauchte nur ein *bißchen* Unerschrockenheit, um nun auch wirklich Nein zu sagen. Es war gut so, daß die Kirche oder doch manche Stimme aus der Kirche dieses einfache Nein damals wirklich *gesagt* hat.

Und nun »stürmt« man also, dasselbe Nein müsse heute von der Kirche oder doch von denen in der Kirche, die damals geredet haben, nunmehr gegen den Osten, gegen Sowjetrußland und die ihm verbündeten »Volksdemokratien« im selben Tonfall *wieder* gesagt werden. Als ob es in der Geschichte solche einfachen Wiederholungen gäbe! Und als ob die Kirche ein Automat wäre, bei dem man sich gegen Einwurf eines Geldstückes heute selbstverständlich die gleiche Ware verschaffen kann wie gestern! Nachdem man sich übrigens damals für dieselbe Ware nur sehr zögernd, widerstrebend und jedenfalls nur allmählich empfänglich gezeigt hat! Es ist wirklich ein »Gestürm« – das muß hier vor allem in aller Freundlichkeit festgestellt werden. Daß die Kirche Kirche *sei* und *bleibe* und also nicht unchristlich *schweigen* dürfe, das haben wir vor zehn Jahren gesagt. Daß die Kirche Kirche *sei* und *bleibe* und also nicht unchristlich *reden* dürfe, das sagen wir heute. Wir haben Anlaß, heute aus *demselben* Grunde nun eben *das* zu sagen.

Rot wie Braun, *ein* Totalitarismus *wie* der andere – *also*! ruft man uns heute zu. Nun, zu diesem Ruf sind jedenfalls alle die zahlreichen Zeitgenossen und Mitchristen nicht berechtigt, die damals Braun darum gar nicht so ganz ungern sahen, weil Braun so heftig gegen Rot war: alle die *nicht*, die damals am Nationalsozialismus jedenfalls *das* Gute fanden, daß er einen so starken Damm gegen den Bolschewismus zu bilden schien! Und alle die sind zu diesem Ruf *auch nicht* berechtigt – zu ihnen scheinen z. B. gewisse Kreise der alliierten Militärregierungen in Deutschland zu gehören –, die heute die neu erwachten nationalistischen Instinkte der Deutschen gegen die Russen auszuspielen für richtig halten! Alle die sind es *auch nicht*, die nichts dabei finden, daß der Westen dem spanischen Diktator Franco bis jetzt kein Haar gekrümmt hat, sondern daß er *diesen* Totalitarismus, von dem z. B. die spanischen Protestanten etwas zu erzählen wissen, nicht ungern in die Planung seiner künftigen (westlichen) Ostfront einbezieht! Und wie kommt es eigentlich, daß es auch bei uns so merkwürdig still geblieben ist, als kurz vor Weihnacht die uns im übrigen aus vielen Gründen so sympathischen Holländer ihre Indonesier mit einem Blitzkrieg überzogen haben, durch den man sich nun doch in verschiedener Hinsicht auffallend an einen Vorgang im Mai 1940 erinnert fühlen mußte? Wir fragen: Geht es *wirklich* gegen den Totalitarismus und seine Methoden, wenn es heute im Westen unter dieser Parole gegen den Osten geht? Wir stellen fest: Sollte das wirklich eine *christliche* Parole sein, dann müßte sie sich gegen *jeden* Totalitarismus wenden. Die

Parole, die man uns heute in den Mund legen möchte, kommt als christliche Parole darum nicht in Frage, weil sie sich nur gegen den Osten richtet. Sie ist, kurz gesagt, nicht ganz ehrlich. Und darum müssen wir es ablehnen, sie in den Mund zu nehmen.

Gerade ein ruhiger Vergleich mit dem Nationalsozialismus von vor zehn Jahren zeigt vielmehr, daß jedenfalls die christliche Kirche keinen Anlaß hat, sich dem russisch-kommunistischen Osten gegenüber nun so einfach, wie das gewünscht wird, zu wiederholen. Man kann gegen den Osten – *auch* gegen den Osten! – wegen seines Totalitarismus und dessen Methoden Vieles auf dem Herzen haben und aussprechen. Was asiatische Despotie, Verschlagenheit und Rücksichtslosigkeit im nahen und fernen Osten und speziell in Rußland seit Menschengedenken gewesen ist und bedeutet hat, das ist uns in der Gestalt des vom heutigen Rußland vertretenen Kommunismus sicher sehr abscheu- und entsetzenerregend auf den Leib gerückt und zum Bewußtsein gebracht. Wir haben wohl früher zu wenig davon Kenntnis genommen, daß es das – auch ohne Kommunismus – in jener Weltgegend immer gegeben hat. Wir haben wohl auch die uns immerhin bekannteren Greuel der französischen Revolution (auf deren »Errungenschaften« übrigens unser ganzes westliches System begründet ist!) und wir haben die wahrhaftig auch bekannten Greuel der vorangehenden, der vermeintlich christlichen Aera Europas (unter ihnen auch gewisse Untaten der alten Schweizer!) nicht mehr so lebhaft in Erinnerung. Sie sind keine Entschuldigung für die uns heute empörenden Methoden des Ostens. Diese empören uns gewiß mit Recht. Aber wenn wir im Blick auf die französische Revolution und im Blick auf unsere »christliche« Vorzeit zu unterscheiden wissen, wenn wir die Männer von St. Jakob in Ehren halten, obwohl sie doch auch die Männer von Greifensee gewesen sind, wenn wir hoffentlich auch die asiatische Welt nicht nur unter dem Gesichtspunkt beurteilen, daß irgend eine Form von Despotie dort von jeher die Form des | öffentlichen Lebens war und weithin noch ist, dann ist es am Platz, auch im Blick auf den Kommunismus von heute das *Unterscheiden* nicht zu unterlassen: das Unterscheiden zwischen seinen totalitären Greueln als solchen und dem, was dabei positiv *gemeint* und *beabsichtigt* ist. Und dann kann man vom Kommunismus eben das nicht sagen, was man vom Nationalsozialismus vor zehn Jahren sagen mußte: daß es sich bei dem, was er *meint* und *beabsichtigt*, um helle Unvernunft, um eine Ausgeburt des Wahnsinns und Verbrechens handle. Es entbehrte nun wirklich alles Sinnes, wenn man den Marxismus mit dem »Gedankengut« des Dritten Reiches, wenn man einen Mann von dem Format von Joseph Stalin mit solchen Scharlatanen wie Hitler, Göring, Heß, Goebbels, Himmler, Ribbentrop, Rosenberg, Streicher usw. es gewesen sind, auch nur einen Augenblick im gleichen Atem nennen wollte. Was in Sowjetrußland – sei es denn: mit sehr schmutzigen und blutigen Händen, in einer uns mit Recht empörenden Weise – angefaßt worden ist, das ist immerhin eine konstruktive Idee, immerhin die Lösung einer Frage, die auch für uns eine ernsthafte und brennende Frage ist und die wir mit unseren saubereren Händen nun doch noch lange nicht energisch genug angefaßt haben: der *sozialen* Frage. Ein *christliches* Nein könnte unser westliches Nein zur dortigen Lösung dieser Frage doch wohl nur dann sein, wenn wir hinsichtlich dessen, was wir mit unserer westlichen Freiheit meinen und beabsichtigen, gerade in dieser Hinsicht ein besseres Gewissen hätten, wenn wir in einer auf humanerem Wege versuchten, aber ebenso energischen Beantwortung dieser Frage begriffen wären. Solange man das – bei aller Anerkennung des Wollens etwa der britischen Labour-Party – vom Westen als solchen nicht sagen kann, solange es im Westen noch eine »Freiheit« gibt, Wirtschaftskrisen zu veranstalten, eine »Freiheit«, hier Getreide ins Meer zu schütten, während dort gehungert wird, solange ist es uns jedenfalls als Christen verwehrt, dem Osten ein unbedingtes Nein entgegenzuschleudern. Wir beschuldigen ihn im Blick auf seine Methoden der Unmenschlichkeit und haben dabei sicher nicht Unrecht. Aber vergessen wir nicht, daß er uns, wie wir hörten, seinerseits der Unmenschlichkeit, nämlich einer Unmenschlichkeit unserer Absichten, unseres durch unseren heillosen Respekt vor den Sachwerten grundverdorbenen Denkens und Wollens bezichtigt: harter Taten nicht nur, sondern eines harten Herzens. Solange er das auch nur mit einem Schein von Wahrheit tun kann – und hier ist wirklich mehr als bloß Schein! –, haben wir, jedenfalls christlich gesehen und geurteilt, Anlaß, seine Existenz als einen Pfahl in unserem Fleisch anzusehen und zu behandeln, den wir mit keinen Deklamationen gegen sein Unrecht los werden können. |

Der andere wichtige Unterschied gegenüber der Situation von vor zehn Jahren ist dieser: Die Sache des russisch-kommunistischen Ostens ist zweifellos eine ausgesprochene *gottlose* Angelegenheit: die Sache eines falschen Glaubens, dem entsprechend das Christentum dort als eine aus pädagogisch-taktischen Gründen unbequeme Sache angesehen und behandelt wird: vorläufig geduldet, aber in der Erwartung, daß es im Zuge der Entwicklung, nämlich im Anbruch des großen Reichs der sozialistischen Gerechtigkeit, von selbst verschwinden werde, wobei dann einige Nachhilfe gewiß nicht ausgeschlossen sein dürfte. Man beachte aber, daß der Kommunismus in seinem Verhältnis zum Christentum im Unterschied zum Nationalsozialismus *eines nicht* getan hat und seinem Wesen nach auch nicht tun *kann*: er hat nie den geringsten Versuch gemacht, das Christentum selbst umzudeuten, zu verfälschen, sich selbst in ein christliches Gewand zu hüllen. Er hat sich des eigentlichen Grundfrevels des Nationalsozialismus, der Beseitigung des wirklichen Christus durch einen nationalen Jesus, er hat sich des *Antisemitismus* nie schuldig gemacht. Er hat von falscher Prophetie nichts an sich. Er ist nicht antichristlich. Er ist kaltschnäuzig achristlich. Ihm scheint das Evangelium überhaupt noch nicht begegnet zu sein. Er ist brutales, aber wenigstens ehrliches Gottlosentum. Was soll die Kirche dagegen tun? Protestieren? Sich als Vertreter der besonderen Belange des lieben Gottes in eine allgemeine Ostfront einreihen? Es ist mir neu, daß die Christenheit gegenüber den Gottlosen, auf ihre Verachtung, Bedrückung und Verfolgung mit Protesten und mit Aufrufen zu politischen Kampfaktionen zu reagieren habe. Hier gilt etwas ganz Anderes, nämlich »Geduld und Glaube der Heiligen«, fröhliches Ausharren und unerschrockenes Bekennen. Wenn die Kirche das leistet, steht sie auf Felsengrund, kann sie lachen über das ganze Gottlosenwesen, hat sie den Gottlosen, ob sie es hören oder nicht – sie werden es aber einmal hören! – etwas Positives zu *sagen*. *Ja, wenn* sie das Evangelium zu bekennen hat: nicht bloß die Weltanschauung und Moral des Abendlandes also, *nicht* eine religiöse Verhüllung des wirklichen Lebens, *nicht* eine Anweisung zur Flucht in die Innerlichkeit oder in den Himmel, *keinen* imaginären, sondern den lebendigen Gott und sein Reich, den gekreuzigten und auferstandenen Jesus Christus als den Herrn und Heiland des *ganzen* Menschen. Nicht das also, was der Osten, indem er die Anklage des Westens zurückgibt, seinerseits einen falschen Glauben nennen kann! Ist etwa gar keine Wahrheit in seiner Gegenklage? Wir werden sie damit nicht los, daß wir denen da drüben ihren falschen Glauben vorhalten. Nach unserem eigenen Glauben sind wir gefragt: *Wo* ist denn das christliche Abendland, das dem allerdings sehr handgreiflich unchristlichen Osten auch nur | mit einigermaßen gutem Gewissen in die Augen blicken könnte? *Woher* hat denn der Osten sein Gottlosentum bezogen, wenn nicht aus dem Westen, aus unserer Philosophie? Ist sein kaltschnäuziges Achristentum etwas so ganz Anderes als die Weisheit, die sich auch bei uns auf allen Gassen und in allen Zeitungen und, wohlverstanden, in gedämpfter Form doch weithin auch in unseren Kirchen selbst breit machen darf? *Wovon* lebt denn dieses Achristentum, wenn nicht von dem Ärgernis, das ihm durch die Brüchigkeit des orthodoxen, des römischen *und* unsres protestantischen Christentums gegeben worden ist? Und das sollten wir Christen im Westen nicht bemerken oder tun, als ob wir es nicht bemerkten? Wo ist denn unsere Legitimation, von einem »christlichen Abendland« zu reden und diesem auf einmal mit dem Aufruf zum geistigen, politischen und eines Tages auch militärischen Kreuzzug zuhilfe kommen zu wollen? Was für Narren oder Heuchler müßten wir in der Tat sein, wenn wir uns dazu herbeiließen! Gegen den falschen Glauben des Ostens kann nur der wahre, klare, christliche Glaube standfest sein. Wenn wir seiner nicht ganz neu teilhaftig werden, dann fehlt uns naturgemäß auch seine Standfestigkeit. Eben *seine* Standfestigkeit wird aber mit einer Parteinahme gegen den Osten, mit der Agitation, der Propaganda und den andern Machenschaften, die solche Parteinahme nach sich zieht, sie wird mit allen Kreuzzügen gerade nichts zu tun haben. Nicht der Kreuzzug, sondern das Wort vom Kreuz ist das, was die Kirche des Westens dem gottlosen Osten – aber vor allem auch dem Westen selbst schuldig ist, durch das sie sich selbst ganz neu muß auferbauen lassen.

Und der dritte wichtige Unterschied zwischen heute und der Situation vor zehn Jahren ist der: Es hat uns bis jetzt noch niemand gesagt, worin die gewünschte christliche Stellungnahme gegen den Osten nun eigentlich bestehen sollte. In einer Art von neuem *Bekenntnis*, wie es 1934 das von Barmen gewesen ist? Aber Bekenntnisse spricht die Kirche dann aus, wenn sie sich einer Versuchung zu erwehren hat. Wem von uns ist denn aber der Kommunismus eine Versuchung? In der Aufforderung zum *Gebet* um die Zerstörung der Bollwerke des falschen Propheten, wie wir sie 1938 ergehen ließen? Aber der Kommunismus ist nicht einmal falscher Prophetismus, und wenn er es wäre, dann müßte in einem Atemzug auch um die Zerstörung der Bollwerke des »*westlichen* Antichrist« gebetet werden! Nein, es könnte das, was von der Kirche als solche Parteinahme verlangt wird, praktisch in großem Unterschied zu damals nur in einem billigen, müßigen und unnützen *Gerede* bestehen: *billig* darum, weil es heute keinerlei geistige Anstrengung braucht und keinerlei Einsatz erfordert, das, was wir alle gegen den östlichen Kommunismus auf dem Herzen haben, hier, | im sicheren Westen, noch und noch einmal auszusprechen – *müßig* darum, weil das tief Unerfreuliche der östlichen Sache so auf der Hand liegt, daß es sich wirklich nicht lohnt, christlich noch einmal zu sagen, was weltlich ohnehin und bis zum Überdruß in jeder Zeitung gesagt wird – und *unnütz* darum, weil wir mit solcher Parteinahme dem wilden Mann im Osten bestimmt nicht den geringsten Eindruck machen, bestimmt keinem einzigen Menschen, der dort unter dem wilden Mann zu leiden hat, damit helfen würden, und weil solche Parteinahme gerade auch in den christlichen Kirchen des Ostens das Letzte ist, was von uns erwartet ist. Sollte Not wieder einmal an Mann kommen, wie es vor zehn Jahren geschah, dann wollen wir erst sehen, *wer* dann in der vorderen Reihe stehen wird: die heute nach irgendwelchen »entschiedenen« Worten rufen oder diejenigen, die der Meinung sind, durch Stillesein und Hoffen allein könnten wir jetzt politisch stark sein? Ich fasse zusammen: In der Parteinahme vor zehn Jahren ging es um ein gutes christlich-politisches *Bekenntnis*. Heute könnte es, wenn wir uns der von uns gewünschten Parteinahme schuldig machen würden, nur um den schlecht politisierenden Ausdruck gewisser, durchaus nicht geklärter und einwandfrei begründeter *westlicher Gefühle* gehen. Das christlich-politische Bekenntnis muß heute gerade im *Verzicht* auf solche Parteinahme bestehen.

7.

Nur darin? Nein, nicht nur darin! Wie ja auch die schweizerische Neutralität, an die ich noch einmal nachdrücklich erinnern möchte, nicht nur etwas Negatives, nicht nur einen Verzicht, sondern als echte Neutralität einen *positiven* Beitrag zum Leben der europäischen Völkergemeinschaft bedeutet: einen Beitrag, der sich in seiner ganzen Bescheidenheit bis jetzt immerhin als solider und gehaltvoller erwiesen hat als der alte Völkerbund und die neue UNO miteinander. Die Kirche ist darin *freier* als die Schweiz, daß sie zu keiner »ewigen Neutralität« verpflichtet ist. Sie kann, wenn es sein muß, auch *Partei* ergreifen. Wenn sie heute im Unterschied zur Situation vor zehn Jahren Gründe hat, das *nicht* zu tun, dann will sie eben mit diesem *Nein* – genau so wie die Schweiz mit ihrer Neutralität – auch ein ganz bestimmtes *Ja* sagen.

An dem ist es natürlich *nicht*, daß die Kirche den politischen

Geschehen gegenüber heute *uninteressiert* wäre. An dem ist es nicht, daß ihre Verantwortlichkeit im Staat und für einen rechten Staat, die Verantwortlichkeit der Christengemeinde für die Bürgergemeinde, der Zusammenhang zwischen der Rechtfertigung, die allein Gott vollzieht, und dem Recht, das wir ehren, lieben, immer wieder aufrichten und schützen sollen, heute suspendiert wäre, gewisser|maßen ruhen dürfte. Alles, was vor zehn Jahren über diesen Zusammenhang zu sagen war, gilt uneingeschränkt auch heute und gerade heute.

Aber heute geht es nicht um Kampf, sondern um *Aufbau*. Das ist der Grundgedanke, für den wir Christen in der heutigen politischen Welt einzustehen haben. Es ist von hier aus nicht leicht zu erkennen, in welchem Sinn und Maß es drüben im Osten um ernsten, soliden, verheißungsvollen Aufbau geht. Sehen wir zu, daß es bei uns im Westen darum und nur darum gehe! Geht es im Westen *darum*, dann braucht man im Westen vor dem Osten keine Angst zu haben. Geht es *nicht* darum, dann besteht allerdings *Grund* zur Ängstlichkeit! Jene Zornes- und Haßgesänge, der westliche ebenso wie der östliche, laufen – wie wenn nicht schon genug zerstört wäre! – auf neue Zerstörungen hinaus. Und man versäumt darüber das Wichtigere, was heute auf beiden Seiten – auch zur Beseitigung der gegenseitigen Angst – geschehen müßte. Darum können wir sie nicht mitsingen. Wir überhören aber nicht, daß ja auch auf den beiden streitenden Seiten gerade so etwas wie *Aufbau* gemeint zu sein scheint.

Um die *Menschlichkeit* scheint es ja auf beiden Seiten zu gehen, da man sich gegenseitig so heftig der Unmenschlichkeit bezichtigt. Wie es denn auch sonst auffällt, daß dieselben Worte: Demokratie, Freiheit, Gerechtigkeit, Friede auf beiden Seiten so gewaltig ausgesprochen werden. Nur daß es sich im Osten um eine *Gerechtigkeit* zu handeln scheint, die mit der *Freiheit* – und im Westen um eine *Freiheit*, die mit der *Gerechtigkeit* von ferne noch nicht ins rechte Verhältns gekommen ist. Nur daß der *Friede*, von dem hier wie dort sicher aufrichtig die Rede ist, hier wie dort voll heimlicher Drohung und Kriegsgefahr ist. Die christliche Kirche ist für den Aufbau. Sie kann darum nicht den Einen Recht und den Anderen Unrecht geben. Sie kann nur beide, Alle beim Wort nehmen. Sie glaubt und verkündigt die Gerechtigkeit *Gottes,* die die *menschliche Freiheit* nicht aufhebt, sondern in ihrer unverletzlichen Würde und Heiligkeit begründet. Sie glaubt und verkündigt aber auch die *Freiheit* Gottes, nämlich die majestätische Freiheit seiner Gnade, durch die *menschliche Gerechtigkeit* nicht überflüssig gemacht, sondern geradezu mit Ungestüm gefordert ist. Sie glaubt und verkündigt den Frieden *Gottes,* der *höher* ist als alle Vernunft und der eben darum die menschliche Vernunft umfaßt und beieinander hält, der dafür sorgt, daß wir nicht auf Grund unvernünftiger Vernünfteleien übereinander herfallen, der also auch für den *menschlichen Frieden* sorgt. Die christliche Kirche kann von daher nicht gegen den Westen, nicht gegen den Osten sein. Sie kann von daher nur zwischen beide hineintreten. Wobei es freilich nicht anders sein kann, als daß sie hier im Westen | – mögen unsere Brüder im Osten das Ihrige tun! – *nachdrücklicher* für *das* eintreten muß, was nun eben hier im Westen übersehen und vergessen sein dürfte, was darum hier im Westen zu sagen und zu hören nötig ist. Damit ruft sie zur Menschlichkeit, und eben damit dient sie dem Aufbau. Die Kirche kann gerade heute nur dann Kirche sein, wenn sie dazu *frei* bleibt. Sie kann nur für *Europa* sein. Nicht für ein östlich, nicht für ein westlich bestimmtes und orientiertes, sondern für ein *freies,* einen dritten, seinen eigenen Weg gehendes Europa. Eine freie Kirche ist vielleicht heute die letzte Chance für ein solches freies Europa.

Und nun scheint es ja im Osten wie im Westen auch noch um etwas Anderes zu gehen, nämlich um den *Glauben.* Ist es doch ein falscher Glaube, dessen man sich von beiden Seiten bezichtigt: heuchlerisch scheint denen im Osten unser Glaube und uns im Westen der ihrige dämonisch und gottlos. Wohl, wir hören Beides und werden als Christen nicht gut leugnen können, daß hüben und drüben etwas dran ist. Was tun? Darf ich noch eine kleine Anekdote erzählen? Ich saß im Sommer 1947 in Berlin einen ganzen Nachmittag mit einer Gruppe von wirklichen, leibhaftigen deutschen Kommunisten zusammen: ich bitte, es mir zu glauben, daß ich ihnen bestimmt widersprochen habe! Sie beklagten sich gegen Ende des Gesprächs in ihrer Weise auch lebhaft genug gerade über die Haltung der westlichen Kirche. »Erlauben Sie mir, Ihnen etwas aus der Bibel mitzuteilen!« habe ich ihnen schließlich gesagt und rezitierte ihnen dann aus dem Prediger Salomo das Wort: »Sei nicht allzu gerecht und nicht allzu weise, daß du dich nicht verderbest« (mit der Bemerkung: das könnte wirklich auch der westlichen Kirche gesagt sein!) und dazu die Fortsetzung: »Sei nicht allzu gottlos und narre nicht, daß du nicht sterbest zur Unzeit!« (mit der Bemerkung: das könnte nun gegen oder vielmehr für euch Östler gesagt sein!). Jene Kommunisten haben es sich merkwürdigerweise gefallen lassen, daß dies als Schlußwort der damaligen Diskussion stehen blieb und wohl auch zu Protokoll genommen wurde. Ich denke, eben das muß die christliche Kirche heute nach beiden Seiten zu Protokoll geben. Sie kann nur für den *rechten* Glauben eintreten, der mit der Heuchelei, die sich hinter unserer allzu großen westlichen Gerechtigkeit und Weisheit verbergen könnte, ebensowenig zu tun hat, wie mit der eingestandenen allzu großen Gottlosigkeit des Ostglaubens. Sie ist für den Aufbau. Sie kann auch hier nur beide beim Wort nehmen: Sie haben es ja offenbar, wenn man von den beiderseitigen Scheltworten absieht, beide auf so etwas wie einen *rechten* Glauben abgesehen. Was soll die Kirche tun? Sie darf und muß sich selber im *rechten Glauben* üben, um so nach beiden Seiten mit gutem Gewissen den *rechten | Glauben* verkündigen zu können. Wobei sie gewiß hier im Westen – mögen unsere Brüder im Osten auch in dieser Hinsicht das Ihrige tun! – *dringlicher das* sagen wird, daß die Wahrheit des Glaubens gerade von dem Herrn her, an den wir glauben, von aller uns *Westlern* allzu leicht unterlaufenden Heuchelei und Lebensfremdheit gar nicht gründlich genug gereinigt werden kann. Die Kirche des Westens sehe zu, daß sie sich *bei* Gottes Wort und *durch* Gottes Wort erhalten lasse, damit sie es mit einem freudigen Gewissen ausrichten könne: den Westlern *zuerst und auch* den Östlern. Steht und lebt und redet sie im *Glauben*, dann dient sie eben damit dem *Aufbau*.

Sie blickt dann über den Konflikt von Ost und West, in dem sie jetzt mit der ganzen Menschheit steht und leidet, an dem sie aber doch nur glaubend, liebend und hoffend beteiligt sein kann, hinaus und denkt an das Wort der Verheißung, das Wort Gottes durch den Propheten Jesaja: »Zu der Zeit wird Israel *selbdritt* sein mit den Ägyptern und Assyrern, ein Segen mitten auf Erden. Denn der Herr Zebaoth wird sie segnen und sprechen: Gesegnet bist du, *Ägypten, mein Volk* und du, *Assur, meiner Hände Werk* und du, *Israel, mein Erbe*!«

HOW MY MIND HAS CHANGED
(1938/1948/1958)

KARL BARTH ÜBER SICH SELBST

1928-1938

Der Herausgeber von *»The Christian Century«* hat mit größtem Nachdruck den Wunsch ausgesprochen, daß die Beiträge zu diesem Thema möglichst persönlich und »autobiographisch« gehalten werden möchten. Warum sollte ich diesem Wunsch nicht entsprechen? Habe ich mich nicht oft genug mit mehr oder weniger Glück bemüht, wissenschaftlich, systematisch streng und überzeugend zu schreiben – auch wohl erbaulich, auch wohl erwecklich, auch wohl polemisch? Warum nicht auch einmal »autobiographisch«, da ich eben Weihnachtsferien und also etwas Zeit für ein solches Parergon habe? Nur daß ich freilich niemandem, der mich in jenen anderen Sprachen nicht verstanden hat, versprechen kann, daß er mich nun in dieser Sprache verstehen wird!

Über die Veränderung *in my thinking about religion* in den letzten zehn Jahren soll ich Auskunft geben? Nun, mein Denken hat sich jedenfalls darin nicht verändert, daß sein Gegenstand, seine Quelle und sein Maßstab, so weit das in meiner Absicht liegen kann, nach wie vor gerade *nicht* die sogen. Religion, sondern das die christliche Kirche, Theologie, Predigt und Mission begründende, erhaltende und weiterführende *Wort Gottes* ist, das in der heiligen Schrift *zum Menschen*: zu dem Menschen aller Zeiten, Länder, Lebensbedingungen und Altersstufen redet, das Wort Gottes, das Gottes Geheimnis in seinem Verhältnis zum Menschen und nicht, wie es die Vokabel »Religion« zu sagen scheint, das Geheimnis des Menschen in seinem Verhältnis zu Gott ist. In dieser Sache müssen mich auch meine amerikanischen Leser und Freunde gänzlich unverändert finden und werden sie mich, wie ich hoffe, bis an mein Lebensende unerbittlich unverändert finden. – Aber was man heute von mir zu hören, u. zw. »autobiographisch« zu hören wünscht, das ist etwas über die mir widerfahrene *Veränderung*.

Nun, dann muß ich doch wohl das Selbstverständlichste, das ich mit Allen, die hier Beiträge liefern, gemeinsam habe, zuerst nennen, weil es »autobiographisch« bestimmt das Wichtigste ist: ich bin seit 1928 zehn Jahre älter geworden – älter um die Jahre, die zwischen meinem 42. und 52. Lebensjahr liegen. Ich irre mich wohl nicht, wenn ich annehme, daß dies im Leben der meisten Menschen – so war es jedenfalls in meinem Leben – ungefähr dies bedeutet: Man war als Zweiundvierzigjähriger hinsichtlich der Hauptlinien seines Denkens und Handelns im Großen und Ganzen mit sich selbst ins Reine gekommen. Man hatte sich den Zeitgenossen, so weit sie sich dafür interessierten, bekannt und, so weit es möglich war, verständlich gemacht. Man war in ihren Augen im Guten oder Bösen eine bestimmte Figur geworden. War man nun »ein gemachter Mann«? Nein, nun fing das Leben merkwürdigerweise eigentlich erst an. Denn nun kam ja erst die innere und äußere Prüfung und Bewährung der bezogenen Stellung: in der nun erst möglichen Begründung ihrer Voraussetzungen, in der nun erst möglichen Entfaltung ihrer Konsequenzen, in der nun erst scharf und grundsätzlich werdenden Auseinandersetzung mit anderen Möglichkeiten und Figuren, in der nun erst drückend werdenden Übernahme von allerlei praktischen Verantwortlichkeiten. Denn unterdessen sah man die Reihen der älteren Zeitgenossen, die man vorher noch gewissermaßen schützend vor sich hatte, sich lichten – meine letzten noch lebenden theologischen Lehrer sind in diesen zehn Jahren gestorben und im letzten Herbst meine Mutter – und schon hörte man hinter sich die Schritte und Schrittlein von vielen Jüngeren – schon sehe ich mich selber als Vater von zwei Theologen und immerhin als Großvater von zwei kleinen Damen, die auch schon allerhand zu sagen haben –

und das Alles bedeutet: man gehört jetzt zu der Generation, die für den Charakter und das Schicksal unserer Zeit vorläufig verantwortlich zu zeichnen, die jedenfalls die Sache – der auf diesem, der auf jenem Gebiet und jeder in seinem Kreise – vorläufig zu machen hat. Insofern fing erst jetzt das eigentliche Leben an. Ich kann mich denn auch nicht erinnern, in den früheren Jahrzehnten meines Lebens so bewußt und doch auch – obwohl es sehr schwere Jahre waren – so gerne gelebt zu haben. Man hat alle Hände voll zu tun, man wirkt ungewollt fortwährend auch als Beispiel und Vorbild und weiß also nur zu gut, wozu man da ist. Man weiß, daß es jetzt ums Ganze geht. Daß das Alter näher gerückt ist und damit doch auch das, was nach dem Alter – und vielleicht doch plötzlich schon vorher – da sein wird, kann, solange man seine Zeit und Aufgabe noch hat, doch nur dies bedeuten, daß man alle Konturen der Dinge und Menschen viel schärfer sieht, die Probleme und Nöte der eigenen Haltung und Leistung wie die der Umwelt viel lebhafter empfindet, daß man zu besonnener Eile, zu einer gewissen milden, aber zähen Nachdrücklichkeit der Arbeit und der Rede aufgerufen ist. Es wird und ist jetzt alles sehr ernst. Es muß sich jetzt entscheiden, ob man, indem man dieses kurze Leben geschenkt bekam, einen Auftrag hatte, ob man ihn in und trotz seiner eigenen großen Dummheit und Verkehrtheit verstanden und ob man ihn in und trotz seiner eigenen | großen Untreue als Beweis der freien Gnade Gottes dankbar entgegengenommen hat. – Dies ist meine Veränderung 1928-1938, sofern sie durch die natürliche Veränderung meines Lebensalters bedingt ist. Sie hat sich sehr unmerklich vollzogen; aber nun sie vollzogen ist, scheint sie mir sehr radikal und scheint sie mir sogar wichtiger als alles Andere zu sein. – Aber ich möchte nun auf einige Besonderheiten zu reden kommen.

Wenn ich auf meine Aufzeichnungen aus diesen letzten zehn Jahren blicke, so fällt mir äußerlich vor allem dies auf, daß ich eigentlich erst in dieser Zeit in etwas größerem Maßstabe etwas von der Welt oder doch von Europa gesehen habe. Bis

1928 war meine persönliche Bekanntschaft auf die Schweiz, auf größere Teile von Deutschland und auf Holland beschränkt. Erst 1929 sah ich Italien und dann in den folgenden Jahren nur einmal, zum Teil öfter: England und Schottland, Dänemark, Frankreich, Österreich (damals noch frei!), die Tschechoslowakei, Ungarn und Siebenbürgen. Ich weiß heute nicht mehr, wie es kam, daß ich vorher meinte, in meinem Studierzimmer und in dessen nächster Umgebung so viel zu lernen und zu tun zu haben, um nach der Ferne keinen Drang zu empfinden. Es mußte wohl so sein. Jedenfalls weiß ich heute auch das nicht mehr: wie ich sein könnte, ohne daß alle jene fernen Orte, ihre Geschichte und ihre Gegenwart und ihre Menschen mehr oder weniger deutlich zu mir gesprochen haben, ohne vor allem Frankreich und England jetzt irgendwie ebenso wie die Schweiz und Deutschland in mir zu haben, ohne auch bei meiner theologischen Arbeit dauernd in der einen Kirche an die vielen Kirchen denken zu müssen, in denen ich so viel Echo und Mitarbeit finden durfte und damit auch gewisse Mitverantwortlichkeiten zu übernehmen hatte. So habe ich in diesen zehn Jahren gewissermaßen auf eigene Faust meine »ökumenische Bewegung« vollzogen und bin froh darüber, es getan zu haben. Ich sehe erst jetzt an Anderen, daß es einen Unterschied der Haltung, der Aufmerksamkeit und des Einsatzes ausmacht, ob man das tut oder – in irgendeinem Nationalismus bzw. Provinzialismus befangen – nicht tut. Daß ich es tat, hat jedenfalls für mich *nicht* bedeutet, daß ich an dem Einen Notwendigen, wie ich es vorher in meiner Klause kennengelernt hatte, irgendetwas abzustreichen oder abzuschwächen für nötig befunden hätte. Es bedeutete aber für mich den Ernst und die Freude der Verpflichtung, es als das für alle Kirchen in der einen Kirche Eine Notwendige verstehen und, soweit das meine Aufgabe sein kann, vertreten zu lernen. – Es ist mir nicht verborgen, daß der Radius meiner persönlichen Bekanntschaft mit dem übrigen Globus nach modernen und besonders wohl auch amerikanischen Begriffen ein höchst bescheidener ist. Warum ich trotz freundlicher Einladungen noch nie nach Amerika gekommen bin? Ich

habe vorläufig ernstliche Gründe, die mich | zurückhalten,
aber ich habe innerhalb der mir gewährten viertausend Worte
nicht den Raum, sie hier zu erklären. Ich bin ja auch noch nie
nach Japan und nach Neu-Seeland gefahren, obwohl ich auch
dort und anderwärts Freunde habe, die meine Bücher lesen
und die mich durch ihre Briefe und Mitteilungen, manchmal
auch durch ihre Besuche über das, was dort ist und geschieht,
auf dem Laufenden halten. Wer weiß, was noch auf mich warten mag? Aber ich habe mich bis jetzt durch die Regel leiten
lassen, nur bei einer gewissen mir erkennbaren und einleuchtenden Notwendigkeit auf Reisen zu gehen und werde es auch
wohl weiter so halten. Wer mich zu sehen und zu hören
wünscht, muß mir sehr deutlich machen können, was er dabei
für Absichten hat. Für den Augenblick finde ich es schon sehr
schön und nützlich, wenigstens so weit, wie geschehen, über
meinen engeren Lebenskreis hinausgekommen zu sein.

Eine schmerzliche Veränderung, die in die vergangenen
zehn Jahre fällt, besteht darin, daß ich eine ganze Anzahl
von Nebenmännern, Mitarbeitern und Freunden, die ich 1928
noch hatte, seither verloren habe: nicht durch den Tod, aber
dadurch, daß sie und ich allmählich oder plötzlich nicht mehr
aus einem Geist und in einem Sinn miteinander arbeiten konnten, daß wir sehr bestimmt auf verschiedene Wege gerieten,
auf denen gehend wir uns heute im besten Falle nur noch
von ferne grüßen können. Ich kann mich nicht beklagen, weil
ich genug alte Freunde behalten und auch neue, z. T. *sehr* gute
Freunde in derselben Zeit finden durfte. Es ist mir aber in diesem Jahrzehnt sehr deutlich vor Augen gestellt worden, daß
meiner Lebensarbeit eine gewisse sammelnde Kraft zu fehlen,
ja daß ihr geradezu eine gewissermaßen explosive oder jedenfalls zentrifugale Wirkung eigen zu sein scheint. Man hatte
sich in dem Jahrzehnt nach dem Weltkrieg in dem, was man
meinte, wollte und wirkte, in gewissen gemeinsamen Gegensätzen und auch in gewissen allgemeinen Positionen gefunden
und geglaubt, sich gegenseitig Vertrauen und Unterstützung
schenken zu dürfen. Aber als die Sonne höher stieg – das geschah in dem Jahrzehnt, auf das wir hier zurückblicken –, da

lösten sich die Gemeinschaften, die keine gewesen waren, in Dunst auf ... Hier sah ich auch unter den Jüngern einen still zurückbleiben, dort einen lärmend, ich weiß nicht wohin, enteilen. Und dabei mußte es wohl auch so sein, daß ich meinerseits mehr oder weniger lebhafte Beschwerden zu hören bekam: als ob *ich* dem ursprünglich gemeinsamen Ansatz nicht treu geblieben sei und also nicht gehalten habe, was ich einst versprochen – während ich doch nur eben auf dem damals angetretenen *Weg*, wie es bei einem Weg so sein muß, *weiter*gegangen zu sein, die Gründe, den Sinn, die Konsequenzen jenes einst gemeinsamen Ansatzes besser ans Licht gestellt zu haben meine. Wer hat nun recht? Es hätte wohl keinen Sinn, darüber streiten | zu wollen. Wenn einige 1928 noch der Meinung sein konnten, daß man es in der sogen. »dialektischen Theologie« (»*Barthianisme*!«) mit einer »Schule« zu tun habe, zu der man als Anhänger oder Gegner summarisch Stellung beziehen könne, kann es heute keiner der verantwortlich Mitredenden erspart bleiben, die auf diesem Felde unterdessen in ihrer Verschiedenheit sichtbar gewordenen Möglichkeiten als solche zu prüfen, sich also von meinen ehemaligen Nebenmännern und von mir *je einzeln* nach seiner eigenen Entscheidung fragen zu lassen. Es ist uns gewiß allen leid, daß wir es unseren Zeitgenossen – und besonders unseren auf möglichst einfache und rasche Information bedachten amerikanischen Zeitgenossen – nicht leichter machen können.

Indem ich mir nun darüber Rechenschaft zu geben suche, inwiefern ich selbst in meiner Arbeit mich in diesen zehn Jahren tatsächlich verändert habe, so erscheint es mir möglich, die Sache auf die Formel zu bringen: ich war etwa zu gleichen Teilen – in Wirklichkeit natürlich gleichzeitig – mit der *Vertiefung* und mit der *Anwendung* der zuvor in den Hauptzügen gewonnenen Erkenntnis beschäftigt.

Die *Vertiefung* war diese: Ich hatte mich in diesen Jahren von den letzten Resten einer philosophischen bzw. anthropologischen (in Amerika sagt man wohl: »humanistischen« oder »naturalistischen«) Begründung und Erklärung der christlichen Lehre zu lösen. Das eigentliche Dokument dieses Abschieds ist nicht etwa die vielgelesene kleine Schrift »Nein!« gegen Brunner von 1934, sondern das 1931 erschienene Buch über den Gottesbeweis des Anselm von Canterbury, das ich von allen meinen Büchern mit der größten Liebe geschrieben zu haben meine und das in Amerika wohl gar nicht und auch in Europa von allen meinen Büchern am wenigsten gelesen worden ist. Das positive Neue war dieses: ich hatte in diesen Jahren zu lernen, daß die christliche Lehre ausschließlich und folgerichtig und in allen ihren Aussagen direkt oder indirekt Lehre von Jesus Christus als von dem uns gesagten lebendigen Wort Gottes sein muß, um ihren Namen zu verdienen und um die christliche Kirche in der Welt zu erbauen, wie sie als christliche Kirche erbaut sein will. Blicke ich von da aus zurück auf meine früheren Stadien, so kann ich mich jetzt wohl fragen, wie es möglich war, daß ich das nicht schon viel früher gelernt und entsprechend gesagt habe. Wie ist doch der Mensch so langsam, gerade wenn es um die wichtigsten Dinge geht! Man wird, um den Sinn und die Tragweite der damit eingetretenen Veränderung zu sehen und zu verstehen, die beiden 1932 und 1938 erschienenen ersten Bände meiner »Kirchlichen Dogmatik« einigermaßen studieren müssen. (Ihr wollt nicht so viel lesen? Ich mute es niemandem zu, das zu tun; doch kann ich nicht sagen, daß ich es richtig finde, wenn Leute über | etwas reden, das sie nicht ordentlich studiert haben.) Meine neue Aufgabe war, alles vorher Gesagte noch einmal ganz anders, nämlich jetzt als eine Theologie der Gnade Gottes in Jesus Christus durchzudenken und auszusprechen. Ich kann nicht verschweigen, daß ich in der Bearbeitung dieser Aufgabe – ich möchte sie als christologische Konzentration bezeichnen – zu einer in erhöhtem Sinne *kritischen* Auseinandersetzung mit der kirchlichen Tradition, auch mit den Reformatoren, auch mit Calvin geführt worden bin. Und ich habe die Erfahrung gemacht, daß ich in dieser Konzentration alles viel klarer, unzweideutiger, einfacher und bekenntnismäßiger und zugleich doch auch viel freier, aufgeschlossener und umfassender sagen konnte als vorher, wo ich – weniger durch die kirchliche Tradition als durch die Eierschalen einer philosophischen Systematik – mindestens teilweise gehemmt war. – Ich weiß, daß diese Veränderung Vielen gar nicht gefallen hat. Man hat mir vorgeworfen, ich hätte mich nun gänzlich hinter eine »chinesische Mauer« zurückgezogen und sei infolgedessen »äußerst uninteressant« (dieses Urteil kam aus Amerika!) geworden. Zu dieser letzten Feststellung kann ich kaum etwas sagen, wohl aber muß ich sagen, daß die Sache mit der chinesischen Mauer jedenfalls von mir aus gesehen sehr rätselhaft ist. Denn merkwürdigerweise war es so, daß ich gerade in diesem Jahrzehnt und also im Zuge dieser Veränderung Zeit und Lust gefunden habe, mich viel mehr als früher auch mit der allgemeinen Geistesgeschichte zu beschäftigen, auf zwei Italienreisen das klassische Altertum zu mir reden zu lassen, wie es das vorher nie getan hatte, ein neues Verhältnis z. B. zu Goethe zu gewinnen, zahlreiche Romane – darunter viele von den ausgezeichneten Hervorbringungen der neueren englischen Kriminal-Romanliteratur – zu lesen, ein schlechter, aber passionierter Reiter zu werden usw.! Nie zuvor meine ich so fröhlich in der wirklichen Welt gelebt zu haben wie gerade in der Zeit, die für meine Theologie jene Vielen so mönchisch erscheinende Konzentration mit sich brachte. Ich weiß nicht, welche Diagnose die Psychologen mir daraufhin zuwenden werden. Und ich muß fast fürchten, daß ernste Christen es daraufhin in Zweifel ziehen werden, ob meine Veränderung in dieser Zeit tatsächlich in einer »Vertiefung« bestanden habe. Aber wie dem auch sei und wie man es auch deuten möge: die Gefahr einer abstrakten Weltverneinung, der mich einige offenbar verfallen sehen, ist heute wohl weniger als je meine Sorge, sondern ich muß es als Tatsache registrieren, daß ich in diesen letzten zehn Jahren *zugleich* sehr viel kirchlicher *und* sehr viel weltlicher geworden bin.

Die *Anwendung*, die ich zu machen hatte, hängt mit dem Namen *Hitler* aufs engste zusammen. Ich saß 1928 um diese Zeit an diesem gleichen Schreibtisch in einem kleinen mir gehörigen Hause in Münster in Westfalen: ein preußischer | Professor und, nach sieben Jahren, die ich damals in Deutschland zugebracht, beinahe schon im Begriff, so etwas wie ein »guter Deutscher« zu werden. Wieder sieben Jahre später aber, 1935, war ich, inzwischen von Münster nach Bonn übergesiedelt, mitten aus meiner dortigen schönen Unterrichtsarbeit heraus abgesetzt und entlassen und befinde mich heute wie ein aus dem Sturme vorläufig geretteter Schiffer – ich hätte es mir damals nicht träumen lassen – hier in meiner Vaterstadt Basel. Zwischen damals und heute kam es nun allerdings zu einer erheblichen Veränderung meiner Haltung und Betätigung: nicht hinsichtlich des Sinnes und der Richtung meiner Erkenntnisse, wohl aber hinsichtlich ihrer *Anwendung*. Und diese Veränderung verdanke ich dem »Führer«! – Was geschah? Es geschah zunächst – das muß man sich bei dem Ganzen vor Augen halten – eine riesenhafte Offenbarung der menschlichen Lüge und Brutalität auf der einen und der menschlichen Dummheit und Angst auf der anderen Seite. Und es geschah sodann dies, daß die deutsche Kirche, der ich als Mitglied und Lehrer angehörte, im Sommer des Jahres 1933 angesichts des Erfolgs des Nationalsozialismus und unter der suggestiven Macht seiner Ideen hinsichtlich ihrer Lehre und Ordnung in die größte Gefahr geriet, einer aus Christentum und Deutschtum wunderlich gemischten neuen Häresie, der Herrschaft der sogen. »Deutschen Christen«, zu verfallen. Es geschah weiter dies, daß ich die Vertreter der anderen (liberalen, pietistischen, konfessionellen, biblizistischen) theologischen Schulen und Richtungen in Deutschland, die vorher auf Ethik, Heiligung, christliches Leben, praktische Entscheidung usw. im Gegensatz zu mir so großes Gewicht gelegt hatten, jene Häresie z. T. offen bejahen, z. T. ihr gegenüber eine merkwürdig neutrale und tolerante Haltung einnehmen sah. Und es geschah weiter, daß ich, da so viele zustimmten und niemand ernsthaft protestierte, selber nicht gut schweigen konnte, sondern es unternehmen mußte, der gefährdeten Kirche das Nötige zuzurufen. Das war nun wohl das, was man in Amerika eine *experience* nennt und als solche so hoch schätzt. Aber wie war es mit dieser *experience*? Ich hatte doch in jenem ersten Heft »Theologische Existenz heute« im Juni 1933 nichts Neues zu sagen, sondern nur eben das, was zu sagen ich mich immer bemüht hatte: Daß wir neben Gott keine anderen Götter haben können, daß der heilige Geist der Schrift genügt, um die Kirche in alle Wahrheit zu leiten, daß die Gnade Jesu Christi genügt zur Vergebung unserer Sünden und zur Ordnung unseres Lebens. Nur daß ich eben dies nun auf einmal in einer Situation zu sagen hatte, in der eben dies nicht mehr den Charakter einer akademischen Theorie haben konnte, sondern, ohne daß ich es wollte und dazu machte, den Charakter eines Aufrufs, einer Herausforderung, einer Kampfparole, eines Bekenntnisses bekommen mußte. Nicht ich habe mich verändert: es verän|derte sich aber gewaltig der Raum und die Resonanz des Raumes, in dem ich zu reden hatte. Die konsequente Wiederholung jener Lehre wurde gerade in ihrer gleichzeitig vollzogenen Vertiefung in diesem neuen Raum von selbst zur Praxis, zur Entscheidung, zur Handlung. So stand ich eines Tages zu meiner eigenen Überraschung zunächst mitten in der Kirchenpolitik, in der Mitarbeit an den Beratungen und Entschließungen der seit 1934 sich sammelnden »Bekennenden Kirche«. Ich habe diese Mitarbeit freiwillig (und nicht immer nach den Wünschen meiner deutschen Freunde) auch von der Schweiz aus fortgesetzt und gedenke es fernerhin zu tun. Um was ging und geht es? Sehr einfach darum, daran festzuhalten und das ganz neu zu verstehen und zu praktizieren: daß Gott über allen Göttern ist und daß die Kirche in Volk und Gesellschaft und gegenüber dem Staat auf alle Fälle ihre eigene, durch die heilige Schrift bestimmte Aufgabe, Verkündigung und Ordnung hat. Aber es konnte nicht anders sein – obwohl viele in der Bekennenden Kirche dies bis heute nicht einsehen und wahrhaben wollen –, als daß eben dies im Raume des Nationalsozialismus nicht nur eine »religiöse«, nicht nur eine kirchenpolitische, sondern *ipso facto* auch eine politische Entscheidung bedeutet: die Entscheidung *gegen* einen Staat, der als totaler Staat eine andere Aufgabe, Verkündigung und Ordnung als seine eigene, einen anderen Gott als sich selbst nicht anerkennen kann und der darum, je mehr er sich entfaltete, um so mehr auch zur Unterdrückung der Kirche als solcher, um so mehr auch zur Beseitigung alles menschlichen Rechtes und aller menschlichen Freiheit auf allen Gebieten übergehen mußte. Hinter der in die Kirche eingedrungenen Häresie stand von Anfang an und trat dann bald heraus als der viel gefährlichere Gegner: der anfangs auch von so vielen Christen als Befreier und Erretter begrüßte Hitler, der Nationalsozialismus selbst und als solcher. Es trug der theologisch-kirchliche Konflikt den politischen in sich, und es mußte so kommen, daß er tatsächlich mehr und mehr als politischer Konflikt offenbar wurde. Weil ich das mir selbst und Anderen nicht verbergen, weil ich meine Vorlesung in Bonn nicht gut mit dem Hitlergruß beginnen, und weil ich einen unbedingten Eid auf den Führer, wie ich ihn als Beamter schwören sollte, nicht gut schwören konnte, darum habe ich meine Stellung im Dienst dieses Staates verlieren und Deutschland verlassen müssen. Unterdessen hat sich das antichristliche und damit antihumane Wesen des Nationalsozialismus noch viel deutlicher offenbart, gleichzeitig aber auch sein Einfluß und seine Macht im übrigen Europa unheimlich verstärkt. Die Lüge und die Brutalität, aber auch die Dummheit und die Angst wachsen und sind längst über die Grenzen Deutschlands hinausgewachsen. Und Europa versteht die Gefahr nicht, in der es steht. Warum nicht? Weil es das erste Gebot nicht versteht, weil es nicht sieht, daß der National|sozialismus die bewußte, prinzipielle und systematische Übertretung eben des ersten Gebotes bedeutet. Und weil es nicht sieht, daß diese Übertretung als Sünde gegen Gott das Verderben der Völker nach sich zieht. So kam es von selbst, daß ich auch in der Schweiz um der Erhaltung der rechten Kirche und des rechten Staates willen in meinem Gegensatz zum Nationalsozialismus verharren mußte, weshalb ich denn auch in Deutschland als eine Art »Staatsfeind Nr. 1« gelten und alle meine Schriften auf den Index der verbotenen Bücher gesetzt sehen muß. Ein Brief, den ich während der tschechoslowakischen Krisis an den Prager Professor Hromadka gerichtet und in welchem ich geschrieben hatte, daß an der böhmischen Grenze nicht nur die Freiheit Europas, sondern auch die der christlichen Kirche zu verteidigen sei, hat mir Äußerungen des Zornes oder auch der ängstlichen Zurückhaltung aus vielen Ländern und natürlich besonders auch aus Deutschland eingetragen. Ich hoffe, daß wir nicht zu spät und nicht zu schmerzlich aus dem Schlaf erwachen müssen, dem sich mit vielen anderen auch die christlichen Kreise in den europäischen Ländern immer noch hingeben zu dürfen meinen. Man hat sich über die »Veränderung« meiner Haltung, auch sofern sie in diesen Zusammenhang gehört, *sehr* verwundert: zuerst darüber, daß ich kirchenpolitisch, dann noch viel mehr darüber, daß ich nun auch noch direkt politisch zu werden begann. Daß es mir früher und jetzt nicht immer gelungen ist, mich für alle verständlich auszudrücken, das ist ein Stück von der Schuld, die ich, wenn ich mich von so viel Ärger und Verwirrung umgeben sehe, gewiß vor allem mir selber zuzuschreiben habe. Ich möchte aber doch sagen dürfen, daß, wer mich vorher wirklich gekannt hat, sich auch jetzt so sehr nicht verwundern dürfte. Ich denke, daß die Majestät Gottes, der eschatologische Charakter der ganzen christlichen Botschaft, die Predigt des reinen Evangeliums als die alleinige Aufgabe der christlichen Kirche die Gedanken sind, die nach wie vor den Mittelpunkt meiner theologischen Lehre bilden. Es existierte aber der abstrakte transzendente Gott, der sich des wirklichen Menschen nicht annimmt (»Gott ist Alles, der Mensch ist nichts!«), es existierte eine abstrakt eschatologische Erwartung ohne Gegenwartsbedeutung und es existierte die ebenso abstrakt nur mit diesem transzendenten Gott beschäftigte, von Staat und Gesellschaft durch einen Abgrund getrennte Kirche nicht in *meinem* Kopf, sondern nur in den Köpfen mancher meiner Leser, und besonders solcher, die Rezensionen und ganze Bücher über mich geschrieben haben. Ich habe insbesondere jene verhängnisvolle lutherische Lehre, nach welcher dem Leben des Staates eine von der Verkündigung des Evangeliums unabhängige, von ihr nicht zu berührende Eigengesetzlichkeit zukommen würde, nie gut geheißen. Handelt es sich bei der bei mir vorgefallenen »Veränderung« um etwas Anderes als darum, daß die praktische Re||levanz, der Kampf- und Bekenntnischarakter einer theologischen Lehre, die eben jenen Mittelpunkt hatte und noch hat, Vielen oder den Meisten erst jetzt, auf dem Hintergrund der eben durch den Nationalsozialismus gestalteten Zeit sichtbar geworden ist? Ich habe nicht nur zum Vergnügen einen leeren Bogen gespannt, wie ich es nach Vieler Meinung zu tun schien, ich habe nun offenbar auch einen Pfeil auf der Sehne gehabt und habe geschossen. Es wäre gut, wenn einige im Blick auf das, was jetzt geschehen ist, endlich verstehen würden, wie es schon vorher gemeint war! Bin ich nun plötzlich ein Aktivist, ein gläubiger Demokrat, eine Art Kreuzzugsprediger geworden? Und war ich etwa vorher ein entscheidungs- und talentloser Quietist? Was soll das Alles? Matth. 11,16-19! Hitler wird gewiß irgendeinmal (vielleicht schon bald) nicht mehr da sein, und dann wird auch meine Stellung und Funktion den gewissen grellen Widerspruchs- und Widerstandscharakter, den sie heute haben muß, nicht mehr oder jedenfalls so wie heute, nicht mehr haben müssen. Werde ich dann meinen freundlichen und unfreundlichen Beurteilern irgend eine andere Überraschung bereiten müssen? Oder wird es mir dann möglich sein, ihnen nachträglich auch das einleuchtender zu machen, was ihnen hinsichtlich dessen, was ich gestern tat und heute tue, so unverständlich erscheint? Ich weiß es nicht. Ich bin so oder so der Hoffnung, daß es mir auch morgen, unter vielleicht nochmals sehr veränderten Umständen, gegeben sein möchte, unbeweglich aber auch beweglich, beweglich aber auch unbeweglich zu sein. Aber ich bin froh, zur Vorlage eines Zukunftsbildes (1938-48) hier nicht aufgefordert zu sein. Die »autobiographische Antwort« auf die gestellte Frage meine ich gegeben und also das gewünschte Parergon geleistet zu haben.

Basel, im Dezember 1938. *Karl Barth.*

1938-1948

Wenn der Mensch sich zwischen dem 52. und dem 62. Lebensjahr bewegt, wie ich es in diesen Jahren getan habe, dann hat er allen Anlaß, Augen und Ohren noch einmal mit besonderer Aufmerksamkeit aufzutun, seine Zeit und Kraft noch einmal besonders gut anzuwenden, seine Ziele noch einmal mit besonderer Genauigkeit ins Auge zu fassen. Jung ist man ja in diesen Jahren entschieden nicht mehr. Aber noch sind die Forderungen des Lebens und des Berufs ungefähr dieselben, wie sie auch an die Jüngeren gestellt werden: stark genug, um dem Altersübel der rückschauenden Selbstbetrachtung wenigstens teilweise den Riegel zu schieben. Gerade wenn man nicht mehr eben jung ist, wird ja die Notwendigkeit dringlicher, zu gewissen Abschlüssen zu kommen: mit sich selbst, mit den Mitmenschen, mit seinen eigenen Aufgaben – und gerade darum noch einmal ganz neu offen zu werden. | Einige vermeidliche Torheiten sollten jetzt noch abgelegt, einige unnötige Zerwürfnisse sollten jetzt noch liquidiert werden. Einige Spannungen und Krämpfe, in denen man vielleicht gelebt, sollten sich jetzt noch lösen und einige bescheidene Ernten sollten jetzt noch in die Scheunen gebracht werden dürfen. Denn die Sonne hat ihren Zenith überschritten, der Abend naht und so gilt es, zu »wirken, solange es Tag ist«.

Gott weiß, ob und wie ich diesem Gebot in dieser ihm so besonders angemessenen Zeit meines Lebens nachgekommen bin. Gehört habe ich es, und so sind diese zehn Jahre für mich jedenfalls innerlich eher noch reicher und bewegter geworden als die vorangehenden. Natürlich: man kann nicht mehr alles, was man einst konnte; man wird schneller müde, man merkt überhaupt mehr von seinen Grenzen. Aber die große Inanspruchnahme von außen, die diese Zeit für mich mit sich brachte, sorgte von selbst dafür, daß ich nicht allzu viel über das Alles trauern konnte. Und was ich eben zuletzt nannte: daß man in diesem Alter seiner eigenen Grenzen deutlicher bewußt wird, das gehörte sicher auch zu den guten Veränderungen meines Daseins in diesen zehn Jahren. Es hat z. B. mit sich gebracht, daß ich zu meinem eigenen Erstaunen und zu dem derer, die mich früher kannten, unverkennbar milder, um nicht zu sagen: friedfertiger geworden bin, bereitwilliger zu der Einsicht, daß man sich schließlich auch mit seinen Widersachern im selben Boot befindet, bereitwilliger auch dazu, mich gelegentlich zu Unrecht angreifen zu lassen, ohne zur Verteidigung zu schreiten und so auch unlustiger zu Angriffen gegen Andere. Das Jasagen wurde mir überhaupt wichtiger als das freilich auch wichtige Neinsagen und in der Theologie die Botschaft von Gottes Gnade dringlicher als die freilich auch nicht zu unterdrückende Botschaft von Gottes Gesetz, Zorn, Anklage und Gericht. Schwächeerscheinungen? Vielleicht! Aber einerseits kann ich, wenn es durchaus sein muß, auch heute noch um mich schlagen. Und andererseits meine ich zu bemerken, daß ich in dieser anderen, vielleicht mit meinem Lebensalter zusammenhängenden Form eher mehr als weniger geschafft habe und ausrichten konnte, als in der Kampflust früherer Jahre.

Ich habe einige besondere Gründe, Gott dankbar zu sein. Einmal die Tatsache, daß ich immer noch ein im Ganzen gesunder Mann sein durfte. Auch eine vorübergehende Erkrankung (für medizinische Leser: *Hernia Spigelii*), die zu einer Operation führte, steht mir eigentlich nur als eine interessante Erfahrung und erwünschte Erholung in Erinnerung. Ich weiß, daß es nicht Allen so leicht gemacht ist, und werde mich nie darüber beklagen dürfen, daß ich nicht lange genug bei zureichenden Kräften sein durfte. Dazu kommt, daß ich eine eher wachsende als abnehmende Schar von treuen, teilnehmenden und anregenden alten und jungen Freunden um mich sehe und daß ich insbesondere in meinen erwachsenen Söhnen – was auch nicht jedem Vater geschenkt ist – meine besten Kameraden habe. Und auch das war eine gute Sache, daß die Zahl meiner Enkel in dieser Zeit von zwei auf acht angewachsen ist. Dazu kommt, daß etwas in mir, was gewiß nicht meine Tugend, sondern ein reines Natur-Geschenk ist, so unruhig blieb, daß es mich wenigstens bis jetzt immer wieder aufrief, Erkenntnisse zu gewinnen, gewisse Linien zu halten, entschlossen Stellung zu nehmen und Parteinahmen zu vollziehen, das mir aber auch gebot, in dem allem nur unterwegs zu sein und also die Freiheit nicht preiszugeben, mich weiterführen und dabei auch überraschen zu lassen: ohne die Angst, dabei je und je auch Anderen überraschend zu werden. Ich will gewiß nicht verhehlen, daß mir diese Unruhe auch viel Mühe gemacht hat und noch macht. Ich habe Andere, die ich längst in irgend einem Hafen angekommen und geborgen sah, darum gelegentlich aufrichtig beneiden können. Wiederum könnte ich nicht ableugnen, daß diese Unruhe mir und meiner Arbeit gerade in diesem Jahrzehnt aufs höchste zugute gekommen ist.

Daß dieses Jahrzehnt mich gerade das in besonderer Weise lernen ließ: zu bemerken, wieviel Lob der Mensch ganz einfach Gott seinem Schöpfer schuldig ist, das halte ich für einen Gewinn, um deswillen ich den naheliegenden Wunsch, noch jünger sein zu dürfen, ohne ihn unterdrücken zu können, doch gerne zurückstelle.

Ich komme zur äußeren Gestalt meines Lebens in diesen zehn Jahren. – Die sieben ersten dieser Jahre waren dadurch charakterisiert, daß ich sie – nachdem mich das vorangehende Jahrzehnt durch viele Länder geführt hatte – mit Ausnahme einiger letzter Fahrten nach Frankreich, Holland und Dänemark im Jahr 1939 – ganz und gar nur in meinem schweizerischen Vaterland zugebracht habe. Ich habe meine Heimat in dieser Zeit mit Vorträgen und auf Konferenzen aller Art und auch sonst fleißig durchzogen und besser kennen gelernt als je zuvor. Aber seine Grenzen waren auch die meinigen; denn jenseits seiner Grenzen wäre es mir damals, als Hitler und Mussolini uns von allen Seiten umgaben, sicher schlecht ergangen. Das große Unheil, das man 1938 erst kommen sehen mußte, war ja im Jahr darauf über Europa und die Welt hereingebrochen. Die aufgelaufene Rechnung mußte bezahlt werden und leider sind wir in anderer Weise auch noch 1948, indem jene Gefahr längst hinter uns liegt, noch immer damit beschäftigt.

Für meine nächstliegende und wichtigste Pflicht hielt ich die: an meinem Teil dafür zu sorgen, daß wenigstens an einer Stelle inmitten des irrsinnig gewordenen Europas, nämlich auf unserer schweizerischen Insel und speziell in dieser unserer Grenzstadt Basel – von der aus man zugleich in das triumphierende und später so schwer leidende Deutschland und in das unter|drückte und später sich erhebende Frankreich hinübersah – ordentlich und »als wäre nichts geschehen« Theologie getrieben werde. Und ich war wie nie zuvor froh, gerade durch diese auf alle Fälle haltbare, dauernde und verheißungsvolle Sache in Anspruch genommen zu sein. Aber es war klar, daß das nicht bedeuten konnte, daß ich mich dem ganzen bedrängenden Zeitgeschehen fernhalten durfte. Wie hat man die Bewegungen auf den Kriegsschauplätzen und, so weit sie erkennbar waren, im Inneren der anderen Länder auch hier begleitet! Wie hat man gebangt und gehofft und gewartet! Und wie hat man in unserer Schweiz selbst alle Hände voll zu tun gehabt!

Ich bin in diesen Jahren schweizerischer geworden als ich es je gewesen war und von mir selbst erwartet hätte. Es war ja klar, daß unsere Bedrohung und auch unsere Versuchung durch die uns umgebende Welt der Diktatoren in all diesen Jahren nicht gering sein konnte. Und auch bei uns waren nicht Alle und war nicht Alles bereit zu dem inneren und äußeren Widerstand, der zu leisten war. Wir hatten ja nicht nur für uns selbst zu viel zu verlieren – wir hatten auch für ein künftiges Europa zu viel zu hüten und zu bewahren, als daß man auch nur einen Augenblick hätte zweifeln dürfen: dieser Widerstand mußte geleistet werden. Die Situation war einfach, aber auch schwer – schwer, aber auch einfach und klar (man denkt heute oft fast mit einer gewissen Sehnsucht daran zurück!): wir hatten uns, in uns selbst zusammengerollt wie ein Igel, in jedem Sinn, unter allen Umständen und mit allen Mitteln zu behaupten. Es galt einfach geduldig und mutig zu sein und immer wieder zu werden. So fand man mich in dieser Zeit als Mitglied einer Art Geheimorganisation für die innere Abwehr im Fall einer Invasion. So war ich als Mitglied eines

»Hilfswerks für die Bekennende Kirche in Deutschland« einer der Mitarbeiter des rührigen Pfarrers Paul Vogt, der die ausländischen, insbesonders die jüdischen Flüchtlinge mit einer unendlichen und doch in vielen Fällen erfolgreichen Mühe betreut hat. So habe ich aber auch auf eigene Faust gegen Hitler und für die schweizerische Freiheit geredet und geschrieben, so gut ich es vermochte und so weit mir die Polizei und Zensur unserer vorsichtigen Regierung dazu den Atem ließen. So bin ich aber mit 54 Jahren auch noch ziemlich regelrecht Soldat geworden – kein allzu tüchtiger und gefährlicher Kämpfer wahrscheinlich, aber immerhin bewaffneter und exerzierter Soldat, und habe als solcher am Rhein, auf dem Jura und anderswo Wache gestanden und nach Hitlers höllischen Scharen Ausschau gehalten. Die Sache hatte den schönen Nebenerfolg, daß ich mit den Männern meines Volkes, mit denen ich da Tag und Nacht zusammenlebte, in eine schlichte Nähe kam, wie ich sie so noch nie gefunden hatte. Und gerne, sehr gerne habe ich diesen meinen Kameraden, von denen 95 Prozent keine Kirchgänger waren, gelegentlich auch gepredigt und dabei noch einmal ganz neu gelernt, wie eine wirklich auf den Mann gezielte Predigt eigentlich beschaffen sein müßte. »Bewachungskompanie V«! Es gibt wenig Erinnerungen in meinem Leben, die ich so ungern missen möchte wie diese. – So viel von jenen Jahren der Einschließung und der Defensive.

Dann ist der Krieg zu Ende und ist die Türe zur übrigen Welt wieder aufgegangen. Sie bedeutete für mich vor allem die Türe nach Deutschland, wo ich ja früher so lange, so gerne und so beteiligt gelebt, wo ich so viele liebe Freunde und auch so viel zähe Gegner zurückgelassen hatte. Deutschland, mit dem ich mich in der Zeit der nötigen Abwehr gegen Alles, was von dort kam, nur um so intimer beschäftigt hatte.

Ich hatte schon während des letzten Kriegsjahres einen neuen Kurs genommen und reiste in den ersten Monaten des Jahres 1945 mit einem Vortrag durch die ganze Schweiz, in welchem ich zunächst meinen Landsleuten klar zu machen versuchte, daß angesichts der unvermeidlich nahenden deutschen Niederlage die Frage brennender werde als alle anderen: wie wir unseren unglücklichen Nachbarn nun vielleicht erst recht gute und hilfreiche Freunde werden und sein könnten? Ich rechnete dabei damit, daß auch die siegreichen Völker und ihre Regierungen nach so viel Versicherungen ihres höheren Rechtes eine in diesem Sinn vernünftige Politik Deutschland gegenüber wählen und befolgen würden. In dieser Erwartung habe ich mich allerdings gründlich getäuscht. Unerwartet traf mich aber auch die Tatsache, daß die meisten Deutschen (bis hin zu den deutschen Flüchtlingen hier in der Schweiz) diesen Vortrag und Alles, was ich nachher weiter im selben Sinn gesagt und geschrieben habe, gerade nicht als das Wort eines Freundes verstehen wollten, sondern mit mehr oder weniger heftigen Gebärden ablehnten. Der Grund war der, daß ich beiläufig die Meinung vertreten hatte, der ich noch heute bin: die innere Remedur des deutschen Wesens dürfe sich nicht nur auf die krasse Verderbnis der Hitlerzeit erstrecken, sondern müsse bis auf deren Wurzeln in der Zeit Bismarcks, ja Friedrichs des Großen zurückgehen. Über diesen Ratschlag wollten und wollen in allem Elend der deutschen Nachkriegszeit nun doch nur die Wenigsten mit sich reden lassen. Immerhin ist der nötige Wechsel in der Gesinnung den geschlagenen Deutschen gegenüber hier in der Schweiz, für den ich damals eintreten wollte, tatsächlich in weitem Umfang eingetreten.

Daß es freilich nicht so leicht ist, den Deutschen – und der Menschheit überhaupt – tatsächlich zu helfen, mußte ich dann auch weiterhin erkennen. So z. B. als ich im Frühling und Sommer 1945 mit der »Bewegung Freies Deutschland« in nahe Berührung trat, in der ich übrigens auch zum ersten Mal bemerkenswerte | kommunistische Menschen und – in etwas weniger erfreulicher Weise – kommunistische Methoden aus der Nähe kennen lernte. Im Herbst desselben Jahres konnte ich unter der geschickten Betreuung einer amerikanischen Spezialorganisation eine ausgiebige erste Reise durch Deutschland unternehmen, auf der ich in Frankfurt a. Main der Rekonstituierung des »Bruderrates der Bekennenden Kirche« und nachher in Treysa an derjenigen der offiziellen »Evangelischen Kirche in Deutschland« teilgenommen habe. Ich fand diese Kirche – abgesehen davon, daß die »Deutschen Christen« von 1933 nun natürlich verschwunden oder untergetaucht oder (einige Wenige) auch ehrlich bekehrt waren – zu meinem Erstaunen ungefähr in derselben Struktur, Gruppierung und herrschenden Tendenz wieder, in der ich sie 1933 in ihr Verderben hatte eilen sehen. Noch waren die nach vorwärts Drängenden, die zwischen 1933 und 1945 wirklich widerstanden hatten, die die Lehren dieser Zeit nun aber auch verwirklichen wollten (Niemöller einer der Besten unter ihnen!), vorhanden und am Werk, aber auch noch in derselben Minderheit abseits von den eigentlich herrschenden und entscheidenden Kreisen und Instanzen. Noch stieß ich auf das alte Interesse an dem formalen, ordnungsmäßigen Bestand der »Landeskirchen«: nicht eben verbessert durch das Interesse an allerlei neuen Wunderlichkeiten, an einem verstärkten Konfessionalismus und Klerikalismus vor allem, und daneben an einem in allen Spielarten florierenden Liturgismus. Noch fand ich das Alles viel stärker als etwa die Frage nach der Erneuerung der christlichen Botschaft aus ihren Quellen und ihrer Anwendung auf die nun entstandene neue Lage. Noch schien die Sache der Kirche immer wieder die Sache irgendwelcher führenden Personen und Personenkreise und durchaus nicht die der Gemeinden zu sein. Von der einfachen Sorge um den besten Weg, dem schwer heimgesuchten deutschen Volk das Evangelium zu verkündigen, habe ich gerade damals, als die Eindrücke des Geschehen noch frisch und Vieles noch offen war, was heute wieder verschlossen ist, nur wenig bemerkt. Ein neues Wort und ein neuer Glaube war offensichtlich wohl vielen treuen und entschiedenen Einzelnen da und dort, war der Kirche im Ganzen aber nicht geschenkt worden: weder in den Bedrückungen des Hitlerregimes, noch in dem Grauen der Bombennächte, noch in der Demütigung der deutschen Niederlage. Entsprechendes galt und gilt wohl auch von den Kirchen der meisten anderen Länder. Mir wurde deutlicher, als es mir vorher war, daß die Menschheit –

auch die christliche Menschheit und gerade sie! – ein zähes Leben hat und nicht so schnell zur Buße zu rufen ist.

Nun, ich ließ mich, wie es sich gehört, nicht abschrecken und bin dann noch mehrfach gründlich in Deutschland gewesen, so vor allem – begleitet von meiner getreuen Helferin Charlotte von Kirschbaum – in den Sommersemestern 1946 und 1947 als Gastprofessor an meiner alten Universität Bonn. Ich habe dort einen lebendigen und verheißungsvollen Kontakt mit der neuen, aus Kriegsdienst und Gefangenschaft zurückgekehrten theologischen Jugend Deutschlands finden und habe von dort aus in sehr vielen deutschen Städten (bis hin nach Berlin und Dresden) sprechen, alte Beziehungen aufnehmen und neue anknüpfen dürfen. Ich kann unmöglich daran zweifeln, daß das deutsche Volk und die Kirche in Deutschland noch ihre Zukunft und vielleicht einmal eine sehr besondere Zukunft haben werden. Ich frage mich aber, ob die Hilfe von außen dort nicht zunächst ihre sehr bestimmten Grenzen hat. Mir persönlich hat sich das Problem des deutschen Neuaufbaus als so groß und als von der Umwelt wie von den Deutschen selbst her so kompliziert dargestellt, daß ich mich vor die Alternative gestellt sah: *entweder* endgültig nach Deutschland zurückzukehren und die mir noch verbleibende Zeit und Kraft ganz und ausschließlich den deutschen Fragen und Aufgaben zuzuwenden *oder* nun doch wieder an meine eigentliche Arbeit, die Fortsetzung und vielleicht Vollendung der »Kirchlichen Dogmatik« zu gehen und meine direkte Mitwirkung an den Dingen in Deutschland wie die allfällig auch in anderen Ländern geforderte auf einzelne Gelegenheiten zu beschränken. Ich meinte mich für das Zweite entscheiden zu sollen.

So hatte ich in diesem Jahr 1948 zunächst die Freiheit, eine Einladung der Reformierten Kirche in Ungarn anzunehmen, wo ich von früher her gute Freunde habe. Sie sind heute durch die politische Umwälzung und durch die Einbeziehung ihres Landes in den Ostblock in eine schwierige Lage geraten und wollten meine Meinung darüber hören, wie sie sich mit dem neuen kommunistischen Regime auseinanderzusetzen hätten. Meine eigentliche Aufgabe bestand freilich in Vorträgen und Aussprachen über das, was von der Natur und Aufgabe der Kirche immer und überall zu sagen ist. Eben dabei verständigte ich mich aber mit meinen dortigen Freunden darüber, daß ihre Situation und ihr besonderes Problem nicht einfach nach dem Vorbild des Verhältnisses der westeuropäischen Kirchen zum Nationalsozialismus behandelt werden dürfe, sondern vom Evangelium her und im Blick auf die besondere ungarische Vergangenheit und Geschichte selbständig zu beurteilen sei. Wir meinten zu sehen, daß der Protest gegen die offenkundigen Gefahren und Schäden des kommunistischen Systems für die Kirche nun gerade nicht die vordringlichste Aufgabe sei. Ich verstand und billigte die mir dort vorgetragene Ansicht, nach der eine mit größtem inneren und äußeren Ernst in Angriff zu nehmende Evangelisation des verirrten und verwirrten ungarischen Volkes die Frucht des Glaubens und der Buße sei, die zu|nächst gerade von der Kirche erwartet sei. Es war diese Stellungnahme, die man mir, nachdem meine Verhandlungen in Ungarn selbst einen durchaus friedlichen und freudigen Charakter gehabt hatten, in meiner Heimat und vielleicht auch anderswo überaus übel genommen hat. Sie hat mir merkwürdigerweise gerade in den Wochen vor und nach der Amsterdamer Konferenz eine Fülle von Zeitungsangriffen eingetragen, in denen der Vorwurf, ich verkenne die neue Gestalt der totalitären Weltgefahr, bald von dem noch kräftigeren überholt wurde, daß ich mich nun »ganz eindeutig und unmißverständlich zum russischen Kommunismus und Bolschewismus bekannt habe.« Ich kann darüber nur lachen, bin aber allerdings der Meinung, daß der Kommunismus jedenfalls nur durch eine »bessere Gerechtigkeit« der westlichen Welt und nicht durch die allzu billigen Negationen, in denen sich die westliche Angst jetzt Luft macht, abzuwehren sein wird. Und ich halte allerdings dafür, daß der von den ungarischen Reformierten eingeschlagene positive Weg der Glorie vorzuziehen ist, die sie sich als Bannerträgerin des sogenannten »christlichen Abendlandes« allenfalls erwerben könnte. Zu diesem »christlichen Abendland« kann ich mich eben auch nicht bekennen, sondern denke, daß der christliche Ort *über* dem heutigen Gegensatz von Ost und West zu suchen ist. Wir werden ja sehen, wer auf die Länge recht behalten wird. Und im schlimmsten Fall werde ich es mir gefallen lassen, Unrecht gehabt zu haben, indem ich diesmal nun gerade *nicht* sofort zum Kampf aufrufen wollte!

Meine andere in diesem Jahr unternommene Fahrt in die Ferne war bedingt durch meine Teilnahme am *World Council of Churches* in Amsterdam. Ich habe mich früher nicht oder kaum an der »Ökumenischen Bewegung« beteiligt, hatte sogar allerhand gegen sie einzuwenden, wie mir denn alle »Bewegungen« als solche immer etwas suspekt waren und noch sind. Aber in diesem Fall muß ich wohl im gewöhnlichen Sinn der Worte bekennen: *My mind has changed.* Es kam dazu sehr einfach in der Weise, daß man mich eines Tages zu theologischer Mitarbeit aufforderte, und dann im besonderen für das Gelingen der Amsterdamer Konferenz in so hervorgehobener Art mitverantwortlich machte und daß ich diese Mitarbeit und Mitverantwortung bei näherem Zusehen nicht nur interessant, sondern auch wichtig finden mußte. Vor allem unter diesem Gesichtspunkt denke ich nun auch gern an Amsterdam zurück. Es war schon nötig und lohnend, seine eigene Arbeit einmal gewissermaßen in Klammer zu setzen und sich in der strengen und verpflichtenden Weise, wie es in Amsterdam geschehen ist, mit den Vertretern ganz anderer kirchlicher Bekenntnisse an einen Tisch zu setzen: nicht in der Absicht, ein neues Dogma zu formulieren, nicht in der Absicht, Kompromisse zu schließen, wohl aber in der bescheidenen, aber soliden Absicht, sich über das, | worin man in der Christenheit einig und nicht einig ist, in Rede und Gegenrede klar zu werden. Das ist es, was sich in Amsterdam, jedenfalls in dem Bereich, den ich überblicken konnte, in der Sektion I, zugetragen hat, und daß ich da dabei sein und mittun konnte, dafür bin ich dankbar. Die Kommission für *The Womens Work in the Church* davon zu überzeugen, daß der Apostel Paulus über das Verhältnis von Mann und Frau auch noch einige andere beachtliche Worte gesagt hat außer dem, daß »in Christus weder Mann noch Frau« ist, ist mir freilich nicht gelungen, obwohl ich so freundlich wie möglich dafür zu werben gesucht habe. Und so scheint es, daß ich mir auch mit meiner Stellungnahme zu dem Problem der Nichtbeteiligung der römischen Kirche am *World Council* nicht nur Sympathien erworben habe. Ich meinerseits habe gegen den alten ökumenischen Stil, der sich besonders am Anfang über das Ganze ausbreiten wollte, meine alte Abneigung durchaus behalten. Ich meine ferner zu sehen, daß es zwischen der amerikanischen und unserer kontinentalen Art christlichen Denkens und Redens noch einmal zu Auseinandersetzungen kommen könnte, die wichtiger und vielleicht auch gefährlicher werden könnten als die zwischen den verschiedenen Kirchen. Aber wieviel Anderes war einfach ermutigend: die Anwesenheit und Mitwirkung der »jungen Kirchen« und der »Jugend« überhaupt, die Einmütigkeit, in der diese Versammlung trotz deutlich vorhandener Differenzen aller Art (im Unterschied zu gewissen anderen Weltversammlungen) beraten und schließlich beschlossen hat, die von fast allen Seiten aufrichtige Bemühung um jenen christlichen Ort oberhalb des Ost-West-Konfliktes, der gute Tenor der Schlußbotschaft – dazu die vielen fruchtbaren oder doch belehrenden Begegnungen mit Einzelnen und Gruppen, die so nun eben doch nur bei solchem Anlaß möglich waren. So bin ich froh, mich nicht verhärtet, sondern für diese neue Erfahrung offen gehalten zu haben. Zu einem eigentlichen Kirchenmann oder gar Kirchenführer eigne ich mich nicht und dazu wird mich auch niemand machen wollen. Aber in der freien Stellung eines ökumenischen *»consultant«*, die ich in Amsterdam haben durfte, will ich mich, soweit ich kann, gerne auch für die Zukunft bereit halten. – Kurz nach Amsterdam bin ich dann wieder – seit zehn Jahren zum ersten Mal – unter den französischen Theologen gewesen, in deren Mitte ich mich besonders wohl fühle, habe Port Royal gesehen, das Grab Napoleons aufgesucht und die Welt noch einmal vom Eifelturm aus betrachtet. *On revient toujours a ses premiers amours.* Oder jedenfalls: *souvent.*

Nichtsdestoweniger bin ich froh, mich nun wieder an meinem eigentlichen Ort, nämlich in meinem Studierzimmer in Basel zu befinden. Wichtiger als alles Andere war mir ja doch die Bewegung, die ich auch in dieser Zeit hier zu vollziehen hatte. Vier weitere Bände meiner »Kirchlichen Dogmatik« konnten in diesen zehn Jahren im Zusammenhang mit meinen Vorlesungen an der Basler Universität fertig gestellt und veröffentlicht werden: die Lehre von Gott (II, 1 1940), die Lehre von der Praedestination (II, 2 1942), die Lehre von der Schöpfung (III, 1 1945), die Anthropologie (III, 2, 1948). Da amerikanische Leser sich für Zahlen interessieren, will ich verraten, daß es sich um Bände von 782, 898, 488 und 800 großen Druckseiten handelt. Ich konnte mich auf keinem der genannten Gebiete einfach an eine gegebene Kirchenlehre und theologische Tradition anschließen, sondern mußte von der von mir für richtig gehaltenen Mitte (dem alt- und neutestamentlichen Zeugnis von der Person und dem Werk Jesu Christi) aus Alles neu durchdenken und entfalten. So stand ich tatsächlich Jahr für Jahr vor neuen und sehr aufregenden Fragen und in Untersuchungen, in deren Verlauf und Zusammenhang ich einen weiten Weg zu gehen hatte. Ich staune nachträglich selbst, daß es mir äußerlich und innerlich möglich gemacht war, dieser so viel Sammlung erfordernden Arbeit durch Alles hindurch nachzugehen. Und ich habe Anlaß, auch dafür dankbar zu sein, daß das so sein durfte. Hier, in der Fortbewegung auf diesem Erkenntnisweg ging es für mich um die wichtigste unter den »Veränderungen«, die ich in dieser Zeit durchgemacht habe. Eben darum halte ich mich für die Zukunft in dieser Richtung für mehr verpflichtet als in jeder anderen. Größte Gebiete des christlichen Bekenntnisses liegen ja noch unbearbeitet vor mir. Unübertreffliches zu produzieren bilde ich mir auch hier nicht ein. Doch halte ich es für keine Anmaßung, wenn ich meine, daß es nicht nur für mich, sondern auch für die Zeitgenossen in Kirche und Welt, denen ich mich verpflichtet weiß, richtig und wichtig sei, wenn irgendwo in aller Relativität auch das getan wird, was ich hier versuche, und wenn ich darum die Konferenzen, die Predigten, die Vortragsreisen usw. – nicht ausschließlich, aber in der Hauptsache und wo ich irgendwie entbehrlich bin, anderen überlasse, die nun eben dazu besser begabt und gerüstet sind, und denen ich dabei vielleicht mit meiner Arbeit indirekt hilfreich sein kann. Wobei es mir nicht verborgen ist, daß man in Amerika und anderswo schon beim Gedanken an so umfangreiche und dazu noch deutsch geschriebene Bücher ein wenig erschrocken ist.

Ich schließe mit einem Lieblingswort meines zweiten Sohnes, der jetzt in Borneo die eingeborenen Pfarrer in die Theologie einzuführen bemüht ist: »Ein Jeder tut, was er kann«. Ich habe in den vergangenen zehn Jahren getan, was ich konnte, und möchte es auch in Zukunft so halten dürfen.

Basel, im Oktober 1948. *Karl Barth.* |

1948-1958

Zum dritten Male – diesmal im Rückblick auf die Jahre seit 1948 – bin ich nun mit anderen Zeitgenossen von *Christian Century* aufgefordert, darüber zu berichten, was ich seither neu oder in neuer Weise erlebt, erfahren, gedacht und getan habe und insofern – kein Anderer, aber anders Derselbe gewesen bin, der ich immer war und wohl auch bleiben werde. Mehr als ein – von mancherlei Versuchung umgebenes und übrigens nicht strikte notwendiges – Parergon kann ein solcher Bericht nicht sein. Aber da er gewünscht wird, warum soll ich nicht versuchen, ihn zu liefern? Sei es denn!

Einiges *Persönliche* zuerst: Es gibt heute unter dem Namen »Gerontologie« eine besondere Wissenschaft von den Möglichkeiten des *alten* Menschen. Ich bin nun notorisch ein alter Mensch geworden. Das Wichtigste, was mir von den Ergebnissen jener Wissenschaft Eindruck gemacht hat, ist dies, daß es am besten sei, sich über sein Alt- und Älterwerden nur die nötigsten, d. h. die praktisch ganz unvermeidlichen und also so wenig als möglich Gedanken zu machen, statt dessen ruhig fortzufahren, nun eben – Mensch zu sein. Die Jahre, in denen ich zu Pferd durch Feld und Wald zu eilen pflegte und auch die anderen, in denen ich noch jener bescheidenen soldatischen Leistungen fähig war, von denen ich in meinem letzten Bericht erzählte, liegen nun freilich weit zurück. Bergauf zu steigen, ist mir keine reine (vgl. Koh. 12,5 a) Lust mehr. Und auch mein Arbeitstempo am Schreibtisch ist merklich langsamer geworden. Ich darf aber im Blick auf die Beschwerden so vieler Gleichaltriger wahrhaftig dankbar sein für das Unverdiente, daß ich mich von keiner mir bewußten Krankheit angefochten finde, daß Luft, Wasser, sinnvolle Ernährung und mäßige Bewegung mir noch und noch dazu helfen, mich in angemessener Weise munter zu erhalten, und daß mir auch die treu gerauchte Pfeife nach wie vor nicht schlecht, sondern gut bekommt und darum von meinem weisen Arzt nicht verboten, sondern erlaubt ist. Den solidesten irdischen Beitrag zur Erhaltung dieses meines äußeren Zustandes meine ich freilich folgenden zwei unter sich zusammenhängenden Faktoren zu verdanken: einmal der »Kirchlichen Dogmatik«, die nach Fortsetzung und Vollendung ruft, mir also nicht erlaubt, den Kopf hängen und die Hände sinken zu lassen – und sodann die Einladung des Regierungsrats der Stadt Basel, mit meinem Unterricht an der Universität über die übliche Altersgrenze hinaus fortzufahren, mich also immer wieder von den Ansprüchen der studentischen Jugend beunruhigen und erfrischen zu lassen. Mit einem Wort: eben der »Mühe und Arbeit«, von der im 90. Psalm die Rede ist, habe ich wahrscheinlich den besten irdischen Motor zu verdanken, den ich jetzt mehr als je nötig habe. Wie lange das noch so sein kann, ist eine Frage für sich. Aber in diesen letzten zehn, durch meinen Übergang vom siebenten zum achten Dezennium gekennzeichneten Jahren war es so.

Bei zunehmendem Verständnis für die Geschichtlichkeit alles menschlichen Wesens und so auch meiner eigenen Existenz habe ich es gelernt, mir meiner Zusammenhänge mit meinen näheren und ferneren Vorfahren aufmerksamer und liebevoller bewußt zu werden als früher und zugleich auch am Leben meiner Kinder und Kindeskinder immer wärmeren Anteil zu nehmen. Zu dem, was mich besonders freut, gehört die Tatsache, daß in diesem Jahrzehnt auch zwei meiner Söhne ins theologische Lehramt eingetreten sind: der eine im fernen Chicago mit dem Neuen, der andere im noch ferneren Djakarta mit dem Alten Testament beschäftigt. Ihre anregende Gegenwart – sie wissen und können so vieles, was ich nun nie mehr lernen werde – fehlt mir. Doch tröstet mich die zwischen ihnen und mir stehende Einmütigkeit und der kühne Gedanke, daß die Sonne nun beständig auch mindestens einen von unserem Stamm wachend und im Dienst der schönsten aller Wissenschaften an der Arbeit findet. Mein jüngster Großsohn, in Indonesien geboren und eben von dort im Flugzeug zum Besuch hier eingetroffen, heißt *Daniel.* Er ist erst zwei Monate alt, erfreut mich aber bereits durch merkliche Anzeichen von Intelligenz, Musikalität und Frömmigkeit.

Ich komme zunächst zu den *politischen Dingen.* Meine Einstellung zu ihnen hat mir das Leben schon in früheren Zeiten nicht eben erleichtert. Sie hat mich in diesen zehn Jahren in weitere Schwierigkeiten verwickelt. Was geschah? Was habe ich getan? Was ist mir widerfahren?

Es war die *Ost-West-Frage,* die seit dem Ende des zweiten Weltkrieges uns alle, und so auch mich begleitet und beschattet hat. Eben in dieser Frage konnte und kann ich mit der großen Mehrzahl der mich umgebenden Geister nicht einig gehen. Nicht, daß ich für den östlichen Kommunismus im Blick auf seine bisherige Selbstdarstellung irgendeine Zuneigung aufzubringen vermöchte; ich ziehe es entschieden vor, nicht in seinem Bereich leben zu müssen, und wünsche es auch keinem anderen, dazu gezwungen zu sein. Ich sehe aber nicht ein, daß es politisch und gar noch christlich geboten oder erlaubt sein soll, solcher Abneigung und Ablehnung die Folgen zu geben, die man ihr im Westen seit fünfzehn Jahren in zunehmender Schärfe gegeben hat. Ich halte den prinzipiellen Antikommunismus für das noch größere Übel als den Kommunismus selber. Kann man übersehen, daß dieser das unwillkommene, aber in seiner ganzen Unart natürliche Ergebnis und Gegenspiel westlicher Entwicklungen ist? Spukt nicht gerade der totale, der gewiß unmenschliche Zwang, den wir ihm zum schwersten Vorwurf machen, in anderer Gestalt | von jeher auch in unseren angeblich freien westlichen Gesellschafts- und Staatsordnungen? Und war es denn auf einmal etwas Neues und besonderen Entsetzens wert, daß der Kommunismus sich für eine alle Menschen und Völker beglückende und darum über die ganze Welt zu verbreitende Heilslehre hält? Gibt es nicht auch andere Systeme dieser Art und Tendenz? Weiter: Konnte man den von ihm beherrschten Völkern und der durch ihn bedrohten Welt – konnte man auch nur einem einzigen der unter seinen Auswirkungen leidenden Menschen damit zu helfen meinen, daß man ein exklusives Feindverhältnis ihm gegenüber als die einzige Möglichkeit proklamierte und praktizieren wollte? Hatte man vergessen, daß es sich eben in diesem absoluten Feindverhältnis zu ihm, auf das nun im Westen jeder brave Mann zu verpflichten und alles und jedes auszurichten wäre, um eine typische Erfindung und Erbschaft unserer verflossenen Diktatoren handelt – daß nur der »Hitler in uns« ein prinzipieller Antikommunist sein kann? Weiter: Wer hat sich im Westen die Mühe genommen, die seit 1945 entstandene peinliche Lage auch einmal vom östlichen, speziell vom russischen Standpunkt aus durchzudenken? War man über den sowjetischen Beitrag zur Überwindung der nationalsozialistischen Gefahr nicht eben noch, und das mit gutem Grund, ziemlich froh gewesen? Waren es nicht die Führer des Westens, die dem Sowjetstaat einen bestimmenden Einfluß im östlichen Europa gegen Ende des Krieges in aller Form zugestanden und garantiert haben? War das gewiß übertriebene Sicherungsbedürfnis, aus dem heraus er das ihm Angebotene zu halten und zu befestigen suchte, nach Allem, was seit 1914 vorangegangen war, so ganz unbegreiflich? Mit welchem Recht hat man nach 1945 alsbald von einem notwendigen *roll back* zu reden begonnen? War es unvermeidlich, darin, daß man sich auf der anderen Seite gegen solches *roll back* vorsah, ohne weiteres eine militärisch-offensive Bedrohung der übrigen Welt zu erblicken? Hatte man dem östlichen Partner gegenüber keine andere Wahl als die, ihn durch ein massives westliches Defensiv-Bündnis, durch seine Einkreisung mit Bombenstützpunkten, durch die Begründung der ihm wie eine geballte Faust unter die Nase gerückten Deutschen Bundesrepublik, durch deren Wiederbewaffnung, durch deren Ausrüstung mit Nukleargeschossen bis aufs Blut zu reizen – ihn so in der ihm seinerseits in gewiß nicht geringerem Maß eigenen Bosheit zu bestärken und zu den entsprechenden machtmäßigen Gegenmaßnahmen herauszufordern? Wußte der Westen schließlich keinen besseren Rat, als seine Zuversicht auf seine infamen A- und H-Bomben zu setzen, und geschah es ihm nicht recht, erfahren zu müssen, daß der Andere auf diesem Gebiet auch nicht müßig und erfolglos geblieben war? Gab es ihm gegenüber keine bessere Diplomatie als die, die die Welt nun in diese, wie es scheint, ausgangslose Sack|gasse hineinmanövriert hat? Und weiter: Was war das für eine westliche Philosophie, politische Ethik – und leider auch Theologie, deren Weisheit darin bestand, den östlichen Kollektivmenschen in einen Engel der Finsternis, den westlichen *»organisation man«* aber in einen Engel des Lichtes umzudichten und mit Hilfe dieser Metaphysik und Mythologie (daß diese auch ein östliches Gegenstück hat, ist keine Entschuldigung!) dem absurden Wettlauf des »Kalten Krieges« die nötige höhere Weihe zu geben? War man der Güte der westlichen Sache und war man der Widerstandskraft des westlichen Menschen nicht sicherer als so, daß man diesen nur vor die sinnlose Alternative: Freiheit und Menschenwürde oder gegenseitige atomare Vernichtung! zu stellen wußte, und eben diese letztere für alle Fälle zum vornherein als ein Werk der wahren christlichen Nächstenliebe auszugeben wagte?!

Eben in dieses ganze Narrenwerk – ich kann es nicht anders nennen – habe ich mich in allen diesen Jahren in keiner Weise finden können. Ich denke, daß in dieser ganzen Sache aus lauter Angst vor dem Feuer in unverantwortlicher Weise mit dem Feuer gespielt worden ist. Ich denke, daß der Westen, der es besser wissen konnte, zu der gewiß gebotenen kritischen Auseinandersetzung mit der Macht und mit der Ideologie des kommunistischen Ostens bessere Wege suchen und finden mußte als die, die er bisher beschritten hat. Möglichkeiten zu einer würdig, umsichtig und fest geführten Ko-Existenz- und Neutralisierungspolitik waren ihm in diesen Jahren mehr als einmal geboten und er hätte dem Namen der »freien Welt«, dessen er sich rühmt, wenn er sie ergriffen hätte, mehr Ehre gemacht, wäre dann auch zu brauchbaren und verheißungsvolleren praktischen Ergebnissen gekommen als die, vor denen wir heute stehen. Ich denke, daß insbesondere die westliche Presse und Literatur, statt den Inhumanen ausgesprochen inhuman zu begegnen, eben die gepriesene Humanität des Westens durch ein ruhiges Sehen und Verstehen der östlichen Personen und Verhältnisse in ihrer dialektischen Wirklichkeit unter Beweis zu stellen gehabt hätte. Und ich denke vor allem, daß es Auftrag der christlichen Kirchen gewesen wäre, den politisch führenden Verantwortlichen und der öffentlichen Meinung durch ihr überlegenes Zeugnis vom Frieden und von der Hoffnung des Reiches Gottes zu Hilfe zu kommen. Sie haben der Sache des Evangeliums durch die weithin völlig unbesonnene Art, in der sie sie mit der eben so schlecht konzipierten wie ungeschickt geführten Sache des Westens identifiziert haben – Rom war darin nicht besser als Genf und Genf nicht besser als Rom! – einen Schaden zugefügt, der nach menschlichem Ermessen auch durch die besten ökumenischen und missionarischen Anstrengungen auf längste Zeit nicht wiedergutzumachen sein wird. Sie haben der östlichen Gottlosigkeit, statt sie | praktisch zu widerlegen, neue, schwer zu überwindende Argumente geliefert.

Indem ich die Dinge so gesehen habe und noch sehe, habe ich mich in diesen Jahren mehr als einmal bloßstellen müssen: in den selteneren Fällen, indem ich, wo die meisten geschwiegen haben, redete – öfters, indem ich, wo sie redeten, geschwiegen habe. Man hat mich deshalb, wenn man mich nicht geradezu als Krypto-Kommunisten oder mindestens als *fellow traveller* verdächtigen wollte, entweder als einen politisch ahnungslosen Dilettanten oder – unter mißbilligendem Vergleich mit gewissen alttestamentlichen Propheten – als einen prinzipiellen Non-Konformisten hingestellt, der sich ein mutwilliges Vergnügen daraus mache, *d'épater le bourgeois*. Man hat mich hundertmal des flagranten Selbstwiderspruchs bezichtigt, der darin bestehe, daß ich mich weigere, was ich einst dem Nationalsozialismus gegenüber vorgebracht, nun auch dem Kommunismus gegenüber zu wiederholen. Man hat mich des schnöden Undanks gegenüber den Vorzügen und Wohltaten der »freien Welt« angeklagt. Man hat meine Äußerungen und besonders meine Nicht-Äußerungen als Dokumente gefährlicher Knochenerweichung und Verwirrung (erklärlich nur aus meinem hohen Alter!) an den Pranger gestellt. Ich bin in den führenden politischen und kirchlichen Kreisen Westdeutschlands noch unpopulärer geworden, als ich es dort auch in den besten Zeiten ohnehin war – mußte mir aber auch von einigen sowjet-deutschen Amtsstellen bescheinigen lassen, ich vertrete Anschauungen ausgesprochen »antidemokratischen«, ja »antihumanistischen« Charakters. Besonders schlimm erging es mir in meiner schweizerischen Heimat, wo es merkwürdigerweise ganz auffallend viele kleine McCarthy's gibt – wo im Jahr 1951 ein seither verstorbener führender Politiker einen förmlichen Feldzug gegen mich gestartet hat – und wo ich auch später (bes. zur Zeit der Ungarn-Krise und dann wieder bei Anlaß der wunderlichen Diskussion über eine schweizerische Atom-Aufrüstung) unüberhörbar vernehmen mußte, daß ich als ein zweifelhafter Eidgenosse anzusprechen sei, daß ich jedenfalls die mäßigen Sympathien, die mir in der Hitlerzeit zugefallen waren, nun gänzlich verspielt habe. Und wer war es doch, der mich wegen meines Schweigens über Ungarn beschuldigt hat, im Unterschied zu dem bußfertigen J.-P. Sartre ein Unbußfertiger zu sein und einem ebenso unbegreiflichen wie unchristlichen Ressentiment gegen – Amerika Raum zu geben? Oh, ich meine die Nekrologe bereits zu lesen, in denen man dereinst zusammenfassend von mir sagen wird, daß ich mir zwar in der Erneuerung der Theologie und allenfalls im deutschen Kirchenkampf gewisse Verdienste erworben habe, in politischer Hinsicht aber ein bedenkliches Irrlicht gewesen sei!

Das ist es, was mir auf diesem Feld widerfahren ist: gewiß kein Martyrium, gewiß überhaupt nichts Schreckliches, über das mich zu beklagen ich Grund hätte, aber immerhin eine Anfechtung, die mich in diesem Jahrzehnt faktisch dauernd begleitet und auch beschäftigt hat, die darum hier zu beschreiben war. Je älter ich werde, desto mehr bestätigt sich mir die Einsicht, daß es – weil die Dinge früher oder später von selber in den richtigen Proportionen ans Licht zu kommen pflegen – ratsam ist, sich, wenn man in solcher Anfechtung ein gutes Gewissen hat, nicht allzu eifrig oder noch besser gar nicht verteidigen und rechtfertigen zu wollen. Ein Versuch dazu soll denn auch hier nicht gemacht werden. Ich schreibe dies an dem Tag der letzten Nachrichten von Nixons Besuch in Moskau und über die beabsichtigte Zusammenkunft zwischen Chruschtschew und Eisenhower. Ich lese sie ohne Optimismus, immerhin aber auch ohne apriorische Skepsis im Blick auf das, was zwischen den östlichen und den westlichen Menschen und Völkern, Mächten und Ideologien noch möglich werden könnte. Wie, wenn die unselige Aera Dulles-Adenauer einmal zu ihrem Ende kommen sollte? Wie, wenn sich die deutschen Lutheraner eines Tages von ihren bösen Wegen bekehren würden? Wie, wenn vom Vatikan oder von Genf her eines Morgens statt unverbindlicher Allgemeinheiten ein prophetisch-apostolisches Buß- und Friedenswort zu vernehmen wäre? Man wagt es kaum, solches zu hoffen. Aber warum sollte es ausgeschlossen sein, daß Solches oder Ähnliches auch noch vor dem Ende und Neuanfang aller Dinge Ereignis werden könnte?

Ich mußte über diese Dinge notgedrungen etwas ausführlicher werden, als ich es wollte und als es ihrem Gewicht in meinem Leben entspricht. Mein eigentliches Interesse galt doch auch in dieser Zeit meiner nun einmal übernommenen und in bestimmten Sinn angefaßten Aufgabe im spezifisch *theologischen* Bereich.

Sie führte mich in der Ausarbeitung der *»Kirchlichen Dogmatik«* nach einer die Lehre von der Schöpfung abschließenden Teildarstellung der christlichen Ethik zu der in bisher drei Stücken entfalteten Lehre von der Versöhnung und damit in die lebendige Mitte aller Probleme theologischer Erkenntnis. Auch hier – und hier erst recht – war in möglichst treuem und beweglichem Merken auf das Zeugnis des Alten und des Neuen Testamentes und in möglichst aufgeschlossener Auseinandersetzung mit der älteren und neueren Überlieferung sehr vieles neu und frisch durchzudenken und darzustellen. Noch ist das Ziel nicht erreicht, und ob ich es erreichen werde, steht dahin. Der höchste Berg auf dem zu durchschreitenden Weg dürfte nun aber hinter mir – und so auch hinter den Lesern – liegen. Die Anstrengung, die mich die Sache kostet, ist nicht kleiner geworden. Sie erscheint mir aber darum als lohnend und ich finde mich darum immer wieder aufgerufen, sie fortzusetzen, weil so viel Menschen aufmerksam mit mir lernend an ihr teilnehmen wollen. Ich bin mir bewußt, daß ich es auch in dieser Hinsicht unverdient gut habe. Die Übersetzungen des Werks ins Englische und Französische sind in gutem Fortgang und mit der Übersetzung ins Japanische ist jedenfalls ein hoffnungsvoller Anfang gemacht. Wie es in diesen weiteren Bereichen – jeweils nach Überwindung des ersten Erstaunens und Befremdens – aufgenommen und sich auswirken wird, kann ich von ferne nicht übersehen. Ich verfolge aber seinen Lauf auch in anderer Hinsicht wie jenes Huhn, das das von ihm ausgebrütete Entlein auf einmal schwimmen sah. Die Zahl der ihm – in seiner Gesamtheit oder in bestimmter Auswahl – zugewendeten Aufsätze, Schriften, Dissertationen und ganzen Bücher wuchs und wächst zusehends und mit ihr die Fülle der Hypothesen über die Entwicklung und Struktur der in ihm vorgetragenen Theologie, aus denen ich oft mehr über mich selbst erfahre, als ich mir träumen ließ. Mehr noch als diese in ihrer Weise gewiß auch zu schätzende Art von Beachtung freut es mich, wenn ich doch immer wieder höre, daß die »Kirchliche Dogmatik« in nicht wenig Pfarrhäusern gelesen, studiert und (sei es denn:

da und dort einfach als Nachschlagewerk!) für die Arbeit in Predigt, Unterricht und Seelsorge fruchtbar gemacht wird und so indirekt auch in die weitere Gemeinde kommt. Darüber, daß ihrer faktischen Auswirkung sowohl in der akademischen Wissenschaft wie in der kirchlichen Verkündigung sehr bestimmte Grenzen gesetzt sind und wohl auch gesetzt bleiben werden, glaube ich mich nicht zu täuschen. Man kann in beiden Bereichen sehr wohl an ihrer Anleitung und Aussage vorbei kommen: sei es, indem man ihre Existenz überhaupt nicht zur Kenntnis nimmt – sei es, daß man auf ein bloßes Hörensagen hin oder nach einer flüchtigen Einsichtnahme mit ihr fertig ist, bevor man mit ihr angefangen hat – sei es, daß man sich dies und das an ihrer Haltung oder aus ihrem Inhalt wohlgefallen läßt, um es, gerade dem Entscheidenden ausweichend, im Handkehrum mit Konzeptionen ganz anderer Art und Richtung zu vermengen und irgendwie zu trivialisieren. Indem ich Anlaß habe, für so viel ernste Aufmerksamkeit dankbar zu sein, kann, darf und will ich mich auch darüber nicht beschweren. Imperialistische Gelüste wären ja auf dem Feld der Theologie wirklich eine doppelt häßliche Sache.

Unter den Unternehmungen, die ich die theologischen Zeitgenossen in diesen Jahren wagen und durchführen sah, hat mich wie viele andere R. *Bultmanns* (freilich schon zuvor in Angriff genommene) »Entmythologisierung des Neuen Testamentes« am meisten beschäftigt: weniger um ihrer konkreten Problematik willen, als deshalb, weil sie sich mir als eine höchst eindrucksvolle Wiederaufnahme des Themas und der Methode der von Schleiermacher inspirierten Theologie darstellte und damit Anlaß gab, meinen vor vierzig Jahren in Abweichung von dieser Überlieferung gewonnenen Ausgangspunkt neuer Überlegung, Prüfung und Präzisierung zu unterziehen. Ich konnte Bultmann schließlich nicht folgen: seiner besonderen These nicht und erst recht nicht seinem grundsätzlichen Verfahren, in welchem ich die Theologie (trotz aller Versicherungen des Gegenteils) von neuem in die Gefangenschaft im ägyptischen oder babylonischen Land einer bestimmten Philosophie geraten sah. Im Umgang mit dem in Basel studierenden theologischen Nachwuchs schien es mir, als ob das eine Weile alles andere verschlingende Interesse an einer wie in alten Tagen »historisch-kritisch« zu sichernden »existentialen Interpretation« verhältnismäßig bald wieder im Abflauen begriffen sei. Doch kann das anderswo anders aussehen und ich würde mich nicht wundern, wenn die Sache in den Formen, in denen sie in allerlei Varianten von Bultmanns Schülern vertreten wird, noch eine beachtliche Zukunft haben sollte. Sicher ist, daß man Bultmann dankbar sein muß für die Warnung: daß die noch lange nicht durchgefochtene Befreiung der Theologie aus jener Gefangenschaft so leicht und einfach nicht zu haben sein wird, wie manche (unter ihnen wohl auch manche meiner Leser und Freunde) es sich gelegentlich vorgestellt haben mögen. – Merkwürdig war und ist es mir, die heutige *alttestamentliche* Wissenschaft speziell in Sachen des alten und immer neuen Themas »Glaube und Geschichte« im ganzen auf viel besseren Wegen zu sehen, als die maßgebenden Neutestamentler, die sich zu meiner nicht geringen Verblüffung aufs neue, mit Schwertern und Stangen bewehrt, auf die Suche nach dem »historischen Jesus« begeben haben, an der ich mich nach wie vor lieber nicht beteiligen möchte.

Ein besonderes Wort erfordert das, was sich in diesem Jahrzehnt zwischen der *römisch-katholischen* Theologie und mir zugetragen hat. Den seltsamen Ruhm wird man mir, wie man auch sonst von mir denke, lassen müssen: daß seit der Reformation keine Gestalt evangelischer Theologie dort so viel kritische, aber doch auch positive und jedenfalls ernstliche Teilnahme gefunden hat, wie sie mir nun widerfährt. Kein Zweifel: die umfassendsten Darstellungen, die eindringendsten Analysen und auch die interessantesten Beurteilungen der »Kirchlichen Dogmatik« und meiner übrigen Arbeit kamen bis jetzt (abgesehen von wichtigen Ausnahmen wie dem Werk von Berkouwer und einer mir neulich vorgelegten Heidelberger Dissertation eines jungen Amerikaners) aus jenem Lager. Führend war in dieser Hinsicht das bekannte Buch meines Basler Freundes Hans Urs von Balthasar. Und siehe da: die

Zustimmung hielt dort der Reserve und dem Widerspruch gegenüber bis jetzt mindestens die Waage. Ist es, um hier nur das auffallendste Beispiel zu nennen, nicht geschehen, daß ein in Rom sieben Jahre lang tüchtig genug ausgebildeter junger Luzerner in Paris mit einem Buch promoviert hat, in welchem man haarscharf nachgewiesen findet, daß zwischen der reformatorischen Lehre, so wie sie jetzt von mir ausgelegt und vorgetragen werde, und der recht verstandenen Lehre der römischen Kirche gerade in dem zentralen Punkt der Rechtfertigung kein wesentlicher Unterschied bestehe! Das Buch ist drüben bis jetzt von keiner offiziellen Stelle desavouiert, vielmehr von verschiedenen Prominenten ausdrücklich gelobt worden. Was soll man dazu sagen? Ist das Millennium angebrochen oder wartet es doch hinter der nächsten Ecke? Wie gerne möchte man es glauben! Aber die Ausrufung des hl. Laurentius von Brindisi (eines fanatisch antireformatorischen Kapuziners des 16. Jahrhunderts) zum *doctor ecclesiae* (– in einem Rang mit Athanasius, Augustin, Thomas usw.!), die Millionenwallfahrt zum »heiligen Rock« von Trier und die milde, aber nun doch ein wenig arg substanzarme erste Enzyklika des neuen Papstes dürften leider darauf hinweisen, daß der Kurs der römischen Kirche als solcher von dem der theologischen Avantgarde, die mir so viel Mühe und Liebe zuwendet, noch nicht bestimmt oder auch nur mitbestimmt ist. Es bleibt aber doch die Feststellung, daß dort eine solche Avantgarde – und das bis jetzt immerhin unverboten – am Werk ist, und für uns Andere, für mich zumal, die schöne Möglichkeit, nein: Notwendigkeit, mit ihr in Fühlung zu bleiben.

Im theologischen Unterricht in *Basel* ist mir neben der Vorlesung die direkte Zusammenarbeit mit den in immer neuen Generationen sich folgenden *Studenten* in zunehmendem Maß wichtig geworden. Ich kann wohl sagen, daß es mir ein Vergnügen ist, mich mit ihnen zu unterhalten, ihre Fragen und Einwürfe zu hören und zu beantworten, sie auf die Spuren zu leiten, die ich für die richtigen halte. Das geschieht im Seminar etwa im Studium von Texten von Luther oder Calvin, aber auch von Schleiermacher, Bultmann, Tillich und anderen großen Männern der Neuzeit oder von solchen aus dem katholischen Bereich – in den in deutscher, französischer und englischer Sprache gehaltenen Übungen an Hand von irgendwelchen Abschnitten aus den früheren Bänden der »Kirchlichen Dogmatik«. Und ich habe den Eindruck, daß die Studenten ihrerseits noch immer (obwohl doch der Altersunterschied zwischen ihnen und mir immer größer wird) gern und eifrig dabei sind. Auch das mag sich einmal ändern, aber bis jetzt ist es so.

Es wird die Leser von *Christian Century* besonders interessieren, zu hören, daß ich an den jüngeren und älteren *Amerikanern*, die nun schon ziemlich zahlreich für einige Semester oder auch Jahre nach Basel kamen, aufrichtige Freude hatte und noch habe. Sie haben sich – aus den verschiedensten Denominationen stammend – in dem so ganz anderen geistigen Klima, in das sie hier (nicht zuletzt auch bei mir) gerieten, fast alle mit Ernst und auch mit gutem Erfolg einzuleben gewußt und mehr als einer von ihnen ist dann auch als Basler Doktor ehrenvoll in seine Heimat zurückgekehrt und dort selber schon Dozent geworden. Unter dem mir zugeschriebenen anti-amerikanischen Komplex sollte doch wohl keiner von ihnen zu leiden gehabt haben! Ich denke übrigens, daß ich in dieser Form Gediegeneres und Nützlicheres auch für Amerika leisten kann, als wenn ich mich mit so vielen Europäern auf Reisen begäbe, um mich drüben da und dort vorübergehend persönlich sehen und hören zu lassen. Ganz abgesehen davon, daß ich mich dort durch meinen Sohn in Chicago aufs beste – authentisch und originell zugleich – vertreten weiß und daß, wer das will, mich dort ja nun auch, in korrektes Englisch übersetzt, in Ruhe lesen und studieren kann.

Im Blick auf meine Basler Tätigkeit wäre noch zu erwähnen, daß, wenn ich gelegentlich predige, das hiesige Gefängnis in diesen Jahren mein bevorzugter Ort geworden ist. Es dürfte wohl nur wenige Theologieprofessoren geben, deren Predigthörer man nur werden kann, wenn man sich zuvor einer gröblichen Übertretung der bürgerlichen Rechtsordnung schuldig gemacht hat.

Im Mai 1956 bin ich 70 Jahre alt geworden. Ich durfte eine ganze Fülle von Zeichen freundlichen Gedenkens aus der Nähe und aus der Ferne empfangen und habe sie vergnügt und dankbar gegen Gott und Menschen entgegengenommen: wie ich hoffe, unter mannhaftem Widerstand gegen die Versuchung, mich selbst als Jubilar und sonst allzu wichtig zu nehmen. Mir war denn auch 1956 tatsächlich noch bedeutsamer als das Jahr, in welchem vor 200 Jahren W. A. *Mozart* geboren wurde. Und sein Höhepunkt bestand für mich darin, daß ich eingeladen wurde, bei der in Basel veranstalteten Feier die Gedenkrede auf diesen Mann und sein Werk zu halten. Ich bin kein ästhetisch besonders begabter und gebildeter Mensch und überdies gewiß nicht geneigt, die Heilsgeschichte mit irgendeinem Stück Kunstgeschichte zu verwechseln und gleichzusetzen. Aber die goldenen Klänge und Weisen der Mozartschen Musik haben nun einmal – nicht als Evangelium aber als Gleichnisse des im Evangelium von Gottes freier Gnade offenbarten Reiches – von jeher zu mir geredet und tun es in größter Frische immer wieder. Ohne sie könnte ich mir, was mich persönlich wie in der Theologie, wie in der Politik bewegt, könnte ich mir auch das Lebensjahrzehnt, von dem ich hier einiges zu erzählen versuchte, nicht denken. Es gibt wohl auch nur wenige theologische Studierzimmer, in denen das Bild Calvins und das Mozarts auf gleicher Höhe nebeneinander zu sehen sind.

INHALTSVERZEICHNIS

Band 1

Die neuprotestantische Herkunft	9
Der christliche Glaube und die Geschichte (1910)	11
Der Glaube an den persönlichen Gott (1913)	64
Der dialektische Aufbruch	113
Der Römerbrief (1919/1922)	115
Der Christ in der Gesellschaft (1920)	187
Not und Verheißung der christlichen Verkündigung (1922)	229
Das Problem der Ethik in der Gegenwart (1922)	258
Das Wort Gottes als Aufgabe der Theologie (1922)	294
Die Kirche und die Kultur (1926)	320
Abgrenzungen und Übergänge	349
Ein Briefwechsel mit Adolf von Harnack (1923)	351
Abschied von »Zwischen den Zeiten« (1933)	381
Das erste Gebot als theologisches Axiom (1933)	392
Evangelium und Gesetz (1935)	413
Nachwort zur »Schleiermacher-Auswahl« (1968)	443
Kirche, Ethik, Politik und Gesellschaft	473
Quousque tandem …? (1930)	475
Theologische Existenz heute! (1933)	482
Theologische Erklärung zur gegenwärtigen Lage der deutschen evangelischen Kirche [Barmer Theologische Erklärung] (1934)	524
Ein Wort an die Deutschen (1945)	529
Christengemeinde und Bürgergemeinde (1946)	543
Die Unordnung der Welt und Gottes Heilsplan (1948)	588
Die Kirche zwischen Ost und West (1949)	600
How my mind has changed (1938/1948/1958)	626

Band 2

Die Kirchliche Dogmatik V
  Die Lehre vom Wort Gottes (KD I) 665
    § 4 Das Wort Gottes in seiner dreifachen Gestalt 667
    § 6,3 Das Wort Gottes und die Erfahrung 700
    § 17,3 Die wahre Religion 735
  Die Lehre von Gott (KD II) 765
    § 28,1 Gottes Sein in der Tat 767
    § 33,1 Jesus Christus der Erwählende und der Erwählte 784
    § 36,1 Das Gebot Gottes und das ethische Problem 808
  Die Lehre von der Versöhnung (KD IV) 851
    § 57,1 Gott mit uns 853
    § 58,4 Die drei Gestalten der Versöhnungslehre . 878
    § 69,1 Das dritte Problem der Versöhnungslehre 912
    § 69,2 Das Licht des Lebens (Auszug) 922
    Die Taufe als Begründung des christlichen Lebens 992

Kommentar 1037
  Die Kommunikation des Wortes Gottes.
  Eine Theologie des 20. Jahrhunderts 1039
  Karl Barth. Leben und Werk 1050
  Zur Rezeption von Barths Theologie 1062
  Zum Konzept dieser Ausgabe 1067
  Einzelkommentare 1072
    Die neuprotestantische Herkunft 1072
      Der christliche Glaube und die Geschichte (1910) 1073
      Der Glaube an den persönlichen Gott (1913) . 1087
    Der dialektische Aufbruch 1095
      Der Römerbrief (1919/1922) 1096
      Der Christ in der Gesellschaft (1920) 1105
      Not und Verheißung der christlichen Verkündigung (1922) 1112

Das Problem der Ethik in der Gegenwart (1922) 1117
Das Wort Gottes als Aufgabe der Theologie
(1922) 1122
Die Kirche und die Kultur (1926) 1126
Abgrenzungen und Übergänge 1131
Ein Briefwechsel mit Adolf von Harnack (1923) 1131
Abschied von »Zwischen den Zeiten« (1933) .. 1137
Das erste Gebot als theologisches Axiom
(1933) 1139
Evangelium und Gesetz (1935) 1143
Nachwort zur »Schleiermacher-Auswahl«
(1968) 1148
Kirche, Ethik, Politik und Gesellschaft 1155
Quousque tandem ...? (1930) 1156
Theologische Existenz heute! (1933) 1158
Theologische Erklärung zur gegenwärtigen
Lage der deutschen evangelischen Kirche
[Barmer Theologische Erklärung] (1934) 1163
Ein Wort an die Deutschen (1945) 1166
Christengemeinde und Bürgergemeinde (1946) 1169
Die Unordnung der Welt und Gottes Heilsplan
(1948) 1173
Die Kirche zwischen Ost und West (1949) ... 1176
How my mind has changed (1938/1948/1958) . 1179
Die Kirchliche Dogmatik 1184
Inhaltsübersicht 1196
[Die Lehre vom Worte Gottes KD I] 1200
§ 4 Das Wort Gottes in seiner dreifachen
Gestalt 1200
§ 6,3 Das Wort Gottes und die Erfahrung . 1202
§ 17,3 Die wahre Religion 1206
[Die Lehre von Gott KD II] 1211
§ 28,1 Gottes Sein in der Tat 1211
§ 33,1 Jesus Christus der Erwählende und
der Erwählte 1215
§ 36,1 Das Gebot Gottes und das ethische
Problem 1220

[Die Lehre von der Versöhnung KD IV] 1224
    § 57,1 Gott mit uns 1224
    § 58,4 Die drei Gestalten der Versöhnungs-
    lehre 1229
    § 69,1 Das dritte Problem der
    Versöhnungslehre 1234
    § 69,2 Das Licht des Lebens (Auszug) 1237
    Die Taufe mit dem Heiligen Geist 1242
Siglenverzeichnis 1250
Literaturverzeichnis 1251
  I. Werke Karl Barths 1251
  II. Sekundärliteratur 1257
Zeittafel zu Leben und Werk 1265
Personenverzeichnis 1269
Namenregister 1292
Sachregister 1297

Die Publikationen des Verlags der Weltreligionen werden gefördert durch die

UDO KELLER STIFTUNG
FORUM HUMANUM

In einer Zeit des zunehmenden Zugriffs von Technik und Ökonomie auf das Humanum möchte die Stiftung an die Bedeutung des geistigen und religiösen Erbes der Weltkulturen erinnern. Sie geht davon aus, daß die weitere Entwicklung des Menschen entscheidend davon abhängen wird, ob und wie es gelingt, die reichhaltigen Potentiale dieser Traditionen für die Zukunft fruchtbar zu machen. In diesem Sinne versteht die Stiftung ihr Engagement im Verlag der Weltreligionen.